BIBLIA DE BOSQUEJOS Y SERMONES

TOMO 10

1 y 2 Tesalonicenses
1 y 2 Timoteo
Tito
Filemón

EDITORIAL
PORTAVOZ

Título del original: *The Preacher's Outline and Sermon Bible,* Vol. 10, 1 Thessalonians – Philemon, © 1991 por Alpha-Omega Ministries, Inc. y publicado por Leadership Ministries Worldwide, P.O. Box 21310, Chattanooga, TN 37424. Todos los derechos reservados.

Edición en castellano: *Biblia de bosquejos y sermones,* tomo 10, 1 y 2 Tesalonicenses, 1 y 2 Timoteo, Tito, Filemón, © 2004 por Alpha-Omega Ministries, Inc. y publicado con permiso por Editorial Portavoz, filial de Kregel Inc., Grand Rapids, Michigan 49505. Todos los derechos reservados.

La *Biblia de bosquejos y sermones* fue escrita para que el pueblo de Dios la use tanto en sus vidas personales como en la predicación y enseñanza.

EDITORIAL PORTAVOZ
2450 Oak Industrial Dr. NE
Grand Rapids, Michigan 49505 USA

Visítenos en: www.portavoz.com

ISBN 978-0-8254-1015-4

5 6 7 8 edición / año 24 23 22 21 20 19

Impreso en los Estados Unidos de América
Printed in the United States of America

CONTENIDO

ABREVIATURAS VARIAS

a.C.	=	antes de Cristo	p.	=	página
AT	=	Antiguo Testamento	p.ej.	=	por ejemplo
caps.	=	capítulos	pp.	=	páginas
concl.	=	conclusión	pto.	=	punto
cp.	=	compárese	s.	=	siguiente
d.C.	=	después de Cristo	ss.	=	siguientes
EF	=	Estudio a fondo	v.	=	versículo
N°	=	número	vs.	=	versus
NT	=	Nuevo Testamento	vv.	=	versículos

PRIMERA EPÍSTOLA DEL APÓSTOL PABLO A LOS TESALONICENSES

PRIMERA EPÍSTOLA DEL APÓSTOL PABLO A LOS TESALONICENSES

INTRODUCCIÓN

AUTOR: El apóstol Pablo.

El hecho de que Pablo es el autor de esta epístola raramente es cuestionado. La carta a los tesalonicenses se menciona en el Canon Marción (alrededor del 140 d.C.) y se hace referencia a ella en el Fragmento [Muratorian]. Ireneo la cita (180 d.C. aproximadamente). (Leon Morris, *The Epistles of Paul to the Thessalonians* [Las cartas de Pablo a los tesalonicenses]. *The Tyndale New Testament Commentaries* [Comentarios Tyndale del Nuevo Testamento], ed. por RVG Tasker. Grand Rapids, MI: Eerdmans, 1956, p. 16).

FECHA: Probablemente 50-52 d.C. Esta fecha es bastante segura; Pablo se encontraba en Corinto cuando escribió la carta a los tesalonicenses.

Lucas dice que Galión era procónsul de Acaya y que Pablo fue arrestado en Corinto y llevado ante él (Hch. 18:12).

No se sabe cuándo Pablo se presentó ante Galión, pero una inscripción en Delfos sitúa el proconsulado de Galión en el año 51 d.C. Los procónsules romanos ocupaban el cargo solamente por un año, a partir del comienzo del verano. Por tanto, Galión estuvo en el cargo en los años 50-51 o 51-52 d.C. Esto situaría a Pablo en Corinto en el año 50 d.C., y la escritura de la epístola entre el 50-52 d.C.

A QUIÉN ESTÁ DIRIGIDA: "A la iglesia de los tesalonicenses" (1 Ts. 1:1). Vea: Características especiales, la iglesia.

PROPÓSITO: Animar a la iglesia a mantenerse firme ante la persecución.

Pablo anima a la iglesia haciendo cuatro cosas:

1. Alaba su fuerte fe, amor y esperanza (1 Ts. 1:3s).
2. Responde a las maliciosas acusaciones que había en contra suya (1 Ts. 2:1s).
3. Anima a la iglesia a mantenerse firme ante la persecución y a vivir vidas santas (1 Ts. 3:1—4:12).
4. Refuerza la gran esperanza del regreso del Señor y la resurrección de aquellos que ya habían muerto (1 Ts. 4:13s).

CARACTERÍSTICAS ESPECIALES:

1. La ciudad de Tesalónica. La gran ciudad era la capital y la ciudad más grande de Macedonia. (Vea Mapa, Introducción a los Hechos). Había sido fundada por Casandro, máximo oficial militar de Alejandro Magno, después de la muerte de Alejandro. Bajo el dominio romano, la ciudad había quedado libre debido a su lealtad hacia Roma. Como ciudad libre, se le permitía tener su propio gobierno y leyes locales, y en su apogeo, la ciudad alcanzó una población de 200,000. La ciudad tenía un puerto natural pero el factor principal que contribuía a la grandeza de la ciudad era que se encontraba justo en el camino romano, la Vía Egnatia. De hecho, el gran camino atravesaba Tesalónica. Era la calle principal de la ciudad, extendiéndose desde el Mar Adriático hasta el Oriente Medio. El mercado y el comercio se levantaba con toda la degradación característica de dichas ciudades metropolitanas.

2. La iglesia de Tesalónica. Fue grandioso el día que Pablo entró a la ciudad de Tesalónica llevando las nuevas del glorioso evangelio. Debido a la ubicación estratégica de la ciudad y a su importancia económica, el evangelio iba a esparcirse de allí hacia el mundo relativamente más rápido. La gran ciudad de Tesalónica era la segunda mayor ciudad europea que sería evangelizada. Pablo había acabado de predicar en Filipo cuando llegó a Tesalónica. Predicó en la sinagoga durante solo tres sábados antes de que los judíos le obligaran a abandonar la sinagoga (Hch. 17:2). Al parecer, Pablo se mudó a las casas, predicando donde le era permitido. Tuvo tanto éxito que finalmente los judíos lo atacaron y le obligaron a huir para salvar su vida. Tomó a Silas y a Timoteo (Hch. 17:10-14) y continuó hacia Berea donde desarrolló un corto ministerio, pero los judíos le persiguieron y tuvo que salir de Berea hacia Atenas (Hch. 17:13s). Sin embargo, pudo dejar allí a Silas y Timoteo para continuar el ministerio. En Atenas, mandó a buscar a Timoteo, pero enseguida lo envió de vuelta a Tesalónica (1 Ts. 3:2s). Pablo mismo continuó hacia Corinto donde pronto se le unieron Silas y Timoteo con buenas noticias de la iglesia de Tesalónica (Hch. 18:5). Este informe alegró tanto su corazón que se sentó y escribió la epístola a los tesalonicenses.

Los nuevos convertidos eran principalmente gentiles, incluyendo un gran número de griegos devotos y mujeres de prestigio. Muchos, especialmente mujeres, estaban cansados de la sociedad inmoral de aquellos días. Habían acudido al judaísmo por sus enseñanzas morales, no obstante sentían la esclavitud de su énfasis legalista y el rechazo de sus prejuicios nacionales. Es por eso que sus corazones estaban maduros para el mensaje de libertad y amor predicado por el evangelio. La iglesia de Tesalónica…

- fue fundada durante el segundo viaje misionero de Pablo (Hch. 17:1s).
- fue visitada otra vez por Pablo (1 Co. 16:5).
- estaba constituida por algunos judíos y un gran número de griegos y mujeres influyentes (Hch. 17:4; 2 Ts. 3:4, 7-8).
- no apoyó a Pablo financieramente. Él tuvo un trabajo secular mientras estuvo allí (1 Ts. 2:9); no obstante, sí recibió ayuda financiera de la iglesia de Filipo (Fil. 4:16).
- sufrió persecución (1 Ts. 2:14).
- estaba bien organizada (1 Ts. 5:12).
- tuvo varios creyentes prominentes conocidos por nombre: Jasón (Hch. 17:6), Gayo (Hch. 19:29), Aristarco (Hch. 19:29; 20:4) y Segundo (Hch. 20:4).

3. Tesalonicenses es: "Una epístola primitiva escrita por el apóstol Pablo". Es uno de los primeros escritos del Nuevo Testamento.

4. Tesalonicenses es: "Una epístola primitiva que proclama que Cristo es el Señor" (1 Ts. 1:1, 3, 6, 10; 2:15; 3:8, 11-13; 4:1-2, 13:18; 5:1-2, 9-10, 23, 28; cp. Hch. 17:7).

5. Tesalonicenses es: "Una epístola que proclama la doctrina de la segunda venida" (1 Ts. 4:13s).

6. Tesalonicenses es: "Una epístola de gran aliento para una persona que enfrenta persecución" (1 Ts. 1:6f; 2:2f; 2:14f; 3:3s).

7. Tesalonicenses es: "Una epístola escrita para advertir a los creyentes del peligro de la impureza sexual" (1 Ts. 4:1-10).

8. Tesalonicenses es: "Una epístola escrita para encargar a los creyentes las reglas más prácticas de comportamiento (1 Ts. 5:12-22).

9. Tesalonicenses es: "Una epístola con un gran reto evangelístico y misionero" (1 Ts. 1:8-12; 2:12-13; 3:12-13; 4:1-12; 5:1s).

10. Tesalonicenses es: "Una epístola escrita desde el fondo del corazón y el alma de un ministro comprometido". *El Wycliffe Bible Commentary* (Comentario bíblico Wycliffe) tiene una descripción conmovedora de este punto. (David A. Hubbard, *First & Second Thessalonians* [Primera y Segunda a los Tesalonicenses]. *The New Testament & Wycliffe Bible Commentary* [El Nuevo Testamento y comentario bíblico Wycliffe], ed. por Charles F. Pfeiffer y Everett F. Harrison. Producido por Moody Monthly por Iversen Associates, N.Y., 1971, p. 803s).

"En estas epístolas Pablo deja al descubierto, no tanto el tema que trata como su alma: podemos escuchar el latido del cálido corazón del apóstol. Se compara a sí mismo con una tierna nodriza (1 Ts. 2:7), un padre inflexible (2:11), y un huérfano sin hogar (2:17 en el griego). Se presenta a sí mismo como listo para gastar y gastarse para esparcir el evangelio. Es Pablo, el hombre, quien nos confronta, gentil en su fortaleza, amoroso en sus exhortaciones, intrépido en su valentía, cándido en sus motivaciones: un hombre (como dijo Carl Sandburg de Abraham Lincoln) 'de acero y terciopelo, fuerte como una roca y suave como la densa niebla'".

BOSQUEJO DE PRIMERA TESALONICENSES

LA BIBLIA DE BOSQUEJOS Y SERMONES es *única*. Difiere de todo otro material de estudios bíblicos y recursos de sermones en cuanto a que cada pasaje y tema es bosquejado justo al lado de las Escrituras correspondientes. Cuando usted elija cualquier tema mencionado más adelante y se remita a la referencia, no solo contará con el pasaje de las Escrituras, sino que también descubrirá el pasaje de las Escrituras y el tema *ya bosquejado para usted, versículo por versículo*.

A modo de ejemplo rápido, escoja uno de los temas mencionados más adelante y remítase a las Escrituras y hallará esta maravillosa ayuda para un empleo más rápido, más sencillo y más preciso.

Además, cada punto de las Escrituras y el tema está totalmente desarrollado en un Comentario con un pasaje de apoyo de las Escrituras en el final de la página.

Note algo más: los temas de Primera Tesalonicenses tienen títulos que son a la vez bíblicos y prácticos. Los títulos prácticos a veces tienen más atracción para la gente. Este beneficio se ve claramente en el empleo de folletos, boletines, comunicados de la iglesia, etc.

Una sugerencia: para una visión más rápida de Primera Tesalonicenses, primero lea todos los títulos principales (I, II, III, etc.), y luego vuelva y lea los subtítulos.

BOSQUEJO DE PRIMERA TESALONICENSES

I. LA IGLESIA MODELO, 1:1—3:13
   A. La iglesia modelo: una iglesia o trabajo fuerte, 1:1-4
   B. La iglesia modelo: una conversión poderosa, 1:5-10
   C. La iglesia modelo: un ministro veraz y enérgico, 2:1-12
   D. La iglesia modelo: un pueblo fuerte, 2:13-20
   E. La iglesia modelo: una fe fuerte, 3:1-10
   F. La iglesia modelo: un amor poderoso, 3:11-13

II. LA VIDA O MODO DE ANDAR MODELO, 4:1-12
   A. Un andar que agrade a Dios (parte 1): una vida de pureza, 4:1-8
   B. Un andar que agrade a Dios (parte 2): cuatro deberes prácticos, 4:9-12

III. EL REGRESO DE JESUCRISTO, 4:13—5:24
   A. El regreso del Señor y la resurrección, 4:13—5:3
   B. El regreso del Señor y el comportamiento del creyente, 5:4-11
   C. El regreso del Señor y el comportamiento en la iglesia, 5:12-28

	CAPITULO 1	2 Damos siempre gracias a Dios por todos vosotros, haciendo memoria de vosotros en nuestras oraciones,	4 **Es una iglesia que posee los dones supremos de Dios: la gracia y la paz**
	I. LA IGLESIA MODELO, 1:1—3:13		5 **Es una iglesia que practica la oración**
	A. La iglesia modelo: una iglesia o trabajo fuerte, 1:1-4	3 acordándonos sin cesar delante del Dios y Padre nuestro de la obra de vuestra fe, del trabajo de vuestro amor y de vuestra constancia en la esperanza en nuestro Señor Jesucristo.	6 **Es una iglesia movida a trabajar** a. Movida por la fe b. Movida por el amor c. Movida por la esperanza
1 **Es una iglesia que tiene ministros fieles a la iglesia** 2 **Es una iglesia de las personas** 3 **Es una iglesia fundada en Dios y en el Señor**	1 Pablo, Silvano y Timoteo, a la iglesia de los tesalonicenses en Dios Padre y en el Señor Jesucristo: Gracia y paz sean a vosotros, de Dios nuestro Padre y del Señor Jesucristo.	4 Porque conocemos, hermanos amados de Dios, vuestra elección	7 **Es una iglesia evidentemente elegida por Dios**

DIVISIÓN I

LA IGLESIA MODELO, 1:1—3:13

A. La iglesia modelo: una iglesia o trabajo fuerte, 1:1-4

(1:1-4) *Introducción:* Los versículos introductorios nos dan un claro cuadro de una iglesia fuerte. La imagen que se nos presenta en estos versos es un modelo para todas las iglesias. Es una imagen de una iglesia fuerte en la tarea de llevar adelante la obra del Señor.

1. Es una iglesia que tiene ministros fieles a la iglesia (v. 1).
2. Es una iglesia de las personas (v. 1).
3. Es una iglesia fundada en Dios y en el Señor (v. 1).
4. Es una iglesia que posee los dones supremos de Dios: la gracia y la paz (v. 2).
5. Es una iglesia que practica la oración (v. 2).
6. Es una iglesia movida a trabajar (v. 3).
7. Es una iglesia evidentemente elegida por Dios (v. 4).

1 (1:1) *Iglesia:* Una iglesia fuerte tiene ministros fieles a la iglesia. Note que Pablo no está escribiendo esta carta solo. Silas y Timoteo se le unieron en la exhortación a la iglesia. ¿Por qué esta exhortación de parte de tres ministros? Porque estos tres ministros en particular habían fundado y ministrado a la iglesia durante sus primeros años de ministerio. Por supuesto que Pablo había sido el ministro principal, pero los otros dos habían trabajado para el Señor con la misma fidelidad en su llamamiento como ministros asociados.

Lo que queremos decir es lo siguiente: la iglesia de Tesalónica era fuerte porque sus ministros habían permanecido fieles a la iglesia. Todo indica que ellos continuaron manteniendo el contacto con la iglesia y exhortando a los creyentes mediante visitas y cartas mientras tuvieron vida y pudieron ministrar.

=> Pablo visitó a la iglesia cuando regresó por la zona en su tercer viaje misionero (Hch. 20:1-2).
=> Timoteo hizo una visita especial a la iglesia con el único propósito de ayudar a la iglesia en medio de un tiempo difícil y para afianzar y confortar a los creyentes en su fe (1 Ts. 3:1-6).
=> Los tres ministros le escribieron a la iglesia al menos dos veces, esta carta de Primera Tesalonicenses y la segunda carta a los tesalonicenses (1 Ts. 1:1; 2 Ts. 1:1).

Pensamiento 1. Cuántas iglesias carecen de fortaleza porque sus ministros no han permanecido fieles en exhortarles…
• a continuar siguiendo al Señor.
• a seguir y apoyar a sus ministros actuales.

Note como Pablo, probablemente el ministro más grande que haya existido, reconoció a Silas y a Timoteo como iguales a él.

> **"Y después de anunciar el evangelio a aquella ciudad y de hacer muchos discípulos, volvieron a Listra, a Iconio y a Antioquía, confirmando los ánimos de los discípulos, exhortándoles a que permaneciesen en la fe, y diciéndoles: Es necesario que a través de muchas tribulaciones entremos en el reino de Dios" (Hch 14:21-22).**

> **"Porque la gracia de Dios se ha manifestado para salvación a todos los hombres, enseñándonos que, renunciando a la impiedad y a los deseos mundanos, vivamos en este siglo sobria, justa y piadosamente, aguardando la esperanza bienaventurada y la manifestación gloriosa de nuestro gran Dios y Salvador Jesucristo, quien se dio a sí mismo por nosotros para redimirnos de toda iniquidad y purificar para sí un pueblo propio, celoso de buenas obras. Esto habla, y exhorta y reprende con toda autoridad. Nadie te menosprecie." (Tit. 2:11-15).**

2 (1:1) *Iglesia:* Una iglesia fuerte es una iglesia de las personas. Pablo no dirigió la carta a "la iglesia de Tesalónica", sino "a la iglesia de los tesalonicenses". La iglesia eran las personas, las personas que habían aceptado a Jesucristo como su Señor y Salvador. Sin personas comprometidas con el

Señor no hay iglesia. La carta no está dirigida a un grupo de líderes en particular, sino a todas las personas de la iglesia. Cada creyente era importante y cada uno de ellos fue necesario para formar la iglesia. Una iglesia fuerte es una iglesia de las personas, una iglesia…

- que abarca a todas las personas
- que está edificada sobre todas las personas
- que reconoce la importancia de todas las personas
- que involucra y usa los dones de todas las personas
- que reconoce y aprecia la presencia y contribución de todas las personas

Pensamiento 1. Varias cosas pueden debilitar a una iglesia:
=> Construir la iglesia sobre unas pocas personas o líderes.
=> Ignorar y desatender las necesidades de algunos miembros.
=> No involucrar ni usar los dones de algunos miembros.

> "Digo, pues, por la gracia que me es dada, a cada cual que está entre vosotros, que no tenga más alto concepto de sí que el que debe tener, sino que piense de sí con cordura, conforme a la medida de fe que Dios repartió a cada uno. Porque de la manera que en un cuerpo tenemos muchos miembros, pero no todos los miembros tienen la misma función, así nosotros, siendo muchos, somos un cuerpo en Cristo, y todos miembros los unos de los otros" (Ro. 12:3-5).
> "Porque así como el cuerpo es uno, y tiene muchos miembros, pero todos los miembros del cuerpo, siendo muchos, son un solo cuerpo, así también Cristo. Porque por un solo Espíritu fuimos todos bautizados en un cuerpo, sean judíos o griegos, sean esclavos o libres; y a todos se nos dio a beber de un mismo Espíritu. Además, el cuerpo no es un solo miembro, sino muchos" (1 Co. 12:12-14).
> "Y él mismo constituyó a unos, apóstoles; a otros, profetas; a otros, evangelistas; a otros, pastores y maestros, a fin de perfeccionar a los santos para la obra del ministerio, para la edificación del cuerpo de Cristo, hasta que todos lleguemos a la unidad de la fe y del conocimiento del Hijo de Dios, a un varón perfecto, a la medida de la estatura de la plenitud de Cristo" (Ef. 4:11-13).

3 (1:1) *Iglesia — Jesucristo, deidad:* Una iglesia fuerte está fundada "en Dios Padre y en el Señor Jesucristo". Jesucristo es igual a Dios el Padre. A Dios se le reconoce como el Padre del Señor Jesucristo. Esta es la creencia distintiva sobre la que se edifica la iglesia. Creemos que "de tal manera amó Dios al mundo, que ha dado a su Hijo unigénito, para que todo aquel que en él cree, no se pierda, mas tenga vida eterna" (Jn. 3:16).
=> Creemos que Dios el Padre envió a su Hijo, el Señor Jesucristo, al mundo para salvarnos de la perdición y para darnos vida eterna.
=> Creemos que el Señor Jesucristo es el Hijo de Dios.
=> Creemos que el Señor Jesucristo es *el Señor* enviado del cielo, que es Dios mismo, el eterno Hijo quien se hizo carne y a quien Dios el Padre envió a la tierra.

=> Creemos que el Señor Jesucristo es *Jesús el carpintero* de Nazaret.
=> Creemos que el Señor Jesucristo es *el Cristo,* el Mesías y Salvador que había sido prometido desde el comienzo de la historia.

Es sobre esta confesión que hemos planteado que se edifica la iglesia. Esta confesión es la marca distintiva de la iglesia.

Pensamiento 1. Una iglesia que no está fundada en *Dios Padre y en el Señor Jesucristo,* no es una iglesia, no es verdadera iglesia no importa cómo se haga llamar. No es más que…

- una fraternidad creada por el hombre
- una reunión creada por el hombre
- una asamblea creada por el hombre
- un cuerpo creado por el hombre
- una congregación creada por el hombre
- una adoración creada por el hombre

> "El les dijo: Y vosotros, ¿quién decís que soy yo? Respondiendo Simón Pedro, dijo: Tú eres el Cristo, el Hijo del Dios viviente. Entonces le respondió Jesús: Bienaventurado eres, Simón, hijo de Jonás, porque no te lo reveló carne ni sangre, sino mi Padre que está en los cielos. Y yo también te digo, que tú eres Pedro, y sobre esta roca edificaré mi iglesia; y las puertas del Hades no prevalecerán contra ella" (Mt. 16:15-18).
> "Jesús les dijo: ¿Nunca leísteis en las Escrituras: La piedra que desecharon los edificadores, Ha venido a ser cabeza del ángulo. El Señor ha hecho esto,
> "Y es cosa maravillosa a nuestros ojos?" (Mt. 21:42).
> "Este Jesús es la piedra reprobada por vosotros los edificadores, la cual ha venido a ser cabeza del ángulo" (Hch. 4:11).
> "que si confesares con tu boca que Jesús es el Señor, y creyeres en tu corazón que Dios le levantó de los muertos, serás salvo" (Ro. 10:9).
> "edificados sobre el fundamento de los apóstoles y profetas, siendo la principal piedra del ángulo Jesucristo mismo" (Ef. 2:20).
> "Por lo cual también contiene la Escritura: He aquí, pongo en Sion la principal piedra del ángulo, escogida, preciosa; Y el que creyere en él, no será avergonzado" (1 P. 2:6).
> "¿Quién es el mentiroso, sino el que niega que Jesús es el Cristo? Este es anticristo, el que niega al Padre y al Hijo. Todo aquel que niega al Hijo, tampoco tiene al Padre. El que confiesa al Hijo, tiene también al Padre" (1 Jn. 2:22-23).
> "Todo aquel que confiese que Jesús es el Hijo de Dios, Dios permanece en él, y él en Dios" (1 Jn. 4:15).

4 (1:1) *Iglesia — Gracia — Paz:* Una iglesia fuerte posee los dones supremos de Dios: gracia y paz.

1. Gracia (charis) significa el favor inmerecido y las bendiciones de Dios (vea Estudio a fondo 1, Gracia, Tit. 2:11-15; nota, Ro. 4:16; nota y Estudio a fondo 1, 1 Co. 1:4 para mayor discusión). Ninguna iglesia puede ser fuerte…

- sin el favor de Dios.
- sin las bendiciones de Dios.

Cuando vemos una iglesia fuerte, enseguida nos percatamos de la mano de Dios, la mano que favorece y bendice a la iglesia. ¿Qué es lo que trae la mano de la gracia de Dios sobre una iglesia? Fíjese en las palabras exactas de este versículo: "Gracia y paz sean a vosotros, *de Dios nuestro Padre y del Señor Jesucristo*". La gracia viene *de* Dios nuestro Padre y del Señor Jesucristo. Dios derrama su gracia sobre la iglesia que confiesa…

• que Dios es nuestro Padre
• que Jesús es el Señor Jesucristo

La iglesia que verdaderamente acepta esta confesión es la iglesia a la que Dios favorece y bendice, que experimenta el derramamiento de su gracia. Toda iglesia fuerte es una iglesia que confiesa que Dios es el Padre del Señor Jesucristo y confiesa que el Señor Jesucristo es el unigénito Hijo de Dios. Cuando enérgicamente se hace esta confesión y se evidencia en una iglesia, es entonces cuando se derraman la gracia (favor y bendiciones) de Dios el Padre y el Señor Jesucristo.

> "Gracia y paz a vosotros, de Dios nuestro Padre y del Señor Jesucristo. Bendito sea el Dios y Padre de nuestro Señor Jesucristo, que nos bendijo con toda bendición espiritual en los lugares celestiales en Cristo" (Ef. 1:2-3).

> "Porque por gracia sois salvos por medio de la fe; y esto no de vosotros, pues es don de Dios; no por obras, para que nadie se gloríe. Porque somos hechura suya, creados en Cristo Jesús para buenas obras, las cuales Dios preparó de antemano para que anduviésemos en ellas" (Ef. 2:8-10).

> "del cual yo fui hecho ministro por el don de la gracia de Dios que me ha sido dado según la operación de su poder. A mí, que soy menos que el más pequeño de todos los santos, me fue dada esta gracia de anunciar entre los gentiles el evangelio de las inescrutables riquezas de Cristo" (Ef. 3:7-8).

> "Pero la gracia de nuestro Señor fue más abundante con la fe y el amor que es en Cristo Jesús. Palabra fiel y digna de ser recibida por todos: que Cristo Jesús vino al mundo para salvar a los pecadores, de los cuales yo soy el primero" (1 Ti. 1:14-15).

2.   Paz (eirene) significa estar atado, unido y entretejido. Significa estar seguro, confiado, y seguro en el amor y el cuidado de Dios. Significa sentir y saber que Dios va a…

• guiar	• proveer	• fortalecer
• sostener	• liberar	• animar
• dar poder	• bendecir	

Una vez más, nótese que la paz proviene solo de Dios nuestro Padre y del Señor Jesucristo. Para tener la paz de Dios y Cristo, una iglesia tiene que tener una fuerte convicción…

• en Dios como el Padre del Señor Jesucristo.
• en Jesús como el Señor Jesucristo.

Solamente el Padre y Cristo pueden traer paz al corazón de los hombres, y esa paz solo puede dársele a aquellos que acuden a Dios buscando paz.

Lo que decimos es esto: una iglesia fuerte es un cuerpo de personas que conocen y experimentan la paz de Dios mientras caminan día a día por el mundo.

> "La paz os dejo, mi paz os doy; yo no os la doy como el mundo la da. No se turbe vuestro corazón, ni tenga miedo" (Jn. 14:27).

> "Estas cosas os he hablado para que en mí tengáis paz. En el mundo tendréis aflicción; pero confiad, yo he vencido al mundo" (Jn. 16:33).

> "Justificados, pues, por la fe, tenemos paz para con Dios por medio de nuestro Señor Jesucristo" (Ro. 5:1).

> "Porque el ocuparse de la carne es muerte, pero el ocuparse del Espíritu es vida y paz" (Ro. 8:6).

> "Pero ahora en Cristo Jesús, vosotros que en otro tiempo estabais lejos, habéis sido hechos cercanos por la sangre de Cristo. Porque él es nuestra paz, que de ambos pueblos hizo uno, derribando la pared intermedia de separación" (Ef. 2:13-14).

> "y por medio de él reconciliar consigo todas las cosas, así las que están en la tierra como las que están en los cielos, haciendo la paz mediante la sangre de su cruz" (Col. 1:20).

5 (1:2) *Iglesia — Oración:* Una iglesia fuerte practica la oración. Este es un aspecto crucial, pues Dios ha dispuesto que la oración sea el medio mediante el que Él bendice y se mueve a favor de las personas.

> "Y todo lo que pidiereis en oración, creyendo, lo recibiréis" (Mt. 21:22).

> "Si permanecéis en mí, y mis palabras permanecen en vosotros, pedid todo lo que queréis, y os será hecho" (Jn. 15:7).

> "¿De dónde vienen las guerras y los pleitos entre vosotros? ¿No es de vuestras pasiones, las cuales combaten en vuestros miembros? Codiciáis, y no tenéis; matáis y ardéis de envidia, y no podéis alcanzar; combatís y lucháis, pero no tenéis lo que deseáis, porque no pedís. Pedís, y no recibís, porque pedís mal, para gastar en vuestros deleites" (Stg. 4:1-3).

¿Por qué Dios ha escogido a la oración como el medio a través del cual Él actúa a favor del hombre? Porque hablar y escuchar son las formas en que todas las personas se comunican, tienen comunión y se hacen confidencias. Esto se cumple tanto para los hombres como para Dios. La oración requiere nuestra presencia, que hablemos y escuchemos. Dios quiere tener comunión e intimidad con nosotros. Pocas personas siguen este hecho, pocas personas toman seriamente la oración. Sin embargo, una iglesia fuerte anima a las personas a orar, y mueve a las personas a orar por ella y su ministerio. Note que Pablo dio gracias a Dios siempre por la iglesia tesalonicense.

6 (1:3) *Iglesia:* Una iglesia fuerte es una iglesia movida e impulsada a trabajar. Hay tres cosas que mueven e impulsan a una iglesia a trabajar.

1.   La fe mueve a la iglesia a trabajar. Cuando una persona cree en Jesucristo, cree verdaderamente, se siente impulsada a trabajar y servir al Señor Jesús. Esto también se cumple para todo el cuerpo de creyentes, es decir, la iglesia. Mientras más fuerte es la creencia de las personas en Jesucristo, con más ahínco trabajarán para el Señor. Una fe firme mueve, impulsa, activa y da energía a los creyentes para trabajar y llevar adelante la misión de Cristo.

"Sobre todo, tomad el escudo de la fe, con que podáis apagar todos los dardos de fuego del maligno" (Ef. 6:16).

"Hermanos míos, ¿de qué aprovechará si alguno dice que tiene fe, y no tiene obras? ¿Podrá la fe salvarle? Y si un hermano o una hermana están desnudos, y tienen necesidad del mantenimiento de cada día, y alguno de vosotros les dice: Id en paz, calentaos y saciaos, pero no les dais las cosas que son necesarias para el cuerpo, ¿de qué aprovecha? Así también la fe, si no tiene obras, es muerta en sí misma" (Stg. 2:14-17).

"Porque todo lo que es nacido de Dios vence al mundo; y esta es la victoria que ha vencido al mundo, nuestra fe. ¿Quién es el que vence al mundo, sino el que cree que Jesús es el Hijo de Dios?" (1 Jn. 5:4-5).

2.   El amor mueve a la iglesia a trabajar. La palabra "trabajo" (kopou) significa afanarse; trabajar hasta el punto del agotamiento; trabajar arduamente. Cuando una persona realmente ama a Cristo, desea y se siente impulsada a trabajar arduamente para Cristo. Note: el creyente que es movido por el amor es el creyente que verdaderamente ha visto el amor de Cristo. Está siempre consciente de que Cristo ha llevado sus pecados sobre sí y soportó el castigo por ellos. El creyente sabe que está destituido de la gloria de Dios y que merece ser castigado por transgredir la ley de Dios, pero también sabe y anda con la certeza de que Cristo pagó ese castigo en su lugar. Es el maravilloso amor de Cristo el que mueve al creyente a amar tanto a Cristo. Por tanto, hace todo lo posible por agradar a Cristo y cumplir el gozo de Cristo. Esto es lo que quiso decir Pablo cuando dijo acerca del servicio: *"el amor de Cristo nos constriñe"* (vea nota, 1 Co. 5:14-16 para mayor discusión).

"Porque el amor de Cristo nos constriñe, pensando esto: que si uno murió por todos, luego todos murieron; y por todos murió, para que los que viven, ya no vivan para sí, sino para aquel que murió y resucitó por ellos" (2 Co. 5:14-15).

"Y el segundo es semejante: Amarás a tu prójimo como a ti mismo" (Mt. 22:39).

"Un mandamiento nuevo os doy: Que os améis unos a otros; como yo os he amado, que también os améis unos a otros. En esto conocerán todos que sois mis discípulos, si tuviereis amor los unos con los otros" (Jn. 13:34-35).

"El amor sea sin fingimiento. Aborreced lo malo, seguid lo bueno" (Ro. 12:9).

"No debáis a nadie nada, sino el amaros unos a otros; porque el que ama al prójimo, ha cumplido la ley. Porque: No adulterarás, no matarás, no hurtarás, no dirás falso testimonio, no codiciarás, y cualquier otro mandamiento, en esta sentencia se resume: Amarás a tu prójimo como a ti mismo. El amor no hace mal al prójimo; así que el cumplimiento de la ley es el amor" (Ro. 13:8-10).

"Así que, los que somos fuertes debemos soportar las flaquezas de los débiles, y no agradarnos a nosotros mismos" (Ro. 15:1).

"Y el Señor os haga crecer y abundar en amor unos para con otros y para con todos, como también lo hacemos nosotros para con vosotros" (1 Ts. 3:12).

"Y considerémonos unos a otros para estimularnos al amor y a las buenas obras; no dejando de congregarnos, como algunos tienen por costumbre, sino exhortándonos; y tanto más, cuanto veis que aquel día se acerca" (He. 10:24-25).

"Habiendo purificado vuestras almas por la obediencia a la verdad, mediante el Espíritu, para el amor fraternal no fingido, amaos unos a otros entrañablemente, de corazón puro" (1 P. 1:22).

3.   La esperanza en el Señor Jesucristo mueve a la iglesia a permanecer en su obra y labor. La palabra "paciencia" (hupomones) significa tesón, determinación, perseverancia. Nuestra esperanza está en el Señor Jesucristo: sabemos que Él nos va a...

- guiar
- librar
- sostener
- dar su provisión
- fortalecer
- bendecir

Además, sabemos que el Señor nos llevará al cielo al final de esta vida y nos recompensará de acuerdo a nuestra obra aquí en la tierra. Por tanto, a los creyentes e iglesias fuertes se les incita a permanecer en la esperanza: a seguir adelante en su ardua labor por Cristo. (Vea Estudio a fondo 4, *Herencia,* Ro. 8:17 para mayor discusión.)

Pensamiento 1. Existen varias razones por las que un hombre trabaja:
=> Existe el trabajo forzado: un hombre es obligado a trabajar.
=> Existe el sentido del deber: un hombre se siente obligado a trabajar.
=> Existe la necesidad de suplir necesidades: un hombre tiene necesidades que tiene que suplir.
=> Existe el deseo de ganar más: un hombre trabaja para obtener riquezas.

Cuando un hombre acepta a Cristo, sus motivaciones para trabajar cambian. Ahora sirve y trabaja para Cristo (Ef. 6:5-9; Col. 3:22-4:1). Su fe en el nuevo mundo que Cristo está creando le mueve a trabajar para Cristo. Su amor por Cristo y por otros le mueve a trabajar para hablar del evangelio al mundo (1 Ts. 1:6-9). Su esperanza en el regreso de Cristo a instaurar su reino le hace trabajar pacientemente (1 Ts. 1:3). (Nota: la fuente de esta idea es desconocida. Si proviene de algún material publicado, por favor, háganoslo saber para reconocerlo en futuras impresiones).

"Porque las cosas que se escribieron antes, para nuestra enseñanza se escribieron, a fin de que por la paciencia y la consolación de las Escrituras, tengamos esperanza" (Ro. 15:4).

"a causa de la esperanza que os está guardada en los cielos, de la cual ya habéis oído por la palabra verdadera del evangelio" (Col. 1:5).

"Y el mismo Jesucristo Señor nuestro, y Dios nuestro Padre, el cual nos amó y nos dio consolación eterna y buena esperanza por gracia, conforte vuestros corazones, y os confirme en toda buena palabra y obra" (2 Ts. 2:16-17).

"enseñándonos que, renunciando a la impiedad y a los deseos mundanos, vivamos en este siglo sobria, justa y piadosamente, aguardando la esperanza bienaventurada y la manifestación gloriosa de nuestro gran Dios y Salvador Jesucristo" (Tit. 2:12-13).

"Bendito el Dios y Padre de nuestro Señor Jesucristo, que según su grande misericordia nos hizo renacer para una esperanza viva, por la resurrección de Jesucristo de los muertos, para una herencia incorruptible, incontaminada e inmarcesible, reservada en los cielos para vosotros" (1 P. 1:3-4).

7 (1:4) *Iglesia:* Una iglesia fuerte es evidentemente elegida por Dios. La palabra "elección" (eklogen) significa que la iglesia ha sido seleccionada y elegida por Dios. Esto quiere decir dos cosas:

1.   Dios elige y escoge a los creyentes como su pueblo amado. Dios ha llamado a los creyentes a salir del mundo y apartarse de la vieja vida que el mundo ofrece, la antigua vida de pecado y muerte. Él ha llamado a los creyentes para separarse y apartarse para sí mismo y para la nueva vida que Él ofrece, la nueva vida de justicia y eternidad.

"Jehová se manifestó a mí hace ya mucho tiempo, diciendo: Con amor eterno te he amado; por tanto, te prolongué mi misericordia" (Jer. 31:3).

"Porque de tal manera amó Dios al mundo, que ha dado a su Hijo unigénito, para que todo aquel que en él cree, no se pierda, mas tenga vida eterna" (Jn. 3:16).

"pues el Padre mismo os ama, porque vosotros me habéis amado, y habéis creído que yo salí de Dios" (Jn. 16:27).

"Mas Dios muestra su amor para con nosotros, en que siendo aún pecadores, Cristo murió por nosotros" (Ro. 5:8).

"Pero Dios, que es rico en misericordia, por su gran amor con que nos amó, aun estando nosotros muertos en pecados, nos dio vida juntamente con Cristo (por gracia sois salvos)" (Ef. 2:4-5).

"Mirad cuál amor nos ha dado el Padre, para que seamos llamados hijos de Dios; por esto el mundo no nos conoce, porque no le conoció a él" (1 Jn. 3:1).

2.   Los creyentes son elegidos y escogidos para ser hermanos amados; se les llama a quererse unos a otros y a contar los unos con los otros como muy amados y preciosos.

"Un mandamiento nuevo os doy: Que os améis unos a otros; como yo os he amado, que también os améis unos a otros. En esto conocerán todos que sois mis discípulos, si tuviereis amor los unos con los otros" (Jn. 13:34-35).

"Amaos los unos a los otros con amor fraternal; en cuanto a honra, prefiriéndoos los unos a los otros" (Ro. 12:10).

"El amor es sufrido, es benigno; el amor no tiene envidia, el amor no es jactancioso, no se envanece" (1 Co. 13:4).

"Antes sed benignos unos con otros, misericordiosos, perdonándoos unos a otros, como Dios también os perdonó a vosotros en Cristo" (Ef. 4:32).

"Por tanto, si hay alguna consolación en Cristo, si algún consuelo de amor, si alguna comunión del Espíritu, si algún afecto entrañable, si alguna misericordia, completad mi gozo, sintiendo lo mismo, teniendo el mismo amor, unánimes, sintiendo una misma cosa" (Fil. 2:1-2).

"Vestíos, pues, como escogidos de Dios, santos y amados, de entrañable misericordia, de benignidad, de humildad, de mansedumbre, de paciencia" (Col. 3:12).

"vosotros también, poniendo toda diligencia por esto mismo, añadid a vuestra fe virtud; a la virtud, conocimiento; al conocimiento, dominio propio; al dominio propio, paciencia; a la paciencia, piedad; a la piedad, afecto fraternal; y al afecto fraternal, amor" (2 P. 1:5-7).

"nosotros sabemos que hemos pasado de muerte a vida, en que amamos a los hermanos. El que no ama a su hermano, permanece en muerte" (1 Jn. 3:14).

Pensamiento 1. Nótense dos lecciones poderosas:

1)   La prueba de que una iglesia es verdaderamente elegida por Dios es que…
   •   los miembros actúan como el pueblo amado de Dios.
   •   los miembros se tratan unos a otros como hermanos amados.

2)   Un pueblo puede mostrar que la elección es solamente una falsa profesión…
   •   si actúan como si no fueran amados de Dios: viviendo en pecado y vergüenza, suciedad y contaminación, mundanalidad y avaricia.
   •   si se tratan unos a otros como cualquier cosa menos como amados hermanos: criticándose y divididos, orgullosos y arrogantes, enojados e hirientes, llenos de envidia y prejuicios, superiores y súper espirituales.

"¿Quién acusará a los escogidos de Dios? Dios es el que justifica" (Ro. 8:33).

"Por tanto, todo lo soporto por amor de los escogidos, para que ellos también obtengan la salvación que es en Cristo Jesús con gloria eterna" (2 Ti. 2:10).

"elegidos según la presciencia de Dios Padre en santificación del Espíritu, para obedecer y ser rociados con la sangre de Jesucristo: Gracia y paz os sean multiplicadas" (1 P. 1:2).

	B. La iglesia modelo: una conversión poderosa, 1:5-10	Macedonia y de Acaya que han creído.	
1 Tenían ministros que predicaban el evangelio como debe ser predicado a. Ministros que no predicaron meras palabras b. Ministros que predicaban en poder, en el Espíritu Santo y en plena certidumbre c. Ministros que vivían lo que predicaban	5 pues nuestro evangelio no llegó a vosotros en palabras solamente, sino también en poder, en el Espíritu Santo y en plena certidumbre, como bien sabéis cuáles fuimos entre vosotros por amor de vosotros.	8 Porque partiendo de vosotros ha sido divulgada la palabra del Señor, no sólo en Macedonia y Acaya, sino que también en todo lugar vuestra fe en Dios se ha extendido, de modo que nosotros no tenemos necesidad de hablar nada;	a. Divulgaron la palabra por sí mismos b. Su testimonio se divulgó por todas partes
2 Recibieron la Palabra (el evangelio) a pesar de la oposición y la persecución **3 Fueron ejemplo para otros creyentes**	6 Y vosotros vinisteis a ser imitadores de nosotros y del Señor, recibiendo la palabra en medio de gran tribulación, con gozo del Espíritu Santo, 7 de tal manera que habéis sido ejemplo a todos los de	9 porque ellos mismos cuentan de nosotros la manera en que nos recibisteis, y cómo os convertisteis de los ídolos a Dios, para servir al Dios vivo y verdadero, 10 y esperar de los cielos a su Hijo, al cual resucitó de los muertos, a Jesús, quien nos libra de la ira venidera.	**4 Se convirtieron de los ídolos a Dios** a. Se convirtieron para servir al Dios vivo b. Se convirtieron para esperar el regreso de Cristo c. Se convirtieron para escapar de la ira de Dios

DIVISIÓN I

LA IGLESIA MODELO, 1:1—3:13

B. La iglesia modelo: una conversión poderosa, 1:5-10

(1:5-10) *Introducción:* Pablo dice que la iglesia de los tesalonicenses era un ejemplo. Dice que eran ejemplo no solo para los paganos, sino también para los creyentes. Su ejemplo se encuentra principalmente en su poderosa conversión y en su predicación de la Palabra del Señor (v. 8).

1. Tenían ministros que predicaban el evangelio como debe ser predicado (v. 5).
2. Recibieron la Palabra (el evangelio) a pesar de la oposición y la persecución (v. 6).
3. Fueron ejemplo para otros creyentes (vv. 7-8).
4. Se convirtieron de los ídolos a Dios (vv. 9-10).

1 (1:5-6) *Ministros:* la iglesia modelo tenía ministros que predicaban el evangelio como debe ser predicado. Cuando Pablo fue a Tesalónica, lo hizo con un solo y único objetivo: predicar el evangelio y ministrar a las necesidades de las personas. Note tres lecciones sobresalientes:

1. Pablo no predicó en palabra solamente; es decir, no predicó meras palabras, dependiendo de su propia habilidad para influir sobre las personas. No se paró ante las personas tratando de alcanzarlas usando solamente sus propias palabras. Su predicación no dependía de…

- su elocuencia
- sus habilidades
- su sabiduría
- sus propias ideas
- su carisma
- su apariencia

Cuando Pablo se presentó ante las personas para predicarles, no estaba preocupado por sus palabras o su elocuencia, ni por si la gente pensaba que era un buen predicador o no. A él solo le interesaba una cosa: dar a conocer la Palabra de Dios y el evangelio del Señor Jesucristo. Pablo sabía que Dios honra única y exclusivamente su Palabra.

"Y les dijo: Id por todo el mundo y predicad el evangelio a toda criatura" (Mr. 16:15).

"Porque no me avergüenzo del evangelio, porque es poder de Dios para salvación a todo aquel que cree; al judío primeramente, y también al griego" (Ro. 1:16).

"Así que, hermanos, cuando fui a vosotros para anunciaros el testimonio de Dios, no fui con excelencia de palabras o de sabiduría. Pues me propuse no saber entre vosotros cosa alguna sino a Jesucristo, y a éste crucificado" (1 Co. 2:1-2).

"y ni mi palabra ni mi predicación fue con palabras persuasivas de humana sabiduría, sino con demostración del Espíritu y de poder, para que vuestra fe no esté fundada en la sabiduría de los hombres, sino en el poder de Dios" (1 Co. 2:4-5).

"lo cual también hablamos, no con palabras enseñadas por sabiduría humana, sino con las que enseña el Espíritu, acomodando lo espiritual a lo espiritual" (1 Co. 2:13).

"Porque el reino de Dios no consiste en palabras, sino en poder" (1 Co. 4:20).

"Pues si anuncio el evangelio, no tengo por qué gloriarme; porque me es impuesta necesidad; y ¡ay de mí si no anunciare el evangelio!" (1 Co. 9:16).

"Además os declaro, hermanos, el evangelio que os he predicado, el cual también recibisteis, en el cual también perseveráis; por el cual asimismo, si retenéis la palabra que os he predicado, sois salvos, si no creísteis en vano. Porque primeramente os he enseñado lo que asimismo recibí: Que Cristo murió por nuestros pecados, conforme a las Escrituras; y que fue sepultado, y que resucitó al tercer día, conforme a las Escrituras" (1 Co. 15:1-4).

"Porque no nos predicamos a nosotros mismos, sino a Jesucristo como Señor, y a nosotros como vuestros siervos por amor de Jesús" (2 Co. 4:5).

"que prediques la palabra; que instes a tiempo y fuera de tiempo; redarguye, reprende, exhorta con toda paciencia y doctrina" (2 Ti. 4:2).

"Porque la Palabra de Dios es viva y eficaz, y más cortante que toda espada de dos filos; y penetra hasta partir el alma y el espíritu, las coyunturas y los tuétanos, y discierne los pensamientos y las intenciones del corazón" (He. 4:12).

2. Pablo predicó en poder, en el Espíritu Santo y en plena certidumbre.

    a. Predicar en "poder" significa predicar en el poder y energía de Dios mismo. Esto es algo que muchas veces se pierde de vista y malinterpreta. El evangelio no consiste en meras palabras ni simplemente participar de una idea. Por supuesto que las palabras y las ideas están involucradas, pero el evangelio es más que eso, mucho más. El evangelio es *poder de Dios* obrando en el corazón humano. El evangelio es el poder de Dios operando, obrando, moviendo, convenciendo y energizando a la persona que cree y acepta al Señor Jesucristo.

    Esta es la razón por la que es tan importante que el predicador esté completamente rendido a Dios —viviendo bien cerca de Él— viviendo, moviéndose y con todo su ser puesto en el Señor. El predicador tiene que estar bajo el control de Dios para que el poder de Dios pueda reposar sobre él y fluir a través de su vida. El predicador tiene que convertirse en nada más que un instrumento en las manos de Dios. Solo entonces el evangelio —el poder mismo de Dios— podrá fluir a través de su predicación como debe.

    "pero recibiréis poder, cuando haya venido sobre vosotros el Espíritu Santo, y me seréis testigos en Jerusalén, en toda Judea, en Samaria, y hasta lo último de la tierra" (Hch. 1:8).

    "Porque no me avergüenzo del evangelio, porque es poder de Dios para salvación a todo aquel que cree; al judío primeramente, y también al griego" (Ro. 1:16).

    "porque Dios es el que en vosotros produce así el querer como el hacer, por su buena voluntad" (Fil. 2:13).

    "Porque la Palabra de Dios es viva y eficaz, y más cortante que toda espada de dos filos; y penetra hasta partir el alma y el espíritu, las coyunturas y los tuétanos, y discierne los pensamientos y las intenciones del corazón" (He. 4:12).

    "Por tanto, así ha dicho Jehová Dios de los ejércitos: Porque dijeron esta palabra, he aquí yo pongo mis palabras en tu boca por fuego, y a este pueblo por leña, y los consumirá" (Jer. 5:14).

    "¿No es mi palabra como fuego, dice Jehová, y como martillo que quebranta la piedra?" (Jer. 23:29).

    b. Predicar en el Espíritu Santo significa que el Espíritu Santo estaba también trabajando en los corazones de las personas. Él estaba haciendo lo que Dios le mandó a hacer en la tierra: redargüir los corazones de los oyentes y convencerles de la verdad del evangelio:

=> que Jesucristo murió por sus pecados.

=> que Jesucristo le ofrece justicia al hombre.

=> que Jesucristo soportó el juicio y el castigo de los pecados en lugar del hombre.

    "Y cuando él venga, convencerá al mundo de pecado, de justicia y de juicio. De pecado, por cuanto no creen en mí; de justicia, por cuanto voy al Padre, y no me veréis más; y de juicio, por cuanto el príncipe de este mundo ha sido ya juzgado" (Jn. 16:8-11).

    c. Predicar en plena certidumbre es un punto importante. ¿Cómo puede un ministro predicar y tener plena certidumbre de que la predicación dará fruto? La respuesta se halla en el próximo punto, el punto número tres.

3. Pablo vivió lo que predicó. Él vivió una vida completamente rendida a Cristo. Vivió, se movió y tuvo todo su ser en Cristo, andando y viviendo muy cerca de Él. La certidumbre y la confianza vienen de la obediencia —saber que se está haciendo lo que se debe hacer. Viene de conocer lo que agrada a Dios— que estamos viviendo vidas puras y limpias, orando y estudiando la Palabra de Dios cada día y testificando de la gracia salvadora del Señor Jesucristo. Cuando conocemos lo que agrada a Dios, sabemos que su presencia y poder estará sobre nosotros.

=> La obediencia es el secreto para la certidumbre.

=> La obediencia es el secreto para la presencia y el poder de Dios sobre nuestras vidas y predicación.

=> La obediencia es el secreto para obtener fruto mediante la predicación. Ese era el secreto de Pablo. Pablo obedecía a Dios, por tanto, Pablo estaba convencido de que su predicación sería en poder y en el Espíritu Santo.

Pensamiento 1. El mundo verá lo que Dios puede hacer con un hombre que le obedece —que le obedece total y completamente— que le obedece…

• mediante una vida pura y limpia.

• en oración y estudio diario de la Palabra de Dios.

• testificando a otros de la gracia salvadora del Señor Jesucristo.

    "Y decía a todos: Si alguno quiere venir en pos de mí, niéguese a sí mismo, tome su cruz cada día, y sígame" (Lc. 9:23).

    "Así que, hermanos, os ruego por las misericordias de Dios, que presentéis vuestros cuerpos en sacrificio vivo, santo, agradable a Dios, que es vuestro culto racional. No os conforméis a este siglo, sino transformaos por medio de la renovación de vuestro entendimiento, para que comprobéis cuál sea la buena voluntad de Dios, agradable y perfecta" (Ro. 12:1-2).

"sino que golpeo mi cuerpo, y lo pongo en servidumbre, no sea que habiendo sido heraldo para otros, yo mismo venga a ser eliminado" (1 Co. 9:27).

"¿O ignoráis que vuestro cuerpo es templo del Espíritu Santo, el cual está en vosotros, el cual tenéis de Dios, y que no sois vuestros? Porque habéis sido comprados por precio; glorificad, pues, a Dios en vuestro cuerpo y en vuestro espíritu, los cuales son de Dios" (1 Co. 6:19-20).

"Pero de los más de ellos no se agradó Dios; por lo cual quedaron postrados en el desierto" (2 Co. 10:5).

"y vestíos del nuevo hombre, creado según Dios en la justicia y santidad de la verdad" (Ef. 4:24).

"Si, pues, habéis resucitado con Cristo, buscad las cosas de arriba, donde está Cristo sentado a la diestra de Dios. Poned la mira en las cosas de arriba, no en las de la tierra. Porque habéis muerto, y vuestra vida está escondida con Cristo en Dios. Cuando Cristo, vuestra vida, se manifieste, entonces vosotros también seréis manifestados con él en gloria" (Col. 3:1-4).

"acerquémonos con corazón sincero, en plena certidumbre de fe, purificados los corazones de mala conciencia, y lavados los cuerpos con agua pura" (He. 10:22).

"Y en esto sabemos que nosotros le conocemos, si guardamos sus mandamientos" (1 Jn. 2:3).

"Hijitos míos, no amemos de palabra ni de lengua, sino de hecho y en verdad. Y en esto conocemos que somos de la verdad, y aseguraremos nuestros corazones delante de él" (1 Jn. 3:18-19).

Pensamiento 2. La idea es esta: los tesalonicenses tenían un predicador que predicó el evangelio como debía ser predicado. Tenían un ministro que rindió su vida por completo a Cristo: vivió y predicó única y exclusivamente a Cristo. ¡Qué tremendo ejemplo para nosotros! Cuando vivimos y predicamos como debemos, nuestra predicación será en poder y en el Espíritu Santo. La presencia y poder mismo de Dios reposará sobre nuestras vidas y ministerios.

2 (1:6) *Decisión:* Ellos recibieron la Palabra (el evangelio) a pesar de la oposición y la persecución. Recuerde: los judíos incrédulos se habían opuesto a Pablo e incitaron a algunos alborotadores de la ciudad contra él. La persecución se volvió tan peligrosa que Pablo se vio obligado a huir de la ciudad (cp. Hch. 17:4-10). No obstante, su ausencia no detuvo la persecución. De hecho, parece ser que el ataque contra la iglesia y sus jóvenes creyentes se hizo aun más fiera. Los judíos habían convencido a algunos de los ciudadanos gentiles —algunos compatriotas de los creyentes— para que se les unieran en el intento de detener el evangelio y destruir la iglesia (cp. 1 Ts. 2:14), pero fíjese lo que Pablo dice:

=> El evangelio produjo fruto. A pesar de la oposición y la persecución algunas personas recibieron la Palabra y aceptaron a Cristo.

"Y no temáis a los que matan el cuerpo, mas el alma no pueden matar; temed más bien a aquel que puede destruir el alma y el cuerpo en el infierno" (Mt. 10:28).

"Porque a vosotros os es concedido a causa de Cristo, no sólo que creáis en él, sino también que padezcáis por él" (Fil. 1:29).

"Y también todos los que quieren vivir piadosamente en Cristo Jesús padecerán persecución" (2 Ti. 3:12).

=> El Espíritu Santo recompensó la entrega de los creyentes a Cristo. Él dio gozo a sus vidas y corazones, dándoles plena certidumbre de su eterna salvación y liberación de la muerte.

"a quien amáis sin haberle visto, en quien creyendo, aunque ahora no lo veáis, os alegráis con gozo inefable y glorioso" (1 P. 1:8).

"Mas a todos los que le recibieron, a los que creen en su nombre, les dio potestad de ser hechos hijos de Dios" (Jn. 1:12).

"El Espíritu mismo da testimonio a nuestro espíritu, de que somos hijos de Dios. Y si hijos, también herederos; herederos de Dios y coherederos con Cristo, si es que padecemos juntamente con él, para que juntamente con él seamos glorificados" (Ro. 8:16-17).

Otro factor importante es que los creyentes se convirtieron en seguidores de Pablo y de Cristo. La palabra seguir (mimetai) significa imitar. ¿Es correcto que las personas imiten y sigan a los predicadores y otros líderes cristianos sobresalientes? A. T. Robertson nos da una excelente respuesta a esta pregunta:

"Es una osadía esperar que las personas sean 'imitadoras' del predicador, pero Pablo añade 'y del Señor' pues él únicamente esperaba o deseaba ser 'imitado' de la misma manera que él mismo imitaba al Señor Jesús, como explícitamente dice en 1 Co. 11:1. El riesgo de todo esto es que las personas fácilmente y de buena gana imitan al predicador cuando este no está imitando al Señor" (A. T. Robertson, *Word Pictures in the New Testament* [Imágenes en palabras en el Nuevo Testamento], vol.4. Nashville, TN: Broadman Press, 1931, p. 11).

"Sed imitadores de mí, así como yo de Cristo" (1 Co. 11:1).

Pensamiento 1. Hay dos lecciones sobresalientes en este punto.

1) Nada, absolutamente nada debe impedir que una persona reciba la palabra del evangelio; ni siquiera la oposición y la persecución.

2) Los creyentes —tanto predicadores como laicos— deben tener sumo cuidado con sus vidas y asegurarse de que están viviendo diligentemente para Cristo. ¿Por qué? Porque otros nos están observando y siguiendo; niños, adultos, vecinos, amigos. Hay personas que nos miran y nos siguen. Sea que nos guste o no, así es. Por tanto, debe interesarnos seguir a Cristo tan perfectamente como podamos.

"Sed imitadores de mí, así como yo de Cristo" (1 Co. 11:1).

"Sed, pues, imitadores de Dios como hijos amados" (Ef. 5:1).

"Por tanto, de la manera que habéis recibido al Señor Jesucristo, andad en él" (Col. 2:6).

"a fin de que no os hagáis perezosos, sino imitadores de aquellos que por la fe y la paciencia heredan las promesas" (He. 6:12).

"Si decimos que tenemos comunión con él, y andamos en tinieblas, mentimos, y no practicamos la verdad" (1 Jn. 1:6).

3 (1:7-8) *Testificar — Testimonio:* La iglesia modelo se convirtió en ejemplo para otros creyentes. Este es un aspecto sobresaliente: esta joven iglesia estaba tan entregada al Señor que su testimonio se divulgó por todo el mundo. Nótese lo siguiente: cuando Roma conquistó a Grecia, el país estaba dividido en dos provincias, la provincia norte era Macedonia y la del sur era Acaya. Pablo dice claramente que el testimonio de la iglesia se había esparcido por toda Grecia, tanto al norte como al sur. Luego añade que su fe se había divulgado más allá de la frontera de Grecia. Este debe querer decir por todo el mundo, pues Tesalónica era un centro comercial principal donde iban de visita vendedores, comerciantes y hombres de negocio de alrededor del mundo. Imagine el testimonio de la iglesia estaba dando día tras día. Su apasionamiento y entusiasmo por Cristo y la oposición y persecución contra ellos deben haber sido el comentario de toda la ciudad y el mundo.

Pensamiento 1. ¡Qué glorioso testimonio y ejemplo tan dinámico sobre cómo testificar! ¡Qué tremenda lección para nosotros hoy día! Cuánto necesitamos darnos a la tarea de vivir para Cristo y ser un testimonio para Él.

"pero recibiréis poder, cuando haya venido sobre vosotros el Espíritu Santo, y me seréis testigos en Jerusalén, en toda Judea, en Samaria, y hasta lo último de la tierra" (Hch. 1:8).

"porque no podemos dejar de decir lo que hemos visto y oído" (Hch. 4:20).

"Pero teniendo el mismo espíritu de fe, conforme a lo que está escrito: Creí, por lo cual hablé, nosotros también creemos, por lo cual también hablamos" (2 Co. 4:13).

"Por tanto, no te avergüences de dar testimonio de nuestro Señor, ni de mí, preso suyo, sino participa de las aflicciones por el evangelio según el poder de Dios" (2 Ti. 1:8).

"presentándote tú en todo como ejemplo de buenas obras; en la enseñanza mostrando integridad, seriedad" (Tit. 2:7).

"Esto habla, y exhorta y reprende con toda autoridad. Nadie te menosprecie" (Tit. 2:15).

"Hermanos míos, tomad como ejemplo de aflicción y de paciencia a los profetas que hablaron en nombre del Señor" (Stg. 5:10).

"sino santificad a Dios el Señor en vuestros corazones, y estad siempre preparados para presentar defensa con mansedumbre y reverencia ante todo el que os demande razón de la esperanza que hay en vosotros" (1 P. 3:15).

"Venid, oíd todos los que teméis a Dios, Y contaré lo que ha hecho a mi alma" (Sal. 66:16).

"vosotros sois mis testigos, dice Jehová, y mi siervo que yo escogí, para que me conozcáis y creáis, y

entendáis que yo mismo soy; antes de mí no fue formado dios, ni lo será despés de mí" (Is. 43:10).

"Sobre tus muros, oh Jerusalén, he puesto guardas; todo el día y toda la noche no callarán jamás. Los que os acordáis de Jehová, no reposéis" (Is. 62:6).

"Entonces los que temían a Jehová hablaron cada uno a su compañero; y Jehová escuchó y oyó, y fue escrito libro de memoria delante de él para los que temen a Jehová, y para los que piensan en su nombre" (Mal. 3:16).

4 (1:9-10) *Conversión — Arrepentimiento — Idolatría:* La iglesia modelo se convirtió de los ídolos a Dios. Recuerde que Pablo había tenido que huir de Tesalónica para salvar su vida. La única manera que tenía de saber cómo estaba la joven iglesia y sus creyentes era a través de otros que habían estado en Tesalónica de visita o por asuntos de negocio. Lo que había oído estremeció su corazón: los creyentes se mantenían firmes en el evangelio que él había predicado. Hubo tres cosas en particular acerca del testimonio de ellos que le afectaron.

1. Los creyentes se habían convertido de los ídolos a Dios. John Walvoord señala algo importante: se convirtieron de los ídolos a Dios, no de Dios a los ídolos (*The Thessalonian Epistles* [Las epístolas a los tesalonicenses]. Grand Rapids, MI: Zondervan, 1973, p. 17).

=> Ellos no trataron de limpiar sus vidas por sí mismos. No trataron de reformarse al alejarse de los ídolos y luego acercarse a Dios.

=> Ellos se convirtieron a Dios primero, luego, con la ayuda y fortaleza de Dios, se arrepintieron y se alejaron de los ídolos.

"Pedro les dijo: Arrepentíos, y bautícese cada uno de vosotros en el nombre de Jesucristo para perdón de los pecados; y recibiréis el don del Espíritu Santo" (Hch. 2:38).

"Así que, arrepentíos y convertíos, para que sean borrados vuestros pecados; para que vengan de la presencia del Señor tiempos de refrigerio" (Hch. 3:19).

"Arrepiéntete, pues, de esta tu maldad, y ruega a Dios, si quizá te sea perdonado el pensamiento de tu corazón" (Hch. 8:22).

"Pero Dios, habiendo pasado por alto los tiempos de esta ignorancia, ahora manda a todos los hombres en todo lugar, que se arrepientan" (Hch. 17:30).

"Deje el impío su camino, y el hombre inicuo sus pensamientos, y vuélvase a Jehová, el cual tendrá de él misericordia, y al Dios nuestro, el cual será amplio en perdonar" (Is. 55:7).

"Mas el impío, si se apartare de todos sus pecados que hizo, y guardare todos mis estatutos e hiciere según el derecho y la justicia, de cierto vivirá; no morirá" (Ez. 18:21).

¿Qué es un ídolo? Es crucial que comprendamos exactamente lo que es un ídolo. Es muy simple, cada hombre tiene una idea de cómo es Dios y de lo que Dios permite o prohíbe. Algunos hombres toman sus ideas y hacen imágenes tallándolas en madera o derritiendo y moldeando el metal o la porcelana. Otros simplemente mantienen dicha imagen en sus mentes e imaginan a Dios semejante a esto o a aquello. Todas esas imágenes, tanto unas como otras, son ídolos. Un ídolo es simplemente una imagen de algún dios creado por la mente del hombre: una imagen diferente del Dios que revelan las Escrituras (cp. Ro. 1:21).

Note el agudo contraste entre esas imágenes de la mente del hombre y Dios: Dios es el Dios vivo y verdadero; las imágenes son solo los conceptos falsos e inanimados de los hombres.

> "Siendo, pues, linaje de Dios, no debemos pensar que la Divinidad sea semejante a oro, o plata, o piedra, escultura de arte y de imaginación de hombres" (Hch. 17:29).

> "Pues habiendo conocido a Dios, no le glorificaron como a Dios, ni le dieron gracias, sino que se envanecieron en sus razonamientos, y su necio corazón fue entenebrecido. Profesando ser sabios, se hicieron necios, y cambiaron la gloria del Dios incorruptible en semejanza de imagen de hombre corruptible, de aves, de cuadrúpedos y de reptiles" (Ro. 1:21-23).

> "Y Dios, que levantó al Señor, también a nosotros nos levantará con su poder. ¿No sabéis que vuestros cuerpos son miembros de Cristo? ¿Quitaré, pues, los miembros de Cristo y los haré miembros de una ramera? De ningún modo. ¿O no sabéis que el que se une con una ramera, es un cuerpo con ella? Porque dice: Los dos serán una sola carne. Pero el que se une al Señor, un espíritu es con él. Huid de la fornicación. Cualquier otro pecado que el hombre cometa, está fuera del cuerpo; mas el que fornica, contra su propio cuerpo peca" (1 Co. 6:14-18).

> "No podéis beber la copa del Señor, y la copa de los demonios; no podéis participar de la mesa del Señor, y de la mesa de los demonios" (1 Co. 10:21).

> "Hijitos, guardaos de los ídolos. Amén" (1 Jn. 5:21).

> "Y vio Jehová que la maldad de los hombres era mucha en la tierra, y que todo designio de los pensamientos del corazón de ellos era de continuo solamente el mal" (Gn. 6:5).

> "He aquí yo pongo hoy delante de vosotros la bendición y la maldición: la bendición, si oyereis los mandamientos de Jehová vuestro Dios, que yo os prescribo hoy, y la maldición, si no oyereis los mandamientos de Jehová vuestro Dios, y os apartareis del camino que yo os ordeno hoy, para ir en pos de dioses ajenos que no habéis conocido" (Dt. 11:26-28).

> "Yo Jehová; este es mi nombre; y a otro no daré mi gloria, ni mi alabanza a esculturas" (Is. 42:8).

2. Los creyentes se habían convertido a Dios debido a la promesa del regreso de Cristo. Era el *Hijo de Dios* el que regresaría a la tierra, la Persona que había muerto por ellos para que pudieran ser aceptables delante de Dios y vivir con él para siempre. Ellos creyeron con todo su corazón que vivirían con Dios para siempre. Esta era la razón por la que esperaban el regreso de Cristo. La palabra "esperar" está en tiempo presente. Esto quiere decir que su esperanza del regreso de Cristo estaba viva. Ellos esperaban que Cristo regresara en cualquier momento y anhelaban que él apareciera en los cielos. Su expectativa era algo de todos los días.

> "Por tanto, también vosotros estad preparados;

> porque el Hijo del Hombre vendrá a la hora que no pensáis" (Mt. 24:44).

> "Jesús le dijo: Tú lo has dicho; y además os digo, que desde ahora veréis al Hijo del Hombre sentado a la diestra del poder de Dios, y viniendo en las nubes del cielo" (Mt. 26:64).

> "Y llamando a diez siervos suyos, les dio diez minas, y les dijo: Negociad entre tanto que vengo" (Lc. 19:13).

> "Entonces verán al Hijo del Hombre, que vendrá en una nube con poder y gran gloria" (Lc. 21:27).

> "No os maravilléis de esto; porque vendrá hora cuando todos los que están en los sepulcros oirán su voz; y los que hicieron lo bueno, saldrán a resurrección de vida; mas los que hicieron lo malo, a resurrección de condenación" (Jn. 5:28-29).

> "En la casa de mi Padre muchas moradas hay; si así no fuera, yo os lo hubiera dicho; voy, pues, a preparar lugar para vosotros. Y si me fuere y os preparare lugar, vendré otra vez, y os tomaré a mí mismo, para que donde yo estoy, vosotros también estéis" (Jn. 14:2-3).

> "los cuales también les dijeron: Varones galileos, ¿por qué estáis mirando al cielo? Este mismo Jesús, que ha sido tomado de vosotros al cielo, así vendrá como le habéis visto ir al cielo" (Hch. 1:11).

> "de tal manera que nada os falta en ningún don, esperando la manifestación de nuestro Señor Jesucristo" (1 Co. 1:7).

> "Así que, no juzguéis nada antes de tiempo, hasta que venga el Señor, el cual aclarará también lo oculto de las tinieblas, y manifestará las intenciones de los corazones; y entonces cada uno recibirá su alabanza de Dios" (1 Co. 4:5).

> "Porque el Señor mismo con voz de mando, con voz de arcángel, y con trompeta de Dios, descenderá del cielo; y los muertos en Cristo resucitarán primero. Luego nosotros los que vivimos, los que hayamos quedado, seremos arrebatados juntamente con ellos en las nubes para recibir al Señor en el aire, y así estaremos siempre con el Señor. Por tanto, alentaos los unos a los otros con estas palabras" (1 Ts. 4:16-18).

> "Y el mismo Dios de paz os santifique por completo; y todo vuestro ser, espíritu, alma y cuerpo, sea guardado irreprensible para la venida de nuestro Señor Jesucristo" (1 Ts. 5:23).

> "que guardes el mandamiento sin mácula ni reprensión, hasta la aparición de nuestro Señor Jesucristo" (1 Ti. 6:14).

> "enseñándonos que, renunciando a la impiedad y a los deseos mundanos, vivamos en este siglo sobria, justa y piadosamente, aguardando la esperanza bienaventurada y la manifestación gloriosa de nuestro gran Dios y Salvador Jesucristo" (Tit. 2:12-13).

> "así también Cristo fue ofrecido una sola vez para llevar los pecados de muchos; y aparecerá por segunda vez, sin relación con el pecado, para salvar a los que le esperan" (He. 9:28).

> "Y ahora, hijitos, permaneced en él, para que cuando se manifieste, tengamos confianza, para que en su venida no nos alejemos de él avergonzados" (1 Jn. 2:28).

Fíjese en otro hecho significativo. ¿Cómo sabemos que

Cristo regresará a la tierra y llevará a los creyentes a vivir con Dios para siempre? Porque Dios resucitó a Cristo de entre los muertos. Al resucitar a Cristo, Dios…

- probó que Él es el Dios Todopoderoso
- probó que Él tiene poder para resucitar a los muertos
- probó que va a hacer exactamente lo que Cristo enseñó: resucitará a todos los hombres, unos para vida eterna y otros para muerte eterna, es decir, para estar eternamente separados de Dios.

> "que fue declarado Hijo de Dios con poder, según el Espíritu de santidad, por la resurrección de entre los muertos" (Ro. 1:4).

> "Porque si los muertos no resucitan, tampoco Cristo resucitó; y si Cristo no resucitó, vuestra fe es vana; aún estáis en vuestros pecados. Entonces también los que durmieron en Cristo perecieron" (1 Co. 15:16-18).

> "y cuál la supereminente grandeza de su poder para con nosotros los que creemos, según la operación del poder de su fuerza, la cual operó en Cristo, resucitándole de los muertos y sentándole a su diestra en los lugares celestiales" (Ef. 1:19-20).

> "Bendito el Dios y Padre de nuestro Señor Jesucristo, que según su grande misericordia nos hizo renacer para una esperanza viva, por la resurrección de Jesucristo de los muertos" (1 P. 1:3).

3. Los creyentes se habían convertido de los ídolos a Dios para escapar de la ira de Dios. Note lo siguiente: viene un día de ira; tiene que venir, pues el hombre y su universo son corruptibles e imperfectos y se han rebelado contra Dios. El mundo ya ha sido condenado; el día de la ira ha sido fijado, pero estas son las gloriosas nuevas del evangelio: podemos ser librados de la ira venidera. La palabra "libra" (ruomenon) significa rescatar; librarnos de la ira misma. La imagen es la de Dios rescatándonos y sacándonos de la ira.

> "El que en él cree, no es condenado; pero el que no cree, ya ha sido condenado, porque no ha creído en el nombre del unigénito Hijo de Dios" (Jn. 3:18).

> "El que cree en el Hijo tiene vida eterna; pero el que rehúsa creer en el Hijo no verá la vida, sino que la ira de Dios está sobre él" (Jn. 3:36).

> "Porque la ira de Dios se revela desde el cielo contra toda impiedad e injusticia de los hombres que detienen con injusticia la verdad" (Ro. 1:18).

> "Pero fornicación y toda inmundicia, o avaricia, ni aun se nombre entre vosotros, como conviene a santos; ni palabras deshonestas, ni necedades, ni truhanerías, que no convienen, sino antes bien acciones de gracias. Porque sabéis esto, que ningún fornicario, o inmundo, o avaro, que es idólatra, tiene herencia en el reino de Cristo y de Dios" (Ef. 5:3-6).

> "Haced morir, pues, lo terrenal en vosotros: fornicación, impureza, pasiones desordenadas, malos deseos y avaricia, que es idolatría; cosas por las cuales la ira de Dios viene sobre los hijos de desobediencia" (Col. 3:5-6).

> "Y se airaron las naciones, y tu ira ha venido, y el tiempo de juzgar a los muertos, y de dar el galardón a tus siervos los profetas, a los santos, y a los que temen tu nombre, a los pequeños y a los grandes, y de destruir a los que destruyen la tierra" (Ap. 11:18).

1 Tiene un ministerio pleno y fructífero; no un ministerio vacío y sin fruto **2 Predica con valentía** a. En grandes pruebas, incluso encarcelamiento b. Enfrentando oposición **3 Predica un evangelio puro, vive una vida limpia y no engaña a las personas** **4 Predica para agradar a Dios, no a los hombres** **5 No predica por lo que pueda obtener a cambio** a. No usa palabras lisonjeras b. No es avaro	**CAPÍTULO 2** **C. La iglesia modelo: un ministro veraz y enérgico, 2:1-12** 1 Porque vosotros mismos sabéis, hermanos, que nuestra visita a vosotros no resultó vana; 2 pues habiendo antes padecido y sido ultrajados en Filipos, como sabéis, tuvimos denuedo en nuestro Dios para anunciaros el evangelio de Dios en medio de gran oposición. 3 Porque nuestra exhortación no procedió de error ni de impureza, ni fue por engaño, 4 sino que según fuimos aprobados por Dios para que se nos confiase el evangelio, así hablamos; no como para agradar a los hombres, sino a Dios, que prueba nuestros corazones. 5 Porque nunca usamos de palabras lisonjeras, como sabéis, ni encubrimos avaricia; Dios es testigo;	6 ni buscamos gloria de los hombres; ni de vosotros, ni de otros, aunque podíamos seros carga como apóstoles de Cristo. 7 Antes fuimos tiernos entre vosotros, como la nodriza que cuida con ternura a sus propios hijos. 8 Tan grande es nuestro afecto por vosotros, que hubiéramos querido entregaros no sólo el evangelio de Dios, sino también nuestras propias vidas; porque habéis llegado a sernos muy queridos. 9 Porque os acordáis, hermanos, de nuestro trabajo y fatiga; cómo trabajando de noche y de día, para no ser gravosos a ninguno de vosotros, os predicamos el evangelio de Dios. 10 vosotros sois testigos, y Dios también, de cuán santa, justa e irreprensiblemente nos comportamos con vosotros los creyentes; 11 así como también sabéis de qué modo, como el padre a sus hijos, exhortábamos y consolábamos a cada uno de vosotros, 12 y os encargábamos que anduvieseis como es digno de Dios, que os llamó a su reino y gloria.	**6 No predica buscando gloria o prestigio ni posiciones de autoridad** **7 Predica amorosa y tiernamente** a. Como una madre b. Como entregando su propia vida **8 Predica, trabajando de día y de noche** a. Con gran trabajo y fatiga b. Sin cobrar nada **9 Predica con una vida limpia, una vida impecable** **10 Predica como un padre; guiando con ternura** **11 Predica con un solo objetivo: la edificación**

DIVISIÓN I

LA IGLESIA MODELO, 1:1—3:13

C. La iglesia modelo: un ministro veraz y enérgico, 2:1-12

(2:1-12) *Introducción:* Recuerde que la iglesia en Tesalónica estaba bajo fuerte persecución. Los religiosos judíos se habían levantado contra Pablo y la iglesia, y estaban dispuestos a destruirlos a ambos. Reclutaron a todos los ciudadanos gentiles que pudieron para que se unieran al ataque. Ellos convencieron a las personas de que la predicación de Cristo destruiría su libertad y afectaría sus trabajos y negocios. La persecución se hizo tan violenta que Pablo se vio obligado a huir para salvar su vida. Sin embargo, su ausencia no detuvo la persecución. Los ataques contra la iglesia y sus creyentes continuaron. Una de las tácticas que tomó la persecución fue destruir la reputación de Pablo. Se levantaron contra él múltiples acusaciones y rumores.

El objetivo de Pablo al escribir este pasaje era fortalecer y edificar a los creyentes en Cristo. Para ello tuvo que corregir y responder a las acusaciones que había contra él. Pablo sabía con cuanta facilidad las personas se dejan influenciar por acusaciones y rumores y con cuanta facilidad también se les exagera. No quería que hubiera cuestionamiento ni malentendidos acerca de él y el ministerio de Cristo. Él era un ministro de Cristo, un ministro veraz, y el evangelio de Cristo era veraz. Esto significaba que su fe era válida. Ellos habían sido verdaderamente salvos y aceptos delante de Dios por la muerte de Cristo e iban a vivir eternamente en el reino y la gloria de Dios (v. 12). Lo que queremos decir es lo siguiente: este pasaje nos da la imagen de un ministro enérgico: el tipo de ministro y siervo de Cristo que cada creyente debe ser.

1. Tiene un ministerio pleno y fructífero; no un ministerio vacío y sin fruto (v. 1).
2. Predica con valentía (v. 2).

3. Predica un evangelio puro, vive una vida limpia y no engaña a las personas (v. 3).
4. Predica para agradar a Dios, no a los hombres (v. 4).
5. No predica por lo que pueda obtener a cambio (v. 5).
6. No predica buscando gloria o prestigio ni posiciones de autoridad (v. 6).
7. Predica amorosa y tiernamente (vv. 7-8).
8. Predica, trabajando de día y de noche (v. 9).
9. Predica con una vida limpia, una vida impecable (v. 10).
10. Predica como un padre; guiando con ternura (v. 11).
11. Predica con un solo objetivo: la edificación (v. 12).

(2:1-12) *Otro bosquejo:* Un ministro enérgico.
1. Trasfondo (v. 1).
    a. Los opositores calumniaron a Pablo.
    b. Él no era un fracasado.
2. Su valentía (v. 2).
3. Su mensaje: un evangelio puro (v. 3).
4. Sus motivaciones (vv. 4-6).
    a. No buscaba agradar a los hombres sino a Dios.
    b. No usaba palabras lisonjeras.
    c. No por avaricia.
    d. No buscando gloria.
    e. Sin siquiera reclamar derechos que tenía.
5. Su testimonio (vv. 7-11).
    a. Un hombre amable (vv. 7-8).
    b. Un hombre trabajador (v. 9).
    c. Un hombre limpio (v. 10).
    d. Un hombre paternal (v. 11a).
6. Su manera de hablar como un padre (v. 11).
7. Su único objetivo: la edificación (v. 12).

ESTUDIO A FONDO 1

(2:1-12) *Pablo, Acusaciones contra:* Este pasaje muestra las acusaciones que hicieron contra Pablo los que estaban tratando de destruir su reputación (vea notas, Introducción, 1 Ts. 2:1-12; 2 Co. 1:12-22).

1 (2:1) *Pablo, acusaciones contra — Ministro, fidelidad:* El ministro enérgico y veraz tiene un ministerio pleno y fructífero, no un ministerio vano (gegonen). La palabra vano significa vacío, ineficiente y sin fruto. Pablo les recuerda a los creyentes que su ministerio en medio de ellos no fue un ministerio vacío ni sin fruto. A las personas se les había ministrado e incluso algunas habían aceptado a Cristo y experimentado una conversión genuina. Ellos ahora vivían para Cristo, viviendo para él en medio de los tiempos más difíciles, incluyendo persecución. Por tanto, la acusación de que su ministerio era vacío y sin fruto era falsa. Dios tenía su mano sobre él y estaba bendiciendo su ministerio.

2 (2:2) *Ministro — Predicar:* El ministro enérgico predica con valentía aun cuando hay oposición. Justo antes de que Pablo iniciara su misión en Tesalónica, unos hombres de negocio de Filipos lo habían maltratado vergonzosamente y encarcelado, y los oficiales de la ciudad le habían obligado a abandonar la ciudad. Sin embargo, eso no desanimó a Pablo. Él no abandonó el ministerio porque había sido perseguido sino se fue a otra ciudad, Tesalónica. Ahora bien, fíjese lo que enfrentó en Tesalónica: persecución, los mismos ataques y malos tratos. ¿Hizo esto que se desanimara y abandonara el ministerio? No. Él continuó predicando el evangelio valientemente a pesar de la oposición y el conflicto. Lo que estamos diciendo es: la predicación valiente es prueba de un ministro veraz y enérgico. Un ministro veraz y enérgico sabe que Dios le ha llamado y sabe por qué Dios lo ha llamado: para predicar el evangelio. Por tanto, él predica con valor a pesar de las circunstancias. Una de sus más poderosas respuestas a sus críticos es su valiente predicación del evangelio.

Pensamiento 1. Nótese lo que significa predicar con valentía. Significa predicar el "evangelio de Dios", no dar una paliza verbal a los que nos critican. El púlpito no es lugar para lidiar con las críticas; es un lugar para predicar el evangelio de Dios: lugar desde donde se proclaman las inescrutables riquezas de Cristo. Eso fue exactamente lo que Pablo hizo a pesar de la oposición de los críticos del evangelio.

"Y yendo, predicad, diciendo: El reino de los cielos se ha acercado" (Mt. 10:7).
"Y les dijo: Id por todo el mundo y predicad el evangelio a toda criatura" (Mr. 16:15).
"Id, y puestos en pie en el templo, anunciad al pueblo todas las palabras de esta vida" (Hch. 5:20).
"En seguida predicaba a Cristo en las sinagogas, diciendo que éste era el Hijo de Dios" (Hch. 9:20).
"Mas por él estáis vosotros en Cristo Jesús, el cual nos ha sido hecho por Dios sabiduría, justificación, santificación y redención" (1 Co. 1:30).
"Porque no nos predicamos a nosotros mismos, sino a Jesucristo como Señor, y a nosotros como vuestros siervos por amor de Jesús" (2 Co. 4:5).
"que prediques la palabra; que instes a tiempo y fuera de tiempo; redarguye, reprende, exhorta con toda paciencia y doctrina" (2 Ti. 4:2).

Pensamiento 2. La palabra "denuedo" (eparresiasametha) significa hablar libremente; proclamar y hablar en público sin miedo. Muchos no testifican de Cristo porque le tienen miedo al ridículo, a sentirse avergonzados, a la burla y a la persecución. Son creyentes de Cristo en secreto, en vez de testigos de Cristo valientes.

3 (2:3) *Ministro:* El ministro veraz y enérgico predica un evangelio puro, vive una vida limpia y no engaña a las personas. Aquí se nos dicen tres cosas:
1. El ministro enérgico predica un evangelio puro. Note la palabra "error". Pablo no añadió ni quitó de la Palabra de Dios.
    => Él no dio rodeos ni pasó por alto temas controversiales debido a la oposición.
    => Él no trató de lisonjear los oídos de las personas predicando solamente aquellos temas que les agradaban; no rehuyó anunciar todo el consejo de la Palabra de Dios.
    => Él no se concentró en temas agradables para ganar la aprobación de las personas; no rehuyó los temas del pecado y el juicio.

=> Él no predicó para obtener aceptación y apoyo para su persona, ni para ganar seguidores personales.

=> Él no predicó para garantizar su sustento, ni para fortalecer su posición como pastor.

=> Él no predicó sus propias ideas ni las novedosas ideas de otros. No fue tras la última moda teológica para parecer actualizado y bien instruido.

Pablo predicó el evangelio puro, la Palabra de Dios pura. El mensaje de Jesucristo no fue creación suya; era obra de Dios, el glorioso evangelio de salvación que Dios había enviado a los hombres mediante su Hijo. Pablo no era el creador del mensaje, era Dios.

=> Pablo era solamente el mensajero de Dios, un simple hombre a quien Dios había empleado para proclamar su mensaje.

=> Pablo era solamente el embajador de Dios, un simple siervo escogido para llevar el mensaje del Rey al mundo de los hombres.

Lo que estamos diciendo es esto: Pablo no tenía ningún derecho de cambiar el mensaje. No tenía nada que ver con la confección del evangelio de Cristo. Por tanto, él predicaba el evangelio exactamente como Dios se lo había dado. Él predicaba el evangelio puro, la Palabra de Dios pura, y lo hizo sin desviarse una iota del mismo.

2.   El ministro enérgico vive una vida pura y limpia. La palabra "impureza" (akatharsias) tiene que ver con la suciedad e impureza moral (William Barclay, *The Letters to the Philippians, Colossians, and Thessalonians* [Las cartas a los filipenses, colosenses y tesalonicenses]. The Daily Study Bible [La Biblia de estudio diario]. Filadelfia, PA: The Westminister Press, 1959, p. 220). A Pablo lo estaban acusando de inmoralidad. A. T. Robertson cita a Lightfoot y señala que esto pudiera sorprendernos, pensar que a Pablo lo estaban acusando de inmoralidad. Sin embargo, una acusación así era de esperarse debido a la sociedad inmoral de aquellos días, una sociedad tan inmoral que había penetrado algunas de la religiones de la época. Pablo dice claramente que era inocente. Él no había usado el ministerio ni su posición en el ministerio para atraer a las mujeres. No había vivido en impureza. (A. T. Robertson, *Word Pictures in the New Testament* [Imágenes en palabras en el Nuevo Testamento], vol. 4, p. 16).

Pensamiento 1. Note dos lecciones que siempre debemos tener en mente como seguidores y siervos de Dios:

1)   A veces se esparcen rumores sobre algunos creyentes; tanto ministros como laicos. Los rumores, por supuesto, dañan, hieren y a menudo destruyen el testimonio y ministerio de las personas, pero lo peor de todo es que los rumores afectan el nombre de Cristo. Las personas que comienzan y difunden rumores que destruyen a las personas enfrentarán la ira de Dios a pesar de que profesen conocerle.

2)   Algunos creyentes —tanto ministros como laicos— caen y cometen inmoralidad. Esto, por supuesto, da rienda suelta a la imaginación de aquellos que están más dolidos por la caída del creyente, imaginaciones de comportamiento inmoral acumulado sobre el comportamiento inmoral. La persona herida da a conocer su dolor a sus amigos más queridos, y de ahí en adelante comienzan los rumores. Al poco tiempo surgen otros rumores basados en los anteriores. Desdichadamente, esta cadena continúa hasta que todo lo que se sabe son rumores e imaginaciones. Como seguidores y ministros de Cristo debemos recordar siempre que si alguien que ha caído es un verdadero cristiano, un verdadero seguidor del Señor Jesucristo, ocurrirá una de estas dos cosas:

•   El creyente caído se arrepentirá y confesará a Dios su pecado y Dios le perdonará. Dios también le usará nuevamente; en algunos casos con mayor eficacia que antes. ¿Por qué? Porque Dios es Dios de restauración. Si no fuera así, muy pocos de nosotros (si es que alguno) le estaríamos sirviendo. Esto es algo que necesitamos aprender urgentemente.

•   Dios se llevará al creyente a morar con él. Algunos verdaderos creyentes realmente resbalan y caen en el pecado y la esclavitud; más allá del punto en que están dispuestos a regresar a Cristo. Ahora fíjese: solo Dios sabe cuándo un creyente no está dispuesto a arrepentirse y cuándo ha llegado al punto en que nunca se arrepentirá. En ese punto el creyente nunca más será un testigo de Cristo. De hecho, su vida y testimonio solamente están dañando e hiriendo el corazón de Cristo mucho más allá de lo que podamos imaginar. Por lo tanto, a Dios no le queda más remedio que llevarlo a morar con él. (Vea bosquejo y notas, Juicio, 1 Co. 11:27-30).

"Porque ya sabéis qué instrucciones os dimos por el Señor Jesús; pues la voluntad de Dios es vuestra santificación; que os apartéis de fornicación; que cada uno de vosotros sepa tener su propia esposa en santidad y honor; no en pasión de concupiscencia, como los gentiles que no conocen a Dios; que ninguno agravie ni engañe en nada a su hermano; porque el Señor es vengador de todo esto, como ya os hemos dicho y testificado" (1 Ts. 4:2-6).

"Absteneos de toda especie de mal. Y el mismo Dios de paz os santifique por completo; y todo vuestro ser, espíritu, alma y cuerpo, sea guardado irreprensible para la venida de nuestro Señor Jesucristo" (1 Ts. 5:22-23)

"Amados, yo os ruego como a extranjeros y peregrinos, que os abstengáis de los deseos carnales que batallan contra el alma" (1 P. 2;11).

3.   El ministro enérgico no engaña a las personas. No hay ningún tipo de engaño en él.

a.   Pablo no engañaba a las personas predicándoles un evangelio falso. Él no se proponía...

•   asegurar seguidores personales

- ganarse la vida
- servir en una profesión respetable
- vivir una vida cómoda

Pablo era sincero y genuino: él predicaba un verdadero evangelio. Y era eso lo que se proponía, hablar del evangelio para que los hombres llegaran a conocer al único y verdadero Dios.

b. Pablo no engañaba a las personas con la vida que vivía. No predicaba una cosa y vivía otra. No era impuro, inmoral ni deshonesto. Vivía una vida pura y recta delante de Dios y de las personas.

"Si esto enseñas a los hermanos, serás buen ministro de Jesucristo, nutrido con las palabras de la fe y de la buena doctrina que has seguido" (1 Ti. 4:6).

"retenedor de la palabra fiel tal como ha sido enseñada, para que también pueda exhortar con sana enseñanza y convencer a los que contradicen. Porque hay aún muchos contumaces, habladores de vanidades y engañadores, mayormente los de la circuncisión" (Tit. 1:9-10).

"Pero tú habla lo que está de acuerdo con la sana doctrina" (Tit. 2:1).

4 (2:4) *Ministro:* un ministro enérgico y verdadero predica u ministra para agradar a Dios y no a los hombres. La mayoría de los hombres no quieren oír nada…

- acerca del pecado y del juicio.
- acerca de la absoluta necesidad que tienen de depender de la muerte de Cristo para ser salvos.
- acerca del llamado que toda persona tiene de comprometer con Cristo todo lo que es y tiene para poder satisfacer las necesidades de un mundo desesperado.

La predicación de la verdad no es siempre algo popular, no entre personas carnales e incrédulas. Por consiguiente, cuando se pone un ministro en medio de personas mundanas, este puede sentirse tentado a moderar su mensaje para agradar a las personas. La tentación puede ser especialmente fuerte si su sustento está en juego.

Sin embargo, observe lo que Pablo dice: él buscaba agradar a Dios solamente, no a los hombres. Para ello tenía dos poderosas razones:

1. En primer lugar, fue Dios quien le confió el evangelio, no los hombres. Dios era el dueño del evangelio y era Él la Persona que había llamado a Pablo a proclamar el evangelio. Los hombres no tenían nada que ver con la enunciación del evangelio ni con el llamamiento de Pablo. Dios cuidaría de él mientras predicaba. Dios lo había llamado a predicar, por lo tanto, él le pertenecía a Dios y podía confiar en que Dios lo cuidaría si los hombres reaccionaban en contra del evangelio y lo atacaban.

2. En segundo lugar, solamente Dios probaría su corazón y los juzgaría. Él tenía que rendir cuentas por su ministerio algún día y tendría que pararse frente a Dios, no frente a los hombres. Podría ser que en la tierra los hombres le ocasionaran alguna dificultad pero Dios le ocasionaría proble-

mas durante toda la eternidad si él abusaba o se oponía al evangelio de Dios.

"Pero ninguno hablaba abiertamente de él, por miedo a los judíos" (Jn 7:13).

"Porque el que me envió, conmigo está; no me ha dejado solo el Padre, porque yo hago siempre lo que le agrada" (Jn. 8:29).

"Porque amaban más la gloria de los hombres que la gloria de Dios" (Jn. 12:43).

"Siervos [aplicable a todos los creyentes], obedeced en todo a vuestros amos terrenales, no sirviendo al ojo, como los que quieren agradar a los hombres, sino con corazón sincero, temiendo a Dios" (Col. 3:22).

"sino que según fuimos aprobados por Dios para que se nos confiase el evangelio, así hablamos; no como para agradar a los hombres, sino a Dios, que prueba nuestros corazones" (1 Ts. 2:4).

"Por lo demás, hermanos, os rogamos y exhortamos en el Señor Jesús, que de la manera que aprendisteis de nosotros cómo os conviene conduciros y agradar a Dios, así abundéis más y más" (1 Ts. 4:1).

"Por la fe Enoc fue traspuesto para no ver muerte, y no fue hallado, porque lo traspuso Dios; y antes que fuese traspuesto, tuvo testimonio de haber agradado a Dios" (He. 11:5).

"El temor del hombre pondrá lazo; Mas el que confía en Jehová será exaltado" (Pr. 29:25).

"Yo, yo soy vuestro consolador. ¿Quién eres tú para que tengas temor del hombre, que es mortal, y del hijo de hombre, que es como heno?" (Is. 51:12).

5 (2:5) *Ministros:* un ministro enérgico y verdadero no predica por lo que puede obtener.

1. La palabra "lisonjera" (koloakeias) siempre implica el tipo de cumplido que se da para obtener algo de las personas (William Barclay, *The Letter to the Philippians, Colossians, and Thessalonians,* p. 221). Pablo no lisonjeaba a las personas para asegurar su amistad, seguimiento o apoyo. Por supuesto que elogiaba a las personas y en sus cartas del Nuevo Testamento se aprecia que lo hacía con bastante frecuencia; pero era algo genuino, refiriéndose siempre a los aspectos débiles que las personas necesitaban fortalecer así como a aquellos en los que estaban fuertes y merecían elogios.

"No haré ahora acepción de personas, Ni usaré con nadie de títulos lisonjeros" (Job 32:21).

"Jehová destruirá todos los labios lisonjeros, Y la lengua que habla jactanciosamente" (Sal. 12:3).

"El que dijere al malo: Justo eres, Los pueblos lo maldecirán, y le detestarán las naciones" (Pr. 24:24).

"La lengua falsa atormenta al que ha lastimado, Y la boca lisonjera hace resbalar" (Pr. 26:28).

"El que reprende al hombre, hallará después mayor gracia Que el que lisonjea con la lengua" (Pr. 28:23).

"El hombre que lisonjea a su prójimo, Red tiende delante de sus pasos" (Pr. 29:5).

2. La palabra avaricia muestra que a Pablo se le acusaba de estar en el ministerio por ambición; que había escogido el ministerio para ganarse la vida y hacer dinero. Pablo lo niega enfáticamente y dice que su estilo de vida lo demues-

tra. Declara que la iglesia lo sabe y que Dios es testigo de la verdad.

> **"Y les dijo: Mirad, y guardaos de toda avaricia; porque la vida del hombre no consiste en la abundancia de los bienes que posee" (Lc. 12:15).**
>
> **"No paguéis a nadie mal por mal; procurad lo bueno delante de todos los hombres" (Ro. 12:17).**
>
> **"No debáis a nadie nada, sino el amaros unos a otros; porque el que ama al prójimo, ha cumplido la ley" (Ro. 13:8).**
>
> **"procurando hacer las cosas honradamente, no sólo delante del Señor sino también delante de los hombres" (2 Co. 8:21).**
>
> **"Haced morir, pues, lo terrenal en vosotros: fornicación, impureza, pasiones desordenadas, malos deseos y avaricia, que es idolatría" (Col. 3:5).**
>
> **"Porque desde el más chico de ellos hasta el más grande, cada uno sigue la avaricia; y desde el profeta hasta el sacerdote, todos son engañadores" (Jer. 6:13).**
>
> **"Y vendrán a ti como viene el pueblo, y estarán delante de ti como pueblo mío, y oirán tus palabras, y no las pondrán por obra; antes hacen halagos con sus bocas, y el corazón de ellos anda en pos de su avaricia" (Ez. 33:31).**

[6] (2:6) *Ministro:* un ministro enérgico y verdadero no predica o ministra para obtener gloria ni por el prestigio o autoridad de una posición. Tenga en cuenta dos cosas.

1. Pablo dice que el no buscaba gloria, prestigio, honor o reconocimiento. No era su propósito que lo reconocieran como *un gran predicador o un buen ministro*. No buscaba que lo reconocieran como líder o como un hombre de posición o autoridad.

> **"Mas entre vosotros no será así, sino que el que quiera hacerse grande entre vosotros será vuestro servidor, y el que quiera ser el primero entre vosotros será vuestro siervo; como el Hijo del Hombre no vino para ser servido, sino para servir, y para dar su vida en rescate por muchos" (Mt. 20:26-28).**
>
> **"El que es el mayor de vosotros, sea vuestro siervo" (Mt. 23:11).**
>
> **"¿Cómo podéis vosotros creer, pues recibís gloria los unos de los otros, y no buscáis la gloria que viene del Dios único?" (Jn. 5:44).**
>
> **"Si alguno me sirve, sígame; y donde yo estuviere, allí también estará mi servidor. Si alguno me sirviere, mi Padre le honrará" (Jn. 12:26).**
>
> **"Porque: Toda carne es como hierba, Y toda la gloria del hombre como flor de la hierba. La hierba se seca, y la flor se cae" (1 P. 1:24).**
>
> **"Mas el hombre no permanecerá en honra; Es semejante a las bestias que perecen" (Sal. 49:12).**
>
> **"Porque cuando muera no llevará nada, Ni descenderá tras él su gloria" (Sal. 49:17).**
>
> **"Me invocará, y yo le responderé; con él estaré yo en la angustia; lo libraré y le glorificaré" (Sal. 91:15).**
>
> **"Por eso ensanchó su interior el Seol, y sin medida extendió su boca; y allá descenderá la gloria de ellos, y su multitud, y su fausto, y el que en él se regocijaba" (Is. 5:14).**
>
> **"Conforme a su grandeza, así pecaron contra mí; también yo cambiaré su honra en afrenta" (Os. 4:7).**

2. Pablo dice que tenía el derecho de hacer valer su autoridad como apóstol de Cristo. Ser ministro de Dios es un gran honor y los hombres deben respetar y apreciar el llamamiento; pero el ministro de Dios no debe exaltar su autoridad ya que ha sido llamado por Dios mismo, llamado a servir a la Majestad soberana del universo. No debe ser exigente ni dado a las órdenes. Dios no ha llamado al ministro a un puesto de honor y autoridad sino a ministrar y predicar el evangelio.

[7] (2:7-8) *Ministro:* el ministro fuerte y verdadero predica y ministra gentil y amablemente. Lo que Pablo dice es descriptivo y muestra el profundo amor que sentía por la iglesia y sus creyentes en Tesalónica.

1. Pablo fue tan tierno con ellos como lo es una madre que cuida a sus hijos. La idea es que el ministro debe ministrar a su pueblo con…

- ternura
- afecto
- intensidad
- calidez
- cuidado
- amor

Debe tratarlos como algo precioso, como las personas a quienes más ama, como algo muy querido en su corazón.

2. El afecto de Pablo hacia su pueblo era tan fuerte que les predicó el evangelio en medio de adversidad y gran oposición; e incluso estaba dispuesto a hacer más: estaba dispuesto a entregar su alma por ellos, a sacrificar su propia vida para asegurar que llegaran a conocer a Cristo y la salvación eterna que había en él. Fíjese que Pablo dice que estaba dispuesto a sacrificar su vida por una sencilla razón: ellos le eran muy queridos (agapetoi). La palabra queridos quiere decir amados. Eran su pueblo amado.

> **"Por tanto, velad, acordándoos que por tres años, de noche y de día, no he cesado de amonestar con lágrimas a cada uno" (Hch. 20:31).**
>
> **"Así que, hermanos míos amados y deseados, gozo y corona mía, estad así firmes en el Señor, amados" (Fil. 4:1).**
>
> **"Porque el siervo del Señor no debe ser contencioso, sino amable para con todos, apto para enseñar, sufrido" (2 Ti. 2:24).**
>
> **"Habiendo purificado vuestras almas por la obediencia a la verdad, mediante el Espíritu, para el amor fraternal no fingido, amaos unos a otros entrañablemente, de corazón puro" (1 P. 1:22).**

[8] (2:9) *Ministro:* El ministro fuerte y verdadero predica y ministra, trabajando día y noche. John Walvoord señala algo significativo: Pablo no tenía una semana de cinco días ni de cuarenta horas. No trabajaba hasta las cuatro o las cinco o hasta que anocheciera y luego tenía el resto del día para sí mismo (*The Thessalonian Epistles,* p. 30).

Pablo era un siervo de Cristo para satisfacer las grandes necesidades del mundo y para alcanzar a los hombres con la gloriosa noticia de que Cristo podía salvarlos de la muerte y darles vida eterna. ¿Cómo podía descansar y relajarse cuando había personas en cada ciudad y comunidad que morían a diario? Por supuesto que necesitaba dormir, al igual que todos los hombres pero queda claro en las cartas de Pablo que este solo dormía y descansaba lo necesario. No era perezoso ni holgazán cuando se trataba de dormir o de descansar. Y fíjese por qué: porque no quería ser gravoso para ningún hombre. ¿Qué quería decir con esto? Sencillamente lo que Dios dice: que cada ministro y cada creyente tiene la sangre del mundo en sus manos y tendrá que rendir cuentas por llevarles el mensaje, el mensaje de que pueden salvarse de la muerte y recibir vida eterna.

"Pero cualquiera que me oye estas palabras y no las hace, le compararé a un hombre insensato, que edificó su casa sobre la arena" (Mt. 7:26).

"¿No decís vosotros: Aún faltan cuatro meses para que llegue la siega? He aquí os digo: Alzad vuestros ojos y mirad los campos, porque ya están blancos para la siega. Y el que siega recibe salario, y recoge fruto para vida eterna, para que el que siembra goce juntamente con el que siega" (Jn. 4:35-36).

"Le dijo Jesús: Pues le has visto, y el que habla contigo, él es. Y él dijo: Creo, Señor; y le adoró" (Jn. 9:37-38).

"Así, pues, téngannos los hombres por servidores de Cristo, y administradores de los misterios de Dios. Ahora bien, se requiere de los administradores, que cada uno sea hallado fiel" (1 Co. 4:1-2).

"Orad sin cesar. Dad gracias en todo, porque esta es la voluntad de Dios para con vosotros en Cristo Jesús" (1 Ts. 5:17-18).

"según el glorioso evangelio del Dios bendito, que a mí me ha sido encomendado. Doy gracias al que me fortaleció, a Cristo Jesús nuestro Señor, porque me tuvo por fiel, poniéndome en el ministerio" (1 Ti. 1:11-12).

"y a su debido tiempo manifestó su palabra por medio de la predicación que me fue encomendada por mandato de Dios nuestro Salvador" (Tit. 1:3).

"Aquel siervo que conociendo la voluntad de su señor, no se preparó, ni hizo conforme a su voluntad, recibirá muchos azotes" (Lc. 12:47).

"Cuando yo dijere al impío: Impío, de cierto morirás; si tú no hablares para que se guarde el impío de su camino, el impío morirá por su pecado, pero su sangre yo la demandaré de tu mano. Y si tú avisares al impío de su camino para que se aparte de él, y él no se apartare de su camino, él morirá por su pecado, pero tú libraste tu vida" (Ez. 33:8-9).

9 (2:10) *Ministro:* El ministro enérgico y veraz predica y ministra con una vida limpia e impecable. Pablo dice:
- que él vivió una vida santa ante Dios: una vida separada del mundo y totalmente apartada para Dios.
- que él vivió una vida justa e irreprensible ante los hombres: una vida en la que amó y trató a los hombres como Dios dice y como a él le gustaría que lo trataran.
- que él vivió una vida sin culpa ante Dios y los hombres.

"Y por esto procuro tener siempre una conciencia sin ofensa ante Dios y ante los hombres" (Hch. 24:16).

"Por tanto, os ruego que me imitéis" (1 Co. 4:16).

"Sed imitadores de mí, así como yo de Cristo" (1 Co. 11:1).

"para que seáis irreprensibles y sencillos, hijos de Dios sin mancha en medio de una generación maligna y perversa, en medio de la cual resplandecéis como luminares en el mundo" (Fil. 2:15).

"Hermanos, sed imitadores de mí, y mirad a los que así se conducen según el ejemplo que tenéis en nosotros" (Fil. 3:17).

"Lo que aprendisteis y recibisteis y oísteis y visteis en mí, esto haced; y el Dios de paz estará con vosotros" (Fil. 4:9).

"Retén la forma de las sanas palabras que de mí oíste, en la fe y amor que es en Cristo Jesús" (2 Ti. 1:13).

10 (2:11) *Ministro:* El ministro enérgico y veraz predicó como un padre, guiando con ternura. El ministro no es solo como una madre (vea nota, 1 Ts. 2:7-8), sino es también como un padre. Se enumeran tres funciones paternales:
=> El ministro exhorta como un padre: dirige, guía y enseña.

"Porque podéis profetizar todos uno por uno, para que todos aprendan, y todos sean exhortados" (1 Co. 14:31).

"Por tanto, alentaos los unos a los otros con estas palabras" (1 Ts. 4:18).

"Por lo cual, animaos unos a otros, y edificaos unos a otros, así como lo hacéis" (1 Ts. 5:11).

"Esto manda y enseña" (1 Ti. 4:11).

=> El ministro consuela como un padre: anima, conforta, apoya, sostiene, levanta, alivia y suaviza el dolor.

"Por tanto, si hay alguna consolación en Cristo, si algún consuelo de amor, si alguna comunión del Espíritu, si algún afecto entrañable, si alguna misericordia, completad mi gozo, sintiendo lo mismo, teniendo el mismo amor, unánimes, sintiendo una misma cosa" (Fil. 2:1-2).

"que prediques la palabra; que instes a tiempo y fuera de tiempo; redarguye, reprende, exhorta con toda paciencia y doctrina" (2 Ti. 4:2).

"retenedor de la palabra fiel tal como ha sido enseñada, para que también pueda exhortar con sana enseñanza y convencer a los que contradicen" (Tit. 1:9).

"Esto habla, y exhorta y reprende con toda autoridad. Nadie te menosprecie" (Tit. 2:15).

=> El ministro castiga como un padre: testifica, protege y advierte.

"Mirad que nadie os engañe por medio de filosofías y huecas sutilezas, según las tradiciones de los hombres, conforme a los rudimentos del mundo, y no según Cristo" (Col. 2:8).

"Decid a Arquipo: Mira que cumplas el ministerio que recibiste en el Señor" (Col. 4:17).

"que con mansedumbre corrija a los que se oponen, por si quizá Dios les conceda que se arrepientan para conocer la verdad" (2 Ti. 2:25).

"Tenemos también la palabra profética más segura, a la cual hacéis bien en estar atentos como a una antorcha que alumbra en lugar oscuro, hasta que el día esclarezca y el lucero de la mañana salga en vuestros corazones" (2 P. 1:19).

"Así que vosotros, oh amados, sabiéndolo de antemano, guardaos, no sea que arrastrados por el error de los inicuos, caigáis de vuestra firmeza" (2 P. 3:17).

11 (2:12) *Ministro:* El ministro enérgico y veraz predica y ministra con un solo objetivo: guiar a las personas para que anden como es digno del Señor. Dios nos ha dado la promesa más gloriosa que podamos imaginar: el maravilloso privilegio de vivir para siempre en su reino y gloria. Por lo tanto, debemos andar como es digno de dicha promesa. Debemos vivir vidas de excelencia —andar día a día como debemos andar— honrando y edificando el nombre de Dios.

"Digo, pues: Andad en el Espíritu, y no satisfagáis los deseos de la carne" (Gá. 5:16).

"Yo pues, preso en el Señor, os ruego que andéis como es digno de la vocación con que fuisteis llamados" (Ef. 4:1).

"Mirad, pues, con diligencia cómo andéis, no como necios sino como sabios" (Ef. 5:15).

"Por tanto, de la manera que habéis recibido al Señor Jesucristo, andad en él" (Col. 2:6).

"pero si andamos en luz, como él está en luz, tenemos comunión unos con otros, y la sangre de Jesucristo su Hijo nos limpia de todo pecado" (1 Jn. 1:7).

"El que dice que permanece en él, debe andar como él anduvo" (1 Jn. 2:6).

	D. La iglesia modelo: un pueblo fuerte, 2:13-20	16 impidiéndonos hablar a los gentiles para que éstos se salven; así colman ellos siempre la medida de sus pecados, pues vino sobre ellos la ira hasta el extremo.	c. Persiguieron a los creyentes
1 Recibieron la Palabra de Dios como Palabra de Dios	13 Por lo cual también nosotros sin cesar damos gracias a Dios, de que cuando recibisteis la Palabra de Dios que oísteis de nosotros, la recibisteis no como palabra de hombres, sino según es en verdad, la Palabra de Dios, la cual actúa en vosotros los creyentes.		d. No agradaron a Dios
a. La recibieron mediante hombres			e. Se opusieron a todos los hombres
b. No la recibieron como palabra de hombres, "sino según es en verdad", la Palabra de Dios			f. Impidieron hablar a las personas
c. La recibieron a medida que actuaba en sus vidas			g. Resultado de su culpabilidad
			1) Colmaron la medida de sus pecados
			2) Trajeron ira sobre sí mismos
2 Se convirtieron en imitadores de iglesias fuertes: se mantuvieron firmes a pesar de la intensa persecución	14 Porque vosotros, hermanos, vinisteis a ser imitadores de las iglesias de Dios en Cristo Jesús que están en Judea; pues habéis padecido de los de vuestra propia nación las mismas cosas que ellas padecieron de los judíos,	17 Pero nosotros, hermanos, separados de vosotros por un poco de tiempo, de vista pero no de corazón, tanto más procuramos con mucho deseo ver vuestro rostro;	**4 Tenían una fuerte comunión**
			a. Pablo había tenido que huir debido a la persecución
		18 por lo cual quisimos ir a vosotros, yo Pablo ciertamente una y otra vez; pero Satanás nos estorbó.	b. Pablo deseaba regresar
3 Se libraron de la culpabilidad de los judíos	15 los cuales mataron al Señor Jesús y a sus propios profetas, y a nosotros nos expulsaron; y no agradan a Dios, y se oponen a todos los hombres,		c. Satanás estorbó a Pablo[EF2]
a. Mataron al Señor Jesús		19 Porque ¿cuál es nuestra esperanza, o gozo, o corona de que me gloríe? ¿No lo sois vosotros, delante de nuestro Señor Jesucristo, en su venida?	**5 Estaban destinados a traer gloria y gozo a sus ministerios**
b. Mataron a los profetas			a. A Pablo
		20 vosotros sois nuestra gloria y gozo.	b. A la venida de Cristo

DIVISIÓN I

LA IGLESIA MODELO, 1:1—3:13

D. La iglesia modelo: un pueblo fuerte, 2:13-20

(2:13-20) *Introducción:* Una iglesia fuerte es una iglesia de personas fuertes, un pueblo que ha confiado en Jesucristo como su Salvador y Señor y que se mantienen firmes en él. Este pasaje abarca las características de un pueblo fuerte.

1. Recibieron la Palabra de Dios como Palabra de Dios (v. 13).
2. Se convirtieron en imitadores de iglesias fuertes: se mantuvieron firmes a pesar de la intensa persecución (v. 14).
3. Se libraron de la culpabilidad de los judíos (vv. 15-16).
4. Tenían una fuerte comunión (vv. 17-18).
5. Estaban destinados a traer gloria y gozo a sus ministerios (vv. 19-20).

1 (2:13) *Palabra de Dios:* Un pueblo fuerte recibe la Palabra de Dios como Palabra de Dios. Note tres aspectos.

1. Los creyentes tesalonicenses habían recibido la Pala-

bra mediante la predicación y enseñanza de los hombres. Pablo, Silas y Timoteo le habían llevado y anunciado la Palabra de Dios. Ellos o algún otro creyente tuvo que haberle llevado la Palabra del Señor a los tesalonicenses, pues no hay otra manera de que la hubieran recibido. Hacen falta personas para comunicar la Palabra de Dios. Si los creyentes no hablan y testifican de la Palabra, nunca nadie la oirá ni la recibirá; se detendría en su amino y nadie sería alcanzado para Cristo. Nunca más se añadiría otra rama al árbol de la vida. La única forma en que la Palabra de Dios puede ir adelante es que los creyentes la proclamen. Lo que estamos diciendo es lo siguiente: proclamar y dar testimonio de la Palabra de Dios es la *manera ordenada* por Dios para alcanzar al mundo para Cristo. Él le ha dado la misión de proclamarla a los hombres, no a los ángeles ni a ninguna otra criatura. El deber de proclamar y dar testimonio de la Palabra de Dios descansa sobre los hombros de los creyentes. Esta es la razón por la que debemos proclamar y dar testimonio de la Palabra de Dios cada día de nuestras vidas. La vida de cada alma en la tierra está en nuestras manos. Pablo lo sabía, esa es la razón por la que él le había llevado la Palabra de Dios a los tesalonicenses.

2. Los creyentes tesalonicenses habían recibido la

Palabra, no como palabra de hombres, "sino *según es en verdad, la Palabra de Dios*". ¡Qué afirmación tan fenomenal! Pablo declara inequívocamente que la Palabra que él proclamaba no era palabra de hombres, sino la Palabra de Dios mismo. Más adelante añade que "es en verdad, la Palabra de Dios". ¿Creemos tú y yo que la Palabra de Dios es la Palabra de Dios?

=> Los tesalonicenses lo creían.

=> Pablo lo creía.

=> Pero ¿tú y yo lo creemos? ¿Realmente lo creemos?

Recuerde: lo que Pablo predicaba eran las Escrituras del Antiguo Testamento y los misterios de Cristo que Dios le había revelado a él directamente (cp. Ro. 16:25-26; 1 Co. 2:7; Ef. 1:9; 3:4, 9; Col. 1:27; 2:2; 4:3; 2 Ti. 3:16). La mayoría de las personas —muchos— no creen que la Palabra de Dios (la Biblia) es la Palabra de Dios. Ellos reciben la Palabra de Dios solamente como palabra de hombres.

=> Piensan que la Palabra de Dios es solamente de hombres.

=> Algunos piensan que el Nuevo Testamento es solamente lo que los apóstoles y los creyentes pudieron recordar acerca de Cristo y las conclusiones que pudieron sacar de sus enseñanzas.

=> Algunos piensan que el Antiguo Testamento es solo el libro religioso y de fábulas de los judíos, escrito por sus grandes líderes religiosos.

=> Algunos piensan que la Biblia es el gran libro religioso escogido por Dios para ser usado en la vida de las personas cuando se le proclama. Dicen que la Biblia no es la Palabra de Dios cuando está en el estante, pero cuando se lee o se proclama, se convierte en la Palabra de Dios; Dios usa su mensaje para moverse en los corazones de las personas y redargüirlos.

Sin embargo, nótese un punto decisivo, tan decisivo que puede ser el factor determinante que decida el destino eterno del hombre: tanto la Biblia como Pablo afirman que la Palabra de Dios no es palabra de hombres, sino Palabra de Dios. *"Es en verdad, la Palabra de Dios"*. Así la iglesia de los tesalonicenses y sus creyentes la recibieron como la Palabra de Dios. (Vea Estudio a fondo 1, Palabra de Dios, 1 Ts. 2:13 para mayor discusión.)

3. Los creyentes tesalonicenses recibieron la Palabra de Dios de manera que esta pudo actuar y obrar en sus vidas. El versículo dice que es Dios quien "actúa en vosotros los creyentes", pero ¿qué es lo que creemos? La Palabra de Dios. Si no creemos la Palabra de Dios, no hay otra cosa que podamos creer excepto palabra de hombres, y lo mejor que los hombres pueden darnos es mensajes y palabras que nos muevan a un mayor...

- automejoramiento
- autoimagen
- bondad
- justicia
- compromiso
- autodesarrollo
- obras
- moralidad
- igualdad

Todo esto es bueno, pero tiene una terrible falla: se acaba. Todas las cosas del hombre mueren cuando el hombre muere.

Los mensajes y palabras de los hombres no pueden hacer más que lo que el propio hombre puede hacer, y el hombre no puede hacer otra cosa que morir y continuar en su terrible separación de la vida y de Dios. El hombre no puede salvarse a sí mismo. Esta es la razón por la que el hombre tiene que esperar y confiar en que Dios es amor y que nos ha amado tanto como para hablarnos; hablarnos claramente y con exactitud. Si a Dios no le importara dejarnos en oscuridad acerca de cómo poder ser aceptos delante de él, entonces no quisiéramos tener que encontrarnos con él. ¿Por qué? Porque él no pudiera ser un Dios de amor —no si nos hubiera dejado en un mundo oscuro, malo y destructivo— y dejarnos tratando de entender y buscando a tientas el camino hacia él. Un Dios de amor nos amaría y hablaría con claridad y precisión, sin error alguno, para que pudiéramos conocerle a él, a nosotros mismo, y al mundo sin oportunidad para equivocarnos:

=> quiénes somos

=> por qué estamos aquí

=> por qué las cosas son como son

=> hacia dónde vamos

Este es el glorioso evangelio: Dios nos ha amado y nos ha dado su Palabra, la misma Palabra del propio Dios, las Sagradas Escrituras. Algunos de los tesalonicenses creían en la Palabra de Dios, así que Dios obró en sus corazones y en sus vidas haciendo que ellos crecieran y fueran cada vez más semejantes a su amado Hijo, el Señor Jesucristo.

"Pero bienaventurados vuestros ojos, porque ven; y vuestros oídos, porque oyen" (Mt. 13:16).

"Mas el que fue sembrado en buena tierra, éste es el que oye y entiende la palabra, y da fruto; y produce a ciento, a sesenta, y a treinta por uno" (Mt. 13:23).

"Mas la que cayó en buena tierra, éstos son los que con corazón bueno y recto retienen la palabra oída, y dan fruto con perseverancia" (Lc. 8:15).

"Así que, los que recibieron su palabra fueron bautizados; y se añadieron aquel día como tres mil personas" (Hch 2:41).

"Y éstos eran más nobles que los que estaban en Tesalónica, pues recibieron la palabra con toda solicitud, escudriñando cada día las Escrituras para ver si estas cosas eran así" (Hch 17:11).

"Por lo cual también nosotros sin cesar damos gracias a Dios, de que cuando recibisteis la Palabra de Dios que oísteis de nosotros, la recibisteis no como palabra de hombres, sino según es en verdad, la Palabra de Dios, la cual actúa en vosotros los creyentes" (1 Ts. 2:13).

ESTUDIO A FONDO 1

(2:13) *Palabra de Dios:* La Biblia proclama ser la Palabra de Dios (para mayor discusión vea notas, 2 Ti. 3:16; nota y Estudio a fondo 1, 2, 2 P. 19-21).

=> La unidad de las Escrituras indica que se originaron en una sola mente, la mente de Dios (vea nota y Estudio a fondo 2, 2 P. 2:19-21).

=> Las Escrituras han cambiado miles de vidas para Dios.

=> Las profecías cumplidas y la arqueología corroboran un origen divino. (Para mayor discusión, vea notas y Estudio a fondo 1, Lc. 3:23-38; Estudio a fondo 3, Jn. 1:45; Índice temático).

De hecho, la característica peculiar de la Biblia es que cualquier método investigativo serio y honesto siempre la ha corroborado exhaustivamente como la Palabra de Dios. Tenga en cuenta que para recibir la verdad se requieren seriedad y honestidad. No pudiera esperarse una evidencia menor de la mente y providencia de Dios ya que Dios solo dice verdad y solamente una investigación pura de la verdad puede corroborar su Palabra. Al decir esto es necesario recordar que la fe es un elemento para corroborar cualquier cosa, por lo tanto, la fe está implícita para aceptar la Biblia como la Palabra de Dios, es uno de los elementos requeridos.

Sin embargo, la autoridad suprema para aceptar la Biblia como la Palabra de Dios es Jesucristo. Si creemos en la misión divina de Cristo y sus apóstoles, entonces tenemos que creer que la Biblia es la Palabra de Dios (Jn. 5:39).

El hecho de que Jesucristo fue una personalidad histórica es una realidad.

=> El hecho de que Jesucristo proclama ser el Hijo de Dios es una realidad.

=> El hecho de que Jesucristo es el Hijo de Dios es fe.

El hecho de que la Biblia es un libro histórica es una realidad.

=> El hecho de que la Biblia proclama ser la Palabra de Dios es un hecho.

=> El hecho de que la Biblia es la Palabra de Dios es fe.

"Y nosotros no hemos recibido el espíritu del mundo, sino el Espíritu que proviene de Dios, para que sepamos lo que Dios nos ha concedido, lo cual también hablamos, no con palabras enseñadas por sabiduría humana, sino con las que enseña el Espíritu, acomodando lo espiritual a lo espiritual" (1 Co. 2:12-13).

"Por lo cual también nosotros sin cesar damos gracias a Dios, de que cuando recibisteis la Palabra de Dios que oísteis de nosotros, la recibisteis no como palabra de hombres, sino según es en verdad, la Palabra de Dios, la cual actúa en vosotros los creyentes" (1 Ts. 2:13).

"Procura con diligencia presentarte a Dios aprobado, como obrero que no tiene de qué avergonzarse, que usa bien la palabra de verdad" (2 Ti. 2:15).

"Toda la Escritura es inspirada por Dios, y útil para enseñar, para redargüir, para corregir, para instruir en justicia" (2 Ti. 3:16).

"Dios, habiendo hablado muchas veces y de muchas maneras en otro tiempo a los padres por los profetas" (He. 1:1).

"escudriñando qué persona y qué tiempo indicaba el Espíritu de Cristo que estaba en ellos, el cual anunciaba de antemano los sufrimientos de Cristo, y las glorias que vendrían tras ellos" (1 P. 1:11).

"entendiendo primero esto, que ninguna profecía de la Escritura es de interpretación privada, porque nunca la profecía fue traída por voluntad humana, sino que los santos hombres de Dios hablaron siendo inspirados por el Espíritu Santo" (2 P. 1:20-21).

"para que tengáis memoria de las palabras que antes han sido dichas por los santos profetas, y del mandamiento del Señor y Salvador dado por vuestros apóstoles" (2 P. 3:2).

"La revelación de Jesucristo, que Dios le dio, para manifestar a sus siervos las cosas que deben suceder pronto; y la declaró enviándola por medio de su ángel a su siervo Juan" (Ap. 1:1).

"Oí una voz que desde el cielo me decía: Escribe: Bienaventurados de aquí en adelante los muertos que mueren en el Señor. Sí, dice el Espíritu, descansarán de sus trabajos, porque sus obras con ellos siguen" (Ap. 14:13).

2 (2:14) *Iglesia:* Las personas fuertes se convierten en seguidoras de iglesias fuertes. Ellos se mantienen firmes en Cristo a pesar de las pruebas, incluso ante fuerte persecución. Note que eran sus propios compatriotas los que lo perseguían, tanto judíos como gentiles, pero los instigadores eran los judíos.

"Entonces los judíos que no creían, teniendo celos, tomaron consigo a algunos ociosos, hombres malos, y juntando una turba, alborotaron la ciudad; y asaltando la casa de Jasón, procuraban sacarlos al pueblo" (Hch. 17:5).

Esto era exactamente lo que estaba sucediendo con las iglesias de Judea. Eran sus propios compatriotas los que los estaban persiguiendo. Por tanto, Pablo pudo decirle a los creyentes tesalonicenses que ellos estaban siguiendo el gran ejemplo de las iglesias de Judea: estaban permaneciendo firmes por Cristo al igual que las iglesias de Judea.

Pensamiento 1. Nótense dos lecciones:

1) Nada nos hiere y amenaza tanto como la oposición de parte de aquellos que están más cerca de nosotros: nuestra familia, amigos, vecinos y compatriotas. Cuando aquellos a quienes más amamos se oponen a nosotros, la tentación de rendirnos es mayor, pero nunca debemos darnos por vencidos pues está en juego nuestro destino eterno. Debemos seguir adelante con Cristo, confiando que Él cuidará de nosotros y ganará a muchos de nuestros perseguidores para Cristo mediante el testimonio de nuestra firmeza.

Esto fue lo que hicieron los creyentes de Judea; y fue lo que hicieron los creyentes de Tesalónica. Esto debe ser también lo que hagamos nosotros: permanecer firmes por Cristo sin importar cuál sea la persecución que enfrentemos.

2) Una de las mayores ayudas cuando enfrentamos persecución es mirar el ejemplo de otros que se han mantenido constantes ante la oposición. Esto fue lo que hicieron los creyentes de Tesalónica: siguieron el

ejemplo de las iglesias de Judea. La fidelidad de los creyentes de Tesalónica y de las iglesias de Judea permanece como un poderoso ejemplo para nosotros.

"He aquí, yo os envío como a ovejas en medio de lobos; sed, pues, prudentes como serpientes, y sencillos como palomas. Y guardaos de los hombres, porque os entregarán a los concilios, y en sus sinagogas os azotarán; y aun ante gobernadores y reyes seréis llevados por causa de mí, para testimonio a ellos y a los gentiles" (Mt. 10:16-18).

"Acordaos de la palabra que yo os he dicho: El siervo no es mayor que su señor. Si a mí me han perseguido, también a vosotros os perseguirán; si han guardado mi palabra, también guardarán la vuestra" (Jn. 15:20).

"En aquel día no me preguntaréis nada. De cierto, de cierto os digo, que todo cuanto pidiereis al Padre en mi nombre, os lo dará" (Jn. 16:23).

"Porque a vosotros os es concedido a causa de Cristo, no sólo que creáis en él, sino también que padezcáis por él" (Fil. 1:29).

"Y también todos los que quieren vivir piadosamente en Cristo Jesús padecerán persecución" (2 Ti. 3:12).

3 (2:15-16) *Judíos, pecados de — Persecución — Iglesia:* Una iglesia fuerte escapa de la culpabilidad de los judíos. Esto puede parecer una manera extraña de decirlo, pero lo que tenemos en mente es lo siguiente:
=> Una persona, o apoya a Cristo o se opone a Cristo.
=> Una iglesia, o apoya a Cristo o se opone a Cristo.

Los perseguidores judíos tomaron la posición de oponerse a Cristo, oponiéndose al mismísimo Hijo de Dios, y recuerde: ellos eran un cuerpo de personas religiosas que estaban decididas a destruir a la iglesia cristiana en nombre de la religión; pero la iglesia tesalonicense y sus creyentes apoyaron a Cristo. Por tanto, ellos escaparon de cualquier culpabilidad que pueda pender sobre la cabeza de una persona por oponerse al Hijo de Dios. Los creyentes tesalonicenses estaban libres de los terribles pecados que los judíos habían cometido en nombre de la religión y de la culpabilidad de ellos. ¿Cuáles eran los pecados y la culpabilidad de los judíos? Pablo los enumera, y la sentencia es una de las más terribles que se haya pronunciado contra el hombre.

1. Ellos mataron al Señor Jesús. Note el título "Señor". Ellos pensaron que estaban matando a un simple hombre, solo a un carpintero de Nazaret, pero en realidad estaban matando al *Señor*. Al decir Señor, se está diciendo todo lo que dicho título incluye: el Señor Dios, el que vino *del cielo*, el Hijo de Dios mismo. Claramente se ve cual es la terrible culpabilidad:
=> la culpa por matar a una persona.
=> la culpa por matar al Señor mismo.

2. Mataron a sus propio profetas. Esta es una acusación que con frecuencia se le hace a los judíos.

"Así que dais testimonio contra vosotros mismos, de que sois hijos de aquellos que mataron a los profetas" (Mt. 23:31).

"¿A cuál de los profetas no persiguieron vuestros padres? Y mataron a los que anunciaron de antemano la venida del Justo, de quien vosotros ahora habéis sido entregadores y matadores" (Hch. 7:52).

3. Persiguieron a los creyentes cristianos. No solo rechazaron el evangelio sino que querían destruir el mensaje y a aquellos que los seguían y proclamaban. Ellos no querían que nadie siguiera a Cristo.

"Hablando ellos al pueblo, vinieron sobre ellos los sacerdotes con el jefe de la guardia del templo, y los saduceos, resentidos de que enseñasen al pueblo, y anunciasen en Jesús la resurrección de entre los muertos. Y les echaron mano, y los pusieron en la cárcel hasta el día siguiente, porque era ya tarde" (Hch. 4:1-3).

"Ahora bien, los que habían sido esparcidos a causa de la persecución que hubo con motivo de Esteban, pasaron hasta Fenicia, Chipre y Antioquía, no hablando a nadie la palabra, sino sólo a los judíos" (Hch. 11:19).

"Entonces los judíos que no creían, teniendo celos, tomaron consigo a algunos ociosos, hombres malos, y juntando una turba, alborotaron la ciudad; y asaltando la casa de Jasón, procuraban sacarlos al pueblo" (Hch. 17:5).

4. No agradaron a Dios. Ninguna persona puede agradar a Dios si se opone a Cristo. La única forma en que una persona puede agradar a Dios es rindiendo su vida a Cristo. Los judíos no iban a hacer esto. Nada los iba a apartar de sus propias ceremonias e ideas acerca de la religión.

5. Se oponen a todos los hombres. Ellos se opusieron y odiaron a todos los que no creían lo mismo que ellos. Debieron haber amado a aquellos que diferían, pero en cambio los despreciaron cruelmente. Esta es la diferencia entre el cristianismo y el judaísmo y muchas otras religiones. Los que creemos afirmamos que Cristo y las Santas Escrituras son la verdad, pero no odiamos y nos oponemos a aquellos que difieren de nosotros. Les amamos y hacemos todo lo que podemos para alcanzarles y ayudarles. Ayudamos a suplir las necesidades de todos los hombres, incluso si van a la tumba sin aceptar a Cristo. Le amamos, por tanto, queremos que conozca la verdad, pero si rechaza a Cristo, no lo echamos fuera. Continuaremos ayudándole en amor en cualquier forma que podamos.

6. Trataron de impedir la Palabra de Dios para que las personas no se salvaran. Imagínese tratar de detener la Palabra de Dios. ¿Cómo podrá alguien detener la Palabra de Dios? La respuesta es evidente. Ni siquiera todos los hombres juntos podrían detener la Palabra de Dios. Esta es la necedad de los hombres, y fue la necedad de los judíos.

Ahora bien, note el resultado de los pecados de los judíos. En primer lugar, ellos colmaron la medida de sus pecados; sus pecados llenaron la copa, se desbordó y continuó desbordándose. Qué terrible sentencia. La idea es que ellos pecaron tanto que alcanzaron el punto de no retorno. Era imposible que pudieran regresar a Dios (Leon Morris, *The Epistles of Paul to the Thessalonians* [Las epístolas de Pablo a los tesalonicenses]. *The Tyndale New Testament Commentaries* [Comentarios Tyndale del Nuevo Testamento], p. 57).

En segundo lugar, la ira de Dios vino sobre los judíos

hasta el extremo. La idea es que el juicio de Dios sobre los judíos era seguro, pues ellos habían…

- matado a su Hijo, el Señor Jesús.
- matado a sus profetas.
- perseguido a sus seguidores.
- opuesto a todos los hombres.
- tratado de impedir que se hablara su Palabra para que otros no se salvaran.

Piense en esto por un momento: si Jesucristo es verdaderamente Hijo de Dios, entonces el juicio de Dios sobre los judíos incrédulos es inevitable. De hecho, su juicio sobre cualquier persona o pueblo que se opone a Cristo es inevitable. Ningún hombre será capaz de escapar a su juicio.

> **"El que cree en el Hijo tiene vida eterna; pero el que rehúsa creer en el Hijo no verá la vida, sino que la ira de Dios está sobre él" (Jn. 3:36).**
>
> **"Porque la ira de Dios se revela desde el cielo contra toda impiedad e injusticia de los hombres que detienen con injusticia la verdad" (Ro. 1:18).**
>
> **"pero ira y enojo a los que son contenciosos y no obedecen a la verdad, sino que obedecen a la injusticia" (Ro. 2:8).**
>
> **"Nadie os engañe con palabras vanas, porque por estas cosas viene la ira de Dios sobre los hijos de desobediencia" (Ef. 5:6).**
>
> **"impidiéndonos hablar a los gentiles para que éstos se salven; así colman ellos siempre la medida de sus pecados, pues vino sobre ellos la ira hasta el extremo" (1 Ts. 2:16).**
>
> **"y a vosotros que sois atribulados, daros reposo con nosotros, cuando se manifieste el Señor Jesús desde el cielo con los ángeles de su poder, en llama de fuego, para dar retribución a los que no conocieron a Dios, ni obedecen al evangelio de nuestro Señor Jesucristo; los cuales sufrirán pena de eterna perdición, excluidos de la presencia del Señor y de la gloria de su poder" (2 Ts. 1:7-9).**

4 (2:17-18) *Iglesia — Compañerismo:* Una iglesia fuerte posee un fuerte compañerismo. El compañerismo de los tesalonicenses era tan fuerte que Pablo deseaba regresar a verlos. Recuerde que él se había visto obligado a huir de la ciudad porque su vida estaba amenazada por la persecución que había surgido en contra del evangelio. El anhelo del corazón de Pablo por los tesalonicenses y su compañerismo se aprecia es el énfasis que él hace:

=> Estaba separado de ellos de vista pero "no de corazón".

=> Dice que "procuramos" (spoudazo) regresar: deseosamente trataron regresar; hicieron un serio y concentrado esfuerzo por regresar.

=> "Tanto más" o en exceso procuró regresar.

=> Procuraron regresar "con mucho deseo": con celo, con anhelo intenso, con fuerte pasión.

Imagínese un compañerismo de creyentes tan fuerte que provocaron en Pablo tales esfuerzos por estar presente con ellos. Qué tremenda comunión deben haber tenido… incluso en medio de la persecución.

Sin embargo, note que el regreso de Pablo a los creyen-tes tesalonicenses había sido estorbado por Satanás. La palabra "estorbó" quiere decir cortar el camino; hacer intransitable un camino (A. T. Robertson, *Word Pictures in the New Testament* [Imágenes en palabras en el Nuevo Testamento], vol.4, p. 24). Esto significa poner una barricada para detener una expedición (William Barclay, *The Letters to the Philippians, Colossians, and Thessalonians* [Las cartas a los Filipenses, Colosenses y Tesalonicenses], p. 225). Cuando una iglesia es tan fuerte como la iglesia de los tesalonicenses, Satanás trata de hacer todo lo que puede para debilitarla y detener su crecimiento. Una de las principales formas de debilitar una iglesia es atacar a su ministro. Esta era su estrategia en Tesalónica. ¿Cuál fue la barricada que Satanás levantó contra Pablo?

=> ¿Fue alguna enfermedad? (2 Co. 12:7; Gá. 4:13).

=> ¿Fue algún problema serio en la iglesia de Corinto donde él estaba ministrando, algún problema grave provocado por Satanás para mantener a Pablo allí e impedir su regreso a Tesalónica? Recuerde: Corinto estaba llena de creyentes carnales, prospectos ideales para el ataque de Satanás (1 Ts. 3:1).

No sabemos cuál fue el impedimento, pero lo principal que debemos notar es la fortaleza del compañerismo de los creyentes de Tesalónica, una comunión tan fuerte que Pablo anhelaba regresar y participar de él junto a los creyentes.

> **"Tan grande es nuestro afecto por vosotros, que hubiéramos querido entregaros no sólo el evangelio de Dios, sino también nuestras propias vidas; porque habéis llegado a sernos muy queridos" (1 Ts. 2:8).**
>
> **"Habiendo purificado vuestras almas por la obediencia a la verdad, mediante el Espíritu, para el amor fraternal no fingido, amaos unos a otros entrañablemente, de corazón puro" (1 P. 1:22).**

ESTUDIO A FONDO 2

(2:18) *Satanás — Pablo, opinión sobre Satanás:* Pablo nunca minimizó la obra y actividad de Satanás. Él reconoció la existencia y actividad de una terrible fuerza del mal —un terrible espíritu sobrenatural del mal— una terrible persona en el mundo espiritual a quien se revela en las Escrituras como Satanás o el diablo. Pablo vio a Satanás como:

- el tentador de los hombres (1 Ts. 3:5).
- el "maligno" (gr., 2: Ts. 3:3).
- el dios de este siglo (2 Co. 4:4).
- el príncipe de la potestad del aire (Ef. 2:2).

5 (2:19-20) *Testimonio:* Una iglesia fuerte está destinada a traer gloria y gozo. ¿A quién? A los creyentes…

- que fundaron la iglesia
- que alcanzaron a otros para el Señor
- que ministraron y enseñaron en la iglesia
- que realizaron el trabajo en la iglesia

Pablo dice claramente que los creyentes de Tesalónica eran su esperanza, su gozo y su corona. ¿Cuándo? El día que el Señor Jesús regrese y ellos estén delante de él.

=> ¡Qué esperanza! El regreso del Señor Jesucristo.

=> ¡Qué gozo! Reunirnos con el Señor Jesús junto con

todos los creyentes que hemos conocido, alcanzado y
con quienes hemos crecido en Cristo aquí en la tierra.
=> ¡Qué corona! Ofrecer a Cristo todas las personas queridas a quienes hemos contribuido en parte a alcanzar
ayudar a crecer para el Señor.

Fíjese en la palabra "corona" (stephanos). Es la corona
de victoria, la corona que lleva un atleta después de haber
ganado la prueba. La idea es que estamos en un concurso, una
lucha espiritual contra Satanás por las almas de los hombres.
Por lo tanto, debemos esforzarnos, luchar por las almas de los
hombres. Nos espera una corona, corona que perderemos a
menos que tengamos almas que presentar a Cristo.

Pensamiento 1. ¿Ha ganado usted algún alma para Cristo
alguna vez? ¿Al menos una? ¿Cuántas?
=> ¿Diez almas ?
=> ¿Veinte almas?
=> ¿Cincuenta almas?
=> ¿Cien almas?

La corona de gloria espera a la persona que sea capaz de
presentar almas al Señor ese día. Pidámosle a Dios que toque
nuestros corazones y nos ayude a ganar almas para él. Él lo
hará si se lo pedimos con sinceridad.

"Y les dijo: Venid en pos de mí, y os haré pescado-
res de hombres" (Mt. 4:19)

"y al llegar a casa, reúne a sus amigos y vecinos,
diciéndoles: Gozaos conmigo, porque he encontrado mi
oveja que se había perdido. Os digo que así habrá más
gozo en el cielo por un pecador que se arrepiente, que
por noventa y nueve justos que no necesitan de arrepentimiento" (Lc. 15:6-7).

"Este halló primero a su hermano Simón, y le
dijo: Hemos hallado al Mesías (que traducido es, el
Cristo)" (Jn 1:41).

"Felipe halló a Natanael, y le dijo: Hemos hallado
a aquél de quien escribió Moisés en la ley, así como los
profetas: a Jesús, el hijo de José, de Nazaret" (Jn. 1:45)

"Y el que siega recibe salario, y recoge fruto para
vida eterna, para que el que siembra goce juntamente
con el que siega" (Jn. 4:36).

"Ellos, pues, habiendo sido encaminados por la
iglesia, pasaron por Fenicia y Samaria, contando la
conversión de los gentiles; y causaban gran gozo a
todos los hermano" (Hch. 15:3).

"Por lo cual, siendo libre de todos, me he hecho
siervo de todos para ganar a mayor número. Me he
hecho a los judíos como judío, para ganar a los judíos;
a los que están sujetos a la ley (aunque yo no esté sujeto a la ley) como sujeto a la ley, para ganar a los que
están sujetos a la ley" (1 Co. 9:19-20).

"Porque ¿cuál es nuestra esperanza, o gozo, o
corona de que me gloríe? ¿No lo sois vosotros, delante
de nuestro Señor Jesucristo, en su venida? vosotros sois
nuestra gloria y gozo" (1 Ts. 2:19-20).

"puestos los ojos en Jesús, el autor y consumador
de la fe, el cual por el gozo puesto delante de él sufrió
la cruz, menospreciando el oprobio, y se sentó a la diestra del trono de Dios" (He. 12:2).

"sepa que el que haga volver al pecador del error
de su camino, salvará de muerte un alma, y cubrirá
multitud de pecados" (Stg. 5:20).

"A otros salvad, arrebatándolos del fuego; y de
otros tened misericordia con temor, aborreciendo aun
la ropa contaminada por su carne" (Jud. 23).

	CAPÍTULO 3	6 Pero cuando Timoteo volvió de vosotros a nosotros, y nos dio buenas noticias de vuestra fe y amor, y que siempre nos recordáis con cariño, deseando vernos, como también nosotros a vosotros,	3 Una fe fuerte refleja un testimonio excelente.
	E. La iglesia modelo: una fe fuerte, 3:1-10		
1 La extrema ansiedad de Pablo por la iglesia	1 Por lo cual, no pudiendo soportarlo más, acordamos quedarnos solos en Atenas,		
a. Les envió un ministro más que responsable.	2 y enviamos a Timoteo nuestro hermano, servidor de Dios y colaborador nuestro en el evangelio de Cristo, para confirmaros y exhortaros respecto a vuestra fe,	7 por ello, hermanos, en medio de toda nuestra necesidad y aflicción fuimos consolados de vosotros por medio de vuestra fe;	**4 Una fe fuerte apasiona el corazón de su pastor y de los creyentes.**
b. Su propósito: establecerlos y reconfortarles.			a. Estimula el consuelo
	3 a fin de que nadie se inquiete por estas tribulaciones; porque vosotros mismos sabéis que para esto estamos puestos.	8 porque ahora vivimos, si vosotros estáis firmes en el Señor.	b. Estimula la vida renovada y con propósito
2 Una fe fuerte no varía ante las aflicciones.			
a. Estamos destinados a la aflicción.		9 Por lo cual, ¿qué acción de gracias podremos dar a Dios por vosotros, por todo el gozo con que nos gozamos a causa de vosotros delante de nuestro Dios,	c. Estimula el gozo
	4 Porque también estando con vosotros, os predecíamos que íbamos a pasar tribulaciones, como ha acontecido y sabéis.		
b. La tentación de derrumbarse proviene del propio Satanás.	5 Por lo cual también yo, no pudiendo soportar más, envié para informarme de vuestra fe, no sea que os hubiese tentado el tentador, y que nuestro trabajo resultase en vano.	10 orando de noche y de día con gran insistencia, para que veamos vuestro rostro, y completemos lo que falte a vuestra fe?	d. Estimula la oración
c. Debe saber que el trabajo y el evangelio del ministro no es en vano			

DIVISIÓN I

LA IGLESIA MODELO, 1:1—3:13

E. La iglesia modelo: una fe fuerte, 3:1-10

(3:1-10) *Introducción:* este pasaje está relacionado con la fe de los tesalonicenses. Su fe era fuerte y Pablo quería asegurarse de que permaneciera así. En estos diez versículos él destaca cinco veces su fe.

=> Quería confortarlos, es decir, fortalecer su fe (v. 2)
=> Quería saber si su fe estaba soportando las tentaciones del tentador (v. 5)
=> Supo que la fe y amor de ellos era fuerte (v. 6)
=> Fue consolado por la fe de ellos (v. 7)
=> Quería perfeccionar la fe de ellos (v. 10)

Lo que los cristianos necesitan es una fe fuerte: una fe que conozca a Cristo honestamente y que sepa lo que es andar con él cada día, confiando en él, en su cuidado, consuelo y fortaleza. Lo que necesitamos es una fe firme, que sea duradera y que crezca más fuerte en Cristo. Mientras más fuerte sea nuestra fe y mientras más fe tengamos, más podremos conquistar en la vida y hacer las cosas que debemos. Una fe fuerte en Cristo nos permite triunfar en las pruebas y tentaciones de la vida y cumplir nuestro propósito en esta.

Muchos de los creyentes en Tesalónica tenían una fe fuerte por lo tanto su fe es un ejemplo para nosotros. ¿Qué es una fe fuerte?

1. La extrema ansiedad de Pablo por la iglesia (vv. 1-2)
2. Una fe fuerte no varía ante las aflicciones (vv. 3-5)
3. Una fe fuerte refleja un testimonio excelente (v. 6)
4. Una fe fuerte apasiona el corazón de su pastor y de los creyentes (vv. 7-10)

1 (3:1-2) *Firmeza — Perseverancia — Iglesia:* La extrema ansiedad de Pablo por la iglesia de Tesalónica. Los creyentes estaban sufriendo una cruda persecución de parte de los judíos y de los gentiles de la ciudad. Recuerde: los judíos se habían opuesto con ferocidad a Pablo cuando él estuvo en Tesalónica. Ellos habían suscitado a algunos pendencieros que andaban por el mercado para que armaran un alboroto contra Pablo y la iglesia. Los creyentes se habían estado reuniendo en casa de Jasón, pero cuando la turba atacó la casa, Pablo no estaba allí. Sin embargo, debido al alboroto, se vio obligado a huir para salvar su vida. Tenía la esperanza de que su huída calmaría la persecución, pero su plan fracasó, la persecución continuó y al parecer se incrementó. Los adversarios estaban decididos a eliminar y destruir el evangelio de Cristo de una vez y por todas.

Pablo había huido a Atenas, pero su corazón estaba en Tesalónica, sintiendo añoranza por los creyentes que estaban sufriendo los fieros ataques de la persecución. Note lo que Pablo dice: había llegado al punto en que no podía soportar más el suspenso sobre cómo se encontraban. Ellos habían recibido a Cristo, habían escapado del pecado y la muerte de este mundo y recibido vida eterna. Cuando Pablo se fue ellos estaban permaneciendo firmes en su fe. ¿Se había resquebrajado su fe bajo los salvajes ataques de la persecución o se habían mantenido firmes? Ellos debían mantenerse firmes, tenían que hacerlo pues su destino eterno dependía de que se mantuvieran siguiendo a Cristo. Pablo no podía soportarlo más; tenía que hacer algo. Deseaba desesperadamente regresar y estar al lado de ellos, pero sabía que no podía. Su regreso solo incentivaría la persecución. Entonces, ¿qué podía hacer? Haría lo mejor que podía hacer: enviaría a Timoteo, su hombre de confianza (v. 2). Timoteo era un siervo del Señor en el que se podía confiar. Era…

- un querido hermano de Pablo.
- un servidor de Dios.
- un colaborador en el evangelio de Cristo.

Si alguien podía ayudar a los creyentes, era él. Nótese que Pablo le envió a confirmar y exhortar a los creyentes en su fe.

=> La palabra "confirmaros" (sterizo) significa apoyar y fortalecer.
=> La palabra "exhortaros" (parakaleo) significa animar y confortar.

2 (3:3-5) *Iglesia — Fe — Permanecer firme:* ¿En qué consiste una fe fuerte? Una fe fuerte es una fe a la que no la inquietan las aflicciones. La palabra "inquietan" (sainesthai) proviene de una palabra que significa mover la cola como un perro; de ahí que vino a significar lisonjear; engañar; engatusar; seducir; llevar por mal camino mediante una estrategia engañosa. Leon Morris piensa que este es el significado en este caso (*The Epistles of Paul to the Thessalonians* [Las cartas de Pablo a los tesalonicenses]. *The Tyndale New Testament Commentaries* [Comentarios Tyndale del Nuevo Testamento], p. 63); igualmente opina el erudito en griego A. T. Robertson (*Word Pictures in the New Testament* [Imágenes en palabras en el Nuevo Testamento], vol. 4, p. 25). Esto nos da alguna idea de los tipos de persecución que estaban sucediendo.

=> Hubo un ataque consistente en divulgar mentiras y rumores acerca del ministro Pablo: una persecución de engaño y astucia; una estrategia deliberada de engaño. Al parecer esta fue la razón por la que se lanzaron contra Pablo los rumores de inmoralidad y falsas predicaciones. Los que se oponían a Pablo y al evangelio sentían que si podían destruir a Pablo y su reputación, muchos abandonarían la iglesia y algunos incluso se les unirían en contra de Pablo (1 Ts. 2:3-6; 4:3-7).
=> Recibieron el usual tratamiento vergonzoso: burla, poner en ridículo, maldición y ataques verbales contra Cristo y la vida de justicia a las que los creyentes se habían comprometido (1 Ts. 2:2).

=> Hubo enfrentamiento y oposición directa: parándose frente a frente a los creyentes y oponerse a sus creencias y amenazándolos para que no hablaran de Cristo (1 Ts. 2:16).
=> Hubo abuso físico por parte de las turbas (Hch. 17:5-6).
=> Hubo utilización de la autoridad civil y la ley contra ellos si seguían adorando y hablando de Cristo (Hch. 17:6-9).

Lo único que faltaba por lanzarse contra la iglesia era el martirio mismo, pero fíjese lo que Pablo dice: "que nadie se inquiete por estas tribulaciones". A pesar del vergonzoso tratamiento y los salvajes ataques, el creyente no debe alejarse de Cristo. Cuando los ataques son tan intensos y bárbaros, ¿cómo puede el cristiano mantenerse sin inquietarse? ¿Cómo puede mantenerse firme? Puede hacerlo conociendo tres cosas.

1. El creyente debe saber que está destinado a sufrir persecución. El creyente sufrirá persecución. Note que Pablo le había enseñado a los tesalonicenses que ellos sufrirían persecución si aceptaban a Cristo. ¿Por qué? ¿Por qué el mundo persigue tanto al cristiano?

a. Los creyentes son perseguidos porque no son de este mundo. Ellos han sido llamados fuera de este mundo. Están en el mundo, pero no son del mundo. Están separados del comportamiento del mundo, por tanto, el mundo reacciona contra ellos.

"Si fuerais del mundo, el mundo amaría lo suyo; pero porque no sois del mundo, antes yo os elegí del mundo, por eso el mundo os aborrece" (Jn. 15:19).

b. Son perseguidos porque los creyentes desgarran el manto de pecado del mundo. Ellos viven y muestran una vida de justicia. Tal modo de vida expone los pecados de las personas.

"Si el mundo os aborrece, sabed que a mí me ha aborrecido antes que a vosotros. Si yo no hubiera venido, ni les hubiera hablado, no tendrían pecado; pero ahora no tienen excusa por su pecado" (Jn. 15:18, 22).

"Y también todos los que quieren vivir piadosamente en Cristo Jesús padecerán persecución" (2 Ti. 3:12).

c. Son perseguidos porque el mundo no conoce a Dios ni a Cristo. Ellos no quieren otro Dios que a sí mismos y a sus propias fantasías. Quieren hacer lo que les place; satisfaciendo sus propios deseos y no lo que Dios desea y pide.

"Mas todo esto os harán por causa de mi nombre, porque no conocen al que me ha enviado" (Jn. 15:21).
"Y harán esto porque no conocen al Padre ni a mí" (Jn. 16:3).

d. Fueron perseguidos porque el mundo está engañado en cuanto a sus conceptos y creencias acerca de Dios. El mundo concibe a Dios como el que satisface los deseos y lujurias terrenales

(Jn. 16:2-3). La idea que el hombre tiene acerca de Dios es la de un *Abuelo supremo*. Creen que Dios protege, provee y da sin importar cuál sea el comportamiento de la persona mientras dicho comportamiento no sea demasiado fuera de los límites. Piensan que Dios aceptará y lo resolverá todo en el análisis final. Sin embargo, el verdadero creyente enseña en contra de esto. Dios es amor, pero también es justo y demanda justicia. El mundo se rebela contra este concepto acerca de Dios.

"Os expulsarán de las sinagogas; y aun viene la hora cuando cualquiera que os mate, pensará que rinde servicio a Dios. Y harán esto porque no conocen al Padre ni a mí" (Jn. 16:2-3).

Mantener en mente todas estas razones nos ayudará a soportar la persecución que se desate contra nosotros, y debemos soportarla, pues debemos alcanzar al mundo para Cristo. Un mundo bamboleándose bajo la terrible condición de tantas necesidades desesperadas, pecado, maldad, corrupción y condenación.

2. El creyente debe saber que la tentación de ceder ante la persecución proviene del tentador, Satanás mismo. Esta es la razón por la que Satanás ha desatado la persecución: para atemorizar al creyente y silenciarle. Satanás quiere que el creyente calle y abandone a Cristo. Si Satanás logra hacer que el creyente se aleje de Cristo y de la iglesia, entonces podrá usar esa deserción para afectar a muchas vidas. Satanás es capaz de destruir la fe tanto del creyente como de sus hijos, familias y amigos que le están mirando.

Pensamiento 1. El creyente debe tener en mente que Satanás está detrás de toda persecución y tentación que viene para que desertemos de Cristo. Recordar esto ayudará al creyente a mantenerse firme, porque ningún creyente verdadero quiere dejar a Dios por Satanás. Está en juego su destino eterno.

3. El creyente debe saber que la obra y mensaje del ministro no es en vano. Cristo murió por nuestros pecados para que no perezcamos. Cristo nos da vida eterna, nos da el privilegio de vivir para siempre en el nuevo cielo y la nueva tierra que va a crear, pero si desertamos de Cristo, toda la labor que se ha hecho para llevarnos a Cristo es en vano. La obra del ministro y de aquellos que nos han enseñado habrá sido infructuosa. Por tanto, no debemos dejar que la tentación nos aleje de Cristo. Debemos mantenernos firmes en las aflicciones sin importar cuán severa y bárbara esta sea. La señal de una fe fuerte es mantenerse firme en la persecución.

"Acordaos de la palabra que yo os he dicho: El siervo no es mayor que su señor. Si a mí me han perseguido, también a vosotros os perseguirán; si han guardado mi palabra, también guardarán la vuestra" (Jn. 15:20).

"Estas cosas os he hablado, para que no tengáis tropiezo. Os expulsarán de las sinagogas; y aun viene la hora cuando cualquiera que os mate, pensará que rinde servicio a Dios. Y harán esto porque no conocen al Padre ni a mí. Mas os he dicho estas cosas, para que cuando llegue la hora, os acordéis de que ya os lo había dicho. Esto no os lo dije al principio, porque yo estaba con vosotros" (Jn. 16:1-4).

"a fin de que nadie se inquiete por estas tribulaciones; porque vosotros mismos sabéis que para esto estamos puestos" (1 Ts. 3:3).

"Porque a vosotros os es concedido a causa de Cristo, no sólo que creáis en él, sino también que padezcáis por él" (Fil. 1:29).

"Y también todos los que quieren vivir piadosamente en Cristo Jesús padecerán persecución" (2 Ti. 3:12).

"Hermanos míos, no os extrañéis si el mundo os aborrece" (1 Jn 3:13).

"Amados, no os sorprendáis del fuego de prueba que os ha sobrevenido, como si alguna cosa extraña os aconteciese, sino gozaos por cuanto sois participantes de los padecimientos de Cristo, para que también en la revelación de su gloria os gocéis con gran alegría. Si sois vituperados por el nombre de Cristo, sois bienaventurados, porque el glorioso Espíritu de Dios reposa sobre vosotros. Ciertamente, de parte de ellos, él es blasfemado, pero por vosotros es glorificado" (1 P. 4:12-14).

"Sed sobrios, y velad; porque vuestro adversario el diablo, como león rugiente, anda alrededor buscando a quien devorar; al cual resistid firmes en la fe, sabiendo que los mismos padecimientos se van cumpliendo en vuestros hermanos en todo el mundo" (1 P. 5:8-9).

"Así que vosotros, oh amados, sabiéndolo de antemano, guardaos, no sea que arrastrados por el error de los inicuos, caigáis de vuestra firmeza" (2 P. 3:17).

3 (3:6) *Fe — Testimonio:* ¿Qué es una fe fuerte? Una fe fuerte es una fe que produce un excelente testimonio. Cuando Timoteo regresó de su misión en la iglesia tesalonicense, traía un brillante informe.

1. Los creyentes se habían mantenido firmes en su fe en Cristo. No se habían doblegado ante la persecución ni ante la tentación de quedarse callados acerca de Cristo. No habían dejado de adorar a Cristo. En términos prácticos, seguían estudiando las Escrituras, orando, y adorando juntos, y cuando les era posible, cuando no surgía oposición, hablarían a todo el que quisiera oír acerca de Cristo y la promesa de vida eterna.

"Entonces le dijeron: ¿Qué debemos hacer para poner en práctica las obras de Dios? Respondió Jesús y les dijo: Esta es la obra de Dios, que creáis en el que él ha enviado" (Jn. 6:28-29).

"Sobre todo, tomad el escudo de la fe, con que podáis apagar todos los dardos de fuego del maligno" (Ef. 6:16).

"manteniendo la fe y buena conciencia, desechando la cual naufragaron en cuanto a la fe algunos" (1 Ti. 1:19).

"Pelea la buena batalla de la fe, echa mano de la vida eterna, a la cual asimismo fuiste llamado, habiendo hecho la buena profesión delante de muchos testigos" (1 Ti. 6:12).

"acerquémonos con corazón sincero, en plena certidumbre de fe, purificados los corazones de mala con-

ciencia, y lavados los cuerpos con agua pura. Mantengamos firme, sin fluctuar, la profesión de nuestra esperanza, porque fiel es el que prometió. Y considerémonos unos a otros para estimularnos al amor y a las buenas obras; no dejando de congregarnos, como algunos tienen por costumbre, sino exhortándonos; y tanto más, cuanto veis que aquel día se acerca. Porque si pecáremos voluntariamente después de haber recibido el conocimiento de la verdad, ya no queda más sacrificio por los pecados" (He. 10:22-26).

"Pero sin fe es imposible agradar a Dios; porque es necesario que el que se acerca a Dios crea que le hay, y que es galardonador de los que le buscan" (He. 11:6).

"Así también la fe, si no tiene obras, es muerta en sí misma" (Stg. 2:17).

"Porque todo lo que es nacido de Dios vence al mundo; y esta es la victoria que ha vencido al mundo, nuestra fe. ¿Quién es el que vence al mundo, sino el que cree que Jesús es el Hijo de Dios?" (1 Jn. 5:4-5).

2. Los creyentes estaban permaneciendo en amor: amor por Cristo, los unos por los otros y por sus semejantes. Estaban ministrando y satisfaciendo las necesidades de todos los que recibieran su ayuda. Ellos estaban haciendo todo lo posible por demostrar amor, cuidado y ser buenos ciudadanos para con todos.

"Y el segundo es semejante: Amarás a tu prójimo como a ti mismo" (Mt. 22:39).

"Un mandamiento nuevo os doy: Que os améis unos a otros; como yo os he amado, que también os améis unos a otros. En esto conocerán todos que sois mis discípulos, si tuviereis amor los unos con los otros" (Jn. 13:34-35).

"Este es mi mandamiento: Que os améis unos a otros, como yo os he amado" (Jn. 15:12).

"¿Quién nos separará del amor de Cristo? ¿Tribulación, o angustia, o persecución, o hambre, o desnudez, o peligro, o espada?" (Ro. 8:35).

"El amor sea sin fingimiento. Aborreced lo malo, seguid lo bueno" (Ro. 12:9).

"En esto hemos conocido el amor, en que él puso su vida por nosotros; también nosotros debemos poner nuestras vidas por los hermanos" (1 Jn. 3:16).

3. Los creyentes también recordaban a su pastor, Pablo, con un profundo afecto. Fíjese que ellos deseaban verlo a él tanto como él a ellos.

"Y perseveraban en la doctrina de los apóstoles, en la comunión unos con otros, en el partimiento del pan y en las oraciones" (Hch. 2:42).

"Doy gracias a mi Dios siempre que me acuerdo de vosotros... por vuestra comunión en el evangelio, desde el primer día hasta ahora" (Fil. 1:3, 5).

"pero si andamos en luz, como él está en luz, tenemos comunión unos con otros, y la sangre de Jesucristo su Hijo nos limpia de todo pecado" (1 Jn. 1:7).

Pensamiento 1. Qué tremendo testimonio de una fe fuerte, el tipo de fe que debería envidiar cada creyente y cada iglesia.

=> Una fe que permanece firme ante la oposición.

=> Una fe que muestra el amor de Dios: amor ágape.

=> Una fe que anhela la comunión con su pastor.

4 (3:7-10) *Fe:* ¿Qué es una fe fuerte? Una fe fuerte es aquella que mueve el corazón de su pastor y de los demás creyentes. Note cuatro aspectos significativos.

1. La fuerte fe de los creyentes tesalonicenses consolaba a Pablo, y este necesitaba consuelo desesperadamente (v. 7). La palabra "consolados" (paraklethemen) significa animados y fortalecidos. ¿Por qué Pablo necesitaba ser animado y fortalecido? No era debido a los tesalonicenses, pues el informe de Timoteo ya había quitado la preocupación que Pablo tenía por ellos. Note que Pablo dice que estaba en medio de "necesidad y aflicción". Las palabras son fuertes, muy fuertes. "Necesidad" (ananke) significa opresión, presión intensa y estrés. "Aflicción" (thlipsis) significa problema agobiante (A. T. Robertson, *Word Pictures in the New Testament* [Imágenes en palabras en el Nuevo Testamento], vol. 4, p. 26). Recuerde que Pablo estaba en Corinto cuando Timoteo llegó con las gloriosas noticias de la fuerte fe de los tesalonicenses. Se había desatado una fiera persecución contra Pablo y la iglesia de Corinto, y los religiosos judíos lo habían arrastrado para enjuiciarlo ante el tribunal romano. Lo habían liberado, pero la persecución contra él y contra la iglesia continuó (Hch. 18:1-17). Al parecer, ocurrieron algunas amenazas y brutalidades contra Pablo que no se mencionan, como otras tantas cosas que le sucedieron y no quedaron registradas, pero sea lo que fuera, esto trajo gran necesidad y aflicción a Pablo. Lo importante es lo siguiente: el testimonio de los tesalonicenses fortaleció y animó a Pablo en su ministerio. Su fe en Cristo era fuerte y Dios usó el testimonio de su fe para ayudar a su querido siervo en un momento de necesidad.

Pensamiento 1. ¡Qué tremenda lección para nosotros! Dios usa nuestra fe para fortalecer y animar a otros en su necesidad. Es por eso que permanecemos firmes en la fe y crecemos cada vez más fuertes en ella.

"En todo os he enseñado que, trabajando así, se debe ayudar a los necesitados, y recordar las palabras del Señor Jesús, que dijo: Más bienaventurado es dar que recibir" (Hch. 20:35).

"Así que, los que somos fuertes debemos soportar las flaquezas de los débiles, y no agradarnos a nosotros mismos" (Ro. 15:1).

"Sobrellevad los unos las cargas de los otros, y cumplid así la ley de Cristo" (Gá. 6:2).

"Acordaos de los presos, como si estuvierais presos juntamente con ellos; y de los maltratados, como que también vosotros mismos estáis en el cuerpo" (He. 13:3).

2. La fuerte fe de los tesalonicenses hizo que surgiera una vida y propósito renovado en Pablo (v. 8). Pablo estaba desanimado, no derrotado, debido a las dificultades con que se tropezó en Corinto, pero cuando recibió las noticias de los creyentes tesalonicenses se prendió en él una renovada llama de vida y propósito. Como nunca antes, se sintió impulsado a ministrar y testificar acerca de Cristo.

Pensamiento 1. Fíjese cómo los tesalonicenses fueron un ejemplo para Pablo. Ellos estaban sufriendo una terrible persecución y se mantenían firmes, por tanto, su fidelidad le llevó a soportar la persecución lanzada contra él. Sin siquiera saberlo, estas personas queridas eran un gran aliento para su pastor. Su fidelidad hacía que él también fuera fiel, impulsándole en uno de esos momentos en que necesitaba ánimo.

Nunca podemos saber cuando nuestra fortaleza y fe será necesaria para ayudar a algún hermano querido. Es por eso que debemos siempre permanecer firmes en la fe para que Dios pueda usar nuestra fortaleza cuando lo desee. Imagine tener el privilegio de ayudar y animar a un siervo amado como Pablo en uno de sus momentos más llenos de tensión.

> **"En lo que requiere diligencia, no perezosos; fervientes en espíritu, sirviendo al Señor" (Ro. 12:11).**

> **"Así que, hermanos míos amados, estad firmes y constantes, creciendo en la obra del Señor siempre, sabiendo que vuestro trabajo en el Señor no es en vano" (1 Co. 15:58).**

> **"Solamente que os comportéis como es digno del evangelio de Cristo, para que o sea que vaya a veros, o que esté ausente, oiga de vosotros que estáis firmes en un mismo espíritu, combatiendo unánimes por la fe del evangelio" (Fil. 1:27).**

> **"Por lo cual te aconsejo que avives el fuego del don de Dios que está en ti por la imposición de mis manos" (2 Ti. 1:6).**

> **"Pues tengo por justo, en tanto que estoy en este cuerpo, el despertaros con amonestación" (2 P. 1:13).**

> **"He aquí, yo vengo pronto; retén lo que tienes, para que ninguno tome tu corona" (Ap. 3:11).**

> **"Todo lo que te viniere a la mano para hacer, hazlo según tus fuerzas; porque en el Seol, adonde vas, no hay obra, ni trabajo, ni ciencia, ni sabiduría" (Ec. 9:10).**

3.   La fuerte fe de los tesalonicenses produjo gozo en Pablo (v. 9). Muy sencillo, las noticias de que los creyentes tesalonicenses se mantenían firmes en la fe estaba destinado a producir gozo en el corazón de su pastor. Simplemente prorrumpió en alabanza y gratitud a Dios una y otra vez.

> **"como entristecidos, mas siempre gozosos; como pobres, mas enriqueciendo a muchos; como no teniendo nada, mas poseyéndolo todo" (2 Co. 6:10).**

> **"Ahora me gozo en lo que padezco por vosotros, y cumplo en mi carne lo que falta de las aflicciones de Cristo por su cuerpo, que es la iglesia" (Col. 1:24).**

> **"para que sometida a prueba vuestra fe, mucho más preciosa que el oro, el cual aunque perecedero se prueba con fuego, sea hallada en alabanza, gloria y honra cuando sea manifestado Jesucristo, a quien amáis sin haberle visto, en quien creyendo, aunque ahora no lo veáis, os alegráis con gozo inefable y glorioso; obteniendo el fin de vuestra fe, que es la salvación de vuestras almas" (1 P. 1:7-9).**

> **"Amados, no os sorprendáis del fuego de prueba que os ha sobrevenido, como si alguna cosa extraña os aconteciese, sino gozaos por cuanto sois participantes de los padecimientos de Cristo, para que también en la revelación de su gloria os gocéis con gran alegría" (1 P. 4:12-13).**

> **"Entonces nuestra boca se llenará de risa, Y nuestra lengua de alabanza; Entonces dirán entre las naciones: Grandes cosas ha hecho Jehová con éstos" (Sal. 126:2).**

4.   La fuerte fe de los creyentes tesalonicenses movió a Pablo a orar por su comunión y crecimiento en Cristo. Pablo anhelaba estar con ellos para poder continuar testificándoles y ayudándoles a crecer en Cristo. Él quería edificarles y perfeccionar cualquier debilidad que pudieran tener. ¡Qué gran corazón pastoral! Un corazón para proclamar y enseñar acerca de Cristo siempre hasta que todos seamos perfeccionados a la imagen de Cristo.

> **"Por tanto, velad, acordándoos que por tres años, de noche y de día, no he cesado de amonestar con lágrimas a cada uno" (Hch. 20:31).**

> **"Así que, sigamos lo que contribuye a la paz y a la mutua edificación" (Ro. 14:19).**

> **"Cada uno de nosotros agrade a su prójimo en lo que es bueno, para edificación" (Ro. 15:2).**

> **"Y él mismo constituyó a unos, apóstoles; a otros, profetas; a otros, evangelistas; a otros, pastores y maestros, a fin de perfeccionar a los santos para la obra del ministerio, para la edificación del cuerpo de Cristo" (Ef. 4:11-12).**

> **"orando de noche y de día con gran insistencia, para que veamos vuestro rostro, y completemos lo que falte a vuestra fe?" (1 Ts. 3:9-10).**

	F. La iglesia modelo: un amor poderoso, 3:11-13	como también lo hacemos nosotros para con vosotros,	b. La fuente del amor: el Señor y su amor "ágape"
1 La gran oración de Pablo a. A Dios y Cristo b. Para visitar a la iglesia	11 Mas el mismo Dios y Padre nuestro, y nuestro Señor Jesucristo, dirija nuestro camino a vosotros.	13 para que sean afirmados vuestros corazones, irreprensibles en santidad delante de Dios nuestro Padre, en la venida de nuestro Señor Jesucristo con todos sus santos.	3 El gran resultado del amor a. Ser presentados irreprensibles ante Dios b. Cuándo: Al regreso del Señor Jesucristo
2 La gran necesidad: amor^EF1 a. Amar a "todos"	12 Y el Señor os haga crecer y abundar en amor unos para con otros y para con todos,		

DIVISIÓN I

LA IGLESIA MODELO, 1:1—3:13

F. La iglesia modelo: un amor poderoso, 3:11-13

(3:11-13) *Introducción:* La mayor virtud en el mundo es el amor. Esta es la única posesión que el hombre debe tener para poseer vida abundante. El hombre sin amor es nada. Pablo lo sabía y por tanto, fue ante Dios y oró para que la iglesia tesalonicense y sus creyentes crecieran más y más en amor. La iglesia modelo será aquella que tenga un amor poderoso.

1. La gran oración de Pablo (v. 11).
2. La gran necesidad: amor (v. 12).
3. El gran resultado del amor (v. 13).

1 (3:11) *Oración — Jesucristo, deidad:* Esta es la gran oración de Pablo por la iglesia tesalonicense y sus creyentes.

1. Fíjese a quién le ora Pablo. Este es un punto de mucho poder. Pablo ora a Dios y a Cristo, y al hacerlo, revela quién es Dios y quién es Cristo.

    a. Pablo le ora a *Dios mismo:* el Ser supremo y majestuoso del universo, la Inteligencia suprema, el Creador y Hacedor de todas las cosas, el Dador y sustentador de la vida y de todo lo demás, la Persona que habita en todas partes en perfecto y supremo poder, conocimiento y existencia.

    Note que esta es la idea que algunos hombres tienen cuando piensan acerca de Dios. Ellos piensan en un Dios que está en los cielos —en algún lugar del espacio exterior— un Dios que reina y rige pero que está alejado y no muy interesado en el hombre. La idea principal es que Pablo revela que Dios es lo que algunos hombres creen: supremo, majestuoso, reina y gobierna, pero fíjese en el siguiente punto: Dios es más, mucho más.

    b. Pablo ora a Dios *nuestro Padre.* Dios es un padre para nosotros, íntimamente involucrado en nuestras vidas. Él no está simplemente en el espacio exterior reinando, gobernando y existiendo muy lejos de nosotros. Dios nuestro Padre está aquí junto a nosotros; él está participando activamente en nuestras vidas igual que un padre terrenal participa en la vida sus hijos.

Por eso Pablo, como un hijo, se acerca a Dios nuestro Padre y le pide ciertas cosas sabiendo que su Padre le oirá y responderá. Está seguro de ello no solo porque Dios es capaz de responder, sino porque es su Padre.

    c. Pablo ora a nuestro Señor Jesucristo. Ora…

    • *a nuestro Señor,* el Soberano supremo y majestuoso del universo que ha existido eternamente en los cielos y que nos ama lo suficiente como para convertirse en nuestro *Señor.*

    • *a nuestro Señor Jesús,* el Señor de los cielos que nos amó tanto que vino a la tierra en la persona de Jesús, el carpintero judío de Nazaret.

    • *a nuestro Señor Jesucristo,* el Señor Jesús quien fue el Mesías prometido y Salvador del mundo. (La palabra "Cristo" significa Mesías y Salvador).

    La idea principal es esta: Pablo reveló que Dios mismo es nuestro Padre y que Jesucristo es el Señor Dios de los cielos: que tanto el Padre como el Hijo tienen la naturaleza de Dios, por tanto, ambos han coexistido eternamente. Esta es la razón por la que Pablo ora a Dios y a nuestro Señor Jesucristo.

2. Pablo le pidió al Padre y al Señor Jesús que dirigiera y guiara su camino a los tesalonicenses. Él quería que Dios y el Señor Jesús obraran para abrir la puerta para que él regresara a los queridos creyentes en Tesalónica. Recuerde que Satanás había creado algunos problemas y obstáculos terribles para impedir que Pablo regresara a la iglesia (1 Ts. 2:18; 3:7), pero él anhelaba regresar, por tanto, quería que tanto el Padre como el Hijo obraran en el asunto. De ahí que dirigiera el pedido a ambos.

2 (3:12) *Amor:* La gran necesidad por la que Pablo oró es la necesidad suprema de todo creyente, la necesidad de amor, de crecer más y más en amor.

    => La palabra "crecer" (pleonasai) significa abundar, multiplicar una y otra vez.
    => La palabra "abundar" (perisseusai) significa sobrepasar y desbordar.

Como hemos dicho, la gran necesidad es la de crecer en amor —abundar y multiplicar— sobreabundar y redundar en amor, pero nótese un punto crucial: el amor del que hablamos no es lo que el mundo quiere decir con la palabra amor. Esto lo vemos en dos puntos significativos.

1. El amor en el que debemos crecer es el que nos hace amar a todos, no solamente unos a los otros. Fíjese en el versículo: "Y el Señor os haga crecer y abundar en amor unos para con otros y para con todos…" El amor que debemos tener es el amor que se extiende, se desborda y multiplica hacia todos los demás. Esto significa…

- al poco atractivo
- al enfermo
- al enemigo
- al impuro
- al prisionero
- al doliente
- al opresor
- al desnudo
- al pecador
- al dictador
- al huérfano
- al odioso
- al asesino
- al vagabundo
- al rencoroso
- al pobre
- a la viuda y al viudo
- al adversario

¿Cómo es posible que podamos amar a una de estas personas? ¿Cómo podemos abundar en amor para con ellos? ¿Cómo es posible amar a aquellos que nos hacen mal y nos tratan como enemigos? ¿Es siquiera práctico pedirnos que amemos a todos? ¿Es siquiera humanamente posible? ¡No! Para nosotros es imposible amar a los que nos odian y son nuestros enemigos —humanamente imposible—, pero hay una manera. Hay una sola manera. Ese es el tema del siguiente punto.

2. La fuente de amor es el Señor. No hay otra fuente, no para el tipo de amor que puede amar *a todos*. Esta es la razón por la que Pablo fue ante el Señor y le pidió ese amor. Pablo sabía que era imposible para él o los tesalonicenses tener el tipo de amor que pudiera extenderse y abundar para con todos. Un amor que pueda amar a aquellos que nos ignoran, rechazan, abusan de nosotros y nos tratan vergonzosamente solo podría venir de Dios. Nótese: existen cuatro tipos de amor, uno de los cuales es el amor *ágape*, el amor de Dios. Este es el amor que nos permite amar *a todos*. El amor ágape —el amor que *ama a todas las personas*— es el tipo de amor que debe inundar nuestras vidas y corazones, el tipo de amor que debe fluir hacia toda persona sin importar quién sea (vea Estudio a fondo 1, Amor, 1 Ts. 3:12 para mayor discusión).

"Y el segundo es semejante: Amarás a tu prójimo como a ti mismo" (Mt. 22:39).

"Un mandamiento nuevo os doy: Que os améis unos a otros; como yo os he amado, que también os améis unos a otros. En esto conocerán todos que sois mis discípulos, si tuviereis amor los unos con los otros" (Jn. 13:34-35).

"Este es mi mandamiento: Que os améis unos a otros, como yo os he amado" (Jn. 15:12).

"El amor sea sin fingimiento. Aborreced lo malo, seguid lo bueno" (Ro. 12:9).

"Y el Señor os haga crecer y abundar en amor unos para con otros y para con todos, como también lo hacemos nosotros para con vosotros" (1 Ts. 3:12).

"Permanezca el amor fraternal" (He. 13:1).

"Si en verdad cumplís la ley real, conforme a la Escritura: Amarás a tu prójimo como a ti mismo, bien hacéis" (Stg. 2:8).

"Habiendo purificado vuestras almas por la obediencia a la verdad, mediante el Espíritu, para el amor fraternal no fingido, amaos unos a otros entrañablemente, de corazón puro" (1 P. 1:22).

"Amados, amémonos unos a otros; porque el amor es de Dios. Todo aquel que ama, es nacido de Dios, y conoce a Dios" (1 Jn. 4:7).

ESTUDIO A FONDO 1

(3:12) *Amor:* El tipo de amor que el creyente debe tener para todas las personas es el amor ágape, el gran amor de Dios (vea nota 4, Amor, Jn. 21:17 para mayor discusión). El significado de amor ágape se aprecia con mayor claridad al contrastarlo con los otros tipos de amor. Existen cuatro tipos de amor. A diferencia del idioma español que tiene solo la palabra amor para describir las experiencias de afecto de los hombres, el idioma griego tiene una palabra diferente para cada tipo de amor o experiencia afectiva.

1. Está el amor pasional o amor eros. Este es el amor físico entre los sexos; el amor patriótico de una persona hacia su nación; la ambición de poder, riquezas, o fama de una persona. En pocas palabras, el amor eros es el amor básico de un hombre que surge de sus pasiones internas. A veces el amor eros se enfoca en algo bueno y otras en algo malo. Debemos notar que el amor eros nunca se emplea en el Nuevo Testamento.

2. Está amor afectivo o amor storge. Este es el tipo de amor que existe entre los padres y los hijos y entre los ciudadanos leales y un gobernante digno de confianza. El amor storge tampoco se utiliza en el Nuevo Testamento.

3. Está el amor cariñoso o amor fileo. El amor fileo es el amor que el esposo y la esposa sienten el uno por el otro, de un hermano por una hermana, de un amigo por el mejor de sus amigos. Es el amor que aprecia, que lleva a alguien o algo en lo profundo de su corazón.

4. Está el amor sacrificial y desinteresado o amor ágape. El amor ágape es el amor de la mente, de la razón, de la voluntad. Es el amor que va tan lejos…

- que ama a una persona aunque esta no merezca ser amada.
- que verdaderamente ama a la persona más indigna de ser amada.

Note cuatro puntos significativos sobre el amor ágape.

a. El amor desinteresado o ágape es el amor de Dios, el amor que Dios mismo tiene. Es el amor demostrado en la cruz de Cristo.

=> Es el amor de Dios por los *impíos*

"Porque Cristo, cuando aún éramos débiles, a su tiempo murió por los impíos" (Ro. 5:6).

=> Es el amor de Dios por los *pecadores indignos*.

"Mas Dios muestra su amor para con nosotros, en que siendo aún pecadores, Cristo murió por nosotros" (Ro. 5:8).

=> Es el amor de Dios por los *enemigos que no lo merecen.*

"Porque si siendo enemigos, fuimos reconciliados con Dios por la muerte de su Hijo, mucho más, estando reconciliados, seremos salvos por su vida" (Ro. 5:10).

b. El amor desinteresado o ágape es un don de Dios. Una persona solo puede experimentarlo si conoce a Dios *personalmente;* solo si ha recibido el amor de Dios en su vida y corazón. El Espíritu de Dios tiene que derramar (verter, inundar, esparcir) el amor ágape en el corazón de una persona.

"y la esperanza no avergüenza; porque el amor de Dios ha sido derramado en nuestros corazones por el Espíritu Santo que nos fue dado" (Ro. 5:5).

c. El amor desinteresado o ágape es lo más grande de la vida de acuerdo con el Señor Jesucristo.

"Jesús le respondió: El primer mandamiento de todos es: Oye, Israel; el Señor nuestro Dios, el Señor uno es. Y amarás al Señor tu Dios con todo tu corazón, y con toda tu alma, y con toda tu mente y con todas tus fuerzas. Este es el principal mandamiento. Y el segundo es semejante: Amarás a tu prójimo como a ti mismo. No hay otro mandamiento mayor que éstos" (Mr. 12:29-31).

d. El amor desinteresado o ágape es la mayor posesión y don de la vida humana según las Escrituras (1 Co. 13:1-13).

"Y ahora permanecen la fe, la esperanza y el amor, estos tres; pero el mayor de ellos es el amor" (1 Co. 13:13).

3 (3:13) *Amor — Afirmar:* El gran resultado que produce el amor es el de ser presentado ante Dios irreprensible cuando Cristo regrese a la tierra. Este es el resultado más glorioso que podamos imaginar. Nótense varios hechos impactantes.

1. La palabra "afirmados" (sterixai) significa sostener, apoyar, confirmar, arreglar, acelerar, establecer. Note: el Señor Jesucristo es el que puede afirmar nuestros corazones delante de Dios. Nadie más tiene el derecho o poder para establecernos delante de Dios; nadie más puede hacernos aceptos para Dios. (Nota: Aquí la palabra corazón se refiere a la totalidad de la persona o personalidad del hombre.)

2. La palabra "irreprensibles" (amemptous) significa ser libre de falta y culpa; ser libre de todos los cargos (Vine). La palabra "santidad" (hagiosune) significa ser apartado y separado para Dios. Es el Señor Jesucristo quien puede hacer que nuestros corazones sean *irreprensibles en santidad* delante de Dios. Piénselo, ¿quién más tiene un poder así?

¿Conoce usted a una persona así? La persona honesta y que piense tiene que contestar que no, y para ser honestos, si Cristo no tiene la justicia y el poder para hacernos irreprensibles delante de Dios, estamos irremediablemente arruinados. ¿Por qué? Por que él es la única persona que ha resucitado para no morir nunca más y vivir eternamente con Dios. Si él no es nuestro Salvador, entonces vamos a morir y nunca resucitaremos, nunca viviremos con Dios. La única esperanza del hombre es Cristo, que él verdaderamente tiene la justicia y el poder para presentarnos irreprensibles y santos delante de Dios.

3. ¿Cuándo ocurrirá esta gloriosa presentación delante de Dios? Cuando Cristo regrese con todos sus santos, es decir, con todas las "personas santas y glorificadas de Dios" (Vincent). Cuando Cristo regrese, presentará a cada creyente —cada uno de nosotros— delante de Dios.

=> A todos los creyentes que han muerto y han ido a estar con el Señor.

=> A todos los creyentes que serán raptados cuando él regrese.

¡Qué gran coronación, el día glorioso en que seremos presentados delante de Dios —encontrándonos cara a cara con Él y siendo presentados irreprensibles y santos— para estar con él para siempre! ¡"La venida de nuestro Señor Jesucristo con todos sus santos" ocurrirá! Esta es la promesa que Dios mismo ha hecho y por tanto nadie la puede detener. Ningún hombre debe querer detenerla, por el contrario, todos los hombres deber prepararse y recibirla. (Vea bosquejo y notas, 1 Ts. 4:13, 5:3 para mayor discusión).

"En la casa de mi Padre muchas moradas hay; si así no fuera, yo os lo hubiera dicho; voy, pues, a preparar lugar para vosotros. Y si me fuere y os preparare lugar, vendré otra vez, y os tomaré a mí mismo, para que donde yo estoy, vosotros también estéis" (Jn. 14:2-3).

"Mas nuestra ciudadanía está en los cielos, de donde también esperamos al Salvador, al Señor Jesucristo; el cual transformará el cuerpo de la humillación nuestra, para que sea semejante al cuerpo de la gloria suya, por el poder con el cual puede también sujetar a sí mismo todas las cosas" (Fil. 3:20-21).

"Cuando Cristo, vuestra vida, se manifieste, entonces vosotros también seréis manifestados con él en gloria" (Col. 3:4).

"Y cuando aparezca el Príncipe de los pastores, vosotros recibiréis la corona incorruptible de gloria" (1 P. 5:4).

"Amados, ahora somos hijos de Dios, y aún no se ha manifestado lo que hemos de ser; pero sabemos que cuando él se manifieste, seremos semejantes a él, porque le veremos tal como él es" (1 Jn. 3:2).

1 La exhortación enfática pero tierna	CAPÍTULO 4	apartéis de fornicación;	tra santificación
	LA VIDA O MODO DE ANDAR MODELO, 4:1-12	4 que cada uno de vosotros sepa tener su propia esposa en santidad y honor;	a. Apartarse de fornicación
		5 no en pasión de concupiscencia, como los gentiles que no conocen a Dios;	b. Saber como tener a su esposa y controlar su propio cuerpo.
	A. Un andar que agrade a Dios (parte 1): una vida de pureza, 4:1-8	6 que ninguno agravie ni engañe en nada a su hermano; porque el Señor es vengador de todo esto, como ya os hemos dicho y testificado.	c. Resistir las pasiones de concupiscencia.
a. Condúzcanse agradando a Dios y abunden en ello más y más.	1 Por lo demás, hermanos, os rogamos y exhortamos en el Señor Jesús, que de la manera que aprendisteis de nosotros cómo os conviene conduciros y agradar a Dios, así abundéis más y más.		**3 Razones para la pureza**
		7 Pues no nos ha llamado Dios a inmundicia, sino a santificación.	a. La inmoralidad agravia y engaña al hermano.
b. Guarden las instrucciones que el Señor Jesús les dio.	2 Porque ya sabéis qué instrucciones os dimos por el Señor Jesús;	8 Así que, el que desecha esto, no desecha a hombre, sino a Dios, que también nos dio su Espíritu Santo.	b. Dios vengará la inmoralidad.
			c. Dios no nos ha llamado a inmoralidad, sino a santificación.
2 La instrucción: La voluntad de Dios es vues-	3 pues la voluntad de Dios es vuestra santificación; que os		d. La inmoralidad es un pecado contra Dios.

DIVISIÓN II

II. LA VIDA O MODO DE ANDAR MODELO, 4:1-12

A. Un andar que agrade a Dios (parte 1): una vida de pureza, 4:1-8

(4:1-8) *Introducción:* Esto inicia una nueva gran discusión en Primera Tesalonicenses, la vida o modo de andar del creyente. El creyente modelo anda para agradar a Dios. ¿Qué significa esto? Esto significa que vive como Dios le dice que viva, que obedece los mandamientos de Dios. Se analizan seis mandamientos en particular, uno en este pasaje y cinco en el siguiente, pero note que el énfasis está puesto en este pasaje donde se discute la pureza moral. ¿Por qué se hace más énfasis en el mandamiento sobre la moral que en los demás? La respuesta es obvia: La inmoralidad es el violento monstruo que destruye más vidas, familias y naciones que ningún otro mal. Lo que Dios tiene que decir es fuerte y todos deben prestar atención.

1. La exhortación enfática pero tierna (vv. 1-2).
2. La instrucción: La voluntad de Dios es vuestra santificación (vv. 3-5).
3. Razones para la pureza (vv. 6-8).

1 **(4:1-2)** *El andar del creyente:* La enfática pero tierna exhortación: condúzcanse agradando a Dios y abunden en ello más y más. A menudo se describe la vida cristiana como un andar. Andar es una imagen de moverse hacia delante y progresar paso a paso y día a día. Describe la necesidad de agradar a Dios a cada paso que damos en el día en nuestro andar por la vida. Por tanto, el principal interés de nuestras vidas debe ser agradar a Dios.

=> Si agradamos a Dios Él nos aceptará.

=> Si no agradamos a Dios Él no nos aceptará.

Por sí solo esto muestra la necesidad de agradar a Dios. Debemos agradarle si queremos que nos acepte. Una persona sería tonta si no quisiera ser aceptada por Dios, pues ser rechazado por Dios lleva a las peores consecuencias imaginables. Fíjese cuán tierna pero fuerte es esta exhortación.

1. La ternura se aprecia en las palabras "rogamos" y "hermanos". Al llamar a los creyentes hermanos, Pablo estaba expresando un profundo afecto e interés por ellos. La palabra "rogamos" (erotomen) significa pedir o solicitar, pero note que siempre hay un sentido de urgencia en ella. Pablo estaba pidiéndoles tiernamente a sus queridos hermanos que siguieran agradando a Dios en su diario andar, pero a la vez era un pedido apremiante. Su andar agradando a Dios era una necesidad absoluta, una necesidad que llevaba consigo grandes bendiciones para la obediencia y un terrible juicio para la desobediencia (no agradar a Dios).

2. En los siguientes aspectos se ve la fuerza de la exhortación.

    a. A los creyentes se les había enseñado cómo debían conducirse y agradar a Dios. Ellos habían estado bajo los maestros y predicadores de la Palabra, por tanto, no tenían excusa, pues sabían exactamente cómo vivir y agradar a Dios. La palabra "conviene" (dei) significa *tienen*; es un imperativo, una necesidad. Una vez que los creyentes habían oído y se les había enseñado cómo debían vivir y agradar a Dios eran responsables de vivir de dicha manera. Agradar a Dios no era una opción, era un deber.

    b. La exhortación está basada en el Señor Jesús. Era lo que *el Señor mismo* había enseñado. No hay mayor autoridad que la del Señor. Él es el Ser Supremo del universo, por tanto, la exhortación a vivir y andar agradando a Dios viene de la máxima autoridad.

c. La exhortación involucra las instrucciones del Señor Jesús. Esto es una repetición del versículo uno: guardar los mandamientos del Señor Jesús no es una opción. Un mandamiento es un mandamiento, una ley que debe obedecerse. Además, ha sido dada por el Señor mismo, así que debe ser cumplida a pesar de todo. Tenemos que andar y agradar a Dios, y tenemos que crecer en nuestro andar cristiano día a día, más y más.

2 (4:3-5) *Inmoralidad — Santificación — Fornicación:* El principal mandamiento es la santificación, es decir, la pureza moral. No hay forma de decirlo con mayor claridad: es *"la voluntad de Dios"*. No hay voluntad mayor que la de Dios. Cuando conocemos la voluntad de Dios, debemos hacerla. La santificación —pureza moral— es *la voluntad de Dios*. La palabra *santificación* significa ser apartado y separado. Debemos ser apartados para Dios y su voluntad, y su voluntad es la pureza moral, por tanto, debemos apartarnos para vivir vidas puras delante de Dios. Esto quiere decir tres cosas:

1. Santificación significa abstenerse de fornicación. La palabra "fornicación" (porneias) quiere decir todo tipo de actos sexuales inmorales: adulterio, sexo prematrimonial, homosexualismo y cualquier otra forma de desviación sexual.

El creyente no debe dar su cuerpo a una persona inmoral, ni a una prostituta ni a un vecino inmoral. El cuerpo del creyente le pertenece a Cristo, lo que quiere decir que debemos honrar a Cristo en nuestros cuerpos. Debemos tomar las inclinaciones y energías sexuales de nuestro cuerpo y usarlas como él lo ha indicado:

=> o dedicamos nuestros cuerpos solamente a él como eunucos;

=> o nos casamos y construimos una familia con las virtudes dinámicas de amor, cuidado, confianza y lealtad.

2. Santificación significa que la persona sabe cómo tener su esposa y cómo controlar su cuerpo. Leon Morris señala que la palabra traducida como "esposa" (skeuos) puede referirse al propio cuerpo de una persona o al cónyuge de dicha persona (*The Epistles of Paul to the Thessalonians* [Las cartas de Pablo a los Tesalonicenses]. *The Tyndale New Testament Commentaries* [Comentarios Tyndale del Nuevo Testamento], p. 75). Ambos tienen un gran significado para el creyente. El creyente debe saber cómo controlar su propio cuerpo y cómo tener a su cónyuge. Una persona puede rechazar, ignorar y abusar de su cuerpo como también puede rechazar, ignorar y abusar de su cónyuge. Al discutir el asunto del cónyuge de una persona es importante fijarse en 1 Co. 7:4-5. Rechazar, ignorar o abusar de nuestro cónyuge puede traer tentación y contribuir significativamente a que el cónyuge se vuelva infiel o impuro.

Note que el creyente debe saber tener su cuerpo y su cón-

yuge en santidad y honor (no saber "cómo" tener). En este asunto la ignorancia no es excusa para desobedecer. El creyente debe saber…

- sin lugar a dudas
- sin equivocación
- sin preguntas

…que es su deber mantener puro su cuerpo y su cónyuge.

La idea central es bien fuerte: es inconcebible que un creyente practique la fornicación, que deshonre a su Señor y a su esposa, su familia y a sí mismo. El esposo y esposa creyente tienen que saber que deben guardarse a sí mismos y a su cónyuge en santidad y honor.

> **"Hablo como humano, por vuestra humana debilidad; que así como para iniquidad presentasteis vuestros miembros para servir a la inmundicia y a la iniquidad, así ahora para santificación presentad vuestros miembros para servir a la justicia" (Ro. 6:19).**

> **"El marido cumpla con la mujer el deber conyugal, y asimismo la mujer con el marido. La mujer no tiene potestad sobre su propio cuerpo, sino el marido; ni tampoco tiene el marido potestad sobre su propio cuerpo, sino la mujer. No os neguéis el uno al otro, a no ser por algún tiempo de mutuo consentimiento, para ocuparos sosegadamente en la oración; y volved a juntaros en uno, para que no os tiente Satanás a causa de vuestra incontinencia" (1 Co. 7:3-5).**

> **"Así que, amados, puesto que tenemos tales promesas, limpiémonos de toda contaminación de carne y de espíritu, perfeccionando la santidad en el temor de Dios" (2 Co. 7:1).**

3. Santificación significa resistir las pasiones de concupiscencia. Tenemos que resistir las pasiones de concupiscencia. Nótese el doble énfasis, o sea, la frase: "pasiones de concupiscencia". Significa las pasiones de la lujuria, el poder esclavizante de la lujuria. Cuando una persona comienza en la lujuria, puede pronto convertirse en esclavo de ella, puede que la lujuria lo absorba a un grado tal en que es imposible romper la atadura. Esto se cumple con respecto a la pasión…

- por el sexo
- por las películas y literatura pornográfica
- por la manipulación
- por la exposición
- por la conquista sexual
- por mirar
- por tocar
- por lecturas románticas e inmorales

Las pasiones de la lujuria es la manera en que el mundo lo hace, no es la forma en que Dios hace las cosas. Es el estilo de vida de aquellos que no conocen a Dios. Esto no quiere decir que ellos no sepan que la inmoralidad sexual es incorrecta. Significa que han rechazado a Dios y sus mandamientos, han escogido vivir en las pasiones de sus lujurias. Al creyente se le manda a agradar a Dios y a guardar los mandamientos del Señor Jesús, y el principal mandamiento es la santificación, es decir, la pureza moral. Por tanto, debemos abstenernos de fornicación: de todas las formas de sexo inmoral (cp. Ro. 1:18-32).

"Baste ya el tiempo pasado para haber hecho lo que agrada a los gentiles, andando en lascivias, concupiscencias, embriagueces, orgías, disipación y abominables idolatrías" (1 P. 4:3).

"sino que cada uno es tentado, cuando de su propia concupiscencia es atraído y seducido. Entonces la concupiscencia, después que ha concebido, da a luz el pecado; y el pecado, siendo consumado, da a luz la muerte" (Stg. 1:14-15).

"y de igual modo también los hombres, dejando el uso natural de la mujer, se encendieron en su lascivia unos con otros, cometiendo hechos vergonzosos hombres con hombres, y recibiendo en sí mismos la retribución debida a su extravío" (Ro. 1:27).

"¿No sabéis que los injustos no heredarán el reino de Dios? No erréis; ni los fornicarios, ni los idólatras, ni los adúlteros, ni los afeminados, ni los que se echan con varones" (1 Co. 6:9).

"Huid de la fornicación. Cualquier otro pecado que el hombre cometa, está fuera del cuerpo; mas el que fornica, contra su propio cuerpo peca" (1 Co. 6:18).

"que cuando vuelva, me humille Dios entre vosotros, y quizá tenga que llorar por muchos de los que antes han pecado, y no se han arrepentido de la inmundicia y fornicación y lascivia que han cometido" (2 Co. 12:21).

"Y manifiestas son las obras de la carne, que son: adulterio, fornicación, inmundicia, lascivia, envidias, homicidios, borracheras, orgías, y cosas semejantes a estas; acerca de las cuales os amonesto, como ya os lo he dicho antes, que los que practican tales cosas no heredarán el reino de Dios" (Gá. 5:19, 21).

"los cuales, después que perdieron toda sensibilidad, se entregaron a la lascivia para cometer con avidez toda clase de impureza" (Ef. 4:19).

"Pero fornicación y toda inmundicia, o avaricia, ni aun se nombre entre vosotros, como conviene a santos" (Ef. 5:3).

"Haced morir, pues, lo terrenal en vosotros: fornicación, impureza, pasiones desordenadas, malos deseos y avaricia, que es idolatría" (Col. 3:5).

"pues la voluntad de Dios es vuestra santificación; que os apartéis de fornicación" (1 Ts. 4:3).

"Porque algunos hombres han entrado encubiertamente, los que desde antes habían sido destinados para esta condenación, hombres impíos, que convierten en libertinaje la gracia de nuestro Dios, y niegan a Dios el único soberano, y a nuestro Señor Jesucristo... como Sodoma y Gomorra y las ciudades vecinas, las cuales de la misma manera que aquéllos, habiendo fornicado e ido en pos de vicios contra naturaleza, fueron puestas por ejemplo, sufriendo el castigo del fuego eterno" (Jud. 4, 7).

3 **(4:6-8) *Inmoralidad — Fornicación — Adulterio:*** Hay cuatro razones de por qué debemos vivir vidas puras que constituyen una severa advertencia para nosotros.

1. La inmoralidad agravia y engaña al hermano. La fornicación le roba a la otra persona, o bien le quita la esposa al esposo o viceversa. Es así de simple —así de trágico— así de terrible. Se roba a uno de los dos personajes principales de una familia, se roba...

- sus corazones
- su cariño
- sus pensamientos
- su pureza
- su cuerpo
- su inocencia
- su confianza y fidelidad

La peor tragedia de todas es que ninguna de estas cosas pueden volver a recuperarse, no por completo, no en su totalidad. Una vez que estas cosas se han perdido, se pierden y dañan para siempre. El matrimonio y su lazo de confianza se pierden para siempre. El dolor y la herida en cierta medida siempre quedan y el compromiso y capacidad de entrega total al cónyuge siempre sufre en algún grado. Esta es la razón por la que Dios permite el divorcio cuando se ha cometido fornicación en el matrimonio. (Nota: Dios permite el divorcio, no lo ordena. Todas las partes involucradas en la fornicación —no importa la situación— deben permanecer juntas si el cónyuge herido puede soportar el dolor lo suficiente para recuperarse y resistir.)

Note lo siguiente: los mismos efectos se producen en las personas no casadas cuando cometen fornicación. La persona que seduce al soltero le roba a la persona seducida y al futuro cónyuge: roba el corazón, cariño, pensamientos, pureza, cuerpo, inocencia y confianza de la persona.

"El amor sea sin fingimiento. Aborreced lo malo, seguid lo bueno. Amaos los unos a los otros con amor fraternal; en cuanto a honra, prefiriéndoos los unos a los otros. En lo que requiere diligencia, no perezosos; fervientes en espíritu, sirviendo al Señor" (Ro. 12:9-10).

"Así que, los que somos fuertes debemos soportar las flaquezas de los débiles, y no agradarnos a nosotros mismos. Cada uno de nosotros agrade a su prójimo en lo que es bueno, para edificación" (Ro. 15:1-2).

"Porque toda la ley en esta sola palabra se cumple: Amarás a tu prójimo como a ti mismo" (Gá. 5:14).

"No codiciarás la casa de tu prójimo, no codiciarás la mujer de tu prójimo, ni su siervo, ni su criada, ni su buey, ni su asno, ni cosa alguna de tu prójimo" (Éx. 20:17).

2. Dios vengará la inmoralidad. Es necesario que prestemos atención a este punto, especialmente en una sociedad promiscua donde la inmoralidad no solo es aceptada, sino promovida. ¿Cómo podemos atrevernos a decir que la inmoralidad no solo es aceptada, sino promovida en nuestra sociedad? Compare el énfasis y popularidad de...

- la manera de vestir en público y en la playa
- la televisión y las películas
- libros y revistas
- anuncios y comerciales
- conversaciones y chistes
- palabras y acciones sugestivas consideradas aceptables en la actualidad

Podríamos continuar enumerando cosas, pero lo importante es esto: Dios juzgará el comportamiento inmoral no importa cuánto lo acepte la sociedad. La sociedad no hace las reglas para el comportamiento del hombre, es Dios quien hace las reglas. Él ha destinado la intimidad y preciosidad del sexo para el matrimonio única y exclusivamente, y ha dicho bien claro que cualquier sexo fuera del matrimonio no solo será juzgado, sino que Él vengará personalmente al culpable. ¿Por qué? Porque el culpable…

* robó la vida de una persona.
* destruyó la inocencia y confianza de esa persona por el resto de su vida.

> "Porque la ira de Dios se revela desde el cielo contra toda impiedad e injusticia de los hombres que detienen con injusticia la verdad" (Ro. 1:18).
>
> "en llama de fuego, para dar retribución a los que no conocieron a Dios, ni obedecen al evangelio de nuestro Señor Jesucristo" (2 Ts. 1:8).
>
> "Porque si pecáremos voluntariamente después de haber recibido el conocimiento de la verdad, ya no queda más sacrificio por los pecados, sino una horrenda expectación de juicio, y de hervor de fuego que ha de devorar a los adversarios. El que viola la ley de Moisés, por el testimonio de dos o de tres testigos muere irremisiblemente. ¿Cuánto mayor castigo pensáis que merecerá el que pisoteare al Hijo de Dios, y tuviere por inmunda la sangre del pacto en la cual fue santificado, e hiciere afrenta al Espíritu de gracia? Pues conocemos al que dijo: Mía es la venganza, yo daré el pago, dice el Señor. Y otra vez: El Señor juzgará a su pueblo. ¡Horrenda cosa es caer en manos del Dios vivo!" (He. 10:26-31).
>
> "Honroso sea en todos el matrimonio, y el lecho sin mancilla; pero a los fornicarios y a los adúlteros los juzgará Dios" (He. 13:4).
>
> "Porque de la vid de Sodoma es la vid de ellos, Y de los campos de Gomorra; Las uvas de ellos son uvas ponzoñosas, Racimos muy amargos tienen. Veneno de serpientes es su vino, Y ponzoña cruel de áspides. ¿No tengo yo esto guardado conmigo, Sellado en mis tesoros? Mía es la venganza y la retribución; A su tiempo su pie resbalará, Porque el día de su aflicción está cercano, Y lo que les está preparado se apresura" (Dt. 32:32-35).
>
> "Jehová, Dios de las venganzas, Dios de las venganzas, muéstrate" (Sal. 94:1).
>
> "Y haré en ellos grandes venganzas con represiones de ira; y sabrán que yo soy Jehová, cuando haga mi venganza en ellos" (Ez. 25:17).
>
> "y con ira y con furor haré venganza en las naciones que no obedecieron" (Mi. 5:15).

3. Dios no nos ha llamado a inmoralidad, sino a santificación. Cuando Dios nos llama a salvación, no nos llama a vivir vidas impuras autorizándonos a ir de una persona a otra. Tal inmoralidad…

* destruye el verdadero amor por sí mismo y hacia los demás.
* destruye la confianza y fidelidad propia y de los demás.
* destruye la disciplina y control propio y de los demás.
* destruye el verdadero cariño e interés por sí mismo y por los demás.
* destruye el ego y la estima hacia los demás

* destruye la confianza y seguridad en sí mismo y en los demás.
* destruye la lealtad y el compromiso consigo mismo y con los demás.
* destruye la libertad y voluntad dentro de uno mismo y en los demás.
* destruye la justicia y el tratamiento justo de los demás.
* destruye a la familia y a la nación.

Dios nunca llamaría a una persona a hacer tales cosas. Dios nos llama a santidad: a vivir vidas apartadas para Él y para la pureza, para nuestros cónyuges y familias. Dios nos llama a construir un carácter y comunidades fuertes, familias y naciones fuertes. Dios nos llama a santidad para que podamos ser lo suficientemente fuertes como para llegar a un mundo que se bambolea bajo el espantoso peso de la muerte y el sufrimiento. Hay esperanza, hay salvación del mal, el sufrimiento, la muerte y el juicio, pero debemos ser santificados y santos, totalmente apartados para edificar caracteres, familias, comunidades y sociedades lo más fuertes posible para alcanzar así al mundo.

Repito, Dios no nos llama a la impureza y la desintegración del carácter y las familias. Dios nos llama a santidad.

> "Así que, amados, puesto que tenemos tales promesas, limpiémonos de toda contaminación de carne y de espíritu, perfeccionando la santidad en el temor de Dios" (2 Co. 7:1).
>
> "y vestíos del nuevo hombre, creado según Dios en la justicia y santidad de la verdad" (Ef. 4:24).
>
> "Pero fornicación y toda inmundicia, o avaricia, ni aun se nombre entre vosotros, como conviene a santos" (Ef. 5:3).
>
> "Haced morir, pues, lo terrenal en vosotros: fornicación, impureza, pasiones desordenadas, malos deseos y avaricia, que es idolatría" (Col. 3:5).
>
> "Seguid la paz con todos, y la santidad, sin la cual nadie verá al Señor" (He. 12:14).
>
> "porque escrito está: Sed santos, porque yo soy santo" (1 P. 1:16).
>
> "Puesto que todas estas cosas han de ser deshechas, ¡cómo no debéis vosotros andar en santa y piadosa manera de vivir" (2 P. 3:11).

4. La inmoralidad es un pecado contra Dios. La palabra "desecha" significa rechaza. La mayoría de las personas rechazan este mandamiento de Dios por estar *fuera de moda y ser inaceptable* en una sociedad intelectual e ilustrada, pero fíjese lo que dicen las Escrituras: la persona que rechaza este mandamiento está rechazando a Dios, no a ningún hombre. La idea es que el predicador o maestro puede hacer muy poco por nosotros si hacemos caso omiso al mandamiento. No obstante Dios puede vengarse y lo hará. Cada ser humano que quebranta el mandamiento recibirá la venganza de Dios; a menos que se haya arrepentido y buscado el perdón de Dios.

> "Tienen los ojos llenos de adulterio, no se sacian de pecar, seducen a las almas inconstantes, tienen el corazón habituado a la codicia, y son hijos de maldición. Han dejado el camino recto, y se han extraviado

siguiendo el camino de Balaam hijo de Beor, el cual amó el premio de la maldad" (2 P. 2:14-15).

"Salieron de nosotros, pero no eran de nosotros; porque si hubiesen sido de nosotros, habrían permanecido con nosotros; pero salieron para que se manifestase que no todos son de nosotros" (1 Jn. 2:19).

"Por cuanto llamé, y no quisisteis oír, Extendí mi mano, y no hubo quien atendiese, Sino que desechasteis todo consejo mío Y mi reprensión no quisisteis, También yo me reiré en vuestra calamidad, Y me burlaré cuando os viniere lo que teméis" (Pr. 1:24-26).

También note que Dios le ha dado a los creyentes el Espíritu Santo. La presencia misma de Dios en toda su majestad habita en nuestros cuerpos. Por tanto, no debemos ensuciar nuestros cuerpos con una prostituta o algún prójimo inmoral y destructivo. No debemos profanar la majestad de Dios mismo. El Espíritu Santo —aquel que es santo— está dentro de nosotros. Por consiguiente, debemos mantener nuestros cuerpos santos.

1 Crezcan en amor más y más	B. Un andar que agrade a Dios (parte 2): cuatro deberes prácticos, 4:9-12	abundéis en ello más y más; 11 y que procuréis tener tranquilidad, y ocuparos en vuestros negocios, y trabajar con vuestras manos de la manera que os hemos mandado,	2 Procura tener tranquilidad
a. Porque Dios nos enseña a hacerlo así.	9 Pero acerca del amor fraternal no tenéis necesidad de que os escriba, porque vosotros mismos habéis aprendido de Dios que os améis unos a otros;		3 Ocúpate de tus negocios
b. Porque siempre necesitas crecer en amor más y más.	10 y también lo hacéis así con todos los hermanos que están por toda Macedonia. Pero os rogamos, hermanos, que	12 a fin de que os conduzcáis honradamente para con los de afuera, y no tengáis necesidad de nada.	4 Trabaja con tus manos
			a. Para que nos conduzcamos honradamente para con los de afuera.
			b. Para que no tengamos necesidad de nada

DIVISIÓN II

LA VIDA O MODO DE ANDAR MODELO, 4:1-12

B. Un andar que agrade a Dios (parte 2): cuatro deberes prácticos, 4:9-12

(4:9-12) *Introducción:* Cada creyente debe tener la ambición de agradar a Dios. Este pasaje nos da cuatro maneras muy prácticas en las que podemos agradar a Dios, cuatro deberes prácticos que debemos obedecer.

1. Crezcan en amor más y más (vv. 9-10).
2. Procura tener tranquilidad (v. 11).
3. Ocúpate de tus negocios (v. 11).
4. Trabaja con tus manos (vv. 11-12).

(4:9-12) *Otro bosquejo:* Una gran obligación de trabajar.

1. Las bases del trabajo: amor (v. 9).
   a. Dios mismo enseña a amar.
   b. La iglesia muestra gran amor hacia los hermanos (v. 10).
   c. La necesidad: crecer más
2. Las reglas para trabajar (v. 11).
   a. Ambicionar: tener tranquilidad.
   b. Ocuparse de sus propios negocios.
   c. Trabajar con sus propias manos.
3. Razones para trabajar (v. 12).
   a. Para que podamos vivir honradamente delante del mundo.
   b. Que no carezcamos de nada.

1 (4:9-10) *Amor, fraternal — Iglesia:* En primer lugar, crezcan en amor más y más. En el griego, la palabra traducida por "amor" no es la palabra que tradicionalmente se utiliza para amor. La palabra que usualmente se emplea para el amor cristiano es agape, pero la palabra que se usa aquí es *philadelphia*, un tipo de amor muy especial. La palabra significa *amor fraternal,* el mismo amor especial que existe entre hermanos y hermanas dentro de una familia cuando estos verdaderamente se quieren unos a otros. Es el tipo de amor…

- que une a los unos y a los otros como una familia, como una hermandad.
- que los une en una unión inquebrantable.
- que los mantiene unos a otros muy dentro de su corazón.
- que expresa un profundo cariño por los demás.
- que alimenta y cuida a los demás.
- que se interesa y vela por el bienestar de los demás.
- que aúna esfuerzos con un propósito común bajo un padre (Leon Morris, *The Epistles of Paul to the Thessalonians* [Las cartas de Pablo a los Tesalonicenses]. *The Tyndale New Testament Commentaries* [Comentarios Tyndale del Nuevo Testamento], p. 80).

Note que Pablo dice que no es necesario que él exhorte a los tesalonicenses a amarse los unos a los otros, sin embargo, lo hace. ¿Por qué? Si no hay necesidad, ¿por qué los anima a amarse unos a otros? Existen dos razones:

1. Fue Dios quien enseño a los tesalonicenses a amarse unos a otros, por tanto, Pablo se sintió impulsado a seguir a Dios como su siervo que era, a mover a las personas de Dios a continuar amándose los unos a los otros como hermanos. Esto era y todavía es absolutamente esencial para la iglesia.

   a. Los creyentes cristianos se necesitan unos a otros para vivir esta vida. No es fácil vivir para Cristo en un mundo corrupto que ofrece las brillantes luces del placer, pero que termina en una muerte llena de sufrimiento. Todos enfrentamos tentaciones y pruebas. Necesitamos el amor de los demás para permanecer firmes ante la tentación y caminar por los sufrimientos de la vida.

   b. El mayor peligro que enfrenta la iglesia son las disputas internas y el divisionismo. Nada destruye más rápido el ministerio de una iglesia que las críticas, las quejas, la murmuración, el chisme, el egoísmo, los grupos exclusivos y la ambición de hacer las cosas a mi manera o de asegurar cierta posición para mí.

   Lo que estamos diciendo es esto: verdaderamente Dios enseña a los creyentes a amarse los unos a los otros como hermanos. Esto significa que Dios obra en nuestros corazones y nos mueve a amarnos.

Dios hace surgir el pensamiento en nuestras mentes —hace que el pensamiento cruce nuestras mentes— de que debemos amarnos unos a otros como hermanos, por tanto, tenemos que aferrarnos a ese pensamiento y del deseo puesto en nuestro corazón y amarnos.

2.　Siempre hay necesidad de abundar en amor *más y más*. Note que a los creyentes tesalonicenses se les conocía por su amor, no solo dentro de su propia iglesia, sino en todo el distrito o estado de Macedonia. No obstante, no estaban perfeccionados en amor. Ninguna persona lo es, por tanto, siempre existe la necesidad de crecer y abundar en amor *más y más*. *Nunca hay demasiado amor fraternal* dentro de la iglesia o en el mundo. Debemos, por consiguiente, crecer *más y más* en amor.

> **"Un mandamiento nuevo os doy: Que os améis unos a otros; como yo os he amado, que también os améis unos a otros. En esto conocerán todos que sois mis discípulos, si tuviereis amor los unos con los otros" (Jn. 13:34-35; cp. Jn. 15:12).**
>
> **"El amor sea sin fingimiento. Aborreced lo malo, seguid lo bueno" (Ro. 12:9).**
>
> **"Porque vosotros, hermanos, a libertad fuisteis llamados; solamente que no uséis la libertad como ocasión para la carne, sino servíos por amor los unos a los otros" (Gá. 5:13).**
>
> **"Y ante todo, tened entre vosotros ferviente amor; porque el amor cubrirá multitud de pecados" (1 P. 4:8; cp. 1 P. 1:22).**
>
> **"El que ama a su hermano, permanece en la luz, y en él no hay tropiezo" (1 Jn. 2:10).**
>
> **"Y nosotros tenemos este mandamiento de él: El que ama a Dios, ame también a su hermano" (1 Jn. 4:21).**

2 (4:11) *Tranquilo — Tranquilidad:* En segundo lugar, procuren tener tranquilidad. La palabra "procuréis" (philotimeomai) significa ser ambicioso; desear ardientemente; buscar con todas las energías que la persona tiene. Debemos buscar la tranquilidad y aprender a estar tranquilos. Recuerde que la iglesia de Tesalónica estaba enfrentando dos problemas importantes.

1.　Estaba enfrentando el problema de la persecución (1 Ts. 1:6; 2:14). Compañeros de trabajo, vecinos y la gente en general estaban ridiculizando, burlándose y abusando de los creyentes por su fe y entrega a Cristo. La mayoría de los creyentes se estaban manteniendo firmes contra la persecución, pero algunos malinterpretaron cómo debían mostrar su lealtad a Cristo. Cristo dice que cuando un creyente es rechazado o perseguido, debe *tranquilamente* sacudir el polvo de sus pies, volverse e irse de ese lugar (Mt. 10:14; Mr. 6:4). Nota: El énfasis de la enseñanza de Jesús acerca de cómo manejar el rechazo y la persecución está en la tranquilidad, en dejar solos a los que le rechazan. Al parecer, algunos de los creyentes tesalonicenses estaban haciendo lo contrario: estaban codo a codo con sus vecinos y compañeros de trabajo, y continuaban testificando y proclamando el evangelio. Estaban yendo demasiado lejos y creando una escena escandalosa y avergonzando a las personas.

2.　La iglesia también estaba enfrentando el problema de un poco de criticismo y divisionismo contra Pablo. Algunos estaban acusando a Pablo de cosas que iban desde conducta inmoral hasta de predicación engañosa y por intereses personales (1 Ts. 2:3s).

Lo principal es esto: debemos vivir una vida apacible y tranquila ante los demás. No debemos ser criticones ni divisionistas entre nosotros. Debemos andar en el mundo en un espíritu de quietud y mansedumbre. No debemos ser abusadores ni arrogantes al testificar y en nuestro trato con el mundo.

Pensamiento 1. Nótense estos cuatro puntos que nos harán pensar.

1) El creyente herido necesita ser escuchado, y la única manera en que podemos hacerlo es estando quietos y escucharlo.
2) El mundo está herido: cada persona en el mundo tiene algún dolor. Por tanto, debemos estar *quietos* y escuchar su dolor para que podamos hacer lo que Cristo dice que hagamos: ministrarles.
3) El mundo necesita el evangelio, pero el evangelio no puede proclamarse con eficacia en medio del alboroto: en una forma no eficaz y poco atractiva. El ruido hiere el oído y distrae. Debe haber una atmósfera y una mente tranquila para que el evangelio tenga su mayor eficacia.
4) Los creyentes deben procurar estar tranquilos en vez de procurar ser críticos y divisivos: procure estar tranquilo en la casa, la escuela, el trabajo, al jugar y en la iglesia.

> **"y que procuréis tener tranquilidad, y ocuparos en vuestros negocios, y trabajar con vuestras manos de la manera que os hemos mandado" (1 Ts. 4:11).**
>
> **"A los tales mandamos y exhortamos por nuestro Señor Jesucristo, que trabajando sosegadamente, coman su propio pan" (2 Ts. 3:12).**
>
> **"por los reyes y por todos los que están en eminencia, para que vivamos quieta y reposadamente en toda piedad y honestidad" (1 Ti. 2:2).**
>
> **"sino el interno, el del corazón, en el incorruptible ornato de un espíritu afable y apacible, que es de grande estima delante de Dios" (1 P. 3:4).**
>
> **"Mejor es un bocado seco, y en paz, que casa de contiendas llena de provisiones" (Pr. 17:1).**
>
> **"Más vale un puño lleno con descanso, que ambos puños llenos con trabajo y aflicción de espíritu" (Ec. 4:6).**

3 (4:11) *Creyente, deber:* En tercer lugar, ocúpense en sus negocios, es decir, no se metan en lo que no les incumbe. ¿Puede usted creer que la Palabra de Dios diga esto? Realmente Dios nos dice que no nos metamos en lo que no nos incumbe. ¿Por qué? Porque muchas personas son entremetidas en los asuntos ajenos. ¿Qué es lo que hace que una persona se inmiscuya en los asuntos de los demás?

=> Una persona se entromete porque es de naturaleza criticona. A lo largo de los años esa persona ha criticado, murmurado y hablado tanto de los demás que entrometerse es simplemente una forma de vida para ella. La persona se ha convertido en un entrometido por naturaleza.

=> Una persona se entromete porque no puede ver sus propios fallos y errores. El entrometido siempre está buscando las pajas (faltas) en las vidas de los demás mientras que él tiene una viga en su propia vida (Mt. 7:3-5).

=> Una persona se entromete porque no se preocupa por sus asuntos como debiera. Uno siempre debiera estar desarrollando y ampliando su propia vida y asuntos. Por tanto, al entrometerse en los asuntos ajenos, descuida los suyos propios y la labor que Dios le ha encargado.

=> Una persona se entromete porque no tiene nada mas que hacer. No se ha entregado a Dios, no lo suficiente como para mantenerse ocupado. No tiene suficiente que hacer para ocupar su tiempo y esfuerzo.

Lo que el entrometido necesita es entregar su vida a Cristo. El entrometido necesita comprometer su vida para llevar a cabo la misión de Cristo. Necesita mantenerse tan ocupado en las cosas de Cristo que no tenga tiempo de entremeterse en los asuntos de los demás. La exhortación en bien fuerte: ocúpense "en vuestros negocios", compromete tu tiempo y energía a tu llamamiento, a los negocios que Dios te ha dado.

> **"y que los tengáis en mucha estima y amor por causa de su obra. Tened paz entre vosotros" (1 Ts. 5:13).**

> **"Así que, ninguno de vosotros padezca como homicida, o ladrón, o malhechor, o por entremeterse en lo ajeno" (1 P. 4:15).**

4 (4:11-12) *Trabajar — Empleo:* En cuarto lugar, trabajen con sus manos. El mensaje del evangelio y del regreso de Cristo a la tierra es un mensaje chocante. El evangelio declara...

• que el hombre puede vivir para siempre.

• que Jesucristo regresará a la tierra para crear tierra nueva y cielos nuevos perfectos.

• que todos los que crean verdaderamente en Cristo serán los ciudadanos de la tierra nueva y los cielos nuevos, adorando y sirviendo a Dios el padre eternamente y para siempre.

Como hemos dicho, el evangelio es chocante a los ojos del mundo, pero ofrece una gran esperanza a la persona que cree. Los creyentes tesalonicenses se emocionaron mucho con el mensaje del regreso del Señor y la promesa de estar con Él para siempre en los nuevos cielos y la nueva tierra. Tanto fue así que comenzaron a sacrificar todo lo que podían para satisfacer las necesidades de las personas, pero algunos fueron demasiado lejos. Algunos abandonaron sus trabajos para tener más tiempo de ministrar y, en un acto de entrega sacrificial, dieron *todo lo que tenían*. El resultado fue catastrófico. Ahora tenían que depender de los otros creyentes para poder sobrevivir. No habían sido nada sabios, es por eso que

Pablo les ordena "trabajar con vuestras manos": dejen de vivir de los demás. Se dan dos razones para trabajar.

1. Debemos trabajar para conducirnos honestamente para con los de afuera, es decir ante el mundo de los no creyentes. La palabra "honestamente" significa trabajar de manera encomiable y respetuosa. Pocos en el mundo respetan a los que no trabajan. De entre todas las personas, los cristianos somos los que debemos dar un vivo ejemplo de trabajo.

a. El hombre debe trabajar para subyugar y señorear sobre la tierra y todas sus imprevisibles y catastróficas fuerzas.

> **"Y los bendijo Dios, y les dijo: Fructificad y multiplicaos; llenad la tierra, y sojuzgadla, y señoread en los peces del mar, en las aves de los cielos, y en todas las bestias que se mueven sobre la tierra" (Gn. 1:28).**

b. El hombre debe trabajar para cubrir las necesidades de la vida de todos los hombres.

> **"Tomó, pues, Jehová Dios al hombre, y lo puso en el huerto de Edén, para que lo labrara y lo guardase" (Gn. 2:15).**

c. El hombre debe trabajar para tener suficiente para darle a los necesitados del mundo.

> **"El que hurtaba, no hurte más, sino trabaje, haciendo con sus manos lo que es bueno, para que tenga qué compartir con el que padece necesidad" (Ef. 4:28).**

2. Debemos trabajar para tener suficiente para suplir las necesidades de la vida. Como creyentes, nunca nos debe faltar nada, ni una cosa siquiera. Contamos con dos cosas extraordinarias:

=> nuestra mente y energías.

=> Dios mismo.

> **"Mas buscad primeramente el reino de Dios y su justicia, y todas estas cosas os serán añadidas" (Mt. 6:33).**

Pensamiento 1. La exhortación es bien clara. Dios no tolera a las personas que no trabajan. Todas las personas están en la tierra para contribuir y ayudar a satisfacer las catastróficas y desesperadas necesidades de los hombres. No hay lugar para la inactividad en el plan de Dios para la tierra. Los inactivos, los holgazanes, los satisfechos de sí mismos, todos deben oír el claro mandamiento de Dios de: "trabajar con vuestras manos".

> **"El que hurtaba, no hurte más, sino trabaje, haciendo con sus manos lo que es bueno, para que tenga qué compartir con el que padece necesidad" (Ef. 4:28).**

> **"y que procuréis tener tranquilidad, y ocuparos en vuestros negocios, y trabajar con vuestras manos de la manera que os hemos mandado" (1 Ts. 4:11).**

> **"A los tales mandamos y exhortamos por nuestro Señor Jesucristo, que trabajando sosegadamente, coman su propio pan" (2 Ts. 3:12).**

> **"Tomó, pues, Jehová Dios al hombre, y lo puso en el huerto de Edén, para que lo labrara y lo guardase" (Gn. 2:15; cp. Gn. 3:19).**

"Seis días se trabajará, mas el séptimo día será de reposo, santa convocación; ningún trabajo haréis; día de reposo es de Jehová en dondequiera que habitéis" (Lv. 23:3).

"Las riquezas de vanidad disminuirán; pero el que recoge con mano laboriosa las aumenta" (Pr. 13:11; cp. Pr. 14:23).

1 La preocupación: ¿Resucitarán los creyentes cuando Cristo regrese?
a. No debemos permanecer ignorantes en cuanto a la resurrección.
b. No debemos entristecernos demasiado.

2 El hecho: Los creyentes que han partido regresarán con Cristo
a. Prueba 1: Los creyentes que han partido están con Cristo.
b. Prueba 2: La muerte y resurrección de Cristo.
c. Prueba 3: La Palabra del Señor.

3 Los acontecimientos alrededor de la venida del Señor
a. El Señor mismo descenderá del cielo

III. EL REGRESO DE JESUCRISTO, 4:13—5:24

A. El regreso del Señor y la resurrección, 4:13—5:3

13 Tampoco queremos, hermanos, que ignoréis acerca de los que duermen, para que no os entristezcáis como los otros que no tienen esperanza.

14 Porque si creemos que Jesús murió y resucitó, así también traerá Dios con Jesús a los que durmieron en él.
15 Por lo cual os decimos esto en palabra del Señor: que nosotros que vivimos, que habremos quedado hasta la venida del Señor, no precederemos a los que durmieron.
16 Porque el Señor mismo con voz de mando, con voz de arcángel, y con trompeta de Dios, descenderá del cielo; y los muertos en Cristo

resucitarán primero.
17 Luego nosotros los que vivimos, los que hayamos quedado, seremos arrebatados juntamente con ellos en las nubes para recibir al Señor en el aire, y así estaremos siempre con el Señor.
18 Por tanto, alentaos los unos a los otros con estas palabras.

CAPÍTULO 5

1 Pero acerca de los tiempos y de las ocasiones, no tenéis necesidad, hermanos, de que yo os escriba.
2 Porque vosotros sabéis perfectamente que el día del Señor vendrá así como ladrón en la noche;
3 que cuando digan: Paz y seguridad, entonces vendrá sobre ellos destrucción repentina, como los dolores a la mujer encinta, y no escaparán.

b. Los muertos en Cristo resucitarán primero
c. A continuación, los que aun vivan serán arrebatados
d. Tendrá lugar la gran reunión de los vivos con los muertos
e. Comienza la experiencia de vivir cara a cara con el Señor
f. La exhortación del momento: Alentaos los unos a los otros

4 El día y la hora del regreso del Señor
a. Un hecho que no debería tener que discutirse
b. Un día que vendrá repentina e inesperadamente.
c. Un día de falsa seguridad
d. Un día de terrible destrucción y dolor
e. Un día del que nadie escapará

DIVISIÓN III

EL REGRESO DE JESUCRISTO, 4:13—5:24

A. El regreso del Señor y la resurrección, 4:13—5:3

(4:13-5:11) *Otro bosquejo:* El regreso del Señor
1. Antecedente: La preocupación (v. 13)
   a. Por los muertos: ¿Resucitarán?
   b. Por los que sufren
   c. Por los que no tienen esperanza
2. Hecho 1: Los muertos regresarán con Jesús (vv. 14-15).
   a. Algo seguro: "Porque si creemos…"
   b. La creencia da seguridad
   c. La Palabra del Señor da seguridad
3. Hecho 2: El Señor descenderá (vv. 16-17a).
   a. La dramática aparición
   b. El orden de la resurrección: Los muertos resucitarán primero, luego los vivos
   c. El lugar de reunión: Las nubes
4. Hecho 3: Los creyentes se reunirán eternamente (v. 17b)

a. Con el Señor
b. El efecto esperado: Aliento (v. 18)
5. Hecho 4: El día del Señor vendrá repentina e inesperadamente sobre los perdidos y sin esperanza (5:1-3)
   a. Un día repentino e inesperado
   b. Un día de falsa seguridad
   c. Un día de destrucción
   d. Un día de dolor
   e. Un día del que no habrá escapatoria
6. Hecho 5: El día del Señor no debe sorprender al creyente desapercibido y desprevenido (vv. 4-5)
   a. Debido a su naturaleza
      1) Es un hijo de luz, del día
      2) No es de la noche, de las tinieblas
   b. Debido a la vida que debe vivir (v. 6)
   c. Porque Dios no lo ha escogido para ira, sino para salvación (v. 9)
   d. Porque el regreso del Señor debe consolar y edificar a los creyentes (v. 11)

(4:13—5:3) *Introducción:* Este pasaje comienza con un

nuevo tema, un tema que intriga a las personas y ofrece al hombre y su mundo la más gloriosa esperanza. El tema es el regreso de Jesucristo a la tierra y la resurrección de los muertos. Es un tema que los hombres deben estudiar y al que deben prestar atención, pues el regreso del Señor no solo traerá bendiciones a los creyentes sino desatará el más terrible de los juicios sobre los incrédulos.

1. La preocupación: ¿Resucitarán los creyentes cuando Cristo regrese? (v. 13).
2. El hecho: Los creyentes que han partido regresarán con Cristo (vv. 14-15).
3. Los acontecimientos alrededor de la venida del Señor (vv. 16-18).
4. El día y la hora del regreso del Señor (5:1-3)

1 (4:13) *Resurrección, de los creyentes:* La preocupación de los creyentes de Tesalónica tenía que ver con los creyentes muertos. ¿Participarían sus seres queridos que habían muerto en la resurrección cuando Cristo regresara a la tierra? Recuerde: la iglesia en Tesalónica acababa de ser fundada. También estaba siendo cruelmente perseguida y se encontraba bajo un salvaje ataque. Algunos creyentes estaban muriendo, algunos quizá estaban siendo martirizados y Cristo no había regresado. Esperaban con ardiente deseo esa bienaventurada esperanza y la gloriosa aparición de Jesucristo. ¿Resucitarían los creyentes cuando Cristo regresara? Los creyentes tesalonicenses conocían el evangelio tal y como nosotros los conocemos: el evangelio proclama que Jesucristo regresará a la tierra para recibir a los creyentes. Sabemos que cuando Él regrese a la tierra...

- los creyentes que aun vivan serán arrebatados para encontrarse con Cristo en el aire.
- toda la gloria, majestad, domino y poder de Dios se mostrará en los cielos en la más espectacular escena que podamos imaginar.
- ocurrirá alrededor de Cristo la más gloriosa unión y comunión de los creyentes que vivan.
- los creyentes que serán arrebatados experimentarán una transformación maravillosa y les serán dados cuerpos perfectos para siempre.
- el mundo de incrédulos que quedarán aquí en la tierra serán testigos del acontecimiento más espectacular que los hombres hayan visto.

Pero ¿qué pasará con nuestros seres queridos que ya hayan muerto? ¿Participarán ellos del espectacular regreso de Jesucristo a la tierra? ¿Tendrán ellos el privilegio de participar de la manifestación majestuosa del poder de Dios y de la gloriosa reunión de los creyentes vivos con Cristo? ¿Y qué pasará con sus cuerpos? Sabemos que nuestros cuerpos —los cuerpos de los creyentes que aun vivan cuando Cristo regrese— serán transformados. Ellos nunca yacerán en la tierra para descomponerse y deteriorarse, pero ¿y los cuerpos de nuestros seres amados que ya están descompuestos y en algunos casos han sido esparcidos por toda la tierra debido a la guerra, enfermedades, accidentes y que han sido mutilados? ¿Participarán ellos de la gloriosa resurrección y transformación cuando Cristo regrese?

En la mente de los creyentes tesalonicenses surgían todo tipo de preocupaciones tal y como sucede en las mentes de los creyentes de cada generación. Nótese que usamos la palabra preocupación en vez de preguntas. Los tesalonicenses estaban preocupados acerca de sus seres queridos, no curiosos. Estaban preguntando acerca de la resurrección y el regreso de Cristo por preocupación y no por pura curiosidad. El mero hecho de que Cristo va a regresar debe hacer surgir una apremiante preocupación en nosotros tal y como sucedió con los creyentes tesalonicenses. Pablo dice dos cosas llamativas a aquellos que estaban preocupados acerca de la resurrección de los creyentes muertos al regreso de Cristo.

En primer lugar, no ignoréis acerca de la resurrección. Estudien y entiendan lo que Dios enseña y encuentren consuelo y un reto en la gloriosa esperanza que Él da.

En segundo lugar, no se entristezcan demasiado por los seres queridos que mueran antes del regreso de Cristo. De seguro vamos a experimentar dolor y tristeza, pero no debemos sufrir desconsuelo como los no creyentes que no tienen esperanza. Ellos sí tienen razón para sufrir el más terrible dolor y desconsuelo, pero nosotros no. Nosotros tenemos esperanza. William Barclay nos muestra cuán desesperado es el mundo de los no creyentes citando a varios escritores de la antigüedad:

"Una vez que el hombre muere no hay resurrección" (Esquilo).

"Hay esperanza para los que viven, pero aquellos que han muerto no tienen esperanza" (Teócrito).

"Cuando nuestra breve luz se apaga, hay una noche perpetua en la que debemos dormir" (Catullus).

"Yo no era; vine a ser; no soy; nada me importa" (tumba antigua).

"Irene a Taonnophris y Philo, que estén bien. Me entristecí y lloré tanto por el que partió como lo hice por Dídimo. Todo en lo absoluto se estaba adaptando, yo también... pero no obstante contra tales cosas no hay nada que uno pueda hacer. Así pues, consuélense los unos a los otros" (carta antigua). (William Barclay, *The Letters to the Philippians, Colossians, and Thessalonians* [Las cartas a los Filipenses, Colosenses y Tesalonicenses], p. 235s).

No hay absolutamente ninguna esperanza para los no creyentes del mundo, pero hay una gloriosa esperanza para el creyente. Por lo tanto, no debemos entristecernos demasiado por la muerte de los seres queridos. No hay necesidad, porque ellos resucitarán para encontrarse con nuestro gran Dios y Salvador, el Señor Jesucristo. Este es el glorioso mensaje de los seguidores de Cristo.

2 (4:14-15) *Resurrección de los creyentes:* Este hecho se declara enérgicamente: los creyentes que han partido regresarán con Cristo. Se dan tres pruebas de este gran hecho.

1. Prueba uno: Los creyentes que han partido están con Cristo, están viviendo cara a cara con él.

   a. Fíjese en las palabras "con Jesús". Dios traerá *con Él* cuando regrese a los creyentes que han partido. Ellos están *con Él* ahora. Esto es exactamente lo que enseñan las Escrituras.

"Entonces Jesús le dijo: De cierto te digo que hoy estarás conmigo en el paraíso" (Lc. 23:43).

"Así que vivimos confiados siempre, y sabiendo que entre tanto que estamos en el cuerpo, estamos ausentes del Señor (porque por fe andamos, no por vista); pero confiamos, y más quisiéramos estar ausentes del cuerpo, y presentes al Señor" (2 Co. 5:6-8).

"Porque de ambas cosas estoy puesto en estrecho, teniendo deseo de partir y estar con Cristo, lo cual es muchísimo mejor" (Fil. 1:23).

Lo que estamos diciendo es esto: los creyentes que han partido están con el Señor, viviendo con Él. No tenemos que preguntarnos dónde estarán. Cuando murieron, ellos fueron inmediatamente a estar con el Señor en el paraíso o cielo, y nunca serán separados del Señor. Por tanto, cuando Él regrese a la tierra, traerá con Él a los creyentes que han partido.

b. Las palabras "durmieron en él": es a aquellos que *durmieron* en Jesús a los que Dios traerá con Él cuando regrese a la tierra. La palabra "durmieron" no está enseñando que la muerte es un estado casi -inconsciente, una existencia de algún modo semejante a un sueño profundo. Como ya se ha mostrado, al partir de este mundo el creyente va inmediatamente a estar con Cristo. "Dormir" es simplemente una palabra delicada usada por los creyentes para describir su partida de este mundo. Es un cuadro del descanso de las pruebas y sufrimiento de este mundo. La persona que cree en Jesucristo, cuando no esté en esta tierra, simplemente "dormirá [descansará] con Jesús" por toda la eternidad. Son a estas personas —todos los creyentes que duermen o descansan con Jesús— a quienes Dios traerá con él cuando regrese a la tierra. (Vea Estudio a fondo 1, *dormir*, Jn. 11:13 para mayor discusión.)

"De cierto, de cierto os digo, que el que guarda mi palabra, nunca verá muerte" (Jn. 8:51).

"Y todo aquel que vive y cree en mí, no morirá eternamente. ¿Crees esto?" (Jn. 11:26).

c. A Jesucristo se le identifica como Dios. Es Dios —en la persona de Jesucristo— quien regresará a la tierra y traerá consigo a los creyentes que han partido. Cristo tiene el poder de Dios porque Él es Dios. Como Dios, Jesucristo…

• tuvo el poder de venir a la tierra como hombre.
• tuvo el poder de morir y resucitar de entre los muertos.
• tuvo el poder de ascender nuevamente a los cielos.
• tiene el poder de traspasar al cielo con Él a un creyente que muere.
• tiene el poder de regresar a la tierra.
• tiene el poder de traer de regreso a la tierra con Él a todos los creyentes que han partido.

2. Prueba dos: La muerte y resurrección de Jesucristo prueba que los creyentes que han partido regresarán a la tie-

rra con Dios. Jesucristo vino a la tierra para morir, sufrir el castigo del hombre y resucitar de los muertos. Por lo tanto, si creemos en Jesucristo…

• nunca tendremos que morir pues ya Él murió por nosotros.
• resucitaremos de los muertos así como Él lo hizo.

¿Cómo? Creyendo que Jesucristo murió y resucitó de los muertos por nosotros. Si creemos en Jesucristo, entonces cuando partamos de este mundo, vamos a estar con Él, y cuando él regrese, regresaremos con Él.

El punto que señalamos es notable: el hecho de que Jesucristo murió y resucitó es la prueba de que los creyentes que hayan partido están viviendo con Él y regresarán con Él cuando regrese a la tierra. Nuestra esperanza —la gloriosa esperanza del creyente— se fundamenta en la muerte y resurrección de Jesucristo. No existe fundamento más fuerte en todo el mundo, pues Jesucristo verdaderamente murió y resucitó de los muertos. No hay duda de ello, al menos no para el verdadero creyente, pues Dios nos ha dado el testimonio de su Espíritu. Por tanto, después que hayamos partido de esta tierra, regresaremos con Cristo cuando Él vuelva a la tierra.

"Y esta es la voluntad del que me ha enviado: Que todo aquél que ve al Hijo, y cree en él, tenga vida eterna; y yo le resucitaré en el día postrero" (Jn. 6:40).

"Porque primeramente os he enseñado lo que asimismo recibí: Que Cristo murió por nuestros pecados, conforme a las Escrituras; y que fue sepultado, y que resucitó al tercer día, conforme a las Escrituras" (1 Co. 15:3-4).

"sabiendo que el que resucitó al Señor Jesús, a nosotros también nos resucitará con Jesús, y nos presentará juntamente con vosotros" (2 Co. 4:14).

3. Prueba tres: La Palabra del Señor prueba que los creyentes que han partido regresarán a la tierra con Dios. Sus cuerpos verdaderamente resucitarán de los muertos antes de que nosotros seamos arrebatados. Este es un aspecto sólido. Pablo asegura enfáticamente que esta revelación ha venido del Señor, así que los creyentes no necesitan mayor seguridad. ¿Cuál es esa revelación? nosotros los que vivamos cuando el Señor regrese no seremos llevados primero. Los cuerpos de todos los creyentes que han partido resucitarán primero. Repito, ¿cómo lo sabemos? ¿Cómo sabemos que esto es real, que es un acontecimiento real que ocurrirá? Por la palabra del Señor. El Señor Jesucristo, Dios mismo, lo declaró.

"Por lo cual también nosotros sin cesar damos gracias a Dios, de que cuando recibisteis la Palabra de Dios que oísteis de nosotros, la recibisteis no como palabra de hombres, sino según es en verdad, la Palabra de Dios, la cual actúa en vosotros los creyentes" (1 Ts. 2:13).

"Mas evita profanas y vanas palabrerías, porque conducirán más y más a la impiedad" (2 Ti. 2:16).

3 (4:16-18) *Jesucristo, regreso — Resurrección de los creyentes:* En estos versículos se detallan claramente los acontecimientos del regreso del Señor y de la resurrección.

1. En primer lugar, *el Señor mismo* descenderá del cielo.

El primer acontecimiento será la aparición del Señor Dios mismo. La suprema Majestad del universo, el Señor Jesucristo, rasgará los cielos y aparecerá milagrosamente en toda la espectacular gloria, pompa y poder del cielo mismo. Cuando aparezca, ocurrirán tres acontecimientos espectaculares.

    a. El Señor Dios mismo aparecerá "con voz de mando" (en keleusmati). La palabra significa una orden militar. El General en jefe del universo gritará más alto de lo que ninguna voz lo ha hecho jamás: gritará tal y como lo hizo cuando estaba sobre la tierra: "¡[Creyente], ven fuera!" (Jn. 11:43).

    b. La voz del arcángel gritará. ¿Qué gritará? Su grito probablemente será para que todos los ejércitos de los ángeles celestiales se unan en alabanza al glorioso suceso. Cristo enseñó que los ángeles celestiales estarán con Él cuando regrese a la tierra (Mt.24:31; 25:31; 2 Ts. 1:7).

    c. Sonará la trompeta de Dios. La trompeta siempre ha tenido el propósito de llamar la atención y advertir. A todo el universo —los cielos y la tierra, creyentes, no creyentes y ángeles— se le llamará la atención y a todos los incrédulos se les advertirá. EL Señor Dios mismo está apareciendo y los sucesos del tiempo del fin se están lanzando sobre la tierra.

2. En segundo lugar, los muertos en Cristo resucitarán primero. ¿Por qué los creyentes muertos serán los primeros en ser reunidos con el Señor? Por el gran amor y cuidado del Señor. La primera expresión de amor y cuidado se les mostrará a aquellos queridos santos que han pasado por la sombra de muerte. La naturaleza de Cristo es mostrar ternura y amor hacia aquellos que más sufren, por eso aquellos que han sufrido el horrible destino de la muerte serán los primeros en encontrarse con el Señor en el aire. Ahora bien, nótense varios hechos.

    a. Solo resucitarán los creyentes que han partido; ningún no creyente resucitará, no en este momento. Solo los "muertos en Cristo" —los que han muerto creyendo en Jesucristo— resucitarán cuando el Señor rasgue los cielos.

    b. Serán los cuerpos de los creyentes que han partido los que resucitarán. Los creyentes propiamente dicho, es decir, sus espíritus, ya están con el Señor. Sus cuerpos se levantarán y serán transformados para vivir para siempre con Dios. El grito del Señor de "¡ven fuera!" hará que se junten los átomos del cuerpo de la persona sin importar dónde estén las diferentes partes del cuerpo. Los átomos del cuerpo de la persona serán transformados para formar un cuerpo eternal y perfecto.

    c. Los cuerpos de los creyentes que han partido resucitarán primero; antes de que nosotros los que vivamos seamos levantados.

3. En tercer lugar, los que vivamos seremos arrebatados luego de la resurrección de los muertos. Ocurrirá una gloriosa transformación de nuestros cuerpos tal y como sucedió con aquellos cuyos cuerpos se habían corrompido en la tierra. El cambio se producirá como lo dicen las Escrituras: se infundirá una naturaleza totalmente nueva.

"Porque es necesario que esto corruptible se vista de incorrupción, y esto mortal se vista de inmortalidad" (1 Co. 15:53).

    a. La naturaleza del cuerpo actual del creyente es corruptible y mortal; la naturaleza de su nuevo cuerpo será incorruptible e inmortal.

=> La naturaleza "corruptible" y "mortal" quiere decir que los hombres son terrenales; que envejecen, se deterioran, mueren y se descomponen. Toda persona, no importa quien sea, es terrenal y volverá al polvo a menos que Jesús regrese mientras la persona aun vive en la tierra.

=> La naturaleza "incorruptible" e "inmortal" quiere decir que los creyentes serán hechos celestiales, que serán transformados y se les dará *una naturaleza perfecta* que nunca envejecerá, se deteriorará, morirá ni se descompondrá. Serán completamente libres de la deshonra y la depravación. Se les dará un cuerpo perfecto, un cuerpo diametralmente opuesto al cuerpo actual, un cuerpo perfeccionado para siempre para vivir con Dios en los cielos nuevos y la nueva tierra. (Vea Estudio a fondo 1, Jn. 21:1; 1 Co. 15:42-44).

    b. Note las palabras "es necesario" en 1 Corintios 15:53. Esto nos muestra la absoluta necesidad de un cambio en el cuerpo del hombre. Para que el hombre pueda vivir con Dios su cuerpo tiene que sufrir una transformación. Es esencial, obligatorio, una necesidad absoluta para que el hombre pueda vivir para siempre.

"Porque no pueden ya más morir, pues son iguales a los ángeles, y son hijos de Dios, al ser hijos de la resurrección" (Lc. 20:36).

"De cierto, de cierto os digo, que el que guarda mi palabra, nunca verá muerte" (Jn. 8:51).

"Y todo aquel que vive y cree en mí, no morirá eternamente" (Jn. 11:26).

"vida eterna a los que, perseverando en bien hacer, buscan gloria y honra e inmortalidad" (Ro. 2:7).

"Porque es necesario que esto corruptible se vista de incorrupción, y esto mortal se vista de inmortalidad" (1 Co. 15:53).

"Porque sabemos que si nuestra morada terrestre, este tabernáculo, se deshiciere, tenemos de Dios un edificio, una casa no hecha de manos, eterna, en los cielos" (2 Co. 5:1).

"Luego nosotros los que vivimos, los que hayamos quedado, seremos arrebatados juntamente con ellos en las nubes para recibir al Señor en el aire, y así estaremos siempre con el Señor" (1 Ts. 4:17).

"pero que ahora ha sido manifestada por la aparición de nuestro Salvador Jesucristo, el cual quitó la muerte y sacó a luz la vida y la inmortalidad por el evangelio" (2 Ti. 1:10).

4. En cuarto lugar, tendrá lugar la gran reunión de los

vivos y los muertos. Note la enfática declaración: "seremos arrebatados juntamente con ellos en las nubes para recibir al Señor". Nos reuniremos nuevamente con nuestros seres queridos, y lo que es más maravilloso, todos los creyentes —a quienes amamos y aquellos a los que nunca conocimos— nos reuniremos con nuestro maravilloso Señor. Estaremos todos juntos regocijándonos en la presencia de aquel que nos salvó y transformó en seres perfectos y eternos. ¡Será un día de reunión y regocijo!

5. Comienza la experiencia de vivir cara a cara con el Señor. Seremos arrebatados y "así estaremos siempre con el Señor". Aunque la reunión de todos los creyentes será algo maravilloso, más maravilloso será ver a nuestro Señor cara a cara por primera vez. ¿Cuáles serán nuestros primeros pensamientos? ¿Cuál será nuestra primera reacción? Todo ocurrirá en un pestañar. De repente…

• estaremos en medio del aire y seremos transformados en hombres y mujeres perfectos.
• estaremos en las nubes en medio de millones y millones.
• seremos transformados en medio de la espectacular gloria y majestad, dominio y poder del Señor Dios.

¿Hay alguna duda de cuáles serán nuestros primeros pensamientos y reacción? La gran reunión con la familia y los creyentes ocupará nuestros pensamientos.

6. La exhortación del momento: Alentaos los unos a los otros con estas palabras. Dios no revela los acontecimientos del final de los tiempos para satisfacer la curiosidad. Nos habla de estos gloriosos eventos para que podamos prepararnos y confortarnos unos a otros. No hay necesidad de desalentarse en esta tierra, no hay por qué sufrir y afligirse, no hay por qué desesperanzarse ni estar en ignorancia. El propio Señor nos ha dado la más maravillosa esperanza —la esperanza de vivir cara a cara con él para siempre— de adorarle y servirle par siempre en un cielo y tierra nuevos.

> "Porque no pueden ya más morir, pues son iguales a los ángeles, y son hijos de Dios, al ser hijos de la resurrección" (Lc. 20:36).
> "De cierto, de cierto os digo, que el que guarda mi palabra, nunca verá muerte" (Jn. 8:51).
> "Y todo aquel que vive y cree en mí, no morirá eternamente. ¿Crees esto?" (Jn 11.:26).
> "Porque sabemos que si nuestra morada terrestre, este tabernáculo, se deshiciere, tenemos de Dios un edificio, una casa no hecha de manos, eterna, en los cielos" (2 Co. 5:1).
> "pero que ahora ha sido manifestada por la aparición de nuestro Salvador Jesucristo, el cual quitó la muerte y sacó a luz la vida y la inmortalidad por el evangelio" (2 Ti. 1:10).
> "Enjugará Dios toda lágrima de los ojos de ellos; y ya no habrá muerte, ni habrá más llanto, ni clamor, ni dolor; porque las primeras cosas pasaron" (Ap. 21:4).

4 (5:1-3) *Jesucristo, regreso — Día del Señor — Resurrección de los creyentes:* El día y la hora del regreso del Señor. Pablo quiere dejar bien claro que él no sabe cuando el Señor regresará a la tierra, nadie lo sabe. Note cinco puntos.

1. ¿Cuándo regresará el Señor? Este es un aspecto sobre el que no debería discutirse. Pablo ya les había enseñado a los creyentes que nadie sabe cuándo el Señor regresará a la tierra, solo Dios lo sabe. Por tanto, no hay ninguna necesidad de discutir "acerca de los tiempos y de las ocasiones". Es una afirmación bastante fuerte, pero con aquellos que fijan fecha es necesario que sea así. Fíjese en el significado de "tiempos" y "ocasiones".

=> "Tiempos" (chronon) significa tiempo cronológico, los acontecimientos que se siguen unos a los otros y que se desarrollan unos aparte de los otros. Pablo ya abarca los tiempos, el orden de los acontecimientos que ocurrirían en el tiempo final.

=> "Ocasiones" (kairon) significa el momento particular y la naturaleza de los acontecimientos que ocurrirán. Con esto Pablo abarca los acontecimientos importantes y ha discutido lo que ocurriría en dichos eventos.

Pensamiento 1. Nótese un punto crucial: tiempos y ocasiones son períodos de tiempo que comprenden muchos años para los hombres; años que pueden extenderse a décadas y siglos. Esto es exactamente lo que Pablo está diciendo: "los tiempos" del tiempo del fin constituyen un largo tiempo cronológico, pero "las ocasiones", la naturaleza misma y los períodos críticos que ocurran, se pueden mirar y observar. Al hablar de los acontecimientos del tiempo del fin siempre debemos tener en mente este hecho.

Pensamiento 2. Una vez que el creyente ha estudiado los tiempos y las ocasiones del tiempo del fin, es decir, los grandes y espectaculares períodos de sucesos venideros y las circunstancias particulares de los acontecimientos, sabe que solo Dios puede conocer cuando Él regresará. Hay demasiados detalles intrincados, ramificaciones y eventos entretejidos en los acontecimientos de la historia como para que ningún hombre conozca cuando llegará la plenitud del tiempo. Solo Dios podría saber cuándo se han cumplido los intrincados detalles de los sucesos. Solo Dios podría saber cuándo Él va a regresar.

2. ¿Cuándo regresará el Señor? Cuando "el día del Señor" esté listo para venir sobre la tierra. Esto es exactamente lo que Pablo está diciendo. Y ¿cuándo es "el día del Señor"? Ningún hombre lo sabe. Vendrá como ladrón en la noche, súbita e inesperadamente. Los creyentes deben buscar el regreso del Señor, pero a los no creyentes los sorprenderá desprevenidos. Está de más decir que los no creyentes estarán sorprendidos. Estarán consternados y se quedarán aterrados ante la aparición de Cristo y por los juicios que vendrán sobre la tierra.

Nota: "El día del Señor" se refiere al trato del Señor con los no creyentes. John Walvoord lo pone en simples y contundentes palabras:

"El día del Señor es un período de tiempo en el que Dios tratará directa y dramáticamente con los hombres malvados en espantoso juicio. Hoy un hombre puede blasfemar de Dios, ser ateo, puede acusar a Dios y ense-

ñar mala doctrina. Al parecer Dios no hace nada al respecto, pero vendrá el día designado en las Escrituras como 'el día del Señor' cuando Dios castigará el pecado humano y tratará con ira y juicio con el mundo que rechaza a Cristo. De una cosa estamos seguros, a su manera Dios traerá a juicio a toda alma" (The Thessalonian Epistles [Las epístolas a los Tesalonicenses], p. 76).

Ese día, el día en que Dios traerá a juicio a toda alma, es lo que la Biblia llama "el día del Señor". ¿Cuándo regresará Cristo? Cuando la tierra haya alcanzado una condición tan depravada que esté perdida para siempre y madura para los juicios del "día del Señor".

"He aquí el día de Jehová viene, terrible, y de indignación y ardor de ira, para convertir la tierra en soledad, y raer de ella a sus pecadores. Por lo cual las estrellas de los cielos y sus luceros no darán su luz; y el sol se oscurecerá al nacer, y la luna no dará su resplandor. Y castigaré al mundo por su maldad, y a los impíos por su iniquidad; y haré que cese la arrogancia de los soberbios, y abatiré la altivez de los fuertes" (Is. 13:9-11).

"Y me dijo el ángel que hablaba conmigo: Clama diciendo: Así ha dicho Jehová de los ejércitos: Celé con gran celo a Jerusalén y a Sion. Y estoy muy airado contra las naciones que están reposadas; porque cuando yo estaba enojado un poco, ellos agravaron el mal. Por tanto, así ha dicho Jehová: Yo me he vuelto a Jerusalén con misericordia; en ella será edificada mi casa, dice Jehová de los ejércitos, y la plomada será tendida sobre Jerusalén" (Zac. 1:14-16).

"Porque he aquí, viene el día ardiente como un horno, y todos los soberbios y todos los que hacen maldad serán estopa; aquel día que vendrá los abrasará, ha dicho Jehová de los ejércitos, y no les dejará ni raíz ni rama" (Mal. 4:1).

"De éstos también profetizó Enoc, séptimo desde Adán, diciendo: He aquí, vino el Señor con sus santas decenas de millares, para hacer juicio contra todos, y dejar convictos a todos los impíos de todas sus obras impías que han hecho impíamente, y de todas las cosas duras que los pecadores impíos han hablado contra él. Estos son murmuradores, querellosos, que andan según sus propios deseos, cuya boca habla cosas infladas, adulando a las personas para sacar provecho" (Jud. 14-16).

3. El día del Señor vendrá cuando el mundo de los no creyentes sienta una gran sensación de seguridad: "cuando digan: Paz y seguridad". Algunos líderes alrededor del mundo o alguna organización mundial cooperará y será capaz de dar una apariencia de paz y seguridad en todo el mundo. Las personas se deleitarán en la seguridad y vivirán en ella como sucedió en los días de Noé.

"Como fue en los días de Noé, así también será en los días del Hijo del Hombre. Comían, bebían, se casaban y se daban en casamiento, hasta el día en que entró Noé en el arca, y vino el diluvio y los destruyó a todos. Asimismo como sucedió en los días de Lot; comían, bebían, compraban, vendían, plantaban, edificaban; mas el día en que Lot salió de Sodoma, llovió del cielo

fuego y azufre, y los destruyó a todos. Así será el día en que el Hijo del Hombre se manifieste" (Lc. 17:26-30).

4. El día del Señor será un día de destrucción catastrófica. En el momento en que el mundo necesite urgentemente paz y seguridad, justo en el horizonte los esperará una terrible destrucción. De repente, de la nada, el gran y terrible día del Señor caerá sobre el mundo y los incrédulos del mundo. Fíjese en el término "destrucción repentina": será totalmente inesperado. Será como los dolores de parto que vienen repentinamente sobre la mujer en cinta. El dolor, sufrimiento y destrucción serán inclementes.

"Aullad, porque cerca está el día de Jehová; vendrá como asolamiento del Todopoderoso. Por tanto, toda mano se debilitará, y desfallecerá todo corazón de hombre, y se llenarán de terror; angustias y dolores se apoderarán de ellos; tendrán dolores como mujer de parto; se asombrará cada cual al mirar a su compañero; sus rostros, rostros de llamas" (Is. 13:6-8).

"¡Ay del día! porque cercano está el día de Jehová, y vendrá como destrucción por el Todopoderoso" (Jl. 1:15).

"Y daré prodigios en el cielo y en la tierra, sangre, y fuego, y columnas de humo. El sol se convertirá en tinieblas, y la luna en sangre, antes que venga el día grande y espantoso de Jehová" (Jl. 2:30-31).

"Cercano está el día grande de Jehová, cercano y muy próximo; es amarga la voz del día de Jehová; gritará allí el valiente. Día de ira aquel día, día de angustia y de aprieto, día de alboroto y de asolamiento, día de tiniebla y de oscuridad, día de nublado y de entenebrecimiento, día de trompeta y de algazara sobre las ciudades fortificadas, y sobre las altas torres. Y atribularé a los hombres, y andarán como ciegos, porque pecaron contra Jehová; y la sangre de ellos será derramada como polvo, y su carne como estiércol. Ni su plata ni su oro podrá librarlos en el día de la ira de Jehová, pues toda la tierra será consumida con el fuego de su celo; porque ciertamente destrucción apresurada hará de todos los habitantes de la tierra" (Sof. 1:14-18).

5. El día del Señor será un día del que no habrá escape. "No escaparán" (ou me ekphugosin). En griego es una doble negación: ellos no, por ningún medio, escaparán. El juicio y la destrucción son una certeza absoluta; ellos no escaparán, en ninguna manera. Todos los seres humanos que no han confiado verdaderamente en Jesucristo enfrentarán el terrible día del Señor.

"¡Serpientes, generación de víboras! ¿Cómo escaparéis de la condenación del infierno?" (Mt. 23:33).

"¿Y piensas esto, oh hombre, tú que juzgas a los que tal hacen, y haces lo mismo, que tú escaparás del juicio de Dios?" (Ro. 2:3).

"que cuando digan: Paz y seguridad, entonces vendrá sobre ellos destrucción repentina, como los dolores a la mujer encinta, y no escaparán" (1 Ts. 5:3).

"¿cómo escaparemos nosotros, si descuidamos una salvación tan grande? La cual, habiendo sido anunciada primeramente por el Señor, nos fue confirmada por los que oyeron" (He. 2:3).

"Mirad que no desechéis al que habla. Porque si no escaparon aquellos que desecharon al que los amo-

nestaba en la tierra, mucho menos nosotros, si desecháremos al que amonesta desde los cielos" (He. 12:25).

"Por tanto, así ha dicho Jehová: He aquí yo traigo
sobre ellos mal del que no podrán salir; y clamarán a
mí, y no los oiré" (Jer. 11:11).

"¡Ay de los que desean el día de Jehová! ¿Para qué
queréis este día de Jehová? Será de tinieblas, y no de
luz; como el que huye de delante del león, y se encuentra con el oso; o como si entrare en casa y apoyare su
mano en la pared, y le muerde una culebra" (Amós
5:18-19).

"Aunque cavasen hasta el Seol, de allá los tomará
mi mano; y aunque subieren hasta el cielo, de allá los
haré descender" (Amós 9:2).

| 1 No lo debe sorprender el regreso del Señor
a. Porque no está en tinieblas.
b. Porque es un hijo de luz.
c. Porque es un hijo del día

2 No debe estar espiritualmente dormido o sin velar
a. Hecho: Algunos duermen
b. Razón: Se identifica con el comportamiento de la noche y el malo. | B. El regreso del Señor y el comportamiento del creyente, 5:4-11

4 Mas vosotros, hermanos, no estáis en tinieblas, para que aquel día os sorprenda como ladrón.
5 Porque todos vosotros sois hijos de luz e hijos del día; no somos de la noche ni de las tinieblas.

6 Por tanto, no durmamos como los demás, sino velemos y seamos sobrios.
7 Pues los que duermen, de noche duermen, y los que se embriagan, de noche se embriagan. | 8 Pero nosotros, que somos del día, seamos sobrios, habiéndonos vestido con la coraza de fe y de amor, y con la esperanza de salvación como yelmo.
9 Porque no nos ha puesto Dios para ira, sino para alcanzar salvación por medio de nuestro Señor Jesucristo,
10 quien murió por nosotros para que ya sea que velemos, o que durmamos, vivamos juntamente con él.
11 Por lo cual, animaos unos a otros, y edificaos unos a otros, así como lo hacéis. | 3 Debe ser sobrio y protegerse a sí mismo
a. Cómo: Poniéndose la armadura de Dios: fe, amor y esperanza

b. Las razones
1) Dios no lo ha puesto para ira sino para salvación
2) Cristo murió por él

4 Debe ministrar
a. Animando a otros
b. Edificando a otros |

DIVISIÓN III

EL REGRESO DE JESUCRISTO, 4:13—5:24

B. El regreso del Señor y el comportamiento del creyente, 5:4-11

(5:4-11) *Introducción:* El regreso de Jesucristo será el suceso más fenomenal de toda la historia de la humanidad. Será el acontecimiento más sorprendente y espectacular que ojos humanos han visto. No podemos dejar de mencionar su importancia, pues cuando Cristo regrese, caerán sobre la tierra tanto las bendiciones como el juicio de Dios. Los verdaderos creyentes serán bendecidos y los incrédulos sufrirán la ira de Dios. Es por esto que a Dios le interesa tanto el comportamiento del creyente mientras está sobre la tierra. Este pasaje trata con el conocido e importante tema *del regreso del Señor y el comportamiento del creyente.*

1. No lo debe sorprender el regreso del Señor (vv. 4-5).
2. No debe estar espiritualmente dormido o sin velar (vv. 6-7).
3. Debe ser sobrio y protegerse a sí mismo (vv. 8-10).
4. Debe ministrar (v. 11).

1 (5:4-5) *Creyentes, naturaleza — Jesucristo, regreso — Día del Señor:* El creyente no está en tinieblas, por tanto, *"aquel día"* no debe tomarlo por sorpresa. *Aquel día* hace referencia al día del Señor: aquel día grande y terrible de la ira de Dios, el horrible juicio de Dios que vendrá sobre la tierra y los incrédulos. Fíjese en la palabra "sorprenda" (katalambano). Significa venir o tomar por sorpresa. El día del Señor no debe tomar al creyente por sorpresa, no debe venir sobre él como un ladrón, inesperadamente. Hay tres poderosas razones de por qué el día del Señor no debe sorprender al creyente desprevenido.

1. El creyente no está en tinieblas.
   a. El creyente no está en las tinieblas de la ignorancia. Él sabe que viene el terrible día del juicio de Dios. Ha estudiado y se le ha enseñado la Palabra de Dios. Los predicadores y los maestros han sido fieles en advertir al mundo: el día del Señor viene sobre el mundo. Todos darán cuenta de su rebelión contra Dios y de su amontonamiento egoísta contra el desesperado del mundo. Ningún verdadero creyente ignora la verdad; ningún verdadero creyente habita en las tinieblas de la ignorancia. Si es un verdadero creyente, sabe que el juicio de Dios vendrá sobre los hombres; sabe que el día del Señor viene. Es por eso que debe anticiparlo. No debe ser sorprendido cuando llegue.
   b. El creyente no está en las tinieblas del pecado. No deambula por el mundo viviendo en pecado. Su mente y sus pensamientos no están consumidos con las cosas de este mundo. El brillo y el poder de las posesiones no lo ciegan, como ni tampoco las pasiones y placeres de la carne. El creyente no anda todo el día con sus pensamientos aferrados a esta tierra pensando en Dios rara vez, si es que lo hace. No está en las tinieblas del pecado, sintiendo que Dios está en algún lugar del espacio exterior sin importarle lo que sucede sobre la tierra. El creyente no está separado de Dios e ignorante de sus caminos. Su vida está centrada en Dios y sus pensamientos

están *siempre* puestos en Dios. Él conoce a Dios íntima y personalmente, por consiguiente, sabe que Dios es santo y justo al igual que amoroso. Sabe que Dios *tiene* que juzgar a los incrédulos del mundo.

2.   El creyente es un hijo de luz. Esto sencillamente significa que el creyente es hijo de Dios, puesto que Dios es luz (1 Jn. 1:5). El creyente tiene la misma naturaleza de Dios, que es luz. Él conoce a Dios, por tanto, no va a estar desapercibido ni lo tomará por sorpresa cuando el Señor venga y juzgue al mundo.

3.   El creyente es un hijo del día. Esta es una verdad maravillosa. Quiere decir que el creyente escapará al juicio de Dios. Él es un hijo a quien Dios ha aceptado, por tanto, será aceptado en aquel día del regreso del Señor. No tendrá que enfrentar el terrible día del Señor y sufrir el juicio de la ira de Dios. Es un hijo del día, hijo de la gloriosa salvación y liberación de Dios, es por eso que el creyente debe esperan el regreso del Señor y el día de la ira del Señor. No debe andar en tinieblas poniendo su mente y pensamientos en este mundo. Debe vivir orando y pensando en las cosas de Dios y en la absoluta necesidad de alcanzar a las personas para Cristo, pues el grande y terrible día del Señor viene, está justo en el horizonte, muy cerca.

> "vosotros sois la luz del mundo; una ciudad asentada sobre un monte no se puede esconder" (Mt. 5:14).
> "Entre tanto que tenéis la luz, creed en la luz, para que seáis hijos de luz" (Jn. 12:36).
> "Porque así nos ha mandado el Señor, diciendo: Te he puesto para luz de los gentiles, a fin de que seas para salvación hasta lo último de la tierra" (Hch. 13:47).
> "Porque en otro tiempo erais tinieblas, mas ahora sois luz en el Señor; andad como hijos de luz" (Ef. 5:8).
> "para que seáis irreprensibles y sencillos, hijos de Dios sin mancha en medio de una generación maligna y perversa, en medio de la cual resplandecéis como luminares en el mundo" (Fil. 2:15).
> "Porque todos vosotros sois hijos de luz e hijos del día; no somos de la noche ni de las tinieblas" (1 Ts. 5:5).
> "Así perezcan todos tus enemigos, oh Jehová; mas los que te aman, sean como el sol cuando sale en su fuerza. Y la tierra reposó cuarenta años" (Jue. 5:31).

2 (5:6-7) *Creyentes, deber:* El creyente no debe dormir, sino ser sobrio y velar. Dormir se refiere al *sueño* espiritual. Cuando una persona está dormida, no está alerta ni involucrada en lo que sucede a su alrededor. Cuando un creyente está espiritualmente dormido, no está alerta ni involucrado en las cosas de Dios. Su mente y comportamiento no están interesados en las cosas de Dios. Está en un letargo, en un sopor y duerme. Una persona que está espiritualmente dormida no está alerta ni conciente de lo que Dios está haciendo, por tanto, cuando el Señor regrese lo cogerá desprevenido.

Note lo siguiente: el creyente no debe dormir, debe velar y ser sobrio.

=> Velar significa estar alerta y en guardia para vivir para Cristo. Recuerde que Cristo puede aparecer en los cielos en cualquier momento y regresar a la tierra,

es por eso que debemos velar a cada momento de cada día.

=> Ser sobrio significa ser rígido en disciplina y control por Cristo; vivir una vida de justicia estricta y santidad, esperando siempre el regreso del Señor.

Nótense dos hechos trágicos acerca de algunos creyentes: cosas que nunca deben ocurrirle a los verdaderos creyentes.

1.   Algunos duermen. La frase "los otros" se refiere a los incrédulos del mundo (1 Ts. 4:13), pero fíjese: esta exhortación está dirigida a los creyentes. Es por eso que algunos creyentes necesitan desesperadamente prestar atención a esta advertencia. Ellos se han quedado espiritualmente dormidos. Ya no están…

- alertas a las cosas de Dios.
- vivos para Dios, pensando y manteniendo sus pensamientos en Dios.
- adorando a Dios, orando y teniendo comunión con Dios y con su pueblo.
- esperando con ilusión el regreso de Cristo.
- activos para Dios, sirviendo y trabajando para Él.

Tristemente, están dormidos. No están velando ni viviendo vidas sobrias. La disciplina y el control en justicia y piedad son las cosas que están más lejos de sus mentes.

2.   Algunos se identifican con la noche y con el comportamiento malvado. Esto es exactamente lo que dicen las Escrituras. La persona que duerme, duerme en la noche, y el que se emborracha lo hace en la noche. La noche es usualmente el momento en que las personas duermen y se involucran en el pecado. Por tanto, si un creyente va de juerga con aquellos que son de la noche, se está identificando con los pecadores del mundo.

=> Si un creyente anda de juerga con los dormilones del mundo —aquellos que están dormidos con respecto a las cosas de Dios— se está identificando con los incrédulos durmientes del mundo.

=> Si un creyente anda de juerga con los borrachos del mundo —los indulgentes, lujuriosos, mundanos y carnales— se está identificando con los incrédulos borrachos del mundo.

No hay otra forma de catalogar a una persona. Si anda en las tinieblas de la noche, está mostrando ser de la noche. Si anda en el día, muestra ser del día.

> "Velad, pues, porque no sabéis el día ni la hora en que el Hijo del Hombre ha de venir" (Mt. 25:13).
> "Bienaventurados aquellos siervos a los cuales su señor, cuando venga, halle velando; de cierto os digo que se ceñirá, y hará que se sienten a la mesa, y vendrá a servirles" (Lc. 12:37).
> "Mirad también por vosotros mismos, que vuestros corazones no se carguen de glotonería y embriaguez y de los afanes de esta vida, y venga de repente sobre vosotros aquel día" (Lc. 21:34).
> "Porque todos vosotros sois hijos de luz e hijos del día; no somos de la noche ni de las tinieblas. Por tanto, no durmamos como los demás, sino velemos y seamos sobrios" (1 Ts. 5:5-6).
> "Sed sobrios, y velad; porque vuestro adversario

el diablo, como león rugiente, anda alrededor buscando a quien devorar" (1 P. 5:8).

"He aquí, yo vengo pronto; retén lo que tienes, para que ninguno tome tu corona" (Ap. 3:11).

"He aquí, yo vengo como ladrón. Bienaventurado el que vela, y guarda sus ropas, para que no ande desnudo, y vean su vergüenza" (Ap. 16:15).

3 (5:8-10) *Creyentes, deber:* El creyente debe ser sobrio y protegerse a sí mismo. El creyente debe ser sobrio; es decir, debe estar mentalmente despierto, alerta y vigilante, y debe protegerse a sí mismo. Debe asegurarse que se mantenga espiritualmente sobrio y bien protegido.

1. ¿Cómo puede el creyente mantenerse sobrio y protegerse? Poniéndose la armadura de Dios. ¿Qué es la armadura de Dios?

   a. Está la coraza de fe y amor. La coraza protegía el corazón del soldado. El corazón del creyente tiene que estar protegido. Su corazón debe estar comprometido y centrado en Jesucristo y en su causa por la conquista del mundo. Es la coraza de fe y amor la que protegerá nuestro corazón y lo mantendrá centrado en Cristo y en su causa.

=> La fe protege nuestro corazón: cuando verdaderamente creemos que Jesucristo nos salva del pecado y la muerte y nos libra del juicio de Dios —cuando verdaderamente creemos en Jesucristo— entonces enfocamos nuestras vidas en Jesucristo. Nos mantenemos sobrios: vivimos recta y piadosamente en este mundo y deseamos la gloriosa aparición del gran Dios y salvador Jesucristo. Nuestra fe en Cristo nos mantiene sobrios.

"Entonces le dijeron: ¿Qué debemos hacer para poner en práctica las obras de Dios? Respondió Jesús y les dijo: Esta es la obra de Dios, que creáis en el que él ha enviado" (Jn. 6:28-29).

"Sobre todo, tomad el escudo de la fe, con que podáis apagar todos los dardos de fuego del maligno" (Ef. 6:16).

"Pero sin fe es imposible agradar a Dios; porque es necesario que el que se acerca a Dios crea que le hay, y que es galardonador de los que le buscan" (He. 11:6).

"Y este es su mandamiento: Que creamos en el nombre de su Hijo Jesucristo, y nos amemos unos a otros como nos lo ha mandado" (1 Jn. 3:23).

=> El amor protege nuestros corazones: cuando verdaderamente vemos el amor de Cristo por nosotros —que el realmente llevó nuestro pecado y nuestra muerte y nos libra del juicio de Dios— entonces nos quebrantamos ante él y nos inclinamos en humilde adoración y amor. El amor nos inunda, pues Él hizo tanto por nosotros. No tenemos que morir; no tenemos que soportar el castigo del pecado, todo porque Él nos amó. Por tanto, nuestros corazones van a Él quebrantados y derramando amor en respuesta. Nos mantenemos sobrios: vivimos justa y piadosamente y deseamos su regreso porque le amamos. Nuestro amor nos mantiene sobrios.

"Porque de tal manera amó Dios al mundo, que ha dado a su Hijo unigénito, para que todo aquel que en él cree, no se pierda, mas tenga vida eterna" (Jn. 3:16).

"Mas Dios muestra su amor para con nosotros, en que siendo aún pecadores, Cristo murió por nosotros" (Ro. 5:8).

"Porque el amor de Cristo nos constriñe, pensando esto: que si uno murió por todos, luego todos murieron; y por todos murió, para que los que viven, ya no vivan para sí, sino para aquel que murió y resucitó por ellos" (2 Co. 5:14-15).

"Pero Dios, que es rico en misericordia, por su gran amor con que nos amó, aun estando nosotros muertos en pecados, nos dio vida juntamente con Cristo (por gracia sois salvos)" (Ef. 2:4-5).

"Mirad cuál amor nos ha dado el Padre, para que seamos llamados hijos de Dios; por esto el mundo no nos conoce, porque no le conoció a él" (1 Jn. 3:1).

   b. Está el yelmo del soldado cristiano, la esperanza de salvación. Hay una sola forma en que podemos estar preparados para el regreso de Cristo y escapar del juicio de Dios: debemos mantener nuestras mentes y vidas centradas en Cristo. ¿Cómo podemos hacerlo? Protegiendo nuestras mentes con el yelmo de la armadura de Dios, la esperanza de salvación. Debemos enfocar nuestras mentes en la esperanza de salvación. Debemos comer, beber y dormir —la gran esperanza que Dios nos ha dado. Si enfocamos nuestras vidas en la salvación— si vivimos, nos movemos y existimos en la gran esperanza que Dios ha dado de vivir para siempre con Él, entonces nos mantendremos sobrios. Viviremos una vida justa para Cristo y esperaremos con ansias el regreso de Cristo. Nuestra esperanza de salvación nos mantiene sobrios.

"Porque en esperanza fuimos salvos; pero la esperanza que se ve, no es esperanza; porque lo que alguno ve, ¿a qué esperarlo?" (Ro. 8:24).

"Porque las cosas que se escribieron antes, para nuestra enseñanza se escribieron, a fin de que por la paciencia y la consolación de las Escrituras, tengamos esperanza" (Ro. 15:4).

"enseñándonos que, renunciando a la impiedad y a los deseos mundanos, vivamos en este siglo sobria, justa y piadosamente, aguardando la esperanza bienaventurada y la manifestación gloriosa de nuestro gran Dios y Salvador Jesucristo" (Tit. 2:12-13).

"Bendito el Dios y Padre de nuestro Señor Jesucristo, que según su grande misericordia nos hizo renacer para una esperanza viva, por la resurrección de Jesucristo de los muertos, para una herencia incorruptible, incontaminada e inmarcesible, reservada en los cielos para vosotros" (1 P. 1:3-4).

"Amados, ahora somos hijos de Dios, y aún no se ha manifestado lo que hemos de ser; pero sabemos que cuando él se manifieste, seremos semejantes a él, porque le veremos tal como él es. Y todo aquel que tiene esta esperanza en él, se purifica a sí mismo, así como él es puro" (1 Jn. 3:2-3).

2. ¿Por qué el creyente debe ser sobrio y protegerse? Hay dos razones significativas.

    a.   Dios no nos ha puesto para ira sino para salvación. La única manera de escapar de la ira de Dios es mantenerse sobrio y enfocado en Jesucristo. Cuando Dios nos salvó, nos escogió para recibir salvación del pecado, la muerte y el juicio que vendrá. No nos puso para muerte e ira. Por tanto, no hay excusa para que un creyente se duerma y regrese al mundo de las tinieblas. La persona que no es sobria sufrirá la ira de Dios.

        "Porque no envió Dios a su Hijo al mundo para condenar al mundo, sino para que el mundo sea salvo por él. El que en él cree, no es condenado; pero el que no cree, ya ha sido condenado, porque no ha creído en el nombre del unigénito Hijo de Dios. Y esta es la condenación: que la luz vino al mundo, y los hombres amaron más las tinieblas que la luz, porque sus obras eran malas" (Jn. 3:17-19).

        "El que cree en el Hijo tiene vida eterna; pero el que rehúsa creer en el Hijo no verá la vida, sino que la ira de Dios está sobre él" (Jn. 3:36).

        "Pero fornicación y toda inmundicia, o avaricia, ni aun se nombre entre vosotros, como conviene a santos; ni palabras deshonestas, ni necedades, ni truhanerías, que no convienen, sino antes bien acciones de gracias. Porque sabéis esto, que ningún fornicario, o inmundo, o avaro, que es idólatra, tiene herencia en el reino de Cristo y de Dios. Nadie os engañe con palabras vanas, porque por estas cosas viene la ira de Dios sobre los hijos de desobediencia" (Ef. 5:3-6).

        "Haced morir, pues, lo terrenal en vosotros: fornicación, impureza, pasiones desordenadas, malos deseos y avaricia, que es idolatría; cosas por las cuales la ira de Dios viene sobre los hijos de desobediencia" (Col. 3:5-6).

    b.   Cristo murió por nosotros. Note las palabras velemos o durmamos: significan vivos o muertos. Cuando Cristo regrese, ya sea que estemos aun vivos o que hayamos partido, viviremos junto con Él por siempre y siempre. Este es la razón por la que Él murió, la razón por la que fue a la cruz: para que tengamos el glorioso privilegio de vivir con Él por toda la eternidad.

        "Porque Cristo, cuando aún éramos débiles, a su tiempo murió por los impíos" (Ro. 5:6).

        "el cual se dio a sí mismo por nuestros pecados para librarnos del presente siglo malo, conforme a la voluntad de nuestro Dios y Padre" (Gá. 1:4).

        "quien se dio a sí mismo por nosotros para redimirnos de toda iniquidad y purificar para sí un pueblo propio, celoso de buenas obras" (Tit. 2:14).

        "quien llevó él mismo nuestros pecados en su cuerpo sobre el madero, para que nosotros, estando muertos a los pecados, vivamos a la justicia; y por cuya herida fuisteis sanados" (1 P. 2:24).

        "Porque también Cristo padeció una sola vez por los pecados, el justo por los injustos, para llevarnos a Dios, siendo a la verdad muerto en la carne, pero vivificado en espíritu" (1 P. 3:18).

4 (5:11) *Creyentes, deber:* El creyente debe ministrar consolando y edificando a otros. Dios nos ha librado de la ira que vendrá y nos ha dado la gloriosa esperanza de vivir con Él cara a cara para siempre. Por tanto, no debemos dormir sino estar sobrios, despiertos, alertas y vigilando ese glorioso día.

=> Debemos "animarnos" (parakaleite) unos a otros: exhortar, consolar y amonestarnos unos a otros.

        "Consolaos, consolaos, pueblo mío, dice vuestro Dios" (Is. 40:1).

        "Por tanto, alentaos los unos a los otros con estas palabras" (1 Ts. 4:18).

        "Por lo cual, animaos unos a otros, y edificaos unos a otros, así como lo hacéis" (1 Ts. 5:11).

=> Debemos "edificarnos" (oikodomeite) unos a otros: fortalecer y estimularnos unos a otros.

        "Así que, sigamos lo que contribuye a la paz y a la mutua edificación" (Ro. 14:19).

        "Cada uno de nosotros agrade a su prójimo en lo que es bueno, para edificación" (Ro. 15:2).

        "Ninguna palabra corrompida salga de vuestra boca, sino la que sea buena para la necesaria edificación, a fin de dar gracia a los oyentes" (Ef. 4:29).

	C. El regreso del Señor y el comportamiento en la iglesia, 5:12-28	19 No apaguéis al Espíritu.	d. No apaguen al Espíritu
1 Comportamiento hacia los líderes de la iglesia a. Reconózcalos	12 Os rogamos, hermanos, que reconozcáis a los que trabajan entre vosotros, y os presiden en el Señor, y os amonestan;	20 No menospreciéis las profecías. 21 Examinadlo todo; retened lo bueno. 22 Absteneos de toda especie de mal.	e. No menosprecien las profecías f. Examínenlo todo; retengan lo bueno g. Absténganse de toda especie de mal
b. Ténganlos en mucha estima y amor c. Tengan paz entre vosotros **2 Comportamiento hacia la familia de la iglesia** a. Amonesten a los ociosos b. Alienten a los de poco ánimo c. Sostengan a los débiles d. Sean pacientes para con todos e. Miren que ninguno pague a otro mal por mal	13 y que los tengáis en mucha estima y amor por causa de su obra. Tened paz entre vosotros. 14 También os rogamos, hermanos, que amonestéis a los ociosos, que alentéis a los de poco ánimo, que sostengáis a los débiles, que seáis pacientes para con todos.	23 Y el mismo Dios de paz os santifique por completo; y todo vuestro ser, espíritu, alma y cuerpo, sea guardado irreprensible para la venida de nuestro Señor Jesucristo. 24 Fiel es el que os llama, el cual también lo hará.	**4 Los resultados del comportamiento apropiado** a. La presencia de Dios b. Santificación c. Preservación del espíritu, alma y cuerpo. d. Seguridad de la fidelidad de Dios
3 Comportamiento hacia Dios: comportamiento personal a. Estén siempre gozosos b. Oren sin cesar c. Den gracias en todo	15 Mirad que ninguno pague a otro mal por mal; antes seguid siempre lo bueno unos para con otros, y para con todos. 16 Estad siempre gozosos. 17 Orad sin cesar. 18 Dad gracias en todo, porque esta es la voluntad de Dios para con vosotros en Cristo Jesús.	25 Hermanos, orad por nosotros. 26 Saludad a todos los hermanos con ósculo santo. 27 Os conjuro por el Señor, que esta carta se lea a todos los santos hermanos. 28 La gracia de nuestro Señor Jesucristo sea con vosotros. Amén.	**5 Las exhortaciones finales sobre el comportamiento** a. Oren por los ministros b. Saluden a todos los cristianos c. Lean esta carta a todos los cristianos: estudien la Palabra de Dios d. La gracia de nuestro Señor sea con ustedes

DIVISIÓN III

EL REGRESO DE JESUCRISTO, 4:13—5:24

C. El regreso del Señor y el comportamiento en la iglesia, 5:12-28

(5:12-28) *Introducción:* El hombre necesita cambiar su comportamiento. Hay una cosa que puede cambiarlo más que ninguna otra: llegar a ver y comprender el regreso del Señor a la tierra. Si una persona realmente cree que Jesucristo va a regresar a la tierra, esto cambiará radicalmente su vida.

1. Comportamiento hacia los líderes de la iglesia (vv. 12-13).
2. Comportamiento hacia la familia de la iglesia (vv. 14-15).
3. Comportamiento hacia Dios: comportamiento personal (vv. 15-22).
4. Los resultados del comportamiento apropiado (vv. 23-24).
5. Las exhortaciones finales sobre el comportamiento (vv. 25-28).

1 (5:12-13) *Líderes — Iglesia — Creyentes:* En primer lugar, el comportamiento de la iglesia hacia los líderes de la iglesia. Note la palabra "trabajan" (kopiontas). Significa trabajar hasta quedar exhausto y luego, seguir trabajando; continuar trabajando aun si uno está agotado; trabajar vigorosamente; afanarse hasta el cansancio; trabajar más allá de lo que uno es capaz de hacer. Este es un punto fuerte que debe convencer el corazón del siervo de Dios:

=> El ministro de Dios debe trabajar ardientemente para su Señor.
=> El ministro de Dios debe trabajar y trabajar por la iglesia.
=> El ministro debe trabajar hasta el cansancio ministrando a las personas.

Este es el trabajo del ministro; esto es lo que se exige del tiempo y energía del ministro. Toda su mente, cuerpo y alma pertenecen al Señor y deben ser derramados en las vidas de los amados de Dios, tanto de los creyentes como de los incrédulos del mundo.

Ahora bien, fíjese en las tres exhortaciones de estos dos versículos.

1. Los creyentes deben reconocer a los líderes de sus iglesias. La palabra "reconozcáis" (eidenai) significa reconocer, apreciar, respetar y conocer el valor de algo. Pocas personas trabajan tanto como un líder de la iglesia consagrado.

   a. Por ejemplo, tomemos al ministro. Compare su trabajo con el de cualquier otro profesional. ¿Cuánto tiempo restaría de sus deberes habituales cualquier otro profesional…

- si tuviera que hablar por treinta o más minutos en una conferencia esta semana?
- si tuviera que hablar dos o tres veces en dicha conferencia *a las mismas personas*?
- si tuviera que hablar todas las semanas —dos o tres veces— *a las mismas personas;* teniendo en cuenta que nunca podría usar el mismo discurso otra vez?
- si tuviera que asistir cada semana a varias reuniones de comités presentes en la conferencia?
- si tuviera que visitar a cada asistente a la conferencia cuando estos estén hospitalizados?
- si tuviera que visitar a todos los miembros de la familia y parientes cercanos de los oyentes de la conferencia cuando ellos estén hospitalizados?
- si tuviera que dar consejería a todos los participantes en la conferencia y a los miembros de su familia cuando tengan un problema serio?
- si tuviera que dirigir todos los funerales de los miembros de la conferencia y de sus familiares?
- si tuviera que dirigir todas las bodas de las hijas de los miembros de la conferencia?
- Si tuviera que visitar a la mayor parte de los hogares de los asistentes a la conferencias, si no a todos?
- si se supusiera que visitara a todos los recién llegados y miembros potenciales dentro de la comunidad que abarca la conferencia?

La lista pudiera continuar indefinidamente. Ahora bien, al mismo tiempo que el profesional hace todo esto tiene también que dirigir la administración de su negocio (la iglesia propiamente dicha).

   b. Por ejemplo, tomemos al maestro dedicado que fue el Señor. El maestro consagrado ocupa todo el día en algún otro trabajo, bien en la casa o en algún trabajo secular. Luego, cuando él o ella llega a la casa, piense en el tiempo empleado…

- en estudiar y preparar la lección.
- orando.
- en llamar por teléfono a los miembros de la clase.
- visitando a los miembros de la clase: en sus casas y en el hospital.
- aconsejando y ministrando a los miembros de la clase.
- en confraternizar y ayudar a crecer a los miembros de la clase, individualmente y en grupos (en comidas, grupos de estudio y actividades sociales).

Para el maestro consagrado, las horas son infinitas, y piénselo bien, el maestro hace esto todas las semanas.

Podría decirse lo mismo sobre cualquier líder de la iglesia que está verdaderamente comprometido con el Señor y que toma en serio su llamamiento. El servicio y ministerio del líder a la iglesia está por encima y más allá de sus trabajos seculares y sus deberes en los asuntos civiles. Es cierto, ellos viven para Cristo dondequiera que están —en el trabajo y en las actividades civiles—, pero su compromiso va más allá de eso: el líder de la iglesia ha sido llamado por Dios…

- para enseñar, edificar y hacer crecer a la iglesia y a sus creyentes.
- para equiparse a sí mismo para ser un testigo dinámico del Señor y extender su mano para salvar a los perdidos.
- para organizar y ministrar a las necesidades desesperadas de los pobres y los heridos.

Lo principal aquí es lo siguiente: los creyentes deben reconocer, apreciar y respetar a sus líderes. Ellos lo merecen.

> **"Pero os ruego, hermanos, por nuestro Señor Jesucristo y por el amor del Espíritu, que me ayudéis orando por mí a Dios"** (Ro. 15:30).
> **"Os ruego que os sujetéis a personas como ellos, y a todos los que ayudan y trabajan"** (1 Co. 16:16).
> **"y no me despreciasteis ni desechasteis por la prueba que tenía en mi cuerpo, antes bien me recibisteis como a un ángel de Dios, como a Cristo Jesús"** (Gá. 4:14).
> **"Os rogamos, hermanos, que reconozcáis a los que trabajan entre vosotros, y os presiden en el Señor, y os amonestan"** (1 Ts. 5:12).
> **"Los ancianos que gobiernan bien, sean tenidos por dignos de doble honor, mayormente los que trabajan en predicar y enseñar"** (1 Ti. 5:17).
> **"Acordaos de vuestros pastores, que os hablaron la Palabra de Dios; considerad cuál haya sido el resultado de su conducta, e imitad su fe"** (He. 13:7).

2. Los creyentes deben tener en mucha estima a sus líderes. Aquí se dicen varias cosas importantes.

   a. A los líderes se les debe tener en mucha estima.

   b. A los líderes se les debe tener en mucha estima y amor: con afecto, muy apegados al corazón del creyente.

   c. A los líderes se les debe tener en mucha estima por causa de su obra, o sea, debido al trabajo que hacen. Ellos son ministros del Señor y sirven a Cristo, a la iglesia y a los creyentes. Los creyentes le deben mucho a ellos debido a su servicio sacrificial, por tanto, deben tenerlos en mucha estima.

"Recibidle, pues, en el Señor, con todo gozo, y tened en estima a los que son como él" (Fil. 2:29).

"Os rogamos, hermanos, que reconozcáis a los que trabajan entre vosotros, y os presiden en el Señor, y os amonestan; y que los tengáis en mucha estima y amor por causa de su obra. Tened paz entre vosotros" (1 Ts. 5:12-13).

"Y sucedía que cuando salía Moisés al tabernáculo, todo el pueblo se levantaba, y cada cual estaba en pie a la puerta de su tienda, y miraban en pos de Moisés, hasta que él entraba en el tabernáculo" (Éx. 33:8).

3.   Los creyentes y los líderes deben tener paz entre ellos. Note que esta exhortación está dirigida tanto al líder como al creyente o discípulo. Los creyentes no deben criticar, murmurar, quejarse, envidiar u oponerse a sus líderes. Pueden diferir, sí, pero no oponerse a menos que el líder esté actuando contrario a las Escrituras o al amor del Espíritu de Dios, por supuesto.

Los líderes no deben comportarse como señores del pueblo de Dios, ni deben liderar por obtener posiciones o por exaltar su ego, asegurar para sí reconocimiento, recibir honor o por simplemente ganarse el sustento. El líder que actúe movido por estas razones no puede alimentar al pueblo de Dios. No tiene la presencia y bendición de Dios que son necesarias para alimentar al rebaño de Dios. Por tanto, dichos líderes provocan desasosiego e insatisfacción en el pueblo de Dios.

La exhortación es para que los creyentes tengan paz entre ellos. Tanto líderes como los seguidores deben estar totalmente comprometidos con Cristo, haciendo exactamente lo que Dios les ha llamado a hacer. Cuando ambos sirven de esa manera tienen paz entre ellos.

"pues Dios no es Dios de confusión, sino de paz. Como en todas las iglesias de los santos" (1 Co. 14:33).

"Por lo demás, hermanos, tened gozo, perfeccionaos, consolaos, sed de un mismo sentir, y vivid en paz; y el Dios de paz y de amor estará con vosotros" (2 Co. 13:11).

"Yo pues, preso en el Señor, os ruego que andéis como es digno de la vocación con que fuisteis llamados, con toda humildad y mansedumbre, soportándoos con paciencia los unos a los otros en amor, solícitos en guardar la unidad del Espíritu en el vínculo de la paz" (Ef. 4:1-3).

"Ruego a Evodia y a Síntique, que sean de un mismo sentir en el Señor" (Fil. 4:2).

"y que los tengáis en mucha estima y amor por causa de su obra. Tened paz entre vosotros" (1 Ts. 5:13).

"Huye también de las pasiones juveniles, y sigue la justicia, la fe, el amor y la paz, con los que de corazón limpio invocan al Señor" (2 Ti. 2:22).

2 (5:14-15) *Creyentes — Iglesia:* En segundo lugar, el comportamiento del creyente hacia la familia de la iglesia. En estos dos versículos se da una lista de exhortaciones para todos los creyentes, exhortaciones que nos dicen cómo comportarnos con toda la familia de la iglesia.

1.   Amonesten a los ociosos (ataktous): "a los que se salen de la raya: los holgazanes, los desordenados y los ocio-

sos". La palabra ocioso proviene de un término militar que se refiere al soldado que se insubordinaba y que no se quedaba en su lugar. Muchos creyentes no están donde debieran (ellos pertenecen al rango del Señor y de la iglesia: teniendo comunión con el Señor y los demás creyentes; sirviendo al Señor y ministrando a los creyentes; ayudando a alcanzar al perdido y ministrar al pobre y al necesitado), sin embargo, están en el mundo haciendo lo que estiman conveniente, satisfaciendo sus propios deseos y lujurias.

Al ocioso hay que amonestarlo y advertirle. Están pisando terreno movedizo. Están dañando sus propias almas e hiriendo a otros con su mal testimonio. El Señor no tolerará ese tipo de comportamiento, lo cual implica que Él juzgará a los ociosos.

"Pero estoy seguro de vosotros, hermanos míos, de que vosotros mismos estáis llenos de bondad, llenos de todo conocimiento, de tal manera que podéis amonestaros los unos a los otros" (Ro. 15:14).

"No escribo esto para avergonzaros, sino para amonestaros como a hijos míos amados" (1 Co. 4:14).

"La palabra de Cristo more en abundancia en vosotros, enseñándoos y exhortándoos unos a otros en toda sabiduría, cantando con gracia en vuestros corazones al Señor con salmos e himnos y cánticos espirituales" (Col. 3:16).

"También os rogamos, hermanos, que amonestéis a los ociosos, que alentéis a los de poco ánimo, que sostengáis a los débiles, que seáis pacientes para con todos" (1 Ts. 5:14).

"Si alguno no obedece a lo que decimos por medio de esta carta, a ése señaladlo, y no os juntéis con él, para que se avergüence. Mas no lo tengáis por enemigo, sino amonestadle como a hermano" (2 Ts. 3:14-15).

"Al hombre que cause divisiones, después de una y otra amonestación deséchalo" (Tit. 3:10).

2.   Alienten a los de poco ánimo (oligopsuchous): los pusilánimes, tímidos, reservados, desanimados; los que carecen de valor y son cobardes; los que se desaniman y desilusionan fácilmente; los que le tienen miedo a las situaciones difíciles. El cuadro que se nos representa es el de una persona que vacila a la hora de servir o testificar; alguien que no logra vivir para Cristo porque es pusilánime. No debemos censurarlos o despreciarlos, sino alentarnos, animarnos e inspirarles confianza.

"Pero en seguida Jesús les habló, diciendo: ¡Tened ánimo; yo soy, no temáis!" (Mt. 14:27).

"Entonces Jesús se acercó y los tocó, y dijo: Levantaos, y no temáis" (Mt. 17:7).

"Velad, estad firmes en la fe; portaos varonilmente, y esforzaos" (1 Co. 16:13).

"así que, al contrario, vosotros más bien debéis perdonarle y consolarle, para que no sea consumido de demasiada tristeza" (2 Co. 2:7).

"Por lo demás, hermanos míos, fortaleceos en el Señor, y en el poder de su fuerza" (Ef. 6:10).

"Por tanto, alentaos los unos a los otros con estas palabras" (1 Ts. 4:18).

"Por lo cual, animaos unos a otros, y edificaos

unos a otros, así como lo hacéis" (1 Ts. 5:11).

"También os rogamos, hermanos, que amonestéis a los ociosos, que alentéis a los de poco ánimo, que sostengáis a los débiles, que seáis pacientes para con todos" (1 Ts. 5:14).

"Tú, pues, hijo mío, esfuérzate en la gracia que es en Cristo Jesús" (2 Ti. 2:1).

3.   Sostengan a los débiles: los espiritualmente débiles; los que ceden fácilmente a la tentación; los que se sobrecargan, desalientan, se dan por vencidos y dejan desviar fácilmente. A estos hace falta sostenerlos (anthechesthe). La palabra significa adherirse y aferrarse. Los débiles necesitan que nos adhiramos y aferremos a ellos. Necesitan nuestro apoyo.

"En todo os he enseñado que, trabajando así, se debe ayudar a los necesitados, y recordar las palabras del Señor Jesús, que dijo: Más bienaventurado es dar que recibir" (Hch. 20:35).

"Recibid al débil en la fe, pero no para contender sobre opiniones" (Ro. 14:1).

"Así que, los que somos fuertes debemos soportar las flaquezas de los débiles, y no agradarnos a nosotros mismos" (Ro. 15:1).

"Me he hecho débil a los débiles, para ganar a los débiles; a todos me he hecho de todo, para que de todos modos salve a algunos" (1 Co. 9:22).

"También os rogamos, hermanos, que amonestéis a los ociosos, que alentéis a los de poco ánimo, que sostengáis a los débiles, que seáis pacientes para con todos" (1 Ts. 5:14).

4.   Sean pacientes (makrothumeo) para con todos. Leon Morris señala que ser paciente es lo contrario de ser irascible. Es ser consistentemente paciente, muy paciente con las personas (*The Epistles of Paul to the Thessalonians* [Las cartas de Pablo a los Tesalonicenses], *The Tyndale New Testament Commentaries* [Comentarios Tyndale del Nuevo Testamento], p. 101). Debemos soportar y ser indulgentes; debemos sufrir un período de tiempo largo, largo con las personas, sin importar la situación que sea.

"Con vuestra paciencia ganaréis vuestras almas" (Lc. 21:19).

"gozosos en la esperanza; sufridos en la tribulación; constantes en la oración" (Ro. 12:12).

"porque os es necesaria la paciencia, para que habiendo hecho la voluntad de Dios, obtengáis la promesa" (He. 10:36).

"Mas tenga la paciencia su obra completa, para que seáis perfectos y cabales, sin que os falte cosa alguna" (Stg. 1:4).

"Por tanto, hermanos, tened paciencia hasta la venida del Señor. Mirad cómo el labrador espera el precioso fruto de la tierra, aguardando con paciencia hasta que reciba la lluvia temprana y la tardía" (Stg. 5:7).

5.   Miren que ninguno pague a otro mal por mal. Se sobreentiende que a lo largo de la vida algunas personas nos hacen mal a cada uno de nosotros. Este versículo dice claramente que somos responsables los unos por los otros y por cómo respondemos ante el mal. Debemos mirar los unos por los otros para ver que nadie se vengue o maltrate a los que nos maltratan.

=>   Si maltratamos a un no creyente perdemos la oportunidad de traerlo a los pies de Cristo.

=>   Si maltratamos a otro creyente perdemos la oportunidad de acercarnos a él y ayudarle a crecer en Cristo.

Cuando maltratamos a un persona arruinamos nuestro testimonio hacia esa persona. Perdemos la oportunidad de ministrarle a esa persona. Fíjese en la exhortación: "antes seguid siempre lo bueno unos para con otros, y para con todos". *Seguir siempre lo bueno* es la única forma en que podremos acercarnos y hacer crecer a otros, creyentes e incrédulos.

"Pero yo os digo: No resistáis al que es malo; antes, a cualquiera que te hiera en la mejilla derecha, vuélvele también la otra" (Mt. 5:39).

"No paguéis a nadie mal por mal; procurad lo bueno delante de todos los hombres" (Ro. 12:17).

"no devolviendo mal por mal, ni maldición por maldición, sino por el contrario, bendiciendo, sabiendo que fuisteis llamados para que heredaseis bendición" (1 P. 3:9).

"No te vengarás, ni guardarás rencor a los hijos de tu pueblo, sino amarás a tu prójimo como a ti mismo. Yo Jehová" (Lv. 19:18).

"No digas: Yo me vengaré; Espera a Jehová, y él te salvará" (Pr. 20:22).

"No digas: Como me hizo, así le haré; Daré el pago al hombre según su obra" (Pr. 24:29).

3   (5:15-22) *Creyentes, deber:* En tercer lugar, el comportamiento del creyente hacia Dios. Nuestro comportamiento hacia Dios debe estar gobernado por siete poderosas exhortaciones.

1.   Estén siempre gozosos: Dios nos ha salvado, nos cuida y vela por nosotros. Si amamos a Dios, Él promete que tomará cualquier circunstancia y hará que obre para nuestro bien (Ro. 8:28). Además de esto, Él nos ha dado vida eterna, el glorioso privilegio de vivir cara a cara con Él y servirle para siempre. El creyente que conoce y mantiene su mente en estos gloriosos hechos no puede hacer otra cosa que regocijarse.

"Pero no os regocijéis de que los espíritus se os sujetan, sino regocijaos de que vuestros nombres están escritos en los cielos" (Lc. 10:20).

"Regocijaos en el Señor siempre. Otra vez digo: ¡Regocijaos!" (Fil. 4:4).

"Estad siempre gozosos" (1 Ts. 5:16).

"y comeréis allí delante de Jehová vuestro Dios, y os alegraréis, vosotros y vuestras familias, en toda obra de vuestras manos en la cual Jehová tu Dios te hubiere bendecido" (Dt. 12:7).

"Pero alégrense todos los que en ti confían; Den voces de júbilo para siempre, porque tú los defiendes; En ti se regocijen los que aman tu nombre" (Sal. 5:11).

"Alegraos en Jehová y gozaos, justos; y cantad con júbilo todos vosotros los rectos de corazón" (Sal. 32:11).

"Alégrate mucho, hija de Sion; da voces de júbilo, hija de Jerusalén; he aquí tu rey vendrá a ti, justo y salvador, humilde, y cabalgando sobre un asno, sobre un pollino hijo de asna" (Zac. 9:9).

2. Oren sin cesar. La oración es la manera ordenada por Dios para recibir cosas de Él. Dios se mueve, actúa y responde a la oración. La oración es una ley que Él ha establecido en el universo. ¿Por qué? Porque la oración provoca el compañerismo y la comunión con Dios y hace que se produzca un mayor conocimiento y comprensión acerca de Dios. Hace que la persona aprenda más y más de Dios y provoca más y más confianza así como adoración y alabanza a Él. La oración mueve y ocasiona que sucedan entre Dios y el hombre todas las cosas buenas imaginables. Esta es la razón por la que Dios destinó a la oración como la principal vía para que el hombre se comunique con Él. Esta es la razón para esta exhortación, por tanto, orad sin cesar; perseveren en la oración: en tu adoración diaria, en momentos de quietud y mientras el día transcurre.

"Pedid, y se os dará; buscad, y hallaréis; llamad, y se os abrirá" (Mt. 7:7).

"Velad y orad, para que no entréis en tentación; el espíritu a la verdad está dispuesto, pero la carne es débil" (Mt. 26:41).

"También les refirió Jesús una parábola sobre la necesidad de orar siempre, y no desmayar" (Lc. 18:1).

"Hasta ahora nada habéis pedido en mi nombre; pedid, y recibiréis, para que vuestro gozo sea cumplido" (Jn. 16:24).

"orando en todo tiempo con toda oración y súplica en el Espíritu, y velando en ello con toda perseverancia y súplica por todos los santos" (Ef. 6:18).

"Orad sin cesar" (1 Ts. 5:17).

3. Den gracias en todo. ¿Cómo vamos a agradecerle a Dios por terribles pruebas como accidentes, la muerte y el pecado? No, eso no es lo que quieren decir las Escrituras. Lo que Dios quiere decir es que le agradezcamos por su presencia y poder cuando atravesamos esas pruebas. En Cristo Jesús hay victoria y triunfo sobre todas las cosas, así que agradezcámosle a Dios en todo (no por todo) —mientras atravesamos todas las cosas— por la victoria que nos ha dado por medio de Cristo.

Fíjese en la afirmación: "esta es la voluntad de Dios para con vosotros en Cristo Jesús". ¿Cuál es la voluntad de Dios? Estas tres exhortaciones que se nos acaban de dar:

=> que nos regocijemos.
=> que oremos sin cesar.
=> que demos gracias en todo.

"dando siempre gracias por todo al Dios y Padre, en el nombre de nuestro Señor Jesucristo" (Ef. 5:20).

"Por nada estéis afanosos, sino sean conocidas vuestras peticiones delante de Dios en toda oración y ruego, con acción de gracias" (Fil. 4:6).

"Y todo lo que hacéis, sea de palabra o de hecho, hacedlo todo en el nombre del Señor Jesús, dando gracias a Dios Padre por medio de él" (Col. 3:17).

"Dad gracias en todo, porque esta es la voluntad de Dios para con vosotros en Cristo Jesús" (1 Ts. 5:18).

"Porque todo lo que Dios creó es bueno, y nada es de desecharse, si se toma con acción de gracias" (1 Ti. 4:4).

"Sacrifica a Dios alabanza, Y paga tus votos al Altísimo" (Sal. 50:14).

"Bueno es alabarte, oh Jehová, Y cantar salmos a tu nombre, oh Altísimo" (Sal. 92:1).

"Alabad a Jehová, invocad su nombre, Dad a conocer en los pueblos sus obras" (1 Cr. 16:8).

4. No apaguen al Espíritu, no supriman al Espíritu (vea Estudio a fondo 1, 1 Ts. 5:19 para discusión).

5. No menosprecien las profecías. La profecía es el don de proclamar el evangelio y predecir el futuro bajo la influencia del Espíritu Santo. Tanto la proclamación como la predicción están incluidas en el don. Note la exhortación: no se debe minimizar o *despreciar* el don a pesar de que algunos abusen del mismo. (Vea notas, pt. 6, 1 Co. 12:8-10, especialmente vea Estudio a fondo 1, 1 Co. 14:3 para más discusión.)

"Pero el que profetiza habla a los hombres para edificación, exhortación y consolación" (1 Co. 14:3).

"No menospreciéis las profecías." (1 Ts. 5:20).

6. Examínenlo todo; retengan lo bueno. La palabra "examinadlo" (dokimazete) significa probar y examinar. Tanto los dones como el comportamiento de los creyentes deber examinarse. Si una persona dice profetizar —sea proclamando el evangelio o prediciendo algún suceso para fortalecer a los creyentes para alguna prueba venidera— debe probarse. No debemos aceptar ciegamente lo que la gente dice, incluso si es el predicador u otro siervo de Dios. Tampoco debemos aceptar ciegamente a las personas. Cada persona —lo que dice y hace— debe probarse y examinarse. ¿Cómo? Midiendo lo que dice y hace a la luz de las Escrituras; pero fíjese, para poder medir lo que las personas dicen y hacen, deben estudiarse las Escrituras. La única manera de discernir la verdad del error es conocer las Escrituras.

"comprobando lo que es agradable al Señor" (Ef. 5:10).

"Examinadlo todo; retened lo bueno" (1 Ts. 5:21).

"Amados, no creáis a todo espíritu, sino probad los espíritus si son de Dios; porque muchos falsos profetas han salido por el mundo" (1 Jn. 4:1).

"Por fortaleza te he puesto en mi pueblo, por torre; conocerás, pues, y examinarás el camino de ellos" (Jer. 6:27).

Ahora fíjese cuál es la exhortación: cuando se examina una verdad o a una persona, hay que retener lo que es bueno. No deje ir a una buena persona, aprenda de ella. No deje ir una buena doctrina o exhortación, retenla, vívela y practícala, enséñasela a otros.

"Examinadlo todo; retened lo bueno" (1 Ts. 5:21).

"pero Cristo como hijo sobre su casa, la cual casa somos nosotros, si retenemos firme hasta el fin la confianza y el gloriarnos en la esperanza" (He. 3:6).

"Por tanto, teniendo un gran sumo sacerdote que traspasó los cielos, Jesús el Hijo de Dios, retengamos nuestra profesión" (He. 4:14).

"Mantengamos firme, sin fluctuar, la profesión de nuestra esperanza, porque fiel es el que prometió" (He. 10:23).

"Acuérdate, pues, de lo que has recibido y oído; y guárdalo, y arrepiéntete. Pues si no velas, vendré sobre ti como ladrón, y no sabrás a qué hora vendré sobre ti. 4Pero tienes unas pocas personas en Sardis que no han manchado sus vestiduras; y andarán conmigo en vestiduras blancas, porque son dignas" (Ap. 3:3-4).

7. Absténganse de toda especie de mal: Fíjese bien en lo que dice esta exhortación. No dice que simplemente nos abstengamos del mal, sino que nos abstengamos de toda *especie* de mal.

=> Si algo se parece o linda con el mal, aléjate de él.
=> Si hay alguna probabilidad de que pueda estar mal, déjalo solo.
=> Si hay siquiera una insinuación de que pueda estar mal, huye.

El creyente no debe tener nada, absolutamente nada que ver con el mal, ni siquiera con lo se le asemeje.

"El amor sea sin fingimiento [hipocresía]. Aborreced lo malo, seguid lo bueno" (Ro. 12:9).
"Absteneos de toda especie de mal" (1 Ts. 5:22).
"Apártese del mal, y haga el bien; Busque la paz, y sígala" (1 P. 3:11).
"Y dijo al hombre: He aquí que el temor del Señor es la sabiduría, Y el apartarse del mal, la inteligencia" (Job 28:28).
"Apártate del mal, y haz el bien; Busca la paz, y síguela" (Sal. 34:14).
"Los que amáis a Jehová, aborreced el mal; El guarda las almas de sus santos; De mano de los impíos los libra" (Sal. 97:10).
"No te desvíes a la derecha ni a la izquierda; Aparta tu pie del mal" (Pr. 4:27).
"El sabio teme y se aparta del mal; Mas el insensato se muestra insolente y confiado" (Pr. 14:16).

ESTUDIO A FONDO 1

(5:19) *Espíritu Santo — Pecado:* Este es uno de los cuatro pecados principales contra el Espíritu Santo.

1. Apagar al Espíritu (1 Ts. 5:19). Apagar significa ahogar, silenciar, detener. El Espíritu Santo siempre está obrando en la vida del creyente para guiarle a hacer la voluntad de Dios. El creyente apaga la obra del Espíritu al: a) ignorarle, b) rechazarle, c) desobedecerle, o por simplemente d) demorarlo. Fíjese en el contexto anterior. El mandamiento "no apaguéis al Espíritu" está rodeado de una serie de mandamientos positivos.

2. Contristar al Espíritu (Ef. 4:30). Contristar significa afligir, agraviar, entristecer. El Espíritu Santo es puro, santo y justo. El creyente contrista al Espíritu Santo cuando...
• permite que penetren en su vida cosas impuras.
• se comporta inmoralmente.
• actúa injustamente.
• permite o participa en cualquier cosa contraria a la naturaleza del Espíritu.

Fíjese en el contexto. El mandamiento "no apaguéis al Espíritu" está rodeado de una serie de mandamientos negativos.

3. Blasfemar contra el Espíritu (vea nota, Mt.12:31; 12:33).

4. Mentir al Espíritu Santo (vea nota, Hch. 5:3-4).

4 (5:23-24) *Creyentes, deber:* Resultados del comportamiento apropiado. Si el creyente se comporta como es apropiado —si alguien sigue las exhortaciones que se dan en este pasaje— experimentará cuatro cosas.

1. El creyente experimentará la presencia del Dios de paz: Paz significa estar unido, ligado y en una sola pieza. Solo Dios puede unir, ligar y armar en una sola pieza a una persona. Solo Dios puede traer paz al alma de una persona, el tipo de paz que da absoluta convicción, confianza y seguridad al corazón. Note además, Dios posee tanta paz y está tan dispuesto a dar paz que es llamado el Dios de paz. (Vea nota, Paz, 1 Ts. 1:1 para más discusión.)

"Y el Dios de paz sea con todos vosotros. Amén" (Ro. 15:33).
"Y el Dios de paz aplastará en breve a Satanás bajo vuestros pies. La gracia de nuestro Señor Jesucristo sea con vosotros" (Ro. 16:20).
"Por lo demás, hermanos, tened gozo, perfeccionaos, consolaos, sed de un mismo sentir, y vivid en paz; y el Dios de paz y de amor estará con vosotros" (2 Co. 13:11).
"Lo que aprendisteis y recibisteis y oísteis y visteis en mí, esto haced; y el Dios de paz estará con vosotros" (Fil. 4:9).
"Y el mismo Dios de paz os santifique por completo; y todo vuestro ser, espíritu, alma y cuerpo, sea guardado irreprensible para la venida de nuestro Señor Jesucristo" (1 Ts. 5:23).
"Y el Dios de paz que resucitó de los muertos a nuestro Señor Jesucristo, el gran pastor de las ovejas, por la sangre del pacto eterno" (He. 13:20).

2. El creyente experimenta santificación: La palabra santificación significa ser apartado y separado para Dios. El creyente que sigue las exhortaciones de este pasaje es grandemente bendecido por Dios: Dios toma a la persona y la aparta y separa para sí. Para Dios es una persona muy especial, por eso Dios tiene con ella una relación muy especial. Además, note la frase "por completo": el creyente es apartado por completo para Dios, y está bajo su cuidado especial, protección y provisión.

"Santifícalos en tu verdad; tu palabra es verdad" (Jn. 17:17).
"Mas por él estáis vosotros en Cristo Jesús, el cual nos ha sido hecho por Dios sabiduría, justificación, santificación y redención" (1 Co. 1:30).
"Así que, si alguno se limpia de estas cosas, será instrumento para honra, santificado, útil al Señor, y dispuesto para toda buena obra" (2 Ti. 2:21).
"Por lo cual también Jesús, para santificar al pueblo mediante su propia sangre, padeció fuera de la puerta" (He. 13:12).
"elegidos según la presciencia de Dios Padre en santificación del Espíritu, para obedecer y ser rociados con la sangre de Jesucristo: Gracia y paz os sean multiplicadas" (1 P. 1:2).

3. El creyente tiene guardado su espíritu, alma y cuerpo irreprensible para el día del juicio. Esta es la idea del texto griego. La palabra "para" (en) debe traducirse como "en". Es

decir, en ese día en que el Señor regrese el creyente será guardado irreprensible. Será aceptado delante de Dios y recibirá su recompensa. Note las tres partes del hombre que se detallan: espíritu, alma y cuerpo. La idea es que el hombre será guardado completo; tanto su cuerpo como su alma y espíritu. Los creyentes no van a ser una figura fantasmagórica o algún tipo de espíritu sin forma definida. Ellos tendrán cuerpos y almas resucitadas y preservadas para siempre. La persona completa —todo su espíritu, alma y cuerpo— vivirá eternamente con Dios, pero fíjese, esto es solo si el creyente sigue las exhortaciones de las Escrituras.

> **"para que seáis irreprensibles y sencillos, hijos de Dios sin mancha en medio de una generación maligna y perversa, en medio de la cual resplandecéis como luminares en el mundo" (Fil. 2:15).**

> **"en su cuerpo de carne, por medio de la muerte, para presentaros santos y sin mancha e irreprensibles delante de él" (Col. 1:22).**

> **"para que sean afirmados vuestros corazones, irreprensibles en santidad delante de Dios nuestro Padre, en la venida de nuestro Señor Jesucristo con todos sus santos" (1 Ts. 3:13).**

> **"Y el mismo Dios de paz os santifique por completo; y todo vuestro ser, espíritu, alma y cuerpo, sea guardado irreprensible para la venida de nuestro Señor Jesucristo" (1 Ts. 5:23).**

> **"Por lo cual, oh amados, estando en espera de estas cosas, procurad con diligencia ser hallados por él sin mancha e irreprensibles, en paz" (2 P. 3:14).**

4. El creyente experimenta la seguridad de la fidelidad de Dios. Dios llamó al creyente, por tanto Él completa la obra en él. La obra de la salvación es obra de Dios de comienzo a fin. Si una persona no está viviendo para Dios, esto es evidencia de que en realidad no es un verdadero creyente, pero si una persona está viviendo para Dios siguiendo la exhortación de las Escrituras, esto es clara evidencia de que es un verdadero creyente, que realmente ha sido llamado por Dios. ¿Cómo lo sabemos? Porque Dios es fiel. Si una persona le pertenece a Dios, Él continuará obrando en la persona hasta que sea completamente salva en el glorioso día de redención.

> **"Fiel es el que os llama, el cual también lo hará" (1 Ts. 5:24).**

> **"Pero fiel es el Señor, que os afirmará y guardará del mal" (2 Ts. 3:3).**

> **"Si fuéremos infieles, él permanece fiel; El no puede negarse a sí mismo" (2 Ti. 2:13).**

> **"Por lo cual debía ser en todo semejante a sus hermanos, para venir a ser misericordioso y fiel sumo sacerdote en lo que a Dios se refiere, para expiar los pecados del pueblo" (He. 2:17).**

> **"Mantengamos firme, sin fluctuar, la profesión de nuestra esperanza, porque fiel es el que prometió" (He. 10:23).**

> **"Y vi en la mano derecha del que estaba sentado en el trono un libro escrito por dentro y por fuera, sellado con siete sellos" (Ap. 1:5).**

> **"Entonces vi el cielo abierto; y he aquí un caballo blanco, y el que lo montaba se llamaba Fiel y Verdadero, y con justicia juzga y pelea" (Ap. 19:11).**

5 (5:25-28) *Creyentes, deber:* Las exhortaciones finales sobre el comportamiento. Esta es la culminación de la Primera Epístola a los Tesalonicenses. Las palabras finales nos exhortan cuando nos las aplicamos nuestras vidas.

1. Oren por los ministros. Note que pablo no dice: "por favor" o "si desean". Él encarga enfáticamente: "Hermanos, orad por nosotros". Todos los creyentes deben orar por sus ministros. Fíjese además que Pablo dice "por nosotros" no por *mí:* los creyentes deben orar por todos los ministros escogidos por Dios. No debemos omitir ni a un solo ministro; y la idea es que debemos orar a menudo, no solo diariamente, sino a menudo cada día. Cuánto afectaríamos al mundo si obedeciéramos a este encargo.

> **"Pero os ruego, hermanos, por nuestro Señor Jesucristo y por el amor del Espíritu, que me ayudéis orando por mí a Dios" (Ro. 15:30).**

> **"orando en todo tiempo con toda oración y súplica en el Espíritu, y velando en ello con toda perseverancia y súplica por todos los santos; y por mí, a fin de que al abrir mi boca me sea dada palabra para dar a conocer con denuedo el misterio del evangelio" (Ef. 6:18-19).**

> **"Hermanos, orad por nosotros" (1 Ts. 5:25).**

> **"Por lo demás, hermanos, orad por nosotros, para que la palabra del Señor corra y sea glorificada, así como lo fue entre vosotros" (2 Ts. 3:1).**

> **"Orad por nosotros; pues confiamos en que tenemos buena conciencia, deseando conducirnos bien en todo" (He. 13:18).**

2. Saluden a todos los cristianos, y háganlo íntimamente con cariño. Cómo era el beso santo, realmente no lo sabemos, pero era una práctica habitual en la iglesia primitiva. Es la creencia general que solo los hombres se besaban entre sí y que lo hacían en la mejilla, pero repetimos, los hechos realmente se desconocen (Leon Morris. *The Epistles of Paul to the Thessalonians* [Las cartas de Pablo a los Tesalonicenses]. *The Tyndale New Testament Commentaries* [Comentarios Tyndale del Nuevo Testamento], p. 109). Lo principal aquí es que entre los creyentes debe haber muestras de afecto e interés.

> **"Saludaos unos a otros con ósculo de amor. Paz sea con todos vosotros los que estáis en Jesucristo. Amén" (1 P. 5:14. Cp. Ro. 16:16; 1 Co. 16:20; 2 Co. 13:12).**

3. Lean esta carta a todos los cristianos. ¿Por qué es necesario que Pablo dé esta exhortación? ¿Podría ser que la epístola no se leyera a toda la iglesia cuando se reuniera el domingo? ¿Estarían algunos creyentes postrados en cama o imposibilitados de salir de sus casas? ¿Tendría la iglesia que reunirse en secreto en pequeños grupos debido a la persecución? La respuesta se desconoce pero la lección para nosotros está clara. Debemos procurar que todo creyente estudie esta epístola al igual que el resto de la Palabra de Dios. Cada parte de la Palabra es importante y debe ser estudiada por todos. Ningún creyente debe quedarse fuera, ya sea porque esté postrado en cama o imposibilitado de alguna manera de asistir al culto.

Pensamiento 1. ¡Qué tremendo desafío para las iglesias! Proveer ministros que lleven la Palabra de Dios a todos aquellos que no pueden adorar y estudiarla en el culto regular.

"Y éstos eran más nobles que los que estaban en Tesalónica, pues recibieron la palabra con toda solicitud, escudriñando cada día las Escrituras para ver si estas cosas eran así" (Hch. 17:11).

"Y ahora, hermanos, os encomiendo a Dios, y a la palabra de su gracia, que tiene poder para sobreedificaros y daros herencia con todos los santificados" (Hch. 20:32).

"La palabra de Cristo more en abundancia en vosotros, enseñándoos y exhortándoos unos a otros en toda sabiduría, cantando con gracia en vuestros corazones al Señor con salmos e himnos y cánticos espirituales" (Col. 3:16).

"Pero se salvará engendrando hijos, si permaneciere en fe, amor y santificación, con modestia" (1 Ti. 2:15).

"E indiscutiblemente, grande es el misterio de la piedad: Dios fue manifestado en carne, Justificado en el Espíritu, Visto de los ángeles, Predicado a los gentiles, Creído en el mundo, Recibido arriba en gloria" (1 Ti. 3:16).

"desead, como niños recién nacidos, la leche espiritual no adulterada, para que por ella crezcáis para salvación, 3si es que habéis gustado la benignidad del Señor" (1 P. 2:2-3).

4. La gracia de nuestro Señor sea con ustedes (vea nota, *gracia,* 1 Ts. 1:1 para discusión).

ÍNDICE DE BOSQUEJOS Y TEMAS
1 TESALONICENSES

RECUERDE: Cuando busca un tema o una referencia de las Escrituras, usted no solo tendrá el texto bíblico, sino también un bosquejo y una discusión (comentario) del pasaje de la Biblia y del tema.

Este es uno de los grandes valores de la *Biblia de bosquejos y sermones*. Cuando posea todos los tomos, no solo tendrá todo lo que los otros índices bíblicos le ofrecen; es decir, un listado de todos los temas y sus referencias bíblicas, SINO que también tendrá:

- un bosquejo de *cada* texto y tema de la Biblia.
- una discusión (comentario) de cada texto y tema.
- cada tema respaldado por otros textos de la Biblia o referencias cruzadas.

Descubra el gran valor usted mismo. Dé una mirada rápida al primer tema de este índice.

ADULTERIO
Consideración del tema. 1 Ts. 4:1-8
Resultados.
    Agravia al hermano. Será vengado por Dios. 1 Ts. 4:6-8
    Cuatro resultados. 1 Ts. 4:1-8

Vaya a la referencia. Eche un vistazo a las Escrituras y al bosquejo de las Escrituras, lea entonces el comentario. Inmediatamente verá el gran valor del índice de la Biblia de Bosquejos y Sermones.

Lo que hace la f. Mueve a una intensa labor. 1 Ts. 1:3

FIDELIDAD
De Dios. Guardará al creyente. 1 Ts. 5:23-24

FORNICACIÓN
Deber. Abstenerse de f. 1 Ts. 4:1-8
Significado 1 Ts. 4:3-5

GOZO, REGOCIJO
Deber. Estar siempre gozoso. 1 Ts. 5:16

GRACIA
Significado. 1 Ts. 1:1

GRACIAS, ACCIÓN
Deber. Dar gracias en todo. 1 Ts. 5:18

ÍDOLOS, IDOLATRÍA
Deber. Volverse de los ídolos a Dios 1 Ts. 1:9-10

IGLESIA
Bases, fundamento.
    Una conversión poderosa 1 Ts. 1:5-10
    "En" Dios el Padre y "en" el Señor Jesucristo. 1 Ts. 1:1
Deber.
    Consideración del tema. 1 Ts. 1:1—3:13; 5:12-28
    Ser una iglesia fuerte. 1 Ts. 1:1-4
    Seguir el ejemplo. 1 Ts. 2:14-16
Marcas, Características.
    Una i. modelo. 1 Ts. 1:1—3:13
    Un ministro veraz y enérgico 1 Ts. 2:1-12
    Una i. poderoso. 1 Ts. 1:1-4
    Una conversión poderosa 1 Ts. 1:5-10
    Un gran aliento 1 Ts. 3:7-10
    Una fe fuerte 1 Ts. 3:1-6
    Un amor poderoso 1 Ts. 3:11-13
    Un pueblo fuerte 1 Ts. 2:13-20
Necesidad, Necesidades. Ser una i. fuerte. 1 Ts. 1:1-4

INMORALIDAD
Resultados.
    Engaña al hermano. Dios la vengará. 1 Ts. 4:6-8
    Resultados. Cuatro resultados. 1 Ts. 4:6-8

IRA
Liberación de la i. Por Jesús. 1 Ts. 1:9-10; 5:8-10

JESUCRISTO
Muerte. Propiciatoria. Murió por nosotros. 1 Ts. 5:8-10
Deidad. Igual a Dios. Se le oró. 1 Ts. 3:11
Descrito como. El día del Señor. 1 Ts. 5:1-3
Deber.
    Cómo se debe comportar el creyente a la luz de su regreso. 1 Ts. 5:4-11
    Estar velando su regreso. 1 Ts. 5:4-11
    Esperar. 1 Ts. 1:9-10
Eventos.
    Arrebatará a los creyentes. 1 Ts. 4:16-18
    Resucitará a los muertos. 1 Ts. 4:16-18
    Involucrará el regreso de todos los creyentes muertos. 1 Ts. 4:13-18
Regreso de.
    Consideración del tema. 1 Ts. 4:13—5:3; 5:4-11; 5:12-28
    Deber. Esperar cada día con expectación. 1 Ts. 1:9-10
    Efecto sobre el comportamiento humano. 1 Ts. 5:12-28
    Acontecimientos relacionados con. 1 Ts. 4:13—5:3

JUDÍOS
Pecados de. 1 Ts. 2:15-16

LUZ
La naturaleza del creyente es l. 1 Ts. 5:4-11

LLAMAMIENTO, LLAMADO (Vea MINISTRO, MINISTROS)
Propósito del. Ser excelente, virtuoso. 1 Ts. 4:3-8

MAL
Deber. Abstenerse de toda especie de m. 1 Ts. 5:22

MATRIMONIO
Deber.
    Saber que uno debe poseer a su cónyuge. 1 Ts. 4:3-5
    Saber que uno debe satisfacer las necesidades de su cónyuge. 1 Ts. 4:3-5

MINISTROS
Descrito.
    Como un padre. 1 Ts. 2:7-8
    Como una madre. 1 Ts. 2:7-8
Consideración del tema. Un m. fuerte y veraz. 1 Ts. 2:1-12
Deber.
    No desea con avaricia posición o bienestar propio 1 Ts. 2:5; 2:6
    Concentrarse en predicar el evangelio, no en ser elocuente. 1 Ts. 1:5
    Trabajar día y noche. 1 Ts. 2:9
    Vivir una vida moral y limpia. 1 Ts. 2:3
    Predicar el evangelio como debe predicarse. 1 Ts. 1:5

MORAL, MORALIDAD
Consideración del tema.
    Pureza sexual. 1 Ts. 4:1-8
    Vivir una vida m. 1 Ts. 4:1-8

MUERTE, MUERTOS, LOS
Descrita. Sueño. 1 Ts. 4:14-15
De los creyentes.
    Están presentes con el Señor. 1 Ts. 4:14-15
    Qué le sucede a los creyentes muertos. 1 Ts. 4:13—5:3

OCIO, OCIOSIDAD
Consideración del tema. Trabajo y empleo. 1 Ts. 4:11-12
Deber. Trabajar y no ser ocioso. 1 Ts. 4:11-12

ORACIÓN
Deber. Orar sin cesar. 1 Ts. 5:17

PABLO
Acusaciones contra.
    Consideración del tema. 1 Ts. 2:1-12
    Inmoralidad. 1 Ts. 2:3; cp. 2. Co. 1:12
Sufrimientos. Pruebas de.
    En Corinto. Algunas terribles p. 1 Ts. 3:7-10
    Tratado vergonzosamente. 1 Ts. 2:2

PALABRA DE DIOS
Descrito de. Las palabras de Dios. 1 Ts. 2:13
Consideración del tema. 1 Ts. 1:2-13
    El hombre debe divulgarla 1 Ts. 1:2-13|
    No palabra de hombre sino de Dios. 1 Ts. 2:13
Deber.
    Orar porque la p. de Dios corra libre y sea glorificada. 1 Ts. 3:1-2
    Recibirla como la Palabra de Dios. 1 Ts. 2:13

Inspiración. De Dios, no de hombres. 1 Ts. 2:13
Naturaleza.
    Palabra de Dios. 1 Ts. 2:13
    No palabra de hombres sino de Dios. 1 Ts. 2:13

PAZ
Significado. 1 Ts. 1:1

PECADO
Deber. Abstenerse de toda especie de mal. 1 Ts. 5:22

PERSECUCIÓN
De la iglesia en Tesalónica. 1 Ts. 2:1-12
Tipos. Consideración del tema. 1 Ts. 3:3-5
Por qué los creyentes son p. 1 Ts. 3:3-5

PERSEVERANCIA
Deber. No dejarse mover por la persecución. 1 Ts. 3:3-5

PODER
Deber. Predicar el evangelio en poder. 1 Ts. 1:5-10
Fuente. Para predicar. Consideración del tema. 1 Ts. 1:5

PONER, PUESTO
El creyente está p. para.
    Aflicciones. 1 Ts. 3:3-5
    Salvación 1 Ts. 5:9

PREDICAR, PREDICACIÓN
Consideración del tema. Un ministro fuerte y veraz p. el evangelio. 1 Ts. 1:5-10; 2:1-12
Deber.
    P. con valor. 1 Ts. 2:2
    P. en poder y en el Espíritu Santo. 1 Ts. 1:5
    P. el evangelio. P. como debe predicarse. 1 Ts. 1:5
    Agradar a Dios, no a los hombres. No usar palabras lisonjeras, codiciar posiciones o una mejor vida. 1 Ts. 2:5-6

PROCURAR
Deber. P. tener tranquilidad. 1 Ts. 4:11

PROFECÍA
Deber. No menospreciar el don de la p. 1 Ts. 5:20

PRUEBA, PROBAR
Deber. Probar y examinar todas las cosas. 1 Ts. 5:21

RECOMPENSAS
Coronas.
    Del que se regocija. 1 Ts. 2:19-20
    Del que gana almas. 1 Ts. 2:19-20
Descrito, Identificado como. Coronas. 1 Ts. 2:19-20

RESURRECCIÓN
Consideración del tema. 1 Ts. 4:13—5:3
Acontecimientos. 1 Ts. 4:13—5:3

SALVACIÓN
Seguridad. (Vea CERTIDUMBRE)

SANTIFICACIÓN
Deber. Vivir una vida pura y moral. 1 Ts. 4:1-8

SANTO ESPÍRITU
Deber del creyente. No apagarlo. 1 Ts. 5:19
Apagar. 1 Ts. 5:19
Pecados contra. Consideración del tema. 1 Ts. 5:19
Obra. Detener el mal. 2 Ts. 2:6-8

SANTO, SANTIDAD
Deber. Vivir una vida de pureza. 1 Ts. 4:1-8

SATANÁS
Nombres. Títulos.
    Satanás. 1 Ts. 2:18
    El tentador. 1 Ts. 3:5
Obra. Estrategia.
    Estorbar el evangelio y a los creyentes. 1 Ts. 2:18
    Detener y debilitar el crecimiento de las iglesias. 1 Ts. 2:18

SAZONES
Significado. 1 Ts. 5:1-3

SEGURIDAD
De Dios. Dios guardará al creyente. 1 Ts. 5:23-24

SEÑOR, DÍA DEL
Consideración del tema. 1 Ts. 5:1-3

TENTACIÓN
Abstenerse de toda especie de mal. 1 Ts. 5:22

TESTIGO, TESTIFICAR
Deber. Ganar almas. Razón. 1 Ts. 2:19-20
Resultados. Una corona de regocijo en el día de Cristo. 1 Ts. 2:19-20

TIEMPOS DEL FIN
El regreso de Cristo y el fin del mundo.
    Día del Señor. 1 Ts. 5:1-3; 5:4-5
    Cómo comportarse mientras esperamos 1 Ts. 5:4-11; 5:12-28
    Resurrección, La. 1 Ts. 4:13—5:3
Consideración del tema. 1 Ts. 4:13—5:3
El día del Señor. 1 Ts. 5:1-3; 5:4-5

TIEMPOS Y LAS SAZONES, LOS
Significado. 1 Ts. 5:1-3

TINIEBLAS
Naturaleza de las. No es la naturaleza del creyente. 1 Ts. 5:4-11

TRABAJAR (Vea EMPLEADO)
Deber.
    T. con sus propias manos. 1 Ts. 4:11-12
    Por qué Dios demanda que trabajemos. Razones. 1 Ts. 4:11-12
Por qué t. Tres razones. 1 Ts. 4:11-12

TRABAJAR
Deber.
    Trabajar con sus manos. 1 Ts. 4:11-12
    Por qué Dios exige que trabajemos. 1 Ts. 4:11-12

TRANQUILO, TRANQUILIDAD
Deber. Procurar tener tranquilidad. 1 Ts. 4:11

VIDA
Deber. Andar agradando a Dios. 1 Ts. 4:1-8
Tipos de. La v. modelo. 1 Ts. 4:1-12

SEGUNDA EPÍSTOLA DEL APÓSTOL PABLO A LOS TESALONICENSES

SEGUNDA EPÍSTOLA DEL APÓSTOL PABLO A LOS TESALONICENSES

INTRODUCCIÓN

AUTOR: El apóstol Pablo.

FECHA: Incierta. Probablemente 50-52 d.C., poco después de Primera Tesalonicenses.

A QUIÉN ESTÁ DIRIGIDA: "a la iglesia de los tesalonicenses en Dios nuestro Padre y en el Señor Jesucristo" (2 Ts. 1:1).

PROPÓSITO: Pablo tenía dos propósitos al escribir Segunda a los Tesalonicenses.

1. Asegurarle a los creyentes que Dios usa la persecución.
   => Él usa la persecución para refinar a los creyentes. La persecución refina a los creyentes enseñándoles a perseverar, enseñándoles a permanecer firmes en medio de un mundo corrupto y moribundo.
   => Él usa la persecución para sellar creyentes (2 Ts. 1:4-6). La persecución prueba si un creyente es genuino y si heredará la gloria futura.
   => Él usa la persecución para sellar a los incrédulos (2 Ts. 1:4-6). La persecución sella la condena de los perseguidores.
2. Corregir algunas ideas falsas acerca del regreso del Señor.

CARACTERÍSTICAS ESPECIALES:

1. La ciudad de Tesalónica. La gran ciudad era la capital y la ciudad más grande de Macedonia. (Vea Mapa, Introducción a los Hechos.) Había sido fundada por Casandro, máximo oficial militar de Alejandro Magno, después de la muerte de Alejandro. Bajo el dominio romano, la ciudad había quedado libre debido a su lealtad hacia Roma. Como ciudad libre, se le permitía tener su propio gobierno y leyes locales, y en su apogeo, la ciudad alcanzó una población de 200,000. La ciudad tenía un puerto natural pero el factor principal que contribuía a la grandeza de la ciudad era que se encontraba justo en el camino romano, la Vía Egnatia. De hecho, el gran camino atravesaba Tesalónica. Era la calle principal de la ciudad, extendiéndose desde el Mar Adriático hasta el Oriente Medio. El mercado y el comercio se levantaba con toda la degradación característica de dichas ciudades metropolitanas.

2. La iglesia de Tesalónica. Fue grandioso el día que Pablo entró a la ciudad de Tesalónica llevando las nuevas del glorioso evangelio. Debido a la ubicación estratégica de la ciudad y a su importancia económica, el evangelio iba a esparcirse de allí hacia el mundo relativamente más rápido. La gran ciudad de Tesalónica era la segunda mayor ciudad europea que sería evangelizada. Pablo había acabado de predicar en Filipos cuando llegó a Tesalónica. Predicó en la sinagoga durante solo tres sábados antes de que los judíos le obligaran a abandonar la sinagoga (Hch. 17:2). Al parecer, Pablo se mudó a las casas, predicando donde le era permitido. Tuvo tanto éxito que finalmente los judíos lo atacaron y le obligaron a huir para salvar su vida. Tomó a Silas y a Timo-

teo (Hch. 17:10-14) y continuó hacia Berea donde desarrolló un corto ministerio, pero los judíos le persiguieron y tuvo que salir de Berea hacia Atenas (Hch. 17:13s). Sin embargo, pudo dejar allí a Silas y Timoteo para continuar el ministerio. En Atenas, mandó a buscar a Timoteo, pero enseguida lo envió de vuelta a Tesalónica (1 Ts. 3:2s). Pablo mismo continuó hacia Corinto donde pronto se le unieron Silas y Timoteo con buenas noticias de la iglesia de Tesalónica (Hch. 18:5). Este informe alegró tanto su corazón que se sentó y escribió la epístola a los tesalonicenses.

Los nuevos convertidos eran principalmente gentiles, incluyendo un gran número de griegos devotos y mujeres de prestigio. Muchos, especialmente mujeres, estaban cansados de la sociedad inmoral de aquellos días. Habían acudido al judaísmo por sus enseñanzas morales, no obstante sentían la esclavitud de su énfasis legalista y el rechazo de sus prejuicios nacionales. Es por eso que sus corazones estaban maduros para el mensaje de libertad y amor predicado por el evangelio. La iglesia de Tesalónica…

- fue fundada durante el segundo viaje misionero de Pablo (Hch. 17:1s).
- fue visitada otra vez por Pablo (1 Co. 16:5).
- estaba constituida por algunos judíos y un gran número de griegos y mujeres influyentes (Hch. 17:4; 2 Ts. 3:4, 7-8).
- no apoyó a Pablo financieramente. Él tuvo un trabajo secular mientras estuvo allí (1 Ts. 2:9); no obstante, sí recibió ayuda financiera de la iglesia de Filipos (Fil. 4:16).
- sufrió persecución (1 Ts. 2:14).
- estaba bien organizada (1 Ts. 5:12).
- tuvo varios creyentes prominentes conocidos por nombre: Jasón (Hch. 17:6), Gayo (Hch. 19:29), Aristarco (Hch. 19:29; 20:4) y Segundo (Hch. 20:4).

3. Tesalonicenses es: "Una epístola primitiva escrita por el apóstol Pablo". Es uno de los primeros escritos del Nuevo Testamento.

4. Tesalonicenses es: "Una epístola primitiva que proclama que Cristo es el Señor" (1 Ts. 1:1, 3, 6, 10; 2:15; 3:8, 11-13; 4:1-2, 13:18; 5:1-2, 9-10, 23, 28; cp. Hch. 17:7).

5. Tesalonicenses es: "Una epístola que proclama la doctrina de la segunda venida" (1 Ts. 4:13s).

6. Tesalonicenses es: "Una epístola de gran aliento para una persona que enfrenta persecución" (1 Ts. 1:6f; 2:2f; 2:14f; 3:3s).

7. Tesalonicenses es: "Una epístola escrita para advertir a los creyentes del peligro de la impureza sexual" (1 Ts. 4:1-10).

8. Tesalonicenses es: "Una epístola escrita para encargar a los creyentes las reglas más prácticas de comportamiento (1 Ts. 5:12-22).

9. Tesalonicenses es: "Una epístola con un gran reto evangelístico y misionero" (1 Ts. 1:8-12; 2:12-13; 3:12-13; 4:1-12; 5:1s).

10. Tesalonicenses es: "Una epístola escrita desde el fondo del corazón y el alma de un ministro comprometido". El Wycliffe Bible Commentary (Comentario bíblico Wycliffe) tiene una descripción conmovedora de este punto. (David A. Hubbard, *First & Second Thessalonians* [Primera y Segunda a los Tesalonicenses], *The New Testament & Wycliffe Bible Commentary* [El Nuevo Testamento y comentario bíblico Wycliffe], ed. por Charles F. Pfeiffer y Everett F. Harrison. Producido por Moody Monthly por Iversen Associates, N.Y., 1971, p. 803s).

"En estas epístolas Pablo deja al descubierto, no tanto el tema que trata como su alma: podemos escuchar el latido del cálido corazón del apóstol. Se compara a sí mismo con una tierna nodriza (1 Ts. 2:7), un padre inflexible (2:11), y un huérfano sin hogar (2:17 en el griego). Se presenta a sí mismo como listo para gastar y gastarse para esparcir el evangelio. Es Pablo, el hombre, quien nos confronta, gentil en su fortaleza, amoroso en sus exhortaciones, intrépido en su valentía, cándido en sus motivaciones: un hombre (como dijo Carl Sandburg de Abraham Lincoln) 'de acero y terciopelo, fuerte como una roca y suave como la densa niebla'".

BOSQUEJO DE SEGUNDA TESALONICENSES

LA BIBLIA DE BOSQUEJOS Y SERMONES es *única*. Difiere de todo otro material de estudios bíblicos y recursos de sermones en cuanto a que cada pasaje y tema es bosquejado justo al lado de las Escrituras correspondientes. Cuando usted elija cualquier tema mencionado más adelante y se remita a la referencia, no solo contará con el pasaje de las Escrituras, sino que también descubrirá el pasaje de las Escrituras y el tema *ya bosquejado para usted, versículo por versículo.*

A modo de ejemplo rápido, escoja uno de los temas mencionados más adelante y remítase a las Escrituras y hallará esta maravillosa ayuda para un empleo más rápido, más sencillo y más preciso.

Además, cada punto de las Escrituras y el tema está totalmente desarrollado en un Comentario con un pasaje de apoyo de las Escrituras en el final de la página.

Note algo más: los temas de Segunda Tesalonicenses tienen títulos que son a la vez bíblicos y prácticos. Los títulos prácticos a veces tienen más atracción para la gente. Este beneficio se ve claramente en el empleo de folletos, boletines, comunicados de la iglesia, etc.

Una sugerencia: para una visión más rápida de Segunda Tesalonicenses, primero lea todos los títulos principales (I, II, III, etc.), y luego vuelva y lea los subtítulos.

BOSQUEJO DE SEGUNDA TESALONICENSES

I. SALUDO: EL CUADRO DE UNA IGLESIA MODELO BAJO EL ATAQUE Y LA PERSECUCIÓN, 1:1-5

II. UN VISTAZO AL TIEMPO DEL FIN, 1:6—2:17
   A. El justo juicio de Dios, 1:6-12
   B. El día del Señor, 2:1-3
   C. El anticristo: el hombre de pecado, 2:4-9
   D. Los seguidores del anticristo, 2:10-12
   E. La salvación de los seguidores de Dios, 2:13-17

III. PALABRAS FINALES, 3:1-18
   A. La oración y la fidelidad del Señor, 3:1-5
   B. Trabajo y empleo, 3:6-18

	CAPÍTULO 1	cias a Dios por vosotros, hermanos, como es digno, por	5 Los creyentes tienen un amor que crece y abunda
	I. SALUDO: EL CUADRO DE UNA IGLESIA MODELO BAJO EL ATAQUE Y LA PERSECUCIÓN, 1:1-5	cuanto vuestra fe va creciendo, y el amor de todos y cada uno de vosotros abunda para con los demás;	
1 Los ministros son fieles a la iglesia		4 tanto, que nosotros mismos nos gloriamos de vosotros en las iglesias de Dios, por	6 Los creyentes soportan y tienen fe en todas las pruebas
2 Los creyentes tienen un firme fundamento en Dios y en Cristo.	1 Pablo, Silvano y Timoteo, a la iglesia de los tesalonicenses en Dios nuestro Padre y en el Señor Jesucristo:	vuestra paciencia y fe en todas vuestras persecuciones y tribulaciones que soportáis.	a. Son un testimonio para los demás
3 Los creyentes conocen la gracia y la paz de Dios		5 Esto es demostración del justo juicio de Dios, para que seáis tenidos por dignos del	b. Son un señal del juicio de Dios que vendrá
4 Los creyentes tienen una fe que crece.	2 Gracia y paz a vosotros, de Dios nuestro Padre y del Señor Jesucristo. 3 Debemos siempre dar gra-	reino de Dios, por el cual asimismo padecéis.	c. Son una prueba de que son dignos del reino de Dios

DIVISIÓN I

SALUDO: EL CUADRO DE UNA IGLESIA MODELO BAJO EL ATAQUE Y LA PERSECUCIÓN, 1:1-5

(1:1-5) Introducción: Este pasaje es una clara descripción de lo que se requiere para hacer fuerte a una iglesia. Una iglesia nunca necesita tanta fortaleza como cuando está bajo persecución y ataque salvaje. La iglesia de Tesalónica estaba siendo ferozmente perseguida, pero estaba permaneciendo firme por Cristo. Los creyentes tesalonicenses son una iglesia modelo para el resto de las iglesias: son un cuadro de lo que debe ser una iglesia cuando está siendo atacada y perseguida.

1. Los ministros son fieles a la iglesia (v. 1).
2. Los creyentes tienen un firme fundamento en Dios y en Cristo (v. 1).
3. Los creyentes conocen la gracia y la paz de Dios (v. 2).
4. Los creyentes tienen una fe que crece (v. 3).
5. Los creyentes tienen un amor que crece y abunda (v. 3).
6. Los creyentes soportan y tienen fe en todas las pruebas (vv. 4-5).

1 (1:1) **Ministros — Iglesia:** Los ministros son fieles a la iglesia, sin importar las circunstancias. Los ministros deben siempre ser fieles a sus iglesias, pero hay momentos en que los ministros necesitan darle *atención especial* a su rebaño, *momentos especiales* en que el rebaño de Dios necesita ser grandemente animado y exhortado a aferrarse a Cristo. La iglesia tesalonicense estaba enfrentando uno de esos momentos.

1. La iglesia estaba siendo salvajemente atacada y perseguida tanto por el mundo como por los religiosos (vea notas, 1 Ts. 2:1-12). Ellos estaban siendo...

- ridiculizados
- discriminados
- amenazados
- maldecidos
- maltratados
- rechazados

Existe la posibilidad de que algunos hayan sido físicamente atacados, golpeados y martirizados (vea nota, 1 Ts.

4:13). Sea cual sea el caso, lo principal es lo siguiente: los creyentes necesitan desesperadamente la ayuda de sus ministros; necesitan de su aliento y su consuelo.

2. La iglesia estaba confundida acerca del regreso del Señor y el gran día del Señor, y acerca del terrible día de su ira. Parece ser que algunos habían comenzado a sentir que la tribulación —el terrible tiempo de dificultad que vendrá sobre la tierra— ya había comenzado. Para algunos era así debido a la salvaje persecución que estaban sufriendo. Había otros asuntos con respecto a la Segunda Venida que habían sido malinterpretados también. De hecho la iglesia tenía una gran confusión con respecto a la venida del Señor. A esto se hace gran referencia en un pasaje más adelante. Por el momento, el asunto es ver cuán confundidos estaban los creyentes con relación al regreso del Señor Jesús. Necesitaban la ayuda de sus ministros, necesitaban que se les enseñara la verdad acerca del regreso de Jesucristo.

Pensamiento 1. El ministro de Dios debe prestar atención especial al rebaño cuando surgen necesidades especiales entre los creyentes. Es una obligación muy especial del ministro confortar y alentar a su pueblo cuando este...

- sufre persecución
- necesita que se le enseñe
- padece por enfermedad o accidente
- enfrenta la muerte
- necesita corrección
- necesita amonestación
- necesita consejo

La lista podría continuar pero el asunto está claro. El ministro debe prestar atención especial y ayudar a su pueblo cuando este enfrente necesidades especiales. Una iglesia puede ser una iglesia modelo (fuerte) únicamente si sus ministros son fieles, especialmente cuando su pueblo está enfrentando tiempos de prueba.

"En todo os he enseñado que, trabajando así, se debe ayudar a los necesitados, y recordar las palabras del Señor Jesús, que dijo: Más bienaventurado es dar que recibir" (Hch. 20:35).

"Así que, los que somos fuertes debemos soportar las flaquezas de los débiles, y no agradarnos a nosotros mismos" (Ro. 15:1).

"Sobrellevad los unos las cargas de los otros, y cumplid así la ley de Cristo" (Gá. 6:2).

"Acordaos de los presos, como si estuvierais presos juntamente con ellos; y de los maltratados, como que también vosotros mismos estáis en el cuerpo" (He. 13:3).

"La religión pura y sin mácula delante de Dios el Padre es esta: Visitar a los huérfanos y a las viudas en sus tribulaciones, y guardarse sin mancha del mundo" (Stg. 1:27).

[2] (1:1) *Iglesia:* Los creyentes tienen un fundamento firme en Dios y en Cristo (para discusión, vea nota, Jesucristo, deidad, 1 Ts. 1:1).

[3] (1:2) *Gracia — Paz — Iglesia:* Los creyentes conocen la gracia y la paz de Dios (para discusión, vea nota, Gracia, 1 Ts. 1:1).

[4] (1:3) *Padre — Iglesia:* Los creyentes tienen una fe que va creciendo. La frase "que va creciendo" (huperauxanei) significa que crece sobremanera, más allá de lo esperado. ¡Qué glorioso testimonio! Una fe que crece sobremanera, más allá de lo que cualquiera pudiera imaginar. Y recuerde: la iglesia crecía en fe en medio de una persecución brutal. Esta es la razón por la cual Pablo dice: "Debemos siempre dar gracias a Dios por vosotros". La palabra "debemos" (opheilomen) significa obligación y necesidad. La creciente fe de la iglesia obligaba a Pablo a dar gracias a Dios. Imagínese cómo se regocijaría el corazón de una ministro ante el crecimiento de su pueblo de la manera que lo hacían los creyentes de Tesalónica.

¿Qué significa tener una fe que crece? Fe en Cristo significa simplemente que la persona cree en el Señor Jesucristo, que confía en que Cristo se ocupará de su vida...

- de su vida pasada (pecados y trasgresiones).
- de su vida actual (proveer la protección, liberación y dirección necesarias para la vida).
- de su vida futura (liberación de la muerte y el juicio, y el regalo de la vida eterna).

Una fe creciente en Jesucristo simplemente significa que la persona aprende a confiar y a depender de Cristo más y más:

=> en cuanto a la provisión para sus necesidades diarias (Mt. 6:33).

=> para que lo libere durante las pruebas y tentaciones de la vida (2 Ts. 2:4s).

=> para que lo consuele durante las pérdidas (2 Ti. 4:18; 1 P 5:7; Sal. 23:4).

=> para que le enseñe la verdad (2 Ts. 2:15; 3:3).

=> para que le guíe y le ayude a aferrarse a las enseñanzas de Cristo (2 Ts. 2:15; 3:4).

=> para que lo fortalezca al vivir una vida separada del mundo y dedicada por completo a Dios (2 Ts. 3:3, 6-7).

Pensamiento 1. Una persona que crece en la fe es una persona que aprende a depender de Cristo más y más en cada aspecto de la vida, a los cuales hicimos referencia en el listado anterior. ¡Qué glorioso testimonio tener una fe que crece excesivamente!

Pensamiento 2. Demasiados creyentes tienen sus mentes puestas en el crecimiento y aumento del confort y las posesiones de este mundo. Piensan muy poco, si acaso, en el crecimiento de la fe. Les satisface tener solamente la fe suficiente que salve su conciencia.

"Entonces Jesús dijo al centurión: Ve, y como creíste, te sea hecho. Y su criado fue sanado en aquella misma hora" (Mt. 8:13).

"Jesús le dijo: Si puedes creer, al que cree todo le es posible" (Mr. 9:23).

"Respondiendo Jesús, les dijo: Tened fe en Dios. Porque de cierto os digo que cualquiera que dijere a este monte: Quítate y échate en el mar, y no dudare en su corazón, sino creyere que será hecho lo que dice, lo que diga le será hecho. Por tanto, os digo que todo lo que pidiereis orando, creed que lo recibiréis, y os vendrá" (Mr. 11:22-24).

"Dijeron los apóstoles al Señor: Auméntanos la fe" (Lc. 17:5).

"Sobre todo, tomad el escudo de la fe, con que podáis apagar todos los dardos de fuego del maligno" (Ef. 6:16).

"Pero los que hemos creído entramos en el reposo, de la manera que dijo: Por tanto, juré en mi ira, No entrarán en mi reposo; aunque las obras suyas estaban acabadas desde la fundación del mundo" (He. 4:3).

"Pero sin fe es imposible agradar a Dios; porque es necesario que el que se acerca a Dios crea que le hay, y que es galardonador de los que le buscan" (He. 11:6).

"Y si alguno de vosotros tiene falta de sabiduría, pídala a Dios, el cual da a todos abundantemente y sin reproche, y le será dada. Pero pida con fe, no dudando nada; porque el que duda es semejante a la onda del mar, que es arrastrada por el viento y echada de una parte a otra" (Stg. 1:5-6).

"y cualquiera cosa que pidiéremos la recibiremos de él, porque guardamos sus mandamientos, y hacemos las cosas que son agradables delante de él" (1 Jn. 3:22)

"Porque todo lo que es nacido de Dios vence al mundo; y esta es la victoria que ha vencido al mundo, nuestra fe. ¿Quién es el que vence al mundo, sino el que cree que Jesús es el Hijo de Dios?" (1 Jn. 5:4-5).

"Y cuando se levantaron por la mañana, salieron al desierto de Tecoa. Y mientras ellos salían, Josafat, estando en pie, dijo: Oídme, Judá y moradores de Jerusalén. Creed en Jehová vuestro Dios, y estaréis seguros; creed a sus profetas, y seréis prosperados" (2 Cr. 20:20).

"¡Cuán grande es tu bondad, que has guardado para los que te temen, Que has mostrado a los que esperan en ti, delante de los hijos de los hombres!" (Sal. 31:19).

"Jehová redime el alma de sus siervos, Y no serán condenados cuantos en él confían" (Sal. 34:22).

"Confía en Jehová, y haz el bien; Y habitarás en la tierra, y te apacentarás de la verdad" (Sal. 37:3).

"Encomienda a Jehová tu camino, Y confía en él; y él hará" (Sal. 37:5).

"Fíate de Jehová de todo tu corazón, Y no te apoyes en tu propia prudencia" (Pr. 3:5).

"Tú guardarás en completa paz a aquel cuyo pensamiento en ti persevera; porque en ti ha confiado. Confiad en Jehová perpetuamente, porque en Jehová el Señor está la fortaleza de los siglos" (Is. 26:3-4).

5 (1:3) *Amor — Iglesia:* Los creyentes tienen un amor que abunda hacia los demás. Fíjese que el amor al que se hace referencia es el amor de creyente por creyente, no el amor al mundo. En su primera carta a los tesalonicenses Pablo había exhortado a la iglesia para que creciera más y más en amor los unos por los otros. Ellos tenían necesidad de ese mensaje porque existía cierta tensión en la iglesia con respecto al regreso del Señor. La exhortación de Pablo había funcionado: la iglesia había allanado las diferencias y las partes contrarias ahora iban de la mano, creciendo y abundando en amor los unos para con los otros.

¿Qué significa abundar en amor los unos por los otros? Un amor que sobreabunda es el tipo de amor...

- que une a las personas como si fueran una familia, como la familia de Dios.
- que une a las personas con una unión indestructible.
- que une a las personas con el mayor afecto.
- que hace que unos y otros se nutran y cuiden.
- que muestra preocupación y vela por el bienestar de los demás.
- que siempre aprecia a los demás y que consuela, apoya y alienta a otros a pesar de las diferencias o las circunstancias.

Este fue el tipo de amor que tenía la iglesia modelo de Tesalónica. En esto consiste un amor que abunda. Este es el tipo de amor que cada creyente debe sentir hacia otros creyentes.

"Un mandamiento nuevo os doy: Que os améis unos a otros; como yo os he amado, que también os améis unos a otros. En esto conocerán todos que sois mis discípulos, si tuviereis amor los unos con los otros" (Jn. 13:34-35).

"Este es mi mandamiento: Que os améis unos a otros, como yo os he amado" (Jn. 15:12).

"El amor sea sin fingimiento. Aborreced lo malo, seguid lo bueno" (Ro. 12:9).

"Porque vosotros, hermanos, a libertad fuisteis llamados; solamente que no uséis la libertad como ocasión para la carne, sino servíos por amor los unos a los otros" (Gá. 5:13).

"Habiendo purificado vuestras almas por la obediencia a la verdad, mediante el Espíritu, para el amor fraternal no fingido, amaos unos a otros entrañablemente, de corazón puro" (1 P. 1:22).

"Y ante todo, tened entre vosotros ferviente amor; porque el amor cubrirá multitud de pecados" (1 P. 4:8).

"El que ama a su hermano, permanece en la luz, y en él no hay tropiezo" (1 Jn. 2:10).

"Y nosotros tenemos este mandamiento de él: El que ama a Dios, ame también a su hermano" (1 Jn. 4:21).

6 (1:4-5) *Paciencia — Iglesia:* Los creyentes tienen gran paciencia y fe al enfrentar la persecución y la tribulación.

=> La palabra "paciencia" (hupomones) significa estar firme, soportar y perseverar. Los tesalonicenses soportaban y se afirmaban en su fe en Cristo en medio de las persecuciones y tribulaciones a las que estaban expuestos.

=> La palabra "tribulaciones" (thlipsesin) es un término más general que persecuciones y se refiere a cualquier tipo de prueba o problema (Leon Morris, *The Epistles of Paul to the Thessalonians* [Las cartas de Pablo a los Tesalonicenses]. *The Tyndale New Testament Commentaries* [Comentarios Tyndale del Nuevo Testamento], p. 115). Los creyentes de Tesalónica estaban perseverando y sujetándose a su fe en medio de todas las pruebas de la vida: tentaciones, presión social, enfermedad, accidente, pérdida de trabajo, muerte, cualquiera que fuera la prueba, ellos permanecieron fieles a Cristo. No se derribaron ni se rindieron ante la multitud ni ante el desaliento y la desesperación. Se aferraron a su fe en Cristo. Tenga en cuenta tres aspectos.

1. Su paciencia y fe eran un gran testimonio para los otros. Pablo dice que eran tan fuertes que él se gloriaba de ellos ante otros.

Pensamiento 1. Qué testimonio tan dinámico: adoptar una postura tan firme por Cristo que Pablo se gloriaría de ellos. Qué ejemplo para nosotros: permanecer firmes en nuestra fe que los ministros se gloríen de nuestro testimonio.

2. Su paciencia y fe eran una señal del juicio de Dios que viene sobre los creyentes. Los creyentes recibieron una fortaleza sobrenatural —la fortaleza de Dios— cuando fueron perseguidos. Su fuerza era tan poderosa que obviamente había sido dada por Dios. Los creyentes...

- no estaban al borde la histeria.
- no se estaban vengando.
- no aceptaban la persecución como mansas ovejas.

Por el contrario, estaban mostrando serenidad y respondían con un amor activo, exhortando y alentando a sus perseguidores a confiar en el Señor; todo esto a pesar de que estaban siendo maltratados. Su respuesta no podía atribuirse a disciplina mental o al compromiso con alguna causa humana. ¿Por qué?

=> Porque eran muchos y todos estaban permaneciendo firmes y demostrando una fuerza sobrenatural.

=> Porque tanto el espíritu de gloria y de Dios estaban sobre ellos, el espíritu que se le promete al creyente que sufre persecución.

"Si sois vituperados por el nombre de Cristo, sois bienaventurados, porque el glorioso Espíritu de Dios

reposa sobre vosotros. Ciertamente, de parte de ellos, él es blasfemado, pero por vosotros es glorificado" (1 P. 4:14).

Lo importante aquí es esto: la presencia de Dios y su gloria en el creyente es una clara señal de que Dios existe y que vindicará a su amado. Él juzgará y tomará venganza de los perseguidores de su amado pueblo. La persecución en una clara señal del juicio de Dios que vendrá.

"Mas sabemos que el juicio de Dios contra los que practican tales cosas es según verdad" (Ro. 2:2).

"sabe el Señor librar de tentación a los piadosos, y reservar a los injustos para ser castigados en el día del juicio" (2 P. 2:9).

"pero los cielos y la tierra que existen ahora, están reservados por la misma palabra, guardados para el fuego en el día del juicio y de la perdición de los hombres impíos" (2 P. 3:7).

"De éstos también profetizó Enoc, séptimo desde Adán, diciendo: He aquí, vino el Señor con sus santas decenas de millares, para hacer juicio contra todos, y dejar convictos a todos los impíos de todas sus obras impías que han hecho impíamente, y de todas las cosas duras que los pecadores impíos han hablado contra él" (Jud. 14-15).

3. Su fe y perseverancia probó que los creyentes eran considerados dignos del reino de Dios. Note la frase "tenidos por dignos" (kataxioo). Esto no significa hacer digno; significa considerar, estimar y declarar digno (vea nota, *Justifica-*

ción, Ro. 5:1). Un creyente no es salvo porque permanezca firme en medio de los sufrimientos de esta vida; es salvo por creer en Jesucristo como su Señor y Salvador. Sin embargo, cuando sufre en este mundo y soporta el sufrimiento, es considerado digno del reino de Dios. De esta manera prueba su valor, que es verdaderamente un hombre de Dios. Es digno de entrar al cielo, pues ha probado su fe.

"Con vuestra paciencia ganaréis vuestras almas" (Lc. 21:19).

"Acordaos de la palabra que yo os he dicho: El siervo no es mayor que su señor. Si a mí me han perseguido, también a vosotros os perseguirán; si han guardado mi palabra, también guardarán la vuestra. Mas todo esto os harán por causa de mi nombre, porque no conocen al que me ha enviado" (Jn. 15:20-21).

"siempre en todas mis oraciones rogando con gozo por todos vosotros" (Fil. 1:4).

"Y también todos los que quieren vivir piadosamente en Cristo Jesús padecerán persecución" (2 Ti. 3:12).

"Porque nosotros que vivimos, siempre estamos entregados a muerte por causa de Jesús, para que también la vida de Jesús se manifieste en nuestra carne mortal" (2 Co. 4:11).

"porque os es necesaria la paciencia, para que habiendo hecho la voluntad de Dios, obtengáis la promesa" (He. 10:36).

	II. UN VISTAZO AL TIEMPO DEL FIN, 1:6—2:17	la gloria de su poder,	b. Separación del Señor
		10 cuando venga en aquel día para ser glorificado en sus santos y ser admirado en todos los que creyeron (por cuanto nuestro testimonio ha sido creído entre vosotros).	**5 El tiempo del juicio**
	A. El justo juicio de Dios, 1:6-12		a. Cuando venga para ser glorificado en sus santos
1 El propósito del juicio: rectificar la injusticia.	6 Porque es justo delante de Dios pagar con tribulación a los que os atribulan,		b. Cuando venga para ser admirado
2 El ejecutor del juicio: Jesucristo mismo.	7 y a vosotros que sois atribulados, daros reposo con nosotros, cuando se manifieste el Señor Jesús desde el cielo con los ángeles de su poder,	11 Por lo cual asimismo oramos siempre por vosotros, para que nuestro Dios os tenga por dignos de su llamamiento, y cumpla todo propósito de bondad y toda obra de fe con su poder,	**6 El escape del juicio**
a. Una espectacular manifestación desde el cielo			a. Dios debe considerar a una persona digna de escapar
b. Con los ángeles			b. Dios debe completar la obra de fe en esa persona
c. En llama de fuego		12 para que el nombre de nuestro Señor Jesucristo sea glorificado en vosotros, y vosotros en él, por la gracia de nuestro Dios y del Señor Jesucristo.	c. El nombre de Cristo debe ser glorificado en la persona
3 Las personas que serán juzgadas	8 en llama de fuego, para dar retribución a los que no conocieron a Dios, ni obedecen al evangelio de nuestro Señor Jesucristo;		
a. Todos los que no conocieron a Dios			
b. Todos los que desobedecen al evangelio			
4 El castigo del juicio	9 los cuales sufrirán pena de eterna perdición, excluidos de la presencia del Señor y de		
a. Sufrirán pena y perdición			

DIVISIÓN II

UN VISTAZO AL TIEMPO DEL FIN, 1:6—2:17

A. El justo juicio de Dios, 1:6-12

(1:6-12) **Introducción:** Esto inicia la importante discusión sobre el tiempo del fin, o fin del mundo. La primera discusión abarca el tema que la mayoría de las personas más temen y tratan de pasar por alto o negar: *el justo juicio de Dios.*

1. El propósito del juicio: rectificar la injusticia (v. 6).
2. El ejecutor del juicio: Jesucristo mismo (vv. 7-8).
3. Las personas que serán juzgadas (v. 8).
4. El castigo del juicio (v. 9).
5. El tiempo del juicio (v. 10).
6. El escape del juicio (vv. 11-12).

(1:6-12) **Otro bosquejo:** Las preguntas fundamentales sobre el juicio.

1. ¿Por qué habrá un juicio? (v. 6)
2. ¿Quién será el juez? (v. 7)
3. ¿Quiénes serán juzgados? (v. 8)
4. ¿Cuál será el juicio? (v. 9)
5. ¿Cuándo ocurrirá el juicio? (v. 10)
6. ¿Cómo puede una persona escapar del juicio? (v. 11)

1 (1:6) *Juicio — Justicia — Injusticias:* El propósito del juicio es rectificar la injusticia. recuerde que los creyentes de Tesalónica estaban sufriendo una fiera persecución y todo tipo de problemas en manos de sus vecinos y del gobierno de la ciudad. La mayoría de los ciudadanos de Tesalónica no querían tener nada que ver con Cristo, así que trataron de borrar su nombre amenazando y persiguiendo a los que le confesaban. Podemos ver cuán seria se había vuelto la situación mirando el relato de Hechos y al número de veces que se menciona la persecución en las dos cartas a los tesalonicenses. Fíjese en estos versículos.

"Entonces los judíos que no creían, teniendo celos, tomaron consigo a algunos ociosos, hombres malos, y juntando una turba, alborotaron la ciudad; y asaltando la casa de Jasón, procuraban sacarlos al pueblo. Pero no hallándolos, trajeron a Jasón y a algunos hermanos ante las autoridades de la ciudad, gritando: Estos que trastornan el mundo entero también han venido acá; a los cuales Jasón ha recibido; y todos éstos contravienen los decretos de César, diciendo que hay otro rey, Jesús. Y alborotaron al pueblo y a las autoridades de la ciudad, oyendo estas cosas" (Hch. 17:5-8).

"Cuando los judíos de Tesalónica supieron que también en Berea era anunciada la Palabra de Dios por Pablo, fueron allá, y también alborotaron a las multitudes" (Hch. 17:13).

"Y vosotros vinisteis a ser imitadores de nosotros y del Señor, recibiendo la palabra en medio de gran tribulación, con gozo del Espíritu Santo" (1 Ts. 1:6).

"pues habiendo antes padecido y sido ultrajados en Filipos, como sabéis, tuvimos denuedo en nuestro Dios para anunciaros el evangelio de Dios en medio de gran oposición" (1 Ts. 2:2).

"Porque vosotros, hermanos, vinisteis a ser imitadores de las iglesias de Dios en Cristo Jesús que están en Judea; pues habéis padecido de los de vuestra propia nación las mismas cosas que ellas padecieron de los judíos" (1 Ts. 2:14).

"a fin de que nadie se inquiete por estas tribulaciones; porque vosotros mismos sabéis que para esto estamos puestos. Porque también estando con vosotros, os predecíamos que íbamos a pasar tribulaciones, como ha acontecido y sabéis" (1 Ts. 3:3-4).

"tanto, que nosotros mismos nos gloriamos de vosotros en las iglesias de Dios, por vuestra paciencia y fe en todas vuestras persecuciones y tribulaciones que soportáis" (2 Ts. 1:4).

Los sufrimientos de los creyentes eran horripilantes, por tanto, necesitaban aliento. Ya Pablo lo había hecho en el pasaje anterior (2 Ts. 1:3-5) y lo haría otra vez al final de este pasaje (2 Ts. 1:10-12), pero también se necesitaba otra cosa: los perseguidores e incrédulos del mundo necesitaban que se les advirtiera. Dios va a rectificar todas las injusticias del mundo. El juicio de Dios caerá sobre todo el que ha maltratado a otro. Todo comportamiento injusto de los hombres soportará el terrible juicio de Dios, todo...

• asesinato	• burla	• maldición
• chisme	• crítica	• estafa
• ridiculización	• lucha	• discusión
• maltrato	• rechazo	• desatención
• engaño	• abuso	• robo
• decepción	• mentira	• acaparamiento

La lista podría ser interminable, pero lo principal es esto: vivimos en medio de personas malas e injustas. Por tanto, casi todo el comportamiento del mundo —casi todo el comportamiento del hombre— es malo e injusto. *Dios tiene que juzgar* al mundo, pues el juicio es lo correcto y justo que se debe hacer. Es necesario corregir todas las injusticias del mundo. No juzgarlo sería injusto e incorrecto. Esta es la razón por la que Dios juzgará al mundo. Él es justo y recto, por tanto, su propia naturaleza exige que se juzguen y castiguen todas las injusticias y maldades que los hombres han cometido contra los demás. Fíjese como otros han traducido este versículo:

"Pues es justo que Dios haga sufrir a quienes los hacen sufrir a ustedes" (DHH, 2 Ts. 1:6).

"puesto que es cosa justa de parte de Dios, recompensar con aflicción a los que os afligen" (VM, 2 Ts. 1:6).

"Dios, que es justo, pagará con sufrimiento a quienes los hacen sufrir a ustedes" (NVI, 2 Ts. 1:6).

"No os venguéis vosotros mismos, amados míos, sino dejad lugar a la ira de Dios; porque escrito está: Mía es la venganza, yo pagaré, dice el Señor" (Ro. 12:19).

"Porque es justo delante de Dios pagar con tribulación a los que os atribulan" (2 Ts. 1:6).

"y a vosotros que sois atribulados, daros reposo con nosotros, cuando se manifieste el Señor Jesús desde el cielo con los ángeles de su poder, en llama de fuego, para dar retribución a los que no conocieron a Dios, ni obedecen al evangelio de nuestro Señor Jesucristo" (2 Ts. 1:7-8).

"Porque si la palabra dicha por medio de los ángeles fue firme, y toda transgresión y desobediencia recibió justa retribución" (He. 2:2).

"Pues conocemos al que dijo: Mía es la venganza, yo daré el pago, dice el Señor. Y otra vez: El Señor juzgará a su pueblo" (He. 10:30).

"Mía es la venganza y la retribución; A su tiempo su pie resbalará, Porque el día de su aflicción está cercano Y lo que les está preparado se apresura" (Dt. 32:35).

"Jehová, Dios de las venganzas, Dios de las venganzas, muéstrate. Engrandécete, oh Juez de la tierra; Da el pago a los soberbios. ¿Hasta cuándo los impíos, Hasta cuándo, oh Jehová, se gozarán los impíos? ¿Hasta cuándo pronunciarán, hablarán cosas duras, Y se vanagloriarán todos los que hacen iniquidad? A tu pueblo, oh Jehová, quebrantan, Y a tu heredad afligen. A la viuda y al extranjero matan, Y a los huérfanos quitan la vida. Y dijeron: No verá JAH, Ni entenderá el Dios de Jacob. Entended, necios del pueblo Y vosotros, fatuos, ¿cuándo seréis sabios?... Y él hará volver sobre ellos su iniquidad, Y los destruirá en su propia maldad Los destruirá Jehová nuestro Dios" (Sal. 94:1-8, 23)

"como para vindicación, como para retribuir con ira a sus enemigos, y dar el pago a sus adversarios; el pago dará a los de la costa" (Is. 59:18).

"Y mi ojo no te perdonará, ni tendré misericordia; antes pondré sobre ti tus caminos, y en medio de ti estarán tus abominaciones; y sabréis que yo soy Jehová" (Ez. 7:4).

"Así, pues, haré yo; mi ojo no perdonará, ni tendré misericordia; haré recaer el camino de ellos sobre sus propias cabezas" (Ez. 9:10).

"Mas a aquellos cuyo corazón anda tras el deseo de sus idolatrías y de sus abominaciones, yo traigo su camino sobre sus propias cabezas, dice Jehová el Señor" (Ez. 11:21).

2 **(1:7-8) *Juicio — Jesucristo, regreso:*** El ejecutor del juicio será Jesucristo mismo. Note que Jesucristo viene a dar reposo al creyente así como también a juzgar al mundo. El creyente será liberado de las injusticias, sufrimientos y la muerte de este mundo. Como dice el *Pulpit Commentary* [Comentario del Púlpito]:

"[El cielo] es reposo para el cansado, libertad para el cautivo, liberación de la tristeza, el sufrimiento y el dolor, descanso de la faena, alivio del ruido y la agitación, es el tranquilo cielo de paz después de haber sido arrojado en el océano tempestuoso [de este mundo]" (P. J. Gloag. *Second Thessalonians* [Segunda Tesalonicenses], *"The Pulpit Commentary"* [Comentario del púlpito], vol. 21, ed. por H. D. M. Spence y Joseph S. Exell. Grand Rapids, MI: Eerdmans, 1950, p. 2).

"Por tanto, queda un reposo para el pueblo de Dios" (He. 4:9).

"Allí los impíos dejan de perturbar, Y allí descansan los de agotadas fuerzas" (Job 3:17).

Note que la persona que ejecutará el juicio es Jesucristo mismo. Él va a *regresar* personalmente *a la tierra* para juzgar al mundo.

1.   Su regreso en juicio será una aparición espectacular desde el cielo. La palabra "manifieste" (apokalupsei) significa revelar y descubrir. Vendrá el día cuando Jesucristo sur-

cará los cielos y regresará a la tierra para juicio. Como Matthew Henry dice: "Vendrá desplegando toda la pompa y poder del mundo de arriba" (*Matthew Henry's Commentary* [Comentario de Matthew Henry]. Old Tappan, NJ: Fleming H. Revell, vol. 6, p. 794). Él se manifestará como la Majestad y Juez Supremo del mundo.

> "Porque el Padre a nadie juzga, sino que todo el juicio dio al Hijo" (Jn. 5:22).

> "Y nos mandó que predicásemos al pueblo, y testificásemos que él es el que Dios ha puesto por Juez de vivos y muertos" (Hch. 10:42).

> "por cuanto ha establecido un día en el cual juzgará al mundo con justicia, por aquel varón a quien designó, dando fe a todos con haberle levantado de los muertos" (Hch. 17:31).

> "en el día en que Dios juzgará por Jesucristo los secretos de los hombres, conforme a mi evangelio" (Ro. 2:16).

> "Te encarezco delante de Dios y del Señor Jesucristo, que juzgará a los vivos y a los muertos en su manifestación y en su reino" (2 Ti. 4:1).

2. Su regreso para juicio será con los ángeles de su poder. Los ángeles regresarán con Él con varios objetivos:
=> para incrementar la gloria majestuosa y el triunfo de su persona y su presencia.

> "Porque el Hijo del Hombre vendrá en la gloria de su Padre con sus ángeles, y entonces pagará a cada uno conforme a sus obras" (Mt. 16:27).

> "Cuando el Hijo del Hombre venga en su gloria, y todos los santos ángeles con él, entonces se sentará en su trono de gloria" (Mt. 25:31).

> "y a vosotros que sois atribulados, daros reposo con nosotros, cuando se manifieste el Señor Jesús desde el cielo con los ángeles de su poder" (2 Ts. 1:7).

=> para cumplir sus órdenes y ejecutar su justicia y misericordia.

> "El enemigo que la sembró es el diablo; la siega es el fin del siglo; y los segadores son los ángeles" (Mt. 13:39).

> "Así será al fin del siglo: saldrán los ángeles, y apartarán a los malos de entre los justos, y los echarán en el horno de fuego; allí será el lloro y el crujir de dientes" (Mt. 13:49-50).

> "Y enviará sus ángeles con gran voz de trompeta, y juntarán a sus escogidos, de los cuatro vientos, desde un extremo del cielo hasta el otro" (Mt. 24:31).

3. Su regreso en juicio será en llama de fuego. Esto es una referencia al brillo, gloria y santidad de su aparición y al hecho de que viene en juicio. Su regreso en juicio será en toda la gloria y majestad de Dios mismo, tan brillante que será como una llama de fuego de la pura santidad de Dios.

> "Entonces aparecerá la señal del Hijo del Hombre en el cielo; y entonces lamentarán todas las tribus de la tierra, y verán al Hijo del Hombre viniendo sobre las nubes del cielo, con poder y gran gloria" (Mt. 24:30).

> "Cuando el Hijo del Hombre venga en su gloria, y todos los santos ángeles con él, entonces se sentará en su trono de gloria, y serán reunidas delante de él todas las naciones; y apartará los unos de los otros, como aparta el pastor las ovejas de los cabritos" (Mt. 25:31-32).

> "Porque el que se avergonzare de mí y de mis palabras en esta generación adúltera y pecadora, el Hijo del Hombre se avergonzará también de él, cuando venga en la gloria de su Padre con los santos ángeles" (Mr. 8:38).

> "y a vosotros que sois atribulados, daros reposo con nosotros, cuando se manifieste el Señor Jesús desde el cielo con los ángeles de su poder, en llama de fuego, para dar retribución a los que no conocieron a Dios, ni obedecen al evangelio de nuestro Señor Jesucristo" (2 Ts. 1:7-8).

> "De éstos también profetizó Enoc, séptimo desde Adán, diciendo: He aquí, vino el Señor con sus santas decenas de millares, para hacer juicio contra todos, y dejar convictos a todos los impíos de todas sus obras impías que han hecho impíamente, y de todas las cosas duras que los pecadores impíos han hablado contra él" (Jud. 14-15).

> "He aquí que viene con las nubes, y todo ojo le verá, y los que le traspasaron; y todos los linajes de la tierra harán lamentación por él. Sí, amén" (Ap. 1:7).

> "Fuego irá delante de él, Y abrasará a sus enemigos alrededor" (Sal. 97:3).

3 (1:8) *Juicio — Jesucristo, regreso:* A las personas que serán juzgadas se les separará en dos clases.

1. Serán juzgados todos los que no conocen a Dios, al único Dios vivo y verdadero. ¿Quiénes son estas personas? Son aquellas que pecan contra la revelación natural, son los que miran a la creación y no son capaces de ver a Dios o de vivir según las leyes que se manifiestan claramente en la naturaleza y la creación.

   a. Los hombres pueden conocer a Dios dentro de sí mismos: en sus propios pensamientos, razonamientos y en sus conciencias.

> "porque lo que de Dios se conoce les es manifiesto, pues Dios se lo manifestó" (Ro. 1:19).

> "mostrando la obra de la ley escrita en sus corazones, dando testimonio su conciencia, y acusándoles o defendiéndoles sus razonamientos" (Ro. 2:15).

   b. Los hombres pueden conocer a Dios fuera de ellos: en la creación y la naturaleza, la tierra y el espacio exterior. (Vea notas, Ro. 1:19; 1:20; 1:21; 2:11-15 para mayor discusión.)

> "si bien no se dejó a sí mismo sin testimonio, haciendo bien, dándonos lluvias del cielo y tiempos fructíferos, llenando de sustento y de alegría nuestros corazones" (Hch. 14:17).

> "Porque las cosas invisibles de él, su eterno poder y deidad, se hacen claramente visibles desde la creación del mundo, siendo entendidas por medio de las cosas hechas, de modo que no tienen excusa" (Ro. 1:20).

> "Los cielos cuentan la gloria de Dios, Y el firmamento anuncia la obra de sus manos" (Sal. 19:1).

> "Los cielos anunciaron su justicia, Y todos los pueblos vieron su gloria" (Sal. 97:6).

Lo principal aquí es lo siguiente: los hombres pueden conocer que Dios les da vida y cuida y provee para ellos, que Dios lo dirige todo de manera ordenada y legítima dándole significado y propósito a la vida. Los hombres pueden mirar a la naturaleza y ver que Dios es grande y bueno, por lo tanto, Él merece ser glorificado y recibir nuestra gratitud; pero en vez de ver y venir al conocimiento de Dios, los hombres le han rechazado. En vez de adorar a Dios…

• algunos adoran a la creación, es decir, a la ciencia y al hombre: una adoración humanista.

• algunos adoran al dios de su imaginación, un pensamiento o imagen de lo que es Dios (un dios que les permite vivir como quieren).

Esas son las personas que serán juzgadas. Esas son las personas que no conocen personalmente al Dios vivo y verdadero: no mediante una relación personal diaria.

2.   Serán juzgados todos los que no obedecen al evangelio de nuestro Señor Jesucristo. ¿Quiénes son estos?

=> Todo aquel que ha escuchado el evangelio de Jesucristo y lo ha rechazado.

=> Todo aquel que ha profesado el evangelio de Jesucristo pero no obedece los mandamientos del evangelio.

=> Todo aquel que ha sido bautizado pero no obedece el mandamiento del evangelio.

=> Todo aquel que se ha unido a la iglesia y es miembro de la iglesia pero no obedece los mandamientos del evangelio.

"Pero fornicación y toda inmundicia, o avaricia, ni aun se nombre entre vosotros, como conviene a santos; ni palabras deshonestas, ni necedades, ni truhanerías, que no convienen, sino antes bien acciones de gracias. Porque sabéis esto, que ningún fornicario, o inmundo, o avaro, que es idólatra, tiene herencia en el reino de Cristo y de Dios. Nadie os engañe con palabras vanas, porque por estas cosas viene la ira de Dios sobre los hijos de desobediencia. No seáis, pues, partícipes con ellos" (Ef. 5:3-7).

"en llama de fuego, para dar retribución a los que no conocieron a Dios, ni obedecen al evangelio de nuestro Señor Jesucristo" (2 Ts. 1:8).

"Porque si la palabra dicha por medio de los ángeles fue firme, y toda transgresión y desobediencia recibió justa retribución, ¿cómo escaparemos nosotros, si descuidamos una salvación tan grande? La cual, habiendo sido anunciada primeramente por el Señor, nos fue confirmada por los que oyeron" (He. 2:2-3).

"¿Cuánto mayor castigo pensáis que merecerá el que pisoteare al Hijo de Dios, y tuviere por inmunda la sangre del pacto en la cual fue santificado, e hiciere afrenta al Espíritu de gracia? Pues conocemos al que dijo: Mía es la venganza, yo daré el pago, dice el Señor. Y otra vez: El Señor juzgará a su pueblo" (He. 10:29-30).

4   (1:9) *Juicio — Jesucristo, regreso:* La pena del juicio será terrible pero será merecida. ¿Por qué? Porque los que serán juzgados tuvieron la oportunidad de conocer a Dios, pero escogieron negarle y maldecirle y andar en sus propios deseos durante toda la vida. Note tres hechos significativos sobre la pena y castigo del juicio.

1.   La frase "los cuales" (hoitines) se usa en sentido cualitativo, o sea, significa *"las personas que son de este modo"* merecen castigo; *"el tipo de personas"* que merecen este castigo. La palabra griega muestra claramente que estas personas merecen el castigo del juicio venidero. (Este aspecto es señalado por A. T. Robertson, *Word Pictures in the New Testament* [Imágenes en palabras en el Nuevo Testamento], vol.4, p. 44; y Leon Morris, *The Epistles of Paul to the Thessalonians* [Las epístolas de Pablo a los Tesalonicenses]. *The Tyndale New Testament Commentaries* [Comentarios Tyndale del Nuevo Testamento], p. 119).

2.   La frase "sufrirán pena" (diken tisousin) significa pagar la penalidad. (*Matthew Henry's Commentary* [Comentario de Matthew Henry], vol.6, p. 795). Puede que los pecadores salgan impunes con su pecado y rechazo hacia Dios mientras están en la tierra, pero serán castigados en el análisis final.

Note otra cosa acerca del castigo. Fíjese en la palabra griega para pena (diken). Proviene de la misma raíz que justo (dikaios). Esto significa que la pena será justa, recta: exactamente lo que la persona se merece, ni más ni menos. Cada persona recibirá la cantidad exacta de castigo que ganaron mientras estaban en la tierra. El castigo de Dios no será vengativo, será perfectamente justo, una pena de retribución: un castigo que dará a cada persona exactamente lo que merece.

"Y si tu ojo te es ocasión de caer, sácalo y échalo de ti; mejor te es entrar con un solo ojo en la vida, que teniendo dos ojos ser echado en el infierno de fuego" (Mt. 18:9).

"Entonces dirá también a los de la izquierda: Apartaos de mí, malditos, al fuego eterno preparado para el diablo y sus ángeles. Porque tuve hambre, y no me disteis de comer; tuve sed, y no me disteis de beber; fui forastero, y no me recogisteis; estuve desnudo, y no me cubristeis; enfermo, y en la cárcel, y no me visitasteis. Entonces también ellos le responderán diciendo: Señor, ¿cuándo te vimos hambriento, sediento, forastero, desnudo, enfermo, o en la cárcel, y no te servimos? Entonces les responderá diciendo: De cierto os digo que en cuanto no lo hicisteis a uno de estos más pequeños, tampoco a mí lo hicisteis. E irán éstos al castigo eterno, y los justos a la vida eterna" (Mt. 25:41-46).

"pero cualquiera que blasfeme contra el Espíritu Santo, no tiene jamás perdón, sino que es reo de juicio eterno" (Mr. 3:29).

"Su aventador está en su mano, y limpiará su era, y recogerá el trigo en su granero, y quemará la paja en fuego que nunca se apagará" (Lc. 3:17).

"pero ira y enojo a los que son contenciosos y no obedecen a la verdad, sino que obedecen a la injusticia; tribulación y angustia sobre todo ser humano que hace lo malo, el judío primeramente y también el griego" (Ro. 2:8-9).

"los cuales sufrirán pena de eterna perdición, excluidos de la presencia del Señor y de la gloria de su poder" (2 Ts. 1:9).

"¿Cuánto mayor castigo pensáis que merecerá el que pisoteare al Hijo de Dios, y tuviere por inmunda la sangre del pacto en la cual fue santificado, e hiciere

afrenta al Espíritu de gracia? Pues conocemos al que dijo: Mía es la venganza, yo daré el pago, dice el Señor. Y otra vez: El Señor juzgará a su pueblo" (He. 10:29-30).

"sabe el Señor librar de tentación a los piadosos, y reservar a los injustos para ser castigados en el día del juicio" (2 P. 2:9).

"Sobre los malos hará llover calamidades; Fuego, azufre y viento abrasador será la porción del cáliz de ellos" (Sal. 11:6).

"Y castigaré al mundo por su maldad, y a los impíos por su iniquidad; y haré que cese la arrogancia de los soberbios, y abatiré la altivez de los fuertes" (Is. 13:11).

"Porque he aquí que Jehová sale de su lugar para castigar al morador de la tierra por su maldad contra él; y la tierra descubrirá la sangre derramada sobre ella, y no encubrirá ya más a sus muertos" (Is. 26:21).

"como para vindicación, como para retribuir con ira a sus enemigos, y dar el pago a sus adversarios; el pago dará a los de la costa" (Is. 59:18).

"Yo os castigaré conforme al fruto de vuestras obras, dice Jehová, y haré encender fuego en su bosque, y consumirá todo lo que está alrededor de él" (Jer. 21:14).

"Acontecerá en aquel tiempo que yo escudriñaré a Jerusalén con linterna, y castigaré a los hombres que reposan tranquilos como el vino asentado, los cuales dicen en su corazón: Jehová ni hará bien ni hará mal. Sof. 1:12).

"Porque he aquí, viene el día ardiente como un horno, y todos los soberbios y todos los que hacen maldad serán estopa; aquel día que vendrá los abrasará, ha dicho Jehová de los ejércitos, y no les dejará ni raíz ni rama" (Mal. 4:1).

3. La frase "eterna perdición" (olethron aionion) no significa aniquilación o cesación de la existencia. Quiere decir exactamente lo que dice el versículo: exclusión de la presencia del Señor y de la gloria de su poder: una eternidad de aflicción (A. T. Robertson, *Word Pictures in the New Testament* [Imágenes en palabras en el Nuevo Testamento], vol. 4, p. 44). Significa ruina y pérdida completa; ser cortado, excluido, eliminado, separado, extinguido, privado, aborrecido y desterrado de todas las cosas buenas de la vida.

=> Ruina y pérdida completa: de todo lo que sería la vida.

=> Cortado: de la presencia de Dios y de la gloria de su poder y del cielo.

=> Excluido: del gozo, placer y satisfacción. Es un vacío total.

=> Eliminado: de toda compañía, asociaciones y de toda posesión. Es ser dejado solo y sin nada. Es soledad total.

=> Separado: de la presencia de toda bondad y justicia —de Dios y de todos aquellos que buscan la justicia— y no hay esperanza de que se detenga la separación, ni siquiera por una hora.

=> Extinguido: del amor y el afecto. Es un infierno de pasión suelto.

=> Privado: del Espíritu Santo refrenando la fuerza del mal. Es un infierno de ilegalidad.

=> Aborrecido: de los cuerpos de gloria. Es un esqueleto en descomposición (Is. 66:23-24).

=> Desterrado: de toda esperanza. Es estar eternamente perdido para siempre y no hay esperanza de que se detenga el destierro, ni siquiera por una hora.

Leon Morris cita al erudito bíblico James Denny de esta manera:

"Si algo es cierto en la Biblia es esto: aquellos que se niegan testarudamente a someterse al evangelio y a amar y obedecer a Jesucristo, incurrirán en una pérdida irreparable en la Segunda Venida. pasarán a una noche donde nunca habrá amanecer" (*The Epistles of Paul to the Thessalonians. The Tyndale New Testament Commentaries*, p. 120).

"Dejad crecer juntamente lo uno y lo otro hasta la siega; y al tiempo de la siega yo diré a los segadores: Recoged primero la cizaña, y atadla en manojos para quemarla; pero recoged el trigo en mi granero" (Mt. 13:30).

"Así será al fin del siglo: saldrán los ángeles, y apartarán a los malos de entre los justos" (Mt. 13:49).

"Pero mientras ellas iban a comprar, vino el esposo; y las que estaban preparadas entraron con él a las bodas; y se cerró la puerta. Después vinieron también las otras vírgenes, diciendo: ¡Señor, señor, ábrenos! Mas él, respondiendo, dijo: De cierto os digo, que no os conozco" (Mt. 25:10-12).

"y serán reunidas delante de él todas las naciones; y apartará los unos de los otros, como aparta el pastor las ovejas de los cabritos" (Mt. 25:32).

"Pero os dirá: Os digo que no sé de dónde sois; apartaos de mí todos vosotros, hacedores de maldad" (Lc. 13:27).

"Además de todo esto, una gran sima está puesta entre nosotros y vosotros, de manera que los que quisieren pasar de aquí a vosotros, no pueden, ni de allá pasar acá" (Lc. 16:26).

"Porque por ahí andan muchos, de los cuales os dije muchas veces, y aun ahora lo digo llorando, que son enemigos de la cruz de Cristo; el fin de los cuales será perdición, cuyo dios es el vientre, y cuya gloria es su vergüenza; que sólo piensan en lo terrenal" (Fil. 3:18-19).

"que cuando digan: Paz y seguridad, entonces vendrá sobre ellos destrucción repentina, como los dolores a la mujer encinta, y no escaparán" (1 Tes. 5:3).

"los cuales sufrirán pena de eterna perdición, excluidos de la presencia del Señor y de la gloria de su poder" (2 Tes. 1:9).

"Porque los que quieren enriquecerse caen en tentación y lazo, y en muchas codicias necias y dañosas, que hunden a los hombres en destrucción y perdición" (1 Ti. 6:9).

"Pero hubo también falsos profetas entre el pueblo, como habrá entre vosotros falsos maestros, que introducirán encubiertamente herejías destructoras, y aun negarán al Señor que los rescató, atrayendo sobre sí mismos destrucción repentina" (2 P. 2:1).

"casi en todas sus epístolas, hablando en ellas de estas cosas; entre las cuales hay algunas difíciles de

entender, las cuales los indoctos e inconstantes tuercen, como también las otras Escrituras, para su propia perdición" (2 P. 3:16).

5 (1:10) *Juicio — Jesucristo, regreso:* El tiempo del juicio está determinado. Los inconversos serán juzgados…

* cuando Jesucristo regrese para ser glorificado en sus santos y admirado en todos los que creen.

Fíjese en la palabra "en". Cuando Jesucristo regrese su gloria será vista *en sus santos.* Todo el mundo verá la maravilla y la gloria de…

* la altura de su amor
* la profundidad de su misericordia
* la longitud de su gracia
* la anchura de su poder

El Señor Jesucristo nos ha amado y salvado y la altura, profundidad, longitud y anchura de su salvación van más allá de nuestra imaginación. Su salvación excede cualquier cosa que pudiéramos conocer o describir. Cuando se manifieste la gloria de lo que Jesucristo ha hecho por nosotros, será una demostración de gloria tan espectacular que excederá la explosión de todas las luces brillantes de los cuerpos celestiales. La grandeza de la gloria y el amor de Jesucristo se verá en ese día, se verá en sus santos queridos y en todos aquellos que hayan creído.

Tenga en cuenta otro aspecto significativo: Él no será solamente glorificado ese día, también será admirado. Una traducción lo dice de esta manera: "Será un milagro que nos dejará enmudecidos". Leon Morris señala: "La gloria de ese día excederá cualquier cosa de la que tengamos idea…y cuando lo presenciemos nos quedaremos atónitos" (*The Epistles of Paul to the Thessalonians. The Tyndale New Testament Commentaries*, p. 120).

6 (1:11-12) *Juicio — Escapar del juicio:* Hay tres cosas necesarias para escapar del juicio. Fíjese que estos versículos son una oración de Pablo por los creyentes.

1.   La persona debe ser hallada digna por Dios. ¿Cómo es esto posible? Ninguna persona tiene méritos propios. No hay persona perfecta; por lo tanto, ninguna persona tiene benignidad suficiente para pararse delante de Dios ya que Dios es perfecto. Si una persona quiere ser aceptada por Dios, tiene que acercarse a Él mediante la fe en su Hijo, el Señor Jesucristo. Dios solo halla dignas a las personas si se acercan a Él en el nombre de Jesucristo, creyendo y confiando en Él

como Salvador. La persona que viene a Dios a través de Jesucristo le rinde honor a este y cualquier persona que honre a Cristo es tenida como digna por Dios. Fíjese que no somos dignos, no tenemos nuestra propia justicia pero Dios *nos cuenta y nos acredita* con justicia porque venimos a Él en la perfecta justicia de su hijo. Nosotros honramos al Hijo de Dios y Dios nos honrará.

2.   Dios tiene que completar la obra de fe en nosotros. Nosotros envejecemos, nos deterioramos, morimos y decaemos. No podemos completar nada permanentemente, solo podemos hacerlo por unos pocos años a lo más e incluso así no podemos hacerlo de manera perfecta. Nada de lo que hacemos es perfecto. Por lo tanto, para salvarnos del juicio y recibir la vida eterna Dios tiene que tomar nuestra fe primaria en Cristo…

* y completar en nosotros el placer de su bondad.
* y completar la obra de fe en nosotros, completarla con su omnipotente poder.

3.   El nombre de Jesucristo debe ser glorificado en nosotros y nosotros en Él. Esto sencillamente significa que…

* debemos dejarlo vivir, moverse y ser en nosotros cada día.
* debemos vivir, movernos y ser en Él cada día.
* debemos permitir que sea glorificado en nosotros.

Esta es la única manera de escapar del juicio. Una persona puede saber que escapará del juicio de Dios…

* si ha confiado en Jesucristo como su Salvador y Señor.
* si sabe que Dios completará en él la obra de fe.
* si está honrando el nombre del Señor y dejando que el Señor se glorifique en su vida.

"Yo pues, preso en el Señor, os ruego que andéis como es digno de la vocación con que fuisteis llamados" (Ef. 4:1).

"Y este es su mandamiento: Que creamos en el nombre de su Hijo Jesucristo, y nos amemos unos a otros como nos lo ha mandado. Y el que guarda sus mandamientos, permanece en Dios, y Dios en él. Y en esto sabemos que él permanece en nosotros, por el Espíritu que nos ha dado" (1 Jn. 3:23-24).

"He aquí, yo estoy a la puerta y llamo; si alguno oye mi voz y abre la puerta, entraré a él, y cenaré con él, y él conmigo" (Ap. 3:20).

	CAPÍTULO 2	por carta como si fuera nuestra, en el sentido de que el día del Señor está cerca.	
	B. El día del Señor, 2:1-3	3 Nadie os engañe en ninguna manera; porque no vendrá sin que antes venga la apostasía, y se manifieste el hombre de pecado, el hijo de perdición;	**2 Que nadie los engañe: esperen primero estos dos acontecimientos**
1 No se dejen mover o conturbar con respecto al día del Señor a. Miren a la venida del Señor, no al juicio de ese día. b. Que nada los mueva o conturbe sobre ese día.	1 Pero con respecto a la venida de nuestro Señor Jesucristo, y nuestra reunión con él, os rogamos, hermanos, 2 que no os dejéis mover fácilmente de vuestro modo de pensar, ni os conturbéis, ni por espíritu, ni por palabra, ni		a. Una gran apostasía. b. La manifestación del anticristo.

DIVISIÓN II

UN VISTAZO AL FIN DE LOS TIEMPOS, 1:6—2:17

B. El día del Señor, 2:1-3

(2:1-3) *Introducción:* Cuando la Biblia se refiere al día del Señor, no está hablando de un único día en la historia. Se usa la palabra día en un sentido enfático al igual que cuando nos referimos al gran día de la exploración del espacio o al gran día de algún líder internacional o al gran día de la creación. El día del Señor cubre un amplio lapso de tiempo y varios eventos muy significativos. En la Biblia abarca todo el intervalo de la historia, comenzado con los dos sucesos que se mencionan en este pasaje y llegando hasta el final de los tiempos. Será un tiempo terrible de dificultades, un tiempo que se conoce como el temible y gran día del juicio, el día cuando la ira de Dios caerá sobre toda la maldad, el vicio, la monstruosidad y la suciedad de los hombres. Sin embargo, fíjese en lo que este pasaje trata de resaltar: ningún creyente debe temer al día del Señor. El día del Señor inicia el juicio de Dios sobre los inconversos, no es el juicio de los creyentes.

1. No se dejen mover o conturbar con respecto al día del Señor (vv. 1-2).
2. Que nadie los engañe: esperen primero estos dos acontecimientos (v. 3).

1 (2:1-2) *El día del Señor — Dios, juicio de — Mundo, juicio de:* Protéjanse de ser perturbados o sacudidos con respecto al día del Señor. los creyentes de Tesalónica pensaban que el día del Señor había comenzado, el gran día en que el juicio de Dios vendrá sobre la tierra. El versículo 2 explica el por qué. Recuerde que los creyentes estaban padeciendo una cruel persecución (para discusión del tema vea nota a 2 Ts. 1:6). Estaban sufriendo tanto como un ser humano puede soportar; al parecer algunos incluso habían sido asesinados. El versículo 2 señala que alguno estaban afirmando…

• que un espíritu (un ángel o una visión) le había revelado que el día del Señor había comenzado.
• que tenía una palabra especial, una revelación especial de parte de Dios que el día del Señor había comenzado.
• que había leído o escuchado acerca de una carta de Pablo que decía que el día del Señor había llegado.

Combine estas tres afirmaciones con los sufrimientos de la brutal persecución y podremos comprender fácilmente por qué algunos de los creyentes podían *ser movidos o conturbados.* De hecho, la palabra "mover" significa ser manejado descuidadamente, agitado, conmocionado. La palabra "conturbado" implica un estado continuo de tensión y nerviosismo. Pablo menciona dos cosas que debemos tener en cuenta mientras esperamos el día del Señor.

1. Aguardar la venida del Señor y nuestro encuentro con Él y no el juicio que vendrá. Fíjese que es una súplica de Pablo, una súplica urgente: él le ruega a los hermanos en el Señor y lo hace con respecto a la venida del Señor Jesucristo y a nuestro encuentro con Él. La idea es impactante: el creyente debe enfocarse en el regreso del Señor y no en el juicio del día del Señor. El día del Señor será para juicio de los inconversos, no de los creyentes. El creyente no ha sido escogido para recibir la ira del Señor, ha sido escogido para salvación; por lo tanto, no debe temer al día del Señor, debe esperar con expectación la gloriosa aparición del gran Dios y de nuestro Salvador Jesucristo.

> **"Porque no nos ha puesto Dios para ira, sino para alcanzar salvación por medio de nuestro Señor Jesucristo" (1 Ts. 5:9).**
>
> **"enseñándonos que, renunciando a la impiedad y a los deseos mundanos, vivamos en este siglo sobria, justa y piadosamente, aguardando la esperanza bienaventurada y la manifestación gloriosa de nuestro gran Dios y Salvador Jesucristo" (Tit. 2:12-13).**

2. Que nada os mueva o conturbe con respecto al día del Señor: ni por espíritu, ni por ningún mensaje escrito supuestamente espiritual de algún presunto hombre espiritual. Fíjese que los mejores manuscritos y la mayoría de los comentarios traducen y se refieren a esto como el día *del Señor* en lugar del "día de Cristo".

2 (2:3) *Día del Señor — Apostasía, la gran — Anticristo, el:* Que nadie os engañe; esperen primero estos dos acontecimientos porque ese día —el gran y terrible día del Señor— no vendrá hasta que estas dos cosas sucedan. Observe el énfasis en guardarse del engaño: que ningún hombre os engañe *en ninguna manera,* no importa lo que alguna persona pueda decir, proclamar o usar en contra vuestra, no dejen que los engañe con respecto al día del Señor. Ese terrible día, el día en que el juicio vendrá sobre el mundo y sobre los inconversos, no puede llegar hasta que estos dos acontecimientos tengan lugar. Pero nótese que la idea es que estos sucesos *comenzarán* el día del Señor, es decir, el terrible juicio de Dios sobre todos aquellos que han maldecido, negado, ignorado, rechazado y difamado el nombre de Aquel que es el santo soberano del universo (para discusión del tema véase nota, pt. 2, a 1 Ts 5:1-3).

1. El primer acontecimiento que iniciará el día del Señor será una gran apostasía por parte de los creyentes. La palabra griega apostasía es contundente y significa amotinarse, rebelarse. La idea es que multitudes, millones de todo el mundo, se rebelan y amotinan contra Dios; como plantea el eminente erudito Leon Morris: "En los últimos tiempos habrá un manifestación prominente de los poderes del mal dirigidos hacia Dios" (*The Epistles of Paul to the Thessalonians. The Tyndale New Testament Commentaries*, p. 126). La idea es que antes del día del Señor, antes de que el terrible juicio de Dios venga sobre la tierra, habrá gran apostasía, millones se alejarán de Dios. Tenga en cuenta un aspecto significativo: la apostasía es una de las causas para que llegue el día del Señor. La rebelión contra Dios serán tan masiva que requerirá el regreso de Cristo para juicio. El hombre y su mundo serán tan malvados y pecadores, tan inmorales e injustos —en tanta rebeldía contra Dios— que tiene que regresar y juzgar al mundo. La mayoría de las personas en el mundo habrán ido tan lejos que estarán más allá del deseo de arrepentirse.

> "Muchos tropezarán entonces, y se entregarán unos a otros, y unos a otros se aborrecerán. Y muchos falsos profetas se levantarán, y engañarán a muchos; y por haberse multiplicado la maldad, el amor de muchos se enfriará. Mas el que persevere hasta el fin, éste será salvo" (Mt. 24:10-13).
>
> "Pero el Espíritu dice claramente que en los postreros tiempos algunos apostatarán de la fe, escuchando a espíritus engañadores y a doctrinas de demonios; por la hipocresía de mentirosos que, teniendo cauterizada la conciencia" (1 Ti. 4:1-2).
>
> "También debes saber esto: que en los postreros días vendrán tiempos peligrosos. Porque habrá hombres amadores de sí mismos, avaros, vanagloriosos, soberbios, blasfemos, desobedientes a los padres, ingratos, impíos, sin afecto natural, implacables, calumniadores, intemperantes, crueles, aborrecedores de lo bueno, traidores, impetuosos, infatuados, amadores de los deleites más que de Dios, que tendrán apariencia de piedad, pero negarán la eficacia de ella; a éstos evita" (2 Ti. 3:1-5).
>
> "Porque vendrá tiempo cuando no sufrirán la sana doctrina, sino que teniendo comezón de oír, se amontonarán maestros conforme a sus propias concupiscencias, y apartarán de la verdad el oído y se volverán a las fábulas" (2 Ti. 4:3-4).

2. El segundo acontecimiento que dará comienzo al día del Señor será la revelación del hombre de pecado —el hijo de perdición— es decir, el propio anticristo. Analice los hechos siguientes:

a. El anticristo será *revelado*. Este hecho indica que existía antes de su aparición (Leon Morris. *The Epistles of Paul to the Thessalonians. The Tyndale New Testament Commentaries*, p. 126). A. T. Robertson plantea que "lo que esto indica es que este hombre de pecado está escondido en algún lugar que será revelado inesperadamente" (*Word Pictures in the New Testament,* vol. 4, p. 50).

b. El anticristo es "el hombre de pecado". La palabra pecado se traduce mejor como *desorden;* es decir, el anticristo será *el hombre del desorden,* el hombre que será la personificación del desorden o total rebelión contra Dios. Hará todo lo que pueda para dirigir una sublevación universal contra Dios. Hará todo lo que pueda para alejar de Dios a todo hombre, mujer y niño.

c. El anticristo es "el hijo de perdición". Esto significa que será tan malvado que solo podrá ser el hijo de la desolación y la destrucción, del diablo mismo. También significa que está condenado a la perdición, a la destrucción.

d. El anticristo no es simplemente otro malvado líder mundial que engaña a las masas y asesina a millones. Esto no es lo que las Escrituras implican en este pasaje. Las Escrituras hablan de otros anticristos, otros que aparecerán en el mundo y desviarán a las personas y harán mucha maldad en la tierra (1 Jn. 2:18; 2 Jn. 7). Las Escrituras no están refiriéndose a anticristos (en plural) sino al anticristo más infame de todos, al único anticristo…

- que dará inicio al día del Señor y que tiene que aparecer antes de que llegue el día del Señor.
- que es tan terrible que su propio nombres es "hijo de perdición", "hijo de pecado'"; es decir, de destrucción y desolación.

Nota: El anticristo no es Satanás, pero se dice de él que serán un hombre enviado "por obra de Satanás" (cp. 2 Ts. 2:9).

Pensamiento 1. Para tener una idea de cuán malvado será el anticristo, se puede pensar en los hombres malos de la historia. Piense que la maldad de ellos no será nada en comparación con la del anticristo. Piense en la maldad de asesinos masivos como Hitler, Stalin y otros dictadores que a lo largo de la historia han masacrado a millones.

> "Por tanto, cuando veáis en el lugar santo la abominación desoladora de que habló el profeta Daniel (el que lee, entienda)" (Mt. 24:15).
>
> "Pero cuando veáis la abominación desoladora de que habló el profeta Daniel, puesta donde no debe estar (el que lee, entienda), entonces los que estén en Judea huyan a los montes" (Mr. 13:14).
>
> "Nadie os engañe en ninguna manera; porque no vendrá sin que antes venga la apostasía, y se manifieste el hombre de pecado, el hijo de perdición, el cual se

opone y se levanta contra todo lo que se llama Dios o es objeto de culto; tanto que se sienta en el templo de Dios como Dios, haciéndose pasar por Dios" (2 Ts. 2:3-4).

"Y entonces se manifestará aquel inicuo, a quien el Señor matará con el espíritu de su boca, y destruirá con el resplandor de su venida; inicuo cuyo advenimiento es por obra de Satanás, con gran poder y señales y prodigios mentirosos" (2 Ts. 2:8-9).

"y adoraron al dragón que había dado autoridad a la bestia, y adoraron a la bestia, diciendo: ¿Quién como la bestia, y quién podrá luchar contra ella? También se le dio boca que hablaba grandes cosas y blasfemias; y se le dio autoridad para actuar cuarenta y dos meses. Y abrió su boca en blasfemias contra Dios, para blasfemar de su nombre, de su tabernáculo, y de los que moran en el cielo. Y se le permitió hacer guerra contra los santos, y vencerlos. También se le dio autoridad sobre toda tribu, pueblo, lengua y nación. Y la adoraron todos los moradores de la tierra cuyos nombres no estaban escritos en el libro de la vida del Cordero que fue inmolado desde el principio del mundo. Si alguno tiene oído, oiga" (Ap. 13:4-9).

	C. El anticristo: El hombre de pecado, 2:4-9	7 Porque ya está en acción el misterio de la iniquidad; sólo que hay quien al presente lo detiene, hasta que él a su vez sea quitado de en medio.	b. El misterio de la iniquidad ya está en acción pero algo lo retiene.
1 Su carácter (v. 3-4) a. Rebelde, apóstata b. Hombre de pecado c. Hijo de perdición, del infierno d. Adversario, se opone a Dios.	4 el cual se opone y se levanta contra todo lo que se llama Dios o es objeto de culto; tanto que se sienta en el templo de Dios como Dios, haciéndose pasar por Dios.		c. La aparición: cuando sea quitado lo que lo retiene.
2 Su peligro: Es tan grande que debe enseñarse a la iglesia	5 ¿No os acordáis que cuando yo estaba todavía con vosotros, os decía esto?	8 Y entonces se manifestará aquel inicuo, a quien el Señor matará con el espíritu de su boca, y destruirá con el resplandor de su venida;	**4 Su fin** a. El aliento del Señor o su palabra le dan muerte b. Destruido por la gloria del Señor
3 Su revelación al mundo: Una aparición histórica a. El tiempo está establecido	6 Y ahora vosotros sabéis lo que lo detiene, a fin de que a su debido tiempo se manifieste.	9 inicuo cuyo advenimiento es por obra de Satanás, con gran poder y señales y prodigios mentirosos	**5 Su obra: Llevar a cabo la actividad de Satanás con todo el poder y las señales del engaño**

DIVISIÓN II

UN VISTAZO AL FINAL DE LOS TIEMPOS, 1:6—2:17

C. El anticristo: El hombre de pecado, 2:4-9

(2:4-9) *Introducción:* Hay muchos anticristos que a lo largo de la historia han surgido para llevar a cabo la obra de Satanás con gran severidad (1 Jn. 2:18). Sin embargo, Pablo no está hablando de estos hombres que se oponen a Cristo y sus seguidores. Con el término "hombre de pecado" e "hijo de perdición" Pablo se refiere al anticristo más infame, quien aparecerá al final de los tiempos. El anticristo se revelará cuando el final de los tiempos esté cerca. Él será el instrumento de Satanás de la forma más severa. ¿Cómo? Al estar lleno del espíritu de Satanás (2 Ts. 2:9).

Pablo no identificó al anticristo y 1 Jn. 2:18 habla de muchos anticristos. Estos dos hechos son una advertencia para nosotros, una advertencia para que evitemos identificar precipitadamente a algún líder mundial como el anticristo.

Sin lugar a dudas el anticristo es una persona. Las descripciones de este pasaje, así como de otros, tendrían que estar terriblemente mal traducidos para que pudieran encajar con alguna fuerza o sistema en lugar de una persona. Las palabras de nuestro Señor en Marcos 3:14, donde usa el participio masculino, lo identifican como una persona. (Vea Estudio a fondo 1 Ap. 11:7; notas, 13:1-10; 13:11-18; 17:7-14. Cp. Dan. 9:20-27, esp. 27.)

1. Su carácter (v. 4).
2. Su peligro: Es tan grande que debe enseñarse a la iglesia (v. 5).
3. Su revelación al mundo: Una aparición histórica (vv. 6-8).
4. Su fin (v. 8).
5. Su obra: Llevar a cabo la actividad de Satanás con todo el poder y las señales del engaño (v. 9).

1 (2:4) *Anticristo:* El carácter del anticristo. En este ver-

sículo y en el anterior se revelan cinco características del anticristo (vv. 3-4).

1. El anticristo es "el hombre de pecado" (v. 3). Será la propia encarnación del pecado y la criminalidad; el hombre que idealiza el pecado, el hombre que es el pecador ideal. Será el hombre que cumpla los sueños de Satanás en la tierra. Él encabezará la rebelión perfecta contra Dios; una rebelión que prácticamente incluirá a cada hombre, mujer y niño.

2. El anticristo es el "hijo de perdición" (v. 4). La palabra "perdición" (apoleias) significa condena y destrucción. Se dice que judas es el hijo de perdición, pero el significado aquí es que el anticristo es la personificación de la perdición…

- es el hijo de la destrucción más violenta; el hijo de la mayor violencia imaginable.
- el hijo que merece condena y perdición, más que cualquier otra persona que haya vivido jamás.
- el hijo de perdición, el diablo mismo, el padre de condena y destrucción.

3. El anticristo es el opuesto de todo lo que se llama Dios (v. 4).

"El que 'se opone' es un participio y pudiera muy bien traducirse como 'el opositor' o 'el adversario', un término que en ocasiones se aplica a Satanás (e. g. 1 Ti. 5:14); de hecho el hebreo Satanás quiere decir 'adversario'. La palabra enfatiza el parentesco de 'el hombre de pecado' con su maestro [el diablo]" (Leon Morris, *The Epistles of Paul to the Thessalonians, The Tyndale New Testament Commentaries* p. 127).

El anticristo será el adversario de Cristo: este es el significado exacto de su nombre. Se opondrá a Cristo y a cada cosa que Cristo representa: amor, misericordia, moral y justicia. En cambio, llevará al mundo a vivir una vida de inmoralidad, injusticia, egoísmo e indulgencia, especialmente en el tratamiento de aquellos que profesan el nombre de Cristo.

4. El anticristo se "exaltará a sí mismo" (Leon Morris,

The Epistles of Paul to the Thessalonians. The Tyndale New Testament Commentaries, p. 127s). Se pondrá a sí mismo por encima de todos. La idea es en contra de todos de manera hostil y antagónica. Todos los pueblos se someterán a él o de lo contrario sufrirán las consecuencias. (Nótese que la idea probablemente se refiera a encarcelamiento o muerte.) La idea es entender que él...

- es egocéntrico
- tiene deseos de poder
- está obsesionado con la fama
- es autoritario
- es dictatorial
- no tiene valores
- es inmoral
- es injusto

5. El anticristo proclama ser Dios. Observe qué se dice aquí exactamente:

=> Se exalta a sí mismo sobre todo lo que se llama Dios o que es objeto de culto.

No solamente ataca la autoridad sino que ataca todas las religiones "todo lo que se llama Dios o es objeto de culto". ¿Cómo lo hace? Se sienta en el templo de Dios y se presenta a sí mismo como Dios. La idea es que se pone así mismo como objeto de culto. De hecho se sienta en el templo de Dios para ser adorado. A. T. Robertson, el gran erudito bíblico, en *Word Pictures in the New Testament* (vol. 4, p. 50), hace referencia a J. B. Lightfoot quien establece un paralelo entre Cristo y el anticristo:

=> tanto Cristo como el anticristo se revelarán.
=> tanto Cristo como el anticristo están rodeados por muchos misterios.
=> tanto Cristo como el anticristo *proclaman ser Dios.*

Pensamiento 1. Esto probablemente se refiere a la adoración de una religión de estado que se centrará en el líder del mundo, el anticristo. Un ejemplo perfecto es la adoración al emperador en el antiguo imperio romano. Se situaban imágenes del emperador en los templos alrededor del mundo y se esperaba que los ciudadanos adoraran al estado. Recuerde lo que Roma había hecho: había traído la paz a un mundo envuelto en la guerra. Es por esto que muchas personas estaban dispuestas a adorar *el ideal* del estado. Piense como algunas personas adoran a la ciencia y la tecnología hoy día, así que imagine lo que sucedería si alguien se levanta en el escenario mundial y pudiera movilizar o forzar a las naciones del mundo...

- a vivir en paz unos con otros.
- a resolver el problema del hambre coordinando el cultivo y distribución de alimentos para todas las personas del mundo.
- a resolver los problemas del mundo como las personas sin hogar, el desempleo, la pobreza, la falta de cuidado médico, la delincuencia, etc., etc.

Imagine cómo la gran mayoría de las personas adorarían a la persona y estado que pudieran llevar a cabo este tipo de Estado utópico para los pueblos del mundo. El hombre natural seguiría con agrado a un líder así: su ciencia, tecnología, voluntad y deseos.

También piense lo siguiente: ¿Cuál sería la mejor manera en que este líder podría controlar a las masas mundiales? ¿A las masas que siempre han sido religiosas? ¿No sería creando una nueva religión, una religión centrada en el gobernante y el estado sobre el que gobierna? ¿No estarían los hombres dispuestos a adorar al gobernante —su gobierno, su ciencia y tecnología— que ha traído para la humanidad una existencia utópica tal sobre la tierra?

Esto fue exactamente lo que sucedió en la antigua Roma con la adoración al emperador y al estado. A las personas se les permitía mantener la adoración de sus propios dioses en tanto que reconocieran la supremacía del emperador y del imperio romano. Debían adorar al Estado que había traído y mantenido la paz en el mundo civilizado de aquella época. Incitando a las personas (por ley) a adorar al emperador (el símbolo del estado), las personas se enfocaban en el gobierno: en el hecho de que el estado había bendecido al mundo con la paz. (Esta adoración al estado ayudó a mantener la paz a lo largo del imperio romano.)

2 (2:5) *Anticristo:* La importancia del anticristo es tan grande que debe enseñarse en la iglesia. Pablo había enseñado a los creyentes tesalonicenses todo con respecto al fin de los tiempos y al anticristo. La importancia del regreso del Señor, el día del Señor, la gran apostasía y el surgimiento del anticristo no pueden pasarse por alto. Las Escrituras declaran enfáticamente que estos acontecimientos sucederán.

=> El Señor regresará para reunir a su pueblo en la ocasión más espectacular y gozosa de toda la historia.
=> El terrible gran día del Señor vendrá sobre la tierra. Los inconversos, todos aquellos que hayan maldecido, que se hayan rebelado, que hayan ignorado y rechazado a Cristo tendrán que soportar la justicia del Señor.
=> La tierra será testigo de la gran apostasía: millones le darán la espalda a Cristo.
=> El anticristo surgirá en el escenario internacional trayendo una utopía material a la tierra y cierto tipo de adoración al estado: todo en una rebelión y negación absoluta de Dios.

La idea es esta: el final de los de los tiempos viene sobre el mundo; por lo tanto, hay que enseñar a las personas para que algunos puedan salvarse y escapar de las cosas que vienen a la tierra. (Vea bosquejo y notas, Mt. 24:1-51 para tener una idea más clara de por qué la tribulación de los últimos tiempos es peor que lo que usualmente los hombrees sufren en la tierra. Un vistazo rápido al bosquejo y notas de los capítulos 6 al 18 de Apocalipsis también puede mostrar la diferencia.)

3 (2:6-8) *Anticristo:* La revelación del anticristo al mundo. Habrá una aparición histórica del anticristo en el mundo. Fíjese en las palabras "a su debido tiempo". El tiempo está establecido: él aparecerá en la escena mundial.

1. En este momento hay *cierto poder que detiene* al anticristo e impide su aparición. Sin embargo llegará el momento en que este *poder que lo detiene* será "quitado";

entonces el anticristo será revelado al mundo. Tenga en cuenta que no se identifica a este poder. ¿Quién o qué es? Incluso los mejores eruditos bíblicos difieren, no obstante observe tres aspectos sobresalientes:

a. La frase usada es *"quitado de en medio"* y no *"arrebatado"*. Hay una gran diferencia: el poder que detiene al anticristo será puesto a un lado para dejar que el anticristo aparezca pero seguirá obrando en el mundo. De no ser así, entonces no habría ningún poder del bien en la tierra. Es por eso que hay que destacar las palabras "quitado de en medio". Cualquiera que sea este poder que lo detienes, todavía está presente en el mundo obrando el bien. Solamente será quitado de en medio para permitir que el anticristo aparezca y haga su obra de maldad.

b. Tanto el pronombre masculino "él (v. 7) como el pronombre neutro "lo" (v. 6) se usan para referirse al poder que lo detiene. Así que pueden considerarse ambas cosas: una persona o la encarnación del poder del bien que obra en el mundo. Fíjese que dicho poder es tan fuerte que controla los acontecimientos de la historia de la humanidad. Es decir que el poder puede decidir el día exacto en que se hará a un lado para dejar que el anticristo aparezca.

c. Hay que usar la lógica para determinar quién es ese poder que lo detiene. Ya que no se nos revela la identidad y hay tantas opiniones diferentes, tenemos que usar nuestra mejor lógica. A la luz de esto, observe lo siguiente:

=> ¿Cuál es el poder que refrena al mal en la tierra? ¿El poder de la ley? Las leyes cambian de una sociedad a otra y de generación en generación. Lo que es malo en una sociedad es bueno para otra. Muchas sociedades consideran bueno el robo, la mentira, el fraude e incluso el asesinato si es con el objetivo de beneficiar al estado, gobierno o liderazgo de la nación. (Compárese Roma, el comunismo y muchas otras dictaduras.)

=> ¿Cuál es entonces el verdadero poder que refrena al mal en la tierra? ¿No es el poder de Dios mismo? El poder de Dios y su obra contra el pecado es la idea de este pasaje. Por consiguiente, es difícil imaginar que el poder que refrena sea otra cosa que el Espíritu de Dios en la tierra.

Nótese además que en las Escrituras se usa tanto el pronombre masculino como el neutro para hacer referencia al Espíritu Santo (cp. Jn. 14:16-17; 16:13) y además se le presenta como la fuerza que refrenaba el mal en el Antiguo Testamento (Gn. 6:3).

2. El "misterio de iniquidad" (es decir, la ausencia de toda ley) está ahora obrando en el mundo. Este es un versículo aterrador ya que dice que el poder que refrena al mal será quitado del mundo, el mal se independizará en el mundo.

Dios quitará gran parte del freno que ahora pone sobre el mal. La palabra misterio significa algo que ha estado escondido pero que ahora se revela. Por supuesto que hay mucho que ahora no conocemos acerca de la iniquidad.

=> ¿Por qué hacemos cosas que sabemos son dañinas para nosotros?

=> ¿Por qué mentimos, robamos, hacemos fraude, matemos, maldecimos y vamos a la guerra?

=> ¿Por qué somos tan egoístas que permitimos que se interpongan barreras y sentimientos entre esposos, esposas, hijos, padres, vecinos, amigos, empleadores y empleados? (Barreras que terminan por destruir nuestras vidas y relaciones e hieren a todos aquellos que nos rodean.)

=> ¿Por qué nos complacemos, almacenamos, tenemos cuentas bancarias, construimos y luego nos complacemos, almacenamos, tenemos cuentas bancarias y construimos más y más ignorando la realidad de un mundo que se bambolea bajo el peso de tremendas necesidades?

Y podríamos seguir con preguntas. A pesar de lo que sabemos, seguimos haciendo el mal. ¿Por qué? ¿Qué hay en nosotros que nos hace pecar y luego que sigamos pecando cuando es tan malo y causa tanto daño? ¿Por qué no podemos controlar el pecado y la iniquidad dentro de nosotros mismos y mucho menos en nuestro mundo? No podemos dar respuesta a la pregunta. Ese es el misterio de la iniquidad. El pecado es un misterio, un factor desconocido en la vida humana. Sin embargo, hay alguien que sí entiende el pecado y hay alguien que ha revelado lo que es y por qué somos esclavizados por él. Esa persona es Dios. Dios ha revelado a los hombres el misterio de la iniquidad mediante Cristo y mediante su Santa Palabra. Todo depende de que el hombre escuche a Cristo y a la Palabra de Dios, pero esa discusión es para otro momento.

La idea es que en los últimos tiempos, cuando llegue el momento para que se levante el anticristo, Dios quitará mucho del freno que ha puesto sobre la iniquidad. Se le permitirá a la iniquidad andar desenfrenada por la tierra y todo esto será parte del juicio que vendrá sobre la tierra. A los hombres se les permitirá hacer lo que quieran y vivir la vida de la manera que deseen. Vendrá el día en que los hombres obtendrán sus deseos sin la intervención de Dios.

3. El anticristo será revelado. Aparecerá "al descubierto con toda su monstruosidad desnuda, sin obrar más en secreto sino al descubierto, sin disfraz; ya no habrá más misterio, sino la revelación de la iniquidad" (*Pulpit Commentary*, vol. 21, p. 25). El espíritu de pecado e iniquidad hallará su cumplimiento en el anticristo y su gobierno. Descargará la ira que los hombres han acumulado contra Dios durante siglos en el mundo. Él se levantará en la tierra y el furor de la iniquidad se manifestará en la humanidad. Los hombres sufrirán los resultados de su propio pecado. Pecarán y pecarán y vivirán vidas inicuas, quemándose en sus lujurias cada vez más. Nunca estarán satisfechos con lo que tienen ni con las cosas buenas, normales y naturales. Tendrán más que suficiente

pero se deleitarán en sus pasiones por más y más y sufrirán el castigo interno por más y más...

- insatisfacción
- soledad
- falta de propósito
- conflicto
- inquietud
- vacío
- inseguridad
- desasosiego
- pena

Puede que aparentemente estas cosas no parezcan malas, pero considere: imagínese la profundidad e intensidad de cada sufrimiento interno cuando Dios no está presente para ayudarnos en medio de ellos. El horror y el miedo, la desesperanza y la inseguridad que consumirán las almas de los hombres es indescriptible ya que nos hombres nunca han tenido que vivir sin la presencia de Dios en la tierra para ayudarles.

> "Muchos tropezarán entonces, y se entregarán unos a otros, y unos a otros se aborrecerán. Y muchos falsos profetas se levantarán, y engañarán a muchos; y por haberse multiplicado la maldad, el amor de muchos se enfriará" (Mt. 24:10-12).

> "Y Dios se apartó, y los entregó a que rindiesen culto al ejército del cielo" (Hch. 7:42).

> "Pues habiendo conocido a Dios, no le glorificaron como a Dios, ni le dieron gracias, sino que se envanecieron en sus razonamientos, y su necio corazón fue entenebrecido. 22Profesando ser sabios, se hicieron necios" (Ro. 1:21-22).

> "Por lo cual también Dios los entregó a la inmundicia, en las concupiscencias de sus corazones, de modo que deshonraron entre sí sus propios cuerpos, ya que cambiaron la verdad de Dios por la mentira, honrando y dando culto a las criaturas antes que al Creador, el cual es bendito por los siglos. Amén. Por esto Dios los entregó a pasiones vergonzosas; pues aun sus mujeres cambiaron el uso natural por el que es contra naturaleza, y de igual modo también los hombres, dejando el uso natural de la mujer, se encendieron en su lascivia unos con otros, cometiendo hechos vergonzosos hombres con hombres, y recibiendo en sí mismos la retribución debida a su extravío. Y como ellos no aprobaron tener en cuenta a Dios, Dios los entregó a una mente reprobada, para hacer cosas que no convienen; estando atestados de toda injusticia, fornicación, perversidad, avaricia, maldad; llenos de envidia, homicidios, contiendas, engaños y malignidades; murmuradores, detractores, aborrecedores de Dios, injuriosos, soberbios, altivos, inventores de males, desobedientes a los padres, necios, desleales, sin afecto natural, implacables, sin misericordia" (Ro. 1:24-31).

> "Pero por tu dureza y por tu corazón no arrepentido, atesoras para ti mismo ira para el día de la ira y de la revelación del justo juicio de Dios" (Ro. 2:5).

> "No os engañéis; Dios no puede ser burlado: pues todo lo que el hombre sembrare, eso también segará" (Gá. 6:7).

> "Pero el Espíritu dice claramente que en los postreros tiempos algunos apostatarán de la fe, escuchando a espíritus engañadores y a doctrinas de demonios; por la hipocresía de mentirosos que, teniendo cauterizada la conciencia" (1 Ti. 4:1-2).

> "También debes saber esto: que en los postreros días vendrán tiempos peligrosos. Porque habrá hombres amadores de sí mismos, avaros, vanagloriosos, soberbios, blasfemos, desobedientes a los padres, ingratos, impíos, sin afecto natural, implacables, calumniadores, intemperantes, crueles, aborrecedores de lo bueno, traidores, impetuosos, infatuados, amadores de los deleites más que de Dios, que tendrán apariencia de piedad, pero negarán la eficacia de ella; a éstos evita" (2 Ti. 3:1-5).

> "Porque vendrá tiempo cuando no sufrirán la sana doctrina, sino que teniendo comezón de oír, se amontonarán maestros conforme a sus propias concupiscencias, y apartarán de la verdad el oído y se volverán a las fábulas" (2 Ti. 4:3-4).

> "Los dejé, por tanto, a la dureza de su corazón; Caminaron en sus propios consejos" (Sal. 81:12).

4 (2:8) *Anticristo:* El fin del anticristo. El Señor acabará rápidamente con el anticristo: este es el énfasis de este versículo. El anticristo no representa una amenaza para Dios. El poder del anticristo es como una gota de agua en el océano, como si no existiera, en comparación con el poder del Señor. Fíjese que el anticristo será destruido cuando Cristo regrese a la tierra.

1. El Señor Jesús matará al anticristo con el espíritu de su boca (en griego, "aliento"). *¿Cuál es el espíritu de la boca de Jesús?* Es el espíritu de verdad, santidad y poder ilimitado. Cuando Jesús habla, lo que dice proviene de Dios y no hay quien lo detenga. Cuando Él atraviese los cielos para matar al anticristo, no habrá batalla ya que todas las fuerzas del cielo y la tierra combinadas serán como nada frente al Señor Dios del universo. Cristo dirá la palabra y el anticristo será muerto. Será como soplar un poquito de aliento y la partícula de polvo desaparece sin dejar rastro.

Leon Morris plantea que el énfasis están en "la facilidad con que el Señor destruirá al inicuo, por muy terrible que sea" (*The Epistles of Paul to the Thessalonians. The Tyndale New Testament Commentaries*, p. 132).

El "Comentario de púlpito" (*Pulpit Commentary*) señala: "Las palabras deben tomarse literalmente como una descripción del poder irresistible de Cristo en su venida, que el solo aliento de su boca será suficiente para consumir al maligno" (vol. 21, p. 25s).

> "sino que juzgará con justicia a los pobres, y argüirá con equidad por los mansos de la tierra; y herirá la tierra con la vara de su boca, y con el espíritu de sus labios matará al impío" (Is. 11:4).

2. El Señor de gloria destruirá al anticristo con el resplandor de su venida. La palabra "resplandor" (epiphaneia) es un término muy especial. Es la palabra escogida por el Nuevo Testamento para referirse solamente a la venida (parousia) del Señor. Se usa solo cinco veces en todo el Nuevo Testamento y en cada ejemplo se refiere a la venida del Señor al mundo. En una ocasión se refiere a su primera venida (2 Ti. 1:10) y en cuatro ocasiones a su segunda venida (1 Ti. 6:14; 2 Ti. 4:1,8; Tit. 2:13). La idea de *resplandor* es esplendor, brillo, gloria y luz. Alguien ha dicho que cuando Jesucristo regrese a la tierra habrá tal demostración de gloria y esplendor que la

explosión de todas las estrellas del universo no pueden igualar la visión del Señor (fuente desconocida). Cuando Cristo aparezca por primera vez habrá aparentemente sobre el anticristo un rayo de gloria, como un láser, e inmediatamente será destruido por el brillo de la gloria y la luz del Señor, será más rápido que un abrir y cerrar de ojos. Con el simple hecho de revelarse, el Señor destruirá al anticristo. Fíjese que la palabra "destruirá" no significa aniquilar sino dejar inactivo, sin poder; acabar, poner fin a su obra maligna.

5 (2:9) *Anticristo:* La obra del anticristo: continuar la obra de Satanás en la tierra. Fíjese que la venida del anticristo será después de la obra de Satanás. Esto significa:

* que será la misma encarnación del propio Satanás.
* que continuará con todo el poder de mentira, las señales y prodigios de Satanás.
* que consumará la actividad de Satanás en la tierra.

Lo que debe notarse es que Satanás tendrá control total sobre la vida del anticristo. Este estará completamente rendido a Satanás y Satanás le dará fuerzas. Él pondrá en contra de Dios a tantos como le sea posible. Millones escucharán, observarán y seguirán al anticristo y su gobierno en la tierra. Él demostrará los poderes, señales y prodigios:

* para traer paz a la tierra
* para cultivar y distribuir alimentos de manera que todos tengan una provisión adecuada
* resolver los problemas en cuanto a la cobertura de la salud, empleo a tiempo completo, los sin hogar, la energía y demás problemas de este mundo.

¿Qué tiene esto de malo? Nada. Estas son cosas maravillosas y todas necesitan resolverse, pero el anticristo no se conformará con esto. Él pretenderá que tiene poderes sobrenaturales así como su estado y su ciencia. Ya que ha hecho tanto por los hombres, insistirá en que tanto los dioses como la religión le cedan paso a él y a su gobierno. Instituirá la adoración imperial. Hará todo lo que pueda para poder alejar a los hombres de Dios y conducirlos a que le adoren a él y a su estado (vea nota, 2 Ts. 2:4).

El problema con estas pretensiones es el mismo que con todas las de los hombres: no llegan más allá de la tumba. Los hombres mueren. No importa cuánta paz, alimento, ropa,

abrigo y posesiones materiales seamos capaces de disfrutar; todo se acaba. Todos los placeres de esta tierra acabarán ya que nosotros morimos. Solo estamos aquí por unos pocos años —excluyendo los accidentes y las enfermedades— y luego nos marchamos. Por lo tanto, el poder, las señales y los prodigios del anticristo solo pueden beneficiar a una persona por un período efímero. Pero no es así con Dios, no con el Dios vivo y verdadero. Él está interesado en salvar a los hombres eternamente, para siempre. Esta es la enorme diferencia entre las mentiras de Satanás y la verdad de Jesucristo.

Nota: Parece haber una diferencia muy pequeña, si es que hay alguna, entre los "poderes, señales y prodigios mentirosos". Para ser que solamente se utilizan para dar más énfasis: destacando que Satanás hará todo lo que sea posible y de cualquier manera a través del anticristo. No cabe duda de que sería milagroso que una persona pudiera resolver problemas como la paz, el hambre y el desempleo. Pero una vez más tenga en cuenta que si dicha persona empieza a reclamar que es Dios y a perseguir a otros, entonces sus obras serían poderes, señales y prodigios mentirosos. ¿Por qué? Porque son muy pasajeros. Sus obras de cualquier manera nos siguen dejando en la tumba. No nos dan, ni pueden, vida eterna.

> "Y le dijo el diablo: A ti te daré toda esta potestad, y la gloria de ellos; porque a mí me ha sido entregada, y a quien quiero la doy" (Lc. 4:6).
>
> "pero si nuestro evangelio está aún encubierto, entre los que se pierden está encubierto; en los cuales el dios de este siglo cegó el entendimiento de los incrédulos, para que no les resplandezca la luz del evangelio de la gloria de Cristo, el cual es la imagen de Dios" (2 Co. 4:3-4).
>
> "Porque no tenemos lucha contra sangre y carne, sino contra principados, contra potestades, contra los gobernadores de las tinieblas de este siglo, contra huestes espirituales de maldad en las regiones celestes" (Ef. 6:12).
>
> "inicuo cuyo advenimiento es por obra de Satanás, con gran poder y señales y prodigios mentirosos" (2 Ts. 2:9).
>
> "Sed sobrios, y velad; porque vuestro adversario el diablo, como león rugiente, anda alrededor buscando a quien devorar" (1 P. 5:8)

	D. Los seguidores del anti-cristo, 2:10-12	11 Por esto Dios les envía un poder engañoso, para que crean la mentira,	3 Son los engañados
1 Son los que se pierden	10 y con todo engaño de iniquidad para los que se pierden, por cuanto no recibieron el amor de la verdad para ser salvos.	12 a fin de que sean condenados todos los que no creyeron a la verdad, sino que se complacieron en la injusticia.	4 Son los condenados a. Porque no creen en la verdad. b. Porque se complacen en la injusticia
2 Son personas que no creen en la verdad			

DIVISIÓN II

UN VISTAZO AL FINAL DE LOS TIEMPOS, 1:6—2:17

D. Los seguidores del anticristo, 2:10-12

(2:10-12) *Introducción:* este pasaje representa una fuerte advertencia para los incrédulos. Revela exactamente quiénes serán los seguidores del anticristo. Muestra los riesgos de convertirse en un seguidor del anticristo.

1. Son los que se pierden (v. 10)
2. Son personas que no creen en la verdad (v. 10)
3. Son los engañados (v. 11).
4. Son los condenados (v. 12).

1 (2:10) *Anticristo:* los seguidores del anticristo son aquellos que perecen (apollumenois). Fíjese que la acción es continua: "se pierden", es decir, personas que están en el proceso de perderse. A pesar de que el seguidor del anticristo está viviendo en la tierra, está pereciendo. Va camino de perderse. Se ha alejado de Dios y está viajando en dirección opuesta, por el camino que conduce a la perdición. La palabra "perdido" significa estar en el proceso de ser destruido o arruinado, podrido y condenado a muerte. La idea a destacar es esta: cuando una persona está en camino de la perdición, *se ha separado* de Dios y va *en dirección opuesta. Está viajando lejos* de Dios. Se ha separado deliberadamente de Dios y ha roto todos su vínculos con él.

Por lo tanto, no puede ver a Dios ni las cosas de Dios. Su rostro y sus ojos no están puestos en el evangelio sino en el mundo que se pierde. El evangelio se le ha ocultado porque está pereciendo, está viajando por el camino de la perdición, el camino de aquellos que se pierden. Simplemente va en dirección equivocada, alejando su mirada del evangelio.

> "Os digo: No; antes si no os arrepentís, todos pereceréis igualmente" (Lc. 13:3).

> "No os conforméis a este siglo, sino transformaos por medio de la renovación de vuestro entendimiento, para que comprobéis cuál sea la buena voluntad de Dios, agradable y perfecta" (Ro. 12:2).

> "Porque la palabra de la cruz es locura a los que se pierden; pero a los que se salvan, esto es, a nosotros, es poder de Dios" (1 Co.1:18).

> "y con todo engaño de iniquidad para los que se pierden, por cuanto no recibieron el amor de la verdad para ser salvos" (2 Ts. 2:10).

> "Pero éstos, hablando mal de cosas que no entienden, como animales irracionales, nacidos para presa y

destrucción, perecerán en su propia perdición" (2 P. 2:12).

> "Mas si llegares a olvidarte de Jehová tu Dios y anduvieres en pos de dioses ajenos, y les sirvieres y a ellos te inclinares, yo lo afirmo hoy contra vosotros, que de cierto pereceréis" (Dt. 8:19).

> "Porque Jehová conoce el camino de los justos; Mas la senda de los malos perecerá" (Sal. 1:6).

Nótese que los seguidores del anticristo perecerán, serán engañados por él. Los engañará para que vivan vidas perversas, vidas que desagradan a Dios y tenga en cuenta que usará todos los medios de engaño posibles para asegurar la lealtad de las personas.

=> Alejará a las personas de la verdad.
=> Las maltratará al mentirles.
=> Las conducirá a creer ideas falsas.
=> Exaltará al hombre, al gobierno y a la ciencia.
=> Engañará a las personas para que pierdan la herencia que podrían recibir.
=> Desorientará a las personas y les impedirá conocer la paz, la verdadera paz interior, la seguridad, el amor, el gozo y la confianza, todas las cualidades que conforman lo mejor de nuestra vida.

2 (2:10) *Anticristo:* Los seguidores del anticristo son personas que no reciben la verdad. La palabra "recibieron" (edechanto) significa dar la bienvenida. Observe a qué no le dan la bienvenida: a la verdad, el amor de la verdad. Con verdad se hace referencia a la verdad del evangelio. No dan la bienvenida al amor del evangelio, no aman el evangelio. Qué acusación tan terrible para los seguidores del anticristo. Rechazan el amor de Dios. Dios ha provisto…

• el camino para que sean salvos.
• el camino para que escapen de la muerte.
• el camino para que vivan eternamente.
• el camino para que vivan victoriosamente en las pruebas y sufrimientos de esta vida.

A pesar de todo esto, no aman la verdad del evangelio y el resultado es terrible, no se salvan. Los seguidores del anticristo serán aquellos que no han recibido el amor de la verdad aquellos que han rechazado el amor del evangelio.

> "Y esta es la condenación: que la luz vino al mundo, y los hombres amaron más las tinieblas que la luz, porque sus obras eran malas" (Jn. 3:19).

> "El que cree en el Hijo tiene vida eterna; pero el que rehúsa creer en el Hijo no verá la vida, sino que la ira de Dios está sobre él" (Jn. 3:36).

"Por eso os dije que moriréis en vuestros pecados; porque si no creéis que yo soy, en vuestros pecados moriréis" (Jn. 8:24).

"a fin de que sean condenados todos los que no creyeron a la verdad, sino que se complacieron en la injusticia"(2 Ts. 2:12).

"Mirad, hermanos, que no haya en ninguno de vosotros corazón malo de incredulidad para apartarse del Dios vivo" (He. 3:12).

"Mas quiero recordaros, ya que una vez lo habéis sabido, que el Señor, habiendo salvado al pueblo sacándolo de Egipto, después destruyó a los que no creyeron" (Jud. 5).

3 (2:11) *Anticristo:* Los seguidores del anticristo están engañados. Siempre hay dos factores involucrados en el engaño:

=> la mentira del engañador
=> la voluntad de la persona para rechazar la verdad y creer una mentira.

Fíjese en el versículo 10 y ambos factores se muestran claramente. Observe lo que dice este versículo: "Por esto Dios les envía un poder engañoso, para que crean la mentira". ¿Significa esto que Dios confunde a los incrédulos? ¿Qué Dios engaña a las personas? ¡No! Las Escrituras gritan miles de veces ¡no!. Una persona no es engañada…

• prescindiendo de su voluntad.
• en contra de su propia voluntad.

Una persona es engañada solamente porque escoge no creer en Dios y en su Palabra. Las Escrituras nos enseñan que Dios ha establecido ciertas reglas en el universo…

• leyes que están tanto en el hombre como en la naturaleza.
• leyes que se ponen en movimiento y surten efecto cuando el hombre actúa.

Si una persona hace algo, ciertas cosas ocurrirán. Si hace alguna otra cosa, entonces otra cosa diferente ocurre. Las Escrituras nos enseñan que la incredulidad está gobernada por estas leyes. Por ejemplo…

• está la ley de la siempre y la cosecha. Si una persona siembra incredulidad y engaño, segará incredulidad y engaño.

"No os engañéis; Dios no puede ser burlado: pues todo lo que el hombre sembrare, eso también segará. Porque el que siembra para su carne, de la carne segará corrupción; mas el que siembra para el Espíritu, del Espíritu segará vida eterna" (Gá. 6:7-8).

• está la ley de la medida. Si una persona mide la incredulidad y el engaño, así mismo le medirán.

"Porque con el juicio con que juzgáis, seréis juzgados, y con la medida con que medís, os será medido" (Mt.7:2).

"Dad, y se os dará; medida buena, apretada, remecida y rebosando darán en vuestro regazo; porque con la misma medida con que medís, os volverán a medir" (Lc. 6:38).

La idea esta: *Ya que las personas rechazan la verdad del evangelio,* sufrirán gran engaño y creerán la mentira del anticristo. Fíjese en las palabras: "poder engañoso" (energeian planes). Estas palabras significan una fruto del error. Al final de los tiempos las personas cometerán error tras error, pecado tras pecado, mal tras mal. Se harán cada vez más fuertes en su pecado. Se impregnarán más y más de su rechazo al evangelio.

Leon Morris señala: "Es la ley de la vida que aquellos que den este paso [no creer en el evangelio] se adentren cada vez más en el error…Los hombres que rechazan la verdad están destinados a terminar aceptando la mentira como verdad. Por consiguiente, Dios usa a Satanás como el medio para castigarlos" (*The Epistles of Paul to the Thessalonians. The Tyndale New Testament Commentaries*, p. 134).

A. T. Robertson lo dice en palabras más que sencillas: "[Dios] le entrega los malvados al maligno, a quien estos han escogido deliberadamente (Ro. 1:24, 26, 28)" (*Word Pictures in the New Testament,* vol. 4, p. 53).

"pero si tu ojo es maligno, todo tu cuerpo estará en tinieblas. Así que, si la luz que en ti hay es tinieblas, ¿cuántas no serán las mismas tinieblas?" (Mt. 6:23).

"Dejadlos; son ciegos guías de ciegos; y si el ciego guiare al ciego, ambos caerán en el hoyo" (Mt. 15:14).

"Pero el entendimiento de ellos se embotó; porque hasta el día de hoy, cuando leen el antiguo pacto, les queda el mismo velo no descubierto, el cual por Cristo es quitado" (2 Co. 3:14, cp. 2 Co. 4:4).

"teniendo el entendimiento entenebrecido, ajenos de la vida de Dios por la ignorancia que en ellos hay, por la dureza de su corazón" (Ef. 4:18).

"Pero el que aborrece a su hermano está en tinieblas, y anda en tinieblas, y no sabe a dónde va, porque las tinieblas le han cegado los ojos" (1 Jn. 2:11).

"Y cada uno engaña a su compañero, y ninguno habla verdad; acostumbraron su lengua a hablar mentira, se ocupan de actuar perversamente" (Jer. 9:5).

"engañoso es el corazón más que todas las cosas, y perverso; ¿quién lo conocerá?" (Jer. 17:9).

"Sus ricos se colmaron de rapiña, y sus moradores hablaron mentira, y su lengua es engañosa en su boca" (Mi. 6:12)

Pensamiento 1. ¡Qué advertencia para los hombres! Los seguidores del anticristo serán aquellos que están engañados con respecto al evangelio: las personas que no creen ni aman la verdad del evangelio. Y la gran tragedia es que una persona no puede rechazar a Jesucristo y esperar que las cosas sigan igual. Dios ama demasiado a su Hijo como para pasar por alto el que lo rechacen. Jesucristo ha hecho mucho por el hombre como para que Dios no tenga en cuenta la incredulidad y el rechazo de una persona. Cuando uno persona tiene la oportunidad de ver el evangelio y abrir su corazón, pero decide no hacerlo, esa persona sufre las consecuencias. Sufre más y más incredulidad y engaño, se hace más fuerte cada vez en su rechazo, creyendo cada vez más en la mentira. El incrédulo es el blanco principal del anticristo: serán los no creyentes quienes se convertirán en sus seguidores.

4 (2:12) *Anticristo:* Los seguidores del anticristo están condenados, son aquellos que se complacen en la injusticia. La palabra "condenados" (krithosin) significa juzgados, condenados, castigados. Hay dos razones por las cuales los seguidores del anticristo serán juzgados.

1.   No creerán la verdad del evangelio, la verdad del Señor Jesucristo. Dios ama a su Hijo Jesucristo, lo ama con amor perfecto; por lo tanto, un hombre no puede esperar que Dios pase por alto cuando él…

- maldice a Cristo   • se opone a Cristo
- desprecia a Cristo • rechaza a Cristo
- denigra a Cristo   • se burla de Cristo
- deshonra a Cristo • desobedece a Cristo
- niega a Cristo   • ignora a Cristo
- ofrende a Cristo   • degrada a Cristo

Jesucristo es el soberano Hijo de Dios quien murió en sacrificio por los hombres. Es por ello que si una persona rechaza la muerte de Cristo, no puede esperar que Dios pase por alto la deshonra hecha a su Hijo. La persona solo puede esperar el juicio de Dios. Recuerde: anticristo significa anti, es decir, en contra de Cristo. Cualquier persona que siga a cualquiera de los anticristos ahora o al infame anticristo del futuro, será juzgada, condenada y castigada por Dios. Dios no puede hacer otra cosa.

2.   Se complacerán en la injusticia. Serán personas que viven vidas injustas y tienen placer en su injusticia. Serán personas que amen su pecado.

   a. Mirarán con lujuria y amarán el alimentar su imaginación con lo que miran.
      => Serán personas que miran y sienten lujuria en la literatura pornográfica.
      => Serán personas que miran y sienten lujuria por aquellos que se visten exponiendo sus cuerpos y llamando la atención.
      => Serán personas que miran y sienten lujuria por comidas tentadoras.
      => Serán personas que sienten lujuria por las cosas de este mundo.
   b. Sentirán lujuria en su carne y amarán el alimentarla con las cosas por las que sienten lujuria.
      => Serán personas que alimentan su carne con todo tipo de inmoralidad.
      => Serán personas que alimentan su carne con todo tipo de alimentos.
      => Serán personas que alimentan su carne con todo tipo de posesiones, dándose a todos sus deseos e ignorando el sacrificio para satisfacer las necesidades de los perdidos en el mundo.
   c. Buscarán el orgullo en la vida, posición, reconocimiento, honor, poder, fama y riqueza. Se concentrarán cada vez más en sí mismos y en el poder del hombre y la ciencia para darles una utopía de felicidad y éxito.

Fíjese en la gran tragedia de todo esto: el hombre es el centro de todo; su placer, deseos, ambiciones, imagen, ego, estima. Dios serán olvidado por completo. El hombre se ama a sí mismo y solo a él. Se preocupa y se concentra solamente en sí mismo. Dios es rechazado, negado, olvidado, ignorado y rechazado. Dios queda relegado a nada más que ficción en la imaginación de unas pocas personas supersticiosas. Por lo tanto, el juicio, la condenación y el castigo de Dios caerán sobre aquellos que aman su injusticia (pecado).

"Porque la ira de Dios se revela desde el cielo contra toda impiedad e injusticia de los hombres que detienen con injusticia la verdad" (Ro. 1:18)

"Por esto Dios los entregó a pasiones vergonzosas; pues aun sus mujeres cambiaron el uso natural por el que es contra naturaleza, y de igual modo también los hombres, dejando el uso natural de la mujer, se encendieron en su lascivia unos con otros, cometiendo hechos vergonzosos hombres con hombres, y recibiendo en sí mismos la retribución debida a su extravío. Y como ellos no aprobaron tener en cuenta a Dios, Dios los entregó a una mente reprobada, para hacer cosas que no convienen; estando atestados de toda injusticia, fornicación, perversidad, avaricia, maldad; llenos de envidia, homicidios, contiendas, engaños y malignidades; murmuradores, detractores, aborrecedores de Dios, injuriosos, soberbios, altivos, inventores de males, desobedientes a los padres" (Ro. 1:26-32, cp. Ro. 2:8).

"Pero fornicación y toda inmundicia, o avaricia, ni aun se nombre entre vosotros, como conviene a santos; ni palabras deshonestas, ni necedades, ni truhanerías, que no convienen, sino antes bien acciones de gracias. Porque sabéis esto, que ningún fornicario, o inmundo, o avaro, que es idólatra, tiene herencia en el reino de Cristo y de Dios. Nadie os engañe con palabras vanas, porque por estas cosas viene la ira de Dios sobre los hijos de desobediencia" (Ef. 5:3-6).

"Por esto Dios les envía un poder engañoso, para que crean la mentira" (2 Ts. 2:11-12).

"¿Cuánto menos el hombre abominable y vil, Que bebe la iniquidad como agua?" (Job 15:16).

"Amaste el mal más que el bien, La mentira más que la verdad. Has amado toda suerte de palabras perniciosas, Engañosa lengua. Por tanto, Dios te destruirá para siempre; Te asolará y te arrancará de tu morada, Y te desarraigará de la tierra de los vivientes" (Sal. 52:3-5).

"Que se alegran haciendo el mal, Que se huelgan en las perversidades del vicio… Mas los impíos serán cortados de la tierra, Y los prevaricadores serán de ella desarraigados" (Pr. 2:14,22).

"Así ha dicho Jehová acerca de este pueblo: Se deleitaron en vagar, y no dieron reposo a sus pies; por tanto, Jehová no se agrada de ellos; se acordará ahora de su maldad, y castigará sus pecados" (Jer. 14:10).

1 Los creyentes son salvos, no condenados como los seguidores del anticristo	E. La salvación de los seguidores de Dios, 2:13-17		3 El propósito de la salvación: Alcanzar la gloria de Cristo
	13 Pero nosotros debemos dar siempre gracias a Dios respecto a vosotros, hermanos amados por el Señor, de que Dios os haya escogido desde el principio para salvación, mediante la santificación por el Espíritu y la fe en la verdad, 14 a lo cual os llamó mediante nuestro evangelio, para alcanzar la gloria de nuestro Señor Jesucristo. 15 Así que, hermanos, estad firmes, y retened la doctrina que habéis aprendido, sea por palabra, o por carta nuestra.	16 Y el mismo Jesucristo Señor nuestro, y Dios nuestro Padre, el cual nos amó y nos dio consolación eterna y buena esperanza por gracia, 17 conforte vuestros corazones, y os confirme en toda buena palabra y obra.	4 El deber de la salvación: Estar firmes y retener la doctrina
2 El origen de la salvación: Dios ha escogido a los creyentes a. Desde el principio b. Mediante la santificación por el espíritu c. Mediante la fe en el evangelio			5 Los recursos de la salvación a. El amor de Dios b. Consolación eterna c. Una buena esperanza d. Consuelo e. Confirmación

DIVISIÓN II

UN VISTAZO AL FINAL DE LOS TIEMPOS, 1:6—2:17

E. La salvación de los seguidores de Dios, 2:13-17

(2:13-17) *Introducción:* este pasaje es un contraste entre los seguidores del anticristo y los seguidores de Cristo. Es un pasaje que debe hablar con fuerza al corazón del creyente.

1. Los creyentes son salvos, no condenados como los seguidores del anticristo (v. 13).
2. El origen de la salvación: Dios ha escogido a los creyentes (v. 13).
3. El propósito de la salvación: Alcanzar la gloria de Cristo (v. 14).
4. El deber de la salvación: Estar firmes y retener la doctrina (v. 15).
5. Los recursos de la salvación (vv. 16-17).

1 (2:13) *Creyentes — Salvación:* Los creyentes no están condenados como los seguidores del anticristo, son salvos. Fíjese en la palabra "pero". Es un contraste agudo entre los seguidores del anticristo y los seguidores del Señor. Los seguidores del anticristo serán maldecidos, es decir, juzgados, condenaos y castigados; pero los seguidores del Señor son los amados por el Señor. ¿Por qué? Porque ellos le siguen. Ellos creen en Él y en todo lo que Él proclamó: que es el verdadero Hijo de Dios que ha venido a la tierra…

- a morir por los hombres.
- para salvar a los hombres de la muerte y el juicio.
- para dar a los hombres vida eterna.
- para dar seguridad, amor, gozo y paz a los hombres mientras caminan por la vida.

Por consiguiente, los creyentes aman al Señor con todo su corazón y le siguen diligentemente, haciendo todo lo que pueden para complacerlo. El Señor está comprometido a contar como uno de sus amados seguidores a cualquier persona que *le ame así y le siga*. El Señor está comprometido a salvar a cualquier persona que verdaderamente confíe en Él.

La idea es esta: los creyentes no están condenados como los seguidores del anticristo sino que son salvos. En este pasaje se discute la gran verdad de la discusión.

2 (2:13) *Salvación — Escogidos — Dios, elección:* Dios es el origen de la salvación. "Dios os haya escogido desde el principio para salvación". Esta es una verdad maravillosa. Dios ha escogido a los creyentes antes de que el mundo fuera creado, los escogió para salvación. Dios quiere que estemos con Él. No quiere que seamos juzgados, condenados y que estemos separados de Él para siempre. Dios quiere que vivamos para siempre con Él.

Nótese: La palabra griega para escogidos (heilato) es fuerte. Es inusual que se use esta palabra aquí. Leon Morris señala que esta es la única vez que se usa en el Nuevo Testamento (*The Epistles of Paul to the Thessalonians. The Tyndale New Testament Commentaries*, p. 136). La singularidad de la palabra es esta: es una de las palabras que se usó cuando Dios escogió a Israel (en el Antiguo Testamento griego):

"Y Jehová ha declarado hoy que tú eres pueblo suyo, de su exclusiva posesión, como te lo ha prometido, para que guardes todos sus mandamientos" (Dt. 26:18).

"Porque tú eres pueblo santo para Jehová tu Dios; Jehová tu Dios te ha escogido para serle un pueblo especial, más que todos los pueblos que están sobre la tierra. No por ser vosotros más que todos los pueblos os ha querido Jehová y os ha escogido, pues vosotros erais el más insignificante de todos los pueblos" (Dt. 7:6-7).

"Solamente de tus padres se agradó Jehová para amarlos, y escogió su descendencia después de ellos, a vosotros, de entre todos los pueblos, como en este día" (Dt. 10:15).

La idea es esta; Dios ha escogido a los creyentes de la

misma manera en que escogió a Israel. Dios nos ama desde lo profundo de su corazón y quiere que estemos confiados en el hecho de que nos ha escogido. Nuestra salvación está segura porque se basa en que Él nos ha escogido.

1. Dios ha escogido a los creyentes para ser salvos "desde el principio", es decir, desde antes de la fundación del mundo. Esta es la verdad más gloriosa: Dios nos vio como salvos desde antes de nacer. Nos escogió para ser salvos antes de haber creado al mundo. Solo piense en la seguridad que hay en esto. Si Dios nos vio y nos salvó antes de que la tierra fuera hecha, si Dios nos vio como salvos aun antes de nacer, entonces no hay manera en que podamos estar perdidos y ser apartados de su amor y cuidado. Esto es lo que Jesús quiso decir cuando dijo:

> "y yo les doy vida eterna; y no perecerán jamás, ni nadie las arrebatará de mi mano. Mi Padre que me las dio, es mayor que todos, y nadie las puede arrebatar de la mano de mi Padre" (Jn. 10:28-29).

¡Qué seguridad! Haber sido escogidos por Dios para salvación; escogidos desde el principio, desde la eternidad, desde antes de que la tierra fuera establecida. No hay juicio ni condenación para el creyente; el creyente no será juzgado ni condenado con los seguidores del anticristo ni con ningún otro incrédulo.

> "según nos escogió en él antes de la fundación del mundo, para que fuésemos santos y sin mancha delante de él" (Ef. 1:4).

Tenga en cuenta un aspecto crucial: en la Biblia la verdad de la selección de Dios (elección y predestinación) no es tanto un asunto de teología o filosofía, es más bien un mensaje que habla de la experiencia espiritual del creyente. Si se aplica la pura lógica de la filosofía y la teología, entonces la opción de Dios dice que Dios escoge a algunos para el cielo y a otros para el infierno. Pero simplemente esto no es lo que Dios quiere decir en los pasajes que hablan de *su elección* y los ministros necesitan prestar mucha atención a este hecho. Lo que Dios quiere es que los creyentes se animen porque Él les ha asegurado su salvación y les ha dado la mayor seguridad imaginable. Esto es lo que quiere decir al habernos *escogido* para salvación. (Vea notas, Jn. 6:44-46; Ro. 8:29 para mayor discusión.) Los dos puntos siguientes muestran cómo ocurre la salvación, tanto por parte de Dios como por parte del hombre.

2. Dios ha escogido a los creyentes *mediante la santificación por el Espíritu*. La palabra "santificación" significa apartar o ser separado para Dios. Siempre debemos recordar esto (mucho lo olvida y por ello se vuelven inconsistentes en su teología y enseñanza de la palabra). Un hombre es un espíritu muerto; por lo tanto, así que no puede hacer nada espiritualmente, en la misma forma que un cuerpo muerto no puede hacer nada físicamente. El hombre natural se prefiere a sí mismo y al pecado así que si un hombre con un espíritu muerto va a venir a Cristo, tiene que ser inducido y atraído por Dios. Tanto el Espíritu de Dios como el del hombre tienen una parte en la salvación. La parte del Espíritu de Dios es moverse en el corazón del hombre y tocarlo para que aparte su vida para Dios. ¿Cómo hace esto el Espíritu de Dios?

a. El Espíritu Santo aviva el evangelio en la mente del hombre para que pueda verlo *como nunca antes*. Así este entiende, percibe como nunca antes que "el Padre… ha enviado" a Cristo para alimentar y sustentar al hombre (para salvarlo y darle vida).

> **"Respondió Jesús y le dijo: De cierto, de cierto te digo, que el que no naciere de nuevo, no puede ver el reino de Dios" (Jn. 3:3).**

> **"Porque como el Padre levanta a los muertos, y les da vida, así también el Hijo a los que quiere da vida" (Jn. 5:21).**

> **"El espíritu es el que da vida; la carne para nada aprovecha; las palabras que yo os he hablado son espíritu y son vida" (Jn. 6:63).**

> **"Y si el Espíritu de aquel que levantó de los muertos a Jesús mora en vosotros, el que levantó de los muertos a Cristo Jesús vivificará también vuestros cuerpos mortales por su Espíritu que mora en vosotros" (Ro. 8:11).**

> **"Y él os dio vida a vosotros, cuando estabais muertos en vuestros delitos y pecados" (Ef. 2:1).**

> **"Pero Dios, que es rico en misericordia, por su gran amor con que nos amó, aun estando nosotros muertos en pecados, nos dio vida juntamente con Cristo (por gracia sois salvos)" (Ef. 2:4-5).**

> **"En cuanto a la pasada manera de vivir, despojaos del viejo hombre, que está viciado conforme a los deseos engañosos, renovaos en el espíritu de vuestra mente" (Ef. 4:22-23).**

> **"y revestido del nuevo, el cual conforme a la imagen del que lo creó se va renovando hasta el conocimiento pleno" (Col. 3:10).**

> **"Y profeticé como me había mandado, y entró espíritu en ellos, y vivieron, y estuvieron sobre sus pies; un ejército grande en extremo" (Ez. 37:10).**

b. El Espíritu Santo convence al hombre de pecado, de justicia y de juicio, es decir, de su necesidad de ser alimentado y sustentado (salvado y con vida).

> **"Y cuando él venga, convencerá al mundo de pecado, de justicia y de juicio" (Jn. 16:8).**

c. El Espíritu Santo atrae a los hombres a la cruz de Cristo mediante sus gloriosas provisiones.

> **"Ninguno puede venir a mí, si el Padre que me envió no le trajere; y yo le resucitaré en el día postrero" (Jn. 6:44).**

> **"Y yo, si fuere levantado de la tierra, a todos atraeré a mí mismo. Y decía esto dando a entender de qué muerte iba a morir" (Jn. 12:32-33).**

> **"Porque la palabra de la cruz es locura a los que se pierden; pero a los que se salvan, esto es, a nosotros, es poder de Dios" (1 Co. 1:18).**

> **"Pero lejos esté de mí gloriarme, sino en la cruz de nuestro Señor Jesucristo, por quien el mundo me es crucificado a mí, y yo al mundo" (Gá. 6:14).**

> **"y mediante la cruz reconciliar con Dios a ambos en un solo cuerpo, matando en ella las enemistades" (Ef. 2:16).**

"y por medio de él reconciliar consigo todas las cosas, así las que están en la tierra como las que están en los cielos, haciendo la paz mediante la sangre de su cruz" (Col. 1:20).

d.   El Espíritu Santo toca al hombre para que responda y venga a Cristo.

"Venid a mí todos los que estáis trabajados y cargados, y yo os haré descansar" (Mt. 11:28).

"En el último y gran día de la fiesta, Jesús se puso en pie y alzó la voz, diciendo: Si alguno tiene sed, venga a mí y beba" (Jn. 7:37).

"Y el Espíritu y la Esposa dicen: Ven. Y el que oye, diga: Ven. Y el que tiene sed, venga; y el que quiera, tome del agua de la vida gratuitamente" (Ap. 22:17).

"Entonces tus oídos oirán a tus espaldas palabra que diga: Este es el camino, andad por él; y no echéis a la mano derecha, ni tampoco torzáis a la mano izquierda" (Is. 30:21).

"A todos los sedientos: Venid a las aguas; y los que no tienen dinero, venid, comprad y comed. Venid, comprad sin dinero y sin precio, vino y leche. ¿Por qué gastáis el dinero en lo que no es pan, y vuestro trabajo en lo que no sacia? Oídme atentamente, y comed del bien, y se deleitará vuestra alma con grosura. Inclinad vuestro oído, y venid a mí; oíd, y vivirá vuestra alma; y haré con vosotros pacto eterno, las misericordias firmes a David" (Is. 55:1-3).

3.   Dios ha escogido a los creyentes mediante "la fe en la verdad", es decir, mediante la fe en el evangelio del Señor Jesucristo.

=> El Señor Jesucristo ha muerto por los creyentes: llevando sus pecados sobre sí mismo y sufriendo la pena, el juicio, la condenación y el castigo por sus pecados. Él ha sacrificado su vida y la ha puesto en sustitución por la de ellos.

=> El Señor Jesucristo se ha levantado de los muertos por los creyentes: conquistó la muerte y ascendió al cielo por ellos.

Los creyentes del mundo creen en el evangelio con todo su corazón: creen que nunca tendrán que morir ya que Jesucristo murió por ellos, creen que ellos ascenderán al cielo para vivir eternamente con el Padre y su Hijo, el Señor Jesucristo. Ellos creen y han confiado su vida a esta gloriosa verdad.

La idea es esta: cuando una persona realmente cree en la verdad del evangelio, Dios lo salva. Esta es la parte del hombre en la salvación. Ninguna persona ha recibido la salvación sin haber creído la verdad del evangelio. Y ninguna persona que haya rechazado el evangelio se pierde porque Dios no la haya escogido. La persona se pierde porque ha rechazado a Cristo. Dios escoge a cualquier persona que acepte a Cristo. Esta es su Palabra, es la promesa de su Palabra. Dios no nos obliga a creer ni nos impedirá que creamos. Es la persona quien toma la decisión. Ninguna persona es forzada a recibir o rechazar a Cristo. Cada persona es responsable de su propia decisión.

"Porque de tal manera amó Dios al mundo, que ha dado a su Hijo unigénito, para que todo aquel que en él cree, no se pierda, mas tenga vida eterna. Porque no envió Dios a su Hijo al mundo para condenar al mundo, sino para que el mundo sea salvo por él. El que en él cree, no es condenado; pero el que no cree, ya ha sido condenado, porque no ha creído en el nombre del unigénito Hijo de Dios" (Jn. 3:16-18).

"De cierto, de cierto os digo: El que oye mi palabra, y cree al que me envió, tiene vida eterna; y no vendrá a condenación, mas ha pasado de muerte a vida" (Jn. 5:24).

"Entonces le dijeron: ¿Qué debemos hacer para poner en práctica las obras de Dios? Respondió Jesús y les dijo: Esta es la obra de Dios, que creáis en el que él ha enviado" (Jn. 6:28-29).

"Le dijo Jesús: Yo soy la resurrección y la vida; el que cree en mí, aunque esté muerto, vivirá" (Jn. 11:25).

"Yo, la luz, he venido al mundo, para que todo aquel que cree en mí no permanezca en tinieblas" (Jn. 12:46).

"Pero éstas se han escrito para que creáis que Jesús es el Cristo, el Hijo de Dios, y para que creyendo, tengáis vida en su nombre" (Jn. 20:31).

"que si confesares con tu boca que Jesús es el Señor, y creyeres en tu corazón que Dios le levantó de los muertos, serás salvo. Porque con el corazón se cree para justicia, pero con la boca se confiesa para salvación" (Ro. 10:9-10).

"Y este es su mandamiento: Que creamos en el nombre de su Hijo Jesucristo, y nos amemos unos a otros como nos lo ha mandado" (1 Jn. 3:23).

3 (2:14) *Salvación — Gloria:* El propósito de la salvación es ganar la gloria de cristo. Recuerde: los creyentes tesalonicenses estaban sufriendo cruel persecución. Piense en lo que este versículo significó para ellos. Estaban destinados a alcanzar la gloria, obtener y compartir la gloria del mismo Señor Jesucristo. La palabra "gloria" (doxes) significa poseer luz perfecta y estar lleno de esta; morar en la luz perfecta, brillo, esplendor y magnificencia de Dios. (Vea Estudio a fondo 1, *Gloria,* Jn. 17:22 para discusión del tema.)

=> El creyente será glorificado con Cristo *como un heredero de Dios.*

"El Espíritu mismo da testimonio a nuestro espíritu, de que somos hijos de Dios. Y si hijos, también herederos; herederos de Dios y coherederos con Cristo, si es que padecemos juntamente con él, para que juntamente con él seamos glorificados". (Ro. 8:16-17).

=> El creyente será glorificado al recibir un cuerpo que será como el cuerpo de Cristo.

"el cual transformará el cuerpo de la humillación nuestra, para que sea semejante al cuerpo de la gloria suya, por el poder con el cual puede también sujetar a sí mismo todas las cosas". (Fil. 3:21).

=> El será glorificado con Cristo al aparecer en la gloria del cielo.

"Cuando Cristo, vuestra vida, se manifieste, entonces vosotros también seréis manifestados con él en gloria" (Col. 3:4).

=> El creyente será glorificado con Cristo al recibir una

naturaleza de gloria, una naturaleza gloriosa como la de Cristo.

> **"Pues tengo por cierto que las aflicciones del tiempo presente no son comparables con la gloria venidera que en nosotros ha de manifestarse" (Ro. 8:18).**

=> El creyente será glorificado con Cristo al recibir un eterno peso de gloria.

> **"Porque esta leve tribulación momentánea produce en nosotros un cada vez más excelente y eterno peso de gloria" (2 Co. 4:17).**

=> El creyente será glorificado con Cristo al recibir una salvación que implica gloria eterna.

> **"Por tanto, todo lo soporto por amor de los escogidos, para que ellos también obtengan la salvación que es en Cristo Jesús con gloria eterna" (2 Ti. 2:10).**

=> El creyente será glorificado con Cristo al convertirse en copartícipe de toda la gloria que será revelada.

> **"Ruego a los ancianos que están entre vosotros, yo anciano también con ellos, y testigo de los padecimientos de Cristo, que soy también participante de la gloria que será revelada" (1 P. 5:1).**

=> El creyente será glorificado con Cristo al recibir la luz de la gloria de Dios y reinará con él para siempre.

> **"No habrá allí más noche; y no tienen necesidad de luz de lámpara, ni de luz del sol, porque Dios el Señor los iluminará; y reinarán por los siglos de los siglos". (Ap. 22:5).**

4 (2:15) *Salvación:* El deber de la salvación es permanecer firme y asido a la Palabra de Dios. Fíjese en la palabra "doctrina" (paradoseis). Esta significa toda la Palabra de Dios, ya sea enseñada o escrita. Leon Morris cita a J. B. Lightfoot: "La idea que sobresale en *paradosis* [tradición]… es una autoridad ajena al maestro mismo". El propio Leon Morris señala:

> *"Esta es otra manera de decir la verdad…que el evangelio no tiene origen humano y que el creyente no tiene libertad para sustituir sus propios pensamientos por aquello que ha recibido"* (The Epistles of Paul to the Thessalonians. The Tyndale New Testament Commentaries, p. 138).

Nuestro deber es permanecer firmes y retener la Palabra de Dios. No debemos doblegarnos ante el mundo y sus atracciones. No debemos escondernos como lo harán los seguidores del anticristo. Debemos permanecer firmes y aferrarnos a la Palabra de Dios sin importar los incentivos ni la oposición.

> **"Como el Padre me ha amado, así también yo os he amado; permaneced en mi amor" (Jn. 15:9)**
> **"Así que, hermanos míos amados, estad firmes y constantes, creciendo en la obra del Señor siempre, sabiendo que vuestro trabajo en el Señor no es en vano" (1 Co. 15:58).**
> **"Solamente que os comportéis como es digno del**

evangelio de Cristo, para que o sea que vaya a veros, o que esté ausente, oiga de vosotros que estáis firmes en un mismo espíritu, combatiendo unánimes por la fe del evangelio" (Fil. 1:27).

> **"Sed sobrios, y velad; porque vuestro adversario el diablo, como león rugiente, anda alrededor buscando a quien devorar; al cual resistid firmes en la fe, sabiendo que los mismos padecimientos se van cumpliendo en vuestros hermanos en todo el mundo" (1 P. 5:8-9).**

> **"Así que vosotros, oh amados, sabiéndolo de antemano, guardaos, no sea que arrastrados por el error de los inicuos, caigáis de vuestra firmeza" (2 P. 3:17).**

> **"Mas a Jehová vuestro Dios seguiréis, como habéis hecho hasta hoy". (Jos. 23:8).**

5 (2:16-17) *Salvación:* Los recursos de la salvación son cinco.

1.   La persona salvada recibe el amor de Dios y de Cristo (para discusión del tema vea nota y Estudio a fondo 1, Amor, 1 Ts. 3:12).

2.   La persona salvada recibe consolación eterna (paraklesin aioniona). La frase significa consuelo, fortaleza y fuerza eternos. Se trata de un consuelo y una fortaleza que no pueden ser conmovidos por nada —no importa lo que sea— ni ahora ni en la eternidad.

3.   La persona salvada recibe gran esperanza. ¿Qué mayor esperanza podría tener el creyente que vivir en gloria con el Señor Dios para siempre (para discusión del tema vea, Gloria, 2 Ts. 2:14). Nótese que nuestra esperanza nos es dada mediante la gracia de Dios y solo a través de esta.

> **"En la casa de mi Padre muchas moradas hay; si así no fuera, yo os lo hubiera dicho; voy, pues, a preparar lugar para vosotros. Y si me fuere y os preparare lugar, vendré otra vez, y os tomaré a mí mismo, para que donde yo estoy, vosotros también estéis" (Jn. 14:2-3).**

> **"Porque el Señor mismo con voz de mando, con voz de arcángel, y con trompeta de Dios, descenderá del cielo; y los muertos en Cristo resucitarán primero. Luego nosotros los que vivimos, los que hayamos quedado, seremos arrebatados juntamente con ellos en las nubes para recibir al Señor en el aire, y así estaremos siempre con el Señor. Por tanto, alentaos los unos a los otros con estas palabras" (1 Ts. 4:16-18).**

4.   La persona salvada recibe consuelo (paraklesia). La palabra significa aliento, ánimo, exhortación, consuelo. Fíjese que son Dios y Cristo quienes pueden confortar, exhortar y animar al creyente para que viva como debe. Cuando el creyente viene a Cristo en busca de fortaleza, Cristo lo consuela y lo anima.

5.   La persona salvada es confirmada en toda buena palabra y obra. La palabra "confirmada" (sterixai) significa fortalecido, seguro, hacer estable, afirmar. Lo que los hombres buscan es estar seguros, fuertes y establecidos en la vida. Dios es capaz de satisfacer este deseo. Dios es capaz de establecer y fortalecer al hombre y darle una vida firme.

	CAPÍTULO 3	todos la fe.	c. Orar porque todos los hombres no creen
	III. Palabras finales, 3:1-18	3 Pero fiel es el Señor, que os afirmará y guardará del mal.	**2 La fidelidad del Señor para con el creyente**
	A. La oración y la fidelidad del Señor	4 Y tenemos confianza respecto a vosotros en el Señor, en que hacéis y haréis lo que os hemos mandado.	a. Dios lo afirma y lo libra del mal
1 La petición de oración	1 Por lo demás, hermanos, orad por nosotros, para que la palabra del Señor corra y sea glorificada, así como lo fue entre vosotros,		b. El Señor lo motiva a mantener los mandamientos
a. Orar para que la palabra del Señor corra		5 Y el Señor encamine vuestros corazones al amor de Dios, y a la paciencia de Cristo.	1) Al amor de Dios 2) A tener paciencia 3) A esperar por el Señor
b. Orar para que los creyentes sean librados de hombres malos.	2 y para que seamos librados de hombres perversos y malos; porque no es de		

DIVISIÓN III

PALABRAS FINALES, 3:1-18

A. La oración y la fidelidad del Señor, 3:1-5

(3:1-5) *Introducción:* ya ha sido completada la sección principal de Segunda Tesalonicenses. Este pasaje comienza las últimas palabras que Pablo escribiera para la iglesia, hasta donde se conoce. En estas palabras finales hay dos asuntos que saltan a la vista inmediatamente: la oración y la fidelidad del Señor.

1. La petición de oración (vv. 1-2).
2. La fidelidad del Señor para con el creyente (vv. 3-5).

1 (3:1-2) *Oración:* Hubo una petición de oración. Los creyentes en Tesalónica estaban sufriendo una grave persecución y todo tipo de problemas. Esta era una de las razones por las que Pablo estaba escribiendo a la iglesia; para consolarles y animarles a seguir adelante por Cristo. Sin embargo, recuerde que Pablo estaba en Corinto y él también estaba sufriendo todo tipo de problemas, incluyendo la persecución. Él necesitaba la presencia y el poder del Señor tanto como cualquiera. Como dice John Walvoord:

> *"Pablo también estaba pasando por dificultades. La tarea que se le había encomendado era muy solitaria: ir de un lugar a otro, muchas veces llegando a una ciudad extraña donde ni una persona le daría la bienvenida. No estaba disfrutando del mejor hotel ni tampoco había algún honorario por sus servicios. Él tenía que encontrar su propio camino, hacer los arreglos para las reuniones públicas y de alguna manera tratar de dar testimonio de Cristo. A parte de la comunión con el Señor, era un trabajo muy solitario y difícil y que implicaba mucho desaliento"* (The Thessalonian Epistles, p. 146).

El problema específico en Corinto era la persecución. Los religiosos judíos atacaron a Pablo y lo arrastraron ante las autoridades civiles. Sin embargo, el caso fue descartado por tratarse de un asunto religioso. A Pablo se le permitió continuar su misión pero parece ser que los judíos continuaron con

su oposición, ocasionando todo tipo de problema que les fuera posibles (para conocer la historia completa, cp. Hch. 18:1-18).

La idea es que Pablo necesitaba oración, necesitaba que los creyentes de todas partes oraran por él, pero observe qué fue lo que pidió. No pidió oración…

- por sus necesidades personales.
- por consuelo
- para que Dios se lo llevara de Corinto y abriera una nueva oportunidad para el ministerio en cualquier otro lugar.

El motivo de Pablo no era egoísta, no estaba centrado en sí mismo, en lo absoluto. Todo su interés estaba en la difusión y éxito del evangelio. Él quería que se orara por dos cosas:

1. Para que la palabra del Señor *corriera y fuera glorificada.* Con frecuencia la Palabra de Dios tiene impedimentos, encuentra trabas y obstáculos. En demasiadas ocasiones no tiene poder o influencia sobre las personas, ¿por qué?

=> oposición
=> corazones que no están preparados
=> audiencia adormecida
=> mentes que sueñan despiertas
=> predicadores y maestros con falta de preparación y carnales.

La lista podría continuar pero la gran necesidad del momento es que la Palabra de Dios corra y sea glorificada en púlpitos y bancos, aulas y hogares, calles y otros lugares de este país y del mundo.

Que "corra" significa que tenga libre curso. Es una ilustración del atleta olímpico que corre en una carrera, la imagen de la Palabra de Dios difundiéndose por todas parte porque…

- está enfocada
- es fuerte
- es vigorosa
- es apremiante
- está activa
- está resuelta
- es poderosa

Si la Palabra de Dios puede correr, entonces será glorificada, es decir, habrá almas salvadas y vidas cambiadas. Las personas serán liberadas…

- del pecado y su esclavitud
- de conciencias culpables
- de conducta inmoral y malvada
- de tratamiento injusto
- de la ignorancia
- de la mundanalidad

Entonces ya las personas no experimentarán el vacío, la soledad, la carencia de propósito o el sentimiento de estar perdidas; serán puestas en libertad para conocer al Señor y dedicar sus vidas a alcanzar y satisfacer las necesidades de un mundo lleno de personas desesperadas. Fíjese que esto es exactamente lo que había pasado con los creyentes de Tesalónica. La Palabra de Dios había *corrido libremente* entre ellos y por lo tanto, muchos se habían convertido al Señor (cp. 1 Ts. 1:5; 2:1, 13).

> "Los gentiles, oyendo esto, se regocijaban y glorificaban la palabra del Señor, y creyeron todos los que estaban ordenados para vida eterna" (Hch 13:48).
>
> "pues nuestro evangelio no llegó a vosotros en palabras solamente, sino también en poder, en el Espíritu Santo y en plena certidumbre, como bien sabéis cuáles fuimos entre vosotros por amor de vosotros" (1 Ts. 1:5).
>
> "Por lo cual también nosotros sin cesar damos gracias a Dios, de que cuando recibisteis la Palabra de Dios que oísteis de nosotros, la recibisteis no como palabra de hombres, sino según es en verdad, la Palabra de Dios, la cual actúa en vosotros los creyentes" (1 Ts. 2:13).
>
> "La ley de Jehová es perfecta, que convierte el alma; El testimonio de Jehová es fiel, que hace sabio al sencillo. Los mandamientos de Jehová son rectos, que alegran el corazón; El precepto de Jehová es puro, que alumbra los ojos. El temor de Jehová es limpio, que permanece para siempre; Los juicios de Jehová son verdad, todos justos. Deseables son más que el oro, y más que mucho oro afinado; Y dulces más que miel, y que la que destila del panal.   Tu siervo es además amonestado con ellos; En guardarlos hay grande galardón" (Sal. 19:7-11).
>
> "El envía su palabra a la tierra; velozmente corre su palabra" (Sal. 147:15).

Pensamiento 1. Los creyentes siempre deben orar por los ministros y maestros del evangelio, para que la Palabra de Dios corra libremente al ser predicada y enseñada y deben orar diariamente por cada predicador y maestro que conozcan. Piense por un momento ¿qué pasaría si los creyentes de una iglesia oraran varias veces al día por su ministro y por sus maestros? Una cosa es cierta, Dios no se quedaría quieto porque sabría que esos creyentes estaban siendo tan sinceros y genuinos como pudieran. Él sabría que ellos quisieran desesperadamente alcanzar a la comunidad para Cristo.

2.   Había necesidad de que los creyentes fueran liberados de hombres irracionales y malvados. Una vez más recuerda la situación de Pablo, cómo estaba siendo atacado en Corinto. Él sabía lo que era recibir la oposición de gente malvada que no escucharía a la razón.

En ocasiones ministros, maestros y creyentes sufren por igual el ataque de personas irracionales y malvadas. Piense cuán irracionales son los ataques, por qué alguien atacaría a una persona que predica...

- amor
- moral
- salvación
- gozo
- disciplina
- vida eterna
- paz
- hermandad

¿Por qué querrían las personas atacar a quien predica y enseña que Dios ama al mundo, que Él ha provisto la manera para que el hombre pueda escapar de la muerte y vivir para siempre y que *la fuente de la juventud* ha sido finalmente descubierta? Una persona honesta y razonable nunca se opondría o atacaría a otra que predique y enseñe este mensaje. Pero tenga en cuenta que no todas las personas son razonables y buenas. Como dicen las Escrituras: "no es de todos la fe" (v. 2). De hecho el mundo está lleno de personas irracionales y malvadas, personas que quieren vivir a su manera sin ningún tipo de interferencia de parte de Dios. Estas ignoran y niegan a Dios; ignoran y niegan —tanto en el mundo como dentro de sus corazones y pensamientos— que Dios y que su amor y juicio son reales. Por consiguiente, se oponen a cualquier cosa que les recuerde la eternidad, la venida del día del juicio. No quieren tener nada que ver con un mensaje que ponga restricciones a su conducta, especialmente un mensaje que demanda tanto amor, un amor que exige que demos todo lo que somos y tenemos para satisfacer las necesidades de las masas moribundas y pobres de este mundo.

Creyentes, ministros y laicos por igual necesitan ser liberados de tales personas. Cuando las personas carecen de razón y moral, de bondad y honestidad, de conciencia y decencia, son peligrosas. Pueden causar daño tanto al mensajero como al mensaje del evangelio. Así que los creyentes necesitan orar constantemente para que Dios libre a su pueblo de personas irracionales y malvadas.

> "Pero os ruego, hermanos, por nuestro Señor Jesucristo y por el amor del Espíritu, que me ayudéis orando por mí a Dios, para que sea librado de los rebeldes que están en Judea, y que la ofrenda de mi servicio a los santos en Jerusalén sea acepta" (Ro. 15:30-31).
>
> "orando en todo tiempo con toda oración y súplica en el Espíritu, y velando en ello con toda perseverancia y súplica por todos los santos; y por mí, a fin de que al abrir mi boca me sea dada palabra para dar a conocer con denuedo el misterio del evangelio, por el cual soy embajador en cadenas; que con denuedo hable de él, como debo hablar". (Ef. 6:18-20).
>
> "Hermanos, orad por nosotros" (1 Ts. 5:25).
>
> "sabe el Señor librar de tentación a los piadosos, y reservar a los injustos para ser castigados en el día del juicio" (2 P. 2:9).

2 (3:3-5) *Jesucristo, fidelidad de:* La fidelidad del Señor para con el creyente. El Señor Jesucristo es fiel. Puede que los creyentes nos fallen cuando enfrentemos la mayor de las necesidades, cuando las personas se nos opongan y nos persigan, cuando confrontemos las pruebas más terribles; los creyentes pueden dejar...

- de orar
- de animar
- de apoyar
- de hablar amablemente
- de ayudar

Pero no el Señor. El Señor Dios es fiel. Él hará cosas por el creyente.

1. El Señor afirmará al creyente y lo guardará del mal.
=> La palabra "afirmar" (sterixei) significa fortalecer, asegurar, hacer estable o firme.
=> La palabra "guardar" (phulaxei) significa proteger.
=> La palabra "mal" puede referirse tanto a la mala conducta como al maligno, es decir, a Satanás.

La idea es que el Señor es fiel incluso cuando dejamos de ayudarnos unos a otros. Dios nos fortalecerá y nos guardará de Satanás y de sus malignos seguidores. De hecho, el Señor nos fortalecerá y nos guardará de todo mal, no importa cuál sea. Incluso cuando parezca que el maligno nos está venciendo, no lo hará; no al final de todas las cosas.

=> Dios nos librará haciendo que todas las cosas obren para nuestro bien.

"Y sabemos que a los que aman a Dios, todas las cosas les ayudan a bien, esto es, a los que conforme a su propósito son llamados" (Ro. 8:28)

=> Dios nos librará al triunfar sobre nuestros fracasos y completando su obra de salvación en nosotros.

"estando persuadido de esto, que el que comenzó en vosotros la buena obra, la perfeccionará hasta el día de Jesucristo" (Fil. 1:6)

"Por lo cual asimismo padezco esto; pero no me avergüenzo, porque yo sé a quién he creído, y estoy seguro que es poderoso para guardar mi depósito para aquel día" (2 Ti. 1:12).

"Y a aquel que es poderoso para guardaros sin caída, y presentaros sin mancha delante de su gloria con gran alegría, 25al único y sabio Dios, nuestro Salvador, sea gloria y majestad, imperio y potencia, ahora y por todos los siglos. Amén" (Jud. 24-25)

=> Dios nos librará al librarnos de la muerte.

"Y el Señor me librará de toda obra mala, y me preservará para su reino celestial. A él sea gloria por los siglos de los siglos. Amén". (2 Ti. 4:18).

2. El Señor motivará al creyente para que guarde sus mandamientos. El Señor verdaderamente obra en el creyente y lo motiva para que tenga la intención y haga lo que agrada a Dios, es decir, guardar sus mandamientos. *Cuando sentimos algo que se mueve dentro de nosotros,* algo así como una energía en nuestros corazones que nos incita a hacer el bien, ese es el Espíritu de Dios obrando en nosotros. El Señor nunca deja al creyente, no completamente; mientras el creyente esté en la tierra, el Señor seguirá obrando en su interior para motivarlo e impulsarlo guardar los mandamientos de Dios. Esta es la razón por la cual Pablo confiaba en los creyentes de Tesalónica, en que ellos guardarían los mandamientos de la palabra que se les habían enseñado.

Pensamiento 1. Este es un aspecto crítico: una persona puede saber si es o no un verdadero creyente por la obra del Señor en su corazón. Si una persona guarda los mandamientos de Dios, entonces esa es una evidencia de que el Señor está obrando; sin embargo, si una persona no está guardando los mandamientos de Dios, entonces es una evidencia de que el Señor no mora en su corazón y no está obrando en él.

"Y en esto sabemos que nosotros le conocemos, si guardamos sus mandamientos" (1 Jn. 2:3).

"Hijitos míos, no amemos de palabra ni de lengua, sino de hecho y en verdad. Y en esto conocemos que somos de la verdad, y aseguraremos nuestros corazones delante de él" (1Jn. 3:18-19).

"En esto conocemos que permanecemos en él, y él en nosotros, en que nos ha dado de su Espíritu" (1 Jn. 4:13).

"El que cree en el Hijo de Dios, tiene el testimonio en sí mismo; el que no cree a Dios, le ha hecho mentiroso, porque no ha creído en el testimonio que Dios ha dado acerca de su Hijo" (1 Jn. 5:10).

3. El Señor encamina el corazón del creyente hacia el amor de Dios. Esto significa tanto el amor de Dios por nosotros como nuestro amor hacia Él. La palabra "encaminar" (kateuthunai) significa enderezar o estar recto. Significa quitar los obstáculos del camino o abrir paso. El Señor Jesucristo toma al creyente genuino y abre su corazón, Él endereza, dirige y concentra el corazón del creyente en el amor de Dios. El resultado es que el creyente aprende a amar a Dios más y más. Su atención está cada vez más centrada en el amor de Dios; por tanto, cuando las pruebas, los problemas, las tentaciones y el mal atacan al creyente, este es capaz de afianzarse en el amor de Dios y vencer el ataque.

"Porque de tal manera amó Dios al mundo, que ha dado a su Hijo unigénito, para que todo aquel que en él cree, no se pierda, mas tenga vida eterna" (Jn. 3:16)

"conservaos en el amor de Dios, esperando la misericordia de nuestro Señor Jesucristo para vida eterna" (Jud. 21)

"amarás a Jehová tu Dios de todo tu corazón, y de toda tu alma, y con todas tus fuerzas". (Dt. 6:5).

"Ahora, pues, Israel, ¿qué pide Jehová tu Dios de ti, sino que temas a Jehová tu Dios, que andes en todos sus caminos, y que lo ames, y sirvas a Jehová tu Dios con todo tu corazón y con toda tu alma" (Dt. 10:12).

"Amad a Jehová, todos vosotros sus santos; A los fieles guarda Jehová, Y paga abundantemente al que procede con soberbia" (Sal. 31:23).

4. El Señor encamina el corazón del creyente a esperar pacientemente por el regreso de Cristo. El Señor Jesucristo impulsa al creyente genuino a mantener sus ojos en su regreso. De esa manera, cuando el mal ataca, el creyente soporta y persevera, permanece firme con paciencia, manteniendo sus ojos y corazón en la gloriosa esperanza de Cristo, la esperanza de conquistar la muerte y de vivir para siempre en perfección con Dios, la esperanza de reinar y regir en el universo para Cristo.

"a causa de la esperanza que os está guardada en los cielos, de la cual ya habéis oído por la palabra verdadera del evangelio" (Col. 1:5).

"Y el mismo Dios de paz os santifique por completo; y todo vuestro ser, espíritu, alma y cuerpo, sea guardado irreprensible para la venida de nuestro Señor Jesucristo" (1 Ts. 5:23).

"está envanecido, nada sabe, y delira acerca de cuestiones y contiendas de palabras, de las cuales nacen envidias, pleitos, blasfemias, malas sospechas" (1 Ti. 6:4).

"enseñándonos que, renunciando a la impiedad y a los deseos mundanos, vivamos en este siglo sobria, justa y piadosamente, aguardando la esperanza bienaventurada y la manifestación gloriosa de nuestro gran Dios y Salvador Jesucristo" (Tit. 2:12-13).

"Bendito el Dios y Padre de nuestro Señor Jesucristo, que según su grande misericordia nos hizo renacer para una esperanza viva, por la resurrección de Jesucristo de los muertos" (1 P. 1:3).

"Y ahora, hijitos, permaneced en él, para que cuando se manifieste, tengamos confianza, para que en su venida no nos alejemos de él avergonzados" (1 Jn. 2:28).

	B. Trabajo y empleo, 3:6-18	11 Porque oímos que algunos de entre vosotros andan desordenadamente, no trabajando en nada, sino entremetiéndose en lo ajeno.	d. Porque los holgazanes tiende a ser entremetidos.
1 Apartarse de todo hermano que ande desordenadamente, que no trabaje	6 Pero os ordenamos, hermanos, en el nombre de nuestro Señor Jesucristo, que os apartéis de todo hermano que ande desordenadamente, y no según la enseñanza que recibisteis de nosotros.	12 A los tales mandamos y exhortamos por nuestro Señor Jesucristo, que trabajando sosegadamente, coman su propio pan.	**2 Trabajad cada uno de vosotros**
a. Porque desobedece las instrucciones del Señor			a. Ganarse la vida tranquilamente.
b. Porque ustedes tienen el ejemplo de obreros comprometidos	7 Porque vosotros mismos sabéis de qué manera debéis imitarnos; pues nosotros no anduvimos desordenadamente entre vosotros,	13 Y vosotros, hermanos, no os canséis de hacer bien.	b. No cansarse
1) Pablo trabajaba día y noche.	8 ni comimos de balde el pan de nadie, sino que trabajamos con afán y fatiga día y noche, para no ser gravosos a ninguno de vosotros;	14 Si alguno no obedece a lo que decimos por medio de esta carta, a ése señaladlo, y no os juntéis con él, para que se avergüence.	**3 Disciplinar al holgazán, al desordenado: separarse de él**
			a. Para que se avergüence.
2) Pablo tenía el derecho ministerial a ser mantenido pero no lo ejerció.	9 no porque no tuviésemos derecho, sino por daros nosotros mismos un ejemplo para que nos imitaseis.	15 Mas no lo tengáis por enemigo, sino amonestadle como a hermano. 16 Y el mismo Señor de paz os dé siempre paz en toda manera. El Señor sea con todos vosotros.	b. Amonestadle como a hermano
			4 La conclusión: El creyente tiene tres posesiones en Cristo
			a. Gran paz.
c. Porque deben trabajar o pierden el derecho a comer	10 Porque también cuando estábamos con vosotros, os ordenábamos esto: Si alguno no quiere trabajar, tampoco coma.	17 La salutación es de mi propia mano, de Pablo, que es el signo en toda carta mía; así escribo. 18 La gracia de nuestro Señor Jesucristo sea con todos vosotros. Amén.	b. Una comunión especial y personal
			c. La gracia y fuerza del Jesucristo

DIVISIÓN III

PALABRAS FINALES, 3:1-18

B. Trabajo y empleo, 3:6-18

(3:6-18) *Introducción:* este pasaje da conclusión a la segunda carta a los tesalonicenses. El mismo trata un tema muy significativo para nuestros tiempos: el trabajo y el empleo. El entorno laboral está lleno de obreros desordenados, obreros que son negligentes y hacen tan poco como les sea posible; obreros que solo trabajan cuando el jefe los está mirando. Además de esto, hay muchos en nuestra sociedad que podrían trabajar pero prefieren no hacerlo por su haraganería y pereza y han encontrado la manera de vivir del gobierno, los servicios sociales, las iglesias y los vecinos. El resultado es que un trágico adormecimiento y un espíritu de *dame* han prevalecido en los sitios de trabajo y en la nación. Como se ha dicho, este es el tema de este pasaje, un tema muy necesario.

1. Apartarse de todo hermano que ande desordenadamente, que no trabaje (vv. 6-11).
2. Trabajad cada uno de vosotros (vv. 12-13).
3. Disciplinar al holgazán, al desordenado: Separarse de él (vv. 14-15).

4. La conclusión: El creyente tiene tres posesiones en Cristo (vv. 16-18).

1 (3:6-11) *Empleado — Empleo — Trabajo:* Separarse de todo hermano que ande desordenadamente, es decir, que no trabaje. Fíjese que este es un mandamiento fuerte. Tiene la fuerza de una orden militar, se da "en el nombre de nuestro Señor Jesucristo", el comandante supremo. no hay que discutir el asunto. Lo que se dice debe ser obedecido.

"Apartarse de todo hermano que anda desordenadamente" (v. 6). ¿Quiénes son los desordenados? Aquellos que no trabajan. Algo raro había pasado en la iglesia de Tesalónica. Algunos de los creyentes estaban muy entusiasmados con el regreso del Señor y la promesa de estar con Él para siempre en los cielos nuevos y la tierra nueva. Estaban tan entusiasmados que comenzaron a sacrificar todo lo que podían para satisfacer las necesidades de las personas, pero algunos fueron demasiado lejos. Ignoraron las palabras del Señor con respecto a que solo Dios sabía cuándo regresaría y comenzaron a programar fechas y a declarar que el regreso estaba por ocurrir. Así que algunos dejaron sus trabajos para tener más tiempo para ministrar y en un acto de entrega sacrificada dieron *todo lo que tenían.* El resultado fue catastrófico. Ahora tenían que vivir de otros creyentes para subsistir. Su proceder había sido muy imprudente ya que los creyentes deben vivir su vida de la manera que debe ser mientras estén en la tierra. Los creyentes deben dar el ejemplo de cómo vivir y el trabajo es ciertamente uno de los deberes de los hombres. Así que por lo tanto, de todas las personas, son los creyentes quienes deben dar el ejemplo en cuanto al trabajo. Como trabajadores deben ser lo mejor posible. Dejar el trabajo o no trabajar es una conducta desordenada, totalmente inaceptable para un verdadero creyente. Tanto así que se manda a los creyentes que se aparten de los que no trabajan.

=> ¿Qué quiere decir el Señor con "apartarse" (stellesthai)? La palabra significa permanecer lejos del trabajador holgazán, no tener comunión con él. Su conducta no debe ser tolerada o excusada. No debemos darle nuestra aprobación ni correr el riesgo de identificarnos con él.

=> ¿Quiénes son los desordenados? Son los holgazanes, los haraganes, los perezosos. Son las personas que rehúsan trabajar, que remolonean o que son negligentes en su trabajo.

Hay cuatro razones por las cuales debemos separarnos de los obreros desordenados o haraganes.

1. El obrero perezoso desobedece las instrucciones de Dios (v. 6). Fíjese en la palabra "enseñanzas" (paradosin). Significa toda la Palabra de Dios, ya sea enseñada o escrita (2 Ts. 2:15). Pablo dice que él le había enseñado a los creyentes los mandamientos del Señor con relación al trabajo así que no tenían excusa. Ellos sabían qué hacer en lugar de estar sentados ociosamente. Si persisten en ser holgazanes, remolones, los demás creyentes deben apartarse de ellos. Están desobedeciendo las instrucciones de Dios deliberadamente.

> "Quién es, pues, el siervo fiel y prudente, al cual puso su señor sobre su casa para que les dé el alimento a tiempo? Bienaventurado aquel siervo al cual, cuando su señor venga, le halle haciendo así" (Mt. 24:45-46).
> "En lo que requiere diligencia, no perezosos; fervientes en espíritu, sirviendo al Señor" (Ro. 12:11).
> "El que hurtaba, no hurte más, sino trabaje, haciendo con sus manos lo que es bueno, para que tenga qué compartir con el que padece necesidad" (Ef. 4:28).
> "Siervos, obedeced a vuestros amos terrenales con temor y temblor, con sencillez de vuestro corazón, como a Cristo" (Ef. 6:5).
> "Siervos, obedeced en todo a vuestros amos terrenales, no sirviendo al ojo, como los que quieren agradar a los hombres, sino con corazón sincero, temiendo a Dios" (Col. 3:22).
> "y que procuréis tener tranquilidad, y ocuparos en vuestros negocios, y trabajar con vuestras manos de la manera que os hemos mandado" (1 Ts. 4:11).
> "A los tales mandamos y exhortamos por nuestro Señor Jesucristo, que trabajando sosegadamente, coman su propio pan" (2 Ts. 3:12).
> "Exhorta a los siervos a que se sujeten a sus amos, que agraden en todo, que no sean respondones" (Ti. 2:9).
> "a fin de que no os hagáis perezosos, sino imitado-

res de aquellos que por la fe y la paciencia heredan las promesas" (He. 6:12).
> "Criados, estad sujetos con todo respeto a vuestros amos; no solamente a los buenos y afables, sino también a los difíciles de soportar" (1 P. 2:18).
> "Tomó, pues, Jehová Dios al hombre, y lo puso en el huerto de Edén, para que lo labrara y lo guardase" (Gn. 2:15).
> "Con el sudor de tu rostro comerás el pan hasta que vuelvas a la tierra, porque de ella fuiste tomado; pues polvo eres, y al polvo volverás" (Gn. 3:19).
> "Todo lo que te viniere a la mano para hacer, hazlo según tus fuerzas; porque en el Seol, adonde vas, no hay obra, ni trabajo, ni ciencia, ni sabiduría" (Ec. 9:10).

2. El obrero holgazán tiene el ejemplo de obreros entregados. Los creyentes de Tesalónica tenían el ejemplo de Pablo; nosotros hoy día tenemos el ejemplo de obreros entregados. Pablo trabajaba *día y noche* para no deberle a nadie nada (vv. 7-8). Como ministro del evangelio, él tenía el derecho a que los creyentes lo mantuvieran para que él pudiera ser libre de ministrar más y más; pero el rehusaba ejercer ese derecho. ¿Por qué? Para poder establecer un ejemplo dinámico de obrero diligente para el resto de los creyentes (v. 9). Fíjese que Pablo dice "imitarnos", es decir, seguir nuestro ejemplo en ser un obrero diligente.

=> Ustedes saben de qué manera deben imitarnos (v. 7).

=> Les hemos dado un ejemplo para que nos imiten (v. 9).

Pensamiento 1. No existe absolutamente ninguna excusa para que el cristiano sea desordenado en su trabajo: haragán, negligente o remolón. Pablo nos dejó un ejemplo dinámico y tenemos el ejemplo de otros obreros cristianos dinámicos que nos rodean. Pero si no fuera así, tenemos entonces que seguir el ejemplo de Cristo (el carpintero) y de Pablo (el fabricante de tiendas). Debemos dar un ejemplo de trabajo diligente al resto de los creyentes.

> "Después de estas cosas, Pablo salió de Atenas y fue a Corinto. Y halló a un judío llamado Aquila, natural del Ponto, recién venido de Italia con Priscila su mujer, por cuanto Claudio había mandado que todos los judíos saliesen de Roma. Fue a ellos, y como era del mismo oficio, se quedó con ellos, y trabajaban juntos, pues el oficio de ellos era hacer tiendas" (Hch. 18:1-3).
> "Antes vosotros sabéis que para lo que me ha sido necesario a mí y a los que están conmigo, estas manos me han servido. En todo os he enseñado que, trabajando así, se debe ayudar a los necesitados, y recordar las palabras del Señor Jesús, que dijo: Más bienaventurado es dar que recibir". (Hch. 20:34-35)
> "Y cuando estaba entre vosotros y tuve necesidad, a ninguno fui carga, pues lo que me faltaba, lo suplieron los hermanos que vinieron de Macedonia, y en todo me guardé y me guardaré de seros gravoso" (2 Co. 11:9).
> "Porque os acordáis, hermanos, de nuestro trabajo y fatiga; cómo trabajando de noche y de día, para

no ser gravosos a ninguno de vosotros, os predicamos el evangelio de Dios" (1 Ts. 2:9).

"ni comimos de balde el pan de nadie, sino que trabajamos con afán y fatiga día y noche, para no ser gravosos a ninguno de vosotros" (2 Ts. 3:8).

3. El obrero holgazán debe trabajar o perder su derecho a comer (v. 10). Este asunto queda absolutamente claro: "si alguno no quiere trabajar, tampoco coma". Fíjese que se trata de una orden, algo sobre lo que Pablo ya había predicado cuando estuvo con la iglesia. Además nótese que dicha orden está relacionada con aquellos que escogen estar ociosos y no trabajar. No se está refiriendo a aquellos que honestamente no pueden trabajar debido a incapacidad o porque no pueden encontrar empleo. Si una persona puede trabajar, debe hacerlo. Si rehúsa, entonces no debe recibir alimento, no se le debe permitir que viva de la iglesia, la comunidad o la sociedad. No existe excusa para que una persona no trabaje si lo puede hacer, no a los ojos de Dios. Hay demasiadas personas en el mundo, millones, que están destituidas, que mueren de soledad, vacío, hambre, enfermedad y pecado. Prácticamente toda iglesia o servicio social nos puede poner a trabajar para alcanzar a un mundo de personas moribundas y necesitadas quienes requieren nuestra atención y ayuda. En palabras de Dios: "os ordenábamos esto: Si alguno no quiere trabajar, tampoco coma".

"Pero deseamos que cada uno de vosotros muestre la misma solicitud hasta el fin, para plena certeza de la esperanza, a fin de que no os hagáis perezosos, sino imitadores de aquellos que por la fe y la paciencia heredan las promesas" (He. 6:11-12).

"En lo que requiere diligencia, no perezosos; fervientes en espíritu, sirviendo al Señor" (Ro. 12:11; cp. Mt. 25:24-27).

"No debáis a nadie nada, sino el amaros unos a otros; porque el que ama al prójimo, ha cumplido la ley" (Ro. 13:8).

"Velad debidamente, y no pequéis; porque algunos no conocen a Dios; para vergüenza vuestra lo digo" (1 Co. 15:34).

"Por lo cual dice: Despiértate, tú que duermes, Y levántate de los muertos, Y te alumbrará Cristo" (Ef. 5:14).

"No des sueño a tus ojos, Ni a tus párpados adormecimiento" (Pr. 6:4).

"Ve a la hormiga, oh perezoso, Mira sus caminos, y sé sabio; La cual no teniendo capitán, Ni gobernador, ni señor, Prepara en el verano su comida, Y recoge en el tiempo de la siega su mantenimiento. Perezoso, ¿hasta cuándo has de dormir? ¿Cuándo te levantarás de tu sueño? Un poco de sueño, un poco de dormitar, Y cruzar por un poco las manos para reposo; Así vendrá tu necesidad como caminante, Y tu pobreza como hombre armado" (Pr. 6:6-11).

"El que recoge en el verano es hombre entendido; El que duerme en el tiempo de la siega es hijo que avergüenza" (Pr. 10:5).

"El que labra su tierra se saciará de pan; Mas el que sigue a los vagabundos es falto de entendimiento" (Pr. 12:11).

"También el que es negligente en su trabajo es hermano del hombre disipador" (Pr. 18:9).

"La pereza hace caer en profundo sueño, Y el alma negligente padecerá hambre" (Pr. 19:15).

"El deseo del perezoso le mata, Porque sus manos no quieren trabajar. Hay quien todo el día codicia; Pero el justo da, y no detiene su mano" (Pr. 21:25-26).

"Porque el bebedor y el comilón empobrecerán, Y el sueño hará vestir vestidos rotos" (Pr. 23:21).

4. El obrero ocioso tiene a ser entrometido. La mente del hombre es *algo activo*. A veces pasamos por alto que la mente siempre está activa; nunca descansa. Ya sea teniendo pensamientos positivos o pensamientos negativos y malos. La idea es que una persona ociosa tiene una mente ociosa. Su mente no está puesta en pensamientos positivos sino en pensamientos negativos, malos. Una mente ociosa es taller para el diablo. De ahí que tantas personas ociosas —sin importar su edad— se metan en problemas. El problema puede ser desde convertirse en un entrometido hasta en un asesino.

El pasaje en cuestión trata de cristianos y el problema que ocasiona el ser entrometido. Hay demasiados creyentes así, es decir, que hurgan en las vidas de los demás, parlotean, chismean y divulgan toda clase de habladurías y rumores. Simplemente andan por ahí diciendo lo que no deberían. ¿Por qué? Porque no se mantienen ocupados en el Señor al ayudar y ministrar para las necesidades de aquellos en la comunidad que sufren, están solos, desesperados, moribundos y perdidos.

"Porque oímos que algunos de entre vosotros andan desordenadamente, no trabajando en nada, sino entremetiéndose en lo ajeno" (2 Ts. 3:11).

"Y también aprenden a ser ociosas, andando de casa en casa; y no solamente ociosas, sino también chismosas y entremetidas, hablando lo que no debieran" (1 Ti. 5:13).

"Así que, ninguno de vosotros padezca como homicida, o ladrón, o malhechor, o por entremeterse en lo ajeno" (1 P. 4:15).

"No andarás chismeando entre tu pueblo. No atentarás contra la vida de tu prójimo. Yo Jehová" (Lv. 19:16).

2 (3:12-13) *Empleado:* Trabaje, cada uno de vosotros. Otra vez se trata de un mandamiento contundente, un mandamiento que viene del Señor Jesucristo; pero observe que también se trata de una exhortación, un desafío de parte del Señor. El Señor no es frío o rígido en cuanto al asunto. Si un creyente ha estado equivocado en cuanto a cómo debe trabajar, si ha sido negligente y holgazán en su trabajo, el Señor lo perdonará. Pero el creyente debe confesar que está equivocado y arrepentirse. Debe mostrar arrepentimiento comenzando a trabajar y ganándose la vida, y fíjese de qué manera debemos hacerlo: *sosegadamente*. Esto es un contraste con ser un entrometido. Debemos trabajar con un espíritu de quietud e inmiscuirnos en nuestros propios asuntos; no debemos entrometernos en los asuntos de los demás. Debemos ser obreros eficientes y sosegados, no entrometidos ineficientes que andan siempre hablando de los asuntos de los demás.

Además tenga en cuenta otro aspecto: no cansarnos de hacer el bien. No deje que los ociosos lo desanimen, concéntrese en su trabajo, sea diligente y persevere. No sea indolente, a pesar de lo que los demás hagan. Sea un ejemplo dinámico para el Señor.

"¿Quién es, pues, el siervo fiel y prudente, al cual puso su señor sobre su casa para que les dé el alimento a tiempo? Bienaventurado aquel siervo al cual, cuando su señor venga, le halle haciendo así" (Mt. 24:45-46).

"En lo que requiere diligencia, no perezosos; fervientes en espíritu, sirviendo al Señor" (Ro. 12:11).

"El que hurtaba, no hurte más, sino trabaje, haciendo con sus manos lo que es bueno, para que tenga qué compartir con el que padece necesidad" (Ef. 4:28).

"Siervos, obedeced a vuestros amos terrenales con temor y temblor, con sencillez de vuestro corazón, como a Cristo" (Ef. 6:5).

"y que procuréis tener tranquilidad, y ocuparos en vuestros negocios, y trabajar con vuestras manos de la manera que os hemos mandado" (1 Ts. 4:11).

"A los tales mandamos y exhortamos por nuestro Señor Jesucristo, que trabajando sosegadamente, coman su propio pan" (2 Ts. 3:12).

3 (3:14-15) *Empleado — Ocioso:* Disciplinar al ocioso, al desordenado. No juntarse con él. Alejarse de él y no tener comunión con él. Observe por qué: para que sea avergonzado. La esperanza es que esta vergüenza lo motive a levantarse y buscar trabajo.

Sin embargo, no debe disciplinarse a la persona ociosa como a un enemigo sino como a un hermano. La disciplina no debe hacerse con espíritu superior sino en el espíritu de un creyente hermano, amonestándolo y advirtiéndole lo que el Señor dice con respecto al asunto.

La importancia de la disciplina se observa en la exactitud de las palabras de Pablo. Pablo dice: "señaladlo"; es decir, distinguirlo y desaprobar su conducta. Dejarle saber que su rechazo al trabajo no es aceptable. No se puede tolerar ni admitir su ociosidad. Hay que alejarse de él y no tener compañerismo. Además hay que advertirle, esto es fundamental. Debe ser amonestado. Amonestándole y dejándole experimentar vergüenza es la única esperanza de que cambie. Esto

puede hacer que se arrepienta, se levante y se ponga a trabajar.

"También os rogamos, hermanos, que amonestéis a los ociosos, que alentéis a los de poco ánimo, que sostengáis a los débiles, que seáis pacientes para con todos" (1 Ts. 5:14).

"Y él respondió: Oí tu voz en el huerto, y tuve miedo, porque estaba desnudo; y me escondí" (Gn. 3:10).

"y dije: Dios mío, confuso y avergonzado estoy para levantar, oh Dios mío, mi rostro a ti, porque nuestras iniquidades se han multiplicado sobre nuestra cabeza, y nuestros delitos han crecido hasta el cielo" (Esd. 9:6).

"Cada día mi vergüenza está delante de mí, Y la confusión de mi rostro me cubre" (Sal. 44:15).

4 (3:16-18) *Conclusión:* El creyente tiene tres grandes posesiones en Cristo. Nótese que esta es una oración de Pablo por todos los creyentes de la iglesia.

1. El creyente recibe paz del "mismo Señor". Observe la frase "en toda manera". El creyente recibe paz "en todo tiempo, en toda circunstancia, de cualquier forma y condición, venga lo que venga". (Para discusión, vea nota, Paz, 1 Ts. 1:1.)

2. El creyente recibe comunión, una comunión especial y personal. La iglesia era querida para Pablo. Él sentía un lazo muy profundo, una comunión espiritual que unía su corazón al de los creyentes. Es por ello que se sintió preocupado e impulsado a escribir y tratar los asuntos que se habían infiltrado en la iglesia. Él escribió debido al lazo especial de camaradería que existía entre él y la iglesia. (Para mayor discusión del tema, vea Estudio a fondo 3, Comunión, Hch. 2:42.)

Observe que era costumbre de Pablo dictar sus cartas a un secretario y luego firmarlas. Esto es a lo que se refiere cuando dice: "La salutación es de mi propia mano, de Pablo, que es el signo en toda carta mía; así escribo" (v. 17).

3. El creyente recibe gracia, el favor inmerecido y la fortaleza de Jesucristo (para discusión, vea nota, Gracia, 1 Ts. 1:1).

ÍNDICE DE BOSQUEJOS Y TEMAS
2 TESALONICENSES

RECUERDE: Cuando busca un tema o una referencia de las Escrituras, usted no solo tendrá el texto bíblico, sino también un bosquejo y una discusión (comentario) del pasaje de la Biblia y del tema.

Este es uno de los grandes valores de la *Biblia de bosquejos y sermones.* Cuando posea todos los tomos, no solo tendrá todo lo que los otros índices bíblicos le ofrecen; es decir, un listado de todos los temas y sus referencias bíblicas, SINO que también tendrá:

- un bosquejo de *cada* texto y tema de la Biblia.
- una discusión (comentario) de cada texto y tema.
- cada tema respaldado por otros textos de la Biblia o referencias cruzadas.

Descubra el gran valor usted mismo. Dé una mirada rápida al primer tema de este índice.

AFIRMAR
Significado. 2 Ts. 3:3-5

Vaya a la referencia. Eche un vistazo a las Escrituras y al bosquejo de las Escrituras, lea entonces el comentario. Inmediatamente verá el GRAN VALOR del ÍNDICE de la Biblia de Bosquejos y Sermones.

PRIMERA EPÍSTOLA DEL APÓSTOL PABLO A TIMOTEO

PRIMERA EPÍSTOLA DEL APÓSTOL PABLO
A TIMOTEO

INTRODUCCIÓN

Autor: Pablo, el apóstol.

Fecha: Incierta. Probablemente entre el 61 y el 64 d.C.
Al parecer 1 Timoteo y Tito fueron escritas mientras Pablo viajaba y ministraba, en el período entre dos encarcelamientos romanos. La fecha depende de la respuesta a esta pregunta: ¿Estuvo Pablo encarcelado una o dos veces por los romanos? El libro de Hechos menciona solo una prisión y termina con Pablo estando encarcelado en Roma. No dice nada con respecto a su muerte. Al discutir este asunto es necesario tener en mente algo muy importante. Pablo oraba fervientemente para que Dios lo librara de la prisión y le pidió a otros que lo hicieran igual (Fil. 1:25-26; Flm. 22). ¿Respondió Dios su oración como se lo había pedido? Nadie lo sabe con seguridad. Sin embargo, hay varios factores que apuntan a que fue liberado y luego sufrió un segundo encarcelamiento.

1.   La vida y los movimientos de Pablo. En Tito 1:5 Pablo dice que había estado en Creta en un viaje misionero y en Tito 3:12 dice que estaba pasando el invierno en Nicópolis. Estos sucesos no encajan en ninguno de los recuentos de Hechos. La evidencia parece indicar que Dios escuchó su oración y lo libró de la prisión.

2.   La vida y los movimientos de los compañeros de Pablo. Observe los dos ejemplos siguientes, y hay otros. En 1 Ti. 1:3 Pablo alega haberle dicho a Timoteo que se quedara en Éfeso, sin embargo, no aparece ningún tipo de referencia a esto en las Escrituras. Pablo solo había hecho dos visitas a Éfeso. Una fue muy corta y donde apenas hizo algún tipo de ministerio. No se hace ninguna referencia a Timoteo (Hch. 18:19-22). La segunda fue su ministerio de tres años en el cual Timoteo sí desarrolló su parte, pero cuando llegó el momento de Pablo marcharse, este envió a Timoteo y a Erasto a Macedonia. No le pidió a Timoteo que se quedara en Éfeso. ¿Entonces cuándo fue que Pablo le pidió a Timoteo que se quedara en Éfeso? Las Escrituras no hacen referencia a tal visita. Así que todo parece indicar que hubo una tercera visita de Pablo y Timoteo, una visita después de su primer encarcelamiento y antes de un segundo del cual tampoco hay constancia.

En 2 Timoteo 4:20 Pablo escribe nuevamente: "a Trófimo dejé en Mileto enfermo". Pablo estuvo en Mileto antes de su primer encarcelamiento romano, pero no dejó a Trófimo enfermo allí (Hch. 20:17). Trófimo siguió con Pablo para Roma (Hch. 21:29). ¿Cuándo entonces se quedó Trófimo enfermo en Mileto? La única respuesta clara parece ser que Pablo hizo otra visita a Mileto después de su primer encarcelamiento y antes de un segundo del cual no tenemos constancia escrita.

3.   La secuencia de tiempo entre la escritura de las epístolas de la prisión y las epístolas pastorales. Las epístolas de la prisión (Efesios, Filipenses, Colosenses y Filemón) fueron escritas cuando Pablo estuvo preso en roma. Observe el ejemplo siguiente: Filemón 24 dice que Demas es un seguidor de Cristo pero 2 Timoteo 4:10 dice que había desertado. Definitivamente la carta a Timoteo fue escrita después de la carta a Filemón. ¿Cuándo? Las evidencias apuntan a una fecha posterior a su primer encarcelamiento y antes de un segundo del cual no tenemos referencias. Esta parece ser la única explicación clara.

Como se ha planteado, 1 Timoteo y Tito parecen haber sido escritos justo después de que Pablo fuera liberado de su primer encarcelamiento en Roma y durante sus viajes de ministerio. En algún momento en esos pocos años lo volvieron a arrestar y lo encarcelaron en Roma por segunda vez. Durante este segundo encarcelamiento, y antes de su ejecución, escribió 2 Timoteo. Probablemente su ejecución fue entre el 65 y el 68 d.C.

A QUIÉN ESTÁ DIRIGIDA: "a Timoteo, verdadero hijo en la fe" (1 Ti. 1:2). El padre de Timoteo era griego e incrédulo, pero su madre era una judía creyente. Su nombre era Eunice y el nombre de su abuela, Loida (2 Ti. 1:5). Timoteo no estaba circuncidado, por lo que podemos inferir que fue educado según las costumbres griegas (Hch. 16:3). Cuando Pablo conoció a Timoteo ya este era un cristiano con un fuerte testimonio, tanto así que Pablo buscó la manera de que se convirtiera en su compañero de misiones (Hch. 16:1s). La madurez de Timoteo y su importancia se ven en Hechos 16 cuando la palabra "él" del versículo 2 se cambia rápidamente a "les" en el versículo 4. Timoteo se convirtió en un hijo para Pablo (1 Co. 4:17). Pablo lo estimaba tanto y lo amaba tan profundamente que dijo que este era el único hombre cuya mente fuera una con la suya propia (Fil. 2:20). Probablemente Pablo lo escogió para que se convirtiera en su sucesor (vea nota, Fil. 1:1). A partir de este momento se le ve con Pablo, siendo enviado por este a ministrar a ciertas iglesias. Él estuvo con Pablo en su primer encarcelamiento (Col. 1:1; Fil. 1). Parece ser que Pablo fue liberado de la prisión y que Timoteo comenzó a viajar con él otra vez (vea 1 Timoteo, Introducción, Fecha). En este viaje Pablo lo dejó en Éfeso para corregir ciertos errores que habían surgido, mientras que él mismo siguió de viaje hacia Macedonia para visitar las iglesias de allá. Muy poco después Pablo fue arrestado y encarcelado en Roma por segunda vez. Tan pronto como fue posible Timoteo se le unió (2 Ti. 4:11, 21), pero esta vez él también fue encarcelado. Sin embargo, lo liberaron más tarde (He. 13:23), mientras que Pablo o fue decapitado o lo liberaron y comenzó su viaje misionero hacia España. (Para discusión del tema vea nota, Timoteo, Fil. 2:19-24).

PROPÓSITO: Pablo tenía tres propósitos al escribirle a Timoteo.

1.   Alentarlo en su fe y andar cristianos.

2.   Alertar en cuanto a las falsas enseñanzas y los errores doctrinales.

3.   Enseñar los requisitos y orden de los oficiales de la iglesia. Los creyentes necesitaban saber cómo comportarse en la iglesia: "para que si tardo, sepas cómo debes conducirte en

la casa de Dios, que es la iglesia del Dios viviente, columna y baluarte de la verdad" (1 Ti. 3:15).

CARACTERÍSTICAS ESPECIALES:

1. Primera Timoteo es una "Epístola pastoral". Hay otras dos epístolas pastorales: 2 Timoteo y Tito. Se les llama epístolas pastorales porque tratan fundamentalmente el tema del cuidado pastoral, la supervisión y organización de la iglesia. Le dicen a los creyentes cómo comentarse en la casa de Dios (1 Ti. 3:15). Es interesante que el término pastoral tiene una larga historia. Fue Tomás Aquino quien lo usó por primera vez en el 1274. Él llamó a 1 Timoteo "una epístola de instrucciones pastorales" y a 2 Timoteo "una epístola de cuidado pastoral". Sin embargo, el término "epístolas pastorales" comenzó a usarse ampliamente solo después que D. N. Berdot (1703) y Paul Anton (1726) así las describieron (Donald Guthrie, *The Pastoral Epistles, The Tyndale New Testament Commentaries* Grand Rapids, MI: Eerdmans, 1972, p. 11).

2. Primera Timoteo es una "Epístola personal". fue escrita a un discípulo joven que pronto fue amado como un hijo. La epístola está llena de sentimientos cálidos y afectivos y también de instrucciones que dirigirían la conducta personal de Timoteo.

3. Primera Timoteo es una "Epístola eclesiástica". Fue escrita para responder preguntas acerca de la organización de la iglesia, la pureza doctrinal y la conducta personal. Dos cosas estaban sucediendo. Primero, el número y el tamaño de las iglesias aumentaba rápidamente y en segundo lugar, los apóstoles estaban envejeciendo. En ambos casos los apóstoles eran incapaces de alcanzar personalmente e instruir a todas las iglesias así que era necesario escribir para que las iglesias estuvieran arraigadas y cimentadas en el Señor.

4. Primera Timoteo es una "Epístola apologética". Es una defensa de la fe. Los primeros rumores y falsas enseñanzas habían comenzado a aparecer (Gnosticismo. Vea Colosenses, notas introductorias, Propósito.) Por lo tanto, Pablo alerta a los creyentes y defiende la verdad de enseñazas heréticas y falsas.

BOSQUEJO DE PRIMERA TIMOTEO

LA BIBLIA DE BOSQUEJOS Y SERMONES es *única.* Difiere de todo otro material de estudios bíblicos y recursos de sermones en cuanto a que cada pasaje y tema es bosquejado justo al lado de las Escrituras correspondientes. Cuando usted elija cualquier tema mencionado más adelante y se remita a la referencia, no solo contará con el pasaje de las Escrituras, sino que también descubrirá el pasaje de las Escrituras y el tema *ya bosquejado para usted, versículo por versículo.*

A modo de ejemplo rápido, escoja uno de los temas mencionados más adelante y remítase a las Escrituras y hallará esta maravillosa ayuda para un empleo más rápido, más sencillo y más preciso.

Además, cada punto de las Escrituras y el tema está totalmente desarrollado en un Comentario con un pasaje de apoyo de las Escrituras en el final de la página.

Note algo más: los temas de Primera Timoteo tienen títulos que son a la vez bíblicos y prácticos. Los títulos prácticos a veces tienen más atracción para la gente. Este beneficio se ve claramente en el empleo de folletos, boletines, comunicados de la iglesia, etc.

Una sugerencia: para una visión más rápida de Primera Timoteo, primero lea todos los títulos principales (I, II, III, etc.), y luego vuelva y lea los subtítulos.

BOSQUEJO DE PRIMERA TIMOTEO

INTRODUCCIÓN: EL MINISTRO Y SU JOVEN DISCÍPULO, 1:1-2

I. FALSOS Y VERDADEROS MAESTROS EN LA IGLESIA, 1:3-20
  - **A. El peligro de los falsos maestros, 1:3-11**
  - **B. El testimonio de un verdadero ministro, 1:12-17**
  - **C. El ministro joven (primer encargo): Ser un guerrero, 1:18-20**

II. DEBERES Y ORDEN EN LA IGLESIA, 2:1—3:13
  - **A. El primer deber de la iglesia: Orar, 2:1-8**
  - **B. Las mujeres de la iglesia, 2:9-15**
  - **C. Los supervisores de la iglesia, 3:1-7**
  - **D. Los diáconos de la iglesia, 3:8-13**

III. CONDUCTA Y RELACIONES DE LA IGLESIA, 3:14—6:21
  - **A. La descripción de la iglesia, 3:14-16**
  - **B. La advertencia con respecto a los falsos maestros y su apostasía, 4:1-5**
  - **C. El ministro joven (segundo encargo): Ser un buen ministro, 4:6-16**
  - **D. El espíritu de las relaciones, 5:1-2**
  - **E. Las responsabilidades de las viudas cristianas, 5:3-16**
  - **F. Los ancianos u oficiales, 5:17-20**
  - **G. El joven ministro (tercer encargo): Ser un ministro imparcial, 5:21-25**
  - **H. Los esclavos o empleados creyentes, 6:1-2**
  - **I. Los falsos maestros, 6:3-5**
  - **J. El secreto del contentamiento, 6:6-10**
  - **K. El joven ministro (cuarto encargo): Ser un hombre de Dios, 6:11-16**
  - **L. El hombre rico y el ministro: El encargo final, 6:17-21**

	Capítulo 1		c. Por Cristo nuestra esperanza
	Introducción: El ministro y su joven discípulo, 1:1-2	2 a Timoteo, verdadero hijo en la fe: Gracia, misericordia y paz, de Dios nuestro Padre y de Cristo Jesús nuestro Señor.	**2 Los privilegios y necesidades del discípulo**
1 El llamamiento del ministro y sus credenciales: Un apóstol	1 Pablo, apóstol de Jesucristo por mandato de Dios nuestro Salvador, y del Señor Jesucristo nuestra esperanza,		a. Un verdadero hijo de la fe
a. Por mandato de Dios b. Por Dios nuestro Salvador			b. Su necesidad: Gracia, misericordia, y paz.

INTRODUCCIÓN: EL MINISTRO Y SU JOVEN DISCÍPULO, 1:1-2

(1:1-2) *Introducción:* Este es un saludo cálido y tierno. Es un saludo que tiene realeza, el tipo de realeza que existe en un hombre que es embajador de un Rey. El embajador le escribe a su hijo querido. Esto es exactamente a lo que Pablo se refiere cuando dice que es un apóstol: Es el embajador de Dios mismo. Pero observe la ternura así como la realeza de su saludo. Él es no solo un embajador, una persona de realeza sino también un padre. Él había apadrinado a su hijo en la fe. Había dedicado su vida y energía a su hijo durante los últimos años y su hijo se había convertido en un discípulo de su maravilloso Señor. Ahora él quiere transmitir la realeza del mandato del Señor.

Lo que la iglesia necesita es el ministerio real de hacer discípulo, de alimentar y nutrir a hombres y mujeres como hijos e hijas de la fe. Está el desafío de su saludo. Al ver la relación que existió entre Pablo y Timoteo debiéramos sentirnos desafiados cada vez más a hacer discípulos, a asumir la tarea de líderes que crecen dentro de la iglesia de Dios.

1. El llamamiento del ministro y sus credenciales: Un apóstol (v. 1).
2. Los privilegios y necesidades del discípulo (v. 2).

1 (1:1) *Ministro — Llamamiento — Apóstol:* El llamamiento del ministro y sus credenciales. Pablo se llama a sí mismo un apóstol de Jesucristo. La palabra "apóstol" (apostolos) significa una persona que ha sido enviada o enviada delante. Un apóstol es un representante, un embajador, un enviado, una persona enviada a un país para representar a otro. Hay tres cosas verdaderas acerca del apóstol:

=> pertenece al rey o al país que lo envía.
=> es comisionado para ser enviado.
=> posee toda la autoridad y poder de la persona que lo envía.

Pablo plantea tres puntos contundentes:

1. Él era apóstol por mandato de Dios. La palabra mandato (epitagen) significa estar bajo órdenes, estar bajo obligación. Son instrucciones dadas por algún alto oficial que deben cumplirse, por ejemplo, la palabra de un rey. La palabra *mandato* tiene sentido de obligación, fuerza y necesidad.

Pablo —el ministro de Dios— era un hombre enviado por mandato y orden del Rey de reyes, Dios mismo. La obligación, fuerza y necesidad del mandato de Dios lo impulsaban a ser un ministro de Jesucristo.

Pensamiento 1. El énfasis de Pablo en su apostolado parece indicar que Timoteo iba a dar a conocer la carta al resto de la iglesia. Lo que Pablo estaba escribiendo a Timoteo provenía de un apóstol de Cristo, por lo tanto, toda la iglesia debía prestar atención a las exhortaciones.

2. Era un apóstol por *Dios nuestro Salvador.* Este es uno de los grandes títulos de Dios. Dios es *la fuente* de nuestra salvación. Somos salvos porque Dios nos ama.

> **"Porque de tal manera amó Dios al mundo, que ha dado a su Hijo unigénito, para que todo aquel que en él cree, no se pierda, mas tenga vida eterna" (Jn. 3:16)**

Si Dios no nos amara, no nos habría salvado. Seríamos barridos de la faz de la tierra, destruidos completamente, condenados y castigados por toda la eternidad sin ninguna esperanza de ser salvos jamás. Pero Dios sí nos ama, y por ello ha provisto una salida para que seamos salvos. Dios es nuestro Salvador.

La idea es que ya que Dios es nuestro Salvador, el hombre no tiene que morir; puede ser liberado del pecado, la muerte y del juicio que vendrá. Esta es otra razón por la que Pablo se sentía impulsado a servir a Cristo. Las personas que lo rodeaban estaban…

- esclavizadas por el pecado
- asidas por la muerte
- destinadas a enfrentar el juicio de Dios

Así que Pablo se sentía obligado a representar a Jesucristo en este mundo de pecado y muerte. Estaba forzado por ese impulso interno de Dios nuestro Salvador a llevar el glorioso mensaje de salvación al mundo entero: El mensaje de que Dios está interesado en todo el mundo. Dios es nuestro Salvador.

> **"Y mi espíritu se regocija en Dios mi Salvador" (Lc. 1:47).**

> **"Porque esto es bueno y agradable delante de Dios nuestro Salvador, el cual quiere que todos los hombres sean salvos y vengan al conocimiento de la verdad. Porque hay un solo Dios, y un solo mediador entre Dios y los hombres, Jesucristo hombre" (1 Ti. 2:3-6).**

> **"Que por esto mismo trabajamos y sufrimos oprobios, porque esperamos en el Dios viviente, que es el**

Salvador de todos los hombres, mayormente de los que creen" (1 Ti. 4:10).

"en la esperanza de la vida eterna, la cual Dios, que no miente, prometió desde antes del principio de los siglos, 3y a su debido tiempo manifestó su palabra por medio de la predicación que me fue encomendada por mandato de Dios nuestro Salvador" (Tit. 1:2-3).

"no defraudando, sino mostrándose fieles en todo, para que en todo adornen la doctrina de Dios nuestro Salvador" (Tit. 2:10).

"Pero cuando se manifestó la bondad de Dios nuestro Salvador, y su amor para con los hombres, nos salvó, no por obras de justicia que nosotros hubiéramos hecho, sino por su misericordia, por el lavamiento de la regeneración y por la renovación en el Espíritu Santo, el cual derramó en nosotros abundantemente por Jesucristo nuestro Salvador, para que justificados por su gracia, viniésemos a ser herederos conforme a la esperanza de la vida eterna" (Tit. 3:4-7).

"al único y sabio Dios, nuestro Salvador, sea gloria y majestad, imperio y potencia, ahora y por todos los siglos" (Jud. 25).

3. Era un apóstol por Jesucristo quien es nuestra esperanza. Los hombres anhelan y esperan todo tipo de cosas:
- reconocimiento, aceptación, estima, amigos.
- seguridad y victoria en las pruebas de la vida.
- liberación de la muerte y vida eterna.

La razón por la cual el hombre desea estas cosas es porque no las tiene. Incluso si tiene algún sentido de ellas, todavía experimenta un gran sentido de ausencia: Un gran sentido de vacío, un estado incompleto, insatisfacción e inseguridad dentro de su alma. ¿Por qué? Porque el alma humana no puede descansar hasta que tiene la absoluta certeza de que es *aceptada por Dios y que va a vivir para siempre.* El alma humana fue hecha para Dios y por la esperanza de Dios. Por consiguiente, hay solo una manera para que la persona pueda tener certeza absoluta: Jesucristo debe vivir dentro de su corazón. Jesucristo es la esperanza de gloria de una persona (Col 1:27). Cuando una persona reciba a Jesucristo en su corazón y su vida, la naturaleza divina de Cristo…
- hace que la persona sea hallada aceptable delante de Dios.
- le da a la persona el reconocimiento, la aceptación y la amistad de Dios y de todos los demás creyentes (la iglesia).
- le da seguridad a la persona y un sentido de poder sobrenatural para poder conquistar las prueba de la vida.
- libra a la persona de la muerte y le da la herencia de la vida eterna.

Además de todo esto, sucede la cosa más maravillosa: Cristo le da a la persona *la absoluta seguridad y la esperanza* de todo esto. La persona se vuelve completa, perfectamente completa y satisfecha en Jesucristo nuestra esperanza (Col. 2:10).

La idea es que ya que Cristo es nuestra esperanza, Pablo se sentía impulsado a servirle. Se sentía forzado por ese impulso interno a ofrecer la esperanza de Cristo a un mundo que estaba atrapado por la desesperanza, los problemas y la muerte.

"a quienes Dios quiso dar a conocer las riquezas de la gloria de este misterio entre los gentiles; que es Cristo en vosotros, la esperanza de gloria" (Col. 1:27).

"Bendito el Dios y Padre de nuestro Señor Jesucristo, que según su grande misericordia nos hizo renacer para una esperanza viva, por la resurrección de Jesucristo de los muertos" (1 P. 1:3-4).

"Amados, ahora somos hijos de Dios, y aún no se ha manifestado lo que hemos de ser; pero sabemos que cuando él se manifieste, seremos semejantes a él, porque le veremos tal como él es. Y todo aquel que tiene esta esperanza en él, se purifica a sí mismo, así como él es puro" (1 Jn. 3:2-3).

"¿Por qué te abates, oh alma mía, Y por qué te turbas dentro de mí? Espera en Dios; porque aún he de alabarle, Salvación mía y Dios mío" (Sal. 43:5).

Pensamiento 1. William Barclay dice que Cristo nuestra esperanza se convirtió en uno de los títulos más preciosos para Cristo en la iglesia primitiva. Para ilustrar este punto cita a dos escritores antiguos:

"De camino a la ejecución en Roma, Ignacio de Antioquía escribió a la iglesia en Éfeso: 'Me despido en Dios Padre y en Jesucristo, nuestra común esperanza' (Ignacio, a los Efesios, 21:2). Policarpo escribe: 'Perseveremos pues en nuestra esperanza que es Jesucristo' (Epístola de Policarpo 8)". (The Letters to Timothy, Titus, and Philemon. "Daily Study Bible". Philadelphia, PA: The Westminster Press, 1956, p. 22).

2 (1:2) *Discipulado — Timoteo — Ministro:* Los privilegios y necesidades del discípulo. Timoteo fue altamente privilegiado ya que era tratado como un hijo por un ministro de Dios, por el mismo Pablo. (Vea Autor, Introducción.) Fíjese que Pablo llama a Timoteo: "verdadero hijo en la fe". Cuando Pablo conoció a Timoteo este solo tenía diez o doce años, pero a pesar de la edad parece ser que su amor por el Señor era profundo y Pablo lo notó. Cuando Pablo regresó a Listra en su próximo viaje misionero se sorprendió tanto ante la madurez espiritual de Timoteo que lo invitó a convertirse en discípulo. Más adelante Pablo dijo que Timoteo era la única persona cuyo sentir era como el suyo propio (Fil. 2:19). Pablo lo tomó bajo su cuidado y comenzó a discipularlo en el Señor, a enseñarle todo lo que sabía. ¡Qué gran privilegio ser un discípulo del apóstol! (Vea Estudio a fondo 1, *Timoteo*, 1 Ti. 1:2; Estudio a fondo 1, Hch. 16:1-3; nota, Fil. 2:22-24).

Observe el saludo de Pablo. Él nombra tres cualidades que un discípulo debe poseer:

1. La gracia de Dios y de Cristo (para discusión del tema vea Estudio a fondo 1, *Gracia,* Tit. 2:11-15).

2. La misericordia de Dios y de Cristo (para discusión vea *Misericordia,* 1 Ti. 1:2).

3. La paz de Dios y de Cristo. Paz (eirene) significa estar comprometido, unido y tejido junto. Significa estar asegurado, confiado y afianzado en el amor y el cuidado de Dios. Significa tener un sentido, una conciencia, un conocimiento de que Dios…

- proveerá
- fortalecerá
- librará
- salvará

- guiará
- sostendrá
- alentará
- dará vida, vida verdadera, ahora y siempre.

Una persona puede experimentar la verdadera paz solo cuando llega a conocer a Jesucristo. Solamente Cristo puede dar paz al corazón humano, el tipo de paz que trae liberación y seguridad al alma humana.

Una vez más, es esencial que el ministro y el discípulo de Cristo conozca la paz de Dios y de Cristo. ¿Cómo puede el ministro testificar del evangelio de paz a menos que tenga paz con Dios? La respuesta es obvia, usted no puede testificar de lo que no posee.

"La paz os dejo, mi paz os doy; yo no os la doy como el mundo la da. No se turbe vuestro corazón, ni tenga miedo" (Jn. 14:27).

"Estas cosas os he hablado para que en mí tengáis paz. En el mundo tendréis aflicción; pero confiad, yo he vencido al mundo" (Jn. 16:33).

"Justificados, pues, por la fe, tenemos paz para con Dios por medio de nuestro Señor Jesucristo" (Ro. 5:1).

"Porque el ocuparse de la carne es muerte, pero el ocuparse del Espíritu es vida y paz" (Ro. 8:6).

"Mas el fruto del Espíritu es amor, gozo, paz, paciencia, benignidad, bondad, fe, 23mansedumbre, templanza; contra tales cosas no hay ley" (Gá. 5:22-23).

"En paz me acostaré, y asimismo dormiré; Porque solo tú, Jehová, me haces vivir confiado" (Sal. 4:8).

ESTUDIO A FONDO 1

(1:2) *Timoteo:* Timoteo era solo un niño cuando Pablo visitó Listra en su primer viaje misionero (aproximadamente cinco o seis años antes). Probablemente tenía entre diez o doce años. Todavía era un joven cuando Pablo le escribió su primera carta (1 Ti. 4:12). Todo esto quiere decir que Timoteo tenía alrededor de dieciocho años cuando Pablo se encontró con él en su segundo viaje a Listra.

También es posible que Pablo haya llevado a Timoteo al Señor en su primera visita misionera, pero lo más probable es que hayan sido su madre y su abuela quienes lo llevaron al Señor.

En Hechos parece decirse que Pablo no conoció o no recordaba a Timoteo de su primer viaje (Hch. 16:13). cualquiera que sea el caso, su madurez espiritual en este momento era lo suficientemente como para que Pablo lo desafiara a unirse a su grupo misionero. Los aspectos de su vida parecen ser los siguientes:

El padre de Timoteo era griego e incrédulo pero su madre era judía y creyente. Su nombre era Eunice y el de su abuela era Loida (2 Ti. 1:5). Timoteo no estaba circuncidado, de ahí que parezca que fue educado según las costumbres griegas (Hch. 16:3). Cuando Pablo conoció a Timoteo este ya era cristiano y con un testimonio tan fuerte que Pablo hizo los arreglos para que se convirtiera en su compañero de misiones (Hch. 16:1s). La madurez de

Timoteo y su importancia se ven en Hechos 16 cuando la palabra "él" del versículo 2 se cambia rápidamente a "les" en el versículo 4. Timoteo se convirtió en un hijo para Pablo (1 Co. 4:17). Pablo lo estimaba tanto y lo amaba tan profundamente que dijo que este era el único hombre cuya mente fuera una con la suya propia (Fil. 2:20). Probablemente Pablo lo escogió para que se convirtiera en su sucesor (vea nota, Fil. 1:1). A partir de este momento se le ve con Pablo, siendo enviado por este a ministrar a ciertas iglesias. Él estuvo con Pablo en su primer encarcelamiento (Col. 1:1; Fil. 1). Parece ser que Pablo fue liberado de la prisión y que Timoteo comenzó a viajar con él otra vez (vea 1 Timoteo, Introducción, Fecha). En este viaje Pablo lo dejó en Éfeso para corregir ciertos errores que habían surgido, mientras que él mismo siguió de viaje hacia Macedonia para visitar las iglesias de allá. Muy poco después Pablo fue arrestado y encarcelado en Roma por segunda vez. Tan pronto como fue posible Timoteo se le unió (2 Ti. 4:11, 21), pero esta vez él también fue encarcelado. Sin embargo, lo liberaron más tarde (He. 13:23), mientras que Pablo o fue decapitado o lo liberaron y comenzó su viaje misionero hacia España. (Para discusión del tema vea nota, Timoteo, Fil. 2:19-24.)

ESTUDIO A FONDO 2

(1:2) Misericordia: (eleos) sentimientos de pena, compasión, afecto, ternura. Es el deseo de socorrer, de atraer hacia uno tiernamente y dar cuidado. Hay dos cosas esenciales para tener misericordia: Ver una necesidad y ser capaz de satisfacerla. Dios ve nuestra necesidad y siente por nosotros (Ef. 2:1-3). En consecuencia él actúa, tiene misericordia de nosotros...

- Dios retiene su juicio.
- Dios nos provee una manera de ser salvos.

La misericordia surge en una corazón amoroso: Dios tiene misericordia de nosotros porque nos ama. Su misericordia ha sido demostrada de dos grandes maneras:

=> Dios retiene su juicio sobre nosotros, lo hizo incluso cuando no lo merecíamos.

=> Dios nos ha provisto una manera de ser salvos mediante nuestro Señor Jesucristo.

Cuando Jesucristo murió, murió por nuestros pecados. Llevó nuestros pecados sobre Él y soportó el juicio del pecado por nosotros. Así que si confiamos en Cristo como nuestro Salvador, Dios no nos tiene en cuenta nuestros pecados. Al contrario, toma la justicia de Cristo como si fuera nuestra. Nos volvemos aceptables delante de Dios mediante la justicia de Cristo. La gran misericordia de Dios es...

- que Él permitió que Cristo, su propio hijo, muriera por nosotros. De hecho permitió que su hijo llevara el castigo por nuestros pecados.
- que nos amó tanto que nos perdonará nuestros pecados si tan solo confiamos en Cristo.

La idea es que es absolutamente necesario que tanto el ministro como el discípulo conozcan y posean la misericordia de Dios. Una persona que no ha experimentado la misericordia de Dios no conoce a Dios. Por encima de todas las personas, el ministro y el discípulo de Cristo deben conocer la misericordia de Dios.

ESTUDIO A FONDO 3
(1:2) Paz: Vea nota 2, pt. 3, 1 Ti. 1:2

	I. FALSOS Y VERDADEROS MAESTROS EN LA IGLESIA, 1:3-20	7 queriendo ser doctores de la ley, sin entender ni lo que hablan ni lo que afirman.	4 Los falsos maestros ponen la ambición y sus ideas personales por encima de la verdad
	A. El peligro de los falsos maestros, 1:3-11		5 Los falsos maestros ponen su propia justicia por encima del evangelio de Dios
1 Los falsos maestros enseñan una doctrina diferente	3 Como te rogué que te quedases en Éfeso, cuando fui a Macedonia, para que mandases a algunos que no enseñen diferente doctrina,	8 Pero sabemos que la ley es buena, si uno la usa legítimamente; 9 conociendo esto, que la ley no fue dada para el justo, sino para los transgresores y desobedientes, para los impíos y pecadores, para los irreverentes y profanos, para los parricidas y matricidas, para los homicidas,	a. No comprenden la ley ni su propósito 1) La ley no ha sido dada para los justos sino para los injustos: Para los culpables de cualquiera de estas cosas, para todos nosotros
2 Los falsos maestros prestan atención a especulaciones y cuestionamientos más que a la edificación	4 ni presten atención a fábulas y genealogías interminables, que acarrean disputas más bien que edificación de Dios que es por fe, así te encargo ahora.		
3 Los falsos maestros tienen discusiones vanas acerca del amor a. Acerca del corazón limpio b. Acerca de una buena conciencia c. Acerca de la fe sincera	5 Pues el propósito de este mandamiento es el amor nacido de corazón limpio, y de buena conciencia, y de fe no fingida, 6 de las cuales cosas desviándose algunos, se apartaron a vana palabrería,	10 para los fornicarios, para los sodomitas, para los secuestradores, para los mentirosos y perjuros, y para cuanto se oponga a la sana doctrina, 11 según el glorioso evangelio del Dios bendito, que a mí me ha sido encomendado.	2) La ley ha sido dada para refrenar a los hombres b. No comprenden la verdadera vara de medir: El evangelio.

DIVISIÓN I

FALSOS Y VERDADEROS MAESTROS EN LA IGLESIA, 1:3-11

A. El peligro de los falsos maestros, 1:3-11

(1:3-11) *Introducción — Ministro:* Este es el primer encargo al joven ministro, *ser un defensor de la fe.* El joven ministro debe cuidarse y corregir a los falsos maestros. (Para tener una idea de los otros encargos hechos al joven ministro, vea el bosquejo general.)

1. Los falsos maestros enseñan una doctrina diferente (v. 3).
2. Los falsos maestros prestan atención a especulaciones y cuestionamientos más que a la edificación (v. 4).
3. Los falsos maestros tienen discusiones vanas acerca del amor (vv. 5-6).
4. Los falsos maestros ponen la ambición y sus ideas personales por encima de la verdad (v. 7).
5. Los falsos maestros ponen su propia justicia por encima del evangelio de Dios (vv. 8-11).

1 (1:3) *Maestros, falsos — Doctrina:* Los falsos maestros enseñan una doctrina diferente. Timoteo estaba en Éfeso y Pablo estaba en Macedonia, los separaba una gran distancia. Éfeso estaba en Asia y Macedonia en Europa, al norte de Grecia. Fíjese que Pablo tuvo que urgir a Timoteo para que se quedara en Éfeso. La iglesia tenía problemas porque se habían introducido falsas doctrinas y por lo tanto necesitaban a Timoteo. Parece ser que este se sentía incapaz y quería reunirse con Pablo hasta que Pablo pudiera regresar a Éfeso y tratar la situación él mismo. Sin embargo, la falsa doctrina es un asunto serio y tiene que ser tratado de inmediato en cuando asoma su fea cabeza. Por lo tanto Timoteo tenía que permanecer en Éfeso para que pudiera *mandar* a la iglesia que dejaran las falsas enseñanzas. La palabra "mandar" (parangello) es un término fuerte. Es una palabra militar que significa dar órdenes de un rango a otro. Timoteo *iba a dar órdenes y mandatos* a los falsos maestros para que dejaran de enseñar falsas doctrinas y si esto no funcionaba, entonces tenía que mandar a la iglesia que tratara con los falsos maestros. Esto dice varias cosas acerca de la iglesia en Éfeso.

1. Los líderes no habían prestado atención a la palabra de Pablo cuando este se había reunido con ellos (Hch. 20:17-38). Él los había alertado con respecto a los falsos maestros:

> **"Por tanto, mirad por vosotros, y por todo el rebaño en que el Espíritu Santo os ha puesto por obispos, para apacentar la iglesia del Señor, la cual él ganó por su propia sangre. Porque yo sé que después de mi partida entrarán en medio de vosotros lobos rapaces, que no perdonarán al rebaño. Y de vosotros mismos se levantarán hombres que hablen cosas perversas para**

arrastrar tras sí a los discípulos. **Por tanto, velad, acordándoos que por tres años, de noche y de día, no he cesado de amonestar con lágrimas a cada uno" (Hch. 20:28-31).**

2. Los líderes no habían insistido en la pureza del evangelio tal y como Pablo había hecho y enseñado. Habían permitido que la Palabra de Dios se corrompiera.

> **"Pero de ninguna cosa hago caso, ni estimo preciosa mi vida para mí mismo, con tal que acabe mi carrera con gozo, y el ministerio que recibí del Señor Jesús, para dar testimonio del evangelio de la gracia de Dios. Y ahora, he aquí, yo sé que ninguno de todos vosotros, entre quienes he pasado predicando el reino de Dios, verá más mi rostro. Por tanto, yo os protesto en el día de hoy, que estoy limpio de la sangre de todos; porque no he rehuido anunciaros todo el consejo de Dios" (Hch. 20:24-27).**

> **"Y ahora, hermanos, os encomiendo a Dios, y a la palabra de su gracia, que tiene poder para sobreedificaros y daros herencia con todos los santificados" (Hch. 20:32)**

> **"Pues no somos como muchos, que medran falsificando la Palabra de Dios, sino que con sinceridad, como de parte de Dios, y delante de Dios, hablamos en Cristo" (2 Co. 2:17).**

3. Timoteo tenía que encargar a los ministros, maestros y líderes que no predicaran otra doctrina que no fuera la de la Palabra de Dios.
=> No debían añadir a la doctrina de la Palabra de Dios.
=> No debían quitar nada a la doctrina de la Palabra de Dios.
=> No debían formular nuevas doctrinas para la iglesia.

No debían hacer lo que ellos creían que eran mejorías ni corregir lo que les parecía que eran defectos de la Palabra de Dios. no debían cambiar ni alterar la Palabra de Dios en ningún sentido. Citando las palabras del propio versículo: "para que mandases a algunos que no enseñen diferente doctrina".

> **"Estoy maravillado de que tan pronto os hayáis alejado del que os llamó por la gracia de Cristo, para seguir un evangelio diferente. No que haya otro, sino que hay algunos que os perturban y quieren pervertir el evangelio de Cristo. Mas si aun nosotros, o un ángel del cielo, os anunciare otro evangelio diferente del que os hemos anunciado, sea anatema. Como antes hemos dicho, también ahora lo repito: Si alguno os predica diferente evangelio del que habéis recibido, sea anatema" (Gá. 1:6-9).**

> **"Entonces entendieron que no les había dicho que se guardasen de la levadura del pan, sino de la doctrina de los fariseos y de los saduceos" (Mt. 16:12).**

> **"Mirad que nadie os engañe por medio de filosofías y huecas sutilezas, según las tradiciones de los hombres, conforme a los rudimentos del mundo, y no según Cristo" (Col. 2:8).**

> **"No os dejéis llevar de doctrinas diversas y extrañas; porque buena cosa es afirmar el corazón con la gracia, no con viandas, que nunca aprovecharon a los que se han ocupado de ellas" (He. 13:9).**

2 (1:4) *Maestros, falsos:* Los falsos maestros prestan aten-

ción a especulaciones y cuestionamientos más que a la edificación de Dios. No puede darse una mejor descripción de las falsas enseñanzas que lo que dice este versículo:

> **"fábulas y genealogías interminables, que acarrean disputas más bien que edificación de Dios" (v. 4).**

1. La palabra "fábulas" (muthois) se refiere a *todas las formas* de enseñanza o doctrina falsa o ficticia. Significa las falsas ideas y especulaciones de los hombres con respecto a Dios y a Cristo y a las enseñanzas de la Palabra de Dios. Las doctrinas de los hombres son solo especulaciones, fábulas, narrativas, historias y falsedades (A. T. Robertson, *Word Pictures in the New Testament,* vol. 4, p. 561).

> **"Desecha las fábulas profanas y de viejas. Ejercítate para la piedad" (1 Ti. 4:7).**

> **"y apartarán de la verdad el oído y se volverán a las fábulas" (2 Ti. 4:4).**

> **"no atendiendo a fábulas judaicas, ni a mandamientos de hombres que se apartan de la verdad" (Tit. 1:14).**

> **"Porque no os hemos dado a conocer el poder y la venida de nuestro Señor Jesucristo siguiendo fábulas artificiosas, sino como habiendo visto con nuestros propios ojos su majestad" (2 P. 1:16).**

2. La palabra "genealogías" se refiere a aquellos que se refugian en tener una herencia religiosa. Los judíos eran culpables de esto. Se enorgullecían mucho de sus antecesores, tanto así que sentían que la religiosidad de sus antecesores se reflejaba en sus rostros. Mientras más antecesores religiosos tuvieran en sus raíces, más prestigiosos y aceptables se sentían delante de Dios y de los hombres. Sentían que mientras más fuertes fueran sus raíces, más le aceptarían y estimarían Dios y los hombres. Observe la referencia a "genealogías interminables". Parece ser que había algunos que perdían enormes cantidades de tiempo estructurando y discutiendo la herencia religiosa de su pasado. Aparentemente la práctica se había infiltrado en la iglesia. Estaban...

• los que enfatizaban más la herencia que a Cristo
• los que dependían de su herencia para la salvación en vez de depender de Cristo.
• los que pasaban más tiempo en genealogías que edificando la santidad de la iglesia.
• los que se concentraban en preguntas y teorías en lugar de construir una conducta más santa entre los creyentes.

Pensamiento 1. Algunas personas se consuelan mucho en su herencia religiosa. De hecho creen que Dios nunca los rechazará...

• porque sus esposas, esposos, hijos y padres son piadosos.
• porque tienen un pastor o amigo cercano piadoso.

> **"Haced, pues, frutos dignos de arrepentimiento, y no comencéis a decir dentro de vosotros mismos: Tenemos a Abraham por padre; porque os digo que Dios puede levantar hijos a Abraham aun de estas piedras" (Lc. 3:8).**

> **"Y le injuriaron, y dijeron: Tú eres su discípulo; pero nosotros, discípulos de Moisés somos" (Jn. 9:28).**

"y confías en que eres guía de los ciegos, luz de los que están en tinieblas" (Ro. 2:19).

"¿Quién hará limpio a lo inmundo? Nadie" (Job 14:4).

"Yo soy limpio y sin defecto; Soy inocente, y no hay maldad en mí" (Job 33:9).

"Muchos hombres proclaman cada uno su propia bondad, Pero hombre de verdad, ¿quién lo hallará?" (Pr. 20:6).

"Todo camino del hombre es recto en su propia opinión; Pero Jehová pesa los corazones" (Pr. 21:2).

"Hay generación limpia en su propia opinión, Si bien no se ha limpiado de su inmundicia" (Pr. 30:12).

3 (1:5-6) *Maestros, falsos — Amor — Conciencia — Fe:* Los falsos maestros tienen vanas discusiones acerca del amor. El fin de los mandamientos de Dios es el amor (ágape, el tipo de amor de Dios). Por esa razón tanto ministros como maestros deben concentrarse en crecer en amor y en enseñar amor. El gran llamamiento de los creyentes es...

* a conocer el amor de Dios y a amar a Dios.
* a amarnos unos a otros como hermanos en el Señor.
* a amar tanto a lo perdido del mundo que nos sintamos impulsados a llevarles el evangelio.

Pero tenga en cuenta de dónde proviene este amor. Su fuente no está en los hombres, no surge simplemente del corazón del hombre. El amor que debemos conocer y poseer proviene de tres fuentes:

=> El amor proviene de un corazón puro, un corazón perdonado por Dios y limpiado de toda impureza, un corazón que se siente abrumado ante el egoísmo, la mundanalidad, la envidia, la avaricia y la inmoralidad.

=> El amor proviene de una buena conciencia: Una conciencia que no tiene nada que esconder de Dios, ni de los hombres; que sabe que ha sido fiel a la Palabra de Dios y que no ha enseñado ningún tipo de error.

=> El amor proviene de una fe sincera, no fingida: Una fe que está puesta en Dios y en su Palabra, que se aferra a la Palabra de Dios, confía en ella y es lo único que enseña.

El fin de todos los mandamientos que Dios ha dado al hombre es el amor. Por lo tanto, un verdadero creyente compromete su vida a aprender más y más acerca del amor de Dios y a enseñar el amor de Dios más y más, pero para hacer esto debe estar totalmente comprometido...

* a tener un corazón puro delante de Dios.
* a tener una conciencia limpia delante de Dios.
* a seguir *la fe,* es decir, las enseñanzas y la doctrina de la Palabra de Dios.

Sin embargo, esto no se cumple con algunos, no se cumple con los falsos maestros. Fíjese lo que dice exactamente: Algunos se desviaron, se apartaron a vana palabrería. El término se refiere a discusiones vacías, especulaciones, las ideas especulativas de los hombres acerca de Dios, Cristo y la Palabra de Dios. Fíjese que los falsos maestros se desvían y se apartan de las doctrinas de la Palabra de Dios para entregarse a esta vana palabrería.

"Pero el Espíritu dice claramente que en los postreros tiempos algunos apostatarán de la fe, escuchando a espíritus engañadores y a doctrinas de demonios; por la hipocresía de mentirosos que, teniendo cauterizada la conciencia" (1 Ti. 4:1-2).

"Porque hay aún muchos contumaces, habladores de vanidades y engañadores, mayormente los de la circuncisión" (Tit. 1:10).

"Proferirá el sabio vana sabiduría, Y llenará su vientre de viento solano? ¿Disputará con palabras inútiles, Y con razones sin provecho?" (Job 15:2-3).

"El principio de las palabras de su boca es necedad; y el fin de su charla, nocivo desvarío" (Ec. 10:13).

4 (1:7) *Maestros, falsos:* Los falsos maestros ponen su propia ambición y sus ideas personales por encima de la verdad. La idea es una persona que tiene ambición de...

* ser reconocida como un maestro o predicador original.
* ser reconocida como una persona creativa.
* ser reconocida como el creador de una idea o doctrina novedosa.
* ser reconocida como el autor de un nuevo concepto o doctrina.
* ser reconocida como el fundador de un nuevo movimiento.

La idea es de una persona que desea encajar en la última tendencia de la enseñanza y que rechaza o ignora la verdad. Desecha la verdad para encajar con los que la rodean. La ambición del falso maestro nubla su comprensión de la verdad.

Barclay destaca que el falso maestro que es ambicioso, con frecuencia...

* demuestra arrogancia en vez de humildad.
* se concentra en la enseñanza más que en el aprendizaje.
* desprecia a las personas sencillas.
* considera tontos ignorantes a los que no están de acuerdo con sus conclusiones (*The Letters to Timothy, Titus, and Philemon,* p. 37).

"Pues en vano me honran, Enseñando como doctrinas, mandamientos de hombres" (Mt. 15:9).

"Entonces respondiendo Jesús, les dijo: Erráis, ignorando las Escrituras y el poder de Dios" (Mt. 22:29).

"En el mundo estaba, y el mundo por él fue hecho; pero el mundo no le conoció. 11A lo suyo vino, y los suyos no le recibieron" (Jn. 1:10-11).

"Porque aún no habían entendido la Escritura, que era necesario que él resucitase de los muertos" (Jn. 20:9).

"por la hipocresía de mentirosos que, teniendo cauterizada la conciencia" (1 Ti. 4:2).

"Si alguno enseña otra cosa, y no se conforma a las sanas palabras de nuestro Señor Jesucristo, y a la doctrina que es conforme a la piedad, está envanecido, nada sabe, y delira acerca de cuestiones y contiendas de palabras, de las cuales nacen envidias, pleitos, blasfemias, malas sospechas, disputas necias de hombres corruptos de entendimiento y privados de la verdad, que toman la piedad como fuente de ganancia; apártate de los tales" (1 Ti. 6:3-5).

"Porque vendrá tiempo cuando no sufrirán la sana doctrina, sino que teniendo comezón de oír, se amontonarán maestros conforme a sus propias concupiscencias" (2 Ti. 4:3).

"a los cuales es preciso tapar la boca; que trastornan casas enteras, enseñando por ganancia deshonesta lo que no conviene" (Tit. 1:11).

"Pero hubo también falsos profetas entre el pueblo, como habrá entre vosotros falsos maestros, que introducirán encubiertamente herejías destructoras, y aun negarán al Señor que los rescató, atrayendo sobre sí mismos destrucción repentina. Y muchos seguirán sus disoluciones, por causa de los cuales el camino de la verdad será blasfemado, y por avaricia harán mercadería de vosotros con palabras fingidas. Sobre los tales ya de largo tiempo la condenación no se tarda, y su perdición no se duerme" (2 P. 2:1-3).

5 (1:8-11) *Maestros, falsos — Ley, La:* Los falsos maestros ponen su propia justicia por encima del evangelio de Dios. Estos versículos muestran que los falsos maestros que se habían infiltrado en la iglesia eran judíos legalistas. Estos decían que una persona era aceptada por Dios…

* mediante *Cristo y la ley.*
* al recibir a Cristo *y además guardar la ley.*
* al volverse justa en Cristo y cumplir con la justicia de la ley.

Rechazaban la enseñanza de que una persona era salva *solamente* por gracia y mediante la fe. Para ellos una persona no podía ser salva a menos que…

* se volviera lo suficientemente buena como par agradar a Dios.
* hiciera suficientes cosas buenas para ser agradable ante Dios.

¿Qué hay de malo en esto? No hay nada malo en hacer el bien pero hay mucho de malo en *enseñar* y *pensar* que una persona puede hacer *bien suficiente* como para que Dios le acepte. Dios es perfecto y por lo tanto una persona tendría que llegar a ser perfecta para poder ser aceptada por Dios.

=> El hombre está lejos de la perfección, es imperfecto así que nunca podrá ser aceptado por Dios, no mediante méritos y obras propios.

=> El hombre es tan imperfecto y tan pecador que nunca puede dejar de pecar ni de ser imperfecto. Todo hombre es imperfecto, peca, falla, infringe y desobedece, no importa quién sea; es depravado y vive una vida depravada, una vida que no es digna de la gloria de Dios (Ro. 3:23).

Esta es la razón por la cual Dios le dio la ley al hombre, no para demostrarle al hombre que Él es justo (conforme a la ley) sino para mostrarle cuán lejos está de la gloria de Dios, cuán injusto es y cuánto necesita del amor y la gracia de Dios. Dios dio la ley para mostrar al hombre cuánto necesita a un Salvador, al Señor Jesucristo, al Hijo de Dios mismo. Es esto lo que el hombre no logra ver. Esto es lo que los falsos maestros tampoco ven.

1.   Los falsos maestros no comprenden la ley y sus propósitos. Dios le dio la ley al hombre para mostrarle qué lejos está de la justicia y para refrenar el mal. Observe lo siguiente:

=> La ley fue dada al hombre, a todos los hombres.
=> La ley no fue hecha para el justo sino para el injusto.
=> Por consiguiente, todos los hombres son injustos ya que la ley fue dada a todos los hombres.

Las Escrituras dan una lista de todas las personas a quienes Dios dio la ley. Nótese que dicha lista cubre a toda la sociedad. Toda persona es culpable de haber quebrantado la ley de Dios.

a.   La ley es para todos los injustos y desobedientes, para todos los que no viven conforme a los mandatos y la voluntad de Dios. Si una persona fallara solo una vez (no es posible, pero si lo fuera) aun así necesitaría la ley para hacerle saber que está por debajo de la norma y que tiene que pagar la pena y no violar la norma nunca más.

b.   La ley es dada para los impíos y pecadores que actúan en contra de la naturaleza de Dios y no alcanzan la perfección.

c.   La ley fue dada para todos los incrédulos y profanos: Todos los que se niegan a apartar sus vidas para Dios y dedicarse a Él; todos los que niegan y cuestionan a Dios y a las cosas espirituales y se exaltan a sí mismos y a este mundo por encima de Dios y del mundo espiritual.

d.   La ley fue a dada para "aquellos que golpean e incluso matan a los padres y que golpean e incluso matan a las madres" y para otros asesinos.

e.   La ley fue dada los que se prostituyen y los que adulteran, es decir, todas las personas impuras e inmorales y todos los homosexuales.

f.   La ley fue dada para todos los secuestradores.

g.   La ley fue dada para los mentirosos y aquellos que cometen perjurio.

h.   La ley fue dada para cualquier otra cosa que sea contraria a la sana doctrina (enseñanza) de la Palabra de Dios.

Fíjese que no queda ninguna persona fuera de esta lista, todo ser humano que haya vivido o que vivirá necesita la ley ya que toda persona ha sido destituida de la gloria de Dios, es decir que todo hombre es injusto. Por lo tanto, ninguna persona puede ser aceptada por Dios jamás. La justicia no es por ley, no es por ser bueno y hacer el bien. Los falsos maestros no comprenden esto.

2.   Los falsos maestros no comprenden la medida verdadera de Dios: El evangelio, el glorioso evangelio del Dios bendito. El Dios bendito ha preparado un camino para aceptar al hombre. No es el camino de la ley las obras, sino el camino del evangelio. Cuando una persona acepta el evangelio de Dios, Dios acepta a la persona. ¿Qué es el evangelio?

**"Palabra fiel y digna de ser recibida por todos:
Que Cristo Jesús vino al mundo para salvar a los peca-**

dores, de los cuales yo soy el primero" (1 Ti. 1:15).

"Porque primeramente os he enseñado lo que asimismo recibí: Que Cristo murió por nuestros pecados, conforme a las Escrituras; y que fue sepultado, y que resucitó al tercer día, conforme a las Escrituras" (1 Co. 15:3-4).

"quien llevó él mismo nuestros pecados en su cuerpo sobre el madero, para que nosotros, estando muertos a los pecados, vivamos a la justicia; y por cuya herida fuisteis sanados" (1 P. 2:24).

"Porque de tal manera amó Dios al mundo, que ha dado a su Hijo unigénito, para que todo aquel que en él cree, no se pierda, mas tenga vida eterna. Porque no envió Dios a su Hijo al mundo para condenar al mundo, sino para que el mundo sea salvo por él. El que en él cree, no es condenado; pero el que no cree, ya ha sido condenado, porque no ha creído en el nombre del unigénito Hijo de Dios" (Jn. 3:16-18).

1 Jesucristo lo puso en el ministerio	B. El testimonio de un verdadero ministro, 1:12-17	15 Palabra fiel y digna de ser recibida por todos: Que Cristo Jesús vino al mundo para salvar a los pecadores, de los cuales yo soy el primero.	2 Cristo lo salvó
a. Cristo lo fortaleció	12 Doy gracias al que me fortaleció, a Cristo Jesús nuestro Señor, porque me tuvo por fiel, poniéndome en el ministerio,		a. Cristo vino a salvar a los pecadores.
b. Cristo lo halló digno de confianza.			b. Cristo ahora ha salvado al "primero" de los pecadores.
c. Cristo perdonó sus terribles pecados.	13 habiendo yo sido antes blasfemo, perseguidor e injuriador; mas fui recibido a misericordia porque lo hice por ignorancia, en incredulidad.	16 Pero por esto fui recibido a misericordia, para que Jesucristo mostrase en mí el primero toda su clemencia, para ejemplo de los que habrían de creer en él para vida eterna.	c. Cristo lo salvó como un ejemplo de su gran misericordia[EF1]
d. Cristo derramó su gracia sobre él.	14 Pero la gracia de nuestro Señor fue más abundante con la fe y el amor que es en Cristo Jesús	17 Por tanto, al Rey de los siglos, inmortal, invisible, al único y sabio Dios, sea honor y gloria por los siglos de los siglos. Amén.	3 Cristo debe ser alabado

DIVISIÓN I

FALSOS Y VERDADEROS MAESTROS EN LA IGLESIA, 1:3-20

B. El testimonio de un verdadero ministro, 1:12-17

(1:12-17) *Introducción:* Este pasaje es un contraste con el anterior (1 Ti.1:3-11), presentando un fuerte contraste entre el verdadero ministro y los falsos maestros. Estos versículos abarcan el testimonio de Pablo quien fue un verdadero ministro. Los versículos ofrecen un agudo contraste con aquellos que eran falsos maestros (vea bosquejo y notas, 1 Ti. 1:3-11). Este es un pasaje que todo ministro y maestro de la iglesia debería tener en cuenta.

1. Jesucristo lo puso en el ministerio (vv. 12-14).
2. Cristo lo salvó (vv. 15-16).
3. Cristo debe ser alabado (v. 17)

1 (1:12-14) *Ministro:* Jesucristo pone al verdadero ministro en el ministerio. Este es un hecho crucial. Pablo dice que él no se hizo a sí mismo ministro ni que otras personas lo escogieron para ello. Él no escogió el ministerio porque creyera que era una buena profesión ni porque las personas creían que él sería un buen ministro. Él estaba en el ministerio por una única razón: Jesucristo lo había escogido y puesto en el ministerio. Observe estos cuatro puntos:

1. Jesucristo *fortaleció* a Pablo. La palabra "fortaleció" (endunamoo) significa fortalecer y dar poder a. El poder del ministerio de Pablo venía de Cristo. Cristo le dio la fuerza para ministrar. La fuerza de Pablo para ministrar y su poder no provenían de...

- que el tratar de sacar poder de dentro de sí.
- de que hablara de los resultados y poder de su ministerio.
- de que tratar de programar fuerza y poder en su ministerio.
- de que tratara de impregnar poder en su predicación.

Cristo mismo puso a Pablo en el ministerio, así que Cristo mismo lo fortalecía y envestía de poder para el ministerio. Ninguna persona tiene poder para hacer guerra espiritual, ninguna persona puede penetrar el espíritu de otras personas. Si una persona va a ministrar a otras debe estar facultada por Cristo ya que solamente Él puede penetrar el espíritu de otras personas. Así que el ministro debe poseer el poder de Cristo.

Pensamiento 1. Este aspecto es crucial. Significa que una persona no puede hacer ministro a sí misma ni tampoco puede escogerla otra persona para que lo sea, no a un verdadero ministro, no a un ministro que agrada a Cristo y puede ser bendecido por Él. ¿Por qué? Porque ninguna persona puede llevar adelante un ministerio exitoso con sus propias fuerzas, no si va a ser un ministerio que verdaderamente alcance a las personas para Cristo y las libere del pecado, la muerte y el juicio que vendrá. Solamente Cristo puede hacer esto. Esta es la razón por la cual el ministro debe ser capacitado por Cristo, debe ministrar en la fuerza y el poder de Cristo.

Una persona que esté en el ministerio porque lo haya escogido como profesión o porque las personas pensaron que sería un buen ministro, solo está sirviendo a la religión humana. Y por supuesto, un ministro humano —uno que ministra solo según sus fuerzas humanas— hace algún bien mediante el desarrollo social y emocional pero hace mucho daño ya que lleva a las personas a una seguridad falsa. ¿Cómo? No es capaz de salvar a una persona espiritualmente, ni a una sola, del pecado, la muerte y el juicio. Solamente Cristo puede hacer esto. Así la única manera en la que un ministro puede ser lo que debería...

- es que sea Jesucristo quien lo pone en el ministerio.
- es que sea Jesucristo quien lo fortalezca y faculte.

"No me elegisteis vosotros a mí, sino que yo os

elegí a vosotros, y os he puesto para que vayáis y llevéis fruto, y vuestro fruto permanezca; para que todo lo que pidiereis al Padre en mi nombre, él os lo dé" (Jn. 15:16).

"sino que lo necio del mundo escogió Dios, para avergonzar a los sabios; y lo débil del mundo escogió Dios, para avergonzar a lo fuerte; y lo vil del mundo y lo menospreciado escogió Dios, y lo que no es, para deshacer lo que es, a fin de que nadie se jacte en su presencia" (1 Co. 1:27-29).

"el cual asimismo nos hizo ministros competentes de un nuevo pacto, no de la letra, sino del espíritu; porque la letra mata, mas el espíritu vivifica" (2 Co. 3:6).

"Por lo cual, teniendo nosotros este ministerio según la misericordia que hemos recibido, no desmayamos" (2 Co. 4:1).

"Y todo esto proviene de Dios, quien nos reconcilió consigo mismo por Cristo, y nos dio el ministerio de la reconciliación; que Dios estaba en Cristo reconciliando consigo al mundo, no tomándoles en cuenta a los hombres sus pecados, y nos encargó a nosotros la palabra de la reconciliación. Así que, somos embajadores en nombre de Cristo, como si Dios rogase por medio de nosotros; os rogamos en nombre de Cristo: Reconciliaos con Dios. Al que no conoció pecado, por nosotros lo hizo pecado, para que nosotros fuésemos hechos justicia de Dios en él" (2 Co. 5:18-21).

"del cual yo fui hecho ministro por el don de la gracia de Dios que me ha sido dado según la operación de su poder" (Ef. 3:7).

"Y él mismo constituyó a unos, apóstoles; a otros, profetas; a otros, evangelistas; a otros, pastores y maestros, a fin de perfeccionar a los santos para la obra del ministerio, para la edificación del cuerpo de Cristo, hasta que todos lleguemos a la unidad de la fe y del conocimiento del Hijo de Dios, a un varón perfecto, a la medida de la estatura de la plenitud de Cristo" (Ef. 4:11-13).

"Doy gracias al que me fortaleció, a Cristo Jesús nuestro Señor, porque me tuvo por fiel, poniéndome en el ministerio" (1 Ti. 1:12).

"quien nos salvó y llamó con llamamiento santo, no conforme a nuestras obras, sino según el propósito suyo y la gracia que nos fue dada en Cristo Jesús antes de los tiempos de los siglos, pero que ahora ha sido manifestada por la aparición de nuestro Salvador Jesucristo, el cual quitó la muerte y sacó a luz la vida y la inmortalidad por el evangelio, del cual yo fui constituido predicador, apóstol y maestro de los gentiles" (2 Ti. 1:9-11).

2. Cristo Jesús lo halló digno de confianza. Este es un pensamiento maravilloso, el que Cristo nos halle dignos de confianza. Él confía en que nosotros seremos fieles, y en última instancia, sabe que le seremos fieles. Esta es una de las razones por las que Él nos escoge y coloca en el ministerio.

Pensamiento 1. No importa cuán bajo caiga un ministro, debe siempre recordar que Cristo Jesús lo tiene por fiel. Cristo sabe que el ministro de Cristo se levantará y comenzará a servirle con fervor renovado. Esta es la razón por la que Cristo llama al ministro: Porque en última instancia, el ministro será fiel. ¿Cómo lo sabemos?

Por el perdón, el poder y la fidelidad de Cristo. Por tanto, todo ministro que ha caído tiene que levantarse, buscar el perdón de Cristo y comenzar a caminar nuevamente en la fortaleza y el poder de Cristo.

Pensamiento 2. William Barclay tiene un excelente mensaje para nosotros al tratar con nuestros queridos hermanos y hermanas que han caído.

"Fue algo maravilloso para Pablo, que él, el archiperseguidor, había sido escogido como misionero y pionero de Cristo. No era solo que Jesucristo le había perdonado, era que Cristo había confiado en él. Algunas veces, humanamente hablando, perdonamos a un hombre que ha cometido un error o que ha sido culpable de algún pecado, pero dejamos bien claro que, debido a su pasado, nos resulta imposible volver a confiarle alguna responsabilidad. Sin embargo, Cristo no solo había perdonado a Pablo, sino que le había encomendado para que hiciera su obra. El hombre que había sido perseguidor de Cristo había sido convertido en embajador de Cristo" (Las Epístolas a Timoteo, Tito y Filemón, p. 48).

"Ahora bien, se requiere de los administradores, que cada uno sea hallado fiel" (1 Co. 4:2).

"Por lo cual, si lo hago de buena voluntad, recompensa tendré; pero si de mala voluntad, la comisión me ha sido encomendada" (1 Co. 9:17).

"de la cual fui hecho ministro, según la administración de Dios que me fue dada para con vosotros, para que anuncie cumplidamente la Palabra de Dios" (Col. 1:25).

"sino que según fuimos aprobados por Dios para que se nos confiase el evangelio, así hablamos; no como para agradar a los hombres, sino a Dios, que prueba nuestros corazones. Porque nunca usamos de palabras lisonjeras, como sabéis, ni encubrimos avaricia; Dios es testigo" (1 Ts. 2:4-5).

"según el glorioso evangelio del Dios bendito, que a mí me ha sido encomendado. Doy gracias al que me fortaleció, a Cristo Jesús nuestro Señor, porque me tuvo por fiel, poniéndome en el ministerio" (1 Ti. 1:11-12).

"en la esperanza de la vida eterna, la cual Dios, que no miente, prometió desde antes del principio de los siglos, y a su debido tiempo manifestó su palabra por medio de la predicación que me fue encomendada por mandato de Dios nuestro Salvador" (Tit. 1:2-3).

3. Cristo Jesús perdonó sus terribles pecados. Pablo menciona tres terribles pecados de los que había sido culpable.

=> Blasfemo: Había insultado, vituperado, maldecido y ofendido el nombre de Cristo.

=> Perseguidor: Estaba tan enojado con Cristo que se había propuesto barrer el nombre del Señor de la faz de la tierra. Por tanto, estaba en contra de todos los creyentes habiéndose propuesto destruirlos a todos. (Vea nota, *Iglesia, persecución de,* Hch. 8:3 para mayor discusión.)

=> Injuriador (hubristes): Insolente; tratar y usar a otros vengativamente; ser brutal y violento y disfrutarlo;

tener un ensañamiento furioso e inflingirlo sobre otros. William Barclay dice que la palabra "indica un tipo de sadismo arrogante; describe al hombre que sale a causar dolor y daño por el simple gozo de hacerlo… así era Pablo con respecto a la iglesia cristiana. No satisfecho con palabras ofensivas, fue hasta el punto de la persecución legal. No satisfecho con la persecución legal, fue hasta el punto de la brutalidad sadista en su intento de eliminar la fe cristiana" (*Las Epístolas a Timoteo, Tito y Filemón*, p. 52).

Sin embargo, a pesar de toda esta maldad, Dios tuvo misericordia de Pablo. Pablo no sabía que Cristo era realmente el verdadero Mesías. Pensaba que conocía a Dios y que su religión era la verdadera. Sentía que cualquier religión que estuviera en contra de la suya debía ser eliminada. Es por eso que, cuando Pablo atacó a Cristo y a sus seguidores, lo hizo en ignorancia e incredulidad. Él sencillamente no creía que Jesucristo pudiera ser el Mesías.

El punto principal aquí es el siguiente: Dios tuvo misericordia de Pablo. Él tuvo piedad de Pablo a pesar de sus terribles pecados (vea Estudio a fondo 2, *Misericordia*, 1 Ti. 1:2).

> "Así que no depende del que quiere, ni del que corre, sino de Dios que tiene misericordia" (Ro. 9:16).
>
> "Pero cuando se manifestó la bondad de Dios nuestro Salvador, y su amor para con los hombres, nos salvó, no por obras de justicia que nosotros hubiéramos hecho, sino por su misericordia, por el lavamiento de la regeneración y por la renovación en el Espíritu Santo, el cual derramó en nosotros abundantemente por Jesucristo nuestro Salvador, para que justificados por su gracia, viniésemos a ser herederos conforme a la esperanza de la vida eterna" (Tit. 3:4-7).
>
> "Por la misericordia de Jehová no hemos sido consumidos, porque nunca decayeron sus misericordias" (Lm. 3:22).
>
> "¿Qué Dios como tú, que perdona la maldad, y olvida el pecado del remanente de su heredad? No retuvo para siempre su enojo, porque se deleita en misericordia" (Mi. 7:18).

4. Cristo Jesús derramó su gracia sobre Pablo. Recuerde: Gracia es el favor y las bendiciones inmerecidas de parte de Dios.

=> Cristo favoreció a Pablo aun cuando no lo merecía.

=> Cristo bendijo a Pablo aun cuando no lo merecía.

Note que el favor y la bendición de Cristo fue *más abundante, es decir, superabundante* e inmensurable.

Cristo hizo dos cosas por Pablo:

=> Cristo produjo *fe* en Pablo: Fe para creer, confiar, servir y seguir sirviendo a pesar de las pruebas, los problemas o el agotamiento.

=> Cristo produjo *amor* en Pablo: Amor para alcanzar y hacer todo lo que estaba a su alcance por las personas aun cuando estas le rechazaban, ridiculizaban, abusaban de él y le perseguían. (Vea nota, 1 Ti. 1:5-6 para mayor discusión.)

> "¿O menosprecias las riquezas de su benignidad, paciencia y longanimidad, ignorando que su benignidad te guía al arrepentimiento?" (Ro. 2:4).

> "siendo justificados gratuitamente por su gracia, mediante la redención que es en Cristo Jesús" (Ro. 3:24).
>
> "en quien tenemos redención por su sangre, el perdón de pecados según las riquezas de su gracia" (Ef. 1:7).
>
> "Pero la gracia de nuestro Señor fue más abundante con la fe y el amor que es en Cristo Jesús" (1 Ti. 1:14).
>
> "Porque la gracia de Dios se ha manifestado para salvación a todos los hombres, enseñándonos que, renunciando a la impiedad y a los deseos mundanos, vivamos en este siglo sobria, justa y piadosamente, aguardando la esperanza bienaventurada y la manifestación gloriosa de nuestro gran Dios y Salvador Jesucristo, quien se dio a sí mismo por nosotros para redimirnos de toda iniquidad y purificar para sí un pueblo propio, celoso de buenas obras" (Tit. 2:11-14).

2 (1:15-16) *Ministro — Salvación:* Jesucristo salva al verdadero ministro. En estos dos versículos se desarrollan tres puntos significativos.

1. Cristo Jesús vino al mundo para salvar a los pecadores. Esta es una afirmación fidedigna. Es un verdadero mensaje en el que podemos confiar y este glorioso mensaje es digno de que todos lo *reciban*. Ninguna persona debe rechazar o ignorar el mensaje.

"Cristo Jesús vino al mundo para salvar a los pecadores". Cristo verdaderamente dejó el mundo o dimensión espiritual para venir al mundo físico para salvar a la raza humana. Nos salva del pecado, la muerte y el juicio venidero. No importa cuán pecadora sea una persona —no importa cuan grande sea o sean los pecados que haya cometido— Cristo Jesús vino para salvarle; y esa persona puede ser salva.

Lo que estamos diciendo es lo siguiente: Todo verdadero ministro ha sido salvado por Cristo o de lo contrario no es un verdadero ministro. Al ministro le es tan necesario ser salvo como lo es para otra persona cualquiera. Todo el mundo necesita ser salvo, y una vez salvo —sin importar cuan terrible haya sido su pecado— Cristo puede colocarlo en el ministerio.

> "Porque el Hijo del Hombre vino a buscar y a salvar lo que se había perdido" (Lc. 19:10).
>
> "Porque de tal manera amó Dios al mundo, que ha dado a su Hijo unigénito, para que todo aquel que en él cree, no se pierda, mas tenga vida eterna. Porque no envió Dios a su Hijo al mundo para condenar al mundo, sino para que el mundo sea salvo por él" (Jn. 3:16-17).
>
> "Al que oye mis palabras, y no las guarda, yo no le juzgo; porque no he venido a juzgar al mundo, sino a salvar al mundo. El que me rechaza, y no recibe mis palabras, tiene quien le juzgue; la palabra que he hablado, ella le juzgará en el día postrero" (Jn. 12:47-48).
>
> "A éste, Dios ha exaltado con su diestra por Príncipe y Salvador, para dar a Israel arrepentimiento y perdón de pecados" (Hch. 5:31).
>
> "Palabra fiel y digna de ser recibida por todos: Que Cristo Jesús vino al mundo para salvar a los pecadores, de los cuales yo soy el primero" (1 Ti. 1:15).
>
> "por lo cual puede también salvar perpetuamente

a los que por él se acercan a Dios, viviendo siempre para interceder por ellos" (He. 7:25).

2. Cristo ahora ha salvado al "primero" de los pecadores. Los peores pecados en el mundo son los pecados de...

* blasfemia: Llenarse de ira y malicia contra Cristo; maldecir y blasfemar su nombre con amargada hostilidad.
* perseguir a los creyentes y tratar de eliminarlos de la faz de la tierra.
* injuriar a los creyentes; ser brutal y violento contra los creyentes y disfrutarlo.

Pablo había sido todo esto pero note esta maravillosa verdad: "Cristo Jesús vino al mundo para salvar a los pecadores", y Pablo era el primero de los pecadores, así que Cristo Jesús había venido para salvarlo.

Pensamiento 1. Cristo salva a cualquiera que confiesa que es pecador y que necesita ser salvo, cualquier pecador que verdaderamente confiesa y se arrepiente de sus pecados. No importa cuan terrible sea el pecado, si la persona lo confiesa y se vuelve de su pecado, Cristo le salvará. ¿Por qué? Porque Cristo Jesús vino a salvar a los pecadores. Este fue el propósito por el que él vino al mundo.

La idea principal es esta: Todo verdadero ministro debe reconocer que es un terrible pecador. Es tan pecador como Pablo. El ministro debe estar consciente de que es tan pecador como cualquier otra persona. Debe estar consciente de que es "el primero" de los pecadores o de lo contrario no ha comprendido el verdadero sentido de la santidad de Dios y la depravación del hombre.

"Al oír esto Jesús, les dijo: Los sanos no tienen necesidad de médico, sino los enfermos. Id, pues, y aprended lo que significa: Misericordia quiero, y no sacrificio. Porque no he venido a llamar a justos, sino a pecadores, al arrepentimiento" (Mt. 9:12-13).

"Cuando vio esto el fariseo que le había convidado, dijo para sí: Este, si fuera profeta, conocería quién y qué clase de mujer es la que le toca, que es pecadora" (Lc. 7:39).

"Al ver esto, todos murmuraban, diciendo que había entrado a posar con un hombre pecador" (Lc. 19:7).

"Enderezándose Jesús, y no viendo a nadie sino a la mujer, le dijo: Mujer, ¿dónde están los que te acusaban? ¿Ninguno te condenó? Ella dijo: Ninguno, Señor. Entonces Jesús le dijo: Ni yo te condeno; vete, y no peques más" (Jn. 8:10-11).

"Mas Dios muestra su amor para con nosotros, en que siendo aún pecadores, Cristo murió por nosotros" (Ro. 5:8).

"Pedro les dijo: Arrepentíos, y bautícese cada uno de vosotros en el nombre de Jesucristo para perdón de los pecados; y recibiréis el don del Espíritu Santo" (Hch. 2:38).

"Así que, arrepentíos y convertíos, para que sean borrados vuestros pecados; para que vengan de la presencia del Señor tiempos de refrigerio" (Hch. 3:19).

"Palabra fiel y digna de ser recibida por todos: que Cristo Jesús vino al mundo para salvar a los pecadores, de los cuales yo soy el primero" (1 Ti. 1:15).

"El que encubre sus pecados no prosperará;
"Mas el que los confiesa y se aparta alcanzará misericordia" (Pr. 28:13).

3. Cristo lo salvó como un ejemplo de su gran misericordia. (Vea Estudio a fondo 1, 1 Ti. 1:16 para mayor discusión.) Muy simple, Pablo es el ejemplo por excelencia...

* de que todo pecador, sin importar cuan terrible sea su pecado, puede ser salvo, si tan solo recibe a Cristo y comienza a seguirle cada día.
* de que todo creyente puede ser liberado del pecado y del poder del pecado, sin importar cuán fuerte sea la esclavitud, si tan solo recibe el poder de Cristo y le sigue con renovado compromiso.

La idea es esta, el verdadero ministro es un ejemplo de la gran longanimidad del Señor. El Señor ha salvado al ministro del pecado, le ha salvado verdaderamente, por tanto, el verdadero ministro constituye un ejemplo dinámico de la eterna misericordia y gracia de Dios.

"para que todo aquel que en él cree, no se pierda, mas tenga vida eterna. Porque de tal manera amó Dios al mundo, que ha dado a su Hijo unigénito, para que todo aquel que en él cree, no se pierda, mas tenga vida eterna" (Jn. 3:15-16).

"De cierto, de cierto os digo: El que oye mi palabra, y cree al que me envió, tiene vida eterna; y no vendrá a condenación, mas ha pasado de muerte a vida" (Jn. 5:24).

"Le dijo Jesús: Yo soy la resurrección y la vida; el que cree en mí, aunque esté muerto, vivirá" (Jn. 11:25).

"Yo, la luz, he venido al mundo, para que todo aquel que cree en mí no permanezca en tinieblas" (Jn. 12:46).

"Pero éstas se han escrito para que creáis que Jesús es el Cristo, el Hijo de Dios, y para que creyendo, tengáis vida en su nombre" (Jn. 20:31).

"que si confesares con tu boca que Jesús es el Señor, y creyeres en tu corazón que Dios le levantó de los muertos, serás salvo. Porque con el corazón se cree para justicia, pero con la boca se confiesa para salvación" (Ro. 10:9-10).

"El Señor no retarda su promesa, según algunos la tienen por tardanza, sino que es paciente para con nosotros, no queriendo que ninguno perezca, sino que todos procedan al arrepentimiento" (2 P. 3:9).

ESTUDIO A FONDO 1

(1:16) *Pablo, ejemplo:* Pablo fue escogido como ejemplo para los demás hombres. ¿Ejemplo de qué? De longanimidad, de que la misericordia de Dios puede salvar a cualquiera. Pablo había sido el terrible perseguidor de la iglesia, entrando a las casas y arrestando y asesinando a los seguidores de Cristo (vea notas, Hch. 8:1-4; 9:1-2), pero Dios, que es paciente y no quiere que ninguno perezca, tuvo misericordia de Pablo. Dios perdonó a Pablo y le salvó.

Pablo declaró una maravillosa verdad: Si Dios pudo salvarle a él, puede salvar a cualquiera. No importa cuán grande sea la maldad del pecador, la longanimidad y paciencia de Dios es mayor. Pablo es una prueba de ello; él es un ejemplo de la misericordia de Dios.

3 (1:17) *Ministro — Jesucristo — Dios:* Cristo es digno de ser alabado. El pensar en la gloriosa salvación que Cristo le había dado llevó a Pablo a prorrumpir en alabanza. Esta es una gran doxología:

=> Dios es "el Rey de los siglos": La frase de los siglos implica eternidad. Dios es el Rey, la majestad soberana de los siglos, tanto de los actuales como de los venideros.

=> Dios es inmortal: Es decir, incorruptible. En Él no hay la menor corrupción, el menor envejecimiento, deterioro o decadencia. Dios no puede morir. Solo Él es inmortal (1 Ti. 6:16).

=> Dios es invisible: Es decir, las personas no le pueden ver, al menos no con los ojos físicos en la dimensión o mundo físico.

=> Dios es el único sabio Dios: Es decir, Él es el único Dios vivo y verdadero, el único Dios que verdaderamente tiene inteligencia y sabiduría, que puede realmente interactuar con el mundo y salvar a los hombres.

"para que unánimes, a una voz, glorifiquéis al Dios y Padre de nuestro Señor Jesucristo" (Ro. 15:6).

"Porque habéis sido comprados por precio; glorificad, pues, a Dios en vuestro cuerpo y en vuestro espíritu, los cuales son de Dios" (1 Co. 6:20).

"Así que, ofrezcamos siempre a Dios, por medio de él, sacrificio de alabanza, es decir, fruto de labios que confiesan su nombre" (He. 13:15).

"Mas vosotros sois linaje escogido, real sacerdocio, nación santa, pueblo adquirido por Dios, para que anunciéis las virtudes de aquel que os llamó de las tinieblas a su luz admirable" (1 P. 2:9).

	C. El ministro joven (Primer encargo): Ser un guerrero, 1:18-20	cual naufragaron en cuanto a la fe algunos, 20 de los cuales son Himeneo y Alejandro, a quienes entregué a Satanás para que aprendan a no blasfemar.	buena conciencia 3 La advertencia: La conciencia puede ser desechada y la fe puede naufragar

1 El encargo: Militar la buena milicia
  a. El llamado especial de Timoteo al ministerio
  b. Su llamamiento le impulsaría a militar la buena milicia
	18 Este mandamiento, hijo Timoteo, te encargo, para que conforme a las profecías que se hicieron antes en cuanto a ti, milites por ellas la buena milicia,		a. Dos ejemplos específicos
			  b. La disciplina
			    1) Entregar a Satanás
			    2) Correctiva no punitiva

2 El equipo y las armas de la milicia: La fe y la	19 manteniendo la fe y buena conciencia, desechando la		

DIVISIÓN I

VERDADEROS Y FALSOS MAESTROS EN LA IGLESIA, 1:3-20

C. El ministro joven (Primer encargo): Ser un guerrero, 1:18-20

(1:18-20) *Introducción:* Este es un gran estudio para el joven ministro o para cualquier persona que está sintiendo el llamado a servir a Dios. Todos los creyentes son llamados a ser guerreros para Dios en este mundo, pero el ministro de Dios es llamado a mucho más: Ha sido llamado a encargarse y a liderar en ser un guerrero.

1. El encargo: Militar la buena milicia (v. 18).
2. El equipo y las armas de la milicia: La fe y la buena conciencia (v. 19).
3. La advertencia: La conciencia puede ser desechada y la fe puede naufragar (vv. 19-20).

1 (1:18) *Ministro — Lucha y guerra espiritual:* El encargo dado al joven ministro es vigoroso: ¡Milita la buena milicia!

Pablo le está dando un "mandamiento" (paraggelian) a Timoteo. La palabra significa una orden, una orden urgente, una orden militar. Es una orden que coloca sobre la persona la más apremiante y crítica obligación. Donald Guthrie dice: "El ministerio no es una cuestión de entretenimiento, sino una orden del Gran Jefe" (*Las epístolas pastorales, Comentarios Tyndale del Nuevo Testamento*, p. 67). W. E. Vine señala que "mandamiento" se usa estrictamente de órdenes recibidas de un superior y transmitidas a otros, es decir, este mandamiento —el mandamiento de militar la buena milicia— va dirigido al joven ministro y él, a cambio, debe pasar este mandamiento a los demás (*Vine Diccionario Expositivo de Palabras del Nuevo Testamento*. Old Tappan, NJ: Fleming H. Revell, 1966).

> **"Lo que has oído de mí ante muchos testigos, esto encarga a hombres fieles que sean idóneos para enseñar también a otros" (2 Ti. 2:2).**

Note dos puntos en este versículo.
1. Timoteo tenía un llamamiento especial al ministerio.

Recuerde: Timoteo tenía un buen testimonio de Cristo ante la iglesia y su comunidad (Hch. 16:2). Como dice A. T. Robertson: "Él comenzó su ministerio rico en esperanzas, oraciones y profecías" (*Word Pictures in the New Testament*, vol. 4, p. 565). El Espíritu Santo realmente *se movió* sobre varios creyentes para que profetizaran que Timoteo entraría en el ministerio y militaría la buena milicia.

Pensamiento 1. Note dos puntos significativos:
1) El Espíritu Santo debe ser quien llame a una persona al ministerio. El ministerio no es simplemente otra profesión con la que una persona sirve a la sociedad y se gana su sustento. El ministerio cristiano es el llamado de Dios, el llamado que coloca a una persona justo en medio de una guerra espiritual que lucha por las almas y mentes de las personas.
2) Cuando el Espíritu de Dios llama a una persona, esta no debe rechazar el llamado sino hacer exactamente lo que Pablo dice: Saltar justo en medio de la batalla y ¡militar la buena milicia!

2. El llamamiento de Timoteo lo impulsaría a militar la buena milicia. Nunca olvidaría este llamamiento, nunca olvidaría las profecías de su iglesia natal acerca de que él militaría la buena milicia en el ministerio para Cristo, todo para Cristo. Él mantendría siempre presentes en su mente estas expectativas de su iglesia y las usaría para impulsarle a militar para Cristo.

Note: Pablo está volviendo a encargar este mandamiento a Timoteo. Al parecer Timoteo necesitaba recargarse. Estaba enfrentando la cuestión crítica de falsas doctrinas en la iglesia de Éfeso y esto lo estaba desalentando. Sin embargo, el llamamiento de Dios era claro: Debía militar la buena milicia, luchar hasta la muerte si fuera necesario.

Creyentes, ministros y laicos por igual nunca deben olvidar que el ministerio es una obligación sagrada, un compromiso sagrado. Dios ha tomado lo más precioso y sagrado para Él —el evangelio de su amado Hijo— y ha puesto ese mensaje en manos de los hombres. Por tanto, el ministro no debe fallar, debe levantarse y colocarse justo en medio de la batalla espiritual que se libra por las almas y mentes de las personas.

Pensamiento 1. Se está librando una guerra espiritual por las mentes y almas de las personas. El ministro de Dios debe estar en el mismo centro del conflicto. Él es el instrumento de Dios para enseñar a los hombres el camino hacia Dios y la justicia. Si los ministros de Dios no luchan y pelean para guiar a los hombres hacia Dios, entonces literalmente millones de almas perecerán sin siquiera conocer el camino hacia Dios, sin siquiera conocer que una persona realmente puede vivir para siempre en la presencia de Dios. Esta es la razón por la que los ministros deben levantarse y liderar la carga en la batalla por las mentes y almas de los hombres. Del ministro de Dios dependen tantas cosas —tantas almas, la esperanza y vidas de tantos— que es su deber ser fiel y militar la buen milicia.

2 (1:19) ***Ministro — Lucha y milicia espiritual:*** El equipamiento y las armas de la guerra, la fe y una buena conciencia. Note que el joven ministro debe "mantener" la fe y la buena conciencia.

1. "La fe" significa la verdad del cristianismo, de Cristo y la Palabra de Dios. Es la fe lo que el ministro mantiene en Cristo, en las enseñanzas de Cristo y de la Palabra de Dios. *La fe* del ministro es la base, fundamento y estructura de su vida. *La fe* del Señor Jesucristo y de la Palabra de Dios es su vida. Al pelear las batallas espirituales de esta vida, el ministro debe agarrarse de los mandamientos, instrucciones y palabras de su Líder, no debe alejarse de los mandamientos y palabras del Señor Jesucristo ni siquiera por un instante.

2. El ministro debe mantener "una buena conciencia" (vea Estudio a fondo 1, *Conciencia,* 1 Ti. 1:19 para mayor discusión).

ESTUDIO A FONDO 1

(1:19) ***Conciencia:*** Dicho de manera sencilla, conciencia es el sentido interno de lo bueno y lo malo. Contrario a los que algunos enseñan, la conciencia no la provee el entrenamiento, la educación, la sociedad o el ambiente. Las Escrituras dicen que la conciencia es innata, o sea, el hombre nace con conciencia del bien y el mal.

> "Porque cuando los gentiles que no tienen ley, hacen por naturaleza lo que es de la ley, éstos, aunque no tengan ley, son ley para sí mismos, mostrando la obra de la ley escrita en sus corazones, dando testimonio su conciencia, y acusándoles o defendiéndoles sus razonamientos" (Ro. 2:14-15).

No obstante, la conciencia *tiene que desarrollar y madurar* a través de la educación y el ambiente. Es igual que un bebé pequeño: Está allí, existe, pero está aun sin desarrollar e inmaduro hasta que se le alimenta y enseña qué hacer. De hecho la conciencia, al igual que un niño pequeño, o se desarrolla o se degenera —una de dos— mediante la influencia del ambiente y la educación. Todo ser humano nace con una conciencia pero *su valor y salud* lo determina lo bien que se le alimente y entrene con jus-

ticia y santidad. Mientras mejor se le alimente y enseñe, más eficaz y valiosa se volverá.

Lo que queremos decir es que una conciencia buena y saludable viene de vivir una vida justa y piadosa delante de Dios. Una conciencia mala y degenerada proviene de vivir una vida injusta e impía en este mundo. Si alguien viola su conciencia (hace lo malo) su conciencia le remuerde y le regaña. Siente remordimiento, pesar y culpa. Si corrige su comportamiento y le pide perdón a Dios, Dios elimina la culpa, completa y totalmente. Si continúa violando su conciencia, ocurren tres cosas.

=> Su conciencia se endurece y ya no dirige a la persona. Se apaga el remordimiento, el regaño y la inclinación a hacer lo correcto. La persona se endurece y encallece contra la justicia. Ya no cuenta con la dirección de la conciencia y el sentido de lo que es bueno. Queda solo en el mundo caminando en injusticia e impiedad a su antojo. (Vea Estudio a fondo 1, *Incredulidad,* Jn. 12:39-41 para mayor discusión acerca del juicio de Dios.)

=> Algunas personas rehúsan a escuchar y reaccionan contra la conciencia estallando en hostilidad y rebelión, viviendo cada vez más injusta e impíamente.

=> Otras personas no quieren escuchar a la conciencia y sienten más y más fracaso. Esto puede y a veces conduce al retraimiento, la depresión y a todo tipo de problemas emocionales y mentales.

Las Escrituras dicen lo siguiente sobre la conciencia:
1. La obra de la conciencia.
   a. La conciencia convence de pecado.

> "Pero ellos, al oír esto, acusados por su conciencia, salían uno a uno, comenzando desde los más viejos hasta los postreros; y quedó solo Jesús, y la mujer que estaba en medio" (Jn. 8:9).

   b. La conciencia (al menos al principio) da testimonio de lo que es bueno incluso si la persona no tiene la ley de Dios.

> "Porque cuando los gentiles que no tienen ley, hacen por naturaleza lo que es de la ley, éstos, aunque no tengan ley, son ley para sí mismos, mostrando la obra de la ley escrita en sus corazones, dando testimonio su conciencia, y acusándoles o defendiéndoles sus razonamientos" (Ro. 2:14-15).

   c. La conciencia confirma los sentimientos y las acciones de una persona.

> "Verdad digo en Cristo, no miento, y mi conciencia me da testimonio en el Espíritu Santo" (Ro. 9:1).

   d. La conciencia debe mover a la persona a vivir en simplicidad y piadosa sinceridad.

> "Porque nuestra gloria es esta: El testimonio de nuestra conciencia, que con sencillez y sinceridad de Dios, no con sabiduría humana, sino con la

gracia de Dios, nos hemos conducido en el mundo, y mucho más con vosotros" (2 Co. 1:12).

e. La conciencia debe mover a la persona a recomendarse a sí mismo a la conciencia de los demás hombres…

- renunciando a la deshonestidad.
- no manipulando maliciosamente la Palabra de Dios.

"Antes bien renunciamos a lo oculto y vergonzoso, no andando con astucia, ni adulterando la Palabra de Dios, sino por la manifestación de la verdad recomendándonos a toda conciencia humana delante de Dios" (2 Co. 4:2).

2. La fuente de una conciencia buena, clara, pura y saludable.

a. Una conciencia buena y saludable proviene de obedecer las leyes del estado.

"Por lo cual es necesario estarle sujetos, no solamente por razón del castigo, sino también por causa de la conciencia" (Ro. 13:5).

b. Una conciencia buena y saludable proviene del amor que fluye de un corazón puro y una fe sincera.

"Pues el propósito de este mandamiento es el amor nacido de corazón limpio, y de buena conciencia, y de fe no fingida" (1 Ti. 1:5).

c. Una conciencia buena y saludable proviene de mantenerse firme a nuestra fe y a una buena conciencia.

"manteniendo la fe y buena conciencia, desechando la cual naufragaron en cuanto a la fe algunos" (1 Ti. 1:19).

d. Una conciencia buena y saludable proviene de servir a Dios.

"Doy gracias a Dios, al cual sirvo desde mis mayores con limpia conciencia, de que sin cesar me acuerdo de ti en mis oraciones noche y día" (2 Ti. 1:3).

e. Una conciencia buena y saludable proviene de ser limpiado por la sangre de Cristo.

"¿cuánto más la sangre de Cristo, el cual mediante el Espíritu eterno se ofreció a sí mismo sin mancha a Dios, limpiará vuestras conciencias de obras muertas para que sirváis al Dios vivo?" (He. 9:14).

"Así que, hermanos, teniendo libertad para entrar en el Lugar Santísimo por la sangre de Jesucristo, por el camino nuevo y vivo que él nos abrió a través del velo, esto es, de su carne, y teniendo un gran sacerdote sobre la casa de Dios, acerquémonos con corazón sincero, en plena certidumbre de fe, purificados los corazones de mala conciencia, y lavados los cuerpos con agua pura" (He. 10:19-22).

f. Una conciencia buena y saludable proviene del deseo de vivir honestamente en todo.

"Orad por nosotros; pues confiamos en que tenemos buena conciencia, deseando conducirnos bien en todo" (He. 13:18).

g. Una conciencia buena y saludable proviene de sufrir injusticias por el nombre de Dios.

"Porque esto merece aprobación, si alguno a causa de la conciencia delante de Dios, sufre molestias padeciendo injustamente" (1 P. 2:19).

h. Una conciencia buena y saludable proviene de un buen comportamiento en Cristo.

"teniendo buena conciencia, para que en lo que murmuran de vosotros como de malhechores, sean avergonzados los que calumnian vuestra buena conducta en Cristo" (1 P. 3:16).

3. Algunos hechos acerca de la conciencia.

a. Una persona debe vivir en buena conciencia.

"Entonces Pablo, mirando fijamente al concilio, dijo: Varones hermanos, yo con toda buena conciencia he vivido delante de Dios hasta el día de hoy" (Hch. 23:1).

b. Una persona debe tener una conciencia libre de ofensa ante Dios y ante los hombres.

"Y por esto procuro tener siempre una conciencia sin ofensa ante Dios y ante los hombres" (Hch. 24:16).

c. La conciencia puede ser débil.

"De esta manera, pues, pecando contra los hermanos e hiriendo su débil conciencia, contra Cristo pecáis" (1 Co. 8:12; cp. 1 Co. 8:7, 10).

d. Una persona no debe hacer nada que viole la conciencia de otra persona.

"Mas si alguien os dijere: Esto fue sacrificado a los ídolos; no lo comáis, por causa de aquel que lo declaró, y por motivos de conciencia; porque del Señor es la tierra y su plenitud. La conciencia, digo, no la tuya, sino la del otro. Pues ¿por qué se ha de juzgar mi libertad por la conciencia de otro?" (1 Co. 10:28-29).

e. La conciencia puede desecharse y la fe puede naufragar.

"manteniendo la fe y buena conciencia, desechando la cual naufragaron en cuanto a la fe algunos" (1 Ti. 1:19).

f. La conciencia puede ser cauterizada (marcada como seguidor de Dios o del diablo).

"por la hipocresía de mentirosos que, teniendo cauterizada la conciencia" (1 Ti. 4:2).

g. La conciencia y la mente pueden degenerarse (volverse impuras, inmundas) mediante la incredulidad y la degeneración.

"Todas las cosas son puras para los puros, mas para los corrompidos e incrédulos nada les es puro; pues hasta su mente y su conciencia están corrompidas" (Tit. 1:15).

h. Guardar la ley y ser religioso no puede hacer perfecta a la conciencia.

"Lo cual es símbolo para el tiempo presente, según el cual se presentan ofrendas y sacrificios que no pueden hacer perfecto, en cuanto a la conciencia, al que practica ese culto" (He. 9:9).

"De otra manera cesarían de ofrecerse, pues los que tributan este culto, limpios una vez, no tendrían ya más conciencia de pecado" (He. 10:2).

i. Buscar una buena conciencia hacia Dios nos salva por la resurrección de Jesucristo.

"El bautismo que corresponde a esto ahora nos salva (no quitando las inmundicias de la carne, sino como la aspiración de una buena conciencia hacia Dios) por la resurrección de Jesucristo" (1 P. 3:21).

4. Las Escrituras mencionan al menos siete tipos de conciencia. (Esta idea proviene de Thomas Walker. *The Acts of the Apostles* [Los Hechos de los apóstoles]. Chicago, IL: Moody Press, 1965. p. 487).

a. La buena conciencia (clara, pura, saludable).

"Entonces Pablo, mirando fijamente al concilio, dijo: Varones hermanos, yo con toda buena conciencia he vivido delante de Dios hasta el día de hoy" (Hch. 23:1).

"manteniendo la fe y buena conciencia, desechando la cual naufragaron en cuanto a la fe algunos" (1 Ti. 1:19).

b. La conciencia sin ofensa.

"Y por esto procuro tener siempre una conciencia sin ofensa ante Dios y ante los hombres" (Hch. 24:16).

c. La conciencia débil.

"Pero no en todos hay este conocimiento; porque algunos, habituados hasta aquí a los ídolos, comen como sacrificado a ídolos, y su conciencia, siendo débil, se contamina... Porque si alguno te ve a ti, que tienes conocimiento, sentado a la mesa en un lugar de ídolos, la conciencia de aquel que es débil, ¿no será estimulada a comer de lo sacrificado a los ídolos?... De esta manera, pues, pecando contra los hermanos e hiriendo su débil conciencia, contra Cristo pecáis" (1 Co. 8:7, 10, 12).

d. La conciencia pura.

"que guarden el misterio de la fe con limpia conciencia" (1 Ti. 3:9).

"Doy gracias a Dios, al cual sirvo desde mis mayores con limpia conciencia, de que sin cesar me acuerdo de ti en mis oraciones noche y día" (2 Ti. 1:3).

e. La conciencia cauterizada.

"por la hipocresía de mentirosos que, teniendo cauterizada la conciencia" (1 Ti. 4:2).

f. La conciencia corrompida.

"Todas las cosas son puras para los puros, mas para los corrompidos e incrédulos nada les es puro; pues hasta su mente y su conciencia están corrompidas" (Tit. 1:15).

g. La mala conciencia.

"acerquémonos con corazón sincero, en plena certidumbre de fe, purificados los corazones de mala conciencia, y lavados los cuerpos con agua pura" (He. 10:22).

3 (1:19-20) *Fe — Ministro:* La advertencia es atemorizante. La conciencia puede ser desechada y la fe naufragar. "Desechada" (aposamenoi) significa empujar con fuerza. Es un empujón voluntario y deliberado de la conciencia. La conciencia dice que algo está mal y no debe hacerse pero se le ignora y domina, se le da la espalda y se le niega.

Cuando una persona continúa empujando su conciencia sucede algo terrible: Su fe naufraga. Su fe se rompe en pedazos y se destruye. Una persona debe vivir como mandan las Escrituras: Justa y piadosamente. Si no vive justa y piadosamente debilita su fe y pronto se estrella contra las tormentas del mal, la mundanalidad y las falsas doctrinas. Su fe naufraga, porque hizo a un lado su conciencia rehusando a escuchar su llamado a vivir justa y piadosamente.

Nótense dos puntos:

1. Pablo da dos ejemplos específicos de hombres que hicieron a un lado su conciencia y naufragaron en cuanto a la fe.

=> Himeneo fue el hombre que enseñó falsa doctrina: Que la resurrección de los creyentes ya había ocurrido (2 Ti. 2:17).

=> Alejandro probablemente es el herrero que se opuso a Pablo e hizo tanto mal contra él (2 Ti. 4:14).

2. Pablo menciona la disciplina que le impuso a esos dos hombres pero recuerde por qué les disciplinó: Ellos se habían mantenido rechazando la guía de sus conciencias y se habían apartado de su fe. Por tanto, Pablo les entregó a Satanás. ¿Qué significa esto? Hay dos explicaciones posibles:

a. La disciplina significa que los hombres debían ser excomulgados de la iglesia (vv. 2, 7, 13). La idea es que fuera de la iglesia —en el mundo— Satanás domina, así como dentro de la iglesia domina Dios (Jn. 12:31; 16:11; Hch. 26:18; Ef. 2:12; Col. 1:13; 1 Jn. 5:19). Ambos hombres serían enviados de vuelta al mundo de Satanás al que pertenecían. Quizá una disciplina así les humillaría y les haría volver en sí. Era una disciplina no solo para castigarles sino para despertarles a la justicia. Era un juicio que retiraba sus privilegios como cristianos con la esperanza de que la disciplina les movería a arrepentirse.

b. La disciplina significa más que una excomunión. Es la sujeción milagrosa de la persona al poder de Satanás para ser aterrorizada y atormentada por él para que se arrepintieran y volvieran a Cristo.

=> La idea es que Pablo y la iglesia oraron para que surgiera en sus vidas alguna circunstancia o dificultad que les moviera al arrepentimiento.

A las personas se les castiga por su pecado y fracaso espiritual. De hecho, es imposible pecar y escapar del castigo. El hombre cosecha lo que siembra. Hay un poder espiritual que castiga el pecado. Sin embargo, esto no debe sorprendernos hoy día, pues la medicina moderna y la sicología nos dicen que el mal comportamiento produce castigo físico, emocional y mental. (Vea notas, 1 Co. 5:3-5; 11:27-30; Estudio a fondo 1, 1 Jn. 5:16 para mayor discusión.)

Note que la disciplina es correctiva, es decir, ambos hombres fueron disciplinados para tratar de llevarlos a regresar a Cristo. Ellos fueron entregados a Satanás para que aprendieran a no blasfemar.

"Por lo cual hay muchos enfermos y debilitados entre vosotros, y muchos han muerto. Si, pues, nos examináramos a nosotros mismos, no seríamos juzgados; pero siendo juzgados, somos castigados por el Señor para que no seamos condenados con el mundo" (1 Co. 11:30-32).

"Todo pámpano que en mí no lleva fruto, lo quitará; y todo aquel que lleva fruto, lo limpiará, para que lleve más fruto" (Jn. 15:2).

"Entonces Saulo, que también es Pablo, lleno del Espíritu Santo, fijando en él los ojos, le dijo:

"¡Lleno de todo engaño y de toda maldad, hijo del diablo, enemigo de toda justicia! ¿No cesarás de trastornar los caminos rectos del Señor? Ahora, pues, la mano del Señor está contra ti, y quedarás ciego y no verás el sol por algún tiempo.

"Inmediatamente cayeron sobre él oscuridad y tinieblas; y andando alrededor, buscaba quien lo condujera de la mano" (Hch. 13:9-11; cp. Hch. 5:1-11).

"Entre ellos están Himeneo y Alejandro, a quienes entregué a Satanás para que aprendan a no blasfemar" (1 Ti. 1:20).

"y habéis ya olvidado la exhortación que como a hijos se os dirige, diciendo: "Hijo mío, no menosprecies la disciplina del Señor ni desmayes cuando eres reprendido por él" (He. 12:5; cp. vv. 6-11 para la idea completa). "Yo reprendo y castigo a todos los que amo; sé, pues, celoso y arrepiéntete" (Ap. 3:19).

"Bienaventurado el hombre a quien tú, Jah, corriges, y en tu Ley lo instruyes" (Sal. 94:12).

"No menosprecies, hijo mío, el castigo de Jehová, no te canses de que él te corrija, porque Jehová al que ama castiga, como el padre al hijo a quien quiere" (Pr. 3:11-12).

"¡Castígame, Jehová, mas con juicio; no con tu furor, para que no me aniquiles!" (Jer. 10:24).

	CAPÍTULO 2 **II. DEBERES Y ORDEN EN LA IGLESIA, 2:1—3:13** **A. El primer deber de la iglesia: Orar, 2:1-8**	4 el cual quiere que todos los hombres sean salvos y vengan al conocimiento de la verdad, 5 pues hay un solo Dios, y un solo mediador entre Dios y los hombres: Jesucristo hombre,	a. Porque Dios es nuestro salvador y quiere que todos los hombres sean salvos b. Porque hay un solo Dios, no los muchos dioses de los hombres

1 Orar por todos los hombres
  a. Con rogativas
  b. Con oraciones especiales
  c. Con peticiones
  d. Con acciones de gracia
	1 Exhorto ante todo, a que se hagan rogativas, oraciones, peticiones y acciones de gracias por todos los hombres,	6 el cual se dio a sí mismo en rescate por todos, de lo cual se dio testimonio a su debido tiempo.
		7 Para esto yo fui constituido predicador, apóstol y maestro de los gentiles en fe y verdad. Digo la verdad en Cristo, no miento.
			c. Porque hay un solo mediador que puede salvarnos
			d. Porque Cristo es el rescate por todos
			e. Porque los ministros son ordenados o señalados para predicar la salvación de Dios

2 Orar por las autoridades civiles
  a. Para que vivamos quieta y reposadamente
  b. Para que vivamos en toda piedad y honestidad
	2 por los reyes y por todos los que tienen autoridad, para que vivamos quieta y reposadamente en toda piedad y honestidad.	8 Quiero, pues, que los hombres oren en todo lugar, levantando manos santas, sin ira ni contienda.	**4 Orar en todo lugar y con el espíritu correcto**

3 Orar para que todos los hombres sean salvos	3 Esto es bueno y agradable delante de Dios, nuestro Salvador,		

DIVISIÓN II

DEBERES Y ORDEN EN LA IGLESIA, 2:1—3:13

A. El primer deber de la iglesia: Orar, 2:1-8

(2:1-8) *Introducción:* Aquí comienza una importante sección en la enseñanza de 1 Timoteo, sección que cubre los deberes y el orden en la iglesia. El primer deber de la iglesia es básico: Es el deber de orar.

1. Orar por todos los hombres (v. 1).
2. Orar por las autoridades civiles (v. 2).
3. Orar para que todos los hombres sean salvos (vv. 3-7).
4. Orar en todo lugar y con el espíritu correcto (v. 8).

(2:1-8) *Otro bosquejo:* El primer deber de la iglesia: Orar.

1. La exhortación a orar por todos los hombres (v. 1).
2. La exhortación a orar por las autoridades civiles (v. 2).
3. Razones por las que debemos orar por todos los hombres (vv. 3-6).
4. Lugar y espíritu de la oración (vv. 7-8).

1 (2:1) *Oración:* Orar por todos los hombres. Debemos orar por todas las personas; nadie debe omitirse o dejarse fuera:

  => el grande y el chico
  => el educado y el inculto
  => el importante y el insignificante
  => el rico y el pobre
  => el líder y los seguidores
  => el joven y el anciano
  => el amigo y el enemigo

Oren por todos los hombres. No omitan, ignoren o pasen por alto a nadie. Todas las personas necesitan oración; todas las personas necesitan de Dios, su salvación su cuidado, dirección aprobación y aceptación. Por lo tanto, oren por todos los hombres.

Nota: Esta es una *exhortación* (parakaleo) a orar, lo que significa que nos está animando y al mismo tiempo dando un mandamiento. Al creyente *se le anima y manda* a orar de la misma manera que al soldado se le anima y ordena pelear.

"Ante todo" destaca cuán importante es la oración. "Ante todo" —por encima de todo lo demás, de suprema importancia— coloca a la oración en primer lugar. "Ante todo" —antes de cualquier otra cosa— oren por todos los hombres.

Note que se mencionan cuatro tipos de oraciones. Esto también acentúa la importancia de orar por todos los hombres.

1. "Rogativas" (deeseis). Esto se refiere a las oraciones que se centran en necesidades especiales, necesidades profundas e intensas. Cuando vemos necesidades especiales en las vidas de las personas —de todas las personas— debemos rogar por ellas. Es decir, debemos llevar la necesidad delante de Dios con un gran sentido de urgencia, ruego y súplica por la o las personas. La idea es la de un intenso y profundo quebrantamiento delante de Dios en nombre de otros, para que Dios ayude y salve a la persona.

Pensamiento 1. Piense qué diferente sería el mundo, qué diferente sería nuestra comunidad si realmente lleváramos los nombres y necesidades de las personas delante de Dios y suplicáramos por ellas con intenso quebranto y llanto. Piense…

- a cuántos seres queridos podríamos salvar y ayudar.
- a cuántas personas dentro de nuestra comunidad, estado, país y el mundo podríamos salvar y ayudar.
- cuántos problemas dejarían de existir en nuestra sociedad.

Las Escrituras declaran enfáticamente: "…no tenéis lo que deseáis, porque no pedís" (Stg. 4:2).

2. "Oraciones" (*proseuchas*). Se refiere a los momentos especiales de oración que apartamos para la devoción y la adoración. Debemos fijar tiempos para orar, momentos que apartamos para adorar a Dios y en los que oramos por todos los hombres.

3. "Peticiones" (*enteuxeis*). Se refiere a la oración valiente, a ponerse en pie delante de Dios a favor de otra persona. Cristo es nuestro intercesor, el que se coloca entre Dios y nosotros a nuestro favor, pero nosotros debemos interceder por los hombres, llevar sus nombres y vidas delante de Dios y orar valientemente por ellos esperando que Dios escuchará y responderá; todo en el nombre de Cristo. Debemos interceder por todos los hombres; pararnos en la brecha entre ellos y Dios orando con denuedo y pidiéndole a Dios su misericordia y gracia para salvación y liberación.

4. "Acciones de gracias" (*eucharistias*). Esto significa que le agradecemos a Dios por escucharnos y respondernos, agradecerle por lo que ha hecho y por lo que hará a favor de todos los hombres.

> "Pero yo os digo: Amad a vuestros enemigos, bendecid a los que os maldicen, haced bien a los que os aborrecen, y orad por los que os ultrajan y os persiguen" (Mt. 5:44).
> "Pedid, y se os dará; buscad, y hallaréis; llamad, y se os abrirá" (Mt. 7:7).
> "También les refirió Jesús una parábola sobre la necesidad de orar siempre, y no desmayar" (Lc. 18:1).
> "Y Jesús decía: Padre, perdónalos, porque no saben lo que hacen. Y repartieron entre sí sus vestidos, echando suertes" (Lc. 23:34).
> "Y puesto de rodillas, clamó a gran voz: Señor, no les tomes en cuenta este pecado. Y habiendo dicho esto, durmió" (Hch. 7:60).
> "orando en todo tiempo con toda oración y súplica en el Espíritu, y velando en ello con toda perseverancia y súplica por todos los santos" (Ef. 6:18).
> "Por nada estéis afanosos, sino sean conocidas vuestras peticiones delante de Dios en toda oración y ruego, con acción de gracias. Y la paz de Dios, que sobrepasa todo entendimiento, guardará vuestros corazones y vuestros pensamientos en Cristo Jesús" (Fil. 4:6-7).
> "Perseverad en la oración, velando en ella con acción de gracias" (Col. 4:2).
> "Orad sin cesar" (1 Ts. 5:17).
> "Confesaos vuestras ofensas unos a otros, y orad unos por otros, para que seáis sanados. La oración eficaz del justo puede mucho. Elías era hombre sujeto a pasiones semejantes a las nuestras, y oró fervientemente para que no lloviese, y no llovió sobre la tierra por tres años y seis meses. Y otra vez oró, y el cielo dio lluvia, y la tierra produjo su fruto" (Stg. 5:16-18).

2 (2:2) *Oración — Autoridades civiles:* Oren por las autoridades civiles, por los reyes y todos los que están en eminencia.

=> No importa cuán buenos o malos sean, oren por ellos.

=> No importa cuán morales o inmorales sean, oren por ellos.

=> No importa cuán justos o injustos sean, oren por ellos.

La idea de orar por gobernantes malvados puede resultar chocante para algunas personas si pensamos en los que existen incluso hoy día, pero recuerde: Nerón ocupaba el trono de Roma cuando Pablo encargó a los creyentes a orar por el rey o emperador, y en ese entonces ya había incendiado a Roma y había culpado de ello a los cristianos. De hecho, en ese momento estaba lanzando una violenta persecución contra los creyentes.

Donald Guthrie dice: *"Esta actitud cristiana hacia el Estado es de suma importancia. Ya sea que las autoridades civiles estén pervertidas o no debemos tenerlas presentes en nuestras oraciones, pues de esta manera los ciudadanos cristianos pueden influir sobre el curso de los asuntos de la nación, algo a menudo olvidado excepto en tiempos de crisis"* (The Pastoral Epistles [Las epístolas pastorales], The Tyndale New Testament Commentaries, p. 70).

Matthew Henry dice: *"Oren por los reyes… aunque los reyes en este momento sean paganos, enemigos del cristianismo y perseguidores de los cristianos… porque es por el bienestar público que deben existir los gobiernos civiles y las personas adecuadas a quienes se les ha encargado su administración"* (Matthew Henry's Commentary, vol. 5, p. 811).

Existen dos razones por las que debemos orar por los gobernantes.

1. Oramos por los gobernantes para que podamos vivir quieta y reposadamente. La única forma en que los ciudadanos de una nación pueden vivir quieta y reposadamente es si el gobernante está lleno…

- de sabiduría y conocimiento.
- de moral y justicia.
- de valor y osadía
- de compasión y comprensión.

Por tanto, los creyentes deben orar para que los gobernantes sean llenos hasta rebosar para que puedan traer paz y seguridad en toda la tierra. Solo entonces los ciudadanos del país podrán vivir quieta y reposadamente.

2. Debemos orar por los gobernantes para que podamos vivir en toda piedad y honestidad. Los creyentes quieren libertad de adoración para todos los ciudadanos.

=> Quieren libertad de adoración y libertad de vida y

elección, el derecho de adorar y vivir para Dios sin ser combatidos ni perseguidos.

=> Quieren libertad de vida y elección, el derecho a vivir *vidas honestas y con significado,* el derecho a dedicarse a sus propias vidas y deseos sin que un gobernante se oponga.

Pensamiento 1. Las personas desean e incluso anhelan la libertad: Libertad para vivir y escoger y libertad de adoración. Esta es la razón por la que debemos orar por gobernantes…

• de sabiduría y conocimiento.
• de moral y justicia.
• de valor y osadía
• de compasión y comprensión.

"Por la bendición de los rectos la ciudad será engrandecida; mas por la boca de los impíos será trastornada" (Pr. 11:11).

"La justicia engrandece a la nación; mas el pecado es afrenta de las naciones" (Pr. 14:34).

"Recuérdales que se sujeten a los gobernantes y autoridades, que obedezcan, que estén dispuestos a toda buena obra" (Tit. 3:1).

"Honrad a todos. Amad a los hermanos. Temed a Dios. Honrad al rey" (1 P. 2:17).

3 (2:3-7) *Jesucristo, mediador — Oración — Salvación — Rescate — Redención:* Oren para que todos los hombres sean salvos, tanto gobernantes como ciudadanos, grandes y pequeños. Se dan cinco razones por las que debemos orar por la salvación de todos los hombres, incluyendo los gobernantes.

1.   En primer lugar, Dios es nuestro Salvador y quiere que todos los hombres sean salvos y vengan al conocimiento de la verdad. Como señalamos anteriormente (1 Ti. 1:1), *Dios nuestro Salvador* es uno de los grandes títulos de Dios. Dios es nuestro Salvador, la fuente de nuestra salvación. Dios es la primera persona que se preocupó y amó al hombre. Dios nos ama y no quiere que nadie perezca, por tanto, ha tomado la iniciativa y ha provisto la vía para que seamos salvos.

Nota: Dios quiere que todos los hombres sean salvos pero no a manera de un decreto. Dios no ha decretado que todos los hombres sean salvos. Esto es evidente cuando vemos las vidas impías y perversas que muchos viven. Dios desea que todos los hombres sean salvos en el sentido de que Él los ama y anhela que lo sean. Si un hombre perece es por su propia culpa. Dios ha hecho todo lo posible, ha provisto el camino para que el hombre sea salvo, así que si un hombre se pierde es por su propia elección.

Note las palabras "al conocimiento de la verdad". ¿Cuál es la verdad que Dios quiere que el hombre conozca? La verdad que recoge el punto siguiente: Que hay un solo Dios y un solo mediador que se dio a sí mismo en rescate por todos, la verdad de que todos pueden ser salvos del pecado, la muerte y el juicio venidero mediante la muerte del Señor Jesucristo. Dios ama tanto al hombre que ha provisto *el camino* para que el hombre sea salvo. Ese camino es la verdad, y esa verdad es la verdad que Dios quiere que el hombre conozca.

"Jesús le dijo: Yo soy el camino, y la verdad, y la vida; nadie viene al Padre, sino por mí" (Jn. 14:6).

Esta es la razón por la que debemos orar por todos lo hombres, tanto gobernantes como ciudadanos, grandes y chicos, educados e incultos, morales e inmorales, justos e injustos, civilizados y salvajes, salvos y perdidos. Dios quiere que todos los hombres sean salvos independientemente de quiénes son y sin importar cuán malos sean.

"El Señor no retarda su promesa, según algunos la tienen por tardanza, sino que es paciente para con nosotros, no queriendo que ninguno perezca, sino que todos procedan al arrepentimiento" (2 P. 3:9).

"Diles: Vivo yo, dice Jehová el Señor, que no quiero la muerte del impío, sino que se vuelva el impío de su camino, y que viva. Volveos, volveos de vuestros malos caminos; ¿por qué moriréis, oh casa de Israel?" (Ez. 33:11).

2.   En segundo lugar, hay un solo Dios, no los muchos dioses de los hombres. Si hubiera muchos dioses, entonces habría muchas maneras de obtener los cielos de esos dioses, pero no hay muchos dioses. Lógicamente, no podría haber muchos dioses. Cuando hablamos de Dios queremos decir la Majestad suprema e infinita del universo. Solo puede haber un Ser supremo, solo un Ser infinito. Si hubiera muchos dioses, entonces no serían infinitos o supremos, por tanto, no serían dios.

El punto central de lo que estamos diciendo es que, puesto que hay un solo Dios, solo puede haber una forma de alcanzarle una sola forma de ser salvos. ¿Por qué? Eso es lo que discutimos en el punto siguiente.

"Acerca, pues, de las viandas que se sacrifican a los ídolos, sabemos que un ídolo nada es en el mundo, y que no hay más que un Dios" (1 Co. 8:4).

"un Dios y Padre de todos, el cual es sobre todos, y por todos, y en todos" (Ef. 4:6).

"Porque tres son los que dan testimonio en el cielo: El Padre, el Verbo y el Espíritu Santo; y estos tres son uno" (1 Jn. 5:7).

"Por tanto, tú te has engrandecido, Jehová Dios; por cuanto no hay como tú, ni hay Dios fuera de ti, conforme a todo lo que hemos oído con nuestros oídos" (2 S. 7:22).

"Porque tú eres grande, y hacedor de maravillas; Sólo tú eres Dios" (Sal. 86:10).

"vosotros sois mis testigos, dice Jehová, y mi siervo que yo escogí, para que me conozcáis y creáis, y entendáis que yo mismo soy; antes de mí no fue formado dios, ni lo será después de mí. Yo, yo Jehová, y fuera de mí no hay quien salve" (Is. 43:10-11).

"Así dice Jehová Rey de Israel, y su Redentor, Jehová de los ejércitos: Yo soy el primero, y yo soy el postrero, y fuera de mí no hay Dios" (Is. 44:6).

"Porque así dijo Jehová, que creó los cielos; él es Dios, el que formó la tierra, el que la hizo y la compuso; no la creó en vano, para que fuese habitada la creó: Yo soy Jehová, y no hay otro" (Is. 45:18).

3.   Hay un solo mediador entre Dios y los hombres. El hombre necesita tener un mediador para ser salvo, para acer-

carse y ser acepto delante de Dios. Y volvemos a preguntar, ¿por qué? Porque solo hay una persona perfecta: Dios. Ningún hombre puede permanecer ante Dios por sus propios méritos o justicia. El hombre es imperfecto y Dios es perfecto. No hay nada que el hombre pueda hacer por sí mismo para que Dios lo acepte. *La perfección no puede aceptar la imperfección.* Si la perfección aceptara la imperfección dejaría de ser perfección. La perfección tiene que ser justa y recta, lo que significa que tiene que rechazar la imperfección. Dios no puede aceptar al hombre imperfecto. Dios tiene que ser justo y recto y rechazar al hombre con toda la imperfección de sus pensamientos y comportamiento.

Entonces, ¿cómo puede el hombre ser aceptado por Dios? Dios tiene que hacer aceptable al hombre. Dios mismo tiene que tratar con el pecado, la condenación y la muerte del hombre. ¿Cómo? Solo hubo una forma: Dios, la persona perfecta, tuvo que hacerse hombre. Dios tuvo que venir a la tierra de manera tal que el hombre pudiera entender lo que Él estaba haciendo. Lo hizo participando de la carne y la sangre y viniendo a la tierra en la persona de su Hijo, el hombre Cristo Jesús.

=> Dios tuvo que conquistar el pecado. Tuvo que vivir *una vida perfecta y sin pecado* como hombre para poder tratar con el pecado. Al vivir una vida perfecta y sin pecado se convirtió en el hombre perfecto e ideal, la justicia ideal y perfecta que podría cubrir y defender a todos los hombres (He. 2:14-15).

Esto es parte de lo que se quiere decir con que Jesucristo es nuestro mediador. Él se encuentra delante de Dios como el hombre perfecto, y también se coloca entre Dios y los hombres como el hombre perfecto. Él es el ejemplo ideal de todos los hombres, de lo que debe ser el hombre, por tanto, cuando un hombre cree verdaderamente en Jesucristo…

*   Dios toma la creencia de ese hombre y la considera como la justicia de Jesucristo.
*   Dios acepta la fe del hombre y la honra en su Hijo como justicia.
*   Dios permite que la justicia de su Hijo Jesucristo cubra a ese hombre.
*   Dios acepta la fe del hombre como la justicia de Jesucristo.

En otras palabras, el hombre no es justo pero Dios toma su fe en su Hijo y acredita dicha fe como justicia. Jesucristo es el mediador entre Dios y los hombres, actúa como mediador de la perfección y la justicia para el hombre. El punto central es el siguiente: Como hay un solo mediador, debemos orar para que los hombres le conozcan y debemos apurarnos en proclamarle a todos los hombres para que conozcan sobre él y tengan oportunidad de seguirle.

"Y aquel Verbo fue hecho carne, y habitó entre nosotros (y vimos su gloria, gloria como del unigénito del Padre), lleno de gracia y de verdad" (Jn. 1:14).

"Jesús le dijo: Yo soy el camino, y la verdad, y la vida; nadie viene al Padre, sino por mí" (Jn. 14:6).

"Jesús le dijo: ¿Tanto tiempo hace que estoy con vosotros, y no me has conocido, Felipe? El que me ha visto a mí, ha visto al Padre; ¿cómo, pues, dices tú:

Muéstranos el Padre? ¿No crees que yo soy en el Padre, y el Padre en mí? Las palabras que yo os hablo, no las hablo por mi propia cuenta, sino que el Padre que mora en mí, él hace las obras. Creedme que yo soy en el Padre, y el Padre en mí; de otra manera, creedme por las mismas obras" (Jn. 14:9-11).

"Porque hay un solo Dios, y un solo mediador entre Dios y los hombres, Jesucristo hombre" (1 Ti. 2:5).

"Pero ahora tanto mejor ministerio es el suyo, cuanto es mediador de un mejor pacto, establecido sobre mejores promesas" (He. 8:6).

"Así que, por eso es mediador de un nuevo pacto, para que interviniendo muerte para la remisión de las transgresiones que había bajo el primer pacto, los llamados reciban la promesa de la herencia eterna" (He. 9:15).

"Porque no entró Cristo en el santuario hecho de mano, figura del verdadero, sino en el cielo mismo para presentarse ahora por nosotros ante Dios" (He. 9:24).

"a Jesús el Mediador del nuevo pacto, y a la sangre rociada que habla mejor que la de Abel. Mirad que no desechéis al que habla. Porque si no escaparon aquellos que desecharon al que los amonestaba en la tierra, mucho menos nosotros, si desecháremos al que amonesta desde los cielos" (He. 12:24-25).

"Hijitos míos, estas cosas os escribo para que no pequéis; y si alguno hubiere pecado, abogado tenemos para con el Padre, a Jesucristo el justo" (1 Jn. 2:1).

4.   El hombre Cristo Jesús se dio a sí mismo en rescate por todos. La palabra "rescate" (antilutron) significa intercambiar una cosa por otra. El hombre Cristo Jesús intercambió su vida por la vida del hombre, cedió su vida por la vida del hombre. ¿Cómo? Mediante la cruz. Jesucristo tomó sobre sí el pecado y la condenación de los hombres y soportó el juicio por ellos. Cristo murió por el hombre, el sufrió el juicio de Dios por el pecado en lugar del hombre.

Cristo pudo hacer esto por ser el hombre ideal y perfecto que era. Ya que era el hombre ideal su muerte fue la muerte ideal. Por tanto, su muerte puede sustituir y cubrir la muerte de todos los hombres. Si un hombre cree verdaderamente y confía en que la muerte de Jesucristo es por él…

*   Dios acepta la muerte de Jesucristo por la del hombre.
*   Dios realmente *considera* al hombre como ya muerto en Cristo.
*   Dios acepta al hombre libre de la culpa y la condenación del pecado porque Cristo ya pagó el precio por el pecado y la muerte.

Este el glorioso evangelio de Dios: Que ahora el hombre puede vivir para siempre en la presencia de Dios. Jesucristo se dio a sí mismo como rescate por el pecado y la muerte. Cuando el hombre recibe a Cristo Jesús en su corazón y comienza a seguirle…

*   Dios le da vida ahora y para siempre, vida abundante y eterna. Cuando el hombre termina su tarea sobre la tierra, Dios le lleva a su presencia, en un abrir y cerrar de ojos. El hombre nunca más tiene que morir.

La frase "de lo cual se dio testimonio a su debido tiempo" significa que Dios envió a su Hijo cuando se cumplió el tiempo. Cuando llegó el momento preciso de que Cristo viniera a la tierra, vino.

Ahora, fíjese bien, debemos orar para que los hombres crean que Cristo murió por ellos —orar para que sean salvos— y debemos apresurarnos en proclamar las gloriosas noticias de que Cristo Jesús pagó el rescate por nosotros: Ahora podemos ser libres del pecado, la muerte y la condenación. Ahora podemos vivir con Dios eternamente.

> "Porque la vida de la carne en la sangre está, y yo os la he dado para hacer expiación sobre el altar por vuestras almas; y la misma sangre hará expiación de la persona" (Lv. 17:11).

> "como el Hijo del Hombre no vino para ser servido, sino para servir, y para dar su vida en rescate por muchos" (Mt. 20:28).

> "siendo justificados gratuitamente por su gracia, mediante la redención que es en Cristo Jesús" (Ro. 3:24).

> "Porque habéis sido comprados por precio; glorificad, pues, a Dios en vuestro cuerpo y en vuestro espíritu, los cuales son de Dios" (1 Co. 6:20).

> "Por precio fuisteis comprados; no os hagáis esclavos de los hombres" (1 Co. 7:23).

> "en quien tenemos redención por su sangre, el perdón de pecados según las riquezas de su gracia" (Ef. 1:7).

> "en quien tenemos redención por su sangre, el perdón de pecados" (Col. 1:14).

> "Porque hay un solo Dios, y un solo mediador entre Dios y los hombres, Jesucristo hombre, el cual se dio a sí mismo en rescate por todos, de lo cual se dio testimonio a su debido tiempo" (1 Ti. 2:5-6).

> "Así que, por eso es mediador de un nuevo pacto, para que interviniendo muerte para la remisión de las transgresiones que había bajo el primer pacto, los llamados reciban la promesa de la herencia eterna" (He. 9:15).

> "sabiendo que fuisteis rescatados de vuestra vana manera de vivir, la cual recibisteis de vuestros padres, no con cosas corruptibles, como oro o plata, sino con la sangre preciosa de Cristo, como de un cordero sin mancha y sin contaminación" (1 P. 1:18-19).

> "y cantaban un nuevo cántico, diciendo: Digno eres de tomar el libro y de abrir sus sellos; porque tú fuiste inmolado, y con tu sangre nos has redimido para Dios, de todo linaje y lengua y pueblo y nación" (Ap. 5:9).

5. Los ministros son ordenados o señalados para predicar la salvación de Dios. Note que Pablo dijo tres cosas sobre sí mismo.

   a. Dios había constituido a Pablo predicador (Quercus): Un heraldo, un embajador designado por un rey para ir y proclamar su mensaje. El ministro es un predicador enviado por Dios a predicar la verdad acerca de Jesucristo…
      • que es el mediador entre Dios y los hombres.
      • que se dio a sí mismo en rescate por todos.

> "Y estableció a doce, para que estuviesen con él, y

> para enviarlos a predicar" (Mr. 3:14).

> "Y les dijo: Id por todo el mundo y predicad el evangelio a toda criatura" (Mr. 16:15).

> "Id, y puestos en pie en el templo, anunciad al pueblo todas las palabras de esta vida" (Hch. 5:20).

> "que prediques la palabra; que instes a tiempo y fuera de tiempo; redarguye, reprende, exhorta con toda paciencia y doctrina" (2 Ti. 4:2).

> "Pues no me envió Cristo a bautizar, sino a predicar el evangelio; no con sabiduría de palabras, para que no se haga vana la cruz de Cristo" (1 Co. 1:17).

> "Pues si anuncio el evangelio, no tengo por qué gloriarme; porque me es impuesta necesidad; y ¡ay de mí si no anunciare el evangelio!" (1 Co. 9:16).

   b. Dios había constituido a Pablo apóstol (apostolos): Alguien que ha sido enviado como un testigo muy especial en una misión muy especial. Al ministro se le envía con la misión especial de dar testimonio de que Jesucristo es el mediador entre Dios y los hombres. Jesucristo ha pagado el rescate por el hombre.

> "No me elegisteis vosotros a mí, sino que yo os elegí a vosotros, y os he puesto para que vayáis y llevéis fruto, y vuestro fruto permanezca; para que todo lo que pidiereis al Padre en mi nombre, él os lo dé" (Jn. 15:16).

> "Así que, somos embajadores en nombre de Cristo, como si Dios rogase por medio de nosotros; os rogamos en nombre de Cristo: Reconciliaos con Dios. Al que no conoció pecado, por nosotros lo hizo pecado, para que nosotros fuésemos hechos justicia de Dios en él" (2 Co. 5:20-21).

   c. Dios había constituido a Pablo maestro (didaskalos): Una persona que instruye a los demás en la fe y la verdad de la Palabra de Dios. Es el don de arraigar y cimentar a las personas en la doctrina, amonestación, corrección y rectitud.

Note el énfasis que Pablo hace en su llamamiento de parte de Dios: "digo verdad en Cristo, no miento". Dios le había llamado a proclamar y enseñar la salvación en Cristo Jesús. Al parecer, había algunos en Éfeso que cuestionaban el llamamiento y ministerio de Pablo.

La idea es la siguiente: Dios ha llamado a los ministros a proclamar la fe y la verdad del mediador y el gran rescate que pagó por la salvación del hombre. Por tanto, debemos orar por todos los hombres para que reciban el mensaje del ministro y sean salvos.

> "Entonces el Señor dijo a Pablo en visión de noche: No temas, sino habla, y no calles; porque yo estoy contigo, y ninguno pondrá sobre ti la mano para hacerte mal, porque yo tengo mucho pueblo en esta ciudad. Y se detuvo allí un año y seis meses, enseñándoles la Palabra de Dios" (Hch. 18:9-11).

> "Y Pablo permaneció dos años enteros en una casa alquilada, y recibía a todos los que a él venían, predicando el reino de Dios y enseñando acerca del Señor Jesucristo, abiertamente y sin impedimento" (Hch. 28:30-31).

> "Y a unos puso Dios en la iglesia, primeramente

apóstoles, luego profetas, lo tercero maestros, luego los que hacen milagros, después los que sanan, los que ayudan, los que administran, los que tienen don de lenguas" (1 Co. 12:28).

"Y él mismo constituyó a unos, apóstoles; a otros, profetas; a otros, evangelistas; a otros, pastores y maestros" (Ef. 4:11).

4 (2:8) *Oración:* Oren en todo lugar y en el espíritu correcto. Una persona nunca debe dejar de orar; debe orar a todo lo largo del día, desarrollar una comunión ininterrumpida con el Señor —orando por todos los hombres— tanto por el gobernante como por el ciudadano común, el de altura y el que no lo es, el perdido y el salvo en todos los lugares del mundo. Debe orar por los de su…

- hogar
- iglesia
- ciudad
- comunidad
- estado
- país

Debe orar por las personas en…

- Norteamérica
- América del Sur
- África
  …etc.
- Centroamérica
- India
- Rusia

El creyente debe orar y seguir orando. Debe orar en todas partes, no importa dónde se encuentre. Pero fíjese, también se le dice cómo debe orar.

1. Debe orar "levantado manos santas", es decir, no venir delante del Señor habiendo tocado "cosas prohibidas" (William Barclay, *The Letters to Timothy, Titus and Philemon*, p. 74). No debe venir con pecado en su vida.

"Si en mi corazón hubiese yo mirado a la iniquidad, El Señor no me habría escuchado" (Sal. 66:18).

"pero vuestras iniquidades han hecho división entre vosotros y vuestro Dios, y vuestros pecados han hecho ocultar de vosotros su rostro para no oír" (Is. 59:2).

"Nadie hay que invoque tu nombre, que se despierte para apoyarse en ti; por lo cual escondiste de nosotros tu rostro, y nos dejaste marchitar en poder de nuestras maldades" (Is. 64:7).

2. Debe orar sin ira ni contiendas en su corazón. Es muy simple…

- Dios no nos acepta a menos que aceptamos a los demás.
- Dios no nos perdona a menos que nosotros perdonemos a los demás.

"Por tanto, si traes tu ofrenda al altar, y allí te acuerdas de que tu hermano tiene algo contra ti, deja allí tu ofrenda delante del altar, y anda, reconcíliate primero con tu hermano, y entonces ven y presenta tu ofrenda" (Mt. 5:23-24).

"mas si no perdonáis a los hombres sus ofensas, tampoco vuestro Padre os perdonará vuestras ofensas" (Mt. 6:15).

"Así también mi Padre celestial hará con vosotros si no perdonáis de todo corazón cada uno a su hermano sus ofensas" (Mt. 18:35).

3. Debe orar sin dudar. No tiene sentido orar si no creemos que Dios nos va a escuchar. Si le pedimos dudando, no estamos confiando en su presencia y poder para satisfacer nuestra necesidad. De hecho estamos negando el cuidado y poder de Dios. Estamos destruyendo el nombre de Dios ante los hombres. Así que por lo tanto tenemos que creer en Dios cuando oramos.

"Cuando vino al templo, los principales sacerdotes y los ancianos del pueblo se acercaron a él mientras enseñaba, y le dijeron: ¿Con qué autoridad haces estas cosas? ¿y quién te dio esta autoridad?" (Mt. 21:23)

"Por tanto, os digo que todo lo que pidiereis orando, creed que lo recibiréis, y os vendrá" (Mr. 11:24).

"Pero sin fe es imposible agradar a Dios; porque es necesario que el que se acerca a Dios crea que le hay, y que es galardonador de los que le buscan" (He. 11:6).

"Pero pida con fe, no dudando nada; porque el que duda es semejante a la onda del mar, que es arrastrada por el viento y echada de una parte a otra. No piense, pues, quien tal haga, que recibirá cosa alguna del Señor" (Stg. 1:6-7).

	B. Las mujeres de la iglesia, 2:9-15	12 Porque no permito a la mujer enseñar, ni ejercer dominio sobre el hombre, sino estar en silencio.	**3 En la iglesia, las mujeres no deben enseñar ni tener autoridad sobre los hombres**
1. En público, las mujeres deben vestirse con modestia a. Vestirse modesta y sensiblemente b. No vestirse para llamar la atención c. Vestirse con buenas obras	9 Asimismo que las mujeres se atavíen de ropa decorosa, con pudor y modestia; no con peinado ostentoso, ni oro, ni perlas, ni vestidos costosos, 10 sino con buenas obras, como corresponde a mujeres que profesan piedad.	13 Porque Adán fue formado primero, después Eva; 14 y Adán no fue engañado, sino que la mujer, siendo engañada, incurrió en transgresión.	a. Porque Dios creó ordenadamente b. Porque Dios creó al hombre y a la mujer con naturalezas diferentes
2 En la iglesia, las mujeres deben aprender en silencio y sumisión	11 La mujer aprenda en silencio, con toda sujeción.	15 Pero se salvará engendrando hijos, si permaneciere en fe, amor y santificación, con modestia.	**4 En el hogar, es decir, en la maternidad, las mujeres se salvan si continúan viviendo y andando en el Señor**

DIVISIÓN II

DEBERES Y ORDEN EN LA IGLESIA, 2:1—3:13

B. Las mujeres de la iglesia, 2:9-15

(2:9-15) *Introducción:* Este es un pasaje muy animado de las Escrituras, un pasaje que mueve tanto a hombres como a mujeres a sentarse y escuchar. Incluso despierta emociones y reacciones de parte de algunos, en particular dentro de las sociedades en que el asunto de los derechos de las mujeres se ha convertido en un tema candente. El tema es el de las mujeres en la iglesia: El lugar de la mujer en público, en la iglesia y en el hogar o el tener hijos.

1. En público, las mujeres deben vestirse con modestia (vv. 9-10).
2. En la iglesia, las mujeres deben aprender en silencio y sumisión (vv. 11-14).
3. En la iglesia, las mujeres no deben enseñar ni tener autoridad sobre los hombres (vv. 12-14).
4. En el hogar, es decir, en la maternidad, las mujeres se salvarán si se mantienen viviendo y caminando en el Señor (v. 15).

1 (2:9-10) *Mujeres — Vestimenta — Ropas:* Las mujeres deben vestir con modestia en público. La palabra "atavíen" (kosmein) implica el vestido, los adornos y el conjunto de ropas en el cuerpo, pero la palabra adorno también se refiere al comportamiento y la conducta, es decir, al porte de la mujer, cómo camina, se mueve y se comporta en público. Recuerde que este pasaje fue dirigido a mujeres cristianas de verdad: mujeres que verdaderamente creían en el Señor y deseaban honrar al Señor y dar un buen testimonio de Él. La mujer cristiana quiere cuidar la manera en que se viste y hacerlo con modestia; *quiere* cuidar la forma en que viste, camina, se mueve y comporta en público. Ella quiere dar honor al Señor y dar un buen testimonio: un testimonio de que ama al Señor y ha comprometido su vida…

- a ayudar a las personas, no a seducirlas.
- a servir a las personas, no a destruirlas.

- a señalarle a las personas el camino a Jesús, no a atraerlas hacia ella misma.
- a enseñarle a las personas a comportarse adecuadamente, no un comportamiento carnal y mundano.

Las Escrituras recogen tres cosas acerca del adorno o forma de vestir de la verdadera mujer cristiana. Las tres son reveladoras y demuestran exactamente cuál es la posición de la mujer independientemente de su profesión: Ya sea con Cristo o con el mundo.

1. La mujer cristiana debe vestir y comportarse modestamente y mantenerse bajo control en todo momento.
   => Debe vestirse y adornarse "con pudor", es decir, en público debe vestirse y actuar con modestia, un poco reservada y retraída.
   => Debe vestirse y adornarse "con modestia", o sea, debe vestir y actuar apropiadamente, con sensibilidad, control, sobriedad, calma, quieta y seriamente.
2. La mujer cristiana no debe vestir para llamar la atención. Este es el punto principal de estos mandamientos negativos. No debe ataviarse…

- con peinado ostentoso: Peinados elaborados, peinados tan diferentes que rompen con las costumbres aceptables y atraen la atención hacia sí mismas.
- con oro, ni perlas, ni vestidos costosos: Joyas elaboradas y vestidos extravagantes, ostentosos, flamantes y que atraen la atención hacia sí mismas.

Donald Guthrie dice que la mente de la mujer se refleja en su manera de vestir (*The Pastoral Epistles, The Tyndale New Testament Commentaries*, p. 74). ¡Cuánta verdad! La manera en que una mujer se viste muestra si vive en oración y devoción a Dios o si tiene profundos sentimientos y deseos por el mundo y por la atención lujuriosa de los hombres.

3. La mujer cristiana debe vestirse y ataviarse con buenas obras. Note lo que dice el versículo exactamente. Algunas mujeres *profesan piedad*. Piedad significa que respetan y temen a Dios y le son devotas. Estas son las mujeres comprometidas e interesadas en las buenas obras. Como ya dijimos, sus mentes están centradas en ayudar, salvar y enseñar a las

personas, no en atraer, seducir y destruirles a través de pensamientos y comportamientos sexuales lujuriosos e inmorales.

Ahora bien, note un hecho significativo que a menudo se ignora y otras se desconoce en su totalidad: La verdadera belleza es la interior, no la externa. Piénselo, una mujer centrada en Cristo y las buenas obras está en paz consigo misma, está llena de seguridad y confianza y tiene una fuerte autoimagen y estima. Tiene propósito, objetivo y significado en la vida y sabe que está perfectamente segura y cuidada por Cristo. Imagine una mujer así:

=> su sonrisa, que proviene de un gozo que inunda todo su ser.

=> su caminar, que rebota a cada paso que da

=> su dignidad, calma, serenidad, confianza, seguridad y sentido de propósito.

Imagine su belleza. No importa cuáles sean sus rasgos faciales —sin importar lo modesto de su ropa— ella es bella. Si miramos el cuadro opuesto nos daremos cuenta fácilmente de lo cierto que es. Imagine a la mujer que vive en el mundo y de él, preocupada por su apariencia, cómo se ve, y cómo viste. Imagine…

• su sonrisa, que surge de un vacío y revela insatisfacción con la vida.

• su caminar y sus movimientos, que revelan inseguridad, soledad, miedo de no ser aceptada por lo que es y necesidad de "encajar" dentro de sus compañeros.

• su comportamiento relajado, de desasosiego y su falta de propósito y significado.

Imagine el comportamiento de esta mujer. Todo hombre sabe —aun si ha conocido a cientos de mujeres— que esta mujer carece de belleza, a pesar de cuán atractivos puedan ser los rasgos de su cara y su cuerpo. A los ojos de tantos en el mundo, ella es buena para una sola cosa: Ser usada para satisfacer la ambición de dinero del mundo y su lujuria por placer.

Como dijimos, la belleza no radica en lo que se ve, la belleza es interior. Si una mujer es bella por dentro —si es realmente piadosa y dada a las buenas obras— Dios la inunda con una belleza que sobrepasa cualquier belleza de la carne o el vestido.

Pensamiento 1. Las mujeres cristianas deben enfocarse en Cristo y en ayudar a los desesperados que están en las comunidades y ciudades del mundo. Las mujeres cristianas deben enfocarse en la piedad —temiendo y reverenciando a Dios— y en las buenas obras; obras que tan desesperadamente necesitan los perdidos y los pobres de nuestras ciudades y comunidades.

"ni tampoco presentéis vuestros miembros al pecado como instrumentos de iniquidad, sino presentaos vosotros mismos a Dios como vivos de entre los muertos, y vuestros miembros a Dios como instrumentos de justicia" (Ro. 6:13).

"Asimismo que las mujeres se atavíen de ropa decorosa, con pudor y modestia; no con peinado ostentoso, ni oro, ni perlas, ni vestidos costosos, sino con buenas obras, como corresponde a mujeres que profesan piedad" (1 Ti. 2:9-10).

"Vuestro atavío no sea el externo de peinados ostentosos, de adornos de oro o de vestidos lujosos, sino el interno, el del corazón, en el incorruptible ornato de un espíritu afable y apacible, que es de grande estima delante de Dios. Porque así también se ataviaban en otro tiempo aquellas santas mujeres que esperaban en Dios, estando sujetas a sus maridos" (1 P. 3:3-5).

2 (2:11-14) *Mujeres — Iglesia:* En la iglesia, las mujeres deben aprender en silencio y sujeción. En estos versículos se mencionan dos puntos notables. Recuerde que este pasaje fue escrito para mujeres verdaderamente cristianas, mujeres que realmente aman y honran al Señor y dar un buen testimonio de Él. La verdadera mujer cristiana desea tener un buen comportamiento tanto en la iglesia como en público.

La mujer cristiana es una seguidora de Cristo, una verdadera creyente, por lo tanto, debe aprender todo lo posible acerca de Cristo. Debe asistir a la iglesia y leer, escuchar y estudiar. Debe mostrar y demostrar su amor por el Señor aprendiendo todo lo que pueda sobre Él y fíjese en el espíritu en el que debe aprender. Debe aprender…

• en un espíritu de "silencio" (hesuchiai) que quiere decir quietud.

• en un espíritu de "sujeción" que quiere decir sumisión.

Pensamiento 1. No hay diferencia entre hombres y mujeres con respecto a aprender acerca de Cristo. Por consiguiente, este versículo se aplica tanto a unos como a otros. Todo el mundo debe aprender de Cristo así que todos debemos acercarnos al Señor y a la iglesia en un espíritu de quietud y sumisión. Esto se cumple para cualquier alumno, ya sea en una escuela pública, en una universidad o en una iglesia. Un alumno no puede aprender si siempre está cuestionando, contradiciendo, refutando, discutiendo y difiriendo del maestro. El alumno que se sienta frente al maestro con espíritu arrogante, con orgullo y rebelión, rara vez aprende algo. El alumno solo puede aprender si viene en un espíritu de quietud y sumisión, con disposición a escuchar, leer y estudiar bajo la guía de su maestro. De hecho, mientras más sumiso y tranquilo esté frente la autoridad del maestro, más probabilidades tiene de aprender.

Así que las mujeres cristianas tienen que aprender de Cristo, aprender en un espíritu de quietud y sumisión. No deben interrumpir, discutir, contradecir, murmurar ni quejarse en la iglesia. Deben aprender de Cristo en la iglesia y hacerlo en un espíritu de quietud y sumisión.

"Procura con diligencia presentarte a Dios aprobado, como obrero que no tiene de qué avergonzarse, que usa bien la palabra de verdad" (2 Ti. 2:15).

"desead, como niños recién nacidos, la leche espiritual no adulterada, para que por ella crezcáis para salvación, si es que habéis gustado la benignidad del Señor" (1 P. 2:2-3).

3 (2:12-14) *Mujeres — Iglesia:* La mujer cristiana no debe enseñar en la iglesia ni tener autoridad sobre un hombre. Los oídos se ponen atentos y los ojos se abren al leer esta declaración, y en algunos casos se despiertan las emociones, especialmente en aquellas sociedades donde se lucha por los derechos de la mujer. ¿Qué quiere decir la escritura? La escritura es breve y objetiva. Se hace una declaración sencilla: "una mujer no debe enseñar ni tener autoridad sobre un hombre". Pero fíjese que no se lo prohíbe enseñar ni tener autoridad, solo se le prohíbe enseñar y tener autoridad por encima de un hombre. ¿Por qué? ¿Por qué se le permite enseñar y dirigir a otras mujeres y a los niños pero no a los hombres?

1. Porque Dios hizo las cosas de una manera organizada, Él creó todas las cosas con un orden determinado. Con respecto a los seres humanos, Dios creó al hombre primero y luego a la mujer. Dios creó al hombre…

* para que fuera el impulsor de la creación.
* para que labrara el camino.
* para que llevara el liderazgo.
* para que fuera el iniciador.
* para velar por la familia y su bienestar.

La mujer no fue creada como un competidor sino como la contraparte. Ella es tan única dentro de la creación como lo es el hombre y su función es tan importante como la de este pero no la misma.

En el plan de la creación de Dios, cada uno apoya, complementa y trabaja junto al otro. Así que dentro de la iglesia la enseñanza y el liderazgo administrativo debe estar encabezado por el hombre.

2. Dios creó al hombre y a la mujer con naturalezas diferentes. Las mujeres fueron creadas con una naturaleza más abierta y receptiva, confiada e intuitiva, tierna y tolerante. Debido a su naturaleza tierna y confiada, tiende a creer las cosas y a obedecer más fácilmente que el hombre. Por lo tanto, se le engaña más fácilmente que al hombre. Esto fue lo que sucedió con Adán y Eva cuando pecaron. Eva fue engañada y cedió ante la tentación, pero no Adán. Él sabía exactamente lo que estaba haciendo, pecó porque amaba a la mujer y quería conocer el placer del pecado con ella. Sabía lo que hacía y estaba completamente equivocado.

La idea esta, por naturaleza los hombres están hechos para asumir el liderazgo en cuanto a la enseñaza y la administración mientras que las mujeres están hechas para recibir y seguir.

> **"Pero quiero que sepáis que Cristo es la cabeza de todo varón, y el varón es la cabeza de la mujer, y Dios la cabeza de Cristo" (1 Co. 11:3).**

> **"vuestras mujeres callen en las congregaciones; porque no les es permitido hablar, sino que estén sujetas, como también la ley lo dice. Y si quieren aprender algo, pregunten en casa a sus maridos; porque es indecoroso que una mujer hable en la congregación" (1 Co. 14:34-35).**

> **"Las casadas estén sujetas a sus propios maridos, como al Señor; porque el marido es cabeza de la mujer, así como Cristo es cabeza de la iglesia, la cual es su cuerpo, y él es su Salvador. Así que, como la iglesia está sujeta a Cristo, así también las casadas lo estén a sus maridos en todo. Maridos, amad a vuestras mujeres, así como Cristo amó a la iglesia, y se entregó a sí mismo por ella" (Ef. 5:22-25).**

> **"La mujer aprenda en silencio, con toda sujeción. Porque no permito a la mujer enseñar, ni ejercer dominio sobre el hombre, sino estar en silencio" (1 Ti. 2:11-12).**

> **"Asimismo vosotras, mujeres, estad sujetas a vuestros maridos; para que también los que no creen a la palabra, sean ganados sin palabra por la conducta de sus esposas" (1 P. 3:1).**

> **"Porque así también se ataviaban en otro tiempo aquellas santas mujeres que esperaban en Dios, estando sujetas a sus maridos" (1 P. 3:5).**

Pensamiento 1. Observe un aspecto importante: ¿Significa esto que una mujer nunca debe enseñar o tener autoridad sobre el hombre?

El Nuevo Testamento presenta ejemplo tras ejemplo de mujeres que tuvieron una posición y ministerios extraordinarios en los primeros tiempos del cristianismo.

=> María de Nazaret fue escogida por Dios para dar a luz, criar y educar al Hijo de Dios, el Señor Jesucristo, mientras estuvo en la tierra (Lc. 1:16-38).

=> Ana, una profetiza escogida por Dios para predecir el futuro del niño Jesús (Lc. 2:36-38).

=> Fueron cuatro mujeres las que demostraron valor al pararse a los pies de la cruz de Jesús cuando todos los discípulos habían huido para proteger sus vidas (Mr. 15:40).

=> Juana y Susana apoyaron la obra de Cristo (Lc. 8:3).

=> Marta y María abrieron a Jesús una y otra vez las puertas de su hogar (Lc. 10:38-39; Jn. 11:5).

=> Debido a su gran devoción por Cristo, María Magdalena fue escogida por Dios para ser el primer testigo de la resurrección (Mt. 16:9; Jn. 20:11-18).

=> Tabita o Dorcas ayudó a los pobres de su ciudad proveyéndoles ropas (Hch. 9:36-43).

=> María, la madre de Juan Marcos, permitió que los primeros creyentes se reunieran en su hogar (Hch. 12:12).

=> Lidia dio el primer paso y valientemente se convirtió en la primera persona convertida en Europa (Hch. 16:13).

=> Priscila, junto a Aquila su esposo, le enseñaron la verdad de Dios a Apolo, el joven predicador (Hch. 18:26).

=> Felipe el evangelista tenía cuatro hijas profetizas (Hch. 21:9).

=> Febe servía en la iglesia de Cencrea, probablemente como diaconisa (vea nota, Febe Ro. 16:1-2).

=> María de Roma ministró a Pablo y a sus compañeros (Ro. 16:6).

=> Trifena y Trifosa fueron dos damas que trabajaban en el Señor (Ro. 16:12).

=> La madre de Rufo se convirtió en una madre para Pablo (Ro. 16:13).

=> Evodia y Síntique fueron dos mujeres que trabajaban por el evangelio (Fil. 4:2-3).

=> La madre y la abuela de Timoteo, Loida y Eunice, enseñaron las Escrituras a Timoteo desde temprano en su niñez (2 Ti. 1:5).

=> Las mujeres mayores debían enseñar a las mujeres jóvenes (Tit. 2:3).

Estos pasajes muestran claramente que Dios eligió y dio habilidad a las mujeres para que ocuparan una posición significativa y ministraran en los primeros tiempos del cristianismo, pero también debemos notar que no hay ningún registro claro en el Nuevo Testamento de una mujer sirviendo en capacidad de maestro principal u otra autoridad principal (pastor, obispo, o anciano). ¿Significa esto que Dios nunca levanta a una mujer para enseñar a todos los cristianos, hombres y mujeres, o para ocupar un puesto de autoridad en un ministerio de alcance local o mundial? Para responder a esta pregunta tenemos que ir delante del Señor con humildad y corazón abierto y buscar la respuesta por nosotros mismos, pero siempre debemos confesar que Dios es Dios, por lo tanto, él puede hacer lo que desee para satisfacer una necesidad especial. Si Él necesita levantar a una mujer para cubrir una enseñanza especial o necesidad especial de la iglesia, puede hacerlo.

Pensamiento 2. Algunos comentaristas dicen que este pasaje debe interpretarse solamente en el contexto de su época. El comentario de William Barclay nos da un ejemplo de esta posición.

"La iglesia cristiana no estableció estas regulaciones como algo permanente, sino como cosas necesarias en la situación en la que la iglesia primitiva se encontraba... Todas las cosas en este capítulo son solamente regulaciones temporales formuladas para tratar con una situación específica. Si queremos ver el punto de vista real y permanente de Pablo, lo podemos encontrar en Gálatas 3:28. 'Ya no hay judío ni griego; no hay esclavo ni libre; no hay varón ni mujer; porque todos vosotros sois uno en Cristo Jesús'. En Cristo, las diferencias de lugar, honor, prestigio y función dentro de la iglesia han sido eliminadas... No debemos leer este pasaje como una barrera para el trabajo y servicio de las mujeres en la iglesia, debemos leerlo a la luz de su trasfondo judío y de las situaciones que existían en esa ciudad griega" (The Letters to Timothy, Titus, and Philemon [Las cartas a Timoteo, Tito y Filemón], p. 78).

Pero fíjese: Esta posición es muy improbable debido a la referencia universal que se hace de Adán y Eva. Las Escrituras están dibujando una aplicación universal a partir de la creación de Adán y Eva. Es porque Dios creó de una manera organizada y ordenada y dio funciones específicas tanto al hombre como a la mujer de que el hombre liderara el camino de la vida para su familia e iglesia.

Pensamiento 3. Hay otra posible razón por la que Dios ha prohibido que las mujeres se paren ante los hombres en una posición de enseñanza o autoridad, una razón que quizá ha sido rechazada en la discusión: Por naturaleza, los hombres y las mujeres se atraen el uno al otro al mirarse, pero al hombre es por naturaleza al que más le sucede esto. Por tanto, por naturaleza el hombre se siente más atraído al mirar que la mujer. Si un hombre mira a una mujer lo suficiente, comenzará a notar en ella alguna cosa atractiva. *Esto es normal y natural,* es la manera en que Dios hizo al hombre y la mujer. Sin embargo, cuando una mujer *se para delante* de un hombre por mucho tiempo y el hombre está obligado a mirarla, la situación se vuelve perfecta para que la tentación ataque su mente con pensamientos sugestivos. No estamos diciendo que todo hombre que recibe enseñanza de una mujer y que se ve forzado a mirarla está teniendo pensamientos inmorales. Solo queremos decir que cuando un hombre se ve forzado a mirar y mirar a una mujer, es más probable que venga la tentación.

4 (2:15) *Mujeres, realización:* En el hogar, es decir, en el tener hijos, la mujer se salvará si mantiene la fe, amor, santidad y dominio propio. Esta es una promesa gloriosa para la verdadera mujer cristiana. Pero, ¿qué significa? Las mujeres aun sufren dolor en la maternidad, y algunas, incluso mujeres cristianas, mueren al dar a luz a un hijo. El verso se remite a Eva y su pecado. El juicio sobre ella fue que sufriría dolor en su maternidad (Gn. 3:16). La promesa parece significar una de tres cosas:

1. Cuando mantenemos la promesa bajo el contexto de este pasaje, parece significar que la mujer no encuentra su salvación y realización ocupando posiciones de enseñanza y autoridad sino mediante el tener hijos (vv. 12-14). La naturaleza misma de la mujer, la principal función de la naturaleza y llamamiento de la mujer sobre la tierra es dar continuidad a la raza humana. Por lo tanto, la salvación de la mujer —es decir, su realización, satisfacción y plenitud en la vida— viene de dar a luz y criar hijos. Su salvación y realización en la vida no viene de competir con los hombres para ver quién alumbra los caminos y construye los senderos a través de las junglas de esta tierra. Ella puede hacer estas cosas, pero su salvación —su máxima realización y satisfacción— no proviene de hacerlas. Por el contrario, la mujer se salvará y sentirá completamente realizada si...

- permanece en fe: Se mantiene creyendo y confiando.
- permanece en amor: Amando al Señor, a su esposo, a los creyentes y a los perdidos del mundo.
- permanece en santificación: Viviendo una vida totalmente apartada para Cristo y su propósito.
- permanece en dominio propio: Disciplinando y controlando su vida para seguir a Cristo en todo.

2. Un segundo posible significado del versículo es este: La sentencia de dolor en la maternidad (la pena del pecado de la mujer) no prohíbe la salvación de la mujer. Ella será salva si permanece en fe, amor, santificación y modestia.

3. Hay otro posible significado de este pasaje que necesitamos considerar. En griego se encuentra el artículo definido antes de la palabra "engendrando hijos", o sea, el versículo dice: "Pero se salvará en el engendrar hijos". Algunos comentaristas sienten que "el engendrar hijos" se refiere a la simiente de la mujer, es decir, a la más grande maternidad que haya ocurrido, que es el nacimiento de Cristo mismo. Por tanto, el significado es este: A pesar del juicio sobre la

mujer (el sufrir dolor en la maternidad), esta se salvará en la *maternidad suprema,* o sea, en Cristo.

Sea cual sea la interpretación que le demos, fíjese en la condición. La promesa se basa en que la mujer...

- ya tiene fe en Cristo.
- ya conoce el amor de Dios.
- ya vive una vida santa.
- ya controla su vida y sigue a Cristo.

"Entonces le dijeron: ¿Qué debemos hacer para poner en práctica las obras de Dios? Respondió Jesús y les dijo: Esta es la obra de Dios, que creáis en el que él ha enviado" (Jn. 6:28-29).

"Pero sin fe es imposible agradar a Dios; porque es necesario que el que se acerca a Dios crea que le hay, y que es galardonador de los que le buscan" (He. 11:6).

"Y este es su mandamiento: Que creamos en el nombre de su Hijo Jesucristo, y nos amemos unos a otros como nos lo ha mandado" (1 Jn. 3:23).

	CAPÍTULO 3	4 que gobierne bien su casa, que tenga a sus hijos en sujeción con toda honestidad	**3 Requisitos familiares: El ministro u obispo debe gobernar bien su casa**
	C. Los supervisores de la iglesia, 3:1-7	5 (pues el que no sabe gobernar su propia casa, ¿cómo cuidará de la iglesia de Dios?);	
1 El cargo de ministro u obispo a. Es una buena obra b. Es digno de anhelarse	1 Palabra fiel: Si alguno anhela obispado, buena obra desea.	6 no un neófito, no sea que envaneciéndose caiga en la condenación del diablo.	**4 Requisitos espirituales** a. Debe tener madurez espiritual b. Razón: El peligro del enorgullecimiento
2 Requisitos personales	2 Pero es necesario que el obispo sea irreprensible, marido de una sola mujer, sobrio, prudente, decoroso, hospedador, apto para enseñar; 3 no dado al vino, no pendenciero, no codicioso de ganancias deshonestas, sino amable, apacible, no avaro;	7 También es necesario que tenga buen testimonio de los de afuera, para que no caiga en descrédito y en lazo del diablo	**5 Requisitos ante la sociedad**

DIVISIÓN II

DEBERES Y ORDEN EN LA IGLESIA, 2:1—3:13

C. Los supervisores de la iglesia, 3:1-7

(3:1-7) *Introducción:* El cargo de obispo es probablemente el mismo que el de anciano, presbítero o ministro en el Nuevo Testamento. Las tres palabras se refieren a la misma persona, al ministro del evangelio y de la iglesia (vea Estudio a fondo 1, Ancianos, Tit. 1:5-9 para mayor discusión). ¿Cuáles son los requisitos que debe cumplir el ministro? ¿Quién debería estar predicando el evangelio y llenando los púlpitos de la iglesia del Señor? ¿Quién debería considerar la idea del ministerio? ¿Qué tipo de persona? No podemos dejar de recalcar la importancia de este pasaje. Es de vital importancia por cuanto se trata de la edificación y protección de la iglesia y el pueblo del Señor.

1. El cargo de ministro u obispo (v. 1).
2. Requisitos personales (vv. 2-3)
3. Requisitos familiares: El ministro u obispo debe gobernar bien su casa (vv. 4-5).
4. Requisitos espirituales (v. 6).
5. Requisitos ante la sociedad (v. 7).

1 (3:1) *Ministro — Obispo —Anciano:* El cargo de ministro u obispo es una "buena obra". La palabra "buena" (kalou) quiere decir honorable, excelente, beneficiosa, productiva. Note que lo que se destaca no es la posición del ministro, sino la obra del mismo. Lo que se enfatiza no es la estima y el honor de la profesión. El énfasis está puesto en la obra del ministerio. Es la obra la que es honorable, excelente, beneficiosa y productiva. La obra del ministerio es una "buena obra".

Fíjese en otro hecho: El cargo de ministro u obispo debe anhelarse. La palabra "anhela" significa buscar con ardiente deseo; desear con todo el corazón. Dios hace que algunos corazones busquen el ministerio y dediquen sus vidas a la obra del ministerio.

Pensamiento 1. Cuando alguien se siente movido a comprometer su vida al ministerio, debe decirle que "sí" al Espíritu de Dios. Decirle que "no" al llamamiento de Dios es rechazar a Dios mismo y perder su propia vida y vocación. Es perderse la razón por la que está en la tierra.

> "No me elegisteis vosotros a mí, sino que yo os elegí a vosotros, y os he puesto para que vayáis y llevéis fruto, y vuestro fruto permanezca; para que todo lo que pidiereis al Padre en mi nombre, él os lo dé" (Jn. 15:16).
> "Procurad, pues, los dones mejores. Mas yo os muestro un camino aun más excelente" (1 Co. 12:31).
> "Seguid el amor; y procurad los dones espirituales, pero sobre todo que profeticéis" (1 Co. 14:1).
> "Así también vosotros; pues que anheláis dones espirituales, procurad abundar en ellos para edificación de la iglesia" (1 Co. 14:12).
> "Y él mismo constituyó a unos, apóstoles; a otros, profetas; a otros, evangelistas; a otros, pastores y maestros, a fin de perfeccionar a los santos para la obra del ministerio, para la edificación del cuerpo de Cristo" (Ef. 4:11-12).

2 (3:2-3) *Ministro — Obispo — Anciano:* El ministro u obispo de Dios debe cumplir ciertos requisitos; debe cumplir ciertos requisitos personales; debe ser una persona de un gran carácter cristiano.

1. El ministro u obispo debe ser "irreprensible" (anepilemton): Irreprochable; invulnerable; que el enemigo no pueda criticarlo en lo absoluto (*The Pulpit Commentary*, vol. 21, p. 50). Debe ser completamente irreprensible.

2. El ministro u obispo debe ser "marido de una sola mujer". Desde los primeros tiempos de la historia de la igle-

sia, este requisito ha sido interpretado de diferentes maneras. Algunos han sostenido…

- que el obispo o ministro debe tener mujer; que debe estar casado para ser ministro.
- que el obispo o ministro no puede haber tenido más de una mujer; no debe volver a casarse, incluso si su esposa muriera. Esta posición sostiene que las segundas nupcias están totalmente prohibidas.
- que el obispo no puede tener más de una esposa a la vez. (Recuerde que la poligamia era una práctica común y corriente de la sociedad en los tiempos en que la iglesia surgió.)
- que el obispo debe vivir una vida moral estricta; "debe ser un esposo leal, conservando su matrimonio en toda pureza" (William Barclay, *The Letters to Timothy, Titus, and Philemon*, p. 87).

Pensamiento 1. Cada ministro, creyente e iglesia debe ir delante del Señor y buscar el significado de este requisito para él o ella, pero debemos ser honestos y abiertos para escuchar al Señor y luego rogarle el valor y la disciplina para hacer lo que él dice. Esto es absolutamente esencial para todos los creyentes, pues nada es más traumático que la pérdida del cónyuge por la muerte o la separación y el divorcio. Si hay un momento en que debemos extender nuestra mano y ministrar a nuestros hermanos y hermanas es cuando pierden a su cónyuge.

El punto principal aquí es este: ¿Debe permitírsele a un ministro u obispo que sirva como tal si ha tenido más de una esposa, ya sea por fallecimiento o por divorcio? *The Pulpit Commentary* (El Comentario del Púlpito) tiene una excelente observación sobre este punto:

"Si consideramos el relajamiento general en lo relacionado con el matrimonio y la facilidad del divorcio que prevalecía entre judíos y romanos en aquella época, debe haber sido algo común y corriente para el hombre que hubiera más de una mujer que hubiera sido su esposa. Esto [era] una clara brecha de la ley original (Gn. 2:24), [y] muy bien sería una barrera para cualquiera que fuera llamado al 'obispado'… Absolutamente ningún pasaje de las Escrituras apoya la idea de que un segundo matrimonio descalificaría a alguien para el sagrado ministerio. En cuanto a la opinión de la iglesia primitiva, esta no era del todo uniforme, y entre aquellos que sostenían que este pasaje prohíbe absolutamente las segundas nupcias en el caso de un [obispo] era meramente parte del ascetismo de aquella época" (vol. 21, p. 51).

A. T. Robertson sencillamente dice: *"De una sola mujer [mias gunaikos]. Claramente, una a la vez"* (*Word Pictures in the New Testament*, vol. 4, p. 572).

William Barclay dice: *"En este contexto podemos estar seguros que esto significa que el líder cristiano debe ser un esposo leal, conservando su matrimonio en toda pureza"* (*The Letters to Timothy, Titus, and Philemon*, p. 87).

La Biblia de Referencia Thompson con versículos en cadena temática, en el listado temático simplemente dice: "Poligamia, Prohibida".

"Él, respondiendo, les dijo: ¿No habéis leído que el que los hizo al principio, varón y hembra los hizo, y dijo: Por esto el hombre dejará padre y madre, y se unirá a su mujer, y los dos serán una sola carne? Así que no son ya más dos, sino una sola carne; por tanto, lo que Dios juntó, no lo separe el hombre" (Mt. 19:4-6).

"Pero es necesario que el obispo sea irreprensible, marido de una sola mujer, sobrio, prudente, decoroso, hospedador, apto para enseñar" (1 Ti. 3:2).

"el que fuere irreprensible, marido de una sola mujer, y tenga hijos creyentes que no estén acusados de disolución ni de rebeldía" (Tit. 1:6).

"Ni tomará para sí muchas mujeres, para que su corazón no se desvíe; ni plata ni oro amontonará para sí en abundancia" (Dt. 17:17).

3. El ministro u obispo debe ser "sobrio" (nephalion): Moderado, vigilante y que sepa controlarse. Debe estar alerta, vigilar y controlar su propia vida y la vida de su querido pueblo.

"Velad y orad, para que no entréis en tentación; el espíritu a la verdad está dispuesto, pero la carne es débil" (Mt. 26:41).

"Por tanto, velad, acordándoos que por tres años, de noche y de día, no he cesado de amonestar con lágrimas a cada uno" (Hch. 20:31).

"Así que, el que piensa estar firme, mire que no caiga" (1 Co. 10:12).

"Velad, estad firmes en la fe; portaos varonilmente, y esforzaos" (1 Co. 16:13).

"Sed sobrios, y velad; porque vuestro adversario el diablo, como león rugiente, anda alrededor buscando a quien devorar" (1 P. 5:8).

4. El ministro u obispo debe ser "prudente" (sophrona): Sensato, es decir, tener una mente sólida, sensible, controlada, disciplinada y casta; una mente que tenga absoluto control sobre los deseos sensuales. Nota: Si la mente está bajo control, la vida entera de la persona —su cuerpo y su comportamiento— está bajo control. Vive una vida prudente.

"Por tanto, no durmamos como los demás, sino velemos y seamos sobrios. Pues los que duermen, de noche duermen, y los que se embriagan, de noche se embriagan. Pero nosotros, que somos del día, seamos sobrios, habiéndonos vestido con la coraza de fe y de amor, y con la esperanza de salvación como yelmo" (1 Ts. 5:6-8).

"Pero es necesario que el obispo sea irreprensible, marido de una sola mujer, sobrio, prudente, decoroso, hospedador, apto para enseñar" (1 Ti. 3:2).

"Las mujeres asimismo sean honestas, no calumniadoras, sino sobrias, fieles en todo" (1 Ti. 3:11).

"sino hospedador, amante de lo bueno, sobrio, justo, santo, dueño de sí mismo" (Tit. 1:8).

"Que los ancianos sean sobrios, serios, prudentes, sanos en la fe, en el amor, en la paciencia. Las ancianas asimismo sean reverentes en su porte; no calumniadoras, no esclavas del vino, maestras del bien; que enseñen a las mujeres jóvenes a amar a sus maridos y a sus hijos, a ser prudentes, castas, cuidadosas de su casa,

buenas, sujetas a sus maridos, para que la Palabra de Dios no sea blasfemada" (Tit. 2:2-5).

"Porque la gracia de Dios se ha manifestado para salvación a todos los hombres, enseñándonos que, renunciando a la impiedad y a los deseos mundanos, vivamos en este siglo sobria, justa y piadosamente, aguardando la esperanza bienaventurada y la manifestación gloriosa de nuestro gran Dios y Salvador Jesucristo" (Tit. 2:11-13).

"Por tanto, ceñid los lomos de vuestro entendimiento, sed sobrios, y esperad por completo en la gracia que se os traerá cuando Jesucristo sea manifestado" (1 P. 1:13).

"Mas el fin de todas las cosas se acerca; sed, pues, sobrios, y velad en oración" (1 P. 4:7).

5. El ministro u obispo debe ser "decoroso" (kosmion): De buen comportamiento, ordenado, sosegado, íntegro y honesto. Es una persona de buena conducta, cuyo carácter y comportamiento son un ideal y ejemplo para los demás.

"no hace nada indebido, no busca lo suyo, no se irrita, no guarda rencor" (1 Co. 13:5).

"para que aprobéis lo mejor, a fin de que seáis sinceros e irreprensibles para el día de Cristo" (Fil. 1:10).

"Pero os ordenamos, hermanos, en el nombre de nuestro Señor Jesucristo, que os apartéis de todo hermano que ande desordenadamente, y no según la enseñanza que recibisteis de nosotros. Porque vosotros mismos sabéis de qué manera debéis imitarnos; pues nosotros no anduvimos desordenadamente entre vosotros" (2 Ts. 3:6-7).

"Pero es necesario que el obispo sea irreprensible, marido de una sola mujer, sobrio, prudente, decoroso, hospedador, apto para enseñar" (1 Ti. 3:2).

"Las ancianas asimismo sean reverentes en su porte; no calumniadoras, no esclavas del vino, maestras del bien" (Tit. 2:3).

6. El ministro u obispo debe ser "hospedador" (philoxenon): Tener abierto el corazón y el hogar; "mostrando amor o siendo amistoso con los creyentes, especialmente con los extraños o extranjeros". El ministro ayuda y agasaja tanto como le es posible. No abre su corazón, hogar, tiempo o dinero a las cosas del mundo, sino que utiliza los recursos que tiene para ayudar y ministrar a las personas.

"compartiendo para las necesidades de los santos; practicando la hospitalidad" (Ro. 12:13).

"Pero es necesario que el obispo sea irreprensible, marido de una sola mujer, sobrio, prudente, decoroso, hospedador, apto para enseñar" (1 Ti. 3:2).

"que tenga testimonio de buenas obras; si ha criado hijos; si ha practicado la hospitalidad; si ha lavado los pies de los santos; si ha socorrido a los afligidos; si ha practicado toda buena obra" (1 Ti. 5:10).

"sino hospedador, amante de lo bueno, sobrio, justo, santo, dueño de sí mismo" (Tit. 1:8).

"No os olvidéis de la hospitalidad, porque por ella algunos, sin saberlo, hospedaron ángeles" (He. 13:2).

"Hospedaos los unos a los otros sin murmuraciones" (1 P. 4:9).

7. El ministro u obispo debe ser "apto para enseñar": Apto, capaz, hábil y capacitado para enseñar. William Barclay tiene un comentario tan excelente sobre este punto que no podemos dejar de citarlo:

"Se ha dicho que el deber del líder cristiano es 'predicarle a los inconversos y enseñar a los convertidos'. Hay dos cosas que debemos decir acerca de esto. Esto es uno de los desastres de los tiempos modernos que el ministerio de enseñanza de la iglesia no ha ejercido como debería. Hay poca predicación temática, poca exhortación . También hay poca exhortación a para que una persona se convierta en cristiano cuando no sabe qué significa serlo. La instrucción es un deber primordial del líder y predicador cristiano. Pero lo segundo es esto. La mejor y más eficaz enseñanza no proviene de hablar, sino de vivir. Nuestro máximo deber no es hablarle a los hombres de Cristo, sino mostrarles a Cristo. Hasta la persona sin facilidad de palabras puede enseñar mediante su vida de tal manera que los hombres puedan observar el reflejo del Maestro en él. Se ha definido a un santo como alguien 'en quien Cristo vive de nuevo'". (The Letters to Timothy, Titus, and Philemon, p. 95).

Matthew Henry también tiene un excelente comentario al respecto:

"Pablo describe a un obispo predicador, alguien que es capaz y está dispuesto a comunicar a otros el conocimiento que Dios le ha dado a él, alguien que es adecuado para enseñar y aprovechar todas las oportunidades para instruir, quien a su vez está bien instruido en las cosas del reino de los cielos y le transmite su conocimiento a los demás" (Matthew Henry's Commentary, vol. 5, p. 815).

"enseñándoles que guarden todas las cosas que os he mandado; y he aquí yo estoy con vosotros todos los días, hasta el fin del mundo. Amén" (Mt. 28:20).

"Pero es necesario que el obispo sea irreprensible, marido de una sola mujer, sobrio, prudente, decoroso, hospedador, apto para enseñar" (1 Ti. 3:2).

"Esto manda y enseña" (1 Ti. 4:11).

"que con mansedumbre corrija a los que se oponen, por si quizá Dios les conceda que se arrepientan para conocer la verdad" (2 Ti. 2:25).

Pensamiento 1. Note que, para enseñar, el ministro debe estar arraigado y cimentado en la Palabra de Dios.

8. El ministro u obispo no debe ser dado al vino: No debe ser un borracho ni andar sentado por ahí borracho todo el tiempo. Para justificar su derecho a tomar algunos argumentan que beber vino era una práctica común en el mundo antiguo, incluso entre los verdaderos creyentes. Sin embargo, debemos recordar lo que William Barclay tan enérgicamente destaca acerca del mundo antiguo:

=> Primero, el abastecimiento de agua era frecuentemente inadecuado y peligroso.

=> Segundo, "aunque el mundo antiguo usaba el vino como la más común de todas las bebidas, la usaba con mayor moderación. Cuando se tomaba vino, se hacía en una proporción de dos partes de vino y tres partes de agua. En la sociedad pagana corriente común y corriente el hombre borracho se consideraba una desgracia, ni hablar entonces de la iglesia" (*The Letters to Timothy, Titus, and Philemon, p. 91*).

=> Oliver B. Greene dice:

"Todos los creyentes debieran abstenerse de cualquier forma de bebida fuerte, pero especialmente los obispos deben observar esta amonestación. Con respecto al vino, la instrucción de Pablo para los obispos es muy clara: No deben participar en tales prácticas. Los eruditos en griego nos dicen que la palabra usada aquí implica 'sentarse alrededor del vino', tomar vino habitualmente, como lo hacía la gente de aquellos días, incluso aquellos que profesaban ser muy religiosos. El obispo debe abstenerse del vino, no solo por su propio bien, sino por el bien de los demás creyentes" (*The Epistles of Paul the Apostle to Timothy and Titus.* Greenville, SC: *The Gospel Hour, 1964, p. 114*).

"porque será grande delante de Dios. No beberá vino ni sidra, y será lleno del Espíritu Santo, aun desde el vientre de su madre" (Lc. 1:15).

"Bueno es no comer carne, ni beber vino, ni nada en que tu hermano tropiece, o se ofenda, o se debilite" (Ro. 14:21).

"Tú, y tus hijos contigo, no beberéis vino ni sidra cuando entréis en el tabernáculo de reunión, para que no muráis; estatuto perpetuo será para vuestras generaciones" (Lv. 10:9).

"se abstendrá de vino y de sidra; no beberá vinagre de vino, ni vinagre de sidra, ni beberá ningún licor de uvas, ni tampoco comerá uvas frescas ni secas" (Nm. 6:3).

"No mires al vino cuando rojea, Cuando resplandece su color en la copa. Se entra suavemente" (Pr. 23:31).

"No es de los reyes, oh Lemuel, no es de los reyes beber vino, Ni de los príncipes la sidra" (Pr. 31:4).

"Mas ellos dijeron: No beberemos vino; porque Jonadab hijo de Recab nuestro padre nos ordenó diciendo: No beberéis jamás vino vosotros ni vuestros hijos" (Jer. 35:6).

"Y Daniel propuso en su corazón no contaminarse con la porción de la comida del rey, ni con el vino que él bebía; pidió, por tanto, al jefe de los eunucos que no se le obligase a contaminarse" (Dn. 1:8).

9. El ministro u obispo no debe ser "pendenciero" (me plekten): No combativo o violento, no contencioso o buscapleitos, no alguien que golpea y contiende con otro. El ministro no debe ser una persona que ataque a otros o que se enoje, irrite o agravie con facilidad. No debe usar ni la mano ni la lengua contra otros. Por el contrario, es alguien amable, gentil y paciente para con los demás.

Pensamiento 1. Nota: La lengua puede usarse para atacar a otra persona tan fácilmente como la mano o el puño. Muchos han sido dañados y heridos por el veneno de una lengua ofensiva.

"Nada hagáis por contienda o por vanagloria; antes bien con humildad, estimando cada uno a los demás como superiores a él mismo; no mirando cada uno por lo suyo propio, sino cada cual también por lo de los otros" (Fil. 2:3-4).

"Recuérdales esto, exhortándoles delante del Señor a que no contiendan sobre palabras, lo cual para nada aprovecha, sino que es para perdición de los oyentes" (2 Ti. 2:14).

"Porque el siervo del Señor no debe ser contencioso, sino amable para con todos, apto para enseñar, sufrido" (2 Ti. 2:24).

"No tengas pleito con nadie sin razón, Si no te han hecho agravio" (Pr. 3:30).

"El que comienza la discordia es como quien suelta las aguas; Deja, pues, la contienda, antes que se enrede" (Pr. 17:14).

"Honra es del hombre dejar la contienda; Mas todo insensato se envolverá en ella" (Pr. 20:3).

10. El ministro u obispo no debe ser amante de las ganancias o posesiones mundanales. Este es el significado de ganancias deshonestas. El ministro debe ser una persona que ha dado todo lo que es y todo lo que tiene (dinero) para ministrar a las personas. No debe ser alguien que haya entrado al ministerio como a una profesión o modo de vida. La iglesia debe sostenerle, pero no debe entrar al ministerio para ganarse la vida. No debe ser una persona que busque recibir, sino alguien que esté *comprometido a dar.* Debe vivir del evangelio —el pueblo de Dios debe sostenerlo para que pueda predicar el evangelio— pero debe morir al amor al dinero y las posesiones materiales. Debe dar todo lo que tiene y todo lo que es a la causa de Cristo; a satisfacer las necesidades extremas de los hombres, mujeres y niños moribundos y desesperados de esta tierra. Recuerde que las siguientes advertencias fueron escritas para cristianos practicantes.

"porque raíz de todos los males es el amor al dinero, el cual codiciando algunos, se extraviaron de la fe, y fueron traspasados de muchos dolores" (1 Ti. 6:10).

"Vuestro oro y plata están enmohecidos; y su moho testificará contra vosotros, y devorará del todo vuestras carnes como fuego. Habéis acumulado tesoros para los días postreros" (Stg. 5:3).

11. El ministro u obispo debe ser "amable" (apieike): Gentil, lleno de gracia, razonable, sufrido, suave y tierno. La palabra va más allá de tratar a alguien con justicia, es tratar a una persona con gracia y ternura. Va más allá de la justicia y toca a la persona con una mano gentil. (Vea nota, *Gentileza,* Fil. 4:5 para mayor discusión.)

"Antes fuimos tiernos entre vosotros, como la nodriza que cuida con ternura a sus propios hijos" (1 Ts. 2:7).

"no dado al vino, no pendenciero, no codicioso de ganancias deshonestas, sino amable, apacible, no avaro" (1 Ti. 3:3).

"Porque el siervo del Señor no debe ser contencioso, sino amable para con todos, apto para enseñar, sufrido" (2 Ti. 2:24).

"Que a nadie difamen, que no sean pendencieros, sino amables, mostrando toda mansedumbre para con todos los hombres" (Tit. 3:2).

"Pero la sabiduría que es de lo alto es primeramente pura, después pacífica, amable, benigna, llena de misericordia y de buenos frutos, sin incertidumbre ni hipocresía" (Stg. 3:17).

12. El ministro u obispo debe ser apacible (amachon): No contencioso o peleador. Debe ser un hombre de paz, una persona de modales suaves, siempre bajo control. Nuevamente esto se refiere tanto a la lengua como a las manos. Debe ser un hombre que se sienta profundamente afectado cuando hay controversia, inquietud, desasosiego, en la iglesia o entre los creyentes. Debe ser una persona que se sienta tan conmovida que trabaje en pro de encontrar la paz.

"pues Dios no es Dios de confusión, sino de paz" (1 Co. 14:33).

"Por lo demás, hermanos, tened gozo, perfeccionaos, consolaos, sed de un mismo sentir, y vivid en paz; y el Dios de paz y de amor estará con vosotros" (2 Co. 13:11).

"Yo pues, preso en el Señor, os ruego que andéis como es digno de la vocación con que fuisteis llamados, con toda humildad y mansedumbre, soportándoos con paciencia los unos a los otros en amor, solícitos en guardar la unidad del Espíritu en el vínculo de la paz" (Ef. 4:1-3).

"Huye también de las pasiones juveniles, y sigue la justicia, la fe, el amor y la paz, con los que de corazón limpio invocan al Señor" (2 Ti. 2:22).

"Apártese del mal, y haga el bien; Busque la paz, y sígala" (1 P. 3:11).

"Apártate del mal, y haz el bien; Busca la paz, y síguela" (Sal. 34:14).

13. El ministro u obispo no debe ser avaro (aphilarguron): No amante del dinero.

"Y les dijo: Mirad, y guardaos de toda avaricia; porque la vida del hombre no consiste en la abundancia de los bienes que posee" (Lc. 12:15).

"Pero fornicación y toda inmundicia, o avaricia, ni aun se nombre entre vosotros, como conviene a santos" (Ef. 5:3).

"Haced morir, pues, lo terrenal en vosotros: Fornicación, impureza, pasiones desordenadas, malos deseos y avaricia, que es idolatría" (Col. 3:5).

"Sean vuestras costumbres sin avaricia, contentos con lo que tenéis ahora; porque él dijo: No te desampararé, ni te dejaré" (He. 13:5).

"No codiciarás la casa de tu prójimo, no codiciarás la mujer de tu prójimo, ni su siervo, ni su criada, ni su buey, ni su asno, ni cosa alguna de tu prójimo" (Éx. 20:17).

"Porque desde el más chico de ellos hasta el más grande, cada uno sigue la avaricia; y desde el profeta hasta el sacerdote, todos son engañadores" (Jer. 6:13).

"Y vendrán a ti como viene el pueblo, y estarán delante de ti como pueblo mío, y oirán tus palabras, y no las pondrán por obra; antes hacen halagos con sus bocas, y el corazón de ellos anda en pos de su avaricia" (Ez. 33:31).

"Codician las heredades, y las roban; y casas, y las toman; oprimen al hombre y a su casa, al hombre y a su heredad" (Mi. 2:2).

"¡Ay del que codicia injusta ganancia para su

casa, para poner en alto su nido, para escaparse del poder del mal!" (Hab. 2:9).

3 (3:4-5) *Ministro — Obispo — Anciano:* El ministro u obispo debe cumplir con un requisito familiar muy significativo. El ministro u obispo debe gobernar bien su casa. El hogar es una iglesia en miniatura; el hogar es el campo de ensayo para el liderazgo en la iglesia. El esposo es la cabeza del hogar. Esto no significa que es un dictador, tirano o un intimidador en el hogar. Lo que significa es que es el líder de la esposa y de los hijos. Los guía…

- en la construcción de un hogar amante, gozoso y lleno de paz.
- en el cumplimiento del llamado de sus vidas y de su papel en la tierra.

Esto quiere decir que al hombre no debe mandarlo ni dominarlo su esposa; que no permite que sus hijos le desobedezcan, se rebelen o les repliquen a él o a su esposa; que asume el liderazgo al controlar su hogar para Cristo y su reino.

Fíjese en la palabra "honestidad" (semnotes). Quiere decir dignidad. El ministro debe gobernar su casa con dignidad, respeto y amor. Como dice otra versión: "Con verdadera dignidad, haciéndoles que respeten en todo y manteniendo ese respeto".

Como dicen las Escrituras: "(pues el que no sabe gobernar su propia casa, ¿cómo cuidará de la iglesia de Dios?)" (1 Ti. 3:5).

4 (3:6) *Probado — Neófito — Ministro — Obispo — Anciano:* El ministro u obispo de Dios debe cumplir requisitos espirituales. No debe ser un neófito (me neophuton), o sea, un recién convertido o un miembro nuevo de la iglesia. Debe haberse convertido o haber sido miembro de la iglesia durante mucho tiempo…

- lo suficiente para haberse enraizado y cimentado en el Señor y su palabra.
- lo suficiente para haber madurado espiritualmente.
- lo suficiente para haber probado su testimonio de Cristo.
- lo suficiente para ser bien conocido y respetado por los demás creyentes.
- lo suficiente para ser capaz de ministrar a otros y enseñarles a ministrar.

Note por qué no debe dársele un puesto de liderazgo a un neófito: Para que no se enorgullezca y "caiga en la condenación del diablo". Satanás fue expulsado del cielo por orgullo. Fue esto lo que dio origen a su caída y trajo condenación sobre él. Cuando a una persona se le da una gran responsabilidad antes de estar enraizada y cimentada en la fe, lo más probable es que caiga y sea condenado de la misma manera que Satanás. Siempre debemos recordar lo que Matthew Henry señala: "El orgullo…es un pecado que convirtió a los ángeles en demonios" (*Mathew Henry Commentary*, vol. 6, p. 815). Debemos cuidarnos del orgullo. Debemos cuidarnos de colocar a una persona en un puesto de liderazgo que le tiente a sentirse más importante de lo que es.

"Porque el que se enaltece será humillado, y el que

se humilla será enaltecido" (Mt. 23:12).

"Nada hagáis por contienda o por vanagloria; antes bien con humildad, estimando cada uno a los demás como superiores a él mismo; no mirando cada uno por lo suyo propio, sino cada cual también por lo de los otros" (Fil. 2:3-4).

"Cuando viene la soberbia, viene también la deshonra; Mas con los humildes está la sabiduría" (Pr. 11:2).

"Antes del quebrantamiento es la soberbia, Y antes de la caída la altivez de espíritu" (Pr. 16:18).

"Comer mucha miel no es bueno, Ni el buscar la propia gloria es gloria" (Pr. 25:27).

"Tú que decías en tu corazón: Subiré al cielo; en lo alto, junto a las estrellas de Dios, levantaré mi trono, y en el monte del testimonio me sentaré, a los lados del norte; 14sobre las alturas de las nubes subiré, y seré semejante al Altísimo" (Is. 14:13-14).

"Porque te confiaste en tu maldad, diciendo: Nadie me ve. Tu sabiduría y tu misma ciencia te engañaron, y dijiste en tu corazón: Yo, y nadie más" (Is. 47:10).

"Hijo de hombre, di al príncipe de Tiro: Así ha dicho Jehová el Señor: Por cuanto se enalteció tu corazón, y dijiste: Yo soy un dios, en el trono de Dios estoy sentado en medio de los mares(siendo tú hombre y no Dios), y has puesto tu corazón como corazón de Dios" (Ez. 28:2).

"Si te remontares como águila, y aunque entre las estrellas pusieres tu nido, de ahí te derribaré, dice Jehová" (Abd. 4).

5 (3:7) *Ministro — Obispo — Anciano:* El ministro u obispo debe cumplir un requisito social muy importante. Debe tener "buen testimonio de los de afuera", o sea, debe tener un buen testimonio ante el mundo. Por supuesto, hay algunos en el mundo que le criticarán y blasfemarán a cualquier persona que ha fracasado y ha estado en el mundo. Muchos no reconocen la conversión, ni el arrepentimiento ni el perdón —el simple hecho de que Cristo puede perdonar y cambiar a una persona—, pero cuando una persona entra en el ministerio debe haber experimentado un cambio tan significativo que sea evidente que *ahora sigue a Cristo*. El cambio en su vida debe ser radical: Un viraje total del mundo y de sí mismo hacia Cristo. El cambio debe ser tan grande que aun los no creyentes puedan verlo. Será entonces y solo entonces que podrá alcanzar al mundo incrédulo para Cristo.

Fíjese por qué el ministro debe tener un buen testimonio ante el mundo: Para que no caiga en descrédito. Los incrédulos del mundo lo desacreditarán, ridiculizarán y se burlarán de él y caerá "en lazo del diablo". Es decir, dudará de dar testimonio de Cristo y cumplir con sus deberes como ministro; su tendencia será alejarse, mantenerse callado y pasar inadvertido tanto como le sea posible. El poder y testimonio de su ministerio se debilitarán drásticamente.

"y daban buen testimonio de él los hermanos que estaban en Listra y en Iconio. Quiso Pablo que éste fuese con él; y tomándole, le circuncidó por causa de los judíos que había en aquellos lugares; porque todos sabían que su padre era griego" (Hch. 16:2-3).

"Primeramente doy gracias a mi Dios mediante Jesucristo con respecto a todos vosotros, de que vuestra fe se divulga por todo el mundo" (Ro. 1:8).

"sino santificad a Dios el Señor en vuestros corazones, y estad siempre preparados para presentar defensa con mansedumbre y reverencia ante todo el que os demande razón de la esperanza que hay en vosotros" (1 P. 3:15).

Pensamiento 1. El testimonio ante el mundo es esencial. El mundo no puede escoger ni tiene voz en la selección de los líderes de la iglesia pero quienes se relacionan con ellos día tras día les deben respeto. La idea es profesión vs. posesión. Aquellos "de afuera" son los primeros en notar el mal comportamiento en un cristiano. El cristiano debe comportarse como tal antes de que pueda servir como supervisor en la iglesia del Señor.

1 **Requisitos personales**	**D. Los diáconos de la iglesia, 3:8-13**	11 Las mujeres asimismo sean honestas, no calumniadoras, sino sobrias, fieles en todo.	3 **Requisitos familiares**
	8 Los diáconos asimismo deben ser honestos, sin doblez, no dados a mucho vino, no codiciosos de ganancias deshonestas;	12 Los diáconos sean maridos de una sola mujer, y que gobiernen bien sus hijos y sus casas.	a. Debe tener una esposa comprometida b. Debe tener una familia y hogar controlados
2 **Requisitos espirituales** a. Convicciones espirituales	9 que guarden el misterio de la fe con limpia conciencia.	13 Porque los que ejerzan bien el diaconado, ganan para sí un grado honroso, y mucha confianza en la fe que es en Cristo Jesús.	4 **Resultados: Obtendrán beneficios**
b. Probados espiritualmente	10 Y éstos también sean sometidos a prueba primero, y entonces ejerzan el diaconado, si son irreprensibles.		a. Respeto de la comunidad b. Confianza espiritual

DIVISIÓN II

DEBERES Y ORDEN EN LA IGLESIA, 2:1—3:13

D. Los diáconos de la iglesia, 3:8-13

(3:8-13) *Introducción:* Este pasaje trata el segundo cargo en la iglesia, el diácono. El cargo de diácono es tan importante que los requisitos son tan elevados como los exigidos a un ministro u obispo. En estos tiempos en que la mundanalidad, inmoralidad y desorden campean por su respeto necesitamos estudiar, seguir y guardar con más diligencia que nunca los requisitos para los diáconos.

1. Requisitos personales (v. 8).
2. Requisitos espirituales (vv. 9-10).
3. Requisitos familiares (vv. 11-12).
4. Resultados: Obtendrán beneficios (v. 13).

ESTUDIO A FONDO 1

(3:8-13) *Diáconos:* La palabra " diácono" (diakonous) significa siervo, ministro. La primera referencia a los diáconos se encuentra en Hechos (Hch. 6:1-7). Los diáconos fueron seleccionados para ayudar en los deber ministeriales y administrativos de la iglesia. Su función era aliviar a los ministros para que estos pudieran persistir "en la oración y en el ministerio de la palabra" (Hch. 6:4). En particular fueron escogidos para ministrar las necesidades diarias de los creyentes y las necesidades de las viudas, los pobres y los enfermos de la iglesia. Ellos aliviarían a los ministros para que estos pudieran *concentrarse en la oración y la predicación.*

> **"Buscad, pues, hermanos, de entre vosotros a siete varones de buen testimonio, llenos del Espíritu Santo y de sabiduría, a quienes encarguemos de este trabajo. Y nosotros persistiremos en la oración y en el ministerio de la palabra" (Hch. 6:3-4).**

Sin embargo, tenga en cuenta un hecho significativo: Esto no significa que los ministros nunca tienen que satisfacer las necesidades diarias de los creyentes ni que los diáconos nunca deben testificar o predicar la palabra. En la iglesia primitiva tanto los ministros como los diáconos

servían en dichas áreas pero cada uno se concentraba en su llamado y misión principal.

=> A los predicadores algunas veces se les llama diáconos, o sea, servidores.

> **"¿Qué, pues, es Pablo, y qué es Apolos? Servidores por medio de los cuales habéis creído; y eso según lo que a cada uno concedió el Señor" (1 Co. 3:5).**

> **"el cual asimismo nos hizo ministros competentes de un nuevo pacto, no de la letra, sino del espíritu; porque la letra mata, mas el espíritu vivifica" (2 Co. 3:6).**

=> Los primeros diáconos predicaron de la misma manera que ministraron a los necesitados de la iglesia.

> **"Y Esteban, lleno de gracia y de poder, hacía grandes prodigios y señales entre el pueblo" (Hch. 6:8).**

> **"Entonces Felipe, descendiendo a la ciudad de Samaria, les predicaba a Cristo" (Hch. 8:5).**

=> Los diáconos están estrechamente relacionados con los obispos.

> **"Pablo y Timoteo, siervos de Jesucristo, a todos los santos en Cristo Jesús que están en Filipos, con los obispos y diáconos:" (Fil. 1:1).**

=> Los diáconos deben estar equipados espiritualmente para sus tareas.

> **"Buscad, pues, hermanos, de entre vosotros a siete varones de buen testimonio, llenos del Espíritu Santo y de sabiduría, a quienes encarguemos de este trabajo" (Hch. 6:3; cp. 1 Ti. 3:8-13).**

=> El cargo de diácono fue uno de los primeros pasos de desarrollo de la iglesia.

> **"En aquellos días, como creciera el número de los discípulos, hubo murmuración de los griegos contra los hebreos, de que las viudas de aquéllos eran desatendidas en la distribución diaria. Entonces los doce convocaron a la multitud de los discípu-**

> los, y dijeron: No es justo que nosotros dejemos la Palabra de Dios, para servir a las mesas. Buscad, pues, hermanos, de entre vosotros a siete varones de buen testimonio, llenos del Espíritu Santo y de sabiduría, a quienes encarguemos de este trabajo. Y nosotros persistiremos en la oración y en el ministerio de la palabra" (Hch. 6:1-4).

1 (3:8) *Diáconos — Iglesia, oficial de la:* Los diáconos deben estar calificados; deben cumplir ciertos requisitos personales.

1. Los diáconos deben ser "honestos" (semnous): Serios, honorables, dignos, venerables, muy respetados, nobles. Es tener una mente formal, lo opuesto de…

- ser frívolo
- desacreditarse
- ser superficial por hablar demasiado
- no ser respetado por no ser lo suficientemente serio o formal
- tener solamente una religión exterior.

No obstante, note que esto no significa que el diácono debe andar por ahí con cara larga, sin sonreír jamás, ni hacer chistes ni divertirse. Simplemente quiere decir que tiene formalidad y está comprometido con Cristo y la misión de la iglesia: La misión de alcanzar a los perdidos y satisfacer las necesidades de los desesperados del mundo.

> "Por tanto, no durmamos como los demás, sino velemos y seamos sobrios" (1 Ts. 5:6-8).
>
> "Pero es necesario que el obispo sea irreprensible, marido de una sola mujer, sobrio, prudente, decoroso, hospedador, apto para enseñar" (1 Ti. 3:2).
>
> "Las mujeres asimismo sean honestas, no calumniadoras, sino sobrias, fieles en todo" (1 Ti. 3:11).
>
> "sino hospedador, amante de lo bueno, sobrio, justo, santo, dueño de sí mismo" (Tit. 1:8).
>
> "Que los ancianos sean sobrios, serios, prudentes, sanos en la fe, en el amor, en la paciencia. Las ancianas asimismo sean reverentes en su porte; no calumniadoras, no esclavas del vino, maestras del bien; que enseñen a las mujeres jóvenes a amar a sus maridos y a sus hijos, a ser prudentes, castas, cuidadosas de su casa, buenas, sujetas a sus maridos, para que la Palabra de Dios no sea blasfemada" (Tit. 2:2-5).
>
> "Porque la gracia de Dios se ha manifestado para salvación a todos los hombres, enseñándonos que, renunciando a la impiedad y a los deseos mundanos, vivamos en este siglo sobria, justa y piadosamente, aguardando la esperanza bienaventurada y la manifestación gloriosa de nuestro gran Dios y Salvador Jesucristo" (Tit. 2:11-13).
>
> "Por tanto, ceñid los lomos de vuestro entendimiento, sed sobrios, y esperad por completo en la gracia que se os traerá cuando Jesucristo sea manifestado" (1 P. 1:13).
>
> "Mas el fin de todas las cosas se acerca; sed, pues, sobrios, y velad en oración" (1 P. 4:7).

2. Los diáconos deben ser "sin doblez" (dilogos): No ser cuenta-cuentos, no andar chismeando, diciendo "una cosa a una persona y otra diferente a otra" (Donald Guthrie, *The Pastoral Epistles, The Tyndale New Testament Commentaries,* p. 84); diciendo una cosa frente a una persona y otra diferente a sus espaldas. No pudiera haberse escogido una palabra más descriptiva que "doblez".

La cualidad *de no tener doblez* es importante. Cuando un diácono ministra a través de la visitación (yendo de casa en casa) muchas veces siente la tentación de chismear o decir una cosa a una persona y algo diferente a otra. Además, es tentado a evadir o 'suavizar' algunos asuntos. Por lo tanto, debe ser un hombre íntegro, un hombre que diga siempre la verdad, un hombre que es honesto siempre.

> "Y también aprenden a ser ociosas, andando de casa en casa; y no solamente ociosas, sino también chismosas y entremetidas, hablando lo que no debieran" (1 Ti. 5:13).
>
> "El, de su voluntad, nos hizo nacer por la palabra de verdad, para que seamos primicias de sus criaturas" (Stg. 1:18).
>
> "Así que, ninguno de vosotros padezca como homicida, o ladrón, o malhechor, o por entremeterse en lo ajeno" (1 P. 4:15).
>
> "No andarás chismeando entre tu pueblo. No atentarás contra la vida de tu prójimo. Yo Jehová" (Lv. 19:16).
>
> "El que anda en chismes descubre el secreto; Mas el de espíritu fiel lo guarda todo" (Pr. 11:13).
>
> "Las palabras del chismoso son como bocados suaves, Y penetran hasta las entrañas" (Pr. 18:8).
>
> "El que anda en chismes descubre el secreto; No te entremetas, pues, con el suelto de lengua" (Pr. 20:19).
>
> "Sin leña se apaga el fuego, Y donde no hay chismoso, cesa la contienda" (Pr. 26:20).

3. El diácono no debe ser dado a mucho vino (vea nota, Ministro, pt. 8, 1 Ti. 3:2-3 para discusión).

4. Los diáconos no deben ser "codiciosos de ganancias deshonestas" (vea nota, Ministro, pt. 10, 1 Ti. 3:2-3 para discusión).

2 (3:9-10) *Diácono — Iglesia, oficial de la:* Los diáconos deben reunir tres requisitos espirituales muy importantes.

1. Los diáconos deben guardar el misterio de la fe con limpia conciencia. El misterio de la fe aparece en el versículo 16:

> "E indiscutiblemente, grande es el misterio de la piedad:
> => Dios fue manifestado en carne
> => Justificado en el Espíritu
> => Visto de los ángeles
> => Predicado a los gentiles
> => Creído en el mundo
> => Recibido arriba en gloria".

El diácono debe creer en la encarnación, en el glorioso evangelio de que Dios ha venido a la tierra en la persona del Señor Jesucristo para *predicar* amor y salvación para el hombre. De hecho, observe lo que dice este versículo: El diácono debe guardar dentro de su corazón el misterio de la fe. Debe poseerlo y aferrarse a él, y además, guardarlo con limpia conciencia. Debe creer en *todo el evangelio* (misterio) y no engañar a la iglesia siendo hipócrita con respecto a esta creencia.

Hay otro punto también acerca de la conciencia: El diácono debe tener una limpia conciencia sobre el vivir y dar a conocer el misterio de la fe. No debe aceptar el llamamiento y cargo de diácono y luego eludir sus deberes. Debe retener el misterio del evangelio de la fe con limpia conciencia, es decir, al testificar fielmente tanto a creyentes como a no creyentes.

> "Porque nuestra gloria es esta: El testimonio de nuestra conciencia, que con sencillez y sinceridad de Dios, no con sabiduría humana, sino con la gracia de Dios, nos hemos conducido en el mundo, y mucho más con vosotros" (2 Co. 1:12).
>
> "Pues el propósito de este mandamiento es el amor nacido de corazón limpio, y de buena conciencia, y de fe no fingida" (1 Ti. 1:5).
>
> "manteniendo la fe y buena conciencia, desechando la cual naufragaron en cuanto a la fe algunos" (1 Ti. 1:19).
>
> "teniendo buena conciencia, para que en lo que murmuran de vosotros como de malhechores, sean avergonzados los que calumnian vuestra buena conducta en Cristo" (1 P. 3:16).

2. Los diáconos deben ser sometidos a prueba primero antes de ejercer el diaconado (vea nota, Probados, 1 Ti. 3:6 para discusión).

3. Los diáconos deben ser "irreprensibles" (vea nota, pt. 1, 1 Ti.3:2-3).

3 (3:11-12) *Diáconos — Iglesia, oficial de la:* Los diáconos deben cumplir ciertos requisitos familiares. Este versículo en griego permite que el pasaje se refiera a las mujeres en la iglesia que sirven como diaconisas, y en verdad, muchos traductores y comentaristas lo traducen así. Sin embargo, esta posición parece improbable, pues todos los demás versículos de este pasaje tienen que ver con los diáconos de la iglesia. Es mucho más lógico y probable que Pablo se esté refiriendo a las esposas de los diáconos. El contexto del pasaje se inclina más a esta posición. Este no es un buen pasaje para usar con respecto a las diaconisas de la iglesia. Cuando un diácono visita y ministra a las mujeres de la iglesia necesita que su esposa lo acompañe, si es posible para ella. Se necesita un cuadro de amor marital y familiar y de compromiso con Cristo. Así que la esposa del diácono debe ser tan fuerte en el Señor tanto como él.

1. El diácono debe tener una esposa que esté tan comprometida con el Señor y la iglesia como él.

    a. La esposa de un diácono debe ser "honesta": Formal, honorable, respetable y noble (vea nota, pt. 1, 1 Ti. 3:8 par discusión).

    b. La esposa del diácono no debe ser "calumniadora" (me diabolous): Una cuentista, chismosa; alguien que anda por ahí hablando de otros, instigando mala conducta y disturbios.

> "Quítense de vosotros toda amargura, enojo, ira, gritería y maledicencia, y toda malicia" (Ef. 4:31).
>
> "Porque oímos que algunos de entre vosotros andan desordenadamente, no trabajando en nada, sino entremetiéndose en lo ajeno" (2 Ts. 3:11).
>
> "Y también aprenden a ser ociosas, andando de casa en casa; y no solamente ociosas, sino también chis-

mosas y entremetidas, hablando lo que no debieran" (1 Ti. 5:13).

> "Si alguno se cree religioso entre vosotros, y no refrena su lengua, sino que engaña su corazón, la religión del tal es vana" (Stg. 1:26).
>
> "Y la lengua es un fuego, un mundo de maldad. La lengua está puesta entre nuestros miembros, y contamina todo el cuerpo, e inflama la rueda de la creación, y ella misma es inflamada por el infierno" (Stg. 3:6).
>
> "Hermanos, no murmuréis los unos de los otros. El que murmura del hermano y juzga a su hermano, murmura de la ley y juzga a la ley; pero si tú juzgas a la ley, no eres hacedor de la ley, sino juez" (Stg. 4:11).
>
> "Desechando, pues, toda malicia, todo engaño, hipocresía, envidias, y todas las detracciones" (1 P. 2:1).
>
> "Porque: El que quiere amar la vida Y ver días buenos, Refrene su lengua de mal" (1 P. 3:10).
>
> "Al que solapadamente infama a su prójimo, yo lo destruiré; No sufriré al de ojos altaneros y de corazón vanidoso" (Sal. 101:5).
>
> "El hipócrita con la boca daña a su prójimo; Mas los justos son librados con la sabiduría" (Pr. 11:9).
>
> "El hombre perverso levanta contienda, Y el chismoso aparta a los mejores amigos" (Pr. 16:28).
>
> "Las palabras del chismoso son como bocados suaves, Y penetran hasta las entrañas" (Pr. 26:22).

    c. La esposa del diácono debe ser "sobria" (vea nota, pt. 4, 1 Ti. 3:2-3 para discusión).

    d. La esposa del diácono debe ser "fiel en todo": Totalmente confiable como esposa, madre y creyente. Debe ser fiel al Señor…

      • en su devoción y lealtad personal a Él.

      • en su llamamiento como esposa y madre.

      • en su compromiso para con la iglesia, sus cultos y ministerio.

      • en su ministerio en el servicio junto a su esposo.

> "Y decía a todos: Si alguno quiere venir en pos de mí, niéguese a sí mismo, tome su cruz cada día, y sígame" (Lc. 9:23).
>
> "Así que, hermanos míos amados, estad firmes y constantes, creciendo en la obra del Señor siempre, sabiendo que vuestro trabajo en el Señor no es en vano" (1 Co. 15:58).
>
> "No nos cansemos, pues, de hacer bien; porque a su tiempo segaremos, si no desmayamos" (Gá. 6:9).
>
> "Por tanto, ceñid los lomos de vuestro entendimiento, sed sobrios, y esperad por completo en la gracia que se os traerá cuando Jesucristo sea manifestado" (1 P. 1:13).
>
> "Mas a Jehová vuestro Dios seguiréis, como habéis hecho hasta hoy" (Jos. 23:8).

2. El diácono debe ser marido de una sola mujer (vea nota, pt. 2, 1 Ti. 3:2-3 para discusión).

3. El diácono debe gobernar bien su familia y su casa (vea nota, 1 Ti. 3:4-5 para discusión).

4 (3:13) *Diácono — Testimonio:* El diácono fiel obtiene dos resultados.

1. Gana un grado honroso, posición y testimonio delante de Dios y de los hombres.

> "Así también la fe, si no tiene obras, es muerta en sí misma" (Stg. 2:17).

2. Gana mucha confianza y seguridad en la fe. Experimenta cada vez más seguridad y libertad en el espíritu de Dios.

> "en quien tenemos seguridad y acceso con confianza por medio de la fe en él" (Ef. 3:12).

> "Acerquémonos, pues, confiadamente al trono de la gracia, para alcanzar misericordia y hallar gracia para el oportuno socorro" (He. 4:16).

> "Así que, hermanos, teniendo libertad para entrar en el Lugar Santísimo por la sangre de Jesucristo... acerquémonos con corazón sincero, en plena certidumbre de fe, purificados los corazones de mala conciencia, y lavados los cuerpos con agua pura. Mantengamos firme, sin fluctuar, la profesión de nuestra esperanza, porque fiel es el que prometió. Y considerémonos unos a otros para estimularnos al amor y a las buenas obras" (He. 10:19, 22-24).

> "En esto se ha perfeccionado el amor en nosotros, para que tengamos confianza en el día del juicio; pues como él es, así somos nosotros en este mundo" (1 Jn. 4:17).

	III. Conducta y relaciones de la iglesia, 3:14—6:21	16 E indiscutiblemente, grande es el misterio de la piedad: Dios fue manifestado en carne, Justificado en el Espíritu, Visto de los ángeles, Predicado a los gentiles, Creído en el mundo, Recibido arriba en gloria.	3 La verdad de la iglesia
	A. La descripción de la iglesia, 3:14-16		a. La confiesan todos los verdaderos creyentes
1 El propósito de las epístolas: que los hombres puedan conocer cómo comportarse en la iglesia	14 Esto te escribo, aunque tengo la esperanza de ir pronto a verte,		b. Es el misterio de la piedad: Seis aspectos
2. La descripción de la iglesia	15 para que si tardo, sepas cómo debes conducirte en la casa de Dios, que es la iglesia del Dios viviente, columna y baluarte de la verdad.		
a. La casa de Dios			
b. La iglesia del Dios viviente			
c. Columna y baluarte de la verdad			

DIVISIÓN III

CONDUCTA Y RELACIONES DE LA IGLESIA, 3:14—6:21

A. La descripción de la iglesia, 3:14-16

(3:14-16) *Introducción:* Este pasaje comienza una nueva división temática en Primera Timoteo: el comportamiento del creyente y las relaciones en la iglesia. Este primer pasaje es una de las discusiones más grandes que aparece en las Escrituras acerca de la iglesia. Es un pasaje al que toda iglesia y todo creyente necesita estudiar y prestar atención.

1. El propósito de las epístolas: que los hombres puedan conocer cómo comportarse en la iglesia (v. 14).
2. La descripción de la iglesia (v. 15).
3. La verdad de la iglesia (v. 16).

1 (3:14-15) *Iglesia — Epístolas pastorales — Escritura:* Estos dos versículos explican por qué Pablo le estaba escribiendo a Timoteo y por qué más tarde le escribiría a Tito y Filemón. En esencia, estos dos versículos reflejan el propósito de todas las epístolas pastorales (Primera y Segunda Timoteo, Tito y Filemón). Pablo estaba escribiendo para decirle a los creyentes cómo debían comportarse dentro de la iglesia, es decir, dentro de la casa o familia de Dios. La palabra "conducirte" (anastrephesthai) significa la conducta, modo de andar y comportamiento de una persona, pero especialmente se refiere a cómo una persona se relaciona con las demás. Por tanto, el gran interés de las epístolas pastorales es cómo los creyentes se comportan en su relación con Dios, los unos con los otros y con los no creyentes del mundo.

Recuerde que Timoteo estaba en Éfeso y Pablo estaba escribiendo desde Macedonia, Pablo esperaba poder visitar Éfeso y ver pronto a Timoteo pero no estaba seguro de que pudiera dejar Macedonia. Por tanto, estaba detallando…

• cómo debían conducirse dentro de la iglesia los cristianos.

• cómo los cristianos debían comportarse y testificar

ante el mundo perdido y tambaleante bajo el peso de la corrupción y la maldad.

2 (3:15) *Iglesia:* Este versículo nos da una gran descripción de la iglesia, descripción que detalla tres grandes imágenes de la misma.

1. La iglesia es "la casa [oikoi] de Dios". Esto no se refiere al edificio sino a la familia de la iglesia, a las personas de la iglesia. La iglesia es un cuerpo de personas que se han comprometido para formar una familia, una familia centrada en Dios y su Hijo, el Señor Jesucristo.

La iglesia es una familia de personas…

• que creen en Dios y en su Hijo el Señor Jesucristo.

• que han comprometido sus vidas para vivir por Cristo.

• que han basado sus vidas en la promesa de eterna salvación dada por el Señor Jesucristo.

• que se han comprometido a vivir como una familia con los demás creyentes.

En otras palabras, la iglesia es un cuerpo de personas que han comprometido sus vidas para vivir como la familia de Dios. Dios es el Padre; Jesucristo es el Hijo Unigénito del Padre; nosotros, los seguidores de Dios, somos los hijos adoptivos de Dios. Todo aquel que sigue verdaderamente a Dios es un verdadero miembro de la iglesia, es decir, de la familia de Dios (Jn. 1:12; 2 Co. 6:17-18; Gá. 4:4-6).

El punto central de lo que estamos planteando es el siguiente:

=> ¿Cómo debemos comportarnos con nuestro Padre?

=> ¿Cómo debemos comportarnos con nuestros hermanos y hermanas?

La respuesta la encontramos en las relaciones familiares.

a. Los hijos de una familia deben amar, obedecer y aprender del Padre.

"Porque todo aquel que hace la voluntad de mi Padre que está en los cielos, ése es mi hermano, y hermana, y madre" (Mt. 12:50).

"Jesús le dijo: Amarás al Señor tu Dios con todo tu corazón, y con toda tu alma, y con toda tu mente. Este es el primero y grande mandamiento. Y el segundo es semejante: Amarás a tu prójimo como a ti mismo" (Mt. 22:37-39).

"El que quiera hacer la voluntad de Dios, conocerá si la doctrina es de Dios, o si yo hablo por mi propia cuenta" (Jn. 7:17).

"El que tiene mis mandamientos, y los guarda, ése es el que me ama; y el que me ama, será amado por mi Padre, y yo le amaré, y me manifestaré a él" (Jn. 14:21).

"Respondió Jesús y le dijo: El que me ama, mi palabra guardará; y mi Padre le amará, y vendremos a él, y haremos morada con él" (Jn. 14:23).

"Procura con diligencia presentarte a Dios aprobado, como obrero que no tiene de qué avergonzarse, que usa bien la palabra de verdad" (2 Ti. 2:15).

"Y Samuel dijo: ¿Se complace Jehová tanto en los holocaustos y víctimas, como en que se obedezca a las palabras de Jehová? Ciertamente el obedecer es mejor que los sacrificios, y el prestar atención que la grosura de los carneros" (1 S. 15:22).

b. Los hijos de una familia deben amarse y ayudarse los unos a los otros.

"Y el segundo es semejante: Amarás a tu prójimo como a ti mismo" (Mt. 22:39).

"Un mandamiento nuevo os doy: Que os améis unos a otros; como yo os he amado, que también os améis unos a otros. En esto conocerán todos que sois mis discípulos, si tuviereis amor los unos con los otros" (Jn. 13:34-35).

"Este es mi mandamiento: Que os améis unos a otros, como yo os he amado" (Jn. 15:12).

"Habiendo purificado vuestras almas por la obediencia a la verdad, mediante el Espíritu, para el amor fraternal no fingido, amaos unos a otros entrañablemente, de corazón puro" (1 P. 1:22).

"En todo os he enseñado que, trabajando así, se debe ayudar a los necesitados, y recordar las palabras del Señor Jesús, que dijo: Más bienaventurado es dar que recibir" (Hch. 20:35).

"Así que, los que somos fuertes debemos soportar las flaquezas de los débiles, y no agradarnos a nosotros mismos" (Ro. 15:1).

"Sobrellevad los unos las cargas de los otros, y cumplid así la ley de Cristo" (Gá. 6:2).

"Así que, según tengamos oportunidad, hagamos bien a todos, y mayormente a los de la familia de la fe" (Gá. 6:10).

"Y considerémonos unos a otros para estimularnos al amor y a las buenas obras" (He. 10:24).

"Acordaos de los presos, como si estuvierais presos juntamente con ellos; y de los maltratados, como que también vosotros mismos estáis en el cuerpo" (He. 13:3).

2. La iglesia es "la iglesia del Dios viviente". La palabra "iglesia" (ekklesia) significa asamblea, reunión, una compañía de personas que han sido llamadas por Dios; pero fíjese que Dios es el Dios viviente, no se trata de algún dios muerto. No es algún ídolo o producto de la imaginación del hombre. Es el Dios viviente que verdaderamente vive y que está muy interesado en el comportamiento y conducta de los hombres. Esto implica algo muy significativo.

Dios llama a las personas a su iglesia. Las llama para que se unan a su asamblea, su reunión, su grupo de personas, pero depende de estas si quieren venir o no a la iglesia. Él es el Dios viviente, por lo tanto, habla al corazón de los humanos y llama a su pueblo a que le siga y viva para Él. Hay ocasiones en que cada persona siente el llamado de Dios dentro de su corazón para venir y unirse a este grupo de personas, pero la decisión depende de dicha persona. Dios ama a todas las personas y por lo tanto no las fuerza a venir a Él.

"porque ellos mismos cuentan de nosotros la manera en que nos recibisteis, y cómo os convertisteis de los ídolos a Dios, para servir al Dios vivo y verdadero, y esperar de los cielos a su Hijo, al cual resucitó de los muertos, a Jesús, quien nos libra de la ira venidera" (1 Ts. 1:9-10).

"Pues conocemos al que dijo: Mía es la venganza, yo daré el pago, dice el Señor. Y otra vez: El Señor juzgará a su pueblo. ¡Horrenda cosa es caer en manos del Dios vivo!" (He. 10:30-31).

3. La iglesia es "columna y baluarte de la verdad". La iglesia sostiene la verdad así como las columnas sostienen un edificio. La iglesia apoya la verdad, la mantiene unida. William Barclay señala que Pablo también podía estar pensando en el significado de "exposición" (The Letters to Timothy, Titus, and Philemon, p. 102). Las columnas, ya sean pequeñas o grandes, siempre dan la impresión de tener un aire de majestuosidad que atrae la atención. Por lo tanto, la iglesia es la columna, la exhibición la exposición de la verdad que atrae a las personas a Jesucristo. La iglesia mantiene en alto la verdad ante un mundo que actúa mal y muere, sin embargo, no tiene que morir. La iglesia —la familia y compañía de Dios— es el instrumento que Dios usa en la tierra para proclamar la verdad. ¿Qué verdad? La gloriosa verdad de la encarnación: que Dios ha amado al mundo y ha demostrado su amor enviando a su Hijo para salvarlo (cp. v. 16). Esta es la gloriosa verdad que la iglesia sostiene y pone en alto frente al mundo.

Pensamiento 1. Una pregunta punzante es: ¿Cuántos dentro de la iglesia están verdaderamente apoyando la verdad ante el mundo? ¿Cuántos están realmente sosteniendo en alto la verdad comportándose y conduciéndose como debieran? ¿Cuántos están manteniendo en alto la verdad proclamándola como debieran?

"Cualquiera, pues, que me oye estas palabras, y las hace, le compararé a un hombre prudente, que edificó su casa sobre la roca. Descendió lluvia, y vinieron ríos, y soplaron vientos, y golpearon contra aquella casa; y no cayó, porque estaba fundada sobre la roca. Pero cualquiera que me oye estas palabras y no las hace, le compararé a un hombre insensato, que edificó su casa sobre la arena; y descendió lluvia, y vinieron ríos, y soplaron vientos, y dieron con ímpetu contra aquella casa; y cayó, y fue grande su ruina" (Mt. 7:24-27).

"Porque nadie puede poner otro fundamento que el que está puesto, el cual es Jesucristo" (1 Co. 3:11).

"la cual operó en Cristo, resucitándole de los

muertos y sentándole a su diestra en los lugares celestiales, sobre todo principado y autoridad y poder y señorío, y sobre todo nombre que se nombra, no sólo en este siglo, sino también en el venidero; y sometió todas las cosas bajo sus pies, y lo dio por cabeza sobre todas las cosas a la iglesia" (Ef. 1:20-22).

"atesorando para sí buen fundamento para lo por venir, que echen mano de la vida eterna" (1 Ti. 6:19).

"Pero el fundamento de Dios está firme, teniendo este sello: Conoce el Señor a los que son suyos; y: Apártese de iniquidad todo aquel que invoca el nombre de Cristo" (2 Ti. 2:19).

"Acercándoos a él, piedra viva, desechada ciertamente por los hombres, mas para Dios escogida y preciosa, vosotros también, como piedras vivas, sed edificados como casa espiritual y sacerdocio santo, para ofrecer sacrificios espirituales aceptables a Dios por medio de Jesucristo" (1 P. 2:4-5).

3 (3:16) *Iglesia — Encarnación:* Este es uno de los grandes versículos de las Escrituras; es la gloriosa verdad de la iglesia, la verdad que todos los verdaderos creyentes confiesan ante el mundo. Es la verdad que la iglesia y sus creyentes nunca deben negar, abandonar, ignorar o cuestionar. Es la única verdad que ofrece esperanza y salvación para el hombre más allá de la tumba. Niegue y destruya esta verdad y todos estarán perdidos y condenados a morir para siempre. ¿Por qué? Porque todas las verdades fabricadas por los hombres y proclamadas por ellos mismos terminan en la tumba, pero esta verdad nunca muere pues es la verdad del increíble amor de Dios, el gran "misterio de la piedad". ¿Cuál es el misterio de la piedad? Esta es la única vez que se menciona en la Biblia, y note que es "indiscutiblemente" veraz, es decir, indisputable, innegable, más allá de cualquier duda. Es la verdad que confiesan todos los verdaderos cristianos. Y lo que se confiesa es lo que realmente ocurrió. Dios ha hecho seis cosas maravillosas por el hombre. Este es el misterio de la piedad, el misterio que ahora ha sido revelado al hombre.

1. "Dios fue manifestado [revelado] en carne". Dios realmente se hizo un hombre en la persona de Jesucristo. Él verdaderamente participó de la carne y la sangre.

   a. Jesucristo se identificó perfectamente con el hombre. Al hacerse hombre, experimentó todas las pruebas y sufrimientos de los hombres, por tanto, es capaz de socorrer y librar a los hombres en las pruebas de la vida.

   "Porque ciertamente no socorrió a los ángeles, sino que socorrió a la descendencia de Abraham. Por lo cual debía ser en todo semejante a sus hermanos, para venir a ser misericordioso y fiel sumo sacerdote en lo que a Dios se refiere, para expiar los pecados del pueblo. Pues en cuanto él mismo padeció siendo tentado, es poderoso para socorrer a los que son tentados" (He. 2:16-18).

   "Porque no tenemos un sumo sacerdote que no pueda compadecerse de nuestras debilidades, sino uno que fue tentado en todo según nuestra semejanza, pero sin pecado. Acerquémonos, pues, confiadamente al trono de la gracia, para alcanzar misericordia y hallar gracia para el oportuno socorro" (He. 4:15-16).

   b. Jesucristo se hizo hombre para quitar el pecado de los hombres.

   "quien llevó él mismo nuestros pecados en su cuerpo sobre el madero, para que nosotros, estando muertos a los pecados, vivamos a la justicia; y por cuya herida fuisteis sanados" (1 P. 2:24).

   "Y sabéis que él apareció para quitar nuestros pecados, y no hay pecado en él" (1 Jn. 3:5).

   "El que practica el pecado es del diablo; porque el diablo peca desde el principio. Para esto apareció el Hijo de Dios, para deshacer las obras del diablo" (1 Jn. 3:8).

   c. Jesucristo se hizo hombre para destruir al que tenía el poder sobre la muerte, es decir, a Satanás.

   "Así que, por cuanto los hijos participaron de carne y sangre, él también participó de lo mismo, para destruir por medio de la muerte al que tenía el imperio de la muerte, esto es, al diablo, y librar a todos los que por el temor de la muerte estaban durante toda la vida sujetos a servidumbre" (He. 2:14-15).

Pensamiento 1. La encarnación es indiscutible, innegable e irrefutable. Es un hecho: Dios vino a la tierra en la persona de Jesucristo.

   "Y aquel Verbo fue hecho carne, y habitó entre nosotros (y vimos su gloria, gloria como del unigénito del Padre), lleno de gracia y de verdad" (Jn. 1:14).

   "que Dios estaba en Cristo reconciliando consigo al mundo, no tomándoles en cuenta a los hombres sus pecados, y nos encargó a nosotros la palabra de la reconciliación" (2 Co. 5:19).

   "Por lo cual, entrando en el mundo dice: Sacrificio y ofrenda no quisiste; Mas me preparaste cuerpo" (He. 10:5).

   "Lo que era desde el principio, lo que hemos oído, lo que hemos visto con nuestros ojos, lo que hemos contemplado, y palparon nuestras manos tocante al Verbo de vida (porque la vida fue manifestada, y la hemos visto, y testificamos, y os anunciamos la vida eterna, la cual estaba con el Padre, y se nos manifestó)" (1 Jn. 1:1-2).

2. Cristo fue justificado o vindicado en el Espíritu. Cuando Cristo estuvo en la tierra proclamó esta verdad: Él era el Hijo de Dios que había venido a la tierra a salvar a todos los que creyeran en Él. Pero la gran mayoría de las personas no creyeron en Él. Le negaron, ignoraron, rechazaron, censuraron, se burlaron, lo cuestionaron, discutieron con él y le maldijeron. Muchos trataron de usarle para obtener lo que querían y otros conspiraron para matarlo, pero Él *era verdaderamente el Hijo de Dios,* por tanto, el Espíritu de Dios lo vindicó; el Espíritu de Dios probó sus afirmaciones. ¿Cómo? El Espíritu de Dios hizo tres cosas:

   a. El Espíritu de Dios hizo posible que Cristo viviera una vida perfecta y sin pecado. Si hay algo que el hombre sabe bien es que nadie puede vivir una vida sin pecado. Si alguien pudiera vivir una vida sin pecado tendría que ser Dios mismo viviendo como hombre, y ahí está la clave del asunto. Cristo probó que era el Hijo de Dios viviendo una vida perfecta y sin pecado.

"¿Quién de vosotros me redarguye de pecado? Pues si digo la verdad, ¿por qué vosotros no me creéis?" (Jn. 8:46).

"Al que no conoció pecado, por nosotros lo hizo pecado, para que nosotros fuésemos hechos justicia de Dios en él" (2 Co. 5:21).

"Mas del Hijo dice: Tu trono, oh Dios, por el siglo del siglo; Cetro de equidad es el cetro de tu reino. Has amado la justicia, y aborrecido la maldad, Por lo cual te ungió Dios, el Dios tuyo, Con óleo de alegría más que a tus compañeros" (He. 1:8-9).

"Porque no tenemos un sumo sacerdote que no pueda compadecerse de nuestras debilidades, sino uno que fue tentado en todo según nuestra semejanza, pero sin pecado" (He. 4:15).

"Porque tal sumo sacerdote nos convenía: Santo, inocente, sin mancha, apartado de los pecadores, y hecho más sublime que los cielos" (He. 7:26).

"¿cuánto más la sangre de Cristo, el cual mediante el Espíritu eterno se ofreció a sí mismo sin mancha a Dios, limpiará vuestras conciencias de obras muertas para que sirváis al Dios vivo?" (He. 9:14).

"sino con la sangre preciosa de Cristo, como de un cordero sin mancha y sin contaminación" (1 P. 1:19).

"el cual no hizo pecado, ni se halló engaño en su boca" (1 P. 2:22).

"Y sabéis que él apareció para quitar nuestros pecados, y no hay pecado en él" (1 Jn. 3:5).

b. El Espíritu de Dios vindicó a Cristo dándole el poder para hacer las poderosas obras de Dios. Cristo hizo tantas obras maravillosas de sanidad y ministerio que Juan solo pudo decir que si se registraran todas ellas, ni aun en el mundo cabrían los libros que habría que escribir (Jn. 21:25). La idea es la siguiente: Ningún hombre podría hacer las obras que Cristo hizo. Solo Dios mismo podría llevar a cabo los milagros que Cristo hizo. Por tanto, las obras de Cristo fueron una prueba de que él es quien dijo ser: El Hijo de Dios.

"Este principio de señales hizo Jesús en Caná de Galilea, y manifestó su gloria; y sus discípulos creyeron en él" (Jn. 2:11).

"Este vino a Jesús de noche, y le dijo: Rabí, sabemos que has venido de Dios como maestro; porque nadie puede hacer estas señales que tú haces, si no está Dios con él" (Jn. 3:2).

"Jesús les respondió: Os lo he dicho, y no creéis; las obras que yo hago en nombre de mi Padre, ellas dan testimonio de mí" (Jn. 10:25).

"Si no hago las obras de mi Padre, no me creáis. Mas si las hago, aunque no me creáis a mí, creed a las obras, para que conozcáis y creáis que el Padre está en mí, y yo en el Padre" (Jn. 10:37-38).

"Creedme que yo soy en el Padre, y el Padre en mí; de otra manera, creedme por las mismas obras" (Jn. 14:11).

"Si yo no hubiese hecho entre ellos obras que ningún otro ha hecho, no tendrían pecado; pero ahora han visto y han aborrecido a mí y a mi Padre" (Jn. 15:24).

c. El Espíritu de Dios vindicó a Cristo resucitándolo de entre los muertos. Los hombres le mataron, ellos le crucificaron en la cruz, pero como Él era verdaderamente el Hijo de Dios el Espíritu de Dios probó sus afirmaciones levantándolo de los muertos.

"que fue declarado Hijo de Dios con poder, según el Espíritu de santidad, por la resurrección de entre los muertos" (Ro. 1:4).

"la cual operó en Cristo, resucitándole de los muertos y sentándole a su diestra en los lugares celestiales" (Ef. 1:20).

"Bendito el Dios y Padre de nuestro Señor Jesucristo, que según su grande misericordia nos hizo renacer para una esperanza viva, por la resurrección de Jesucristo de los muertos, para una herencia incorruptible, incontaminada e inmarcesible, reservada en los cielos para vosotros" (1 P. 1:3-4).

"Porque también Cristo padeció una sola vez por los pecados, el justo por los injustos, para llevarnos a Dios, siendo a la verdad muerto en la carne, pero vivificado en espíritu" (1 P. 3:18).

3. Cristo fue visto de los ángeles. Los ángeles son *seres celestiales* que siempre han visto y contemplado a Cristo. De hecho, ellos son los ministros de Cristo creados para ejecutar su voluntad en el otro mundo, el mundo o dimensión espiritual. Por tanto, es algo natural que los ángeles estuvieran involucrados cuando Cristo vino a la tierra a salvar al hombre. Ellos intervinieron…

- en los preparativos de su nacimiento (Lc. 1:26s).
- en su nacimiento como tal (Lc. 2:8, 13).
- en su tentación (Mc. 1:13).
- en sus pruebas (Lc. 22:43).
- en su resurrección (Mt. 28:2s).
- en su ascensión (Hch. 1:10-11).

Los ángeles son los espíritus servidores de Cristo que vieron todo lo que le sucedió. Ellos vieron a Cristo garantizando nuestra salvación. La idea aquí es que los ángeles son seres que han vivido con Cristo en un lugar real a lo largo de toda la eternidad. Por tanto, la promesa de Cristo de que nosotros también viviremos con Él eternamente es cierta. El cielo y los ángeles son reales. Hay un mundo real, un mundo y dimensión espiritual donde Dios y Cristo realmente existen.

4. Cristo fue predicado a los gentiles, a todas las naciones del mundo. Esta es una parte gloriosa del "misterio de la piedad": Que Jesucristo vino a salvar a todas las personas, incluso a los paganos, aquellos que no sabían absolutamente nada de Dios y que tienen una vida inmoral, depravada y corrupta, y sin esperanza. Cristo no es el Salvador exclusivo de los judíos ni de ninguna otra nación, incluyendo a los Estados Unidos. Él es el Salvador de todos los pueblos y naciones, tanto judíos como gentiles.

"Y será predicado este evangelio del reino en todo el mundo, para testimonio a todas las naciones; y entonces vendrá el fin" (Mt. 24:14).

"Por tanto, id, y haced discípulos a todas las naciones, bautizándolos en el nombre del Padre, y del Hijo, y del Espíritu Santo; enseñándoles que guarden todas las cosas que os he mandado; y he aquí yo estoy con vosotros todos los días, hasta el fin del mundo. Amén" (Mt. 28:19-20).

"Y es necesario que el evangelio sea predicado antes a todas las naciones" (Mr. 13:10).

"Y les dijo: Id por todo el mundo y predicad el evangelio a toda criatura" (Mr. 16:15).

"y que se predicase en su nombre el arrepentimiento y el perdón de pecados en todas las naciones, comenzando desde Jerusalén" (Lc. 24:47).

"pero recibiréis poder, cuando haya venido sobre vosotros el Espíritu Santo, y me seréis testigos en Jerusalén, en toda Judea, en Samaria, y hasta lo último de la tierra" (Hch. 1:8).

"Vi volar por en medio del cielo a otro ángel, que tenía el evangelio eterno para predicarlo a los moradores de la tierra, a toda nación, tribu, lengua y pueblo" (Ap. 14:6).

5.   Cristo fue *creído* en el mundo. Este fue el propósito de la encarnación, la razón por la que Jesucristo vino a la tierra: Que algunos creyeran en Él y fueran salvos para vivir con Dios eternamente. Note lo siguiente: Cuando Cristo dejó la tierra y ascendió al cielo, fueron solo ciento veinte los que le seguían y comenzaron a predicar el evangelio pero en cincuenta años todas las naciones del mundo habían sido tocadas par Cristo. Miles de miles le habían aceptado, tantos que Pablo declaró que el evangelio había sido llevado hasta los fines de la tierra.

"pero que ha sido manifestado ahora, y que por las Escrituras de los profetas, según el mandamiento del Dios eterno, se ha dado a conocer a todas las gentes para que obedezcan a la fe" (Ro. 16:26).

"que ha llegado hasta vosotros, así como a todo el mundo, y lleva fruto y crece también en vosotros, desde el día que oísteis y conocisteis la gracia de Dios en verdad" (Col. 1:6).

"si en verdad permanecéis fundados y firmes en la fe, y sin moveros de la esperanza del evangelio que habéis oído, el cual se predica en toda la creación que está debajo del cielo; del cual yo Pablo fui hecho ministro" (Col. 1:23).

La idea es la siguiente, ¿cuál es la diferencia entre el testimonio de los creyentes primitivos y nuestro testimonio hoy día? ¿Por qué ellos fueron capaces de alcanzar a tantos y nosotros parecemos alcanzar a tan pocos? La respuesta es precisamente la verdad de este punto: Creer. Ellos creyeron verdaderamente en Cristo, depositaron su pasado, presente y futuro en Él. Entregaron a Él sus almas y vidas. Comprometieron totalmente sus vidas a Él. Le dieron todo lo que eran y tenían. Esta forma de creer está ausente hoy. La creencia que muchos tienen es solo *acerca de Cristo*: Que Él es el Salvador del mundo. Sin embargo una creencia acerca de Cristo *no es creer en Cristo*. No es entregarle nuestra vida a Él; no es entregar nuestro ser —todo lo que uno es y tiene— a Él.

El glorioso misterio de la piedad es que una persona puede ser salva por creer en Cristo; realmente creer en Él.

"Porque de tal manera amó Dios al mundo, que ha dado a su Hijo unigénito, para que todo aquel que en él cree, no se pierda, mas tenga vida eterna (Jn. 3:16).

"De cierto, de cierto os digo: El que oye mi palabra, y cree al que me envió, tiene vida eterna; y no vendrá a condenación, mas ha pasado de muerte a vida" (Jn. 5:24).

"Le dijo Jesús: Yo soy la resurrección y la vida; el que cree en mí, aunque esté muerto, vivirá"(Jn. 11:25).

"Pero éstas se han escrito para que creáis que Jesús es el Cristo, el Hijo de Dios, y para que creyendo, tengáis vida en su nombre" (Jn. 20:31).

"que si confesares con tu boca que Jesús es el Señor, y creyeres en tu corazón que Dios le levantó de los muertos, serás salvo. Porque con el corazón se cree para justicia, pero con la boca se confiesa para salvación" (Ro. 10:9-10).

6.   Cristo fue recibido arriba en gloria. Esto es una referencia a la ascensión y exaltación de Cristo. Él había sido exaltado como la Majestad suprema del universo, como Señor de señores y Rey de reyes. Él es el Dios del universo que rige y reina sobre este en gloria y majestad, dominio y poder. Jesucristo ha terminado la gran obra de salvación. Ha sido llevado otra vez a los cielos, de regreso al lugar de donde había venido. Está sentado a la diestra del Padre y se sentará en el trono del cielo hasta que decida regresar a la tierra y llevar la historia de la humanidad a su consumación.

"Y el Señor, después que les habló, fue recibido arriba en el cielo, y se sentó a la diestra de Dios" (Mr. 16:19).

"Pero desde ahora el Hijo del Hombre se sentará a la diestra del poder de Dios" (Lc. 22:69).

"la cual operó en Cristo, resucitándole de los muertos y sentándole a su diestra en los lugares celestiales" (Ef. 1:20).

"sino que se despojó a sí mismo, tomando forma de siervo, hecho semejante a los hombres; y estando en la condición de hombre, se humilló a sí mismo, haciéndose obediente hasta la muerte, y muerte de cruz. Por lo cual Dios también le exaltó hasta lo sumo, y le dio un nombre que es sobre todo nombre, para que en el nombre de Jesús se doble toda rodilla de los que están en los cielos, y en la tierra, y debajo de la tierra" (Fil. 2:7-10).

"que decían a gran voz: El Cordero que fue inmolado es digno de tomar el poder, las riquezas, la sabiduría, la fortaleza, la honra, la gloria y la alabanza" (Ap. 5:12).

Este es el gran misterio de la piedad que ahora ha sido revelado al hombre.

=>   Dios fue manifestado o revelado en la carne.

=>   Cristo fue justificado o vindicado en el Espíritu.

=>   Cristo fue visto por ángeles, realmente visto por los seres celestiales.

=>   Cristo fue predicado a los gentiles, a todas las naciones del mundo.

=>   Cristo fue creído en el mundo.

=>   Cristo fue recibido arriba y exaltado en los cielos.

	CAPÍTULO 4	darán abstenerse de alimentos que Dios creó para que con acción de gracias participasen de ellos los creyentes y los que han conocido la verdad.	a. El error: Prohibirán el matrimonio y ciertos alimentos
	B. La advertencia con respecto a los falsos maestros y su apostasía, 4:1-5		b. La verdad
1 Se levantarán en los últimos días de la historia	1 Pero el Espíritu dice claramente que en los postreros tiempos algunos apostatarán de la fe, escuchando a espíritus engañadores y a doctrinas de demonios;	4 Porque todo lo que Dios creó es bueno, y nada es de desecharse, si se toma con acción de gracias;	1) Dios lo ha creado todo para que lo tomemos con acción de gracias
2 Su apostasía		5 porque por la Palabra de Dios y por la oración es santificado.	2) Todos los alimentos que Dios ha creado son buenos
a. Apostatarán de la fe			
b. Escucharán a espíritus engañadores	2 por la hipocresía de mentirosos que, teniendo cauterizada la conciencia,		3) Todos los alimentos son santificados por la Palabra de Dios y la oración
c. Hablarán mentiras con hipocresía			
d. Tendrán cauterizada la conciencia			
3 Su doctrina	3 prohibirán casarse, y man-		

DIVISIÓN III

CONDUCTA Y RELACIONES DE LA IGLESIA, 3:14—6:21

B. La advertencia con respecto a los falsos maestros y su apostasía, 4:1-5

(4:1-5) *Introducción:* Este es un pasaje que plantea una seria advertencia para los creyentes, un pasaje que tanto ministros como laicos deben tomar más seriamente que nunca. Es la advertencia sobre los falsos maestros y su apostasía.

1. Se levantarán en los últimos días de la historia (v. 1).
2. Su apostasía (vv. 1-2).
3. Su doctrina (vv. 3-5).

1 (4:1) *Apostasía — Falsos maestros:* Los falsos maestros se levantarán o surgirán en los últimos días de la historia. La frase "postreros tiempos" significa un poco después, no muy lejos en el futuro. Es decir, los falsos maestros se iban a levantar dentro de la iglesia casi inmediatamente y continuarían en nuestros días y hasta el fin del tiempo. La idea queda clara: La iglesia y los verdaderos creyentes tienen que estar constantemente en guardia contra las falsas enseñanzas. La iglesia y el creyente siempre afrontan el grave peligro de las falsas enseñanzas, y nótese que esta es una revelación del mismísimo Espíritu de Dios. Esta no es la idea de algún predicador que busca el reconocimiento por su novedosa idea. Es una advertencia del Espíritu de Dios. El Espíritu ha hablado claramente (rhetos), es decir, en términos específicos, en palabras sencillas, inconfundiblemente para que no quede duda alguna acerca de lo que se dice. Los falsos maestros se levantarán en los postreros tiempos.

2 (4:1-2) *Falsos maestros — Apostasía:* La apostasía de los falsos maestros es algo serio, tan serio que debe hacernos escudriñar nuestros corazones. Los falsos maestros cometen cuatro errores graves.

1. Los falsos maestros "apostatarán de la fe". Note:

Ellos están dentro de la iglesia, dentro del campo de la religión. Este pasaje no trata acerca de las filosofías y las falsas enseñanzas de los no creyentes en el mundo, está hablando de los falsos maestros dentro de la iglesia misma. El Espíritu de Dios nos está advirtiendo: Algunos predicadores y algunos maestros se apartarán de la fe y se convertirán en falsos maestros. Se alejarán del Señor Jesucristo, de su muerte y su resurrección.

"el cual fue entregado por nuestras transgresiones, y resucitado para nuestra justificación" (Ro. 4:25).

"que si confesares con tu boca que Jesús es el Señor, y creyeres en tu corazón que Dios le levantó de los muertos, serás salvo. Porque con el corazón se cree para justicia, pero con la boca se confiesa para salvación" (Ro. 10:9-10).

"Porque primeramente os he enseñado lo que asimismo recibí: Que Cristo murió por nuestros pecados, conforme a las Escrituras; y que fue sepultado, y que resucitó al tercer día, conforme a las Escrituras" (1 Co.15:3-4).

"quien llevó él mismo nuestros pecados en su cuerpo sobre el madero, para que nosotros, estando muertos a los pecados, vivamos a la justicia; y por cuya herida fuisteis sanados" (1 P. 2:24).

Pensamiento 1. Existe una sola fe verdadera que puede salvar a una persona. Una persona puede tener todos los tipos de fe y puede tener fe en todos los tipos de personas, cosas y religiones, pero solo una fe puede salvar a una persona: La fe en el Hijo de Dios, el Señor Jesucristo. Esta es la fe de la que una persona nunca debe apartarse.

"Porque de tal manera amó Dios al mundo, que ha dado a su Hijo unigénito, para que todo aquel que en él cree, no se pierda, mas tenga vida eterna. Porque no envió Dios a su Hijo al mundo para condenar al mundo, sino para que el mundo sea salvo por él. El que en él cree, no es condenado; pero el que no cree, ya ha

sido condenado, porque no ha creído en el nombre del unigénito Hijo de Dios" (Jn. 3:16-18).

"Y esta es la voluntad del que me ha enviado: Que todo aquél que ve al Hijo, y cree en él, tenga vida eterna; y yo le resucitaré en el día postrero" (Jn. 6:40).

"Jesús le dijo: Yo soy el camino, y la verdad, y la vida; nadie viene al Padre, sino por mí" (Jn. 14:6).

"Pero éstas se han escrito para que creáis que Jesús es el Cristo, el Hijo de Dios, y para que creyendo, tengáis vida en su nombre" (Jn. 20:31).

2.	Los falsos maestros prestan atención a espíritus engañadores y doctrinas de demonios. Existen todo tipo de espíritus malignos en el mundo, espíritus cuyo objetivo es seducir y engañar a las personas. Su objetivo es llevar a las personas a seguirlos a ellos, sus ideas y enseñanzas. Hacen todo lo posible para alejar a las personas de la doctrina y la fe de Cristo y fíjese el método que usan no es el ataque frontal, no es una declaración alta y clara en contra de la verdad. Ellos mezclan verdad con error. Su método es…

- seducir   • engañar
- embaucar   • tentar
- lisonjear   • atraer
- persuadir   • encantar
- dar apariencia de luz y verdad

"Porque éstos son falsos apóstoles, obreros fraudulentos, que se disfrazan como apóstoles de Cristo. Y no es maravilla, porque el mismo Satanás se disfraza como ángel de luz. Así que, no es extraño si también sus ministros se disfrazan como ministros de justicia; cuyo fin será conforme a sus obras" (2 Co. 11:13-15).

"Porque vendrá tiempo cuando no sufrirán la sana doctrina, sino que teniendo comezón de oír, se amontonarán maestros conforme a sus propias concupiscencias, 4y apartarán de la verdad el oído y se volverán a las fábulas" (2 Ti. 4:3-4).

"Porque hay aún muchos contumaces, habladores de vanidades y engañadores, mayormente los de la circuncisión, a los cuales es preciso tapar la boca; que trastornan casas enteras, enseñando por ganancia deshonesta lo que no conviene" (Tit. 1:10-11).

3.	Los falsos maestros hablan mentiras con hipocresía. Muy sencillo, enseñan algo diferente de lo que dicen las Escrituras y a sabiendas. Saben que no enseñan conforme a las Escrituras, de hecho algunos de ellos se jactan de su posición en contra de lo que llaman "una interpretación literal" de las Escrituras. Algunos incluso se burlan de aquellos que creen y se afierran a la verdad de las Escrituras. Pero note algo que a menudo se pasa por alto:

=>	"hipocresía" significa que el maestro sabe que lo que están enseñando es contrario a las Escrituras. Afirma ser un ministro o maestro de Dios, Cristo y la Palabra (Escritura), sin embargo enseña algo contrario a lo que esta dice. Un hipócrita es alguien que dice ser una cosa pero que es otra.

=>	"mentirosos" significa hablar y enseñar lo contrario a las Escrituras. Esto es exactamente lo que las Escrituras declaran. A los ojos de las Escrituras, una mentira es una enseñanza contraria a la de las Escrituras.

La idea es la siguiente: El falso maestro es una persona que dice mentira con hipocresía. niega, refuta o ignora a sabiendas lo que las Escrituras dicen. Sin embargo, afirma ser un maestro o ministros de Cristo y del evangelio. Esta es la persona que es un instrumento o herramienta de algún espíritu seductor y engañador, alguien que enseñan las doctrinas de demonios.

"Hipócritas, bien profetizó de vosotros Isaías, cuando dijo: Este pueblo de labios me honra; Mas su corazón está lejos de mí. Pues en vano me honran, Enseñando como doctrinas, mandamientos de hombres" (Mt. 15:7-9).

"Entonces entendieron que no les había dicho que se guardasen de la levadura del pan, sino de la doctrina de los fariseos y de los saduceos" (Mt. 16:12).

"Así también vosotros por fuera, a la verdad, os mostráis justos a los hombres, pero por dentro estáis llenos de hipocresía e iniquidad" (Mt. 23:28).

"¡Hipócritas! Sabéis distinguir el aspecto del cielo y de la tierra; ¿y cómo no distinguís este tiempo? ¿Y por qué no juzgáis por vosotros mismos lo que es justo?" (Lc. 12:56-57).

"Mas os ruego, hermanos, que os fijéis en los que causan divisiones y tropiezos en contra de la doctrina que vosotros habéis aprendido, y que os apartéis de ellos. Porque tales personas no sirven a nuestro Señor Jesucristo, sino a sus propios vientres, y con suaves palabras y lisonjas engañan los corazones de los ingenuos" (Ro. 16:17-18).

"Mirad que nadie os engañe por medio de filosofías y huecas sutilezas, según las tradiciones de los hombres, conforme a los rudimentos del mundo, y no según Cristo" (Col. 2:8).

"Pero el Espíritu dice claramente que en los postreros tiempos algunos apostatarán de la fe, escuchando a espíritus engañadores y a doctrinas de demonios; 2por la hipocresía de mentirosos que, teniendo cauterizada la conciencia" (1 Ti. 4:1-2).

"Profesan conocer a Dios, pero con los hechos lo niegan, siendo abominables y rebeldes, reprobados en cuanto a toda buena obra" (Tit. 1:16).

"No os dejéis llevar de doctrinas diversas y extrañas; porque buena cosa es afirmar el corazón con la gracia, no con viandas, que nunca aprovecharon a los que se han ocupado de ellas" (He. 13:9).

Pensamiento 1. William Barclay tiene un excelente planteamiento acerca de los hombres que se convierten en herramientas de Satanás y los demonios.

"Esta falsa enseñanza provino de esos malos espíritus y demonios, pero a pesar de que vino de los demonios, vino a través de los hombres… Ahora bien, he aquí el peligro y lo terrible del asunto. Sabemos que Dios y el Espíritu de Dios están en todas partes buscando hombres que puedan usar. Dios siempre está buscando hombres para que sean sus instrumentos, sus armas, sus herramientas en este mundo, pero es aquí cuando nos encontramos cara a cara con el terrible hecho de que las fuerzas del mal también están buscando hombres que puedan usar. Así como Dios busca hombres para cumplir

sus propósitos, las fuerzas del mal buscan hombres para los suyos. Esta es la terrible responsabilidad de la humanidad. El hombre puede aceptar el servicio de Dios o el servicio del diablo. El hombre puede convertirse en un instrumento del bien supremo o del mal supremo. Los hombres se encuentran con la eterna elección, ¿a quién vamos a darle nuestras vidas, a Dios o al enemigo de Dios? ¿Decidiremos ser usados por Dios o por el diablo?" (*The Letters to Timothy, Titus, and Philemon*, p. 107).

4. Los falsos maestros tienen la conciencia cauterizada, es decir, endurecida e insensible. A la mayoría de los falsos maestros no les molesta enseñar algo contrario a la verdad de las Escrituras. Pueden negar e ignorar las Escrituras presentando sus propias ideas sin que les moleste en lo absoluto. Son totalmente insensibles a las predicaciones y el convencimiento del Espíritu Santo. No tienen conciencia ni remordimiento por torcer las Escrituras y la verdad acerca de Cristo. No sienten ningún tipo de movimiento del Espíritu Santo.

"¿Por qué no entendéis mi lenguaje? Porque no podéis escuchar mi palabra" (Jn. 8:43).

"Porque el corazón de este pueblo se ha engrosado, Y con los oídos oyeron pesadamente, Y sus ojos han cerrado, Para que no vean con los ojos, Y oigan con los oídos, Y entiendan de corazón, Y se conviertan, Y yo los sane" (Hch. 28:27).

"Pero por tu dureza y por tu corazón no arrepentido, atesoras para ti mismo ira para el día de la ira y de la revelación del justo juicio de Dios" (Ro. 2:5).

"los cuales, después que perdieron toda sensibilidad, se entregaron a la lascivia para cometer con avidez toda clase de impureza" (Ef. 4:19).

"por la hipocresía de mentirosos que, teniendo cauterizada la conciencia" (1 Ti. 4:2).

"Bienaventurado el hombre que siempre teme a Dios; Mas el que endurece su corazón caerá en el mal" (Pr. 28:14).

"El hombre que reprendido endurece la cerviz, De repente será quebrantado, y no habrá para él medicina" (Pr. 29:1).

3 (4:3-5) *Falsos maestros — Apostasía:* La doctrina de los falsos maestros es también algo serio, tan serio que debe hacernos escudriñar nuestros corazones.

1. La doctrina en particular que confrontaba la iglesia de Éfeso era el gnosticismo. Los gnósticos sentían que lo que realmente importaba en la vida era el espíritu del hombre. El espíritu era la única cosa buena en el mundo; todo lo demás —todas las sustancias físicas y materiales incluyendo el cuerpo humano— eran corruptibles y malas. Por tanto, la misión del hombre en la tierra era negarse a sí mismo, evitar las cosas del mundo y controlar el cuerpo tanto como fuera posible. ¿Cómo? Negándole al cuerpo tantas cosas como fuera posible. Observe que en la iglesia de Éfeso las dos cosas que se negaban y prohibían eran comer carne y casarse. Algunos enseñaban que una persona podía acercarse más a Dios y agradarle más siendo vegetariana y permaneciendo soltera. Al estar libre de los deberes familiares,

la persona podría concentrarse más en Dios.

Observe otro aspecto más acerca del gnosticismo al que no se hace referencia en este pasaje pero que es de suma importancia. Algunos gnósticos asumían una posición contraria. Ya que el espíritu es todo lo que importa, el cuerpo y el mundo no importan. Por consiguiente, el hombre puede hacer todo lo que le guste físicamente. Puede satisfacer sus pasiones, lujurias, deseos e instintos, siempre y cuando cuide de su espíritu.

Cada generación tiene sus gnósticos, personas que enseñan las falsas doctrinas de la disciplina en extremo o el ascetismo, y aquellos que enseñan las falsas doctrinas de un modo de vida relajado (licencioso e indulgente).

=> Están aquellos que *se concentran* en el cuerpo y su salud. Buscan vencer el mal, es decir, la corrupción, la enfermedad, el envejecimiento y la muerte del cuerpo tanto como sea posible. Algunos practican ejercicios constantemente y otros se vuelven vegetarianos; todos luchando contra el envejecimiento, el debilitamiento y la muerte del cuerpo.

=> Están aquellos que hoy día piensan que pueden acercarse más a Dios y volverse más espirituales al no casarse y no comer carne. (Recuerde lo que las Escrituras acaban de decir: Es mejor para el ministro y los líderes de la iglesia estar casados. Cp. 1 Ti. 3:2-13).

=> Están aquellos que viven como les place —comiendo, tomando, fiestando, complaciéndose y viviendo extravagantemente— todos ocupados en sus propias cosas.

La idea es que cada uno atiende a su espíritu y adoran solo como les place, solo lo que les parece necesario para mantener sus espíritus a tono con Dios. Pero tenga en cuenta que se concentran en el cuerpo y su placer. En un caso el placer es la euforia de la disciplina y el control, y en el otro la euforia se encuentra en el estímulo de la carne mediante la diversión y las posesiones.

"Pues en vano me honran, Enseñando como doctrinas, mandamientos de hombres" (Mt. 15:9).

"Así que, hermanos, os ruego por las misericordias de Dios, que presentéis vuestros cuerpos en sacrificio vivo, santo, agradable a Dios, que es vuestro culto racional. 2No os conforméis a este siglo, sino transformaos por medio de la renovación de vuestro entendimiento, para que comprobéis cuál sea la buena voluntad de Dios, agradable y perfecta" (Ro. 12:1-2).

"Pues si habéis muerto con Cristo en cuanto a los rudimentos del mundo, ¿por qué, como si vivieseis en el mundo, os sometéis a preceptos tales como: No manejes, ni gustes, ni aun toques (en conformidad a mandamientos y doctrinas de hombres), cosas que todas se destruyen con el uso? Tales cosas tienen a la verdad cierta reputación de sabiduría en culto voluntario, en humildad y en duro trato del cuerpo; pero no tienen valor alguno contra los apetitos de la carne" (Col. 2:20-23).

"Porque hay aún muchos contumaces, habladores de vanidades y engañadores, mayormente los de la circuncisión, a los cuales es preciso tapar la boca; que trastornan casas enteras, enseñando por ganancia des-

honesta lo que no conviene. Uno de ellos, su propio profeta, dijo: Los cretenses, siempre mentirosos, malas bestias, glotones ociosos. Este testimonio es verdadero; por tanto, repréndelos duramente, para que sean sanos en la fe, no atendiendo a fábulas judaicas, ni a mandamientos de hombres que se apartan de la verdad. Todas las cosas son puras para los puros, mas para los corrompidos e incrédulos nada les es puro; pues hasta su mente y su conciencia están corrompidas. Profesan conocer a Dios, pero con los hechos lo niegan, siendo abominables y rebeldes, reprobados en cuanto a toda buena obra" (Tit. 1:10-16).

2. Nótese cómo la verdad destruye esta enseñanza y estilo de vida.

    a. Dios lo ha creado todo para que lo tomemos con acción de gracias. y note además que todas las cosas pueden ser recibidas por los creyentes, por todos los que creen y conocen la verdad.

    b. Todos los alimentos que Dios ha creado son buenos y no deben ser rechazados si el creyente da gracias por ellos.

    c. Todos los alimentos son santificados por la Palabra de Dios y la oración. Si el alimento está aprobado por la Palabra de Dios o puede orarse por este y ser aprobado por el Espíritu de Dios entonces el creyente puede participar del mismo sin ningún cargo de conciencia.

El Comentario Bíblico Wycliffe ofrece una excelente observación al respecto:

"Los principios que gobiernan el uso correcto... de esta vida son: (a) Dios es el creador y su creación es buena; (b) él creó el alimento para los hombres, y aquellos que creen y conocen la verdad acerca de la salvación eterna tendrán la actitud correcta con respecto a las necesidades de esta vida y no deificarán la cosa creada ni la degradarán, sino que la aceptarán agradecidamente como la sabia provisión del Padre" (Citado de First and Second Timothy, Titus. "The New Testament and Wycliffe Bible Commentary", ed. por Charles F. Pfeiffer y Everett F. Harrison. Producido para Moody Monthly por Iversen Associates, NY, 1971, p. 854).

"No os afanéis, pues, diciendo: ¿Qué comeremos, o qué beberemos, o qué vestiremos? Porque los gentiles buscan todas estas cosas; pero vuestro Padre celestial sabe que tenéis necesidad de todas estas cosas. Mas buscad primeramente el reino de Dios y su justicia, y todas estas cosas os serán añadidas" (Mt. 6:31-33).

"Si bien la vianda no nos hace más aceptos ante Dios; pues ni porque comamos, seremos más, ni porque no comamos, seremos menos" (1 Co. 8:8).

"De todo lo que se vende en la carnicería, comed, sin preguntar nada por motivos de conciencia; porque del Señor es la tierra y su plenitud. Si algún incrédulo os invita, y queréis ir, de todo lo que se os ponga delante comed, sin preguntar nada por motivos de conciencia" (1 Co. 10:25-27).

	C. El ministro joven (segundo encargo): Ser un buen ministro, 4:6-16	12 Ninguno tenga en poco tu juventud, sino sé ejemplo de los creyentes en palabra, conducta, amor, espíritu, fe y pureza.	8 Es un ejemplo para los creyentes
1 **Instruye a los creyentes con respecto a los falsos maestros, vv. 1-5**	6 Si esto enseñas a los hermanos, serás buen ministro de Jesucristo, nutrido con las palabras de la fe y de la buena doctrina que has seguido.		a. Un ejemplo a pesar de su joven edad
2 **Se nutre de la fe cristiana y la doctrina**			b. Un ejemplo para todos los creyentes
3 **Evita las especulaciones frívolas**	7 Desecha las fábulas profanas y de viejas. Ejercítate para la piedad;	13 Entre tanto que voy, ocúpate en la lectura, la exhortación y la enseñanza.	c. Un ejemplo en palabra
4 **Se ejercita para la piedad**	8 porque el ejercicio corporal para poco es provechoso, pero la piedad para todo aprovecha, pues tiene promesa de esta vida presente, y de la venidera.	14 No descuides el don que hay en ti, que te fue dado mediante profecía con la imposición de las manos del presbiterio.	9 **Se dedica a la adoración pública**
a. Física: La piedad es buena			10 **No descuida el don que hay en él**
b. Espiritual: La piedad es mejor			a. Dado sobrenaturalmente
5 **Es un hombre de razón y propósito**	9 Palabra fiel es esta, y digna de ser recibida por todos.	15 Ocúpate en estas cosas; permanece en ellas, para que tu aprovechamiento sea manifiesto a todos.	b. Reconocido y ordenado humanamente
6 **Es un hombre que trabaja y sufre oprobios: voluntaria y afanosamente.**	10 Que por esto mismo trabajamos y sufrimos oprobios, porque esperamos en el Dios viviente, que es el Salvador de todos los hombres, mayormente de los que creen.	16 Ten cuidado de ti mismo y de la doctrina; persiste en ello, pues haciendo esto, te salvarás a ti mismo y a los que te oyeren.	11 **Se ocupa y permanece en las instrucciones de las Escrituras: dando testimonio.**
a. Porque Dios vive			12 **Cuida de sí mismo y de su enseñanza**
b. Porque Dios salva	11 Esto manda y enseña.		a. Para perseverar en la fe
7 **Manda y enseña estas cosas**			b. El propósito: Salvarse a sí mismo y a los que le oigan

DIVISIÓN III

CONDUCTA Y RELACIONES DE LA IGLESIA, 3:14—6:21

C. El ministro joven (segundo encargo): Ser un buen ministro, 4:6-16

(4:6-16) *Introducción:* Este es uno de los cuadros más grandes que presentan las Escrituras acerca del ministro. Es una excelente descripción de lo que hace a un ministro "un buen ministro" (v. 6). Observe que este es el segundo encargo que se da al joven ministro Timoteo. Se le da el gran encargo de ser un buen ministro.

1. Instruye a los creyentes con respecto a los falsos maestros (vv. 1-5).
2. Se nutre de la fe cristiana y la doctrina (v. 6).
3. Evita las especulaciones frívolas (v. 7).
4. Se ejercita para la piedad (v. 8).
5. Es un hombre de razón y propósito (v. 9).
6. Es un hombre que trabaja y sufre oprobios: voluntaria y afanosamente (v. 10).
7. Manda y enseña estas cosas (v. 11).
8. Es un ejemplo para los creyentes (v. 12).
9. Se dedica a la adoración pública (v. 13).
10. No descuida el don que hay en él (v. 14).
11. Se ocupa y permanece en las instrucciones de las Escrituras: dando testimonio (v. 15).
12. Cuida de sí mismo y de su enseñanza (v. 16).

1 (4:6) *Ministro — Enseñanza:* El buen ministro y maestro instruye a los creyentes acerca de las falsas enseñanzas. "Esto" se refiere al pasaje anterior en el que se advierte a los creyentes a cuidarse de los falsos maestros (vv. 1-5). Un buen ministro hace todo lo que está a su alcance para exaltar a Jesucristo y advertir a su rebaño sobre los falsos profetas, aquellos que tratarán de seducirles y desviarles. La palabra griega "enseñas" (hupotithemenos) significa sugerir, aconsejar, notificar, señalar. La idea es la siguiente: La falsa doctrina es una amenaza tan grande para la iglesia y para los creyentes que el buen ministro de Jesucristo usará cualquier medio de comunicación que pueda para instruir y proteger a su rebaño de la seducción de los falsos maestros.

"Por esto, yo no dejaré de recordaros siempre estas cosas, aunque vosotros las sepáis, y estéis confirmados en la verdad presente. Pues tengo por justo, en tanto que estoy en este cuerpo, el despertaros con amonestación; sabiendo que en breve debo abandonar el cuerpo, como nuestro Señor Jesucristo me ha declarado. También yo procuraré con diligencia que después de mi partida vosotros podáis en todo momento tener memoria de estas cosas. Porque no os hemos dado a conocer el poder y la venida de nuestro Señor Jesu-

cristo siguiendo fábulas artificiosas, sino como habiendo visto con nuestros propios ojos su majestad" (2 P. 1:12-16).

"Amados, esta es la segunda carta que os escribo, y en ambas despierto con exhortación vuestro limpio entendimiento, para que tengáis memoria de las palabras que antes han sido dichas por los santos profetas, y del mandamiento del Señor y Salvador dado por vuestros apóstoles; sabiendo primero esto, que en los postreros días vendrán burladores, andando según sus propias concupiscencias" (2 P. 3:1-3).

2 (4:6) *Ministro:* El buen ministro se nutre con las palabras de la fe. Observe que el griego usa el artículo definido "la fe" (tes pisteos). Esto significa las enseñanzas de la Palabra de Dios. Las verdaderas doctrinas son aquellas que están basadas en las Escrituras. Ninguna doctrina es verdadera (o cristiana) si no está basada en las Escrituras.

Timoteo había hecho esto, había sido nutrido con las Escrituras desde su niñez (2 Ti. 3:15) y había continuado alimentándose con la Palabra de Dios. Ahora Pablo lo alentaba para que continuara dicha práctica ya que un buen ministro es aquel que se alimenta de las Escrituras día tras día.

"Y ahora, hermanos, os encomiendo a Dios, y a la palabra de su gracia, que tiene poder para sobreedificaros y daros herencia con todos los santificados" (Hch. 20:32).

"Procura con diligencia presentarte a Dios aprobado, como obrero que no tiene de qué avergonzarse, que usa bien la palabra de verdad" (2 Ti. 2:15).

"y que desde la niñez has sabido las Sagradas Escrituras, las cuales te pueden hacer sabio para la salvación por la fe que es en Cristo Jesús. Toda la Escritura es inspirada por Dios, y útil para enseñar, para redargüir, para corregir, para instruir en justicia" (2 Ti. 3:15-16).

"desead, como niños recién nacidos, la leche espiritual no adulterada, para que por ella crezcáis para salvación, si es que habéis gustado la benignidad del Señor" (1 P. 2:2-3).

"Y te afligió, y te hizo tener hambre, y te sustentó con maná, comida que no conocías tú, ni tus padres la habían conocido, para hacerte saber que no sólo de pan vivirá el hombre, mas de todo lo que sale de la boca de Jehová vivirá el hombre" (Dt. 8:3).

"Del mandamiento de sus labios nunca me separé; Guardé las palabras de su boca más que mi comida" (Job 23:12).

"Fueron halladas tus palabras, y yo las comí; y tu palabra me fue por gozo y por alegría de mi corazón; porque tu nombre se invocó sobre mí, oh Jehová Dios de los ejércitos" (Jer. 15:16).

3 (4:7) *Ministro — Falsa doctrina:* El buen ministro evita las especulaciones frívolas, rechaza las fábulas profanas y de viejas. ¡Qué buena descripción de la falsa doctrina! No son más que "leyendas irreverentes —ficción profana, impura e impía, simples cuentos de abuela— y mitos tontos". El *buen ministro* rechaza todas las falsas doctrinas que no son más que *frívolas especulaciones y falsas nociones de hombres.*

"Te encarezco delante de Dios y del Señor Jesu-

cristo, que juzgará a los vivos y a los muertos en su manifestación y en su reino, que prediques la palabra; que instes a tiempo y fuera de tiempo; redarguye, reprende, exhorta con toda paciencia y doctrina. Porque vendrá tiempo cuando no sufrirán la sana doctrina, sino que teniendo comezón de oír, se amontonarán maestros conforme a sus propias concupiscencias, y apartarán de la verdad el oído y se volverán a las fábulas" (2 Ti. 4:1-4).

"He peleado la buena batalla, he acabado la carrera, he guardado la fe" (2 Ti. 4:7).

"Este testimonio es verdadero; por tanto, repréndelos duramente, para que sean sanos en la fe, no atendiendo a fábulas judaicas, ni a mandamientos de hombres que se apartan de la verdad. Todas las cosas son puras para los puros, mas para los corrompidos e incrédulos nada les es puro; pues hasta su mente y su conciencia están corrompidas. Profesan conocer a Dios, pero con los hechos lo niegan, siendo abominables y rebeldes, reprobados en cuanto a toda buena obra" (Tit. 1:13-16).

"Porque no os hemos dado a conocer el poder y la venida de nuestro Señor Jesucristo siguiendo fábulas artificiosas, sino como habiendo visto con nuestros propios ojos su majestad. Pues cuando él recibió de Dios Padre honra y gloria, le fue enviada desde la magnífica gloria una voz que decía: Este es mi Hijo amado, en el cual tengo complacencia. Y nosotros oímos esta voz enviada del cielo, cuando estábamos con él en el monte santo. Tenemos también la palabra profética más segura, a la cual hacéis bien en estar atentos como a una antorcha que alumbra en lugar oscuro, hasta que el día esclarezca y el lucero de la mañana salga en vuestros corazones; entendiendo primero esto, que ninguna profecía de la Escritura es de interpretación privada, porque nunca la profecía fue traída por voluntad humana, sino que los santos hombres de Dios hablaron siendo inspirados por el Espíritu Santo" (2 P. 1:16-21).

4 (4:8) *Ministro:* El buen ministro se ejercita para la piedad. En estos versículos se compara al ministro con un atleta. Observe dos cosas.

1. El ministro debe ejercitarse (gumnasia) para la piedad tanto como un atleta olímpico ejercita su cuerpo. ¿Cuánta energía, esfuerzo, tiempo y dedicación pone un atleta olímpico en su entrenamiento? Sin lugar a dudas, el deporte es su vida. Así mismo sucede con el ministro. La piedad debe ser su vida. Toda su energía, esfuerzo, tiempo y dedicación deben ser para la piedad. El ministro *no debe conocer otro ejercicio que no sea el ejercicio de la piedad.*

"Porque los que quieren enriquecerse caen en tentación y lazo, y en muchas codicias necias y dañosas, que hunden a los hombres en destrucción y perdición; porque raíz de todos los males es el amor al dinero, el cual codiciando algunos, se extraviaron de la fe, y fueron traspasados de muchos dolores. Mas tú, oh hombre de Dios, huye de estas cosas, y sigue la justicia, la piedad, la fe, el amor, la paciencia, la mansedumbre" (1 Ti. 6:9-11).

"enseñándonos que, renunciando a la impiedad y a los deseos mundanos, vivamos en este siglo sobria, justa y piadosamente, aguardando la esperanza bienaventurada y la manifestación gloriosa de nuestro gran Dios y Salvador Jesucristo" (Tit. 2:12-13).

"Puesto que todas estas cosas han de ser deshechas, ¡cómo no debéis vosotros andar en santa y piadosa manera de vivir" (2 P. 3:11).

2. El ejercicio corporal es provechoso pero la piedad lo es más, mucho más. El ministro debe ejercitar su cuerpo con regularidad, debe mantenerse en buena forma física, pero el centro de su vida debe ser la piedad. La razón es obvia: La piedad da frutos —grandes frutos— tanto en esta vida como en la venidera. Dios promete bendecir al piadoso ahora mientras está en esta tierra y eternamente cuando reciba la vida venidera.

"Desecha las fábulas profanas y de viejas. Ejercítate para la piedad; porque el ejercicio corporal para poco es provechoso, pero la piedad para todo aprovecha, pues tiene promesa de esta vida presente, y de la venidera" (1 Ti. 4:7-8).

"Pero gran ganancia es la piedad acompañada de contentamiento" (1 Ti. 6:6).

"Palabra fiel es esta, y en estas cosas quiero que insistas con firmeza, para que los que creen en Dios procuren ocuparse en buenas obras. Estas cosas son buenas y útiles a los hombres" (Tit. 3:8).

"Y guarda sus estatutos y sus mandamientos, los cuales yo te mando hoy, para que te vaya bien a ti y a tus hijos después de ti, y prolongues tus días sobre la tierra que Jehová tu Dios te da para siempre" (Dt. 4:40).

"Guardaréis, pues, las palabras de este pacto, y las pondréis por obra, para que prosperéis en todo lo que hiciereis" (Dt. 29:9).

"Bienaventurado el varón que no anduvo en consejo de malos, Ni estuvo en camino de pecadores, Ni en silla de escarnecedores se ha sentado; Sino que en la ley de Jehová está su delicia, Y en su ley medita de día y de noche. Será como árbol plantado junto a corrientes de aguas, Que da su fruto en su tiempo, Y su hoja no cae; Y todo lo que hace, prosperará" (Sal. 1:1-3).

"Decid al justo que le irá bien, porque comerá de los frutos de sus manos" (Is. 3:10).

5 (4:9) *Ministro:* El buen ministro es un hombre de razón y propósito. Todo lo que se dice —todas las instrucciones a los ministros— es confiable y todo merece su completa aceptación.

El *buen ministro* sabe esto:
=> que las instrucciones que se le dan son confiables.
=> las instrucciones que se le dan merecen su completa aceptación.

Por lo tanto, compromete su vida a hacer exactamente lo que las Escrituras le mandan. El buen ministro es un hombre de razón y propósito, un hombre que comprende, conoce y compromete su vida a vivir como Dios dice. Esta es la característica que distingue al ministro como *bueno*.

"Palabra fiel y digna de ser recibida por todos: Que Cristo Jesús vino al mundo para salvar a los pecadores, de los cuales yo soy el primero" (1 Ti. 1:15).

"Palabra fiel es esta, y digna de ser recibida por

todos. Que por esto mismo trabajamos y sufrimos oprobios, porque esperamos en el Dios viviente, que es el Salvador de todos los hombres, mayormente de los que creen" (1 Ti. 4:9-10).

"Palabra fiel es esta: Si somos muertos con él, también viviremos con él; Si sufrimos, también reinaremos con él; Si le negáremos, él también nos negará. Si fuéremos infieles, él permanece fiel; El no puede negarse a sí mismo" (2 Ti. 2:11-13).

"Pero cuando se manifestó la bondad de Dios nuestro Salvador, y su amor para con los hombres, nos salvó, no por obras de justicia que nosotros hubiéramos hecho, sino por su misericordia, por el lavamiento de la regeneración y por la renovación en el Espíritu Santo, el cual derramó en nosotros abundantemente por Jesucristo nuestro Salvador, para que justificados por su gracia, viniésemos a ser herederos conforme a la esperanza de la vida eterna. Palabra fiel es esta, y en estas cosas quiero que insistas con firmeza, para que los que creen en Dios procuren ocuparse en buenas obras. Estas cosas son buenas y útiles a los hombres. Pero evita las cuestiones necias, y genealogías, y contenciones, y discusiones acerca de la ley; porque son vanas y sin provecho" (Tit. 3:4-9).

6 (4:10) *Ministro:* El buen ministro trabaja y sufre oprobios. La palabra "trabajamos" (kopiao) significa arduo trabajo, trabajo agotador. El buen ministro labora y labora, trabaja y trabaja hasta el cansancio y la fatiga.; hasta el punto en que no puede hacer nada más; usa cada gramo de energía y esfuerzo en su cuerpo por amor a Dios y a Cristo y observe, incluso está dispuesto a sufrir oprobios por Cristo. Sigue ministrando aun cuando los hombres lo ridiculizan, insultan, se burlan de él, lo maldicen y lo persiguen. ¿Por qué?

=> Porque Dios es el Dios viviente. La obra del ministro y su mensaje se basan en la verdad, lo que él hace es verdad. Todo es para el Dios viviente.

=> Porque Jesucristo es el Salvador de todos los hombres. Todos los hombres pueden ser salvos y liberados verdaderamente del puño del pecado, la muerte y la condenación.

Por lo tanto un buen ministro debe trabajar sin importar los oprobios. Debe hablar de las maravillosas nuevas: El hombre puede reconciliarse con Dios y vivir para siempre.

"Pero no será así entre vosotros, sino que el que quiera hacerse grande entre vosotros será vuestro servidor, y el que de vosotros quiera ser el primero, será siervo de todos" (Mr. 10:43-44).

"Jesús les dijo: Mi comida es que haga la voluntad del que me envió, y que acabe su obra" (Jn. 4:34).

"Me es necesario hacer las obras del que me envió, entre tanto que el día dura; la noche viene, cuando nadie puede trabajar" (Jn. 9:4).

"Y habiéndole señalado un día, vinieron a él muchos a la posada, a los cuales les declaraba y les testificaba el reino de Dios desde la mañana hasta la tarde, persuadiéndoles acerca de Jesús, tanto por la ley de Moisés como por los profetas" (Hch. 28:23).

"En lo que requiere diligencia, no perezosos; fervientes en espíritu, sirviendo al Señor" (Ro. 12:11).

"Así que, hermanos míos amados, estad firmes y

constantes, creciendo en la obra del Señor siempre, sabiendo que vuestro trabajo en el Señor no es en vano" (1 Co. 15:58).

"No nos cansemos, pues, de hacer bien; porque a su tiempo segaremos, si no desmayamos. Así que, según tengamos oportunidad, hagamos bien a todos, y mayormente a los de la familia de la fe" (Gá. 6:9-10).

"Por lo cual te aconsejo que avives el fuego del don de Dios que está en ti por la imposición de mis manos" (2 Ti. 1:6).

"Pero tú sé sobrio en todo, soporta las aflicciones, haz obra de evangelista, cumple tu ministerio" (2 Ti. 4:5).

"Pero deseamos que cada uno de vosotros muestre la misma solicitud hasta el fin, para plena certeza de la esperanza, a fin de que no os hagáis perezosos, sino imitadores de aquellos que por la fe y la paciencia heredan las promesas" (He. 6:11-12).

"Por tanto, nosotros también, teniendo en derredor nuestro tan grande nube de testigos, despojémonos de todo peso y del pecado que nos asedia, y corramos con paciencia la carrera que tenemos por delante" (He. 12:1).

"Así que vosotros, oh amados, sabiéndolo de antemano, guardaos, no sea que arrastrados por el error de los inicuos, caigáis de vuestra firmeza" (2 P. 3:17).

"Todo lo que te viniere a la mano para hacer, hazlo según tus fuerzas; porque en el Seol, adonde vas, no hay obra, ni trabajo, ni ciencia, ni sabiduría" (Ec. 9:10).

7 (4:11) *Ministro:* El *buen ministro* manda y enseña estas cosas. Predica y enseña con autoridad. Esta es la razón por la cual Dios ha llamado al ministro: Para que mande y enseñe la Palabra de Dios con la misma autoridad de Dios. Así que el buen ministro es aquel que valientemente declara la Palabra de Dios y sus mandamientos. No permite que el miedo a los hombres o el peligro de las dificultades lo detengan. Él ha sido comisionado por el Señor y se apoyan en la fortaleza de Él, así que sabe que el Señor lo librará en medio de los peligros de la vida si solamente permanece fiel y con valentía declara la Palabra y los mandamientos de Dios.

"Por tanto, id, y haced discípulos a todas las naciones, bautizándolos en el nombre del Padre, y del Hijo, y del Espíritu Santo; enseñándoles que guarden todas las cosas que os he mandado; y he aquí yo estoy con vosotros todos los días, hasta el fin del mundo. Amén" (Mt. 28:19-20).

"Y les dijo: Id por todo el mundo y predicad el evangelio a toda criatura" (Mr. 16:15).

"que prediques la palabra; que instes a tiempo y fuera de tiempo; redarguye, reprende, exhorta con toda paciencia y doctrina" (2 Ti. 4:2).

8 (4:12) *Ministro:* El *buen ministro* es un ejemplo para los creyentes. Timoteo era un hombre joven así que existía la posibilidad de que para algunos en la iglesia no fuera muy fácil aceptar su ministerio. ¿Cómo podría vencer la oposición por ser tan joven? Había una única forma: Tenía que probar que era maduro a pesar de sus años, tenía que llevar una vida madura, una vida que fuera ejemplo para los demás creyentes.

1. Tenía que ser un ejemplo en palabra: En lo que dijera y en la forma en que lo dijera. Tenía que controlar su conversación y su lengua en todo momento, sin importar la oposición.

"Mas yo os digo que de toda palabra ociosa que hablen los hombres, de ella darán cuenta en el día del juicio. Porque por tus palabras serás justificado, y por tus palabras serás condenado" (Mt. 12:36-37).

"Sea vuestra palabra siempre con gracia, sazonada con sal, para que sepáis cómo debéis responder a cada uno" (Col. 4:6).

"Retén la forma de las sanas palabras que de mí oíste, en la fe y amor que es en Cristo Jesús" (2 Ti. 1:13).

"palabra sana e irreprochable, de modo que el adversario se avergüence, y no tenga nada malo que decir de vosotros" (Tit. 2:8).

"Por toda la tierra salió su voz, Y hasta el extremo del mundo sus palabras" (Sal. 19:4).

"Panal de miel son los dichos suaves; Suavidad al alma y medicina para los huesos" (Pr. 16:24).

"El que ahorra sus palabras tiene sabiduría; De espíritu prudente es el hombre entendido" (Pr. 17:27).

"Las palabras de la boca del sabio son llenas de gracia, mas los labios del necio causan su propia ruina" (Ec. 10:12).

2. Tenía que ser un ejemplo en conducta. Su conducta tenía que ser disciplinada y controlada. Tenía que demostrar que era un verdadero seguidor y líder del Señor, que estaba viviendo para el Señor en toda piedad y justicia.

"para que aprobéis lo mejor, a fin de que seáis sinceros e irreprensibles para el día de Cristo" (Fil. 1:10).

"Solamente que os comportéis como es digno del evangelio de Cristo, para que o sea que vaya a veros, o que esté ausente, oiga de vosotros que estáis firmes en un mismo espíritu, combatiendo unánimes por la fe del evangelio" (Fil. 1:27).

"Ninguno tenga en poco tu juventud, sino sé ejemplo de los creyentes en palabra, conducta, amor, espíritu, fe y pureza" (1 Ti. 4:12).

"¿Quién es sabio y entendido entre vosotros? Muestre por la buena conducta sus obras en sabia mansedumbre" (Stg. 3:13).

"manteniendo buena vuestra manera de vivir entre los gentiles; para que en lo que murmuran de vosotros como de malhechores, glorifiquen a Dios en el día de la visitación, al considerar vuestras buenas obras" (1 P. 2:12).

3. Tenía que ser un ejemplo en amor (vea Estudio a fondo 1, *Amor*, 1 Ts. 3:12 para discusión).

4. Tenía que ser un ejemplo *en espíritu.* Su andar tenía que ser guiado por el Espíritu, poniendo su mente en las cosas espirituales. Esto quiere decir "mente espiritual" (Matthew Henry, *Matthew Henry's Commentary*, p. 921). (Nota: Los mejores manuscritos griegos no tienen esta cualidad en sus textos.)

"Porque los que son de la carne piensan en las cosas de la carne; pero los que son del Espíritu, en las cosas del Espíritu" (Ro. 8:5).

"Porque todos los que son guiados por el Espíritu de Dios, éstos son hijos de Dios" (Ro. 8:14).

5. Tenía que ser un ejemplo en fe, es decir, en fidelidad. Debía ser fiel al Señor Jesús y a la iglesia a pesar de las demandas, dificultades, tentaciones, pruebas y oposición. ¡Imagínese! No importaba cuáles fueran las circunstancias, el buen ministro tenía que permanecer fiel y leal.

"Y decía a todos: Si alguno quiere venir en pos de mí, niéguese a sí mismo, tome su cruz cada día, y sígame" (Lc. 9:23).

"El que es fiel en lo muy poco, también en lo más es fiel; y el que en lo muy poco es injusto, también en lo más es injusto" (Lc. 16:10).

"Así que, hermanos, os ruego por las misericordias de Dios, que presentéis vuestros cuerpos en sacrificio vivo, santo, agradable a Dios, que es vuestro culto racional" (Ro. 12:1).

"En lo que requiere diligencia, no perezosos; fervientes en espíritu, sirviendo al Señor" (Ro. 12:11).

"Así que, hermanos míos amados, estad firmes y constantes, creciendo en la obra del Señor siempre, sabiendo que vuestro trabajo en el Señor no es en vano" (1 Co. 15:58).

"sirviendo de buena voluntad, como al Señor y no a los hombres" (Ef. 6:7).

"Pero deseamos que cada uno de vosotros muestre la misma solicitud hasta el fin, para plena certeza de la esperanza, a fin de que no os hagáis perezosos, sino imitadores de aquellos que por la fe y la paciencia heredan las promesas" (He. 6:11-12).

"Apacentad la grey de Dios que está entre vosotros, cuidando de ella, no por fuerza, sino voluntariamente; no por ganancia deshonesta, sino con ánimo pronto; no como teniendo señorío sobre los que están a vuestro cuidado, sino siendo ejemplos de la grey" (1 P. 5:2-3).

"Por lo cual, hermanos, tanto más procurad hacer firme vuestra vocación y elección; porque haciendo estas cosas, no caeréis jamás" (2 P. 1:10).

"Por lo cual, oh amados, estando en espera de estas cosas, procurad con diligencia ser hallados por él sin mancha e irreprensibles, en paz" (2 P. 3:14).

6. Tenía que ser un ejemplo en pureza. Debía vivir una vida moral, limpia, justa y honesta. Debía estar libre —completamente libre— de avaricia, lujuria, mundanalidad, beneficios propios, inmoralidad y cualquier otro pecado conocido. Tenía que vivir una vida de pureza que excediera con creces las normas del mundo. Su vida y corazón debían ser puros, perfectamente puros.

"Bienaventurados los de limpio corazón, porque ellos verán a Dios" (Mt. 5:8).

"Pues el propósito de este mandamiento es el amor nacido de corazón limpio, y de buena conciencia, y de fe no fingida" (1 Ti. 1:5).

"No impongas con ligereza las manos a ninguno, ni participes en pecados ajenos. Consérvate puro" (1 Ti. 5:22).

"el cual no hizo pecado, ni se halló engaño en su boca" (1 P. 2:22).

"Mas también si alguna cosa padecéis por causa de la justicia, bienaventurados sois. Por tanto, no os

amedrentéis por temor de ellos, ni os conturbéis" (1 P. 3:14).

"Entonces levantarás tu rostro limpio de mancha, Y serás fuerte, y nada temerás" (Job 11:15).

"Con sabiduría se edificará la casa, Y con prudencia se afirmará; Y con ciencia se llenarán las cámaras De todo bien preciado y agradable" (Pr. 24:3-4).

9 (4:13) *Ministro — Adoración pública:* El buen ministro se dedica a la adoración pública. Hay tres cosas en particular a las que él se dedica públicamente: La lectura, la exhortación y la enseñanza de las Escrituras y su doctrina. Fíjese cuál era la tarea fundamental del ministro al pararse en el púlpito…

• leer las Escrituras.

• exhortar y enseñar las doctrinas de las Escrituras.

"Entre tanto que voy, ocúpate en la lectura, la exhortación y la enseñanza" (1 Ti. 4:13).

"que prediques la palabra; que instes a tiempo y fuera de tiempo; redarguye, reprende, exhorta con toda paciencia y doctrina" (2 Ti. 4:2).

"retenedor de la palabra fiel tal como ha sido enseñada, para que también pueda exhortar con sana enseñanza y convencer a los que contradicen" (Tit. 1:9).

"Esto habla, y exhorta y reprende con toda autoridad. Nadie te menosprecie" (Tit. 2:15).

"antes exhortaos los unos a los otros cada día, entre tanto que se dice: Hoy; para que ninguno de vosotros se endurezca por el engaño del pecado" (He. 3:13).

"no dejando de congregarnos, como algunos tienen por costumbre, sino exhortándonos; y tanto más, cuanto veis que aquel día se acerca" (He. 10:25).

Pensamiento 1. El Comentario Wycliffe del Nuevo Testamento ofrece una excelente explicación para exhortación: "Consuelo, aliento, amonestación, exhortación, todo lo que hoy día se describe en el ministerio como consejería pero aquí el contexto favorece al ministerio de la predicación, la exposición de las Escrituras" (p. 856).

10 (4:14) *Ministro:* El buen ministro no descuida el don que hay en él. Esto se refiere al don espiritual, la unción especial que le ha sido dada por el Espíritu Santo para ser ministro. Fíjese que dicho don ha sido recibido tanto por profecía como por imposición de manos por parte de otros ancianos o ministros de la iglesia.

El descuido es peligroso ya que implica que el ministro no cumpla con su deber. Significa que es infiel y que está delante de Dios como un ministro infiel.

"Y él mismo constituyó a unos, apóstoles; a otros, profetas; a otros, evangelistas; a otros, pastores y maestros, a fin de perfeccionar a los santos para la obra del ministerio, para la edificación del cuerpo de Cristo" (Ef. 4:11-12).

"No descuides el don que hay en ti, que te fue dado mediante profecía con la imposición de las manos del presbiterio" (1 Ti. 4:14).

"Por lo cual te aconsejo que avives el fuego del don de Dios que está en ti por la imposición de mis manos" (2 Ti. 1:6).

11 (4:15) *Ministro:* El buen ministro medita en estas cosas y se da por entero a estas instrucciones.

1. El buen ministro medita en la Palabra de Dios. Vive, come y bebe las Escrituras y sus instrucciones y medita en la aplicación de las Escrituras para su pueblo. Sostiene la Biblia en una mano y el periódico en la otra para poder aplicar las Escrituras a las necesidades del día. William Barclay hace un comentario excelente:

"La pereza intelectual y la mente cerrada son un gran peligro para el líder cristiano. El peligro consiste en que se olvida de estudiar y permite que sus pensamientos se encierren un círculo vicioso. El peligro es que nunca sale de la órbita de un número limitado de ideas favoritas. El peligro es que las nuevas verdades, los nuevos métodos, el intento de replantear la fe en términos contemporáneos, solo le irritan y molestan. El líder cristiano debe ser un pensador cristiano o fracasar en su tarea y ser un pensador cristiano es ser un pensador aventurero tanto como dure la vida" (The Letters to Timothy, Titus, and Philemon, p. 117-118).

"**derribando argumentos y toda altivez que se levanta contra el conocimiento de Dios, y llevando cautivo todo pensamiento a la obediencia a Cristo**" (2 Co. 10:5).

"**Por lo demás, hermanos, todo lo que es verdadero, todo lo honesto, todo lo justo, todo lo puro, todo lo amable, todo lo que es de buen nombre; si hay virtud alguna, si algo digno de alabanza, en esto pensad**" (Fil. 4:8).

"**Ocúpate en estas cosas; permanece en ellas, para que tu aprovechamiento sea manifiesto a todos**" (1 Ti. 4:15).

"**El hombre de doble ánimo es inconstante en todos sus caminos**" (Stg. 1:8).

"**Temblad, y no pequéis; Meditad en vuestro corazón estando en vuestra cama, y callad**" (Sal. 4:4).

"**Sean gratos los dichos de mi boca y la meditación de mi corazón delante de ti, Oh Jehová, roca mía, y redentor mío**" (Sal. 19:14).

"**Tú guardarás en completa paz a aquel cuyo pensamiento en ti persevera; porque en ti ha confiado**" (Is. 26:3).

12 (4:16) *Ministro:* El buen ministro cuida de sí mismo y de su doctrina. Las palabras "ten cuidado" (epeche) significan mantenerse alerta o seguir prestando atención a uno mismo y a sus enseñanzas.

=> Guarda su cuerpo, lo mantiene en forma tanto física como moralmente. Huye de la tentación que lo asalta y seduce y controla sus pensamientos manteniéndolos puros de la lujuria del mundo y la carne. No come demasiado ni sucumbe a pensamientos o hechos inmorales. No cede a la avaricia ni busca posesiones o riquezas de este mundo.

=> Guarda su espíritu y lo mantiene en forma. Adora a Dios cada día y vive a diario en la Palabra de Dios y en la oración. Comparte el glorioso evangelio de Cristo, predicando y exhortando a las personas mientras vive cada día.

=> Cuida de su estudio y su enseñanza, evitando doctrinas profanas, enseñanzas, filosofías, ideas y fábulas de hombres.

Observe lo que hace. Persiste en las instrucciones de la Palabra de Dios. La palabra "persiste" (epimene) quiere decir "quedarse al lado de ellas", "aferrarse a ellas". "completarlas" (A. T. Robertson, Word Pictures in the New Testament, vol. 4, p. 82). ¿Por qué? Porque haciendo esto se salva a sí mismo y a lo que le oyeren.

"**Y seréis aborrecidos de todos por causa de mi nombre; mas el que persevere hasta el fin, éste será salvo**" (Mt. 10:22).

"**sino que golpeo mi cuerpo, y lo pongo en servidumbre, no sea que habiendo sido heraldo para otros, yo mismo venga a ser eliminado**" (1 Co. 9:27).

"**No impongas con ligereza las manos a ninguno, ni participes en pecados ajenos. Consérvate puro**" (1 Ti. 5:22).

"**La religión pura y sin mácula delante de Dios el Padre es esta: Visitar a los huérfanos y a las viudas en sus tribulaciones, y guardarse sin mancha del mundo**" (Stg. 1:27).

"**Por tanto, ceñid los lomos de vuestro entendimiento, sed sobrios, y esperad por completo en la gracia que se os traerá cuando Jesucristo sea manifestado**" (1 P. 1:13).

"**Sed sobrios, y velad; porque vuestro adversario el diablo, como león rugiente, anda alrededor buscando a quien devorar**" (1 P. 5:8).

"**conservaos en el amor de Dios, esperando la misericordia de nuestro Señor Jesucristo para vida eterna**" (Judas 21).

"**He aquí, yo vengo pronto; retén lo que tienes, para que ninguno tome tu corona**" (Ap. 3:11).

	CAPÍTULO 5
	D. El espíritu de las relaciones, 5:1-2
1 Los ancianos: Deben ser tratados como padres	1 No reprendas al anciano, sino exhórtale como a padre; a los más jóvenes, como a hermanos;
2 Los jóvenes: Deben ser tratados como hermanos	2 a las ancianas, como a madres; a las jovencitas, como a hermanas, con toda pureza.
3 Las ancianas: Ser tratadas como madres	
4 Las jóvenes: Ser tratadas como hermanas	

DIVISIÓN III

CONDUCTA Y RELACIONES DE LA IGLESIA, 3:14—6:21

D. El espíritu de las relaciones, 5:1-2

(5:1-2) *Introducción — Iglesia — Ministro:* Está el deber de corregir y disciplinar a varios grupos de edad. Fíjese que estos dos versículos reflejan a una familia. Las instrucciones son claras: Los miembros de una iglesia deben tratarse entre sí como a familiares. No debe *reprenderse* a nadie de ninguna manera. "Reprender" (epiplesso) significa censurar severamente, reprimir airadamente, reprochar violentamente. Cuando un miembro de la familia de la iglesia necesita ser corregido, no debe haber severidad, ni ira, ni violencia involucradas, ni tampoco desprecio o disgusto. Un miembro de la iglesia debe ser corregido y disciplinado mediante la súplica, es decir, mediante la exhortación y el estímulo, mediante la apelación y la petición. Este pasaje se refiere al espíritu y la disciplina de diferentes relaciones dentro de la iglesia.

1. Los ancianos: Deben ser tratados como padres (v. 1).
2. Los jóvenes: Deben ser tratados como hermanos (v. 1).
3. Las ancianas: Ser tratadas como madres (v. 2).
4. Las jóvenes: Ser tratadas como hermanas (v. 2)

1 (5:1) *Ancianos:* Los ancianos deben ser tratados como padres. Los hombres mayores que son verdaderos cristianos tienen más experiencia y sabiduría al tratar con la vida. Esto no quiere decir que siempre están en lo correcto, a veces no es así; pero sí tienen la sabiduría de la experiencia. Por lo tanto no deben ser ignorados, rechazados, ignorados o echados a un lado como inútiles. Deben ser tratados como a un padre, con afecto, respeto y honor. Deben buscarse sus ideas, opiniones, consejo y orientaciones. Ellos deben ser parte de la vida y ministerio de la iglesia.

Hay otro asunto que también es importante. Debido a su experiencia, en ocasiones los hombres mayores tienen fuertes opiniones y se parapetan en ellas. Puede que cierren sus oídos a nuevas ideas, ministerios y métodos. El resultado final a

veces es trágico: Mal comportamiento, refunfuños, quejas, críticas, oposición y divisiones.

La idea central es la siguiente: Si llega a ser necesario corregir a un anciano debe corregírsele y disciplinarse como a un padre, no como a un enemigo. Debemos acercarnos a él y exhortarlo, pedirle y suplicarle tal y como lo haríamos con nuestro padre terrenal.

> "Hijos, obedeced en el Señor a vuestros padres, porque esto es justo" (Ef. 6:1).
> "No reprendas al anciano, sino exhórtale como a padre; a los más jóvenes, como a hermanos" (1 Ti. 5:1).
> "Delante de las canas te levantarás, y honrarás el rostro del anciano, y de tu Dios tendrás temor. Yo Jehová" (Lv. 19:32).
> "Y respondió Eliú hijo de Baraquel buzita, y dijo: Yo soy joven, y vosotros ancianos; Por tanto, he tenido miedo, y he temido declararos mi opinión" (Job 32:6).
> "Oye, hijo mío, la instrucción de tu padre, Y no desprecies la dirección de tu madre" (Pr. 1:8).
> "Guarda, hijo mío, el mandamiento de tu padre, Y no dejes la enseñanza de tu madre" (Pr. 6:20).
> "Corona de honra es la vejez Que se halla en el camino de justicia" (Pr. 16:31).
> "Oye a tu padre, a aquel que te engendró; Y cuando tu madre envejeciere, no la menosprecies" (Pr. 23:22).

2 (5:1) *Muchachos jóvenes:* A los jóvenes se les debe tratar como a hermanos. A veces se piensa que los jóvenes tienen poco conocimiento y tienen muy poca experiencia como para tomar parte en las decisiones y ministerios de la iglesia. Por tanto, existe la tendencia a ignorarlos y pasarlos por alto. Esto no debe suceder. A los jóvenes debemos tratarlos como a hermanos, debemos aceptarlos, invitarlos y darles participación en la vida y ministerio de la iglesia. Los miembros ancianos de la iglesia no deben mostrar un aire de superioridad al tratar con los jóvenes. Deben mostrar un afecto fraternal: Consideración, respeto e interés.

Hay otra necesidad que a veces también surge entre los jóvenes. Necesitan dirección: Hay momentos en que los jóvenes necesitan que se les enseñe, corrija y discipline, independientemente de su edad. Cuando llegan esos momentos, no debe haber ningún aire de superioridad, reacción severa, menosprecio o disgustos. Debe haber un espíritu fraternal: Afecto y preocupación, exhortación y dirección, guía y enseñanza.

> "Un mandamiento nuevo os doy: Que os améis unos a otros; como yo os he amado, que también os améis unos a otros. En esto conocerán todos que sois mis discípulos, si tuviereis amor los unos con los otros" (Jn. 13:34-35).
>
> "En todo os he enseñado que, trabajando así, se debe ayudar a los necesitados, y recordar las palabras del Señor Jesús, que dijo: Más bienaventurado es dar que recibir" (Hch. 20:35).
>
> "El amor sea sin fingimiento. Aborreced lo malo, seguid lo bueno" (Ro. 12:9).
>
> "El amor no hace mal al prójimo; así que el cumplimiento de la ley es el amor" (Ro. 13:10).
>
> "Así que, los que somos fuertes debemos soportar las flaquezas de los débiles, y no agradarnos a nosotros mismos. Cada uno de nosotros agrade a su prójimo en lo que es bueno, para edificación" (Ro. 15:1-2).
>
> "Por lo cual, si la comida le es a mi hermano ocasión de caer, no comeré carne jamás, para no poner tropiezo a mi hermano" (1 Co. 8:13).
>
> "Porque toda la ley en esta sola palabra se cumple: Amarás a tu prójimo como a ti mismo" (Gá. 5:14).
>
> "Sobrellevad los unos las cargas de los otros, y cumplid así la ley de Cristo… Así que, según tengamos oportunidad, hagamos bien a todos, y mayormente a los de la familia de la fe" (Gá. 6:2, 10).

3 (5:2) *Ancianas:* A las ancianas debe tratárseles como a madres. Piense en lo que una madre le da a una familia y verá la contribución que las ancianas pueden dar a la iglesia:

- amor
- ternura
- compasión
- perseverancia
- amabilidad
- dirección
- disciplina

- calor
- energía
- sustento
- protección
- guía
- enseñanza
- comprensión

- cuidador
- afecto
- preocupación
- provisión
- entrega
- instrucción

Una iglesia es totalmente irresponsable si ignora a sus ancianas. Su contribución potencial a las vidas y comunión de los creyentes es inmensurable. Por tanto, a la iglesia se le indica que debe tratar a sus ancianas como a madres. Debe amárseles y protegérseles, y la iglesia debe buscar y usar su suavidad, ternura, guía, comprensión, instrucción y energía.

Igualmente, si una anciana necesita corrección y disciplina, no debe hacerse con menosprecio y falta de respeto, sino apelando a palabras de ánimo.

> "No reprendas al anciano, sino exhórtale como a padre; a los más jóvenes, como a hermanos" (1 Ti. 5:1).
>
> "Pero si alguna viuda tiene hijos, o nietos, aprendan éstos primero a ser piadosos para con su propia familia, y a recompensar a sus padres; porque esto es lo bueno y agradable delante de Dios" (1 Ti. 5:4).
>
> "La religión pura y sin mácula delante de Dios el Padre es esta: Visitar a los huérfanos y a las viudas en sus tribulaciones, y guardarse sin mancha del mundo" (Stg. 1:27).
>
> "Honra a tu padre y a tu madre, para que tus días se alarguen en la tierra que Jehová tu Dios te da" (Éx. 20:12).
>
> "Cada uno temerá a su madre y a su padre, y mis días de reposo* guardaréis. Yo Jehová vuestro Dios" (Lv. 19:3).
>
> "Oye, hijo mío, la instrucción de tu padre, Y no desprecies la dirección de tu madre" (Pr. 1:8).
>
> "Guarda, hijo mío, el mandamiento de tu padre, Y no dejes la enseñanza de tu madre" (Pr. 6:20).
>
> "Oye a tu padre, a aquel que te engendró; Y cuando tu madre envejeciere, no la menosprecies" (Pr. 23:22).

5 (5:2) *Muchachas jóvenes:* A las jóvenes debe tratárseles como a hermanas, pero fíjese en la exhortación que se añade: *Con toda pureza.* Ni la lujuria, pensamientos inmorales o el sexo —pensar en la atracción física y el cuerpo de las jovencitas— deben tener lugar en la iglesia. Los hombres y mujeres de la iglesia deben mantenerse puros y tratar a las jóvenes cristianas como hermanas. Deben protegerlas y cuidarlas y enseñarles. Su energía, ternura, comprensión y compasión debe ser aprovechado y usado por la iglesia y su ministerio.

En cuanto a la corrección y la disciplina, a las jovencitas no se les debe tratar con dureza o disgusto, sino con amor, aliento y exhortación.

> "Bienaventurados los de limpio corazón, porque ellos verán a Dios" (Mt. 5:8).
>
> "Pero yo os digo que cualquiera que mira a una mujer para codiciarla, ya adulteró con ella en su corazón" (Mt. 5:28).
>
> "Huid de la fornicación. Cualquier otro pecado que el hombre cometa, está fuera del cuerpo; mas el que fornica, contra su propio cuerpo peca" (1 Co. 6:18).
>
> "En cuanto a las cosas de que me escribisteis, bueno le sería al hombre no tocar mujer; pero a causa de las fornicaciones, cada uno tenga su propia mujer, y cada una tenga su propio marido" (1 Co. 7:1-2).
>
> "Y andad en amor, como también Cristo nos amó, y se entregó a sí mismo por nosotros, ofrenda y sacrificio a Dios en olor fragante. Pero fornicación y toda inmundicia, o avaricia, ni aun se nombre entre vosotros, como conviene a santos" (Ef. 5:2-3).
>
> "Haced morir, pues, lo terrenal en vosotros: Fornicación, impureza, pasiones desordenadas, malos deseos y avaricia, que es idolatría" (Col. 3:5).
>
> "pues la voluntad de Dios es vuestra santificación; que os apartéis de fornicación" (1 Ts. 4:3).
>
> "Pues el propósito de este mandamiento es el amor nacido de corazón limpio, y de buena conciencia, y de fe no fingida" (1 Ti. 1:5).
>
> "que enseñen a las mujeres jóvenes a amar a sus maridos y a sus hijos, a ser prudentes, castas, cuidadosas de su casa, buenas, sujetas a sus maridos, para que la Palabra de Dios no sea blasfemada" (Tit. 2:4-5).
>
> "Habiendo purificado vuestras almas por la obediencia a la verdad, mediante el Espíritu, para el amor fraternal no fingido, amaos unos a otros entrañablemente, de corazón puro" (1 P. 1:22).

"Estos son los que no se contaminaron con mujeres, pues son vírgenes. Estos son los que siguen al Cordero por dondequiera que va. Estos fueron redimidos de entre los hombres como primicias para Dios y para el Cordero" (Ap. 14:4).

(Pero note lo siguiente: La mujer debe cuidar como se viste y se maquilla. Aunque no se trata en este pasaje, otros pasajes cubren este tema. Vea nota, 1 Ti. 2:9-10).

E. Las responsabilidades de las viudas cristianas, 5:3-16

1 A las viudas se les debe honrar

2 Los hijos y sus padres viudos

  a. Los hijos deben cuidar de sus padres viudos

  b. Las viudas deben vivir honradamente
    1) Esperar en Dios y orar

    2) No entregarse a los placeres

  c. Tanto las viudas como los hijos deben obedecer estas instrucciones

  d. Los hijos tienen que rendir cuentas ante Dios

3 La iglesia y su organización en cuanto a las viudas

  a. La edad requerida para ser miembro: Sesenta años.

  b. Su reputación
    1) Debe quedarse sin casar

3 Honra a las viudas que en verdad lo son.
4 Pero si alguna viuda tiene hijos, o nietos, aprendan éstos primero a ser piadosos para con su propia familia, y a recompensar a sus padres; porque esto es lo bueno y agradable delante de Dios.
5 Mas la que en verdad es viuda y ha quedado sola, espera en Dios, y es diligente en súplicas y oraciones noche y día.
6 Pero la que se entrega a los placeres, viviendo está muerta.
7 Manda también estas cosas, para que sean irreprensibles;
8 porque si alguno no provee para los suyos, y mayormente para los de su casa, ha negado la fe, y es peor que un incrédulo.
9 Sea puesta en la lista sólo la viuda no menor de sesenta años, que haya sido esposa de un solo marido,

10 que tenga testimonio de buenas obras; si ha criado hijos; si ha practicado la hos-pitalidad; si ha lavado los pies de los santos; si ha socorrido a los afligidos; si ha practicado toda buena obra.
11 Pero viudas más jóvenes no admitas; porque cuando, impulsadas por sus deseos, se rebelan contra Cristo, quieren casarse,
12 incurriendo así en condenación, por haber quebrantado su primera fe.
13 Y también aprenden a ser ociosas, andando de casa en casa; y no solamente ociosas, sino también chismosas y entremetidas, hablando lo que no debieran.
14 Quiero, pues, que las viudas jóvenes se casen, críen hijos, gobiernen su casa; que no den al adversario ninguna ocasión de maledicencia.
15 Porque ya algunas se han apartado en pos de Satanás.

16 Si algún creyente o alguna creyente tiene viudas, que las mantenga, y no sea gravada la iglesia, a fin de que haya lo suficiente para las que en verdad son viudas.

2) Debe ser conocida por sus buenas obras

4 La iglesia, las viudas jóvenes y los enfermos

  a. No deben ser consideradas viudas permanentes
    1) Pueden querer casarse nuevamente
    2) Pueden atraer críticas sobre su persona
    3) Pueden volverse ociosas, chismosas y entremetidas

  b. Deben volverse a casar
    1) Para que no provoquen chismes inmorales
    2) Para que no se aparten en pos de Satanás

5 El creyente debe cuidar de las viudas de su propia familia

DIVISIÓN IV

CONDUCTA Y RELACIONES DE LA IGLESIA, 3:14—6:21

E. Las responsabilidades de las viudas cristianas, 5:3-16

(5:3-16) *Introducción:* ¿Cuál es la responsabilidad de los hijos hacia sus padres viudos? ¿Cuál es la responsabilidad del creyente y de la iglesia para con las viudas cristianas bajo su cuidado? Estas son las preguntas importantes de este pasaje.

1. A las viudas se les debe honrar (v. 3:8).
2. Los hijos y sus padres viudos (v. 4:8).
3. La iglesia y su organización en cuanto a las viudas (vv. 9-10).
4. La iglesia, las viudas jóvenes y los enfermos (vv. 11-15).
5. El creyente debe cuidar de las viudas de su propia familia (v. 16).

1 (5:3) *Viudas — Padres ancianos:* A las viudas se les debe honrar. Honrar significa respetar y estimar, pero también significa considerar y cuidar como se debe. Conlleva la idea de atender y preocuparse por alguien, de proporcionarle ayuda material. La iglesia debe honrar, respetar y tener en alta estima a todas las viudas cristianas. Pero fíjese en la frase "que en verdad lo son". Esto limita el apoyo material de la iglesia. No todas las viudas necesitan ayuda. Algunas tienen familias y bienes que les pueden ayudar. Las viudas que no tienen familia y cuyas finanzas son inadecuadas son a las que la iglesia debe ayudar y sustentar. Esas son las viudas a las que debemos honrar con la ayuda material de la iglesia.

2 (5:4-8) *Viudas — Hijos — Padres ancianos:* Los hijos y sus padres viudos. Note cuatro puntos significativos.

  1. Los hijos deben cuidar de sus padres y abuelos. Este es un planteamiento sólido. De hecho, el primer deber de un hijo es ser piadoso en su casa, es decir...

- vivir por Cristo en el hogar.
- ser responsable y cuidar de su propia familia.

Un verdadero creyente es cristiano en el hogar antes de serlo en ningún otro lugar. Su primer deber como cristiano es amar y cuidar de su propia familia y esto incluye a sus padres y sus abuelos. Sus padres y abuelos le amaron y cuidaron cuando era pequeño, por tanto, ahora le toca a él amarles y cuidarles cuando ya no pueden valerse por sí mismos.

Fíjese en la declaración: "porque esto es lo bueno y agradable delante de Dios". Ninguna otra acción es buena o aceptable delante de Dios. Un hijo cristiano debe amar y cuidar de sus padres viudos o de lo contrario tiene la desaprobación de Dios (cp. v. 8).

2. Los padres viudos que son verdaderos cristianos deben vivir vidas irreprensibles. ¿Quiénes son las viudas "en verdad", aquellas a quienes la iglesia debe cuidar?

=> La persona que "ha quedado sola" (memonomene): Que ha quedado completamente sola; sin esposo, hijo o pariente cercano.

=> La persona que "espera en Dios". El griego dice que "ha puesto su esperanza en Dios"; que "ha depositado su esperanza [y la mantiene] en Dios" (A. T. Robertson, *Word Pictures in the New Testament,* vol. 4, p. 584). Nótese lo que Dios declara: "...en mí confiarán tus viudas" (Jer. 49:11).

=> La persona que es diligente en súplicas (búsqueda ferviente) y oraciones noche y día.

La viuda que verdaderamente confía en Dios y centra su vida y su atención en orar día y noche, esa viuda es una verdadera cristiana, una persona enfocada en Cristo y su misión, tal y como lo está la iglesia. Por tanto, la iglesia debe preocuparse y cuidar a sus queridos santos de Dios. Fíjese en el contraste: Algunas viudas viven entregadas a los placeres, es decir, en entregan a la carne y el mundo. Andan de fiesta en fiesta, se emborrachan y viven vidas inmorales. La iglesia no debe apoyar estas prácticas. La energía y recursos de la iglesia *no deben usarse* para complacer y permitir la mundanalidad y el pecado. Una mujer así "viviendo *está muerta*". Está muerta para Dios y sus cosas

3. Tanto los padres viudos como los hijos deben obedecer estas instrucciones. La razón se plante claramente: Para que sean hallados irreprensibles delante de Dios. Todos debemos ser responsables...

- los hijos: En cómo tratan a sus padres viudos y envejecidos.
- los padres enviudados: En cómo viven siendo viejos y entrados en años, ya sea moral o inmoralmente, piadosa o impíamente.

Todos debemos vivir obedeciendo a Dios y haciendo exactamente lo que Él dice. Debemos ser declarados irreprensibles y ser aceptados delante de Dios

4. Los hijos son responsables delante de Dios. Esta es una tremenda declaración que claramente muestra cuán importante es para Dios el tratamiento que le damos a las viudas. Si un hijo no cuida de su familia, especialmente de aquellos dentro de su propia casa (o sea, su familia inmediata: esposa, hijos, padres y abuelos) le suceden dos cosas.

=> Niega la fe.

=> Es peor que un infiel o incrédulo.

Un infiel es una persona que rechaza y a veces incluso se opone a Cristo. Niega a Dios y todo lo que tenga que ver con Dios. El punto central es este: Una persona que no cuida de sus padres (o cualquier otro de sus casa) se opone a Dios. Con su comportamiento está incluso negando la existencia de Dios pues muestra que no teme a Dios ni el mandamiento de Dios de respetar y cuidar de sus padres. Para Dios es de crucial importancia cómo tratamos a nuestros familiares ancianos. Dios nos hace responsables y nos juzgará de acuerdo a cómo tratamos a nuestro padre y a nuestra madre cuando estos envejezcan.

> **"Honra a tu padre y a tu madre, para que tus días se alarguen en la tierra que Jehová tu Dios te da"** (Éx. 20:12).
>
> **"Cada uno temerá a su madre y a su padre, y mis días de reposo guardaréis. Yo Jehová vuestro Dios"** (Lv. 19:3).
>
> **"Maldito el que deshonrare a su padre o a su madre. Y dirá todo el pueblo: Amén"** (Dt. 27:16).
>
> **"El ojo que escarnece a su padre Y menosprecia la enseñanza de la madre, Los cuervos de la cañada lo saquen, Y lo devoren los hijos del águila"** (Pr. 30:17).
>
> **"Porque Dios mandó diciendo: Honra a tu padre y a tu madre; y: El que maldiga al padre o a la madre, muera irremisiblemente"** (Mt. 15:4).
>
> **"La religión pura y sin mácula delante de Dios el Padre es esta: Visitar a los huérfanos y a las viudas en sus tribulaciones, y guardarse sin mancha del mundo"** (Stg. 1:27).

3 (5:9-10) *Viudas — Iglesia:* La iglesia y su organización en cuanto a las viudas. Al parecer, la iglesia primitiva hizo lo que haría cualquier iglesia sabia: Organizó a sus viudas más espirituales para el ministerio. Las viudas que tienen un compromiso con Cristo tienen un gran potencial para el ministerio. Una vez que se han recuperado de la pérdida de su cónyuge, su compromiso, energía, tiempo y talentos pueden concentrarse en Cristo y el ministerio de la iglesia. La iglesia primitiva reconoció este hecho y organizó a las viudas para un ministerio muy especial a los necesitados. Pero note algo: El ministerio de organización tenía elevados estándares espirituales.

=> La viuda tenía que tener al menos sesenta años. Esto significaría que probablemente había caminado con Cristo y probado su fe durante algunos años.

=> La viuda tenía que haber sido esposa de un solo marido. Con esto, ella sería un fuerte ejemplo de pureza y fiabilidad.

=> La viuda tiene que tener testimonio de buenas obras.

=> La viuda tiene que haber criado sus hijos como es debido: En amor y cuidado, corrección y disciplina, en Cristo y su iglesia.

=> La viuda tiene que ser una persona hospitalaria, abriendo y usando su hogar como un centro para ministrar para Cristo. Los moteles de aquellos días eran "notoriamente sucios, notoriamente caros y notoriamente inmorales" (William Barclay, *The Let-

ters to Timothy, Titus, and Philemon, p. 128). Por tanto, los cristianos que estaban dispuestos a abrir sus hogares a los extranjeros que estaban de viaje mostraban un corazón abierto para el ministerio.

=> La viuda debe haber lavado los pies de los santos. Las personas de aquellos días usaban sandalias y los caminos y senderos estaban sucios. Por tanto, era una práctica común tener una palangana a la entrada de la casa para que los invitados se lavaran los pies. La idea es que la mujer espiritual tendría un espíritu humilde. Ella nunca permitiría que un sirviente fuera quien saludara a otros cristianos que vinieran a su casa, sino que lo habría hecho ella misma. Ella los habría recibido humildemente y les habría limpiado los pies ella misma. Esto mostraría que ella estaba dispuesta a hacer la tarea más humilde y servil al ministrar a las personas.

=> La viuda debe haber ayudado a los afligidos y angustiados, a los que sufren y se encuentran en problemas. Esto mostraría que es tierna y compasiva.

=> La viuda debe tener un buen testimonio de buenas obras.

Pensamiento 1. Toda iglesia necesita organizar a sus viudas para el ministerio, especialmente a aquellas que aman al Señor, han vivido para Él y están comprometidas con la iglesia. Ellas pueden...

* ser un gran ejemplo de pureza y responsabilidad.
* dar un buen testimonio de buenas obras.
* ministrar a los niños de la comunidad, tanto a los huérfanos como a los que tienen padres.
* ministrar grandemente mediante la hospitalidad usando sus hogares como un lugar para alcanzar a otros.
* servir en las tareas más humildes e insignificantes de la iglesia.
* ministrar a los que sufren y padecen angustia.
* ser usadas en todas las obras y ministerios de la iglesia.

"Así alumbre vuestra luz delante de los hombres, para que vean vuestras buenas obras, y glorifiquen a vuestro Padre que está en los cielos" (Mt. 5:16).
"Así que, los que somos fuertes debemos soportar las flaquezas de los débiles, y no agradarnos a nosotros mismos" (Ro. 15:1).
"Sobrellevad los unos las cargas de los otros, y cumplid así la ley de Cristo" (Gá. 6:2).
"Así que, según tengamos oportunidad, hagamos bien a todos, y mayormente a los de la familia de la fe" (Gá. 6:10).
"sirviendo de buena voluntad, como al Señor y no a los hombres" (Ef. 6:7).
"Que hagan bien, que sean ricos en buenas obras, dadivosos, generosos" (1 Ti. 6:18).
"presentándote tú en todo como ejemplo de buenas obras; en la enseñanza mostrando integridad, seriedad" (Tit. 2:7).
"Y considerémonos unos a otros para estimularnos al amor y a las buenas obras" (He. 10:24).

"Y de hacer bien y de la ayuda mutua no os olvidéis; porque de tales sacrificios se agrada Dios" (He. 13:16).
"manteniendo buena vuestra manera de vivir entre los gentiles; para que en lo que murmuran de vosotros como de malhechores, glorifiquen a Dios en el día de la visitación, al considerar vuestras buenas obras" (1 P. 2:12).

4 (5:11-15) *Viudas — Mujeres jóvenes — Iglesia:* La iglesia, las mujeres jóvenes y el ocio. Aquí se mencionan dos puntos significativos acerca de las viudas jóvenes y la iglesia primitiva.

1. A las viudas jóvenes no se les permite servir *entre las viudas de la iglesia*. La razón que se da es que pudieran querer casarse otra vez. Esto nos indica que la orden de viudas de la iglesia hacía un voto para servir a Dios y a su iglesia por el resto de sus vidas, sin volverse a casar.

La idea es que una joven cristiana cuyo esposo acabara de morir, iba a sentirse atrapada por una pena amarga; encontraría su mayor consuelo en Dios mismo y en sus amigas en la iglesia. Ella podría estar sujeta a un impulso apresurado de dedicar su vida a Dios como viuda y solicitar que fuera añadida al cuerpo de *viudas* de la iglesia. La exhortación a rechazar dicha solicitud es para evitar una decisión acelerada e impulsiva. Tal decisión traería críticas a la joven viuda más adelante cuando quisiera romper el voto hacho a Dios y casarse nuevamente. (Vea bosquejo, 1 Co. 7:8-9; 7:39-40.) Si rompe su voto, desagradaría a Dios, provocaría las críticas y minimizaría el significado de hacer votos a Dios y al ministerio de la iglesia.

También podría surgir otro problema. Las viudas jóvenes no habían tenido tiempo para madurar completamente en el Señor y así al ir ministrando de casa en casa podrían tener la tendencia a...

* perder el tiempo
* chismear
* entremeterse
* decir cosas que no debieran y hablar de otras que ni tan siquiera debían mencionar.

"Porque oímos que algunos de entre vosotros andan desordenadamente, no trabajando en nada, sino entremetiéndose en lo ajeno" (2 Ts. 3:11).
"Y también aprenden a ser ociosas, andando de casa en casa; y no solamente ociosas, sino también chismosas y entremetidas, hablando lo que no debieran" (1 Ti. 5:13).
"Así que, ninguno de vosotros padezca como homicida, o ladrón, o malhechor, o por entremeterse en lo ajeno" (1 P. 4:15).

2. Por tanto, las viudas jóvenes deben casarse.
   a. Deben casarse para que no provoquen chismes inmorales.

"Quiero, pues, que las viudas jóvenes se casen, críen hijos, gobiernen su casa; que no den al adversario ninguna ocasión de maledicencia" (v. 14).

Pensamiento 1. No es incorrecto que una joven viuda se quede sin casar si puede vivir para Cristo y la iglesia, pero si no puede dedicar su vida a Cristo y al ministerio, entonces debe casarse.

b. Deben casarse para que no se aparten en pos de Satanás (v. 15). Note que este versículo dice que algunos en Éfeso se habían apartado y habían ido en pos del mundo y su estilo de vida inmoral e inmunda.

"Los de sobre la piedra son los que habiendo oído, reciben la palabra con gozo; pero éstos no tienen raíces; creen por algún tiempo, y en el tiempo de la prueba se apartan" (Lc. 8:13).

"Mas el justo vivirá por fe; Y si retrocediere, no agradará a mi alma" (He. 10:38).

"El hombre de doble ánimo es inconstante en todos sus caminos" (Stg. 1:8).

"Ciertamente, si habiéndose ellos escapado de las contaminaciones del mundo, por el conocimiento del Señor y Salvador Jesucristo, enredándose otra vez en ellas son vencidos, su postrer estado viene a ser peor que el primero" (2 P. 2:20).

"Así que vosotros, oh amados, sabiéndolo de antemano, guardaos, no sea que arrastrados por el error de los inicuos, caigáis de vuestra firmeza" (2 P. 3:17).

"No améis al mundo, ni las cosas que están en el mundo. Si alguno ama al mundo, el amor del Padre no está en él. Porque todo lo que hay en el mundo, los deseos de la carne, los deseos de los ojos, y la vanagloria de la vida, no proviene del Padre, sino del mundo" (1 Jn. 2:15-16).

"Salieron de nosotros, pero no eran de nosotros; porque si hubiesen sido de nosotros, habrían permanecido con nosotros; pero salieron para que se manifestase que no todos son de nosotros" (1 Jn. 2:19).

"Amaste el mal más que el bien, La mentira más que la verdad" (Sal. 52:3).

"Así ha dicho Jehová acerca de este pueblo: Se deleitaron en vagar, y no dieron reposo a sus pies; por tanto, Jehová no se agrada de ellos; se acordará ahora de su maldad, y castigará sus pecados" (Jer. 14:10).

5 (5:16) *Iglesia — Viudas:* El creyente debe cuidar de las viudas de su propia familia. A la iglesia no debe sobrecargársele con el cuidado de viudas si estas tienen familiares vivos. La responsabilidad es de los familiares.

"aprended a hacer el bien; buscad el juicio, restituid al agraviado, haced justicia al huérfano, amparad a la viuda" (Is. 1:17).

"Este es el que viene después de mí, el que es antes de mí, del cual yo no soy digno de desatar la correa del calzado" (Jn. 1:27).

	F. Los ancianos u oficiales, 5:17-20	lla; y: Digno es el obrero de su salario.	(cp. Dt. 25:4; Lc. 10:7; 1 Co. 9:9, 14)

1 El honor y paga de un anciano
  a. Es condicional: Debe gobernar bien
 	
  b. Las Escrituras dicen que debe pagárseles
	17 Los ancianos que gobiernan bien, sean tenidos por dignos de doble honor, mayormente los que trabajan en predicar y enseñar.
	18 Pues la Escritura dice: No pondrás bozal al buey que tri-
		19 Contra un anciano no admitas acusación sino con dos o tres testigos.
		20 A los que persisten en pecar, repréndelos delante de todos, para que los demás también teman.
			2 La disciplina de un anciano
			  a. Varios testigos
			  b. Ser reprendido ante todos [los ancianos u oficiales]

DIVISIÓN III

CONDUCTA Y RELACIONES DE LA IGLESIA, 3:14—6:21

F. Los ancianos u oficiales, 5:17-20

(5:17-20) Introducción: En estos días el ministro de Dios está siendo atacado no solo por el mundo, sino desafortunadamente, por aquellos que están en la iglesia. Los atacantes están provocando la pérdida del respeto hacia Cristo y el rechazo, desobediencia, abuso y persecución del ministro como ya se ha visto ocasionalmente en la historia de la civilización. Debido a esto los ministros están siendo desatendidos en lo relacionado con sus necesidades financieras y se les abandona rápidamente cuando el chisme y los rumores revolotean sobre sus cabezas. Sean o no ciertos dichos rumores, pocas personas se preocupan y están dispuestas a apoyar al ministro de Dios. Este pasaje trata sobre ambos temas, que son de gran importancia para nuestros días.

1. El honor y paga de un anciano (vv. 17-18).
2. La disciplina de un anciano (vv. 19-20).

1 **(5:17-18) Anciano — Ministro, sostenimiento financiero:** La iglesia debe honrar a su ministro: estimarlo, respetarlo, agradecerle y reconocerlo. Debe ser querido por el creyente con todo el corazón y debe tenérsele en muy alta estima. De hecho, fíjese lo que dicen las Escrituras: Deben ser "tenidos por dignos de doble honor".

Pero note que hay una condición ligada a la idea de honrar al ministro. Los ministros que deben ser honrados son aquellos "que gobiernan bien". La palabra "gobiernan" (proistemi) es una palabra general que significa supervisar, administrar y atender. El ministro digno de doble honor es el ministro que labora y labora, trabaja y trabaja. Si va a recibir doble honor entonces debe demostrar un redoblado compromiso para con Cristo y la iglesia.

Note también que todo el equipo ministerial está comprendido en este encargo. Todos los ministros de una iglesia deben ser tenidos por dignos de doble honor, pero hay un ministerio que se considera aparte: El ministro que trabaja en la Palabra y la doctrina, es decir, que predica y enseña. Sobre él recae una gran responsabilidad: Es el ministro que va a la cabeza en la edificación y crecimiento del creyente y la iglesia. Es el que tiene que pasar horas sobre su rostro delante de Dios y en la Palabra para predicar y enseñar, además de lide-

rar en el resto de los deberes y ministerios de la iglesia. Si es un ministro entregado, un ministro que labora y labora para Cristo y trabaja y trabaja para la iglesia, es digno de doble honor.

Ahora bien, note otro hecho significativo. La palabra "honor" (time) significa más que simplemente estima y respeto. Significa pagar y otorgar lo que se debe. A un ministro se le debe un honorario; se le debe compensación, algún pago, algún salario por su labor. Y si lo hace bien, si trabaja y trabaja sin cesar, entonces merece doble honor. ¿Es esto algo que debemos tomar literalmente? ¿Debe la iglesia pagarle doble salario? A. T. Robertson señala que "existen numerosos ejemplos de soldados romanos quienes recibían doble salario por servicios inusuales" (*Word Pictures in the New Testament*, vol. 4, p. 588). Una cosa es segura: El pago doble implica un apoyo financiero adecuado, amplio, suficiente y generoso.

El buey usado para triturar el maíz es un ejemplo. En el Oriente se han usado bueyes para mover molinos de piedra una y otra vez. Al buey nunca se le ponían bozal. Se le permitía comer tanto grano como quisiera ya que se consideraba que él se había ganado ese derecho. Así mismo debe ser con el ministro de Dios. Él es digno de su trabajo. Al trillar y trillar en la cosecha de las almas de Dios y su iglesia, el ministro debe recibir apoyo financiero más que suficiente.

Pensamiento 1. Las Escrituras desaprueban la ambición por el dinero (1 Ti.3:3). De igual manera Dios desaprueba la compensación inadecuada. La idea es que si Dios ordenó que debía cuidarse al buey que trilla, ¡cuánto más ha ordenado a la iglesia que cuide adecuadamente del ministro que trabaja!

"No pondrás bozal al buey cuando trillare" (Dt. 25:4).

"No os proveáis de oro, ni plata, ni cobre en vuestros cintos; ni de alforja para el camino, ni de dos túnicas, ni de calzado, ni de bordón; porque el obrero es digno de su alimento" (Mt. 10:9-10).

"Y posad en aquella misma casa, comiendo y bebiendo lo que os den; porque el obrero es digno de su salario. No os paséis de casa en casa. En cualquier ciudad donde entréis, y os reciban, comed lo que os pongan delante" (Lc. 10:7-8).

"Porque en la ley de Moisés está escrito: No pondrás bozal al buey que trilla. ¿Tiene Dios cuidado de los bueyes" (1 Co. 9:9).

"Así también ordenó el Señor a los que anuncian

el evangelio, que vivan del evangelio" (1 Co. 9:14).

"Los ancianos que gobiernan bien, sean tenidos por dignos de doble honor, mayormente los que trabajan en predicar y enseñar. Pues la Escritura dice: No pondrás bozal al buey que trilla; y: Digno es el obrero de su salario" (1 Ti. 5:17-18).

2 (5-19-20) *Ministro — Anciano:* La disciplina de un anciano (al estudiar la disciplina de la iglesia siempre debemos estudiar las instrucciones del Señor. Vea bosquejo y notas, Mt. 18:15-20). Matthew Henry ofrece una excelente exposición del versículo 19, una exposición que cada ministro debe leer:

"Aquí se encuentra el método bíblico para proceder contra un anciano cuando se le acuse de algún delito. Obsérvelo. Debe haber una acusación, no puede ser algún comentario dudoso sino una acusación que implique algún tipo de cargo, [y esta] debe ser elaborada …Esta acusación no debe aceptarse a menos que esté apoyada por dos o tres testigos creíbles y la acusación debe recibirse delante de ellos, es decir, el acusado debe estar frente a frente a sus acusadores pues la reputación de un ministro es… algo delicado…por tanto, antes de hacer ninguna cosa que pueda dañar dicha reputación, se debe ser muy cuidadoso [y] lo que se arguye contra él debe probarse muy bien" (Matthew Henry's Commentary, vol. 6, p. 825).

Oliver Greene también nos hace una exposición muy práctica y cálida:

"Es posible que incluso un anciano piadoso, apartado, escogido por Dios, peque… es posible incluso que a aquellos que viven muy cerca de Dios se les halle desprevenidos y pequen, trayendo vergüenza y desgracia a la iglesia. No obstante, no debemos acusar a un anciano a menos que haya dos o más testigos que aseveren que la acusación es un hecho consumado. Nunca debemos repetir nada que oigamos acerca de un ministro, diácono, administrador, anciano, maestro de la Escuela Dominical o cualquier otro líder de la iglesia. Si escuchamos cosas malas debemos investigarlas de la manera correcta, a través de las personas correctas, y por supuesto, no debemos discutir la situación con los incrédulos. Queda claro en el versículo 19 que a un anciano no se le debe acusar a menos que haya dos ó tres testigos que puedan probar la veracidad de la acusación" (The Epistles of Paul the Apostle to Timothy and Titus, p. 202).

La disciplina queda claramente expuesta: El anciano o ministro debe ser reprendido. Las palabras "delante de todos" probablemente significen delante de todos los ancianos y no delante de toda la iglesia (A. T. Robertson, *Word Pictures in the New Testament*, vol. 4, p. 589). Ir delante de toda la iglesia solo añadiría más leña al fuego de los creyentes inmaduros y carnales dentro de la iglesia. Sería un espectáculo público ante el mundo. Eso dañaría el testimonio de la iglesia, aun cuando se intente equilibrar la imagen dañada me-diante una acción disciplinaria. Observe que el objetivo de la disciplina es la corrección del ministro en pecado y evitar que otros ministros pequen: Que teman la vergüenza.

William Barclay ofrece una excelente exposición de este versículo que merita que todos los ministros la lean.

"Aquellos que persisten en pecar deben ser reprendidos públicamente. Dicha reprensión pública tenía un doble valor: Hacer que el pecador considerara sus caminos y despertara a un sentido de vergüenza y que otros tuvieran cuidado de caer en semejante humillación. La amenaza de la publicidad no es mala si hace que un hombre se mantenga en el camino correcto aunque sea por miedo. Un líder sabio sabrá cuándo es el momento de mantener las cosas en silencio y cuándo reprenderlas públicamente. Suceda lo que suceda, la iglesia nunca debe darle la impresión al mundo de que está permitiendo el pecado" (The Letters to Timothy, Titus, and Philemon, p. 135).

En conclusión, acusar a un ministro o a cualquier otra persona es uno de los actos más serios que una persona puede hacer. Barclay lo plantea de la mejor manera posible:

"Este sería un mundo más feliz y la iglesia una iglesia más feliz si las personas se dieran cuenta que es un pecado divulgar y repetir historias sobre las personas de cuya veracidad no tienen certeza. Los comentarios irresponsables, calumniadores y maliciosos dañan infinitamente y provocan un tremendo dolor. Tales comentarios Dios no los dejará impunes…" (The Letters to Timothy, Titus, and Philemon, p. 135s).

"Por tanto, si tu hermano peca contra ti, ve y repréndele estando tú y él solos; si te oyere, has ganado a tu hermano. Más si no te oyere, toma aún contigo a uno o dos, para que en boca de dos o tres testigos conste toda palabra. Si no los oyere a ellos, dilo a la iglesia; y si no oyere a la iglesia, tenle por gentil y publicano" (Mt. 18:15-17).

"Dijo Jesús a sus discípulos: Imposible es que no vengan tropiezos; mas ¡ay de aquel por quien vienen! Mejor le fuera que se le atase al cuello una piedra de molino y se le arrojase al mar, que hacer tropezar a uno de estos pequeñitos. Mirad por vosotros mismos. Si tu hermano pecare contra ti, repréndele; y si se arrepintiere, perdónale" (Lc. 17:1-3).

"A los que persisten en pecar, repréndelos delante de todos, para que los demás también teman" (1 Ti. 5:20).

"que prediques la palabra; que instes a tiempo y fuera de tiempo; redarguye, reprende, exhorta con toda paciencia y doctrina" (2 Ti. 4:2).

"Este testimonio es verdadero; por tanto, repréndelos duramente, para que sean sanos en la fe" (Tit. 1:13).

"Esto habla, y exhorta y reprende con toda autoridad. Nadie te menosprecie" (Tit. 2:15).

"Al hombre que cause divisiones, después de una y otra amonestación deséchalo" (Tit. 3:10).

	G. El joven ministro (Tercer encargo): Ser un ministro imparcial, 5:21-25	23 Ya no bebas agua, sino usa de un poco de vino por causa de tu estómago y de tus frecuentes enfermedades.	4 Encargo 3: Cuidar del cuerpo y sus debilidades
1 Un fuerte encargo	21 Te encarezco delante de Dios y del Señor Jesucristo, y de sus ángeles escogidos, que guardes estas cosas sin prejuicios, no haciendo nada con parcialidad.	24 Los pecados de algunos hombres se hacen patentes antes que ellos vengan a juicio, mas a otros se les descubren después.	5 Encargo 4: Dejar a Dios el juicio de otros
2 Encargo 1: Ministrar imparcialmente			a. Porque no siempre puede verse claramente el pecado.
3 Encargo 2: Cuidar la ordenación y cuidarse a sí mismo	22 No impongas con ligereza las manos a ninguno, ni participes en pecados ajenos. Consérvate puro.	25 Asimismo se hacen manifiestas las buenas obras; y las que son de otra manera, no pueden permanecer ocultas.	b. Porque no siempre puede verse claramente el bien.

DIVISIÓN III

CONDUCTA Y RELACIONES DE LA IGLESIA, 3:14—6:21

G. El joven ministro (Tercer encargo): Ser un ministro imparcial, 5:21-25

(5:21-25) *Introducción:* Este es el tercer encargo personal que se le da a Timoteo, un encargo que todos los creyentes, todos los ministros y todos los ministros de la Palabra de Dios necesitan escuchar.

1. Un fuerte encargo (v. 21).
2. Encargo 1: Ministrar imparcialmente (v. 21).
3. Encargo 2: Cuidar la ordenación y cuidarse a sí mismo (v. 22).
4. Encargo 3: Cuidar del cuerpo y sus debilidades (v. 23).
5. Encargo 4: Dejar a Dios el juicio de otros (vv. 24-25).

(5:21-25) *Otro bosquejo:* Este pasaje pudiera combinarse con el anterior en un solo bosquejo (1 Ti. 5:17-25). Estos versículos serían el punto tres. Los tres puntos serían:

1. El honor y la paga del ministro (vv. 17-18).
2. La disciplina del ministro (vv. 19-20).
3. La conducta personal del ministro (vv. 21-25).
   a. No debe mostrar parcialidad (v. 21).
   b. Debe cuidar la ordenación (v. 22).
   c. Debe cuidar del cuerpo y sus debilidades (v. 23).
   d. Debe dejar en manos de Dios el juicio de otros (vv. 24-25).

1 (5:21) *Encargo:* Este es un fuerte encargo, un mandamiento que abre los ojos y despierta la mente. El encargo está dirigido al ministro de Dios y se le da…

- "delante de Dios y del Señor Jesucristo, y de sus ángeles escogidos", es decir, los ángeles que obedecieron a Dios y "guardaron su dignidad [Judas 6] y que no pecaron [1 P. 2:4]" (A. T. Robertson, *Word Pictures in the New Testament,* vol. 4, p. 589). Los

ángeles "comisionados para velar por los asuntos de los hombre" (Donald Gutrhie. *The Pastoral Epistles, The Tyndale New Testament Commentaries*, p. 107). (Cp. He. 1:14).

La mención de los tres —Dios, Cristo y los ángeles escogidos— muestra cuán importante son estas instrucciones para Dios. Él quiere que el mensaje de *1 Timoteo* se predique y enseñe. Timoteo no solo iba a comparecer ante Dios sino también ante el Señor Jesucristo y los ángeles escogidos. Debía ser responsable por la manera en que cumpliera con su deber de predicar y enseñar estas cosas, y así mismo ocurre con cada ministro. Todos debemos ser responsables por la manera en que predicamos y enseñamos las Escrituras.

2 (5:21) *Parcialidad — Favoritismo — Prejuicio:* El primer encargo es administrar sin prejuicios ni parcialidad. Timoteo enfrentaba la misma tentación que enfrenta todo ministro:

=> Estar prejuiciado contra algunas personas: juzgar a algunas personas porque tienen un color de piel o raza diferente, son pobres o viven en un área de la ciudad diferente.

=> Mostrar favoritismo o parcialidad con algunas personas: buscando, escuchando, reconociendo y pasando más tiempo con ciertas personas e ignorando a otras.

Las Escrituras son claras al advertirnos con respecto a la parcialidad, sin embargo, seguimos teniendo prejuicios y parcializándonos. Como creyentes del Señor —siervos, maestros y ministros de Cristo— debemos prestar atención a las siguientes instrucciones de Dios.

=> No debemos tomar decisiones por temor a alguna persona, es decir, a su posición y poder.

"**No hagáis distinción de persona en el juicio; así al pequeño como al grande oiréis; no tendréis temor de ninguno, porque el juicio es de Dios; y la causa que os fuere difícil, la traeréis a mí, y yo la oiré**" (Dt. 1:17).

=> No debemos tomar decisiones porque algún líder o persona poderosa lo desee.

"**No harás injusticia en el juicio, ni favoreciendo al**

pobre ni complaciendo al grande; con justicia juzgarás a tu prójimo" (Lv. 19:15).

=> No debemos predicar y enseñar la Palabra de Dios con parcialidad; no debemos retener algunas cosas por temor al hombre. Debemos predicar la verdad sin temor por amor a la salvación de las personas, de todas las personas. Los ricos y poderosos tienen que arrepentirse tanto como los pobres y desconocidos.

"Te encarezco delante de Dios y del Señor Jesucristo, y de sus ángeles escogidos, que guardes estas cosas sin prejuicios, no haciendo nada con parcialidad" (1 Ti. 5:21).

"Por tanto, yo también os he hecho viles y bajos ante todo el pueblo, así como vosotros no habéis guardado mis caminos, y en la ley hacéis acepción de personas" (Mal. 2:9).

=> No debemos aceptar ni favorecer a las personas debido a su posición social, riqueza y poder.

"Hermanos míos, que vuestra fe en nuestro glorioso Señor Jesucristo sea sin acepción de personas. Porque si en vuestra congregación entra un hombre con anillo de oro y con ropa espléndida, y también entra un pobre con vestido andrajoso, y miráis con agrado al que trae la ropa espléndida y le decís: Siéntate tú aquí en buen lugar; y decís al pobre: Estate tú allí en pie, o siéntate aquí bajo mi estrado; ¿no hacéis distinciones entre vosotros mismos, y venís a ser jueces con malos pensamientos?" (Stg. 2:1-4).

=> No debemos admirar o prestar más atención a algunas personas porque tengan mayor ventaja en apariencia, sociedad, posición o popularidad.

"Estos son murmuradores, querellosos, que andan según sus propios deseos, cuya boca habla cosas infladas, adulando a las personas para sacar provecho" (Judas 16).

=> No debemos mostrar parcialidad en secreto.

"El os reprochará de seguro, Si solapadamente hacéis acepción de personas" (Job 13:10).

=> Dios lo dice claramente: No es bueno hacer acepción de personas.

"También estos son dichos de los sabios:
Hacer acepción de personas en el juicio no es bueno" (Pr. 24:23).

3 (5:22) *Ordenación — Ministros:* El segundo encargo es cuidar la ordenación y cuidar de sí mismo. La imposición de manos aquí puede referirse a la ordenación de hombres al ministerio del Señor Jesucristo o a la restauración de ministros que han caído en pecado y han sido disciplinados. "La prohibición encaja en ambas situaciones", pero el contexto parece indicar la restauración de ministros caídos (A. T. Robertson, *Word Pictures in the New Testament*, vol. 4, p. 589). No obstante, el encargo está ciertamente dirigido a ambas situaciones, pues la ordenación de hombres al ministerio de Cristo es de crucial importancia.

1. Note la palabra "ligereza". No debemos apurar la

ordenación de una persona. La razón está bien clara.

=> Los creyentes jóvenes aun no han crecido lo suficiente en el Señor. Todavía no han aprendido a conquistar las tentaciones y pecados del mundo y de sus vidas antiguas (a través de Cristo). Pueden fácilmente volver atrás y perjudicar el nombre de Cristo y del ministerio. Por tanto, a todos los nuevos creyentes se les debe dar tiempo para crecer en Cristo antes de ser ordenados.

=> A los nuevos miembros de la iglesia también se les debe dar tiempo para probar su llamamiento y profesión antes de ser ordenados. Una persona no siempre es lo que profesa ser. Ordenar a una persona antes de saber con certeza que va a permanecer en Cristo y que definitivamente ha sido llamada por Él, puede tener resultados devastadores. Un novato, un nuevo miembro de la iglesia muchas veces regresa al mundo y sus caminos de pecado. Si ha sido ordenado trae entonces reproche sobre Cristo, la iglesia y el ministerio.

"El apuro indebido al hacer nombramientos cristianos ha... conducido a que hombres indignos traigan ruina a la causa de Cristo" (Donald Guthrie, *The Pastoral Epistles, The Tyndale New Testament Commentaries*, p. 107).

"Antes de que un hombre sea promovido en los negocios, la enseñanza, el ejército, la marina o la fuerza aérea, tiene que probar que se lo ha ganado y lo merece. Ningún hombre debiera comenzar nunca por la cima. El hombre debe probar que merece la posición de responsabilidad y liderazgo. Esto tiene una doble importancia en la iglesia ya que un hombre a quien se le asciende a un alto cargo y luego fracasa en el mismo o lo desacredita trae deshonra, no solo sobre sí mismo, sino también sobre la iglesia. En un mundo que tanto critica, la iglesia nunca será demasiado cuidadosa al escoger a sus líderes" (William Barclay, *The Letters to Timothy, Titus, and Philemon*, p. 136).

"Agradó la propuesta a toda la multitud; y eligieron a Esteban, varón lleno de fe y del Espíritu Santo, a Felipe, a Prócoro, a Nicanor, a Timón, a Parmenas, y a Nicolás prosélito de Antioquía; a los cuales presentaron ante los apóstoles, quienes, orando, les impusieron las manos" (Hch. 6:5-6).

"Entre tanto que voy, ocúpate en la lectura, la exhortación y la enseñanza. No descuides el don que hay en ti, que te fue dado mediante profecía con la imposición de las manos del presbiterio" (1 Ti. 4:13-14).

"No impongas con ligereza las manos a ninguno, ni participes en pecados ajenos. Consérvate puro" (1 Ti. 5:22).

"Por lo cual te aconsejo que avives el fuego del don de Dios que está en ti por la imposición de mis manos" (2 Ti. 1:6).

"Y cuando hayas acercado a los levitas delante de Jehová, pondrán los hijos de Israel sus manos sobre los levitas" (Nm. 8:10).

"Y Jehová dijo a Moisés: Toma a Josué hijo de Nun, varón en el cual hay espíritu, y pondrás tu mano sobre él" (Nm. 27:18).

"Y Josué hijo de Nun fue lleno del espíritu de sabiduría, porque Moisés había puesto sus manos sobre él; y los hijos de Israel le obedecieron, e hicieron como Jehová mandó a Moisés" (Dt. 34:9).

2. El ministro que ha caído en pecado puede recibir aliento de este pasaje (cp. v. 19-22). Este enseña definitivamente que el ministro caído puede ser restaurado al ministerio. Con tanta eficacia como tuvo antes e incluso tal vez más debido a la alabanza a Cristo que trae como resultado la misericordia de Dios. Son la eterna gracia y misericordia de Dios las que alcanzan y salvan al ministro caído. Es por eso que cuando un ministro es alcanzado, la misericordia y la gracia de Dios se ven de manera maravillosa y gloriosa, mucho más allá de nuestra imaginación. Dios es alabado, gloriosamente alabado; pero observe las Escrituras:

"No impongas con ligereza las manos a ninguno…" (v. 22)

El ministro caído no debe volver a ordenarse o situarse en el púlpito inmediatamente después de su arrepentimiento. Hay que esperar hasta que haya probado…

*   que su arrepentimiento es genuino.
*   que su re-dedicación y renovado compromiso de seguir a Cristo permanecen.
*   que está siendo moldeado y conformado a imagen de Jesucristo.
*   que está comprometido a servir a Cristo y a su iglesia e involucrado activamente en alcanzar a las personas para Cristo y en el ministerio para con los necesitados y sus necesidades.

Pero tenga en cuenta un aspecto importante: Esto no quiere decir que no abracemos al hermano, que le retiremos nuestra comunión, que le miremos con desconfianza y recelo. Por el contrario, debemos llegar hasta él y abrazarlo, amarle y cuidar de él. De hecho, esto debemos hacerlo inmediatamente después que sepamos de su caída. Debemos ir tras él inmediatamente porque es demasiado precioso como para perderlo en el mundo.

"que Dios estaba en Cristo reconciliando consigo al mundo, no tomándoles en cuenta a los hombres sus pecados, y nos encargó a nosotros la palabra de la reconciliación. Así que, somos embajadores en nombre de Cristo, como si Dios rogase por medio de nosotros; os rogamos en nombre de Cristo: Reconciliaos con Dios" (2 Co. 5:19-20).

"Hermanos, si alguno fuere sorprendido en alguna falta, vosotros que sois espirituales, restauradle con espíritu de mansedumbre, considerándote a ti mismo, no sea que tú también seas tentado" (Gá. 6:1).

"sepa que el que haga volver al pecador del error de su camino, salvará de muerte un alma, y cubrirá multitud de pecados" (Stg. 5:20).

"Y ante todo, tened entre vosotros ferviente amor; porque el amor cubrirá multitud de pecados" (1 P. 4:8).

"Por la iniquidad de su codicia me enojé, y le herí, escondí mi rostro y me indigné; y él siguió rebelde por el camino de su corazón. He visto sus caminos; pero le sanaré, y le pastorearé, y le daré consuelo a él y a sus enlutados" (Is. 57:17-18).

"Convertíos, hijos rebeldes, y sanaré vuestras rebeliones. He aquí nosotros venimos a ti, porque tú eres Jehová nuestro Dios" (Jer. 3:22).

"Mas yo haré venir sanidad para ti, y sanaré tus heridas, dice Jehová; porque desechada te llamaron, diciendo: Esta es Sion, de la que nadie se acuerda" (Jer. 30:17).

"Yo sanaré su rebelión, los amaré de pura gracia; porque mi ira se apartó de ellos" (Os. 14:4).

3. Note que, como ministros, nosotros somos responsables por aquellos a los que ordenamos. El ministro que impone sus manos para ordenar a un hombre indigno tiene la misma responsabilidad por sus pecados. A los ojos de Dios, el ministro también resulta culpable de los pecados de dicho hombre, tan culpable como el hombre mismo. Esto es lo que quiere decir la exhortación: Cuando ordenes a los hombres no "participes en pecados ajenos. Consérvate puro".

"Porque con el juicio con que juzgáis, seréis juzgados, y con la medida con que medís, os será medido" (Mt. 7:2).

"Por lo cual, Salid de en medio de ellos, y apartaos, dice el Señor, Y no toquéis lo inmundo; Y yo os recibiré" (2 Co. 6:17).

"No impongas con ligereza las manos a ninguno, ni participes en pecados ajenos. Consérvate puro" (1 Ti. 5:22).

"Habiendo purificado vuestras almas por la obediencia a la verdad, mediante el Espíritu, para el amor fraternal no fingido, amaos unos a otros entrañablemente, de corazón puro" (1 P. 1:22).

"Apartaos, apartaos, salid de ahí, no toquéis cosa inmunda; salid de en medio de ella; purificaos los que lleváis los utensilios de Jehová" (Is. 52:11).

4 (5:23) *Ministros — Vino:* El tercer encargo es a cuidar del cuerpo y sus debilidades. Timoteo estaba teniendo algún tipo de problemas estomacales y había estado tomando agua exclusivamente. El vino se usaba como una medicina ligera en aquellos tiempos, pero al parecer Timoteo se había negado a tomarlo debido a los mandamientos de las Escrituras de que un sacerdote o ministro de Dios no debía tocar el fruto de la vid cuando este estuviera fermentado (Nm. 6:3-4; Jer. 35:5-7). Sin embargo, Pablo le asegura que no está violando las Escrituras al tomar un poco de vino como medicina. La palabra "poco" sería a lo que nosotros como "una cucharadita o dos".

La idea es esta: Debemos cuidar nuestros cuerpos. No debemos desatender nuestra salud. No hay excusa…

*   para comer en exceso y ser gordiflón.
*   para no hacer ejercicios y estar físicamente en forma.
*   para comer comida chatarra y no comer saludable.
*   para no hacerse chequear periódicamente por un médico si estos están disponibles en nuestras comunidades.

No importa lo que pensemos o afirmemos, siempre debemos recordar...

- si el cuerpo y es perezoso, la mente y el espíritu lo son.
- si el cuerpo no recibe oxígeno, la mente no recibe oxígeno.
- si el cuerpo carece de energía, la mente y el espíritu también carecen.

"Así que, hermanos, os ruego por las misericordias de Dios, que presentéis vuestros cuerpos en sacrificio vivo, santo, agradable a Dios, que es vuestro culto racional. No os conforméis a este siglo, sino transformaos por medio de la renovación de vuestro entendimiento, para que comprobéis cuál sea la buena voluntad de Dios, agradable y perfecta" (Ro. 12:1-2).

"¿O ignoráis que vuestro cuerpo es templo del Espíritu Santo, el cual está en vosotros, el cual tenéis de Dios, y que no sois vuestros? Porque habéis sido comprados por precio; glorificad, pues, a Dios en vuestro cuerpo y en vuestro espíritu, los cuales son de Dios" (1 Co. 6:19-20).

5 (5:24-25) *Ministros — Juzgar a los demás:* El cuarto encargo es dejarle el juicio a Dios. La tarea del ministro es lidiar con las personas y sus pecados. De hecho, siempre está involucrado con las personas tratando con sus debilidades y fortalezas, sus pecados y virtudes. Debido a esto a menudo se ve tentado a juzgar a las personas; se ve tentado a mirar a algunos como débiles y no comprometidos y a otros como fuertes y decididos. Pero este punto es realmente revelador. Debemos dejarle el juicio a Dios, pues solo Dios conoce toda la verdad sobre cualquier persona. Solo Dios conoce...

- cuánto afectan a una persona sus genes, su herencia y su niñez.
- cada minuto, hora, día, mes, aliento y pensamiento que la persona ha vivido.
- cada prueba y tentación que la persona ha experimentado.
- cada pensamiento, anhelo y esperanza que la persona ha tenido.

Solo Dios conoce todo esto y la multitud de ramificaciones de cada uno de ellos, por consiguiente, solo Dios puede juzgar. Pero como ya hemos dicho, nos sentimos tentados a juzgar cuando vemos a una persona pecar abiertamente y a otra hacer buenas obras. No debemos juzgar, porque solo Dios ve y conoce todo acerca de una persona. Observe cuán claramente las Escrituras plantean este hecho.

=> nosotros no vemos claramente los pecados de las personas, no siempre. Los pecados de algunos son evidentes, y estas no se esfuerzan en ocultarlos. Estas personas sufrirán el juicio, sus pecados apuntan a ello sin lugar a dudas. Pero algunas personas son pecadores en secreto, esconden sus pecados tras puertas cerradas y en lo oscuro. Sus pecados y juicio quedarán expuestos más adelante, en el terrible día del juicio.

=> Así mismo las buenas obras de algunos pueden verse, mientras que las de otros no se ven.

La idea es esta: No hay manera de que podamos decir lo que hay en el corazón y vida de otra persona, lo que esta hace y piensa en cada momento del día. Ni siquiera podemos conocer tan bien a nuestros esposos, hijo o padres, no lo suficientemente bien como para juzgarles. El juicio hay que dejárselo a Dios, no a los hombres, ni tan siquiera a los ministros. De hecho, al ministro mismo se le encarga que deje el juicio en manos de Dios.

"No juzguéis, para que no seáis juzgados. Porque con el juicio con que juzgáis, seréis juzgados, y con la medida con que medís, os será medido" (Mt. 7:1-2).

"Sed, pues, misericordiosos, como también vuestro Padre es misericordioso. No juzguéis, y no seréis juzgados; no condenéis, y no seréis condenados; perdonad, y seréis perdonados" (Lc. 6:36-37).

"Por lo cual eres inexcusable, oh hombre, quienquiera que seas tú que juzgas; pues en lo que juzgas a otro, te condenas a ti mismo; porque tú que juzgas haces lo mismo" (Ro. 2:1).

"¿Tú quién eres, que juzgas al criado ajeno? Para su propio señor está en pie, o cae; pero estará firme, porque poderoso es el Señor para hacerle estar firme" (Ro. 14:4).

"Así que, ya no nos juzguemos más los unos a los otros, sino más bien decidid no poner tropiezo u ocasión de caer al hermano" (Ro. 14:13).

"Así que, no juzguéis nada antes de tiempo, hasta que venga el Señor, el cual aclarará también lo oculto de las tinieblas, y manifestará las intenciones de los corazones; y entonces cada uno recibirá su alabanza de Dios" (1 Co. 4:5).

"Porque juicio sin misericordia se hará con aquel que no hiciere misericordia; y la misericordia triunfa sobre el juicio" (Stg. 2:13).

"Hermanos míos, no os hagáis maestros muchos de vosotros, sabiendo que recibiremos mayor condenación" (Stg. 3:1).

"Uno solo es el dador de la ley, que puede salvar y perder; pero tú, ¿quién eres para que juzgues a otro?" (Stg. 4:12).

"Hermanos, no os quejéis unos contra otros, para que no seáis condenados; he aquí, el juez está delante de la puerta" (Stg. 5:9).

	CAPÍTULO 6	2 Y los que tienen amos creyentes, no los tengan en	**2 Deberes hacia los amos cristianos (empleadores)**
1 Deberes hacia los amos (empleadores) a. Deber: Respeto b. Razón: Evitar el reproche	**H. Los esclavos o empleados creyentes, 6:1-2** 1 Todos los que están bajo el yugo de esclavitud, tengan a sus amos por dignos de todo honor, para que no sea blasfemado el nombre de Dios y la doctrina.	menos por ser hermanos, sino sírvanles mejor, por cuanto son creyentes y amados los que se benefician de su buen servicio. Esto enseña y exhorta.	a. Deber 1: No despreciar, son hermanos b. Deber 2: Prestar un servicio mejor, la fidelidad trae beneficios

DIVISIÓN III

CONDUCTA Y RELACIONES DE LA IGLESIA, 3:14—6:21

H. Los esclavos o empleados creyentes, 6:1-2

(6:1-2) *Introducción:* William Barclay señala que durante los tiempos de Pablo había millones y millones de esclavos en el imperio romano, dice que había más de sesenta millones (*The Letters to the Philippians, Colossians, and Thessalonians*, p. 141). De seguro el evangelio alcanzaría a muchos de estos y las iglesias por todo el imperio se llenarían de esclavos. Por esta razón el Nuevo Testamento tiene mucho que decir con respecto a los esclavos (1 Co. 7:21-22; Col. 3:22; 4:1; 1 Ti.6:1-2; Tit. 2:9-10; 1 P. 2:18-25 y todo el libro de Filemón que fue escrito a un esclavo). Sin embargo, la esclavitud nunca es atacada directamente en el Nuevo Testamento. De haber sido así, hubiera ocurrido tal derramamiento de sangre que el escenario sería inimaginable. Los dueños de esclavos y el gobierno habrían…

- atacado a la iglesia, sus predicadores y creyentes con el objetivo de destruir tal doctrina.
- apresado y ejecutado a cualquiera que rehusara mantenerse callado con respecto a dicha doctrina.
- reaccionado y matado a todos los esclavos que profesaran a Cristo.

El Testamento griego del expositor hace una declaración excelente acerca de cómo el cristianismo llevó a cabo la destrucción de la esclavitud. Esto se encuentra en el comentario a Efesios 6:5.

> *"Aquí, como en cualquier otro lugar del Nuevo Testamento, la esclavitud es aceptada como una institución ya existente, a la que no se condena ni aprueba formalmente. No hay nada que impuse la acción revolucionaria o que estimule el repudio de la posición… se deja que dicha institución sea socavada y eliminada mediante la acción gradual de los grande principios cristianos de…*
> - *igualdad de los hombres ante Dios*
> - *una hermandad cristiana común*
> - *la libertad espiritual del hombre cristiano*
> - *el Señorío de Cristo al cual debe someterse cualquier otro señorío"* (S. D. F. Salmond, *The Epistle to the Ephesians. The Expositor's Greek*

Testament, vol 3, ed. by W. Robertson Nicoll, Grand Rapids, MI: Eerdmans, 1970, p. 337).

Las instrucciones para los esclavos y amos en el Nuevo Testamento son aplicables a cualquier generación de trabajadores. Como señala Francis Foulkes: *"…los principios de todo el pasaje se aplican a empleados y empleadores de todos los tiempos, ya sea en el hogar, los negocios o el gobierno"* (*The Epistle of Paul to the Ephesians. The Tyndale New Testament Commentaries* Grand Rapids, MI: Eerdmans, s.f., p. 167).

1. Deberes hacia los amos (empleadores) (v. 1).
2. Deberes hacia los amos cristianos (empleadores) (v. 2).

1 (6:1) *Esclavos — Empleadores — Trabajadores:* El deber de un esclavo o trabajador hacia un amo (empleador) incrédulo. La palabra "yugo" (zugon) significa estar bajo cautiverio, esclavizado, aplastado bajo un gran peso. Pablo no duda en llamar a la esclavitud por lo que es: Un yugo que no pertenece a ningún hombre. Pablo expresa gran compasión por los esclavos.

Observe las instrucciones específicas de este pasaje. El deber del esclavo o trabajador es rendir a su amo (empleador) todo honor. Es decir,…

- respetarlo, acatar sus órdenes, obedecerle y hacer lo que el empleador diga y requiera.
- hacer el trabajo y hacerlo bien.
- ser agradecido y apreciar el tener trabajo.

Esto es verdad especialmente cuando un trabajador entrega su vida a Cristo. Si el trabajador no da un día entero de trabajo para obtener un día entero de salario, está deshonrando el nombre de Cristo. Si el trabajador es haragán, negligente y desaprovecha el tiempo, o si es irrespetuoso, el empleador sabrá algo: El Dios del nuevo convertido es un chiste, porque está muerto e inactivo. Dios no ha hecho ningún cambio en la vida del trabajador. Por consiguiente el superior blasfema el nombre de Dios y las enseñanzas del evangelio.

Pensamiento 1. Oliver Greene ofrece una excelente aplicación de este punto que merita ser citada por completo.

> *"Personalmente conozco muchos hombres queridos en la actualidad que han sido despedidos por su empleador porque hablaban demasiado acerca de Cristo mien-*

tras estaban en el trabajo; y también he conocido a cristianos profesantes que no le dieron a su empleador un buen día de trabajo por el salario recibido, y eso no está bien. No es correcto que los cristianos usen el tiempo de la compañía para testificar en el trabajo. Si uno puede testificar sin robarle a su empleador, muy bien; pero el testimonio de un cristiano puede dañarse si se le ve conversando cuando debiera estar trabajando, aun cuando pueda estarle hablando a una persona no salva acerca de la gracia de Dios y el poder salvador de Jesucristo. En Romanos 14:16 Pablo nos dice: 'No sea, pues, vituperado vuestro bien'. Los cristianos deben ser 'prudentes como serpientes, y sencillos como palomas'. Cualquier cristiano que tenga un empleador debe trabajar para él un buen día de trabajo y rendirle el respeto apropiado para así no traer reproche al evangelio.

Hombre o mujer joven, si usted es cristiano, manténgase igualmente alerta y concentrado en el trabajo cuando el jefe no está presente que cuando este está. Su amo terrenal puede que no siempre le esté mirando, pero el Amo celestial ve y sabe todo lo que usted hace. Así que ya sea que usted es supervisor en una gran fábrica o el conserje de una pequeña oficina nunca olvide que si su trabajo no es hecho en el espíritu correcto, usted está trayendo reproche al nombre de Jesús" (The Epistles of Paul the Apostle to Timothy and Titus, p. 212s).

2 (6:2) *Esclavos — Empleados:* El deber del esclavo o empleado para con el amo (empleador) creyente. Es algo maravilloso cuando un trabajador cristiano puede tener un empleador cristiano, pues el trabajador puede esperar que se le trate justamente y en un espíritu de hermandad, sin embargo, el trabajador enfrenta un grave peligro, el peligro de sentir que…

- debiera dársele un tratamiento especial.
- debiera permitírsele vaguear un poco.
- debiera tratársele con más condescendencia.
- debiera dársela más consideración.
- no debiera corregírsele o reprenderle fácilmente por ineficiencia o errores.

En el caso de los esclavos en el imperio romano, o en cualquier otro lugar, el esclavo hubiera enfrentado la tentación de *despreciar o ser irrespetuoso* con su amo. Podría fácilmente creer que al amo convertirse en creyente, su amo debía concederle la libertad o al menos mostrarle cierto favor. Sin embargo, el hecho de que un amo se convirtiera en cristiano no implicaba que el esclavo creyente debiera apelar por un tratamiento mejor o más fácil. Al contrario, el esclavo creyente debía convertirse en el mejor trabajador porque ahora su amo era cristiano.

Una vez que el esclavo creyente se convertía en el mejor trabajador posible —una vez que comenzara a trabajar diligentemente como si lo estuviera haciendo para Cristo— entonces podría esperar cosechar algún beneficio por tener un amo cristiano. Podría esperar beneficios como ser tratado justa y decentemente, como a hermano. Los esclavos creyentes debían tratar a los amos creyentes como a hermanos, fieles y amados, y esto sería de gran testimonio ya que traería mayor producción, eficiencia y resultados.

La idea es esta: El obrero cristiano debe prestar gran servicio al empleador cristiano porque la fidelidad rinde frutos. Si tanto el obrero como el empleador dan lo mejor de sí, llevarán más del fruto del Espíritu y una gran producción en el trabajo. Por consiguiente, juntos darán un mayor testimonio de Cristo.

Pensamiento 1. En realidad, ser esclavo o amo no tiene nada que ver con el compromiso de uno con la vida y el trabajo. El cristiano, ya sea esclavo o amo, debe dar lo mejor de sí en cualquier cosa que haga. El estado de uno, la condición, el medio ambiente o las circunstancias, no tienen nada que ver con la fidelidad en el trabajo. Uno debe hacerlo lo mejor posible sin importar quién sea o dónde esté. (Vea nota, 1 Co. 7:20-23; 7:24. Cp. Ef. 6:6-7; Col. 3:23-25.)

"Siervos, obedeced a vuestros amos terrenales con temor y temblor, con sencillez de vuestro corazón, como a Cristo; no sirviendo al ojo, como los que quieren agradar a los hombres, sino como siervos de Cristo, de corazón haciendo la voluntad de Dios; sirviendo de buena voluntad, como al Señor y no a los hombres, sabiendo que el bien que cada uno hiciere, ése recibirá del Señor, sea siervo o sea libre" (Ef. 6:5-8).

"Siervos, obedeced en todo a vuestros amos terrenales, no sirviendo al ojo, como los que quieren agradar a los hombres, sino con corazón sincero, temiendo a Dios. Y todo lo que hagáis, hacedlo de corazón, como para el Señor y no para los hombres; sabiendo que del Señor recibiréis la recompensa de la herencia, porque a Cristo el Señor servís. Mas el que hace injusticia, recibirá la injusticia que hiciere, porque no hay acepción de personas" (Col. 3:22-25).

	I. Los falsos maestros, 6:3-5	y delira acerca de cuestiones y contiendas de palabras, de las cuales nacen envidias, pleitos, blasfemias, malas sospechas,	**3 Tiene un interés enfermizo en asuntos controversiales**
1 Enseña una doctrina diferente a. No se conforma a palabras sanas, ni tan siquiera a las del Señor b. No se conforma a la doctrina de la piedad	3 Si alguno enseña otra cosa, y no se conforma a las sanas palabras de nuestro Señor Jesucristo, y a la doctrina que es conforme a la piedad,	5 disputas necias de hombres corruptos de entendimiento y privados de la verdad, que toman la piedad como fuente de ganancia; apártate de los tales.	**4 Tiene una mente corrupta y privada de la verdad** **5 Cree que la religión es fuente de ganancia**
2 Está envanecido	4 está envanecido, nada sabe,		

DIVISIÓN III

CONDUCTA Y RELACIONES DE LA IGLESIA, 3:14—6:21

I. Los falsos maestros, 6:3-5

(6:3-5) *Introducción:* Este es un pasaje bien serio y crucial, un pasaje que la iglesia debe estudiar constantemente para mantener puro su mensaje y ministerio. Tiene que ver con aquellos que llenan el púlpito y las aulas de la iglesia, ya sea que dichas posiciones estén ocupadas por verdaderos o falsos maestros. Cada ministro, maestro, líder y miembro debe escudriñar y seguir su corazón en cuanto a esta descripción del falso maestro.

1. Enseña una doctrina diferente (v. 3).
2. Está envanecido (v. 4).
3. Tiene un interés enfermizo en asuntos controversiales (v. 4).
4. Tiene una mente corrupta y privada de la verdad (v. 5).
5. Cree que la religión es fuente de ganancia (v. 5).

1 (6:3) *Maestro, falso:* El falso maestro enseña una doctrina diferente (heterodidaskalei). (Vea nota, 1 Ti. 1:3 para mayor discusión.) No enseña las palabras del Señor Jesucristo. Esta es una acusación terrible. Imagine estar en el púlpito de una iglesia cristiana afirmando ser un maestro del Señor Jesucristo, pero no enseñar sus palabras. ¿Cuántos de nosotros somos culpables de esta acusación? ¿Cuántos de nosotros somos culpables de enseñar una doctrina diferente? Se nos dan dos razones de por qué el falso maestro enseña una doctrina diferente.

1. El falso maestro no se conforma a las palabras de nuestro Señor Jesucristo. La palabra "conforma" (proserchomai) significa enfoque y tiene el sentido de "aferrarse a" Cristo (Daniel Guthrie. *The Pastoral Epistles, The Tyndale New Testament Commentaries*, p. 110s). El falso maestro no solo no está dispuesto a aferrarse al Señor Jesucristo, además…

* no está dispuesto a confesar que Jesús es el Señor Dios del cielo, el Hijo de Dios.
* no está dispuesto a confesar que Jesús es el Cristo, el Mesías y Salvador del mundo.

2. El falso maestro no se conforma a las enseñanzas de la piedad….

* No está dispuesto a aceptar la justeza de Dios revelada en Jesucristo.
* No está dispuesto a apartarse del mundo ni a vivir su vida completamente apartado para Dios.

Una de estas razones o ambas son el por qué el falso maestro no enseña la totalidad de las palabras de Cristo, sino que escoge enseñar una doctrina y un modo de vida diferente. Él ha comprometido su vida a la profesión del ministerio…

* como una manera de servir a la humanidad.
* como una forma de ganarse la vida.

Pero no está comprometido a representar a Cristo y su Palabra. Como resultado, tanto las Escrituras como Cristo llaman a la persona falso maestro.

> **"Estoy maravillado de que tan pronto os hayáis alejado del que os llamó por la gracia de Cristo, para seguir un evangelio diferente. No que haya otro, sino que hay algunos que os perturban y quieren pervertir el evangelio de Cristo. Más si aun nosotros, o un ángel del cielo, os anunciare otro evangelio diferente del que os hemos anunciado, sea anatema. Como antes hemos dicho, también ahora lo repito: Si alguno os predica diferente evangelio del que habéis recibido, sea anatema" (Gá. 1:6-9).**

> **"Entonces entendieron que no les había dicho que se guardasen de la levadura del pan, sino de la doctrina de los fariseos y de los saduceos" (Mt. 16:12).**

> **"Mirad que nadie os engañe por medio de filosofías y huecas sutilezas, según las tradiciones de los hombres, conforme a los rudimentos del mundo, y no según Cristo" (Col. 2:8).**

> **"No os dejéis llevar de doctrinas diversas y extrañas; porque buena cosa es afirmar el corazón con la gracia, no con viandas, que nunca aprovecharon a los que se han ocupado de ellas" (He. 13:9).**

2 (6:4) *Maestro, falso — Orgullo:* El falso maestro está envanecido (tetuphotai). La palabra significa *engreído* y autosuficiente. Pero fíjese: La palabra incluye la idea de necedad; carece de buen sentido. Rechazar la evidencia de que Jesús es el Señor —el Señor Jesucristo— es el tope del orgullo y la insensatez. Dicho rechazo simplemente carece de sentido común (fuente desconocida).

El falso maestro se jacta…
- de sus puntos de vista e ideas.
- de su rechazo de ciertas porciones de la Biblia.
- de su conocimiento de que algunas de las historias de la Biblia son, según él, fábulas.
- de su habilidad intelectual para separar la verdad de la falsedad acerca de Cristo.
- de su iluminación, de que sabe más que nadie sobre milagros, deidad, nacimiento virginal, encarnación, resurrección ascensión y regreso de Cristo a la tierra.
- de sus nuevos y novedosos conceptos e ideas acerca de Cristo.

La lista podría continuar indefinidamente pero todos los ministros han detectado este orgullo en discusiones con otros ministros y, desdichadamente, todos hemos sido culpables de sentirnos orgullosos de nuestras propias ideas. William Barclay tiene un excelente comentario sobre el orgullo del falso maestro:

"Su primera característica es la autosuficiencia. Su primer objetivo es exhibirse. Su deseo no es mostrar a Cristo sino mostrarse a sí mismo. Todavía hay predicadores y maestros que están más interesados en ganar seguidores para sí que para Jesucristo. Están más preocupados por imponer sus puntos de vista en las personas que en llevarle a los hombres la Palabra de Dios. Cuando las personas se juntan para adorar no están interesadas en escuchar lo que ningún hombre piensa, están deseosos por escuchar lo que Dios dice. El gran predicador y maestro no se abastece de sus propias ideas; él es un eco de Dios" (The Letters to Timothy, Titus, and Philemon, p. 146).

3 (6:4) *Maestros, Falsos:* El falso maestro tiene un interés enfermizo en las preguntas controversiales. Cuando se prepara para predicar y enseñar, el falso maestro no se basa en la fuente primaria, la Palabra de Dios. Se basa en fuentes secundarias, o sea, en libros acerca de la Biblia.

La Biblia no es la única base para su vida ni para su predicación y enseñanza. El falso maestro rechaza a la fuente principal (la Biblia) y acude a fuentes secundarias acerca de la Biblia. En algunos casos, ni siquiera sabe cómo estudiar la Biblia. Su interés es…
- tratar de *descubrir* la verdad de la Biblia, no proclamar la verdad de la Biblia.
- *cuestionar* lo que es o no cierto en vez de vivir lo que la Biblia dice.

El resultado, por supuesto, es lo que tan a menudo vemos escrito en las caras y mentes del falso maestro y de aquellos que se sientan a sus pies: Muchos pensamientos y momentos de…
- perturbación y falta de paz
- vacío y carencia de propósito
- cuestionamientos y falta de significado
- preguntarse si Dios realmente existe
- preguntarse si realmente hay algún significado en la religión y la adoración

- preguntarse si hay un mundo o vida más allá de esta tierra.

¿Por qué? Porque lo que el corazón humano anhela es Dios y su Palabra, el conocimiento y la seguridad de Él y su dirección.

Esto es algo razonable y previsible, pues Dios ha puesto dentro del hombre un hambre natural profunda por Él y su Palabra. Por tanto, lo que el corazón humano anhela, incluso el corazón del falso maestro, no son las preguntas controversiales y las discusiones sobre las "palabras de nuestro Señor Jesucristo" o sobre la Biblia. Lo que anhela el corazón es oír de Dios, oír *la autoritativa proclamación de la Palabra de Dios misma.*

"Porque nuestra exhortación no procedió de error ni de impureza, ni fue por engaño, sino que según fuimos aprobados por Dios para que se nos confiase el evangelio, así hablamos; no como para agradar a los hombres, sino a Dios, que prueba nuestros corazones" (1 Ts. 2:3-4).

"Por lo cual también nosotros sin cesar damos gracias a Dios, de que cuando recibisteis la Palabra de Dios que oísteis de nosotros, la recibisteis no como palabra de hombres, sino según es en verdad, la Palabra de Dios, la cual actúa en vosotros los creyentes" (1 Ts. 2:13).

"Como te rogué que te quedases en Éfeso, cuando fui a Macedonia, para que mandases a algunos que no enseñen diferente doctrina, ni presten atención a fábulas y genealogías interminables, que acarrean disputas más bien que edificación de Dios que es por fe, así te encargo ahora. Pues el propósito de este mandamiento es el amor nacido de corazón limpio, y de buena conciencia, y de fe no fingida, de las cuales cosas desviándose algunos, se apartaron a vana palabrería, queriendo ser doctores de la ley, sin entender ni lo que hablan ni lo que afirman" (1 Ti. 1:3-7).

"está envanecido, nada sabe, y delira acerca de cuestiones y contiendas de palabras, de las cuales nacen envidias, pleitos, blasfemias, malas sospechas" (1 Ti. 6:4).

"Procura con diligencia presentarte a Dios aprobado, como obrero que no tiene de qué avergonzarse, que usa bien la palabra de verdad" (2 Ti. 2:15).

"Pero desecha las cuestiones necias e insensatas, sabiendo que engendran contiendas. Porque el siervo del Señor no debe ser contencioso, sino amable para con todos, apto para enseñar, sufrido" (2 Ti. 2:23-24).

"Toda la Escritura es inspirada por Dios, y útil para enseñar, para redargüir, para corregir, para instruir en justicia" (2 Ti. 3:16).

"Pero evita las cuestiones necias, y genealogías, y contenciones, y discusiones acerca de la ley; porque son vanas y sin provecho. Al hombre que cause divisiones, después de una y otra amonestación deséchalo, sabiendo que el tal se ha pervertido, y peca y está condenado por su propio juicio" (Tit. 3:9-11).

"Tenemos también la palabra profética más segura, a la cual hacéis bien en estar atentos como a una antorcha que alumbra en lugar oscuro, hasta que el día esclarezca y el lucero de la mañana salga en vuestros corazones; entendiendo primero esto, que ninguna

profecía de la Escritura es de interpretación privada, porque nunca la profecía fue traída por voluntad humana, sino que los santos hombres de Dios hablaron siendo inspirados por el Espíritu Santo" (2 P. 1:19-21).

4 (6:5) *Maestro, falso:* El falso maestro tiene una mente corrupta y está destituido de la verdad. Su mente está corrompida en el sentido de que no está centrada en la enseñanza de las "palabras de nuestro Señor Jesucristo, y la doctrina que es conforme a la piedad" (la Palabra de Dios, las Escrituras, la Biblia. v. 3). Su mente…

- se centra en las doctrinas y teologías de los hombres.
- se centra en las sicologías y filosofías de los hombres.
- se centra en la energía y la superación personal de los hombres, en cultivar el ego y la imagen personal del hombre.
- se centra en las últimas ideas religiosas o teológicas.
- se centra en las discusiones religiosas populares que agradan y endulzan los oídos de los hombres.

La idea central es esta: El falso maestro no se centra en la verdad, la Palabra de Dios. Está vacío y necesitado de la verdad. Ni posee ni enseña la verdad. En lo que a la verdad se refiere se encuentra en bancarrota. No obstante, note algo: Lo que el falso maestro enseña con frecuencia nos ayuda a ser mejores. A menudo nos ayuda a aumentar nuestro ego e imagen personal y a alcanzar más en esta vida. Algunas predicaciones de ayuda personal son como algunas clínicas, programas y seminarios de ayuda que se llevan a cabo a lo largo de la nación: Son excelentes hasta donde llegan, pero tienen una falla seria: *No llegan lo suficientemente lejos.* No muestran…

- que Dios está verdaderamente con nosotros y nos cuida mientras caminamos sobre la tierra.
- que Jesucristo ha muerto realmente por nuestros pecados y resucitó para darnos vida, vida eterna.
- que Dios ha perdonado nuestros pecados y nos ha aceptado en Cristo.
- que cuando morimos, Dios nos transferirá inmediatamente a su presencia para vivir con Él para siempre.

Este tipo de seguridad absoluta, profunda e intensa falta en el falso profeta y en cualquier otro cuya mente no esté centrada en "palabras de nuestro Señor Jesucristo, y la doctrina que es conforme a la piedad", es decir, la Palabra de Dios (v. 3).

"Y como ellos no aprobaron tener en cuenta a Dios, Dios los entregó a una mente reprobada, para hacer cosas que no convienen" (Ro. 1:28).

"Por cuanto los designios de la carne son enemistad contra Dios; porque no se sujetan a la ley de Dios, ni tampoco pueden" (Ro. 8:7).

"Esto, pues, digo y requiero en el Señor: Que ya no andéis como los otros gentiles, que andan en la vanidad de su mente" (Ef. 4:17).

"Nadie os prive de vuestro premio, afectando humildad y culto a los ángeles, entremetiéndose en lo que no ha visto, vanamente hinchado por su propia mente carnal" (Col. 2:18).

"Todas las cosas son puras para los puros, mas para los corrompidos e incrédulos nada les es puro; pues hasta su mente y su conciencia están corrompidas" (Tit. 1:15).

5 (6:5) *Maestro, falso:* El falso maestro que la religión es fuente de ganancia. Esto significa al menos tres cosas.

1. Algunos falsos maestros *están preocupados* por la moral, virtud, con que el hombre sea lo mejor y con que obtenga los mayores logros posibles. Creen en Dios, no necesariamente en Cristo, sino en Dios. Por tanto, saben que la mejor manera de hacer mejor al hombre y su mundo es la religión. De aquí que comprometen sus vidas a Dios y la religión, logran que los hombres hagan las obras de la religión y vivan vidas más rectas y morales. Quieren que las personas sean buenas y hagan el bien. Piensan que "la piedad es fuente de ganancia", que ayuda y beneficia al hombre y a su mundo.

Pensamiento 1. Note que el falso maestro tiene la razón en este punto: La enseñanza moral de la religión —vivir vidas morales y correctas— es buena para el hombre. Pero como antes hemos señalado, las obras y los ministros de ayuda personal no llegan lo suficientemente lejos. No se enfocan en el Hijo de Dios, el Señor Jesucristo. Y Dios nunca aceptará a alguien *que no honra a su Hijo*, pues Él tiene un solo Hijo. Ese Hijo, el Señor Jesucristo, es el amado de Dios. Dios ama a su Hijo con todo su ser, pues su Hijo tiene la misma naturaleza de Dios. Cristo siempre ha obedecido al Padre, siempre ha vivido una vida perfectamente piadosa tal y como el Padre quería. Por tanto, a cualquiera que honra a Cristo el Padre lo honrará y aceptará, pero lo opuesto también es cierto: Al que no honre a Cristo el Padre no lo honrará. El anhelo del corazón del hombre por Dios y su Palabra —por el profundo e intenso conocimiento y seguridad de Dios— viene solamente a través de Cristo. Por lo tanto, por muy bueno que sean, la religión y las buenas obras no son suficientes. No hacen a la persona aceptable delante de Dios. Dios acepta solo una cosa: La fe en Cristo, su único Hijo. (Vea notas, *Justificación*, 1 Ti. 2:3-7; Ro. 5:1 para mayor discusión.)

"Porque de tal manera amó Dios al mundo, que ha dado a su Hijo unigénito, para que todo aquel que en él cree, no se pierda, mas tenga vida eterna. Porque no envió Dios a su Hijo al mundo para condenar al mundo, sino para que el mundo sea salvo por él. El que en él cree, no es condenado; pero el que no cree, ya ha sido condenado, porque no ha creído en el nombre del unigénito Hijo de Dios" (Jn. 3:16-18).

"De cierto, de cierto os digo: El que oye mi palabra, y cree al que me envió, tiene vida eterna; y no vendrá a condenación, mas ha pasado de muerte a vida" (Jn. 5:24).

"Jesús le dijo: Yo soy el camino, y la verdad, y la vida; nadie viene al Padre, sino por mí" (Jn. 14:6).

"Justificados, pues, por la fe, tenemos paz para con Dios por medio de nuestro Señor Jesucristo" (Ro. 5:1).

"**Mas Dios muestra su amor para con nosotros, en que siendo aún pecadores, Cristo murió por nosotros**" (Ro. 5:8).

"**Así que, somos embajadores en nombre de Cristo, como si Dios rogase por medio de nosotros; os rogamos en nombre de Cristo: Reconciliaos con Dios**" (2 Co. 5:20).

2. Algunos falsos maestros entran al ministerio como una profesión y como un medio de ganarse la vida. Probablemente tienen algún interés en el bienestar religioso de las personas, pero lo que más tuvieron en consideración al escoger entrar al ministerio fue la idea de que sería una profesión buena y encomiable y les proporcionaría una buena entrada económica para ellos y su presente o futura familia.

3. Algunos falsos maestros han comercializado la religión. El falso maestro "busca la ganancia. Mira su enseñanza y predicación, no como una vocación sino como una carrera. Está en el negocio, no para servir a otros sino para avanzar personalmente" (William Barclay, *The Letters to Timothy, Titus, and Philemon*, p. 148).

La exhortación que las Escrituras hace a los creyentes es clara, directa y enfática: "apártate de los tales". No debemos sentarnos a escuchar, ni asociarnos ni tener nada que ver con la persona que es un falso ministro y maestro. La iglesia no es lugar para el profesionalismo ni para la doctrina del esfuerzo y las obras humanas (humanismo).

Pensamiento 1. La enseñanza centrada en el hombre y de ayuda personal es útil, pero no tiene nada que ver con el púlpito de la iglesia; su lugar es en las salas de conferencia del mundo secular. La iglesia debe mantenerse pura y libre en la proclamación del evangelio y el supremo amor de Dios demostrado en su Hijo, Señor Jesucristo. Si la raza humana fracasa en mantener la Palabra de Dios fluyendo de los púlpitos de la iglesia de Dios, entonces la raza humana está condenada. ¿Por qué? Porque cuando morimos, ahí termina todo. Estaremos separados de Dios eternamente pues Dios solo nos acepta si nos acercamos a Él mediante Cristo. Por lo tanto, la hora crucial para el hombre siempre será cuando se siente a escuchar la predicación de la Palabra de Dios, la predicación de "las palabras de nuestro Señor Jesucristo y la doctrina… de la piedad". Cuando el hombre escucha la Palabra de Dios debe responder y hacer lo que Dios le dice.

"**Mas os ruego, hermanos, que os fijéis en los que causan divisiones y tropiezos en contra de la doctrina que vosotros habéis aprendido, y que os apartéis de ellos**" (Ro. 16:17).

"**Pero os ordenamos, hermanos, en el nombre de nuestro Señor Jesucristo, que os apartéis de todo hermano que ande desordenadamente, y no según la enseñanza que recibisteis de nosotros**" (2 Ts. 3:6).

"**Si alguno enseña otra cosa, y no se conforma a las sanas palabras de nuestro Señor Jesucristo, y a la doctrina que es conforme a la piedad, está envanecido, nada sabe, y delira acerca de cuestiones y contiendas de palabras, de las cuales nacen envidias, pleitos, blasfemias, malas sospechas, disputas necias de hombres corruptos de entendimiento y privados de la verdad, que toman la piedad como fuente de ganancia; apártate de los tales**" (1 Ti. 6:3-5).

"**que tendrán apariencia de piedad, pero negarán la eficacia de ella; a éstos evita**" (2 Ti. 3:5).

"**Si alguno viene a vosotros, y no trae esta doctrina, no lo recibáis en casa, ni le digáis: ¡Bienvenido! Porque el que le dice: ¡Bienvenido! participa en sus malas obras**" (2 Jn. 10-11).

1 El secreto del contentamiento es la piedad	J. El secreto del contentamiento, 6:6-10	9 Porque los que quieren enriquecerse caen en tentación y lazo, y en muchas codicias necias y dañosas, que hunden a los hombres en destrucción y perdición;	2 El secreto del contentamiento no es el dinero
a. Al nacer: No traemos nada al mundo	6 Pero gran ganancia es la piedad acompañada de contentamiento;	10 porque raíz de todos los males es el amor al dinero, el cual codiciando algunos, se extraviaron de la fe, y fueron traspasados de muchos dolores.	a. Este tienta y esclaviza b. Causa codicias necias y dañosas c. Lleva a los hombres a la destrucción
b. Al morir: No nos levamos nada de este mundo	7 porque nada hemos traído a este mundo, y sin duda nada podremos sacar.		d. El amor al dinero es raíz de todos los males
c. Conclusión: Estar contentos a pesar de las necesidades	8 Así que, teniendo sustento y abrigo, estemos contentos con esto.		1) Causa extravío 2) Causa angustia mental

DIVISIÓN III

CONDUCTA Y RELACIONES DE LA IGLESIA, 3:14—6:21

J. El secreto del contentamiento, 6:6-10

(6:6-10) *Introducción:* Toda persona se esfuerza por conseguir contentamiento. El contentamiento es algo que todos queremos. Queremos estar satisfechos, sentirnos completos, realizados, pero al mirar a nuestro alrededor, no es lo que vemos. Lo que vemos es una sociedad y un mundo descontentos, tan insatisfechos, vacíos, solitarios e inquietos como es posible. ¿Por qué? ¿Por qué hay tantas personas descontentas? ¿Por qué hay tan pocas personas verdaderamente satisfechas? Esta es la importancia de este pasaje: *El secreto del contentamiento.*

1. El secreto del contentamiento es la piedad (vv. 6-8).
2. El secreto del contentamiento no es el dinero (vv. 9-10).

1 (6:6-8) *Contentamiento — Piedad — Riqueza:* El secreto del contentamiento es la piedad. "Contentamiento" (autarkeias) significa estar *completamente satisfecho,* no necesitar nada. Quiere decir estar realizado, satisfecho y completo. Imagínese una persona que se sienta *totalmente completa y satisfecha,* a quien no le falte nada. Esto es lo que las Escrituras quieren decir con contentamiento. ¿Qué hace a una persona contenta? ¿Qué trae tal contentamiento al alma humana? Las Escrituras no se andan con rodeos: Inequívocamente declaran que es *la piedad.* Solo la piedad puede traer contentamiento a una persona. Solo la piedad puede tomar a una persona y hacerla sentir...

- realizada
- completa
- satisfecha
- suficiente

Solo la piedad puede darle a un hombre el sentido de que no carece de nada. Imagine estar tan contento —tan realizado, satisfecho, completo— que no siente la falta de nada. Simplemente no siente necesidad alguna en lo más profundo de su alma y su ser. Esto es exactamente lo que la piedad hace por el alma humana. Esta es la razón por la cual las Escrituras declaran que la piedad con contentamiento implica gran

ganancia. No hay mayor ganancia para una persona que el tener contentamiento.

Observe que las Escrituras quieren que pensemos en tres etapas de la vida:

=> la etapa del nacimiento. Al nacer no traemos nada a este mundo. Cuando llegamos al mundo solo traemos dos cosas: Nuestro cuerpo y nuestra vida. Fuera de esto, estábamos completamente desnudos. No teníamos nada más.

=> la etapa de la muerte: Fíjese que el hecho de la muerte es absolutamente cierto. Al morir, no nos llevamos absolutamente nada de este mundo. Dejamos este mundo de la misma manera en que entramos, con nada.

=> está la etapa entre el nacimiento y la muerte: La etapa de la vida. La vida es completamente diferente del nacimiento y la muerte. Hay ciertas cosas que necesitamos durante la vida: Necesidades que tenemos para vivir. Necesitamos comida, ropa y un lugar para vivir. La palabra griega para "abrigo" quiere decir literalmente cobijo, y se aplica tanto a ropa como a refugio. Para poder vivir y completar nuestras vidas en la tierra *necesitamos* comida, ropa y abrigo. Pero fíjese que no necesitamos nada más. Podemos vivir si tenemos estas cosas, por consiguiente una persona debe estar contenta con esto. Recuerde que la idea del versículo es que el secreto del contentamiento es la piedad. La piedad con contentamiento representa *gran ganancia.*

Este punto es corroborado por una serie de planteamientos tomados de Matthew Henry:

"Si un hombre [tiene]... lo suficiente para vivir [en este mundo], no necesita desear nada más, su piedad... será su gran ganancia".

"La piedad es en sí misma gran ganancia; es provechosa para todas las cosas".

"Donde hay verdadera piedad habrá contentamiento".

"El más alto grado de contentamiento [es] la piedad [que hace] a las personas las más felices de este mundo".

"El contentamiento cristiano… es la mayor riqueza del mundo".

"El que es piadoso de seguro será feliz en el otro mundo".

"Piedad con contentamiento, este es el camino a la ganancia".

"La ganancia del cristiano es grande: No es como las pequeñas ganancias de los mundanos que tanto les gustan las pequeñas ventajas del mundo".

"Todas las personas verdaderamente piadosas han aprendido con Pablo: '…he aprendido a contentarme, cualquiera que sea mi situación'" (Fil. 4:11). (Matthew Henry's Commentary, vol. 6, p. 828).

William Barclay desarrolla un punto importante en su Daily Study Bible [Biblia de estudio Diario] (*The Letters to Timothy, Titus, and Philemon*, p. 150).

"No es que el cristianismo aboga por la pobreza. No hay virtud especial en ser pobre ni felicidad en tener una lucha constante para obtener lo que se desea, pero el cristianismo si aboga por dos cosas:

1. 'Aboga por la comprensión de que lo que trae felicidad no es el poder de las cosas materiales'.

2. 'Aboga por la concentración en las cosas que son permanentes, cosas que un hombre puede llevarse consigo cuando al fin y al cabo muera'."

"No lo digo porque tenga escasez, pues he aprendido a contentarme, cualquiera que sea mi situación" (Fil. 4:11).

"Pero gran ganancia es la piedad acompañada de contentamiento… Así que, teniendo sustento y abrigo, estemos contentos con esto" (1 Ti. 6:6, 8).

"Sean vuestras costumbres sin avaricia, contentos con lo que tenéis ahora; porque él dijo: No te desampararé, ni te dejaré" (He. 13:5).

"Mejor es lo poco con el temor de Jehová, Que el gran tesoro donde hay turbación" (Pr. 15:16).

2 (6:9-10) *Abundancia — Riquezas — Dinero, amor al:* El secreto del contentamiento no es el dinero. Esto puede resultarnos chocante, pues el rico se afierra y acumula su dinero y el resto de la humanidad está siempre tratando de tener más y más dinero. Pero Dios es claro sobre este asunto: El dinero y la abundancia no dan contentamiento. Aquí hay cuatro razones de por qué esto es cierto:

1. El dinero tienta y esclaviza. ¿Cómo puede el dinero tentar y esclavizar? La respuesta es evidente. Una persona con dinero…

- puede comprar cualquier cosa que desee cuando lo desee.
- puede ir a donde desee cuando lo desee.
- puede hacer casi todo lo que desee cuando lo desee.

Eso es poder en el mundo. Lo que podemos llamar poder mundanal. Una persona que tiene el poder de comprar cualquier cosa, ir a cualquier parte y hacer lo que quiera tiene poder mundanal.

Lo que estamos diciendo es que una persona con un poder así —el dinero para comprar cualquier cosa, ir a cual-

quier parte y hacer lo que quiera— siempre es tentada. Está tentada a vivir egoístamente y a acaparar lo que tiene. Siempre está siendo tentada…

- a seguir comprando y comprando.
- a seguir yendo y yendo.
- a seguir haciendo y haciendo.

El rico es más tentado a complacer a la carne y vivir con extravagancia, mucho más tentado a vivir egoístamente y controlar y dominar a las personas mediante el poder de sus riquezas.

Los ricos y los que lo serán nunca quedan libres del bombardeo de la tentación. Por tanto, el rico nunca tiene paz. Nunca tiene contentamiento ni plenitud y satisfacción interior. Nunca se siente completamente realizado y satisfecho. Esta es la primera razón por la que el dinero no trae contentamiento. El dinero trae consigo un bombardeo de tentaciones y enreda a los hombres en el pecado.

2. El dinero puede provocar muchas lujurias insensatas y dañinas. Piense en cuán insensatas y dañinas son algunas de estas cosas.

=> Cuán insensatos son armarios llenos de ropa: Una persona puede usar solo una ropa a la vez y solo hay un cierto número de tipos de ropa. ¿Cuán insensato es tener armarios llenos de ropa que rara vez podemos usar?

=> ¿Cuán insensata es la extravagancia en la ropa? ¿La etiqueta de la ropa? Una tienda costosa y una cadena de tiendas barata puede tener la misma ropa confeccionada por el mismo fabricante. ¿Es sabio o insensato comprar la ropa cara porque tiene una pequeña etiqueta con un nombre diferente?

=> ¿Cuán insensata es la extravagancia en la comida? Comer y comer y comer, entrenar a nuestros cuerpos para que apetezcan más y más comida. ¿Es insensato o sabio dañar el cuerpo?

=> ¿Cuán insensato es permitirnos fumar? Andar por ahí como una nube de humo dañando el cuerpo.

=> ¿Cuán insensato y dañino es vender y entregar nuestros cuerpos a bebidas tóxicas, drogas, inmoralidad y avaricia?

=> ¿Cuán insensato y dañino es…

- apetecer y apetecer?
- sentir y sentir deseos?
- acaparar y acaparar?
- gratificarse y gratificarse?
- garantizar y garantizar?
- poseer y poseer?

¿Cuán insensato y dañino es alimentar nuestros deseos y lujurias con las cosas, posesiones y exquisiteces de este mundo cuando millones y millones están sin esperanza y van a la cama hambrientos, con frío y enfermos, todos muriendo por falta de alimento, ropa, abrigo y por enfermedad? Lo peor de todo es que están muriendo sin cristo y sin ninguna esperanza de vivir eternamente con Dios. Como ya se ha dicho, el dinero puede provocar muchos deseos insensatos y dañinos.

3. El dinero hunde a los hombres en la perdición y la

destrucción. La palabra "hundir" (buthizo) es un cuadro descriptivo de la riqueza como "un monstruo personal que zambulle a sus víctimas en un océano de completa destrucción" (Donald Guthrie, *The Pastoral Epistles, The Tyndale New Testament Commentaries*, p. 113). La idea es esta: La persona que cae en la insensatez y daño de los deseos de este mundo será al fin y al cabo destruida y arruinada tanto en el cuerpo como en el alma y la destrucción y la ruina serán por toda la eternidad (A. T. Robertson, *Word Pictures in the New Testament*, vol. 4, p. 593).

> **"Porque por ahí andan muchos, de los cuales os dije muchas veces, y aun ahora lo digo llorando, que son enemigos de la cruz de Cristo; el fin de los cuales será perdición, cuyo dios es el vientre, y cuya gloria es su vergüenza; que sólo piensan en lo terrenal" (Fil. 3:18-19).**
>
> **"que cuando digan: Paz y seguridad, entonces vendrá sobre ellos destrucción repentina, como los dolores a la mujer encinta, y no escaparán" (1 Ts. 5:3).**
>
> **"y a vosotros que sois atribulados, daros reposo con nosotros, cuando se manifieste el Señor Jesús desde el cielo con los ángeles de su poder, en llama de fuego, para dar retribución a los que no conocieron a Dios, ni obedecen al evangelio de nuestro Señor Jesucristo; los cuales sufrirán pena de eterna perdición, excluidos de la presencia del Señor y de la gloria de su poder" (2 Ts. 1:7-9).**
>
> **"Porque los que quieren enriquecerse caen en tentación y lazo, y en muchas codicias necias y dañosas, que hunden a los hombres en destrucción y perdición" (1 Ti. 6:9).**
>
> **"Pero nosotros no somos de los que retroceden para perdición, sino de los que tienen fe para preservación del alma" (He. 10:39).**

4. El dinero —es decir, el amor al dinero— es raíz de todos los males. Observe las tres razones de por qué es así:

=> El amor al dinero hace que las personas sean avaras y la avaricia es idolatría.

=> El amor al dinero hace que las personas se alejen de la fe. Hace que las personas vayan tras los deseos de este mundo.

=> El amor al dinero hace que las personas se atraviesen a sí mismas con muchas flechas. Las cosas, posesiones y deseos de este mundo no satisfacen el corazón o la vida de una persona. El dinero no da contentamiento a la persona. el amor al dinero solo consume a la persona de tristeza (A. T. Robertson, *Word Pictures in the New Testament*, vol. 4, p. 594). Perfora el corazón con un vacío: el de la preocupación, la ansiedad, y la inseguridad. El dinero no puede comprar amor, salud, ni librarnos de la muerte. El dinero no puede comprar a Dios; no puede comprar seguridad, no la seguridad y confianza de vivir para siempre.

La idea es esta: Las personas por naturaleza desean satisfacer las necesidades de la vida. Sin embargo, una vez que el hombre satisface las necesidades de la vida descubre que todavía desea más. Las necesidades no satisfacen su anhelo y vacío interior —su hambre y sed— por algo más. Por tanto, el hombre busca satisfacer su anhelo obteniendo más y más comida, ropa y todo lo demás que desea. Come y come, compra y compra, y va en busca de más y más comodidad, tranquilidad, placer, riquezas, dinero y todo lo demás que desea. Pero lo que el hombre pasa por alto es que el anhelo dentro de su corazón —el vacío, hambre y sed— no es por posesiones materiales. Es por *satisfacción espiritual, la llenura* de otra parte de su ser. Su anhelo es por santidad. Por tanto, una vez que tiene alimento y vestido tiene satisfechas sus necesidades físicas. El tener alimento y ropa para hoy trae contentamiento hoy, pero solo contentamiento físico. Después de eso lo que necesita es alimento espiritual, la satisfacción de su hambre espiritual. El contentamiento del hombre viene de tener satisfechas tanto sus necesidades de alimento físico como espiritual. Una sin la otra deja algún vacío, una sensación de estar incompleto (Col. 2:8-9). El verdadero contentamiento proviene solamente de la piedad.

Pensamiento 1. "Raíz de todos los males es el amor al dinero". William Barclay señala que los grandes pensadores clásicos reconocieron esta verdad.

=> El gran pensador Demócrito dijo: "El amor al dinero es la metrópolis de todos los males".

=> Séneca se refiere a "el deseo por lo que no nos pertenece, desde donde emanan todos los males de la mente".

=> Foclides dice que "el amor al dinero es la madre de todos los males".

=> Filo se refiere al "amor del dinero que es el lugar donde comienzan las más grandes transgresiones de la Ley".

=> Ateneo cita a otro pensador: "El placer del vientre es el comienzo y raíz de todo mal".

William Barclay hace un planteamiento excelente digno de ser citado:

> *"El dinero en sí mismo no es ni bueno ni malo; es simplemente peligroso porque se puede convertir en algo malo. Con el dinero un hombre puede hacer mucho bien; y con dinero se puede hacer mucho mal. Con dinero un hombre puede servir egoístamente sus propios deseos; y con dinero puede responder generosamente al clamor de la necesidad de su prójimo. Con dinero un hombre puede abrirse paso hacia las cosas prohibidas y facilitar la senda de lo incorrecto; y con dinero puede hacer que alguien más fácil que alguien viva como Dios quiere que viva. El dinero no es un mal pero es una gran responsabilidad"* (The Letters to Timothy, Titus, and Philemon, p. 152).

	K. El joven ministro (Cuarto encargo): Ser un hombre de Dios, 6:11-16	delante de Poncio Pilato,	a. Por el poder de Dios para dar vida b. Por el ejemplo de Cristo c. Porque Cristo regresará: Él será exaltado como Rey de reyes y Señor de señores.
1 Huye de la pasión por las riquezas (cp. vv. 9-10).	11 Mas tú, oh hombre de Dios, huye de estas cosas, y sigue la justicia, la piedad, la fe, el amor, la paciencia, la mansedumbre.	14 que guardes el mandamiento sin mácula ni reprensión, hasta la aparición de nuestro Señor Jesucristo,	

2 Sigue las cosas de Dios
3 Pelea la batalla de la fe y echa mano de la vida eterna
  a. Somos llamados a eternidad
  b. Han experimentado la eternidad
	12 Pelea la buena batalla de la fe, echa mano de la vida eterna, a la cual asimismo fuiste llamado, habiendo hecho la buena profesión delante de muchos testigos.	15 la cual a su tiempo mostrará el bienaventurado y solo Soberano, Rey de reyes, y Señor de señores,
		16 el único que tiene inmortalidad, que habita en luz inaccesible; a quien ninguno de los hombres ha visto ni puede ver, al cual sea la honra y el imperio sempiterno. Amén.
			d. Porque solo Cristo tiene inmortalidad: Él habita en lo trascendente.
			e. Porque solo Cristo tiene una luz inaccesible de la gran gloria de Dios.

4 Guarda este encargo, guarda este mandamiento (v. 14)	13 Te mando delante de Dios, que da vida a todas las cosas, y de Jesucristo, que dio testimonio de la buena profesión		

DIVISIÓN IV

CONDUCTA Y RELACIONES DE LA IGLESIA, 3:14—6:21

K. El joven ministro (Cuarto encargo): Ser un hombre de Dios, 6:11-16

(6:11-16) *Introducción:* Este es un encargo directo para el ministro de Dios. Al ministro se le llama "hombre de Dios". Este es uno de los grandes títulos del hombre de Dios.

> => A Moisés se le llamó "varón de Dios" (Dt. 33:1; Sal. 90, título).
> => A Elí se le llamó "varón de Dios" (1 S. 2:27).
> => A Samuel se le llamó "varón de Dios" (1 S. 9:6).

Una concordancia nos mostraría con cuánta frecuencia a los siervos de Dios se les llamaba "varón de Dios". Qué reto tan dinámico para el ministro: Ser llamado *"hombre de Dios"*. Al hombre de Dios se le hacen cuatro encargos.

1. Huye de la pasión por las riquezas (v. 11).
2. Sigue las cosas de Dios (v. 11).
3. Pelea la batalla de la fe y echa mano de la vida eterna (v. 12)
4. Guarda este encargo, guarda este mandamiento (vv. 13-16)

1 (6:11) *Ministro — Deber:* El hombre de Dios huye de la pasión por las riquezas. Una persona debe huir del amor al dinero, huir de todas las cosas que acaban de ser tratadas en los versículos del 9 al 10. Observe un aspecto chocante, chocante porque tantas personas aman al dinero y las cosas que este puede comprar.

> => El hombre que ama el dinero *no es un hombre de Dios.* El hombre de Dios es la persona que huye del

amor al dinero. (Vea nota anterior, 1 Ti. 6:9-10 para mayor discusión.)

El hombre de Dios no ama al mundo ni las cosas que están en el mundo. Huye del amor y las pasiones de este mundo.

> **"No os conforméis a este siglo, sino transformaos por medio de la renovación de vuestro entendimiento, para que comprobéis cuál sea la buena voluntad de Dios, agradable y perfecta" (Ro. 12:2).**
>
> **"Por lo cual, Salid de en medio de ellos, y apartaos, dice el Señor, Y no toquéis lo inmundo; Y yo os recibiré, Y seré para vosotros por Padre, Y vosotros me seréis hijos e hijas, dice el Señor Todopoderoso" (2 Co. 6:17-18).**
>
> **"No améis al mundo, ni las cosas que están en el mundo. Si alguno ama al mundo, el amor del Padre no está en él. Porque todo lo que hay en el mundo, los deseos de la carne, los deseos de los ojos, y la vanagloria de la vida, no proviene del Padre, sino del mundo" (1 Jn. 2:15-16).**

2 (6:11) *Ministro:* El hombre de Dios sigue las cosas de Dios. La palabra "seguir" (dioke) es fuerte. Quiere decir correr detrás; ir rápidamente detrás; perseguir ardientemente; buscar con ahínco. Da la idea de apuntarle a algo y perseguirlo hasta que haya alguna ganancia; de nunca rendirnos hasta haber alcanzado nuestro objetivo. Hay seis cosas que el hombre de Dios debe perseguir.

1. El hombre de Dios sigue la justicia (dikiausone). Justicia significa dos cosas.
   a. Justicia significa *estar bien* con Dios.
> => Es tener un corazón *recto delante de Dios,* que se ha acercado a Dios exactamente como Él dice: A través de su único Hijo el Señor Jesucristo.
> => Es tener un corazón que le *ha permitido* a Dios re-

crearlo y *re-hacerlo* en *justicia:* A través del Señor Jesucristo.

=> Es tener un corazón que ha participado de la naturaleza divina de Dios (2 P. 1:4).

"Bienaventurados los que tienen hambre y sed de justicia, porque ellos serán saciados" (Mt. 5:6).

"Porque os digo que si vuestra justicia no fuere mayor que la de los escribas y fariseos, no entraréis en el reino de los cielos" (Mt. 5:20).

"De modo que si alguno está en Cristo, nueva criatura es; las cosas viejas pasaron; he aquí todas son hechas nuevas" (2 Co. 5:17).

"que Dios estaba en Cristo reconciliando consigo al mundo, no tomándoles en cuenta a los hombres sus pecados, y nos encargó a nosotros la palabra de la reconciliación" (2 Co. 5:19).

"y vestíos del nuevo hombre, creado según Dios en la justicia y santidad de la verdad" (Ef. 4:24).

b. Justicia significa *hacer el bien,* o sea, vivir exactamente como Dios dice que vivamos. En otras palabras, una persona justa es aquella que *vive correctamente,* una persona que cumple con sus deberes tanto para con Dios como con el hombre. Vive haciendo lo que debe hacer. Vive una vida recta, andando justamente delante de Dios y del hombre día tras día. Como resultado, está libre de culpa y tiene una conciencia libre y una fuerte autoestima. El hombre de Dios sigue y va tras la justicia.

"Velad debidamente, y no pequéis; porque algunos no conocen a Dios; para vergüenza vuestra lo digo" (1 Co. 15:34).

"llenos de frutos de justicia que son por medio de Jesucristo, para gloria y alabanza de Dios" (Fil. 1:11).

2. El hombre de Dios sigue la piedad (eusebeian). Piedad significa vivir en reverencia y temor de Dios; estar *tan consciente* de la presencia de Dios que haga que uno viva como Dios viviría si estuviera aquí en la tierra. Significa vivir buscando ser como Dios; buscar poseer el carácter, naturaleza y comportamiento de Dios. El hombre de Dios sigue y corre tras la piedad. Busca obtener una conciencia tal de la presencia de Dios, tan intensa que verdaderamente vive como si Dios estuviera sobre la tierra.

Nota: Piedad es ser *semejante a Cristo,* vivir en la tierra de la misma manera que Cristo lo haría.

"Por tanto, nosotros todos, mirando a cara descubierta como en un espejo la gloria del Señor, somos transformados de gloria en gloria en la misma imagen, como por el Espíritu del Señor" (2 Co. 3:18).

"y vestíos del nuevo hombre, creado según Dios en la justicia y santidad de la verdad" (Ef. 4:24).

"Poned la mira en las cosas de arriba, no en las de la tierra" (Col. 3:2).

"Desecha las fábulas profanas y de viejas. Ejercítate para la piedad" (1 Ti. 4:7).

"enseñándonos que, renunciando a la impiedad y a los deseos mundanos, vivamos en este siglo sobria, justa y piadosamente, aguardando la esperanza bienaventurada y la manifestación gloriosa de nuestro gran Dios y Salvador Jesucristo" (Tit. 2:12-13).

"Puesto que todas estas cosas han de ser deshechas, ¡cómo no debéis vosotros andar en santa y piadosa manera de vivir" (2 P. 3:11).

3. El hombre de Dios sigue la fe (pistin). Fe significa tanto creer como ser fiel.

=> El hombre de Dios busca la fe: Aprender a confiar en Dios cada vez más; a ser un hombre de fe, un hombre de una gran fe y creencia. Quiere creer, confiar y depender de Dios, crecer más y más en creerle a Dios.

=> El hombre de Dios busca ser fiel: Serle cada vez más fiel a Dios. Quiere ser leal, obediente y agarrarse de Dios. Quiere agradar a Dios en todo lo que hace.

"Ahora bien, se requiere de los administradores, que cada uno sea hallado fiel" (1 Co. 4:2).

"sino que según fuimos aprobados por Dios para que se nos confiase el evangelio, así hablamos; no como para agradar a los hombres, sino a Dios, que prueba nuestros corazones" (1 Ts. 2:4).

"Doy gracias al que me fortaleció, a Cristo Jesús nuestro Señor, porque me tuvo por fiel, poniéndome en el ministerio" (1 Ti. 1:12).

4. El hombre de Dios sigue el amor (vea Estudio a fondo 1, *Amor,* 1 Ts. 3:12 para discusión).

5. El hombre de Dios sigue la paciencia (hupomonen) (vea nota, *Paciencia,* 2 Ts. 1:4-5 para discusión).

6. El hombre de Dios sigue la mansedumbre (praupathian). Mansedumbre significa ser gentil, tierno, humilde, suave, considerado, pero firme a la vez. La mansedumbre tiene la fortaleza para controlar y disciplinar, y lo hace en el momento adecuado.

a. La mansedumbre tiene *una mentalidad humilde* pero esto no significa que la persona sea débil, cobarde y se doblegue. La persona mansa simplemente ama a las personas y ama la paz, por tanto, anda entre los hombres humildemente a pesar del estatus de estas y de las circunstancias de la vida. Al manso no le molesta asociarse con los pobres y bajos de la tierra. Desea ser amigo de todos y ayudarles tanto como pueda.

b. La mansedumbre tiene *una mentalidad firme.* Mira las situaciones y quiere que se haga justicia y derecho. No es una mente débil que ignora y descuida la maldad y lo incorrecto, el abuso y el sufrimiento.

=> Si alguien sufre, la mansedumbre da un paso al frente y hace lo que puede para ayudar.

=> Si se está haciendo un mal, la mansedumbre hace lo que puede para detenerlo y corregirlo.

=> Si el mal está campeando por su respeto, la mansedumbre ataca enojada. Sin embargo, note un punto crucial: El enojo es siempre en el momento adecuado y contra el objeto adecuado.

c. La mansedumbre tiene *un fuerte dominio propio*. La persona mansa controla su mente y espíritu. Controla los deseos de su carne. No da lugar al mal genio, la venganza, la pasión, la indulgencia o vida licenciosa. La persona mansa muere a sí mismo, a los que su carne quisiera hacer, y hace lo correcto, exactamente lo que Dios quiere que se haga.

Resumiendo, el manso tiene una mentalidad humilde, tierna, pero firme. Se niega a sí mismo y considera a los demás. Muestra control e ira justa contra la injusticia y el mal. Un hombre manso se olvida de sí mismo y vive para los demás debido a lo que Cristo ha hecho por él.

=> Dios es manso.

"Mas el fruto del Espíritu es amor, gozo, paz, paciencia, benignidad, bondad, fe, mansedumbre, templanza; contra tales cosas no hay ley" (Gá. 5:22-23).

=> Jesucristo fue manso.

"Llevad mi yugo sobre vosotros, y aprended de mí, que soy manso y humilde de corazón; y hallaréis descanso para vuestras almas" (Mt. 11:29).

=> Los creyentes deben ser mansos.

"Hermanos, si alguno fuere sorprendido en alguna falta, vosotros que sois espirituales, restauradle con espíritu de mansedumbre, considerándote a ti mismo, no sea que tú también seas tentado" (Gá. 6:1).

"Yo pues, preso en el Señor, os ruego que andéis como es digno de la vocación con que fuisteis llamados, con toda humildad y mansedumbre, soportándoos con paciencia los unos a los otros en amor, solícitos en guardar la unidad del Espíritu en el vínculo de la paz" (Ef. 4:1-3).

"que con mansedumbre corrija a los que se oponen, por si quizá Dios les conceda que se arrepientan para conocer la verdad" (2 Ti. 2:25).

"Que a nadie difamen, que no sean pendencieros, sino amables, mostrando toda mansedumbre para con todos los hombres" (Tit. 3:2).

"Por lo cual, desechando toda inmundicia y abundancia de malicia, recibid con mansedumbre la palabra implantada, la cual puede salvar vuestras almas" (Stg. 1:21).

"¿Quién es sabio y entendido entre vosotros? Muestre por la buena conducta sus obras en sabia mansedumbre" (Stg. 3:13).

"sino el interno, el del corazón, en el incorruptible ornato de un espíritu afable y apacible, que es de grande estima delante de Dios" (1 P. 3:4).

3 (6:12) *Ministro:* El hombre de Dios debe pelear la buena batalla de la fe y echar mano de la vida eterna. Este es un cuadro de una competencia deportiva. La palabra pelea (agonizou) significa agonizar, batallar, luchar, contender y pelear por el premio. Es la idea de un esfuerzo y batalla desesperada.

Nota: El creyente está en una lucha desesperada por la vida eterna. La lucha consiste en echar mano del premio de la vida eterna. La vida eterna es el objetivo por el que el hombre de Dios lucha. Matthew Henry lo describe muy bien:

"Los que quieren llegar al cielo deben abrirse camino hasta allí. Debe haber un conflicto con la corrupción, las tentaciones y... el poder de las tinieblas. Fíjese. Es una buena batalla, es una buena causa y tendrá un buen [fin y propósito]... Mire...

"La vida eterna es la corona que se nos propone, aliento eterno para guerrear y pelear...

"A esto debemos echar mano [la vida eterna], como si tuviéramos miedo de ser destituidos y perderla. Echa mano y ten cuidado de no perder lo que sujetas...

"Somos llamados a pelear y a echar mano de la vida eterna" (Matthew Henry's Commentary, vol. 6, p. 830).

Kenneth Wuest dice: *"Pablo exhorta a Timoteo a echar mano de la vida eterna pero no implica que no la posea. Timoteo era salvo y poseía la vida eterna como un don de Dios. Lo que Pablo deseaba era que Timoteo experimentara más de esa vida eterna en su propia vida" (The Pastoral Epistles,* Wuest's Word Studies, vol. 2. Grand Rapids, MI: Eerdmans, 1952, p. 98).

Note un punto extremadamente importante: Cuál es la profesión de un ministro. Cuando un hombre compromete su vida al ministerio, está profesando...

• que cree en la vida eterna, que la vida eterna es una realidad.
• que él y los demás que confían en Cristo vivirán eternamente.

Profesa la realidad de la vida eterna "delante de muchos testigos", todos los que le conocen y están en contacto con él.

La idea es la siguiente: El hombre de Dios debe vivir a la altura de su profesión. Debe hacer exactamente lo que profesa: Pelear la buena batalla de la fe y echar mano de la vida eterna.

"Y seréis aborrecidos de todos por causa de mi nombre; mas el que persevere hasta el fin, éste será salvo" (Mt. 10:22).

"Ninguno que milita se enreda en los negocios de la vida, a fin de agradar a aquel que lo tomó por soldado" (2 Ti. 2:4).

"¿No sabéis que los que corren en el estadio, todos a la verdad corren, pero uno solo se lleva el premio? Corred de tal manera que lo obtengáis. Todo aquel que lucha, de todo se abstiene; ellos, a la verdad, para recibir una corona corruptible, pero nosotros, una incorruptible. Así que, yo de esta manera corro, no como a la ventura; de esta manera peleo, no como quien golpea el aire, sino que golpeo mi cuerpo, y lo pongo en servidumbre, no sea que habiendo sido heraldo para otros, yo mismo venga a ser eliminado" (1 Co. 9:24-27).

"Porque el que siembra para su carne, de la carne segará corrupción; mas el que siembra para el Espíritu, del Espíritu segará vida eterna" (Gá. 6:8).

"Considerad a aquel que sufrió tal contradicción de pecadores contra sí mismo, para que vuestro ánimo no se canse hasta desmayar. Porque aún no habéis resistido hasta la sangre, combatiendo contra el pecado" (He. 12:3-4).

"He aquí, yo vengo pronto; retén lo que tienes, para que ninguno tome tu corona" (Ap. 3:11).

(6:13-16) *Ministro:* El hombre de Dios debe guardar el mandamiento. ¿Qué mandamiento? El mandamiento que acabamos de cubrir en vv. 11:12. Se dan cinco razones para guardar estos mandamientos.

1. Dios tiene el poder de dar vida (zoogonountos) a todas las cosas. Dios es vida; Él posee la energía y el poder de la vida en sí mismo. Por tanto, Dios verdaderamente tiene el poder de inyectar e infundir en nosotros vida eterna. No hay otra razón mayor para guardar los mandamientos de Dios. Si guardamos sus mandamientos Él nos dará vida para vivir por siempre; Él nos dará vida eterna.

2. Cristo dio el ejemplo de una buena profesión delante de nosotros. Cuando Cristo estuvo en pie delante de Pilato, dijo:

"Respondió Jesús: Mi reino no es de este mundo; si mi reino fuera de este mundo, mis servidores pelearían para que yo no fuera entregado a los judíos; pero mi reino no es de aquí. Le dijo entonces Pilato: ¿Luego, eres tú rey? Respondió Jesús: Tú dices que yo soy rey. Yo para esto he nacido, y para esto he venido al mundo, para dar testimonio a la verdad. Todo aquel que es de la verdad, oye mi voz" (Jn. 18:36-37).

El hombre de Dios debe hacer la misma profesión que Cristo hizo: Jesucristo es Rey, la suprema majestad del universo, "el bienaventurado y solo Soberano, Rey de reyes, y Señor de señores" (v. 15). Esta es la segunda razón por la que debemos guardar los mandamientos de Dios.

3. Cristo vendrá otra vez y será exaltado como Rey de reyes y Señor de señores. Aquí la clave es juicio. Cada uno de nosotros debe presentarse ante Cristo: Se nos llamará y estaremos cara a cara con Él. Tendremos que dar cuenta de cuán bien guardamos sus mandamientos.

=> *"Guarda [el mandamiento] con un ojo puesto en su segunda venida, cuando todos daremos cuenta de los talentos que se nos han confiado...*
=> *"El Señor Jesucristo aparecerá; y será una aparición gloriosa... Los ministros deben tener un ojo puesto en esta aparición del Señor Jesucristo en todas sus gestiones administrativas...*
=> *"Hasta su aparición, ellos [los ministros] deben guardar este mandamiento sin mancha, irreprensible"* (Matthew Henry's Commentary, vol. 6, p. 831).

Jesucristo regresará a la tierra y será exaltado:
"la cual a su tiempo mostrará el bienaventurado y solo Soberano, Rey de reyes, y Señor de señores" (v. 15).
Esta es la tercera razón por la que debemos guardar los mandamientos de Dios.

4. Solo Cristo tiene inmortalidad y habita en la luz inaccesible de la gloria de Dios. Esta es una de las magnífi-cas doxologías de la Biblia. Su mensaje es poderoso.

a. Solo Cristo tiene inmortalidad: Ninguna otra persona puede vivir para siempre.

"De cierto, de cierto os digo, que el que guarda mi palabra, nunca verá muerte" (Jn. 8:51).
"Y todo aquel que vive y cree en mí, no morirá eternamente. ¿Crees esto?" (Jn. 11:26).
"pero que ahora ha sido manifestada por la aparición de nuestro Salvador Jesucristo, el cual quitó la muerte y sacó a luz la vida y la inmortalidad por el evangelio" (2 Ti. 1:10).

b. Solo Cristo habita en la luz a la que ningún hombre se puede acercar, la luz gloriosa de la presencia de Dios. Nadie más se acercará jamás a Dios o habitará en la luz de la presencia de Dios.

"Jesús le dijo: Yo soy el camino, y la verdad, y la vida; nadie viene al Padre, sino por mí" (Jn. 14:6).
"Porque hay un solo Dios, y un solo mediador entre Dios y los hombres, Jesucristo hombre" (1 Ti. 2:5).

5. Solo Cristo ha visto y puede ver la luz de la presencia y gloria de Dios. A ninguna persona se le permitirá jamás ver la luz de la presencia y gloria de Dios aparte de a Cristo.

"Dijo más: No podrás ver mi rostro; porque no me verá hombre, y vivirá" (Éx. 33:20).
"A Dios nadie le vio jamás; el unigénito Hijo, que está en el seno del Padre, él le ha dado a conocer" (Jn. 1:18).
"También el Padre que me envió ha dado testimonio de mí. Nunca habéis oído su voz, ni habéis visto su aspecto" (Jn. 5:37).
"El es la imagen del Dios invisible, el primogénito de toda creación" (Col. 1:15).
"Por tanto, al Rey de los siglos, inmortal, invisible, al único y sabio Dios, sea honor y gloria por los siglos de los siglos. Amén" (1 Ti. 1:17).
"el único que tiene inmortalidad, que habita en luz inaccesible; a quien ninguno de los hombres ha visto ni puede ver, al cual sea la honra y el imperio sempiterno. Amén" (1 Ti. 6:16).

Por tanto, solo a Dios y a Cristo les pertenecen la honra y el imperio sempiterno. Amén.

"Todo este pasaje es una magnífica presentación de los atributos del Dios viviente, suprema bienaventuranza y todopoderoso, dominio universal, ser inmutable, majestad inescrutable, santidad radiante, gloria inaccesible por sus criaturas salvadas por medio de su Hijo unigénito" (Pulpit Commentary, vol. 21, p. 123).

	L. El hombre rico y el ministro: El encargo final, 6:17-21	19 atesorando para sí buen fundamento para lo por venir, que echen mano de la vida eterna.	e. Atesoren riquezas para el mundo venidero
1 Mandamiento para los ricos a. No sean altivos. b. No confíen en las riquezas. c. Confíen en el Dios vivo d. Hagan bien y sean ricos en buenas obras: Sean generosos y compartan con sacrificio	17 A los ricos de este siglo manda que no sean altivos, ni pongan la esperanza en las riquezas, las cuales son inciertas, sino en el Dios vivo, que nos da todas las cosas en abundancia para que las disfrutemos. 18 Que hagan bien, que sean ricos en buenas obras, dadivosos, generosos;	20 Oh Timoteo, guarda lo que se te ha encomendado, evitando las profanas pláticas sobre cosas vanas, y los argumentos de la falsamente llamada ciencia, 21 la cual profesando algunos, se desviaron de la fe. La gracia sea contigo. Amén.	2 Encargo para el ministro a. Guarda la fe que se te ha encomendado b. Evita las falsas enseñanzas 1) Las palabras vanas y profanas 2) El falso conocimiento 3) Algunos se han desviado de la fe

DIVISIÓN III

CONDUCTA Y RELACIONES DE LA IGLESIA, 3:14—6:21

L. El hombre rico y el ministro: El encargo final, 6:17-21

(6:17-21) *Introducción:* Esta es la lección final del libro de Primera Timoteo. Las lecciones han sido muchas y los estudios muy útiles y motivadores. Esta última lección no es la excepción. Es un mandamiento duro tanto para los ricos de este mundo como para los ministros del evangelio.

1. Mandamiento para los ricos (vv. 17-19).
2. Encargo para el ministro (vv. 20-21).

1 (6:17-19) *Ricos — Riquezas:* El mandamiento final para los ricos. La palabra "manda" (paraggelle) es una palabra fuerte. Tiene el peso de una orden militar, pero a la vez la ternura de una apelación. Significa rogar y suplicarle a una persona —fuertemente— hasta el punto en que a la persona se le ordena actuar. En este mandamiento Dios está apelando y rogándole al rico, pero lo hace con tanta firmeza que es una orden. Se le acerca al rico con amor y ternura haciéndole una solicitud, pero se espera de él que haga exactamente lo que Dios dice. Se le encargan cinco cosas a los ricos.

1. El rico no debe ser altanero, orgulloso o arrogante. El mundo honra al dinero. Prácticamente todas las personas del mundo quieren más dinero y la mayoría están verdaderamente buscando más dinero. Muy pocas personas rechazarían dinero. El dinero —el pensamiento de las riquezas y la abundancia— está tan entretejido en la estructura social de este mundo que posiblemente es la cosa más honrada en el mismo. El resultado es que al rico se le exalta en la mente de las personas. La mayoría de las personas quieren ser como los ricos. La mayoría de las personas colocan al rico en un pedestal. Esto hace que sea extremadamente difícil para una persona rica mantenerse a sí mismo en la perspectiva correcta.

=> Existe el gran peligro de que la persona rica comience a tener un concepto demasiado alto de sí misma. Existe el peligro de que la persona rica se

vuelva altanera, orgullosa y arrogante; que comience a sentirse superior a las demás personas y a considerarse a sí misma mejor que los demás. Existe el peligro de que comience a mirar con desdén a los demás y a minimizarlos. El rico —simplemente por causa de sus riquezas— debe cuidarse de no sentirse más importante que el resto de las personas. Las riquezas y las posesiones no hace de la persona *una buena persona;* no hacen de nadie una persona de *calidad.* Por tanto, las riquezas y las posesiones no hace que una persona sea *mejor ni de mayor calidad* que otra.

El mandamiento es enérgico: "A los ricos de este siglo manda que no sean altivos". La tentación está allí —siempre delante del rico— debido a la actitud del mundo hacia las riquezas, pero el mandamiento de Dios es claro: "no sean altivos".

> **"mas no así vosotros, sino sea el mayor entre vosotros como el más joven, y el que dirige, como el que sirve" (Lc. 22:26).**
>
> **"Digo, pues, por la gracia que me es dada, a cada cual que está entre vosotros, que no tenga más alto concepto de sí que el que debe tener, sino que piense de sí con cordura, conforme a la medida de fe que Dios repartió a cada uno" (Ro. 12:3).**
>
> **"Nada hagáis por contienda o por vanagloria; antes bien con humildad, estimando cada uno a los demás como superiores a él mismo; no mirando cada uno por lo suyo propio, sino cada cual también por lo de los otros" (Fil. 2:3-4).**
>
> **"Humillaos delante del Señor, y él os exaltará" (Stg. 4:10).**
>
> **"Oh hombre, él te ha declarado lo que es bueno, y qué pide Jehová de ti: Solamente hacer justicia, y amar misericordia, y humillarte ante tu Dios" (Mi. 6:8).**

2. El rico no debe confiar en *la incertidumbre de las riquezas.* Las riquezas son una de las cosas más inciertas de la vida. La economía mundial nunca es segura, fluctuando hacia arriba y hacia abajo cada pocos años; crisis vienen y crisis van en los asuntos del mundo y el mercado responde y

reacciona ante cada crisis. Incluso si una persona puede mantener sus riquezas en esta vida, durante la noche pudiera venir un accidente o enfermedad y las riquezas de las personas no valen de nada. Las riquezas —su valor y beneficio— puede que estén aquí hoy, pero mañana se han ido con igual facilidad.

El mandamiento es enérgico: "A los ricos de este siglo manda que no… pongan la esperanza en las riquezas, las cuales son inciertas".

> "Los discípulos se asombraron de sus palabras; pero Jesús, respondiendo, volvió a decirles: Hijos, ¡cuán difícil les es entrar en el reino de Dios, a los que confían en las riquezas!" (Mr. 10:24).

> "y diré a mi alma: Alma, muchos bienes tienes guardados para muchos años; repósate, come, bebe, regocíjate. Pero Dios le dijo: Necio, esta noche vienen a pedirte tu alma; y lo que has provisto, ¿de quién será?" (Lc. 12:19-20).

> "A los ricos de este siglo manda que no sean altivos, ni pongan la esperanza en las riquezas, las cuales son inciertas, sino en el Dios vivo, que nos da todas las cosas en abundancia para que las disfrutemos" (1 Ti. 6:17).

> "Si puse en el oro mi esperanza, Y dije al oro: Mi confianza eres tú; Si me alegré de que mis riquezas se multiplicasen, Y de que mi mano hallase mucho… Esto también sería maldad juzgada; Porque habría negado al Dios soberano" (Job 31:24-25, 28).

> "He aquí el hombre que no puso a Dios por su fortaleza, Sino que confió en la multitud de sus riquezas, Y se mantuvo en su maldad" (Sal. 52:7).

3. El rico debe *confiar en Dios*. La palabra "esperanza" significa fijar y ubicar nuestra vida y corazón en Dios. Dios es; Él existe. Él vive y es la única persona que posee todo bien y don perfecto. Por tanto, solo Él puede darnos…

• los dones buenos y perfectos para esta vida.
• los dones buenos y perfectos necesarios para la vida venidera.

De hecho, todo *don perfecto* que hemos recibido —incluyendo las riquezas— proviene de Dios. No debemos olvidar esto y vale la pena repetirlo: Todo don perfecto que hemos recibido proviene de Dios. Por tanto, si queremos más y más de las cosas buenas de la vida debemos confiar en Dios.

> "Toda buena dádiva y todo don perfecto desciende de lo alto, del Padre de las luces, en el cual no hay mudanza, ni sombra de variación" (Stg. 1:17).

> "Mas buscad primeramente el reino de Dios y su justicia, y todas estas cosas os serán añadidas" (Mt. 6:33).

> "Estas cosas os he hablado, para que mi gozo esté en vosotros, y vuestro gozo sea cumplido" (Jn. 15:11).

> "Mas a Jehová vuestro Dios serviréis, y él bendecirá tu pan y tus aguas; y yo quitaré toda enfermedad de en medio de ti" (Éx. 23:25).

> "Visitas la tierra, y la riegas; En gran manera la enriqueces; Con el río de Dios, lleno de aguas, Preparas el grano de ellos, cuando así la dispones" (Sal. 65:9).

> "Bendito el Señor; cada día nos colma de beneficios El Dios de nuestra salvación" (Sal. 68:19).

4. El rico debe hacer bien y ser rico en buenas obras. ¿Qué obras? Las obras del rico se plantean claramente: Debe distribuir su riqueza y ser generoso al hacerlo. Muchos ricos cierran sus oídos cuando escuchan esto. Miran para otra parte porque no quieren pensar en dar grandes cantidades de dinero. Rechazan el hecho de que Dios espera de ellos que den, que den hasta el punto del sacrificio tal y como Dios hizo cuando dio a su único Hijo y tal y como debe hacer el pueblo de Dios. Pero piense en algo: piense honesta y de modo realista.

=> En primer lugar, literalmente millones de personas sufren y mueren cada día de hambre, enfermedades y falta de agua potable; de ignorancia, pecado, soledad y vacío. Cuando Dios mira a la tierra y ve a alguien que sufre y muere, y nos ve a nosotros —los ricos de la tierra— ¿qué cree usted que Dios espera que hagamos? El mundo es una sola comunidad; Dios espera que satisfagamos las necesidades de la tierra, que con sacrificio satisfagamos esas necesidades.

=> En segundo lugar, ¿por qué usted cree que una persona tiene riquezas? ¿Para que las acumule? ¿Para guardarlas en el banco, amontonarlas y dejarlas allí sin nunca usarlas? Sabemos que no. Cada uno de nosotros sabemos que no es así.

Dios espera que el rico haga el bien y sea rico en buenas obras. Espera que el rico distribuya y sea generoso y sacrificado al suplir para las necesidades de los perdidos, los pobres y los moribundos de este mundo.

> "Vended lo que poseéis, y dad limosna; haceos bolsas que no se envejezcan, tesoro en los cielos que no se agote, donde ladrón no llega, ni polilla destruye" (Lc. 12:33).

> "En todo os he enseñado que, trabajando así, se debe ayudar a los necesitados, y recordar las palabras del Señor Jesús, que dijo: Más bienaventurado es dar que recibir" (Hch. 20:35).

> "compartiendo para las necesidades de los santos; practicando la hospitalidad" (Ro. 12:13).

> "Así que, según tengamos oportunidad, hagamos bien a todos, y mayormente a los de la familia de la fe" (Gá. 6:10).

> "Que hagan bien, que sean ricos en buenas obras, dadivosos, generosos" (1 Ti. 6:18).

> "Y de hacer bien y de la ayuda mutua no os olvidéis; porque de tales sacrificios se agrada Dios" (He. 13:16).

5. El rico debe atesorar riquezas para el mundo venidero. ¿Cómo hace un rico para atesorar riquezas para el mundo venidero?

=> Distribuyendo y dando generosamente y sacrificialmente (v. 18).

=> "Entregándolo" (A. T. Robertson, *Word Pictures in the New Testament*, vol. 4, p. 596).

=> Usando "su riqueza para hacer bien [y estar]… dispuesto para compartir… [recordando] que un cristiano es esencialmente un hombre que es miembro de una confraternidad" (William Barclay, *The Letters to the Philippians, Colossians, and Thessalonians*, p. 159).

=> "Con obras de caridad" (Matthew Henry, *Matthew Henry's Commentary*, vol. 5, p. 83).

> **"sino haceos tesoros en el cielo, donde ni la polilla ni el orín corrompen, y donde ladrones no minan ni hurtan" (Mt. 6:20).**

> **"Jesús le dijo: Si quieres ser perfecto, anda, vende lo que tienes, y dalo a los pobres, y tendrás tesoro en el cielo; y ven y sígueme" (Mt. 19:21).**

> **"Vended lo que poseéis, y dad limosna; haceos bolsas que no se envejezcan, tesoro en los cielos que no se agote, donde ladrón no llega, ni polilla destruye" (Lc. 12:33).**

> **"Y ciertamente, aun estimo todas las cosas como pérdida por la excelencia del conocimiento de Cristo Jesús, mi Señor, por amor del cual lo he perdido todo, y lo tengo por basura, para ganar a Cristo" (Fil. 3:8).**

Una vez más repetimos, piense en todas las necesidades del mundo y de nuestras propias comunidades y ciudades. Podemos tomar cualquier ejemplo de necesidad, pero considere a una persona que está muriendo de hambre. Si un rico no tiende la mano y salva a la persona hambrienta y le da vida, ¿cómo puede esperar la persona rica que Dios le de vida a él en el mundo venidero? La única manera en que nosotros —cualquiera de nosotros que somos ricos— podemos atesorar riquezas para el mundo venidero es dando vida a aquellos que están muriendo en los pecados y depravaciones de su mundo.

El mandamiento es fuerte como en el ejército: A los ricos de este siglo manda que atesoren para sí buen fundamento para lo por venir.

2 (6:20-21) *Ministro:* El encargo final al ministro. El encargo tiene dos partes.

1.   Guarda lo que se te ha encomendado. ¿Qué es lo que se le ha encomendado al ministro? ¿Cuál es la encomienda que se le ha dado?

> "Es el depósito de la verdad *que se le ha entregado... Es la enseñanza que Pablo le impartió a Timoteo, 'las profundas palabras' [de la verdad]"* (Kenneth Wuest, *The Pastoral Epistles*, vol. 2, p. 102s).

> *"Las verdades de Dios, las ordenanzas de Dios, esto debes guardar"* (Matthew Henry, *Matthew Henry's Commentary*, vol. 5, p. 831).

> *"Que nada te haga desviar del mensaje del evangelio de la gracia de Dios"* (Oliver Greene, *The Epistles of Paul the Apostle to Timothy and Titus*, p. 241).

La gran encomienda dada al ministro de Dios es...

*   la fe
*   la gloriosa verdad de Dios que le ha revelado a los hombres en su palabra y en el Señor Jesucristo.
*   el maravilloso evangelio de Dios, el evangelio que se reveló con la venida del Hijo de Dios a la tierra para salvar a los hombres.

El cuadro que se pinta aquí es el de *un depósito,* de un banquero fiel y diligente que cuida el dinero *depositado* a su cuidado. El ministro de Dios debe guardar y mantener, velar y cuidar la fe y la verdad de Dios, la fe y la verdad de su Hijo y su Palabra, de su revelación y su evangelio. El ministro nunca debe olvidar que Dios ha depositado —en realidad entregado— la verdad del evangelio en sus manos. Al ministro se le ha confiado el evangelio de Dios, el glorioso mensaje de su Hijo, el Señor Jesucristo.

The Pulpit Commentary hace una excelente observación al respecto:

> *"Aquí Timoteo debe guardar diligentemente y velar la fe que se le ha encomendado; preservarla inalterable e incorruptible, para entregarla a sus sucesores exactamente como él la recibió. ¡Oh, si los sucesores de los apóstoles hubieran guardado siempre este precepto!* (A. C. Hervey. First Timothy. *The Pulpit Commentary*, vol. 21, ed. por HDM Spence and Joseph S. Exell. Grand Rapids, MI: Eerdmans, 1950, p. 124).

El comentario de William Barclay también es digno de que lo citemos:

> *"Si en nuestros días se torciera y distorsionara la fe cristiana, no seríamos nosotros los únicos perdedores; a las generaciones venideras se les privaría de algo infinitamente precioso. No solo somos los poseedores, también somos los encargados de la fe. Lo que hemos recibido, también debemos pasarlo más adelante"* (*The Letters to Timothy, Titus, and Philemon*, p. 161).

> **"Por lo cual, si lo hago de buena voluntad, recompensa tendré; pero si de mala voluntad, la comisión me ha sido encomendada" (1 Co. 9:17).**

> **"de la cual fui hecho ministro, según la administración de Dios que me fue dada para con vosotros, para que anuncie cumplidamente la Palabra de Dios" (Col. 1:25).**

> **"sino que según fuimos aprobados por Dios para que se nos confiase el evangelio, así hablamos; no como para agradar a los hombres, sino a Dios, que prueba nuestros corazones. Porque nunca usamos de palabras lisonjeras, como sabéis, ni encubrimos avaricia; Dios es testigo" (1 Ts. 2:4-5).**

> **"Por lo cual también nosotros sin cesar damos gracias a Dios, de que cuando recibisteis la Palabra de Dios que oísteis de nosotros, la recibisteis no como palabra de hombres, sino según es en verdad, la Palabra de Dios, la cual actúa en vosotros los creyentes" (1 Ts. 2:13).**

> **"según el glorioso evangelio del Dios bendito, que a mí me ha sido encomendado. Doy gracias al que me fortaleció, a Cristo Jesús nuestro Señor, porque me tuvo por fiel, poniéndome en el ministerio" (1 Ti. 1:11-12).**

> **"y a su debido tiempo [Dios] manifestó su palabra por medio de la predicación que me fue encomendada por mandato de Dios nuestro Salvador" (Tit. 1:3).**

2.   El ministro debe evitar las falsas enseñanzas. Esta es una descripción vívida de las falsas enseñanzas.

a.   A las falsas enseñanzas se les describe como pláticas vanas y profanas.

=> La palabra "profanas" (bebelos) significa un hablar común, irreverente e impío.

=> La palabra "vanas" quiere decir vacío y sin significado.

=> La palabra "pláticas" significa "voces vacías" (Kenneth Wuest, *The Pastoral Epistle*, vol. 2, p. 103).

Por tanto, el encargo es a alejarse de todas *las conversaciones vacías.* No tener nada que ver con las voces comunes, irreverentes, impías y *vacías,* independientemente de dónde están saliendo las palabras. Esto incluye, por supuesto:

=> falsas afirmaciones de la verdad
=> filosofías mundanales
=> maledicencias
=> criticismo
=> conversaciones de doble sentido
=> toda tipo de falsas enseñanzas
=> ideas novedosas acerca de la religión
=> chisme
=> chistes indecentes

    b.   A las falsas enseñanzas se les describe como "ciencia", pero una "falsamente llamada ciencia".

=> La palabra "ciencia" (gnoseos) significa conocimiento.
=> La palabra "argumentos" (antitheseis) significa antítesis, o sea, estar en contra de alguna tesis, verdad o hecho. Lo que se condena es el falso conocimiento de los hombres, las cosas que los hombres enseñan que son contrarios a la gloriosa revelación de Dios en Cristo y en la Palabra de Dios. El ministro de Dios —de hecho, cualquier persona— es un tonto si se levanta contra la verdad y los hechos, ya sea de Dios o de la verdadera ciencia.

El encargo es enérgico, muy enérgico: Aléjate de los hombres y de sus enseñanzas cuando estas están contra cristo y las enseñanzas de la Palabra de Dios. No tengas nada que ver con la falsa ciencia o el falso conocimiento de los hombres. Los hombres y sus falsas enseñanzas puede que le interese a la filosofía, la sicología, la educación, la sociología o la religión —cualquier área de la ciencia y el conocimiento— pero aléjate de ellas si son falsas. ¿Cómo saber si son falsas? Por la Palabra de Dios, la revelación y registro de Cristo y de la verdad de Dios. Si la ciencia o el conocimiento están en contra de la Palabra de Dios, aléjate de ella.

Note que algunos miembros profesantes de la iglesia se han ido tras las falsas enseñanzas. Lo serio de la situación se puede apreciar en que estas son las últimas palabras de la carta. Lo último que Pablo le dice a Timoteo es que se aleje de las falsas enseñanzas. ¡Qué tremenda advertencia para nosotros!

"y por haberse multiplicado la maldad, el amor de muchos se enfriará" (Mt. 24:12).

"Los de sobre la piedra son los que habiendo oído, reciben la palabra con gozo; pero éstos no tienen raíces; creen por algún tiempo, y en el tiempo de la prueba se apartan" (Lc. 8:13).

"Y Jesús le dijo: Ninguno que poniendo su mano en el arado mira hacia atrás, es apto para el reino de Dios" (Lc. 9:62).

"Cuando el espíritu inmundo sale del hombre, anda por lugares secos, buscando reposo; y no hallándolo, dice: Volveré a mi casa de donde salí. Y cuando llega, la halla barrida y adornada. Entonces va, y toma otros siete espíritus peores que él; y entrados, moran allí; y el postrer estado de aquel hombre viene a ser peor que el primero" (Lc. 11:24-26).

"mas ahora, conociendo a Dios, o más bien, siendo conocidos por Dios, ¿cómo es que os volvéis de nuevo a los débiles y pobres rudimentos, a los cuales os queréis volver a esclavizar?" (Gá. 4:9).

"Mas el justo vivirá por fe; Y si retrocediere, no agradará a mi alma" (He. 10:38).

"Pero tengo contra ti, que has dejado tu primer amor" (Ap. 2:4).

ÍNDICE DE BOSQUEJOS Y TEMAS
1 TIMOTEO

RECUERDE: Cuando busca un tema o una referencia de las Escrituras, usted no solo tendrá el texto bíblico, sino también un bosquejo y una discusión (comentario) del pasaje de la Biblia y del tema.

Este es uno de los grandes valores de la *Biblia de bosquejos y sermones*. Cuando posea todos los tomos, no solo tendrá todo lo que los otros índices bíblicos le ofrecen; es decir, un listado de todos los temas y sus referencias bíblicas, SINO QUE también tendrá:

- un bosquejo de *cada* texto y tema de la Biblia.
- una discusión (comentario) de cada texto y tema.
- cada tema respaldado por otros textos de la Biblia o referencias cruzadas.

Descubra el gran valor usted mismo. Dé una mirada rápida al primer tema de este índice.

ACCIÓN DE GRACIAS
Significado 1 Ti. 2:1

Vaya a la referencia. Eche un vistazo a las Escrituras y al bosquejo de las Escrituras, lea entonces el comentario. Inmediatamente verá el GRAN VALOR del ÍNDICE de la Biblia de Bosquejos y Sermones.

ACCIÓN DE GRACIAS
Significado 1 Ti. 2:1

ACEPTACIÓN — ACEPTABLE
Quién — qué es a.
Hijos cuidando de sus padres. 1 Ti. 5:4-8; 5:16
Oración. 1 Ti. 2:1-8

ADÁN
Y Eva. Función de cada uno en la creación de Dios. 1 Ti. 2:12-14
Hecho.
    Mayor su pecado que el de Eva. 1 Ti. 2:14
    Pecó voluntariamente. No fue engañado. 1 Ti. 2:14
Ilustra la función ordenada de la familia 1 Ti. 2:13
Significado. 1 Ti. 2:9-10
Pecó voluntariamente. 1 Ti. 2:14

ADORACIÓN
De la iglesia primitiva. Cultos. Descrita 1 Ti. 4:13

ADORNO
Significado 1 Ti. 2:9-10

ALCOHOL (Vea BORRACHERA)

ALEXANDER
Discutido. Un creyente cuya fe naufragó. 1 Ti. 1:19-20

AMBICIÓN — AMBICIOSO
La a. maligna causa. Orgullo. 1 Ti. 3:6

ANCIANO
Discutido. 1 Ti. 3:1-7; 5:17-20
Requisitos. 1 Ti. 3:1-7

ANCIANOS
Cómo tratarlos en la iglesia 1 Ti. 5:1

ANCIANOS, LOS.
Ministerio a. Discutido. 1 Ti. 5:1-2

ÁNGELES
Naturaleza. Selectos. 1 Ti. 5:21
Propósito. Ministrar a Cristo. 1 Ti. 3:16

APOSTASÍA
Discutido. 1 Ti. 4:1-5
Marcas de — Características de
    Ascetismo 1 Ti. 4:3-5
    Conciencias cauterizadas 1 Ti. 4:1-2

Fuente de
    Doctrina de demonios 1 Ti. 4:1-2
    Falsos profetas y maestros 1 Ti. 4:1-2
    Espíritus seductores 1 Ti. 4:1-2

APÓSTOL
Significado 1 Ti. 1:1; 2:3-7

ARREPENTIMIENTO
De un ministro caído. Discutido. 1 Ti. 5:22

AUTORIDADES CIVILES
Deber hacia. Orar por los que están en a. 1 Ti. 2:2

BORRACHERA
Deber. Abstenerse. 1 Ti. 3:2-3

CALUMNIA — CALUMNIADOR
Significado. 1 Ti. 3:11-12

CIUDADANÍA
Deber
    Dejar el juicio a Dios 1 Ti. 5:24-25
    Orar por las autoridades 1 Ti. 2:2

CODICIOSO — CODICIA
Descrita como. Raíz de todo mal. 1 Ti. 6:10
Significado. 1 Ti. 3:2-3
    Amor al dinero. 1 Ti. 6:10
    Deseoso de ser rico 1 Ti. 6:9
Resultados.
    Gran angustia mental. 1 Ti. 6:10
    Descalificación para el llamado pastoral. 1 Ti. 3:3
    Esclavitud. 1 Ti. 6:9
    Muchos deseos lujuriosos. 1 Ti. 6:9
    Muchas tentaciones. 1 Ti. 6:9
    Caída. 1 Ti. 6:9
    Divagación. 1 Ti. 6:9

COMPORTAMIENTO, BUEN
Significado 1 Ti. 3:2-3

CONCIENCIA
Discutida. 1 Ti. 1:19
Función. Propósito. Obra. Aprobar la conducta. 1 Ti. 1:5; 1:19
Cómo no ofender.
    Teniendo una buena c. 1 Ti. 1:5; 1:19
    Evitando el naufragio 1 Ti. 1:9
Tipos de.
    Buena. 1 Ti. 1:5; 1:19
    Pura. 1 Ti. 1:5
    Cauterizada 1 Ti. 4:2

Reacción. Endurecimiento, cauterización. 1 Ti. 4:2
Advertencia. Puede echarse a un lado, desecharse. 1 Ti. 1:19-20

CONDUCIRSE
Significado 1 Ti. 3:14-15

CONFIANZA
Significado 1 Ti. 6:20

CONTENTAMIENTO
Discutido. Secreto del c. 1 Ti. 6:6-10
Significado. 1 Ti. 6:6-8
    Fuente del. Piedad, no riqueza. 1 Ti. 6:6-10

CONVERSIÓN
Ilustración. C. de Pablo al mostrar la misericordia de Dios por los pecadores. 1 Ti. 1:15-16

CREYENTE
Deber. Ser un hombre de Dios. Características de 1 Ti. 6:11-16

CUERPO
Deber
    Ejercitar 1 Ti. 4:8
    Cuidar del. 1 Ti. 3:2-3

DEPORTES
Exhortaciones a. Ejercitarse para la piedad. 1 Ti. 4:8

DIÁCONOS
Discutido. 1 Ti. 3:8-13
Requisitos 1 Ti. 3:8-13
Esposa del. Discutido. 1 Ti. 3:11-12

DINERO
Discutido. Amor al. Provoca cuatro cosas. 1 Ti. 6:9-10

DIOS
Deidad. Un Dios. 1 Ti. 2:3-7
Nombres. Títulos. Dios nuestro Salvador. 1 Ti. 1:1; 2:3
Naturaleza
    Un Dios. 1 Ti. 2:3-7
    Es perfecto: absolutamente ninguna imperfección. 1 Ti. 2:3-7

DISCIPLINA DE LA IGLESIA
Cómo reprender 1 Ti. 5:1
De un ministro 1 Ti. 5:19-20

Ministros — Sobreveedores. Obispos. 1 Ti. 3:1-7

LUCRO INDECENTE
Significado. 1 Ti. 3:2-3

LUCHA Y CONTIENDA ESPIRITUAL
Discutido. Ser un guerrero 1 Ti. 1:18-20
Deber. Pelear la buena batalla 1 Ti. 1:18
Armas. Fe y buena conciencia 1 Ti. 1:18

LLAMAMIENTO — LLAMADO (Vea MINISTRO)
Propósito del. Echar mano de la vida eterna. 1 Ti. 6:12

MAESTRO
Significado 1 Ti. 2:3-7

MAESTROS, FALSOS (Vea APOSTASÍA, MENTIRA — ENGAÑO; JUDAIZANTES; LEGALISMO; RELIGIOSOS)
Características.
Cinco c. 1 Ti. 6:3-5
No predica las palabras del Señor Jesucristo 1 Ti. 6:3
Orgullo. De lo que se enorgullece 1 Ti. 6:7
Descripción de los falsos m. y su apostasía 1 Ti. 4:1-5; 6:20-21
Discutido 1 Ti. 4:1-5; 6:3-5; 6:20-21
Peligro de 1 Ti. 1:3-11
Errores de.
Seducidos por espíritus malignos 1 Ti. 4:1-2
Conciencias cauterizadas 1 Ti. 4:1-2
Engaño y seducción 1 Ti. 4:1-2
Protección de.
Conociendo el peligro. 1 Ti. 1:3-11
Alejándose de. 1 Ti. 6:20-21
Enseñanzas de.
Son profanas y fábulas de viejas 1 Ti. 4:7
Discutido 1 Ti. 1:3-11; 4:3-5
Vs. la verdadera doctrina 1 Ti. 1:3-20; 6:3-5
Lo que él enseña. Auto-ayuda, autoestima, humanismo. 1 Ti. 6:5
Dónde están los falsos maestros. Dentro de la iglesia 1 Ti. 1:3-20

MANSO — MANSEDUMBRE
Significado 1 Ti. 6:11

MATERIALISMO
Discutido. 1 Ti. 6:6-10
Pasión por las riquezas 1 Ti. 6:6-10
Los ricos 1 Ti. 6:17-19
Lo que hace el m. 1 Ti. 6:9-10

MAYORDOMÍA
Deber. Sostener al ministro. Doble honor 1 Ti. 5:17-20

MINISTRO
Llamado.
Credenciales. 1 Ti. 1:1
Capacitado y tenido por fiel 1 Ti. 1:12-17
Encargado con el evangelio 1 Ti. 1:11
Debe ser llamado por Dios, no simplemente una profesión 1 Ti. 1:18
Ordenado por Dios 1 Ti. 2:7
Guardar la ordenación 1 Ti. 5:22
Comisión. Misión. Capacitado y tenido por fiel 1 Ti. 1:12-17
Descrito como.
Bueno. 1 Ti. 4:6-16
Hombre de Dios. 1 Ti. 6:11
Verdadero 1 Ti. 1:12-17

Disciplina de. Discutido. 1 Ti. 5:19-20
Discutido. 1 Ti. 3:1-7
Un buen m. Doce requisitos 1 Ti. 4:6-16
Cuatro encargos. 1 Ti. 5:21-25
Restaura a un m. caído 1 Ti. 5:22
Testimonio de un verdadero m. 1 Ti. 1:12-17
Encargo al joven m. Ser un guerrero. 1 Ti. 1:18-20
Deber.
Discutido. 1 Ti. 6:11-16
Cuatro aspectos 1 Ti. 6:11-16
No debe temer al rostro del hombre. 1 Ti. 5:21
No debe descuidar el don que hay en él 1 Ti. 4:14
No ordenar a otros apresuradamente 1 Ti. 5:22
Deber fundamental. Dedicarse a la adoración pública. 1 Ti. 4:13
Ser un buen m. 1 Ti. 6:6-16
Ser un ejemplo para los creyentes. En seis aspectos 1 Ti. 4:13
Ser un hombre de razón y propósito 1 Ti. 4:11
Ser un hijo confiable 1 Ti. 6:20-21
Ser un guerrero 1 Ti. 1:18-20
Ser honrado 1 Ti. 5:17-18
Ser imparcial 1 Ti. 5:21-25
Ejercitarse física y espiritualmente 1 Ti. 4:7-8
Pelear y echar mano de la vida eterna 1 Ti. 6:12
Cuidarse a sí mismo y a su doctrina 1 Ti. 4:16
Cuidar la ordenación 1 Ti. 5:22
Instruir a los creyentes acerca de los falsos maestros 1 Ti. 4:6
Guardar los mandamientos de Dios 1 Ti. 6:13-16
Trabajar sin descansar 1 Ti. 4:10
Dejar el juicio de otros en manos de Dios 1 Ti. 5:23
Meditar y entregarse por completo a las Escrituras 1 Ti. 4:15
Nutrirse en la fe 1 Ti. 4:6
Rechazar las falsas doctrinas, es decir, las fábulas profanas y de 1 Ti. 4:7 viejas
Cuidar de su cuerpo 1 Ti. 5:23
Para diferentes edades 1 Ti. 5:1-2
Hacia el m. 1 Ti. 5:19-20
A las viudas 1 Ti. 5:3-16
Doce tareas. 1 Ti. 4:6-16
Un deber de dos aspectos 1 Ti. 6:20-21
Falsos m. (Vea MAESTROS, FALSOS).
Apoyo financiero. Recibir doble pago 1 Ti. 5:17-20
Nombres. Títulos. Ancianos. 1 Ti. 5:17
Requisitos. 1 Ti. 3:1-7

MINISTRO, FALSO (Vea MAESTROS, FALSOS)

MISERICORDIA
Significado 1 Ti. 1:2
Propósito. Mostrar la gran m. de Dios por los pecadores 1 Ti. 1:15-17

MISTERIO
De la fe. Discutido. 1 Ti. 3:9-10
De la piedad.
Discutido. 1 Ti. 3:16

Seis hechos 1 Ti. 3:16

MUJERES
Deberes de las m.
Al tener hijos. 1 Ti. 2:15
En la ropa y el vestido. 1 Ti. 2:9-10
En la iglesia 1 Ti. 2:11; 2:12-14
No enseñar o tener autoridad sobre un hombre. 1 Ti. 2:11; 2:12-14
Ser sumisa frente a cualquier hombre líder de la iglesia 1 Ti. 2:11; 2:12-14
Ancianas. Cómo tratarlas dentro de la iglesia. 1 Ti. 5:2
En la iglesia. Discutido 1 Ti. 2:9-15
Liderazgo de.
Ejemplo tras ejemplo. 1 Ti. 2:12-14
Lugar en la iglesia 1 Ti. 2:12-14

MUNDO
Alcanzado por la iglesia primitiva. 1 Ti. 3:16

NEÓFITO
Significado. 1 Ti. 3:6

OBISPO
Discutido. 1 Ti. 3:1-7
Requisitos. 1 Ti. 3:1-7

ORAR — ORACIÓN
Diferentes tipos de oración. 1 Ti. 2:1
Discutido. 1 Ti. 2:1-8
Deber
Primer deber de la iglesia: Orar 1 Ti. 2:1-8
Orar para que todos los hombres sean salvos 1 Ti. 2:3-7
Orar por todos los gobernantes 1 Ti. 2:2
Cómo orar. Tres aspectos esenciales 1 Ti. 2:8
Quién debe orar. La iglesia: Su primer deber 1 Ti. 2:1-8

ORDENACIÓN
Deber
No ordenar apresuradamente a un ministro caído 1 Ti. 5:22
No ordenar apresuradamente 1 Ti. 5:22
Fuente. Dios es el que ordena 1 Ti. 2:7
Debe guardarse. 1 Ti. 5:22

ORGULLO
Causado por. Ser "elevado": recibir responsabilidad demasiado pronto 1 Ti. 3:6
Del falso ministro. De lo que se enorgullece. 1 Ti. 6:4
Resultados. Ser condenado con el diablo 1 Ti. 3:6

PABLO
Conversión y llamamiento de. 1 Ti. 1:12-17
Ser un modelo de la misericordia y clemencia 1 Ti. 1:15-16
Vida anterior de. Discutido. 1 Ti. 1:13-14

PACIENTE
Significado 1 Ti. 3:2-3

PALABRA DE DIOS
Hecho. El corazón del hombre anhela a Dios y su Palabra. 1 Ti. 6:4

PARCIALIDAD
Deber. Del ministro. No mostrar p. 1 Ti. 5:21

PAZ
Significado 1 Ti. 1:2

PECADO
Lista de. 1 Ti. 1:9-10
Resultado. Castigo. Imperfección. Hace que Dios no acepte al hombre. 1 Ti. 2:3-7

SEGUNDA EPÍSTOLA DEL APÓSTOL PABLO A TIMOTEO

SEGUNDA EPÍSTOLA DEL APÓSTOL PABLO A TIMOTEO

INTRODUCCIÓN

AUTOR: Pablo, el apóstol.

FECHA: Incierta. Probablemente entre el 65 y el 68 d.C.

Una reconstrucción de lo sucedido determina la fecha de Segunda Timoteo (vea Fecha, introducción, 1 Timoteo). La reconstrucción se basa en los planes originales de Pablo y en los pocos datos que él da. Al ser liberado de la prisión (64 d.C.), el camino quedó libre para que visitara nuevamente las iglesias de Asia.

No se conoce el orden exacto en que sus visitas ocurrieron. Después de un período de encarcelamiento tan largo, es natural que su corazón estuviera puesto en Éfeso. Allí había dejado a Timoteo (1 Ti. 1:3). En algún momento había ido a Troas donde visitó a Carpo y allí dejó algunos libros, pergaminos y un manto (2 Ti. 4:13). Viajó a Mileto, donde Trófimo se había quedado enfermo, a Creta donde Tito era pastor (Tit. 1:5) y a Corinto (2 Ti. 4:20). De ahí se dirigió a Nicópolis en Macedonia (Tit. 3:12). En algún lugar en medio del camino ocurrieron dos acontecimientos importantes: Primero, Pablo escribió las epístolas a Timoteo y a Tito, y segundo, Pablo regresó a Roma donde fue encarcelado por segunda y última vez. Debe mencionarse que varios de los padres de la iglesia opinan que Pablo llevó el evangelio a España como había planeado originalmente (Ro. 15:24, 28). Si Pablo pudo llevar a cabo esta misión, entonces debe haber visitado España inmediatamente después de su primer encarcelamiento. La fecha de los acontecimientos mencionados anteriormente y los últimos años del reinado de Nerón así lo requieren. (Vea Introducción, Fecha, 1 Timoteo para mayor discusión.)

A QUIÉN ESTÁ DIRIGIDA: "A Timoteo, amado hijo" (1:2). (Vea *introducción*, 1 Timoteo.)

PROPÓSITO: Pablo estaba preso en Roma cuando escribió Segunda Timoteo. Ya había comparecido en su audiencia preliminar ante la Corte Suprema de Roma, ante el propio Nerón. Durante el juicio ningún hombre estuvo a su lado, tuvo que enfrentar los cargos solo (2 Ti. 4:16-17). Algunos estaban abandonando la fe (2 Ti. 2:17; 4:10) y otros se oponían a Pablo (2 Ti. 4:14-15). Pablo estaba a punto de ser sentenciado a muerte y lo sabía (2 Ti. 4:6-8). Nunca más podría escribir. Esta sería su última voluntad, su testamento, las últimas palabras que escribiría. Había varias cosas que pesaban en su corazón.

1. El corazón de Pablo anhelaba la compañía de Timoteo. Él lo necesitaba, quería que su "amado hijo" estuviera a su lado en esta su hora final.

2. Pablo quería expresarle a su hijo y sucesor algunos últimos asuntos, en caso de que Timoteo no llegara a tiempo.

3. Pablo quería que su hijo, Timoteo, se equipara tan bien como fuera posible para su gran llamamiento, cumplir con la tremenda labor iniciada por Pablo: "Guarda el buen depósito por el Espíritu Santo que mora en nosotros" (2 Ti. 1:14).

4. Pablo sentía la necesidad de fortalecer el ánimo de su amado hijo. Timoteo era digno de confianza pero en ocasiones su ánimo (2 Ti. 1:6-7) y fortaleza física se debilitaban (1 Ti. 5:23). Necesitaba cuidar de sí mismo física y espiritualmente para poder ministrar más adecuadamente.

5. Pablo quería preparar a su hijo para los tiempos peligrosos que vendrían sobre la tierra en los últimos tiempos (2 Ti. 3:1s).

CARACTERÍSTICAS ESPECIALES:

1. Segunda Timoteo es una "Epístola pastoral". Hay otras dos epístolas pastorales: Primera Timoteo y Tito. Se les llama epístolas pastorales porque tratan fundamentalmente el tema del cuidado pastoral, la supervisión y organización de la iglesia. Le dicen a los creyentes cómo comportarse en la casa de Dios (2 Ti. 3:15). Es interesante que el término pastoral tiene una larga historia. Fue Tomás Aquino quien lo usó por primera vez en el 1274. Él llamó 1 Timoteo "una epístola de instrucciones pastorales" y a 2 Timoteo "una epístola de cuidado pastoral". Sin embargo, el término "epístolas pastorales" comenzó a usarse ampliamente solo después que D. N. Berdot (1703) y Paul Anton (1726) así las describieron (Donald Guthrie, *The Pastoral Epistles, The Tyndale New Testament Commentaries,* Grand Rapids, MI: Eerdmans, 1972, p. 11).

2. Segunda Timoteo es una "Epístola personal". Fue escrita a un discípulo joven que fue amado como un hijo. La epístola está llena de sentimientos cálidos y afectivos y también de instrucciones que dirigirían la conducta personal de Timoteo.

3. Segunda Timoteo es una "Epístola eclesiástica". Fue escrita para responder preguntas acerca de la organización de la iglesia, la pureza doctrinal y la conducta personal. Dos cosas estaban sucediendo. Primero, el número y el tamaño de las iglesias aumentaba rápidamente y en segundo lugar, los apóstoles estaban envejeciendo. En ambos casos los apóstoles eran incapaces de alcanzar personalmente e instruir a todas las iglesias así que era necesario escribir para que las iglesias estuvieran arraigadas y cimentadas en el Señor.

4. Segunda Timoteo es una "Epístola apologética". Es una defensa de la fe. Los primeros rumores y falsas enseñanzas habían comenzado a aparecer (Gnosticismo. Vea Colosenses, notas introductorias, Propósito.) Por lo tanto, Pablo alerta a los creyentes y defiende la verdad de enseñanzas heréticas y falsas.

BOSQUEJO DE SEGUNDA TIMOTEO

LA BIBLIA DE BOSQUEJOS Y SERMONES es *única.* Difiere de todo otro material de estudios bíblicos y recursos de sermones en cuanto a que cada pasaje y tema es bosquejado justo al lado de las Escrituras correspondientes. Cuando usted elija cualquier tema mencionado más adelante y se remita a la referencia, no solo contará con el pasaje de las Escrituras, sino que también descubrirá el pasaje de las Escrituras y el tema *ya bosquejado para usted, versículo por versículo.*

A modo de ejemplo rápido, escoja uno de los temas mencionados más adelante y remítase a las Escrituras y hallará esta maravillosa ayuda para un empleo más rápido, más sencillo y más preciso.

Además, cada punto de las Escrituras y el tema está totalmente desarrollado en un Comentario con un pasaje de apoyo de las Escrituras en el final de la página.

Note algo más: los temas de Segunda Timoteo tienen títulos que son a la vez bíblicos y prácticos. Los títulos prácticos a veces tienen más atracción para la gente. Este beneficio se ve claramente en el empleo de folletos, boletines, comunicados de la iglesia, etc.

Una sugerencia: para una visión más rápida de Segunda Timoteo, primero lea todos los títulos principales (I, II, III, etc.), y luego vuelva y lea los subtítulos.

BOSQUEJO DE SEGUNDA TIMOTEO

SALUDOS: LA GRAN GLORIA DE PABLO, 1:1-5

I. LOS FUERTES ENCARGOS A TIMOTEO, 1:6—2:26
   A. Primer encargo: Soportar aflicciones por causa del evangelio, 1:6-12
   B. Segundo encargo: Aferrarse al Señor Jesucristo, 1:13-18
   C. Tercer encargo: Ser fuerte en el Señor Jesucristo, 2:1-7
   D. Cuarto encargo: Recordar que el Señor Jesucristo es el Señor resucitado, 2:8-13
   E. Quinto encargo: Recordar a la iglesia el peligro de las palabras y el fundamento de Dios, 2:14-21
   F. Sexto encargo: Huir de las pasiones juveniles y seguir al Señor, 2:22-26

II. PREDICCIONES SOBRE LOS ÚLTIMOS TIEMPOS, 3:1-17
   A. Las señales impías de los últimos tiempos, 3:1-9
   B. Las señales contrastantes de los creyentes piadosos, 3:10-13
   C. Las señales piadosas de vivir en las Escrituras, 3:14-17

III. EL TRIUNFO DE LA PREDICACIÓN, 4:1-8
   A. El gran encargo de predicar la Palabra y ministrar, 4:1-5
   B. El testimonio triunfante de Pablo, 4:6-8

IV. EL ÚLTIMO ADIÓS DE PABLO AL MUNDO, 4:9-22

	CAPÍTULO 1	sirvo desde mis mayores con limpia conciencia, de que sin cesar me acuerdo de ti en mis oraciones noche y día;	**4 Su privilegio de orar por un discípulo**
	SALUDOS: LA GRAN GLORIA DE PABLO, 1:1-5	4 deseando verte, al acordarme de tus lágrimas, para llenarme de gozo;	**5 Su recuerdo de las lágrimas de Timoteo**
1 Su gran llamamiento	1 Pablo, apóstol de Jesucristo por la voluntad de Dios, según la promesa de la vida que es en Cristo Jesús,	5 trayendo a la memoria la fe no fingida que hay en ti, la cual habitó primero en tu abuela Loida, y en tu madre Eunice, y estoy seguro que en ti también.	**6 Su recuerdo de la familia de Timoteo, su fe genuina**
2 Su hijo en la fe	2 a Timoteo, amado hijo: Gracia, misericordia y paz, de Dios Padre y de Jesucristo nuestro Señor.		
3 Su pura conciencia	3 Doy gracias a Dios, al cual		

SALUDOS: LA GRAN GLORIA DE PABLO, 1:1-5

(1:1-5) *Introducción:* El creyente es grandemente privilegiado por Dios. Pablo sabía esto y se gloriaba en estos privilegios, pero tengan en cuenta que no se gloría en las cosas de este mundo sino en las cosas que se relacionan con Dios.

1. Su gran llamamiento (v. 1).
2. Su hijo en la fe (v. 2).
3. Su pura conciencia (v. 3).
4. Su privilegio de orar por un discípulo (v. 3).
5. Su recuerdo de las lágrimas de Timoteo (v. 4).
6. Su recuerdo de la familia de Timoteo, su fe genuina (v. 5).

1 (1:1) *Llamamiento — Pablo — Ministro:* La primera gloria de Pablo era su gran llamamiento, el llamamiento que Dios le había dado. Pablo no se gloriaba en las cosas de esta tierra; se gloriaba en las cosas de Dios. Dios le había sacado del pecado y de la religión institucional para ser un mensajero de Dios. Pablo usa la palabra *apóstol.* Dice que él es un "apóstol [apostolos] de Jesucristo por la voluntad de Dios". La palabra apóstol significa uno que es llamado y enviado en una misión especial (vea Estudio a fondo 5, *apóstol,* Mt. 10:2 para mayor discusión). La misión que le fue dada a Pablo era la de mensajero. Era la voluntad de Dios que Pablo proclamara "la promesa de la vida que es en Cristo Jesús". La promesa de vida —vida real, verdadera, la única vida verdadera— es en Cristo Jesús. No hay vida fuera de Cristo. Hay existencia, mera supervivencia, pero no verdadera vida. Por tanto, Pablo era un mensajero, un apóstol, un hombre enviado por Dios para proclamar la promesa de Dios, la promesa que Dios le hace al hombre: Él le dará vida a cualquier persona que confíe en su Hijo, el Señor Jesucristo.

Imagine ser llamado por Dios mismo. ¡Qué gran privilegio! Independientemente de cuál sea el llamado, es un privilegio el solo hecho de ser llamado por Dios. Ahora imagine ser llamado por Dios para proclamar la gloriosa promesa del Hijo de Dios, la promesa de vida que hay en Él. Ese llamado es el más grande de los privilegios. Ese era el llamado de

Pablo. Esa era la gloria de Pablo: El gran llamamiento que Dios le había dado.

Pensamiento 1. ¡Qué glorioso privilegio tiene el mensajero de Dios: Proclamar la promesa de vida! Todo siervo del Dios debiera inclinarse en humilde adoración y sumisión para proclamar la promesa de vida como nunca antes.

"No me elegisteis vosotros a mí, sino que yo os elegí a vosotros, y os he puesto para que vayáis y llevéis fruto, y vuestro fruto permanezca; para que todo lo que pidiereis al Padre en mi nombre, él os lo dé" (Jn. 15:16).

"Pero levántate, y ponte sobre tus pies; porque para esto he aparecido a ti, para ponerte por ministro y testigo de las cosas que has visto, y de aquellas en que me apareceré a ti" (Hch. 26:16).

"Y todo esto proviene de Dios, quien nos reconcilió consigo mismo por Cristo, y nos dio el ministerio de la reconciliación; que Dios estaba en Cristo reconciliando consigo al mundo, no tomándoles en cuenta a los hombres sus pecados, y nos encargó a nosotros la palabra de la reconciliación. Así que, somos embajadores en nombre de Cristo, como si Dios rogase por medio de nosotros; os rogamos en nombre de Cristo: Reconciliaos con Dios. Al que no conoció pecado, por nosotros lo hizo pecado, para que nosotros fuésemos hechos justicia de Dios en él" (2 Co. 5:18-21).

"Doy gracias al que me fortaleció, a Cristo Jesús nuestro Señor, porque me tuvo por fiel, poniéndome en el ministerio" (1 Ti. 1:12).

"En él estaba la vida, y la vida era la luz de los hombres" (Jn. 1:4).

"El ladrón no viene sino para hurtar y matar y destruir; yo he venido para que tengan vida, y para que la tengan en abundancia" (Jn. 10:10).

"Le dijo Jesús: Yo soy la resurrección y la vida; el que cree en mí, aunque esté muerto, vivirá" (Jn. 11:25).

"Jesús le dijo: Yo soy el camino, y la verdad, y la vida; nadie viene al Padre, sino por mí" (Jn. 14:6).

"quien nos salvó y llamó con llamamiento santo, no conforme a nuestras obras, sino según el propósito suyo y la gracia que nos fue dada en Cristo Jesús antes de los tiempos de los siglos, pero que ahora ha sido manifestada por la aparición de nuestro Salvador Jesucristo, el cual quitó la muerte y sacó a luz la vida y la inmortalidad por el evangelio" (2 Ti. 1:9-10).

"El que tiene al Hijo, tiene la vida; el que no tiene al Hijo de Dios no tiene la vida" (1 Jn. 5:12).

2 (1:2) *Pablo — Timoteo:* La segunda gloria de Pablo era Timoteo, su hijo en la fe (vea nota, *Discipulado,* 1 Ti.1:2 para discusión).

3 (1:3) *Conciencia — Pablo:* La tercera gloria de Pablo era su *limpia conciencia.* Esta es una declaración fenomenal: Pablo dice que servía al Señor con limpia conciencia. Dios había llamado a Pablo a servir a su Hijo, el Señor Jesucristo y Pablo fue fiel y diligente en su servicio y ministerio. Al servir a Cristo, Pablo...

*   no dormitaba ni dormía hasta tarde.
*   no perdía ni abusaba del tiempo.
*   no se preparaba a última hora y sin ganas.
*   no dejaba a un lado el ministerio y las necesidades de las personas.
*   no cuestionaba ni negaba la Palabra de Dios y su evangelio.
*   no se desviaba de la verdad del Señor Jesucristo, el propio Hijo de Dios.
*   no dejaba de proclamar todo el evangelio y todo el consejo de Dios.

Pablo no tenía una conciencia que le hiciera cuestionar su actuar en la vida, su propósito y significado. Pablo no tenía una conciencia que lo cuestionara, molestara, acosara ni le remordiera. Pablo era fiel a Cristo y a su ministerio; es por eso que pudo declarar enfáticamente: "sirvo... con limpia conciencia". Esta era la gloria de Pablo: una conciencia pura.

Pensamiento 1. Todo ministro de Dios debe preguntarse: "¿Estoy sirviendo a Dios con limpia conciencia? Si no, ¿por qué?" Debemos corregir todo fallo y deficiencia. Debemos servir a Cristo fiel y diligentemente. Una conciencia limpia debe ser la gloria del ministro.

"Y por esto procuro tener siempre una conciencia sin ofensa ante Dios y ante los hombres" (Hch. 24:16).

"Porque nuestra gloria es esta: el testimonio de nuestra conciencia, que con sencillez y sinceridad de Dios, no con sabiduría humana, sino con la gracia de Dios, nos hemos conducido en el mundo, y mucho más con vosotros" (2 Co. 1:12).

"Pues el propósito de este mandamiento es el amor nacido de corazón limpio, y de buena conciencia, y de fe no fingida" (1 Ti. 1:5).

"manteniendo la fe y buena conciencia, desechando la cual naufragaron en cuanto a la fe algunos" (1 Ti. 1:19).

"teniendo buena conciencia, para que en lo que murmuran de vosotros como de malhechores, sean avergonzados los que calumnian vuestra buena conducta en Cristo" (1 P. 3:16).

4 (1:3) *Oración — Pablo:* La cuarta gloria de Pablo era su privilegio de orar por un discípulo. Claro está, la oración en sí misma era un privilegio para Pablo, como lo es para cada creyente, pero el simple hecho de concentrarse en orar por un joven discípulo es un privilegio especial. ¿Por qué? Porque podemos concentrarnos en la vida del joven discípulo y podemos ver la mano de Dios moviéndose en su vida. Los verdaderos creyentes saben que uno de los mayores privilegios y consuelos de la vida es poder llevar ante el Señor las necesidades de una persona amada y...

*   experimentar cómo el Señor elimina la carga de nuestros corazones.
*   experimentar cómo el Señor responde nuestra oración y suple la necesidad de la persona querida.
*   experimentar el crecimiento y ministerio para Cristo de nuestro querido.

El glorioso privilegio de orar por un joven discípulo es verdaderamente un privilegio, privilegio del que necesitamos echar mano cada vez más. Orar por jóvenes discípulos fue una de las grandes glorias de Pablo. Debe serlo para nosotros también.

"Y todo lo que pidiereis en oración, creyendo, lo recibiréis" (Mt. 21:22).

"orando en todo tiempo con toda oración y súplica en el Espíritu, y velando en ello con toda perseverancia y súplica por todos los santos" (Ef. 6:18).

"orando de noche y de día con gran insistencia, para que veamos vuestro rostro, y completemos lo que falte a vuestra fe?" (1 Ts. 3:10).

5 (1:4) *Lágrimas — Pablo:* La quinta gloria de Pablo era su recuerdo de las lágrimas de Timoteo. Esta es una afirmación cálida y conmovedora: Pablo deseaba y anhelaba vea a Timoteo. ¿Por qué? Por las lágrimas de Timoteo. Al parecer Timoteo era un hombre de corazón fuerte y tierno, un corazón blando y cálido que sentía profundamente y se sentía fácilmente movido a la compasión y las lágrimas. No hay duda acerca de su fortaleza y valentía, pues fue escogido por Pablo para ser su sucesor. Pablo nunca habría elegido a un débil, alguien que no fuera el más fuerte entre los fuertes. Pero hay otra cosa que también llamaría la atención de Pablo: Un hombre con un corazón tierno y compasivo, un hombre que no temiera mostrar la candidez y suavidad de las lágrimas mientras ministraba y batallaba en oración delante de Dios.

¡Qué hombre digno de envidiar! ¡Qué tremendo compañero en el ministerio debe haber sido Timoteo! No en balde Pablo deseaba su presencia, anhelando y ansiando unírsele en el ministerio.

"Doy gracias a mi Dios siempre que me acuerdo de vosotros... por vuestra comunión en el evangelio, desde el primer día hasta ahora" (Fil. 1:3, 5).

"pero si andamos en luz, como él está en luz, tenemos comunión unos con otros, y la sangre de Jesucristo su Hijo nos limpia de todo pecado" (1 Jn. 1:7).

"Compañero soy yo de todos los que te temen Y guardan tus mandamientos" (Sal. 119:63).

"En todo tiempo ama el amigo, Y es como un hermano en tiempo de angustia" (Pr. 17:17).

"Mejores son dos que uno; porque tienen mejor paga de su trabajo" (Ec. 4:9-10).

6 (1:5) *Familia — Padres — Loida — Eunice:* La sexta gloria de Pablo era su recuerdo de la familia de Timoteo, de su fe genuina. Timoteo tenía uno de los mayores privilegios que un hijo puede tener: Unos padres cristianos fuertes. Su madre y su abuela eran creyentes fieles, fieles a la Palabra de Dios todos los días de sus vidas. Esta era y aun es la clave para cualquier familia: La fidelidad diaria a la Palabra de Dios. La madre y la abuela de Timoteo le habían enseñado a Timoteo las Escrituras desde temprana edad.

> "y que desde la niñez has sabido las Sagradas Escrituras, las cuales te pueden hacer sabio para la salvación por la fe que es en Cristo Jesús" (2 Ti. 3:15).

La idea central es que la fe de Timoteo era genuina y sincera; era real y verdadera. Él confió honestamente en cristo como su Señor y Salvador y vivía para Cristo día tras día. Una de las principales razones de su fortaleza en el Señor era la fuerte fe de su madre, Eunice, y de su abuela, Loida. Ellas le habían cimentado y arraigado en la fe. Note que su fe había sido fuerte; Pablo lo menciona como la razón por la que él podía confiar tanto en la fe de Timoteo.

Pensamiento 1. Qué glorioso testimonio y a la vez qué tremenda responsabilidad. Los padres deben ser piadosos, poseyendo la fe más fuerte, una fe genuina y verdadera, real y sincera. Los padres deben confiar en el Señor Jesucristo y criar a sus hijos en esa misma confianza. Deben enraizar a sus hijos en las Escrituras para que aprendan a caminar en Cristo cada día.

> "Y vosotros, padres, no provoquéis a ira a vuestros hijos, sino criadlos en disciplina y amonestación del Señor" (Ef. 6:4).

> "Doy gracias a Dios, al cual sirvo desde mis mayores con limpia conciencia, de que sin cesar me acuerdo de ti en mis oraciones noche y día" (2 Ti. 1:3).

> "y que desde la niñez has sabido las Sagradas Escrituras, las cuales te pueden hacer sabio para la salvación por la fe que es en Cristo Jesús" (2 Ti. 3:15).

> "y las repetirás a tus hijos, y hablarás de ellas estando en tu casa, y andando por el camino, y al acostarte, y cuando te levantes" (Dt. 6:7).

> "Instruye al niño en su camino, Y aun cuando fuere viejo no se apartará de él" (Pr. 22:6).

	I. LOS FUERTES ENCAR-GOS A TIMOTEO, 1:6—2:26	Cristo Jesús antes de los tiempos de los siglos, 10 pero que ahora ha sido manifestada por la aparición de nuestro Salvador Jesucristo, el cual quitó la muerte y sacó a luz la vida y la inmortalidad por el evangelio,	b. Porque el propósito de Dios para salvación es eterno
			c. Porque ahora Dios nos ha revelado su propósito
			  1) Mediante la aparición de Cristo
			  2) Aboliendo la muerte
			  3) Revelando la vida

	A. Primer encargo: Soportar aflicciones por causa del evangelio, 1:6-12		
1 Aviva el don de Dios	6 Por lo cual te aconsejo que avives el fuego del don de Dios que está en ti por la imposición de mis manos.		
2 No temas, Dios no nos ha dado espíritu de cobardía	7 Porque no nos ha dado Dios espíritu de cobardía, sino de poder, de amor y de dominio propio	11 del cual yo fui constituido predicador, apóstol y maestro de los gentiles. 12 Por lo cual asimismo	**5 Miren el ejemplo de Pablo** a. Fue nombrado y llamado para servir al evangelio

3 No te avergüences del evangelio ni de los creyentes fuertes	8 Por tanto, no te avergüences de dar testimonio de nuestro Señor, ni de mí, preso suyo, sino participa de las aflicciones por el evangelio según el poder de Dios,	padezco esto; pero no me avergüenzo, porque yo sé a quién he creído, y estoy seguro que es poderoso para guardar mi depósito para aquel día	b. No se avergonzó de sufrir por el evangelio
			  1) Sabía que su fe era segura
			  2) Estaba seguro del poder guardador de Dios

4 Participa de las aflicciones por el evangelio
a. Porque Dios nos ha salvado y nos ha llamado
  1) No por obras
  2) De acuerdo a su propósito
	9 quien nos salvó y llamó con llamamiento santo, no conforme a nuestras obras, sino según el propósito suyo y la gracia que nos fue dada en		c. Estaba seguro de que el juicio vendrá

DIVISIÓN I

LOS FUERTES ENCARGOS A TIMOTEO, 1:6—2:26

A. Primer encargo: Soportar aflicciones por causa del evangelio, 1:6-12

(1:6-12) *Introducción:* Este pasaje inicia una serie de fuertes encargos, encargos dirigidos a Timoteo pero aplicables a todos nosotros. El primer encargo es revelador y atemoriza a algunos creyentes. Sin embargo, es un encargo al que todos debemos prestar atención: *Soporten maltrato por causa del evangelio.*

1. Aviva el don de Dios (v. 6).
2. No temas, Dios no nos ha dado espíritu de cobardía (v. 7).
3. No te avergüences del evangelio ni de los creyentes fuertes (v. 8).
4. Participa de las aflicciones por el evangelio (vv. 8-10).
5. Miren el ejemplo de Pablo (vv. 11-12).

1 (1:6) *Creyente — Ministro — Espirituales, dones:* En primer lugar, aviva el don de Dios. ¿Cuál es "el don de Dios"? Esto probablemente se refiere a los dones espirituales, los dones que el Espíritu Santo les da a los creyentes: Los dones espirituales que preparan al creyente para ministrar. La palabra "avives" (anazopureo) puede significar mantener encen-dido y mantener la llama ardiendo, pero también puede querer decir reenciende o reaviva la llama, indicando que la llama estaba a punto de apagarse. ¿Cuál es el significado aquí? Sin lugar a dudas, Timoteo enfrentó lo mismo que nosotros en algunas ocasiones: Momentos en los que necesitamos que se nos reavive y se nos vuelva a encender, pero no hay indicación alguna de que la llama de Timoteo estuviera a punto de apagarse.

Tengamos en mente que Pablo estaba enfrentando la muerte; estaba a punto de ser ejecutado y esto lo dice claramente (2 Ti. 4:6-8). Por tanto, Pablo sintió la necesidad de darle a Timoteo estos encargos. Una de las primeras cosas que Timoteo necesitaba hacer era mantener flameando y ardiendo sus dones espirituales lo más posible. La idea está en presente continuo, lo cuál significa que es una acción progresiva y continua. El creyente debe *mantenerse* avivando su don, sin dejar que su llama pierda su intensidad en lo más mínimo. Debe usar su don para ministrar y ministrar, sin retroceder ni perder jamás su celo. Dios ha dotado al creyente para ministrar, le ha dotado en un manera muy, muy especial; por tanto, tiene que ministrar. Tiene la obligación de hacer exactamente lo que Dios quiere con los dones que él le ha dado.

Pensamiento 1. Note: El problema de muchos creyentes es que ni siquiera saben qué son los dones espirituales. La iglesia necesita grandemente estudiar los dones y el gran precio que Dios ha pagado para obsequiarles los dones a su pueblo. (Vea bosquejo y notas, Ro. 12:3-8; 1:Co. 12:4-11; Ef. 4:7-16 para mayor discusión.)

> **"Y llegando el que había recibido cinco talentos, trajo otros cinco talentos, diciendo: Señor, cinco talentos me entregaste; aquí tienes, he ganado otros cinco talentos sobre ellos" (Mt. 25:20).**

> **"No descuides el don que hay en ti, que te fue dado mediante profecía con la imposición de las manos del presbiterio" (1 Ti. 4:14).**

> **"Por lo cual te aconsejo que avives el fuego del don de Dios que está en ti por la imposición de mis manos" (2 Ti. 1:6).**

> **"De manera que, teniendo diferentes dones, según la gracia que nos es dada, si el de profecía, úsese conforme a la medida de la fe; o si de servicio, en servir; o el que enseña, en la enseñanza; el que exhorta, en la exhortación; el que reparte, con liberalidad; el que preside, con solicitud; el que hace misericordia, con alegría" (Ro. 12:6-8).**

> **"Procurad, pues, los dones mejores. Mas yo os muestro un camino aun más excelente" (1 Co. 12:31).**

> **"Seguid el amor; y procurad los dones espirituales, pero sobre todo que profeticéis" (1 Co. 14:1).**

2 (1:7) *Miedo — Poder — Amor:* En segundo lugar, no temas. Dios no nos ha dado espíritu de temor. A menudo los creyentes —tanto laicos como ministros— temen usar sus dones. Temen hablar por Cristo y el evangelio. Le temen…

* al ridículo
* la burla
* la oposición
* a la vergüenza
* las críticas
* el abuso

Si somos honestos, todos hemos experimentado estos temores en un momento u otro. No testificamos —usar nuestros dones para hablar de Cristo y proclamar el evangelio— para no sufrir persecución. Pero note el encargo; es claro y enfático: No debemos temer.

=> No debemos temerle al hombre.
=> No debemos temer a las pruebas que puedan cruzarse en nuestro camino porque vivimos para Cristo.
=> No debemos temerle al ridículo y la persecución que pueda desatarse contra nosotros porque estamos testificando y ministrando para Cristo.

¿Es posible no temer si vivimos para Cristo en este mundo, un mundo tan malo y abusivo? ¿Cómo podemos dejar de estar atemorizados al testificar día a día de Cristo? ¿Cómo podemos no ser cobardes cuando el mundo piensa que la religión debe mantenerse en la iglesia y no afuera en el mundo? ¿Cómo podemos levantarnos por Cristo cuando las personas se burlan y hacen chistes de los que viven para Cristo?

Este versículo nos dice cómo: Dejando que Dios nos equipe. El equipamiento de Dios no incluye el miedo. Este hecho de plantea claramente: Dios no nos da espíritu de cobardía; Dios nos da espíritu de poder, de amor y de dominio propio. La palabra *espíritu* se refiere al espíritu del creyente: El Espíritu de Dios verdaderamente le inyecta poder, amor y domino propio al espíritu del creyente.

1. El Espíritu Santo infunde poder al espíritu del creyente. Pero note: No recibimos poder hasta que comenzamos a ministrar. No necesitamos poder si nos vamos a sentarnos y a permanecer callados acerca de Cristo. El Espíritu Santo solo nos da poder cuando comenzamos a ministrar y realmente lo necesitamos. Cuando comenzamos a vivir para Cristo —a usar nuestros dones para testificar de Él— que el Espíritu de Dios le inyecta poder a nuestro espíritu. Cuando comenzamos a vivir y proclamar a Cristo, el Espíritu Santo nos dota con poder, un enorme poder…

* para enfrentar la presión de las dificultades y las pruebas.
* para mantener la frente en alto al vivir y testificar de Cristo.
* para asumir la obra y hacerlo bien, lo mejor que podamos según nuestras habilidades.

> **"pero recibiréis poder, cuando haya venido sobre vosotros el Espíritu Santo, y me seréis testigos en Jerusalén, en toda Judea, en Samaria, y hasta lo último de la tierra" (Hch. 1:8).**

> **"Y con gran poder los apóstoles daban testimonio de la resurrección del Señor Jesús, y abundante gracia era sobre todos ellos" (Hch. 4:33).**

> **"alumbrando los ojos de vuestro entendimiento, para que sepáis cuál es la esperanza a que él os ha llamado, y cuáles las riquezas de la gloria de su herencia en los santos, y cuál la supereminente grandeza de su poder para con nosotros los que creemos, según la operación del poder de su fuerza" (Ef. 1:18-19).**

> **"para que os dé, conforme a las riquezas de su gloria, el ser fortalecidos con poder en el hombre interior por su Espíritu" (Ef. 3:16).**

> **"Y a Aquel que es poderoso para hacer todas las cosas mucho más abundantemente de lo que pedimos o entendemos, según el poder que actúa en nosotros" (Ef. 3:20).**

> **"fortalecidos con todo poder, conforme a la potencia de su gloria, para toda paciencia y longanimidad" (Col. 1:11).**

> **"Porque no nos ha dado Dios espíritu de cobardía, sino de poder, de amor y de dominio propio" (2 Ti. 1:7).**

> **"Mas yo estoy lleno de poder del Espíritu de Jehová, y de juicio y de fuerza, para denunciar a Jacob su rebelión, y a Israel su pecado" (Mi. 3:8).**

2. El Espíritu Santo realmente infunde amor al espíritu del creyente. Este es el amor *ágape,* el tipo de amor que ama a las personas aun cuando son pecadores y enemigos. Es un amor que se surge de lo profundo de la mente y el corazón, no de las emociones. Es el tipo de amor que dice: "Amaré a esta persona independientemente de lo que me haga. Le cuidaré, sustentaré y alimentaré. Le testificaré de Cristo. Le trataré como yo quisiera que me tratara si conociera a Cristo. Le amaré y seré responsable de ella, no importa cómo me trate".

Note: Este tipo de amor —el tipo de amor que puede amar a los pecadores y enemigos— es un don del Espíritu de Dios. Ningún hombre puede provocar o generar el amor *ágape.* El amor *ágape* es el amor de Dios. Solo Dios lo posee, por tanto, solo Dios puede darlo a los hombres. Se lo da a todos los que viven por su Hijo, el Señor Jesucristo, y le proclaman (cp. vv. 8-10).

"Un mandamiento nuevo os doy: Que os améis unos a otros; como yo os he amado, que también os améis unos a otros. En esto conocerán todos que sois mis discípulos, si tuviereis amor los unos con los otros" (Jn. 13:34-35).

"Mas el fruto del Espíritu es amor, gozo, paz, paciencia, benignidad, bondad, fe, mansedumbre, templanza; contra tales cosas no hay ley" (Gá. 5:22-23).

"Y andad en amor, como también Cristo nos amó, y se entregó a sí mismo por nosotros, ofrenda y sacrificio a Dios en olor fragante" (Ef. 5:2).

"Y sobre todas estas cosas vestíos de amor, que es el vínculo perfecto" (Col. 3:14).

"Y nosotros hemos conocido y creído el amor que Dios tiene para con nosotros. Dios es amor; y el que permanece en amor, permanece en Dios, y Dios en él" (1 Jn. 4:16).

3. El Espíritu Santo infunde dominio propio al espíritu del creyente. "Dominio propio" (sophronismou) significa autocontrol; la habilidad de controlar sus propias emociones, sentimientos y pensamientos en medio de las pruebas, independientemente de cuán fuertes y estresantes sean. Es, tal y como dice, dominio propio, el dominio sobre su propia mente, sobre su propia vida y corazón a pesar de la prueba o la oposición. Cuando el creyente comienza a vivir y dar testimonio de Cristo, el Espíritu Santo le da dominio propio, uno de los dones más gloriosos.

Pensamiento 1. Piénselo por un momento. Imagine a un creyente verdadero…
* que vive por Cristo: Camina en Cristo y habla de Él todo el día todos los días.
* que ama con sinceridad a las personas y las trata como debe, sin importar como ellos lo traten a él.
* que se controla, controla sus pasiones, sentimientos, comportamiento y pensamientos.

Imagine a una persona así: ¿Podría Dios dejar que alguien así viviera en temor? ¿Podría Dios dejar de darle a dicha persona fortaleza, o sea, poder espiritual, amor y dominio propio? La respuesta es obvia. La persona que realmente vive para Cristo y da testimonio de Él es librada del temor:
=> Se le ha dado poder, gran poder.
=> Se le ha dado amor, gran amor por las personas sin importar quienes son.
=> Se le ha dado dominio propio, paz, estabilidad y seguridad en medio de un mundo moribundo e inseguro.

"Porque los que son de la carne piensan en las cosas de la carne; pero los que son del Espíritu, en las cosas del Espíritu. Porque el ocuparse de la carne es muerte, pero el ocuparse del Espíritu es vida y paz. Por cuanto los designios de la carne son enemistad contra Dios; porque no se sujetan a la ley de Dios, ni tampoco pueden" (Ro. 8:5-7).

"Por tanto, no durmamos como los demás, sino velemos y seamos sobrios. Pues los que duermen, de noche duermen, y los que se embriagan, de noche se embriagan" (1 Ts. 5:6-7).

"Porque no nos ha dado Dios espíritu de cobardía, sino de poder, de amor y de dominio propio" (2 Ti. 1:7).

"Exhorta asimismo a los jóvenes a que sean prudentes" (Tit. 2:6).

"Por tanto, ceñid los lomos de vuestro entendimiento, sed sobrios, y esperad por completo en la gracia que se os traerá cuando Jesucristo sea manifestado" (1 P. 1:13).

"Mas el fin de todas las cosas se acerca; sed, pues, sobrios, y velad en oración" (1 P. 4:7).

3 (1:18) *Evangelio — Testificar:* En tercer lugar, no te avergüences del evangelio ni de los creyentes fuertes que viven y testifican de Cristo. El punto central y el versículo en sí son bien claros. Ningún creyente debe mermar…
* en su identificación con el evangelio y el Señor del evangelio.
* en su identificación con creyentes fuertes que viven y hablan de Cristo.

Debemos testificar del evangelio; testificar viviendo para Cristo y hablando de Él, dando testimonio de su gracia salvadora. Debemos ponernos al lado de aquellos que proclaman a Cristo cuando son ridiculizados y perseguidos. De hecho, note lo que dice el versículo: Debemos participar de las aflicciones por el evangelio. Cualquiera de nosotros que verdaderamente vive para el evangelio recibirá oposición y el mundo lo malinterpretará. ¿Por qué? Porque no vivimos como el mundo; no vivimos vidas sensuales, inmorales, impías y mundanas. No seguimos tras las cosas del mundo. Es por eso que nuestras vidas justas y piadosas redarguyen al mundo de sus hechos impíos. De ahí que el mundo nos ridiculice y persiga, pero esto no debe detenernos: No debemos dejar de vivir por el evangelio y darlo a conocer. Debemos situarnos al lado del creyente fuerte y testificar del evangelio a un mundo perdido y moribundo que se tambalea bajo el peso del pecado, la corrupción y la muerte.

"Acordaos de la palabra que yo os he dicho: El siervo no es mayor que su señor. Si a mí me han perseguido, también a vosotros os perseguirán; si han guardado mi palabra, también guardarán la vuestra" (Jn. 15:20).

"Estas cosas os he hablado, para que no tengáis tropiezo. Os expulsarán de las sinagogas; y aun viene la hora cuando cualquiera que os mate, pensará que rinde servicio a Dios. Y harán esto porque no conocen al Padre ni a mí. Mas os he dicho estas cosas, para que cuando llegue la hora, os acordéis de que ya os lo había dicho" (Jn. 16:1-4).

"Porque a vosotros os es concedido a causa de Cristo, no sólo que creáis en él, sino también que padezcáis por él" (Fil. 1:29).

"a fin de que nadie se inquiete por estas tribulaciones; porque vosotros mismos sabéis que para esto estamos puestos" (1 Ts. 3:3).

"Y también todos los que quieren vivir piadosamente en Cristo Jesús padecerán persecución" (2 Ti. 3:12).

"Hermanos míos, no os extrañéis si el mundo os aborrece" (1 Jn. 3:13).

"Amados, no os sorprendáis del fuego de prueba que os ha sobrevenido, como si alguna cosa extraña os aconteciese, sino gozaos por cuanto sois participantes

de los padecimientos de Cristo, para que también en la revelación de su gloria os gocéis con gran alegría" (1 P. 4:12-13).

4 (1:8-10) *Evangelio:* En cuarto lugar, participa de los sufrimientos del evangelio. Como ya dijimos, este es el deber de los creyentes. Si vivimos para Cristo —vivir para el evangelio, vivir vidas piadosas— los impíos del mundo nos perseguirán. No hay manera de escapar de esto. Pero no debemos mermar en el cumplimiento de nuestro deber. No debemos temer ni avergonzarnos del evangelio. Debemos vivir por el evangelio y proclamarlo. Las Escrituras nos estimulan mediante tres poderosas razones de por qué debemos levantarnos por Cristo y el evangelio.

1. Debemos defender por el evangelio porque Dios nos ha salvado y nos ha llamado con un llamamiento santo. Y note algo: Dios nos salvó por gracia, o sea, gratuitamente. No tuvimos que hacer absolutamente nada por la salvación. No tuvimos que pagar ni un centavo ni hacer ni siquiera una sola cosa por la salvación. Dios nos salvó…

- Él nos ha librado del pecado y las ataduras de la carne.
- Él nos ha librado de la muerte. Piénselo: Nunca moriremos. Cuando llegue el tiempo —en el último momento, en un abrir y cerrar de ojos, en una milésima de segundo— Dios nos trasladará de este mundo a su presencia. Somos salvos de tener que gustar la muerte.
- Él nos salvó del juicio y la condenación, del castigo del infierno.

Dios ha hecho todo esto por nosotros y lo ha hecho por gracia —gratuitamente— simplemente porque nos ama y desea salvarnos. Entonces, ¿cómo podemos negarle? ¿Cómo podemos atrevernos a avergonzarnos de Él y a temer vivir para Él? ¿Cómo podemos avergonzarnos de decirle al mundo acerca de su gloriosa salvación?

> **"ya que por las obras de la ley ningún ser humano será justificado delante de él; porque por medio de la ley es el conocimiento del pecado" (Ro. 3:20).**
>
> **"Porque por gracia sois salvos por medio de la fe; y esto no de vosotros, pues es don de Dios; no por obras, para que nadie se gloríe" (Ef. 2:8-9).**
>
> **"Pero cuando se manifestó la bondad de Dios nuestro Salvador, y su amor para con los hombres, nos salvó, no por obras de justicia que nosotros hubiéramos hecho, sino por su misericordia, por el lavamiento de la regeneración y por la renovación en el Espíritu Santo" (Tit. 3:4-5).**

2. Debemos defender el evangelio porque el propósito de Dios para salvación es vida eterna. Dios planificó la salvación desde antes de la creación del mundo. El evangelio de salvación nos fue dado en Cristo incluso antes de la creación del mundo. La idea central es esta: El evangelio de salvación —forjado mediante su Hijo, el Señor Jesucristo— es el plan eterno de Dios. Es el único plan que Dios tiene a través del cuál las personas pueden ser salvas. Si una persona deja pasar este plan, deja pasar la salvación; nunca Dios le aceptará. Por tanto, nosotros —todos los creyentes— no debemos avergon-

zarnos ni temer proclamar a Cristo. La salvación mediante Cristo y su evangelio es la única manera en que una persona puede ser salva. Debemos proclamar el evangelio incluso si los hombres de le oponen, pues si no les guiamos a Cristo estarán perdidos para siempre.

> **"Por eso os dije que moriréis en vuestros pecados; porque si no creéis que yo soy, en vuestros pecados moriréis" (Jn. 8:24).**
>
> **"Jesús le dijo: Yo soy el camino, y la verdad, y la vida; nadie viene al Padre, sino por mí" (Jn. 14:6).**
>
> **"Y en ningún otro hay salvación; porque no hay otro nombre bajo el cielo, dado a los hombres, en que podamos ser salvos" (Hch. 4:12).**
>
> **"Porque hay un solo Dios, y un solo mediador entre Dios y los hombres, Jesucristo hombre, el cual se dio a sí mismo en rescate por todos, de lo cual se dio testimonio a su debido tiempo" (1 Ti. 2:5-6).**

3. Debemos defender el evangelio porque Dios *ahora ha revelado* al mundo su propósito para salvación. Note cómo Dios lo hizo: "Por la aparición de nuestro Salvador Jesucristo". ¿Qué hizo Jesucristo para revelar el propósito de Dios?

a. Jesucristo abolió la muerte. ¿Cómo? *¿Cómo es posible* que alguien pueda abolir la muerte? Muy simple, Jesucristo murió por *el hombre*. Todo lo que está en el hombre —todo lo que hace que el hombre muera— Jesucristo lo tomó sobre sí y murió por el hombre. Jesucristo tomó todo el mal, pecado y corrupción que provoca la muerte, lo tomó sobre sí y murió por el hombre. Ahora piense por un momento: Como ya Él murió por el hombre, el hombre no tiene que morir. La muerte quedó abolida para el hombre: El hombre ha quedado libre de la muerte; la muerte ya no puede atrapar al hombre. (Vea nota, Jesucristo, Mediador, 1 Ti. 2:3-7 para mayor discusión.)

b. Jesucristo ha traído a la luz la vida y la inmortalidad a través del evangelio. Ahora el hombre puede vivir para siempre y recibir inmortalidad. ¿Cómo? Mediante el evangelio de vida e inmortalidad provisto por Jesucristo. Cuando una persona cree en Jesucristo —cree verdaderamente entregando su vida a Cristo— Dios toma la fe de esa persona y la cuenta como la vida de Cristo. En efecto Dios cuenta a dicha persona como que está *en Cristo*. Cristo es eterno e inmortal, por tanto, si una persona está *en Cristo,* llega a ser eterna e inmortal. Es inmortal porque está en Cristo. ¿Cómo puede ser eso? Porque Dios *lo considera así.* Dios toma nuestra fe en Cristo y la cuenta como inmortalidad. Dios ama tanto a su Hijo, el Señor Jesucristo, que honrará a cualquier persona que honre a su Hijo. Dios honra a esa persona que verdaderamente honra a su Hijo creyendo en Él, honra a dicha persona haciendo exactamente lo mismo que la persona cree acerca de Cristo. Cristo proclamó que cualquiera que creyera en Él nunca moriría, sino que tendría vida eterna. Por lo tanto, si una persona cree en Cristo, cree el evangelio de Cristo, Dios le da vida e inmortalidad. (Vea nota, *Justificación,* Ro. 5:1 para mayor discusión.)

Esta es *la luz del evangelio,* la gloriosa revelación del evangelio. Jesucristo ha abolido la muerte y ha dado vida e inmortalidad al hombre.

> **"Porque de tal manera amó Dios al mundo, que ha dado a su Hijo unigénito, para que todo aquel que en él cree, no se pierda, mas tenga vida eterna. Porque no envió Dios a su Hijo al mundo para condenar al mundo, sino para que el mundo sea salvo por él. El que en él cree, no es condenado; pero el que no cree, ya ha sido condenado, porque no ha creído en el nombre del unigénito Hijo de Dios" (Jn. 3:16-18).**

> **"De cierto, de cierto os digo: El que oye mi palabra, y cree al que me envió, tiene vida eterna; y no vendrá a condenación, mas ha pasado de muerte a vida" (Jn. 5:24).**

> **"De cierto, de cierto os digo, que el que guarda mi palabra, nunca verá muerte" (Jn. 8:51).**

> **"Y todo aquel que vive y cree en mí, no morirá eternamente. ¿Crees esto?" (Jn. 11:26).**

> **"Ahora, pues, ninguna condenación hay para los que están en Cristo Jesús, los que no andan conforme a la carne, sino conforme al Espíritu" (Ro. 8:1).**

> **"Así que, por cuanto los hijos participaron de carne y sangre, él también participó de lo mismo, para destruir por medio de la muerte al que tenía el imperio de la muerte, esto es, al diablo, y librar a todos los que por el temor de la muerte estaban durante toda la vida sujetos a servidumbre" (He. 2:14-15).**

5 (1:11-12) *Testimonio — Pablo, ejemplo:* En quinto lugar, observa el ejemplo de Pablo. Pablo soportó abuso por el evangelio. Pablo dice dos cosas significativas acerca de sí mismo.

1. Pablo había sido constituido y llamado a servir en el evangelio del Señor Jesucristo. Se mencionan tres designaciones.

   a. Pablo fue constituido predicador del evangelio. El predicador es un heraldo, una persona designada por el rey para ir y proclamar el mensaje del rey. El ministro es un predicador enviado por Dios para predicar la verdad acerca de Jesucristo...
   * que Él ha abolido la muerte.
   * que Él ha sacado a la luz la vida y la inmortalidad.

   b. Pablo había sido constituido apóstol del Señor Jesucristo. El apóstol es una persona que ha sido enviada como un testigo muy especial y en una misión muy especial. Al ministro se le envía con la misión especial de dar testimonio de que Jesucristo es el mediador entre Dios y los hombres. Jesucristo ha pagado el rescate por el hombre.

   c. Pablo había sido constituido maestro del Señor Jesucristo. El maestro es una persona que instruye a las personas en la fe y la verdad de la Palabra de Dios. Es el don de cimentar y enraizar a las personas en doctrina, amonestación, corrección y justicia. Dios la había llamado a proclamar y enseñar la salvación que es en Cristo Jesús.

2. Pablo no se avergonzó de sufrir por el evangelio.

   a. Él sabía que su fe era cierta; él conocía a Cristo. La idea central es esta: Pablo conocía a Cristo de manera íntima y personal. Andaba con Cristo día tras día, estaba en comunión con Él. Tenía una relación personal con Cristo, por tanto, sabía que su creencia en Cristo era verdadera. Esta era la razón por la que estaba dispuesto a sufrir por el evangelio: El evangelio era verdadero. Verdaderamente una persona podía ser salva de la muerte y recibir vida e inmortalidad; una persona realmente podía vivir cara a cara con Dios eternamente y para siempre. Pablo lo sabía, más allá de cualquier sombra de duda. ¿Cómo? Porque conocía a Cristo personal e íntimamente.

> **"El Espíritu mismo da testimonio a nuestro espíritu, de que somos hijos de Dios. Y si hijos, también herederos; herederos de Dios y coherederos con Cristo, si es que padecemos juntamente con él, para que juntamente con él seamos glorificados" (Ro. 8:16-17).**

> **"En él también vosotros, habiendo oído la palabra de verdad, el evangelio de vuestra salvación, y habiendo creído en él, fuisteis sellados con el Espíritu Santo de la promesa, que es las arras de nuestra herencia hasta la redención de la posesión adquirida, para alabanza de su gloria" (Ef. 1:13-14).**

> **"pues nuestro evangelio no llegó a vosotros en palabras solamente, sino también en poder, en el Espíritu Santo y en plena certidumbre, como bien sabéis cuáles fuimos entre vosotros por amor de vosotros" (1 Ts. 1:5).**

> **"Por lo cual asimismo padezco esto; pero no me avergüenzo, porque yo sé a quién he creído, y estoy seguro que es poderoso para guardar mi depósito para aquel día" (2 Ti. 1:12).**

> **"lo que hemos visto y oído, eso os anunciamos, para que también vosotros tengáis comunión con nosotros; y nuestra comunión verdaderamente es con el Padre, y con su Hijo Jesucristo" (1 Jn. 1:3).**

> **"Y en esto sabemos que nosotros le conocemos, si guardamos sus mandamientos. El que dice: Yo le conozco, y no guarda sus mandamientos, el tal es mentiroso, y la verdad no está en él; pero el que guarda su palabra, en éste verdaderamente el amor de Dios se ha perfeccionado; por esto sabemos que estamos en él" (1 Jn. 2:3-5).**

> **"En esto conocemos que permanecemos en él, y él en nosotros, en que nos ha dado de su Espíritu" (1 Jn. 4:13).**

> **"El que cree en el Hijo de Dios, tiene el testimonio en sí mismo; el que no cree a Dios, le ha hecho menti-**

roso, porque no ha creído en el testimonio que Dios ha dado acerca de su Hijo" (1 Jn. 5:10).

b. Pablo estaba seguro del poder de Dios para guardar. Pablo había comprometido su vida y su obra a Cristo, le había entregado a Cristo todo lo que era como persona y todo lo que hizo sobre la tierra. La palabra "depósito" (paratheke) significa poner con, hacer un depósito. A. T. Robertson dice que Pablo quiere decir: " 'Mi depósito' como en un banco, el banco de los cielos en el que ningún ladrón puede robar (Mt. 6:19s)" (*Word Pictures in the New Testament*, vol. 4, p. 614). Pablo había depositado, entregado a Cristo todo lo que era y tenía. ¿Por qué? Porque sabía que Cristo podía guardarlo y cuidarlo por siempre y siempre. ¿Qué fue exactamente lo que Pablo le entregó a Cristo? Su vida y obra. ¡Imagine!

=> Pablo depositó su vida en las manos de Cristo, por tanto, Cristo *aumentó* su vida, guió su vida para que obtuviera los mayores intereses y beneficios posibles. La vida que Pablo depositó *se convirtió* en vida eterna.

=> Pablo depositó sus obras en las manos de Cristo, por tanto, Cristo aumentó su obra para que obtuviera los mayores intereses y beneficios posibles. *Las obras* que Pablo *depositó se convirtieron* en responsabilidad y administración eterna para Dios. (Vea nota, Recompensas, Lc. 16:10-12 para mayor discusión.)

"A los tales mandamos y exhortamos por nuestro Señor Jesucristo, que trabajando sosegadamente, coman su propio pan" (2 Ts. 3:12).

"que sois guardados por el poder de Dios mediante la fe, para alcanzar la salvación que está preparada para ser manifestada en el tiempo postrero" (1 P. 1:5).

"Y a aquel que es poderoso para guardaros sin caída, y presentaros sin mancha delante de su gloria con gran alegría" (Judas 24).

3. Pablo estaba seguro de que vendría el juicio. Es por eso que había entregado su vida y obra a Cristo para recibir la recompensa de Dios y no su juicio. Pablo sabía que un día tendría que comparecer ante Cristo y rendir cuenta de su vida y sus obras. Esta es la razón por la que Pablo hizo exactamente lo que Cristo dijo: Confió en Cristo y le dio su vida totalmente. Depositó su vida y obra con Cristo; apostó todo lo que era y tenía a Cristo. ¿Por qué? Porque sabía que Cristo lo guardaría y presentaría irreprensible en aquel día. Cristo lo presentaría ante Dios como uno de sus seguidores y Dios aceptaría a Pablo porque Pablo había seguido al Hijo Unigénito de Dios. Pablo sabía sin duda a quién estaba siguiendo: Estaba siguiendo al Señor Jesucristo, el Hijo de Dios mismo.

"Porque el Hijo del Hombre vendrá en la gloria de su Padre con sus ángeles, y entonces pagará a cada uno conforme a sus obras" (Mt. 16:27).

"Porque es necesario que todos nosotros comparezcamos ante el tribunal de Cristo, para que cada uno reciba según lo que haya hecho mientras estaba en el cuerpo, sea bueno o sea malo" (2 Co. 5:10).

"Y si invocáis por Padre a aquel que sin acepción de personas juzga según la obra de cada uno, conducíos en temor todo el tiempo de vuestra peregrinación" (1 P. 1:17).

"Yo Jehová, que escudriño la mente, que pruebo el corazón, para dar a cada uno según su camino, según el fruto de sus obras" (Jer. 17:10).

	B. Segundo encargo: Aferrarse al Señor Jesucristo, 1:13-18	son Figelo y Hermógenes.	**4 Retener siguiendo el ejemplo de aquellos que han sido hallados fieles: Onesíforo**
1 Retener la forma de las sanas palabras. a. En la fe, en Cristo solamente. b. En el amor, en Cristo solamente. **2 Retener el buen depósito, por el poder del Espíritu Santo** **3 Retener sin abandonar, pues muchos abandonan**	13 Retén la forma de las sanas palabras que de mí oíste, en la fe y amor que es en Cristo Jesús. 14 Guarda el buen depósito por el Espíritu Santo que mora en nosotros. 15 Ya sabes esto, que me abandonaron todos los que están en Asia, de los cuales	16 Tenga el Señor misericordia de la casa de Onesíforo, porque muchas veces me confortó, y no se avergonzó de mis cadenas, 17 sino que cuando estuvo en Roma, me buscó solícitamente y me halló. 18 Concédale el Señor que halle misericordia cerca del Señor en aquel día. Y cuánto nos ayudó en Éfeso, tú lo sabes mejor.	a. Buscó diligentemente a Pablo hasta encontrarlo b. Se le aseguró misericordia en el día del gran juicio

DIVISIÓN I

LOS FUERTES ENCARGOS A TIMOTEO, 1:6—2:26

B. Segundo encargo: Aferrarse al Señor Jesucristo, 1:13-18

(1:13-18) *Introducción:* Este es el segundo encargo para los creyentes, tanto ministros como laicos. Note que encargo es enérgico, de naturaleza crucial: Retén. En un mundo lleno de maldad y falsas enseñanzas, los creyentes deben aferrarse al Señor Jesucristo.

1. Retener la forma de las sanas palabras (v. 13).
2. Retener el buen depósito, por el poder del Espíritu Santo (v. 14).
3. Retener sin abandonar, pues muchos abandonan (v. 15).
4. Retener siguiendo el ejemplo de aquellos que han sido hallados fieles: Onesíforo (vv. 16-18).

1 1:13) *Escritura — Evangelio — Doctrina — Enseñanza — Ministro:* En primer lugar, retén la forma de las sanas palabras. La palabra "sanas" (hugiainonton) es interesante. Significa saludable, que da salud. Los creyentes deben retener las palabras sanas, que den salud, es decir, palabras que les hagan sanos y saludables. *¿Qué palabras* hacen a una persona sana y saludable? Las palabras que acabamos de estudiar en las Escrituras:

=> las palabras del evangelio (v. 8).
=> las palabras de salvación (v. 9).
=> las palabras acerca del Señor Jesucristo, el glorioso mensaje de que Él ha abolido la muerte y ha sacado a la luz la vida y la inmortalidad para el hombre (vv. 9-10).
=> las palabras que Pablo mismo enseñaba, las palabras que enseñó a Timoteo y a los creyentes de la iglesia primitiva (v. 13).

Dicho de manera simple, los creyentes deben retener las Escrituras, las palabras de Dios, pues solo la Palabra de Dios puede dar salud y vida al alma humana.

1. Debemos retener la forma de las sanas palabras en la *fe.* Es decir, debemos creer en Cristo, rendirle a Él nuestra vida y nuestro corazón, y debemos serle fieles a Cristo. Si no creemos a las palabras y el mensaje acerca de Cristo —si no tenemos fe en Cristo— entonces no estamos reteniendo la forma de las sanas palabras. La primera señal de sanas palabras es la fe en Cristo; la primera señal de que una persona se está aferrando a las sanas palabras es su *fe en Cristo.* Si una persona no cree en Cristo no está reteniendo las sanas palabras. Cree en una falsa doctrina, una falsa filosofía de la vida y de ahí que perecerá. Las únicas palabras que pueden dar salud y sanidad a una persona son las palabras de Cristo, las vivificantes palabras de su salvación. Una persona debe retener las sanas palabras creyendo en Cristo Jesús, el único Salvador que ha traído a la tierra las vivificantes palabras de Dios.

2. Debemos retener la forma de las sanas palabras en *amor.* No es suficiente creer en las sanas palabras sobre Cristo, también debemos amar a todos en Cristo y amar al mundo a través de Él. La persona que verdaderamente cree en el evangelio, cree en Cristo y ama tanto a Cristo como a las palabras del evangelio.

La idea es esta: Es imposible creer verdaderamente en Cristo y su evangelio sin amar a Cristo y su Palabra. La persona que verdaderamente ama a Cristo ve a las personas a través de los ojos de Cristo, él ama a todos así como Cristo lo hace. Retiene las sanas palabras en amor, busca expresar las palabras de salud y bienestar con todos los hombres. Quiere que todos los hombres conozcan las sanas palabras de salvación que traen salud y bienestar al alma humana.

> **"De cierto, de cierto os digo: El que oye mi palabra, y cree al que me envió, tiene vida eterna; y no vendrá a condenación, mas ha pasado de muerte a vida"** (Jn. 5:24).

> **"Pero éstas se han escrito para que creáis que Jesús es el Cristo, el Hijo de Dios, y para que creyendo, tengáis vida en su nombre"** (Jn. 20:31).

"Así que la fe es por el oír, y el oír, por la Palabra de Dios" (Ro. 10:17).

"Retén la forma de las sanas palabras que de mí oíste, en la fe y amor que es en Cristo Jesús" (2 Ti. 1:13).

"Toda la Escritura es inspirada por Dios, y útil para enseñar, para redargüir, para corregir, para instruir en justicia" (2 Ti. 3:16).

"presentándote tú en todo como ejemplo de buenas obras; en la enseñanza mostrando integridad, seriedad, palabra sana e irreprochable, de modo que el adversario se avergüence, y no tenga nada malo que decir de vosotros" (Tit. 2:7-8).

2 (1:14) *Ministro — Creyente, deber:* Segundo, retener el buen depósito que Dios ha puesto en sus manos, retenerlo mediante el poder del Espíritu Santo. William Barclay hace un comentario excelente acerca de este punto:

"No solo nosotros ponemos nuestra confianza en Dios, Dios también pone su confianza en nosotros. La idea de Dios dependiendo del hombre no está lejos del Nuevo Testamento. Cuando Dios quiere que algo se haga, tiene que buscar a un hombre para ello. Si Dios quiere que se enseñe a un niño, que se predique un sermón, que se encuentre a un vagabundo, que se consuele a alguien que se sufre, que se sane a un enfermo, necesita encontrar algún agente y algún instrumento para que haga Su trabajo" (The Letters to Timothy, Titus, and Philemon, p. 67).

Matthew Henry señala:

"La doctrina cristiana es un depósito que se nos ha encomendado...Se nos ha encomendado para que la preservemos pura y completa y ser transmitida a aquellos que nos sucedan y debemos preservarla y no contribuir en manera alguna a la corrupción de su pureza, el debilitamiento de su poder o a que disminuya su perfección" (Matthew Henry's Commentary, vol. 5, p. 836).

Observe que el creyente solo puede preservar su depósito y hacer la obra de Dios mediante el poder del Espíritu Santo. Es el Espíritu de Dios quien da el don al creyente y lo llama a trabajar para el Señor. A todo verdadero creyente se le da una misión específica para el Señor pero el creyente no puede llevarla a cabo con sus propias fuerzas. Ningún hombre penetrar el corazón de otra persona, solo el Espíritu de Dios lo puede hacer. Por lo tanto, el creyente debe permanecer cerca del Espíritu de Dios y depender de Él para obtener poder y hacer una obra eficaz y buena. Solo el Espíritu Santo tiene el poder de cambiar el corazón de un hombre y por consiguiente este debe depender de Él para que le ayude a realizar su obra. (Vea nota, 1 Ti. 6:20-21 para discusión.)

"Porque el reino de los cielos es como un hombre que yéndose lejos, llamó a sus siervos y les entregó sus bienes. A uno dio cinco talentos, y a otro dos, y a otro uno, a cada uno conforme a su capacidad; y luego se fue lejos" (Mt. 25:14-15).

"Y llamando a diez siervos suyos, les dio diez minas, y les dijo: Negociad entre tanto que vengo" (Lc. 19:13).

"Ahora bien, se requiere de los administradores, que cada uno sea hallado fiel" (1 Co. 4:2).

"Porque habéis sido comprados por precio; glorificad, pues, a Dios en vuestro cuerpo y en vuestro espíritu, los cuales son de Dios" (1 Co. 6:20).

"Oh Timoteo, guarda lo que se te ha encomendado, evitando las profanas pláticas sobre cosas vanas, y los argumentos de la falsamente llamada ciencia" (1 Ti. 6:20).

"Cada uno según el don que ha recibido, minístrelo a los otros, como buenos administradores de la multiforme gracia de Dios" (1 P. 4:10).

3 (1:15) *Recaer — Desertar — Ministrar:* En tercer lugar, retener sin abandonar ya que muchos abandonan. Pablo estaba enfrentando la crisis de su vida: Estaba enfrentando juicio por una pena capital, la de ser un insurrecto, un perturbador de la paz en contra del imperio romano. Era peligroso asociarse con Pablo, existía la posibilidad de que a la persona se le vinculara con él. Por esta razón muchos creyentes en toda Asia abandonaron a Pablo. Realmente se alejaron del ministro que tanto había hecho por ellos.

Los líderes de la deserción fueron Figelo y Hermógenes. Esta es la única ocasión en que se menciona a estos dos hombres en las Escrituras, así que lo único que sabemos de ellos es lo que se dice aquí. Al parecer, hubo un tiempo en que ellos siguieron al Señor y apoyaron a Pablo, pero ahora que las cosas estaban difíciles y que el ministro de Dios les necesitaba verdaderamente, había comenzado a desertar, a oponérsele y guiar a otros para que desertaran también. Pablo estaba profundamente herido, aquellos a quien había amado y por quienes había hecho ahora le daban la espalda.

Pensamiento 1. Oliver Greene presenta un cuadro descriptivo para aplicar a este suceso:

"Esto nos recuerda a nuestro Señor. Cuando partía los panes y los peces había miles a sus pies, pero cuando cayó bajo el peso de la cruz, ni tan siquiera una persona se ofreció como voluntario para llevarla por Él. Las Escrituras nos narran que Simón de Cirene se sintió impulsado a llevar su cruz (Marcos 15:21). Muchos pastores saben mejor que yo que una persona siempre sabrá quiénes son sus verdaderos amigos cuando necesite de estos y esté condenado por la autoridad. Muchas veces un pastor cree que la mayoría de los miembros de la iglesia están de su parte pero cuando los enemigos del evangelio se alistan para destruirlo, descubre que sus amigos son pocos y que la iglesia visible contiene muchos cristianos débiles. En Asia había muchos convertidos y quienes se decían amigos de Pablo pero cuando llegó el tiempo de la prueba, al igual que los discípulos de Jesús, le dieron la espalda y dejaron de andar con Él" (The Epistles of Paul the Apostle to Timothy and Titus, p. 287).

"Mas todo esto sucede, para que se cumplan las Escrituras de los profetas. Entonces todos los discípulos, dejándole, huyeron" (Mt. 26:56).

"He aquí la hora viene, y ha venido ya, en que seréis esparcidos cada uno por su lado, y me dejaréis solo; mas no estoy solo, porque el Padre está conmigo" (Jn. 16:32).

"porque Demas me ha desamparado, amando este mundo, y se ha ido a Tesalónica. Crescente fue a Galacia, y Tito a Dalmacia" (2 Ti. 4:10).

"Disputadores son mis amigos; Mas ante Dios derramaré mis lágrimas" (Job 16:20).

"Todos mis íntimos amigos me aborrecieron, Y los que yo amaba se volvieron contra mí" (Job 19:19).

4 (1:16-18) *Onesíforo — Fieles, creyentes:* Retén lo que tienes siguiendo el ejemplo de aquellos que han probado ser fieles. Note la resonante ternura atesorada sobre un hombre y su casa, Onesíforo. Él es un ejemplo dinámico de un hombre valiente, un hombre que estaba comprometido a ayudar a las personas aun cuando haciéndolo pusiera su propia vida en peligro. Este pasaje indica claramente que él amaba entrañablemente a Pablo. Todo parece indicar que cuando Onesíforo se enteró de que Pablo había sido arrestado y encarcelado en Roma, partió hacia allá resueltamente para ver cómo podía ayudar. Observe la palabra "buscó" (v. 17). Esta indica que tuvo cierta dificultad para encontrar la prisión donde Pablo estaba encadenado. Es verdad que durante dos años a Pablo se le había permitido vivir en una casa rentada y usarla como su lugar de residencia a pesar del hecho de que era un prisionero, pero en algún momento fue puesto tras las rejas en una de las cárceles de seguridad adonde llevaban a los criminales de peor fama. Cualquiera que sea el caso, Onesíforo no se rindió en su búsqueda. Él "buscó [a Pablo] solícitamente". La idea es que buscó y buscó a pesar de todas las dificultades que encontraba hasta que halló a Pablo. Fíjese cómo le ministró:

=> Él confortó a Pablo, y lo hizo *con frecuencia*. Esto de seguro implicaba visitas y el ánimo y consuelo de participar juntos de las Escrituras y la oración y si se le permitía, incluiría comida, ropa y la provisión de cualquier necesidad médica o financiera que Pablo tuviera.

=> Él no se avergonzaba de las prisiones de Pablo, no se avergonzaba de ser identificado como amigo de Pablo y su compañero de la fe en el Señor Jesucristo. Estuvo a su lado como seguidor del evangelio del Señor Jesucristo.

Observe otro punto: El gran aprecio y amor de Pablo por Onesíforo. Él ora para que Dios renga misericordia de este santo en el día del juicio, que Dios premiara a Onesíforo por las muchas cosas que había hecho por él cuando estuvo preso.

Pensamiento 1. "*La mayoría de los llamados amigos nos abandonarán en la hora más oscura de necesidad, pero el hombre que permanece a nuestro lado cuando necesitamos ánimo, cuanto todos los demás están contra nosotros y al parecer hemos perdido la batalla, debe atesorarse como una joya preciosa. ¡No hay palabras que puedan expresar el valor de tal amigo!*" (Oliver Greene, *The Epistles of Paul the Apostle to Timothy and Titus*, p. 228s).

"como el Hijo del Hombre no vino para ser servido, sino para servir, y para dar su vida en rescate por muchos" (Mt. 20:28).

"En todo os he enseñado que, trabajando así, se debe ayudar a los necesitados, y recordar las palabras del Señor Jesús, que dijo: Más bienaventurado es dar que recibir" (Hch. 20:35).

"Así que, los que somos fuertes debemos soportar las flaquezas de los débiles, y no agradarnos a nosotros mismos" (Ro. 15:1).

"Sobrellevad los unos las cargas de los otros, y cumplid así la ley de Cristo" (Gá. 6:2).

"Acordaos de los presos, como si estuvierais presos juntamente con ellos; y de los maltratados, como que también vosotros mismos estáis en el cuerpo" (He. 13:3).

"La religión pura y sin mácula delante de Dios el Padre es esta: Visitar a los huérfanos y a las viudas en sus tribulaciones, y guardarse sin mancha del mundo" (Stg. 1:27).

	C. Tercer encargo: Ser fuerte en el Señor Jesucristo, 2:1-7	enreda en los negocios de la vida, a fin de agradar a aquel que lo tomó por soldado.	b. No debe enredarse en los asuntos de la vida
1 La fuente de fortaleza: La gracia del Señor	1 Tú, pues, hijo mío, esfuérzate en la gracia que es en Cristo Jesús.		c. Debe agradar u obedecer a su comandante
2 Cuadro 1: Un maestro fuerte	2 Lo que has oído de mí ante muchos testigos, esto encarga a hombres fieles que sean idóneos para enseñar también a otros.	5 Y también el que lucha como atleta, no es coronado si no lucha legítimamente.	**4 Cuadro 3: Un atleta fuerte** a. Debe ser disciplinado b. Debe seguir las reglas
a. Debe recibir la verdad b. Debe enseñar a otros para que lleven la verdad adelante			
3 Cuadro 2: Un buen soldado de Jesucristo a. Debe sufrir penalidades	3 Tú, pues, sufre penalidades como buen soldado de Jesucristo. 4 Ninguno que milita se	6 El labrador, para participar de los frutos, debe trabajar primero. 7 Considera lo que digo, y el Señor te dé entendimiento en todo.	**5 Cuadro 4: Un labrador diligente** **6 Conclusión: Considera estas cosas**

DIVISIÓN I

LOS FUERTES ENCARGOS A TIMOTEO, 1:6—2:26

C. Tercer encargo: Ser fuerte en el Señor Jesucristo, 2:1-7

(2:1-7) *Introducción:* Los creyentes deben esforzarse en el Señor. Este pasaje ofrece un cuadro excelente de lo que significa *esforzarse en el Señor.*

1. La fuente de fortaleza: La gracia del Señor (v. 1)
2. Cuadro 1: Un maestro fuerte (v. 2)
3. Cuadro 2: Un buen soldado de Jesucristo (vv. 3-4).
4. Cuadro 3: Un atleta fuerte (v. 5).
5. Cuadro 4: Un labrador diligente (v. 6).
6. Conclusión: Considera estas cosas (v. 7).

1 (2:1) *Gracia:* La fuente de la fortaleza se encuentra en el Señor Jesucristo. En particular la encontramos "en la gracia que es en Cristo Jesús". Recuerde que Pablo estaba enfrentando la muerte; sería ejecutado por los romanos bajo la falsa acusación de ser un revolucionario en contra del estado. Timoteo sería el sucesor de Pablo, pronto él tendría que asumir la responsabilidad por las iglesias dispersadas por todo el mundo. Pronto sería suya la responsabilidad de esparcir el evangelio por toda la tierra. ¿Podría él soportar la presión? La esperanza de Timoteo era una sola, al igual que para cualquiera de nosotros. Timoteo necesitaba *una fortaleza ilimitada,* una fortaleza que pudiera llevarlo a conquistar cualquier circunstancia y a trabajar en cualquier tarea hasta llevarla a término. Esa fortaleza solo podría venir de una fuente y Pablo lo sabía.

=> Esa fortaleza es la fortaleza de Dios.

La fortaleza de los hombres no es más fuerte que el hombre, y el hombre termina en el polvo de la tierra. Su fortaleza se acaba, y no solo eso, sino que a lo largo del camino de la vida el hombre se queda corto y falla una y otra vez, no importa quién es la persona. La debilidad de su fortaleza se muestra continuamente.

Sin embargo, la fortaleza de Dios es enteramente diferente. La fortaleza de Dios es suficiente y todopoderosa. Puede y de hecho lo hace, conquistarlo todo, incluyendo a la muerte. Por tanto, si un hombre puede utilizar la fortaleza de Dios, puede conquistar cualquier circunstancia de la vida, incluyendo la muerte; y puede completar su tarea en la tierra, la tarea que Dios quiere que complete mientras vive. Eso era lo que Pablo sabía. Pero Pablo sabía algo más: La fortaleza de Dios solo puede ser usada a través de "la gracia que es en Cristo Jesús".

Gracia significa favor y bendición *inmerecida* de parte de Dios. El hombre no merece el favor y las bendiciones de Dios pero Dios ama al hombre. Por tanto, Dios ha provisto la manera para que el hombre reciba su favor y bendiciones — la mejor manera posible— a través de su Hijo, el Señor Jesucristo. El hombre puede recibir las bendiciones de Dios mediante el Hijo de Dios mismo y estas incluyen la fortaleza de Dios, la fortaleza para conquistar y vencer todas las pruebas y llevar a cabo su tarea sobre la tierra sin importar cuán trabajosa o difícil sea.

La idea es esta: Debemos hacer lo que Pablo le dijo a Timoteo que hiciera. Debemos ser fuertes, no en nuestras propias fuerzas sino en la gracia (favor) de Cristo. Debemos mirar a Cristo, no a nosotros mismos ni a otras personas. Debemos confiar en la suficiencia de Cristo, no en nuestras propias fuerzas.

Note: Pablo describe cuatro cuadros para ilustrar lo que quiere decir con esforzarse en Cristo Jesús. Estos cuadros los trataremos en las siguientes cuatro notas.

"Pero por la gracia de Dios soy lo que soy; y su gracia no ha sido en vano para conmigo, antes he trabajado más que todos ellos; pero no yo, sino la gracia de Dios conmigo" (1 Co. 15:10).

"Por lo demás, hermanos míos, fortaleceos en el Señor, y en el poder de su fuerza" (Ef. 6:10).

"Todo lo puedo en Cristo que me fortalece" (Fil. 4:13).

[2] (2:2) *Maestro — Discipulado:* El primer cuadro es el de un maestro fuerte. Un maestro tiene dos deberes fundamentales.

1. Un maestro fuerte recibe la verdad. Timoteo había escuchado a Pablo predicar y enseñar la verdad. ¿Cómo sabía Timoteo que la predicación y enseñanza de Pablo era verdadera? Por los muchos testigos que daban testimonio de ello. Muchos proclamaban que las promesas de Cristo eran ciertas. Cuando ellos confiaron en Jesucristo como su Señor y Salvador, algo les sucedió.

=> Recibieron una vida cambiada, una transformación de vida tan dramática que vinieron a ser como hombres nuevos y nuevas criaturas.

=> Recibieron una profunda percepción de la presencia de Dios.

=> Recibieron la seguridad absoluta de la salvación del pecado, la muerte y el juicio venidero.

=> Recibieron la presencia del Santo Espíritu de Dios habitando en ellos.

=> Recibieron la seguridad de la vida eterna.

En palabras simples, muchos testigos confirmaron lo que Pablo enseñaba, por tanto, Timoteo podía confiar en ello, y cuando lo hizo Timoteo mismo se convirtió. Experimento la verdad de Cristo y de la salvación.

Pensamiento 1. La verdad de Dios y de la salvación ha sido establecida para siempre. Cristo Jesús, el Hijo de Dios mismo, vino a la tierra para revelar a Dios y el camino de salvación. Testigo tras testigo a través de los siglos confirman la verdad. Depende del hombre el escucharla y recibirla. Un *maestro fuerte* escuchará, recibirá y dará a conocer la verdad a otros. Mostrar a otros la verdad los convertirá a ellos en maestros que pasarán la verdad a las fuguras generaciones.

2. Un maestro fuerte prepara a otros para transmitir la verdad. William Barclay da una descripción excelente de este punto.

"Todo cristiano debe verse a sí mismo como un vínculo entre dos generaciones. Él no solo ha recibido la fe, sino que debe pasarla más adelante. E. K. Simpson escribe acerca de este pasaje: 'La antorcha de la luz celestial debe ser transmitida sin que se extinga de una generación a otra y Timoteo debe considerarse un intermediario entre la era apostólica y las siguientes... El maestro es un eslabón de la cadena viviente que va sin interrupción desde nuestro momento actual hasta Jesucristo. La gloria de enseñar es que enlaza el presente con la vida terrenal de Jesucristo" (The Letters to Timothy, Titus, and Philemon, p. 181s).

Note que la verdad debe entregársele a creyentes *fieles*. Al decir *"fieles"* (pistos) se quiere decir una persona...

• que *cree* en Cristo y en la Palabra de Dios.

• que es fiel, de confianza, responsable y fidedigno.

Naturalmente, no se puede decir que una persona que no cree en Dios o en la Palabra de Dios es una persona fiel a Dios. Es, por el contrario, infiel y desleal. Dios no puede confiar en ella.

La idea central es esta: Un maestro fuerte no le encargará la verdad a una persona infiel. El maestro fuerte buscará personas fieles y les encargará la verdad. Como dice Matthew Henry:

"Hombres fieles [son aquellos] que buscarán sinceramente la gloria de Dios, la honra de Cristo, el bienestar de las almas y el avance del reino del Redentor en medio de los hombres" (Matthew Henry's Commentary, vol. 5, p. 837).

"Por tanto, id, y haced discípulos a todas las naciones, bautizándolos en el nombre del Padre, y del Hijo, y del Espíritu Santo; enseñándoles que guarden todas las cosas que os he mandado; y he aquí yo estoy con vosotros todos los días, hasta el fin del mundo. Amén" (Mt. 28:19-20).

"Le dijo la tercera vez: Simón, hijo de Jonás, ¿me amas? Pedro se entristeció de que le dijese la tercera vez: ¿Me amas? y le respondió: Señor, tú lo sabes todo; tú sabes que te amo. Jesús le dijo: Apacienta mis ovejas" (Jn. 21:17).

"Por tanto, mirad por vosotros, y por todo el rebaño en que el Espíritu Santo os ha puesto por obispos, para apacentar la iglesia del Señor, la cual él ganó por su propia sangre" (Hch. 20:28).

"Apacentad la grey de Dios que está entre vosotros, cuidando de ella, no por fuerza, sino voluntariamente; no por ganancia deshonesta, sino con ánimo pronto" (1 P. 5:2).

[3] (2:3-4) *Soldado — Creyente:* El segundo cuadro es el de un buen soldado. El creyente cristiano debe ser un buen soldado de Jesucristo.

1. Un buen soldado soporta, sufre y participa de los momentos duros con los demás soldados. Él no...

• se queda detrás

• esquiva sus deberes

• trata de escapar de la batalla

• se niega a cargar su carga

• se entrega al enemigo

• niega la causa

• rechaza al comandante

• se esconde del trabajo agotador

Un buen soldado está al lado de los demás soldados y sufre las adversidades de la lucha con ellos. Sacrifica todo lo que es y tiene por Cristo y su causa.

=> Entrega toda su mente, cuerpo y alma a Cristo y su causa de salvación.

=> Entrega todo su tiempo y energía a cristo y su promesa de vida eterna.

=> Entrega todo su dinero y posesiones a Cristo y su misión de evangelismo mundial.

El soldado de Jesucristo sufre penalidades, sin importar cuáles sean las penalidades. Sufre penalidades para que los hombres y mujeres, muchachos y muchachas sean salvos del pecado y el hambre, el mal y la enfermedad, la corrupción y el vacío, lo incorrecto y la soledad, la muerte y el juicio.

> "Y seréis aborrecidos de todos por causa de mi nombre; mas el que persevere hasta el fin, éste será salvo" (Mt. 10:22).

> "Así que, hermanos míos amados, estad firmes y constantes, creciendo en la obra del Señor siempre, sabiendo que vuestro trabajo en el Señor no es en vano" (1 Co. 15:58).

> "Solamente que os comportéis como es digno del evangelio de Cristo, para que o sea que vaya a veros, o que esté ausente, oiga de vosotros que estáis firmes en un mismo espíritu, combatiendo unánimes por la fe del evangelio" (Fil. 1:27).

> "Este mandamiento, hijo Timoteo, te encargo, para que conforme a las profecías que se hicieron antes en cuanto a ti, milites por ellas la buena milicia" (1 Ti. 1:18).

> "Pelea la buena batalla de la fe, echa mano de la vida eterna, a la cual asimismo fuiste llamado, habiendo hecho la buena profesión delante de muchos testigos" (1 Ti. 6:12).

> "Por la fe Moisés, hecho ya grande, rehusó llamarse hijo de la hija de Faraón, escogiendo antes ser maltratado con el pueblo de Dios, que gozar de los deleites temporales del pecado" (He. 11:24-25).

> "Bienaventurado el varón que soporta la tentación; porque cuando haya resistido la prueba, recibirá la corona de vida, que Dios ha prometido a los que le aman" (Stg. 1:12).

> "al cual resistid firmes en la fe, sabiendo que los mismos padecimientos se van cumpliendo en vuestros hermanos en todo el mundo" (1 P. 5:9).

2. Un buen soldado no se enreda en los negocios del diario vivir. Se mantiene enfocado en la causa de Cristo, la de alcanzar a un mundo moribundo con el mensaje de vida. Ahora las personas pueden tener vida —vida abundante y rebosante— y pueden vivir eternamente sabiendo sin lugar a dudas que van a vivir para siempre sin gustar jamás la muerte. Pero fíjese, necesitan oír sobre el Líder que puede darles esta vida. Esta es la tarea del soldado cristiano; esta es la gran causa del soldado cristiano. Y el buen soldado nunca se desvía de esta causa y nunca se enreda en los negocios de la vida. Su propósito no es…

* ganar dinero
* hacer fiesta
* buscar posesiones
* centrarse en esta vida
* ambicionar posiciones
* gratificar a la carne
* vivir en el placer

Su propósito es enfocarse en la campaña de Cristo, en llevar el mensaje del Rey de reyes, el mensaje del Señor Jesucristo. ¿Cuál es ese mensaje? El mensaje de eterna salvación. El hombre puede tener vida ahora y por la eternidad. No hay propósito mayor sobre la tierra que luchar por llevar adelante ese mensaje. El buen soldado se enfoca en su causa y no en el mundo. No se enreda con el mundo y sus negocios.

> "No os conforméis a este siglo, sino transformaos por medio de la renovación de vuestro entendimiento, para que comprobéis cuál sea la buena voluntad de Dios, agradable y perfecta" (Ro. 12:2).

> "y los que disfrutan de este mundo, como si no lo disfrutasen; porque la apariencia de este mundo se pasa" (1 Co. 7:31).

> "Por lo cual, Salid de en medio de ellos, y apartaos, dice el Señor, Y no toquéis lo inmundo; Y yo os recibiré, Y seré para vosotros por Padre, Y vosotros me seréis hijos e hijas, dice el Señor Todopoderoso" (2 Co. 6:17-18).

> "Sed, pues, imitadores de Dios como hijos amados" (Ef. 5:1).

> "Pero os ordenamos, hermanos, en el nombre de nuestro Señor Jesucristo, que os apartéis de todo hermano que ande desordenadamente, y no según la enseñanza que recibisteis de nosotros" (2 Ts. 3:6).

> "Tú, pues, sufre penalidades como buen soldado de Jesucristo. Ninguno que milita se enreda en los negocios de la vida, a fin de agradar a aquel que lo tomó por soldado" (2 Ti. 2:3-4).

> "Así que vosotros, oh amados, sabiéndolo de antemano, guardaos, no sea que arrastrados por el error de los inicuos, caigáis de vuestra firmeza" (2 P. 3:17).

> "No améis al mundo, ni las cosas que están en el mundo. Si alguno ama al mundo, el amor del Padre no está en él. Porque todo lo que hay en el mundo, los deseos de la carne, los deseos de los ojos, y la vanagloria de la vida, no proviene del Padre, sino del mundo" (1 Jn. 2:15-16).

3. Un buen soldado agrada u obedece a su Líder. Busca agradar al rey que lo ha elegido como soldado. Un buen soldado centra su atención en su comandante y sus palabras. No mira a nadie más…

* no mira a otro comandante. Cualquier otro comandante es falso.
* no se mira a sí mismo buscando satisfacer las lujurias de sus propios deseos.
* no mira a seres queridos que ocuparían su tiempo y gastarían su energía.
* no mira a aquellos en el mundo que buscan sus energías y placeres.

Un buen soldado es leal y comprometido con su General. Obedece a su líder y se concentra en agradarle a Él y solo a Él.

> "No todo el que me dice: Señor, Señor, entrará en el reino de los cielos, sino el que hace la voluntad de mi Padre que está en los cielos" (Mt. 7:21).

> "sino que según fuimos aprobados por Dios para que se nos confiase el evangelio, así hablamos; no como para agradar a los hombres, sino a Dios, que prueba nuestros corazones" (1 Ts. 2:4).

> "Por lo demás, hermanos, os rogamos y exhortamos en el Señor Jesús, que de la manera que aprendisteis de nosotros cómo os conviene conduciros y agradar a Dios, así abundéis más y más" (1 Ts. 4:1).

> "También os rogamos, hermanos, que amonestéis a los ociosos, que alentéis a los de poco ánimo, que sostengáis a los débiles, que seáis pacientes para con todos" (1 Ts. 5:14).

> "Por la fe Enoc fue traspuesto para no ver muerte, y no fue hallado, porque lo traspuso Dios; y antes que

fuese traspuesto, tuvo testimonio de haber agradado a Dios" (He. 11:5).

"Y de hacer bien y de la ayuda mutua no os olvidéis; porque de tales sacrificios se agrada Dios" (He. 13:16).

"Bienaventurados los que lavan sus ropas, para tener derecho al árbol de la vida, y para entrar por las puertas en la ciudad" (Ap. 22:14).

"Nunca se apartará de tu boca este libro de la ley, sino que de día y de noche meditarás en él, para que guardes y hagas conforme a todo lo que en él está escrito; porque entonces harás prosperar tu camino, y todo te saldrá bien" (Jos. 1:8).

4 (2:4) *Atleta — Creyentes:* El tercer cuadro es el de un atleta. El creyente cristiano debe ser como un atleta en la causa de Cristo.

1. El atleta es fuerte en disciplina y negación de sí mismo. Note la frase "el que lucha como atleta". La idea es la de un atleta profesional, una persona que ha dedicado su vida —todo lo que es y todo lo que tiene— a la competencia. El cristiano no debe ser un amateur en la vida; debe ser un profesional. La lucha no es algo a tiempo parcial; requiere toda la dedicación, energía y esfuerzo del atleta cristiano, y un poco más. El cristiano debe avanzar hasta donde le den sus fuerzas; y entonces, debe continuar adelante. ¿Cómo? De la misma manera que lo hace el atleta profesional: Mediante disciplina y dominio propio. No debe haber nada semejante a...

- un creyente indisciplinado
- un creyente descontrolado
- un creyente holgazán
- un creyente indulgente y que coma en exceso
- un creyente lujurioso e inmoral
- un creyente licencioso
- un creyente a tiempo parcial
- un creyente adormecido
- un creyente indiferente y satisfecho de sí mismo

El creyente debe estar comprometido completamente a vivir para Cristo, en todo momento, todos los días. Debe ser disciplinado y tener el control sobre su mente, cuerpo y alma.

=> Puede que le duela su cuerpo debido al cansancio, pero debe esforzarse incluso más allá de sus límites.

=> Puede que quiera darse ciertos gustos, pero debe rechazar la tentación.

=> Puede que desee mirar, tocar, probar y tener, pero debe decir no y enfocar sus pensamientos y energía en la carrera para Cristo.

El creyente debe buscar a Cristo, ser más y más como Él; debe procurar que todo hombre, mujer y niño conozca a Cristo. No importa cómo se sienta, el creyente cristiano debe ser disciplinado y mantener el control cada día de su vida, disciplinado y controlado...

- en la adoración a Dios mediante el estudio de la Palabra y la oración.
- en dar testimonio de las gloriosas noticias de Cristo Jesús nuestro Señor, las gloriosas noticias de vida eterna.

2. El atleta lucha legítimamente o de lo contrario es descalificado de la competencia. Es crucial que sepamos esto; este es el punto en el que muchas personas fracasan. No es suficiente declarar que uno va a participar en la competencia, ni es suficiente comenzar a correr en la competencia. Uno tiene que luchar legítimamente. Kenneth Wuest dice:

"Al atleta griego se le exigía que pasara diez meses de entrenamiento antes de la competencia. Durante ese tiempo tenía que realizar los ejercicios reglamentarios y vivir una vida estrictamente separado en cuanto a las cosas comunes y corrientes de la vida y se le colocaba bajo una dieta rigurosa. Si quebrantaba las reglas del entrenamiento, sería... desechado (1 Co. 9:27), adokimos, 'descalificado', excluido de la participación en la competencia deportiva" (The Pastoral Epistles, vol. 2, p. 129s).

Cualquier persona que quiere entrar en la competencia cristiana tiene que obedecer las reglas dispuestas por el oficial de la competencia. Ese oficial es el Señor Jesucristo, el Hijo de Dios mismo. ¿Cuáles son las reglas? Muy sencillo...

- una persona debe creer en Cristo.
- una persona debe seguir a Cristo, o sea, obedecer la Palabra de Dios.

"Porque de tal manera amó Dios al mundo, que ha dado a su Hijo unigénito, para que todo aquel que en él cree, no se pierda, mas tenga vida eterna" (Jn. 3:16).

"De cierto, de cierto os digo: El que oye mi palabra, y cree al que me envió, tiene vida eterna; y no vendrá a condenación, mas ha pasado de muerte a vida" (Jn. 5:24).

"Por tanto, de la manera que habéis recibido al Señor Jesucristo, andad en él" (Col. 2:6).

"El que dice que permanece en él, debe andar como él anduvo" (1 Jn. 2:6).

Pensamiento 1. ¿Cuántas personas dicen entrar en la carrera cristiana pero no corren según las reglas? La terrible tragedia es esta: Están descalificados y serán desechados.

"¿No sabéis que los que corren en el estadio, todos a la verdad corren, pero uno solo se lleva el premio? Corred de tal manera que lo obtengáis. Todo aquel que lucha, de todo se abstiene; ellos, a la verdad, para recibir una corona corruptible, pero nosotros, una incorruptible. Así que, yo de esta manera corro, no como a la ventura; de esta manera peleo, no como quien golpea el aire, sino que golpeo mi cuerpo, y lo pongo en servidumbre, no sea que habiendo sido heraldo para otros, yo mismo venga a ser eliminado" (1 Co. 9:24-27).

"vosotros corríais bien; ¿quién os estorbó para no obedecer a la verdad?" (Gá. 5:7).

"prosigo a la meta, al premio del supremo llamamiento de Dios en Cristo Jesús" (Fil. 3:14).

"Por tanto, nosotros también, teniendo en derredor nuestro tan grande nube de testigos, despojémonos de todo peso y del pecado que nos asedia, y corramos con paciencia la carrera que tenemos por delante" (He. 12:1).

"He peleado la buena batalla, he acabado la

carrera, he guardado la fe. Por lo demás, me está guardada la corona de justicia, la cual me dará el Señor, juez justo, en aquel día; y no sólo a mí, sino también a todos los que aman su venida" (2 Ti. 4:7-8).

5 (2:6) **Labrador — Creyente:** El cuarto cuadro es el de un labrador, un labrador que en verdad trabaja. la palabra "trabajar" (kopiao) se refiere a un trabajo diligente, difícil, agotador. Es la imagen de un labrador que trabaja hasta el cansancio, hasta estar tan cansado que no puede dar un paso más.

Fíjese en el punto más significativo: Es el labrador diligente que trabaja arduamente —el que trabaja hasta el agotamiento— el que será el primero en participar de los frutos. El labrador perezoso…

- es el último en recibir la recompensa de su cosecha y de los frutos.
- nunca logra una cosecha completa y nunca recibe la recompensa de una cosecha completa.

La razón es que el labrador perezoso o siembra menos semillas o siembra mucho después de cuando debiera. Note cuál es la idea central: El labrador diligente será el primero en ser recompensado. Será el primero en participar de los frutos de la cosecha.

Esto también se cumple con los creyentes cristianos. El creyente diligente será el primero en ser recompensado por Dios, o sea, Dios le dará la mayor recompensa. Oliver Greene dice:

"Muchos cristianos piensan que todos recibiremos las recompensas por igual en aquel día cuando el Juez justo recompensará a sus siervos fieles, ¡pero esas amadas personas se llevarán tremenda sorpresa! Cada creyente será recompensado de acuerdo a la fidelidad de su mayordomía… Estoy seguro de que habrá muchos en el cielo sin recompensas" (*The Epistles of Paul the Apostle to Timothy and Titus*, p. 298).

"Porque es necesario que todos nosotros comparezcamos ante el tribunal de Cristo, para que cada uno reciba según lo que haya hecho mientras estaba en el cuerpo, sea bueno o sea malo" (2 Co. 5:10).

"Porque nadie puede poner otro fundamento que el que está puesto, el cual es Jesucristo. Y si sobre este fundamento alguno edificare oro, plata, piedras preciosas, madera, heno, hojarasca, la obra de cada uno se hará manifiesta; porque el día la declarará, pues por el fuego será revelada; y la obra de cada uno cuál sea, el fuego la probará. Si permaneciere la obra de alguno que sobreedificó, recibirá recompensa. Si la obra de alguno se quemare, él sufrirá pérdida, si bien él mismo será salvo, aunque así como por fuego" (1 Co. 3:11-15).

Matthew Henry dice:

"Si vamos a participar de los frutos, debemos trabajar; si vamos a obtener el premio, debemos correr la carrera. Además, debemos trabajar primero como los hace el agricultor, con diligencia y paciencia, para poder participar de los frutos; debemos hacer la voluntad de Dios antes de recibir las promesas" (*Matthew Henry's Commentary*, vol. 5, p. 838).

"Así que, hermanos míos amados, estad firmes y constantes, creciendo en la obra del Señor siempre, sabiendo que vuestro trabajo en el Señor no es en vano" (1 Co. 15:58).

"porque os es necesaria la paciencia, para que habiendo hecho la voluntad de Dios, obtengáis la promesa" (He. 10:36).

"Por tanto, hermanos, tened paciencia hasta la venida del Señor. Mirad cómo el labrador espera el precioso fruto de la tierra, aguardando con paciencia hasta que reciba la lluvia temprana y la tardía. Tened también vosotros paciencia, y afirmad vuestros corazones; porque la venida del Señor se acerca" (Stg. 5:7-8).

6 (2:7) **Conclusión:** El creyente necesita pensar en estas cosas y necesita al Señor para entenderlas.

"Jesús les dijo: ¿Habéis entendido todas estas cosas? Ellos respondieron: Sí, Señor" (Mt. 13:51).

"El que tiene oídos para oír, oiga" (Mt. 11:15; 13:9, 43, etc.)

"Dijo entonces Jesús a los judíos que habían creído en él: Si vosotros permaneciereis en mi palabra, seréis verdaderamente mis discípulos" (Jn. 8:31).

	D. Cuarto encargo: Recordar que el Señor Jesucristo es el Señor resucitado, 2:8-13	10 Por tanto, todo lo soporto por amor de los escogidos, para que ellos también obtengan la salvación que es en Cristo Jesús con gloria eterna.	3 El evangelio nos hace perseverar
1 El evangelio proclama la humanidad y deidad de Jesucristo a. El linaje de David: Hombre b. El Señor resucitado: Dios	8 Acuérdate de Jesucristo, del linaje de David, resucitado de los muertos conforme a mi evangelio,	11 Palabra fiel es esta: Si somos muertos con él, también viviremos con él; 12 Si sufrimos, también reinaremos con él; Si le negáremos, él también nos negará.	4 El evangelio garantiza gloria eterna y juicio eterno a. La gloria b. El juicio
2 El evangelio lo lleva a uno a soportar los sufrimientos y asegura la victoria de nuestro propósito: Difundir la Palabra de Dios	9 en el cual sufro penalidades, hasta prisiones a modo de malhechor; mas la Palabra de Dios no está presa.	13 Si fuéremos infieles, él permanece fiel; El no puede negarse a sí mismo.	c. La fidelidad de la Palabra de Dios

DIVISIÓN I

LOS FUERTES ENCARGOS A TIMOTEO, 1:6—2:26

D. Cuarto encargo: Recordar que el Señor Jesucristo es el Señor resucitado, 2:8-13

(2:8-13) *Introducción:* Este es uno de los encargos más importantes que se le haya dado a los creyentes, recordar el evangelio, que Jesucristo es el Señor resucitado. Jesucristo se levantó de entre los muertos.

1. Recuerda: El evangelio proclama la humanidad y deidad de Jesucristo (v. 8).
2. Recuerda: El evangelio lo lleva a uno a soportar los sufrimientos y asegura la victoria de nuestro propósito: Difundir la Palabra de Dios (v. 9).
3. Recuerda: El evangelio nos hace perseverar (v. 10).
4. Recuerda: El evangelio garantiza gloria eterna y juicio eterno (vv. 11-13).

1 (2:8) *Jesucristo, humanidad; deidad — Evangelio:* Recuerda: El evangelio proclama la humanidad y deidad de Jesucristo.

1. Jesús el Mesías fue un hombre. Nació del linaje de David; fue un hombre como David, nació de las raíces de David. Dios envió a su Hijo al mundo como humano. El Hijo de Dios se hizo hombre —carne y sangre— tal y como los demás hombres. Tuvo una naturaleza humana y debido a eso, conoce…

*   los sufrimientos de la vida.
*   las pruebas de la vida.
*   las tentaciones de la vida.
*   los problemas y dificultades de la vida.
*   los pesares y tristezas de la vida.
*   las luchas y dolores de la vida.

La idea central es esta: Jesucristo conoce con exactitud lo que enfrentamos en la vida. Por tanto, es capaz de socorrernos en cualquiera de las pruebas de la vida. No importa cuá-les sean los sufrimientos, Jesucristo puede librarnos de los sufrimientos y hacernos triunfar sobre ellos.

"Y aquel Verbo fue hecho carne, y habitó entre nosotros (y vimos su gloria, gloria como del unigénito del Padre), lleno de gracia y de verdad" (Jn. 1:14).

"Así que, por cuanto los hijos participaron de carne y sangre, él también participó de lo mismo, para destruir por medio de la muerte al que tenía el imperio de la muerte, esto es, al diablo, y librar a todos los que por el temor de la muerte estaban durante toda la vida sujetos a servidumbre. Porque ciertamente no socorrió a los ángeles, sino que socorrió a la descendencia de Abraham" (He. 2:14-16).

"Por lo cual debía ser en todo semejante a sus hermanos, para venir a ser misericordioso y fiel sumo sacerdote en lo que a Dios se refiere, para expiar los pecados del pueblo. Pues en cuanto él mismo padeció siendo tentado, es poderoso para socorrer a los que son tentados" (He. 2:17-18).

"Porque no tenemos un sumo sacerdote que no pueda compadecerse de nuestras debilidades, sino uno que fue tentado en todo según nuestra semejanza, pero sin pecado. Acerquémonos, pues, confiadamente al trono de la gracia, para alcanzar misericordia y hallar gracia para el oportuno socorro" (He. 4:15-16).

2. Jesús el Mesías era divino; tenía la misma naturaleza de Dios. ¿Cómo lo sabemos? Porque resucitó de entre los muertos. La resurrección de los muertos declara que Jesús es el Hijo de Dios. Todos los demás hombres han muerto y se han ido. La prueba de ello es una simple pregunta: "¿Dónde están ellos? ¿Dónde están nuestras madres, nuestros padres, nuestras hermanas y nuestros antecesores?" Una vez que han dejado este mundo, se han ido. Pero Cristo no, Él murió, pero resucitó y vive para siempre en la presencia de Dios. La muerte no lo pudo retener porque era el Hijo de Dios y tenía el espíritu de santidad perfecto. (Vea Estudio a fondo 4, *Jesucristo, resurrección,* Hch. 2:24 para mayor discusión.)

William Barclay hace un excelente comentario sobre este punto:

"El tiempo del verbo en griego que Pablo usa no implica un hecho definido en el tiempo, sino un estado continuo que dura para siempre. Pablo no le está diciendo a Timoteo: 'Recuerda la presente resurrección de Jesús', más bien está diciendo: 'Recuerda a Jesús por siempre resucitado y por siempre presente'; recuerden a su Señor resucitado y siempre presente'. Esta es la gran inspiración cristiana. No dependemos de la inspiración de un gran recuerdo, que en realidad lo es. Disfrutamos del poder de una presencia. Cuando a un cristiano se le llama a una gran tarea, una tarea que él siente que está más allá de sus fuerzas, debe ejecutarla con la seguridad de que no va solo, sino que con él está por siempre y siempre la presencia y el poder de su Señor resucitado. Cuando tema las amenazas, cuando asalte la duda, cuando lo deprima el sentirse inadecuado, recuerda la presencia del Señor resucitado" (*The Letters to Timothy, Titus, and Philemon*, p. 189).

> **"al cual Dios levantó, sueltos los dolores de la muerte, por cuanto era imposible que fuese retenido por ella"** (Hch. 2:24).
>
> **"Sepa, pues, ciertísimamente toda la casa de Israel, que a este Jesús a quien vosotros crucificasteis, Dios le ha hecho Señor y Cristo"** (Hch. 2:36).
>
> **"El Dios de nuestros padres levantó a Jesús, a quien vosotros matasteis colgándole en un madero. A éste, Dios ha exaltado con su diestra por Príncipe y Salvador, para dar a Israel arrepentimiento y perdón de pecados"** (Hch. 5:30-31).
>
> **"que fue declarado Hijo de Dios con poder, según el Espíritu de santidad, por la resurrección de entre los muertos"** (Ro. 1:4).
>
> **"Porque Cristo para esto murió y resucitó, y volvió a vivir, para ser Señor así de los muertos como de los que viven"** (Ro. 14:9).
>
> **"la cual operó en Cristo, resucitándole de los muertos y sentándole a su diestra en los lugares celestiales"** (Ef. 1:20).
>
> **"y estando en la condición de hombre, se humilló a sí mismo, haciéndose obediente hasta la muerte, y muerte de cruz. Por lo cual Dios también le exaltó hasta lo sumo, y le dio un nombre que es sobre todo nombre"** (Fil. 2:8-9).

2 (2:9) *Sufrimiento — Evangelio:* Recuerda: El evangelio lo lleva a uno a soportar los sufrimientos y asegura la victoria de nuestro propósito: Difundir la Palabra de Dios. Pablo estaba en la cárcel porque predicaba la Palabra de Dios. En este momento en particular, muchos a lo largo del imperio romano odiaban a los cristianos con fiera pasión. Muchos reaccionaron en contra del mensaje de moral y pureza, justicia y rectitud para todos. Además de esto, a los creyentes de Roma se les culpó de uno de los peores desastres sucedidos a una ciudad, el incendio de Roma. Nerón, en uno de sus momentos de locura, ordenó el incendio para ser reconocido como el gran emperador que reconstruyó la ciudad, pero el senado no podía culpar a Nerón. Por tanto, buscaron un chivo expiatorio, y el chivo expiatorio escogido fue la nueva secta religiosa, los cristianos. Como resultado, comenzó una gran persecución contra los creyentes cristianos. Pablo, por supuesto, era uno de los líderes principales de los cristianos.

"Pero todos los esfuerzos humanos, todos los lujosos regalos del emperador y las propiciaciones de los dioses no hicieron desaparecer la creencia siniestra de que la conflagración fue el resultado de una orden. En consecuencia, para deshacerse del informe, Nerón hizo recaer la culpa e infligió las más exquisitas torturas sobre una clase odiada por sus abominaciones, llamados cristianos por el populacho" (Tácito, *Anales*, 15:44 citado por William Barclay, *The Letters to Timothy, Titus, and Philemon*, p. 192).

Como ya dijimos, Pablo estaba en la cárcel por haber predicado el evangelio. Él era fiel a su llamamiento, el propósito por el que Dios le había puesto sobre la tierra: Proclamar el evangelio del Señor Jesucristo. Pero note un hecho glorioso: La Palabra de Dios no estaba presa. Los hombres podían detener a Pablo pero no podían detener el propósito de Pablo. Su mensaje continuaría adelante a lo largo de la historia. El mensaje del gran amor de Dios hacia el mundo —el mensaje de la cruz, de la muerte del Hijo de Dios por el mundo— ese mensaje nadie lo detendrá hasta que el mundo termine. Siempre habrá algunos creyentes que proclamarán la Palabra de Dios, que Dios salva a cualquier persona que venga a Él a través del Señor Jesucristo.

> **"Porque no me avergüenzo del evangelio, porque es poder de Dios para salvación a todo aquel que cree; al judío primeramente, y también al griego"** (Ro.1 :16).
>
> **"Porque la Palabra de Dios es viva y eficaz, y más cortante que toda espada de dos filos; y penetra hasta partir el alma y el espíritu, las coyunturas y los tuétanos, y discierne los pensamientos y las intenciones del corazón"** (He. 4:12).
>
> **"así será mi palabra que sale de mi boca; no volverá a mí vacía, sino que hará lo que yo quiero, y será prosperada en aquello para que la envíe"** (Is. 55:11).
>
> **"Por tanto, así ha dicho Jehová Dios de los ejércitos: Porque dijeron esta palabra, he aquí yo pongo mis palabras en tu boca por fuego, y a este pueblo por leña, y los consumirá"** (Jer. 5:14).
>
> **"¿No es mi palabra como fuego, dice Jehová, y como martillo que quebranta la piedra?"** (Jer. 23:29).

3 (2:10) *Perseverancia — Evangelio:* El evangelio nos hace perseverar en todas las cosas. ¿Cómo? Por resultados. Dios ha prometido salvar a las personas mediante el evangelio. Cuando predicamos y enseñamos la salvación en Cristo Jesús —salvación con gloria eterna— Dios salva a las personas. Esta es la única esperanza para las personas y no podría existir una esperanza mayor. ¡Imagine poder vivir por siempre en gloria eterna! Una vida así está más allá de nuestra imaginación y no obstante, es precisamente de lo que trata el evangelio. Por lo tanto, no importa cuál sea el costo —no importa cuánto sufrimiento tengamos que soportar— debemos hacerlo todo por la salvación de las personas. Esta es la idea que Pablo quiere transmitir: El evangelio —la gloriosa verdad de que las personas pueden realmente ser salvos y recibir gloria eterna—impulsaba a Pablo a sufrir todas las cosas. Pablo deseaba que las personas oyeran el evangelio para que pudieran ser salvas. Este debe ser también nuestro propósito y nuestro objetivo en la vida. Nosotros también debemos proclamar el evangelio, sin importar el sufrimiento y el sacrificio. Debemos pagar el precio que sea necesario para ver que las personas escuchen el evangelio, pues esta es la única manera en que las personas pueden ser salvas y recibir gloria eterna.

> "Porque todo el que quiera salvar su vida, la perderá; y todo el que pierda su vida por causa de mí, la hallará" (Mt. 16:25).
> "Entonces Pedro comenzó a decirle: He aquí, nosotros lo hemos dejado todo, y te hemos seguido" (Mr. 10:28).
> "Así, pues, cualquiera de vosotros que no renuncia a todo lo que posee, no puede ser mi discípulo" (Lc. 14:33).
> "Quiero que sepáis, hermanos, que las cosas que me han sucedido, han redundado más bien para el progreso del evangelio, de tal manera que mis prisiones se han hecho patentes en Cristo en todo el pretorio, y a todos los demás. Y la mayoría de los hermanos, cobrando ánimo en el Señor con mis prisiones, se atreven mucho más a hablar la palabra sin temor" (Fil. 1:12-14).
> "Y ciertamente, aun estimo todas las cosas como pérdida por la excelencia del conocimiento de Cristo Jesús, mi Señor, por amor del cual lo he perdido todo, y lo tengo por basura, para ganar a Cristo" (Fil. 3:8).

4 (2:11-13) *Confesión — Negación — Juicio:* El evangelio garantiza gloria eterna y juicio eterno. La mayoría de los comentaristas dicen que estos tres versículos fueron uno de los primeros himnos de la iglesia primitiva.

1. Fíjese en la gloriosa promesa: Si morimos con Cristo, también viviremos con Él. ¿Cómo puede una persona morir con Cristo? (Vea notas, pt. 3, 2 Ti. 1:8-10; pt. 4, 1 Ti. 2:3-7. Vea Estudio a fondo 1, *Creyente, posición en Cristo,* Ro. 8:1 para una discusión detallada.)

Cuando el creyente sufre y persevera para Cristo, se le garantiza que reinará con Cristo para siempre.

> "Mas el que persevere hasta el fin, éste será salvo" (Mt. 24:13).

2. Note el trágico resultado que trae negar a Cristo. "Si le negáremos, él también nos negará".

> "A cualquiera, pues, que me confiese delante de los hombres, yo también le confesaré delante de mi Padre que está en los cielos. Y a cualquiera que me

niegue delante de los hombres, yo también le negaré delante de mi Padre que está en los cielos" (Mt. 10:32-33).
> "Porque el que se avergonzare de mí y de mis palabras en esta generación adúltera y pecadora, el Hijo del Hombre se avergonzará también de él, cuando venga en la gloria de su Padre con los santos ángeles" (Mr. 8:38).
> "Profesan conocer a Dios, pero con los hechos lo niegan, siendo abominables y rebeldes, reprobados en cuanto a toda buena obra" (Tit. 1:16).
> "Pero hubo también falsos profetas entre el pueblo, como habrá entre vosotros falsos maestros, que introducirán encubiertamente herejías destructoras, y aun negarán al Señor que los rescató, atrayendo sobre sí mismos destrucción repentina" (2 P. 2:1).
> "¿Quién es el mentiroso, sino el que niega que Jesús es el Cristo? Este es anticristo, el que niega al Padre y al Hijo" (1 Jn. 2:22).

3. Nótese lo que Dios quiere decir cuando dice: El no puede negarse a sí mismo. Su promesa de gloria y su pronunciamiento de juicio son seguros. Algunas personas serán salvadas y glorificadas y a otras se les negará y condenará.

> *"Aun si nosotros no creemos Él permanece fiel; Él no puede negarse a sí mismo. Él es fiel a sus amenazas, fiel a sus promesas; ni la una ni la otra caerá a tierra, no, ni una jota ni una tilde de ellas. Si le somos fieles a Cristo, Él ciertamente nos será fiel. Si le somos falsos, Él será fiel a sus amenazas Él no puede negarse a sí mismo, no puede retirar ninguna de las palabras que ha hablado, porque Él es sí y amén, el testigo fiel... Si nosotros le negamos, ya sea por miedo, vergüenza o por obtener alguna ventaja temporal, Él nos negará y desheredará; Él no se negará a sí mismo sino que continuará siendo fiel a su palabra tanto cuando amenaza como cuando promete"* (Matthew Henry, *Matthew Henry's Commentary,* p. 839).

> "El que cree en el Hijo tiene vida eterna; pero el que rehúsa creer en el Hijo no verá la vida, sino que la ira de Dios está sobre él" (Jn. 3:36).
> "Por eso os dije que moriréis en vuestros pecados; porque si no creéis que yo soy, en vuestros pecados moriréis" (Jn. 8:24).
> "Mirad, hermanos, que no haya en ninguno de vosotros corazón malo de incredulidad para apartarse del Dios vivo" (He. 3:12).
> "Procuremos, pues, entrar en aquel reposo, para que ninguno caiga en semejante ejemplo de desobediencia" (He. 4:11).

	E. Quinto encargo: Recordar a la iglesia el peligro de las palabras y el fundamento de Dios, 2:14-21	son Himeneo y Fileto, 18 que se desviaron de la verdad, diciendo que la resurrección ya se efectuó, y trastornan la fe de algunos.	**c. Dos ejemplos** 1) Espiritualizan la resurrección 2) Minan la de algunos
1 Recordatorio 1: No discutan y contiendan sobre palabras que no es de provecho para los oyentes, especulaciones, teorías y cuestiones insignificantes	14 Recuérdales esto, exhortándoles delante del Señor a que no contiendan sobre palabras, lo cual para nada aprovecha, sino que es para perdición de los oyentes.	19 Pero el fundamento de Dios está firme, teniendo este sello: Conoce el Señor a los que son suyos; y: Apártese de iniquidad todo aquel que invoca el nombre de Cristo.	**4 Recordatorio 4: El fundamento de la casa de Dios está firme** a. La gran casa de Dios tiene dos inscripciones
2 Recordatorio 2: Procura, busca ser un verdadero maestro de la Palabra de Dios a. Ser aprobado por Dios. b. No tener de qué avergonzarte. c. Enseñar la Palabra con exactitud.	15 Procura con diligencia presentarte a Dios aprobado, como obrero que no tiene de qué avergonzarse, que usa bien la palabra de verdad.	20 Pero en una casa grande, no solamente hay utensilios de oro y de plata, sino también de madera y de barro; y unos son para usos honrosos, y otros para usos viles.	b. La casa terrenal de Dios (la iglesia) tiene gran variedad de utensilios 1) Hay utensilios honrosos y viles 2) Hay que limpiarse para ser un instrumento para honra
3 Recordatorio 3: Evita las pláticas y discusiones profanas a. Lleva a la iniquidad b. Carcome como gangrena.	16 Mas evita profanas y vanas palabrerías, porque conducirán más y más a la impiedad. 17 Y su palabra carcomerá como gangrena; de los cuales	21 Así que, si alguno se limpia de estas cosas, será instrumento para honra, santificado, útil al Señor, y dispuesto para toda buena obra.	

DIVISIÓN I

LOS FUERTES ENCARGOS A TIMOTEO, 1:6—2:26

E. Quinto encargo: Recordar a la iglesia el peligro de las palabras y el fundamento de Dios, 2:14-21

(2:14-21) *Introducción:* Las palabras se fraguan y provocan más problemas que ninguna otra cosa. Este hecho subraya la importancia de este pasaje: Recuerda el daño de las palabras y el fundamento de Dios.

1. Recordatorio 1: No discutan y contiendan sobre palabras que no es de provecho para los oyentes, especulaciones, teorías y cuestiones insignificantes (v. 14).
2. Recordatorio 2: Procura, busca ser un verdadero maestro de la Palabra de Dios (v. 15).
3. Recordatorio 3: Evita las pláticas y discusiones profanas (vv. 16-18).
4. Recordatorio 4: El fundamento de la casa de Dios está firme (vv. 19-21).

1 (2:14) *Palabras — Conversaciones — Especulación:* Recordatorio 1: No discutan y contiendan sobre palabras que no es de provecho para los oyentes, es decir, no discutan y contiendan por cosas insignificantes, teorías religiosas, especulaciones e ideas. El tiempo es corto y las oportunidades de estar juntos y confraternizar no son tantas. Por tanto, cuando

nos reunimos debemos ser comunicativos y dar a conocer las palabras que nos beneficien a todos. Sin embargo, a menudo este no es el caso. Con frecuencia nuestras palabras son inútiles y sin provecho y a veces son incluso molestas y destructivas. Imagine cuáles son estas palabras molestas y destructivas que se escuchan en la iglesia entre los creyentes, las discusiones y contiendas sobre palabras que no aprovechan a los oyentes. Son…

- palabras acerca de cosas insignificantes. (Piense en algunas de los asuntos sin importancia que se suceden en la iglesia.)
- palabras sobre edificios, tradiciones y rituales.
- palabras sobre personas, rumores, chismes y críticas.
- palabras sobre asuntos triviales de la vida cotidiana.
- palabras para malgastar y pasar el tiempo.
- palabras que se enfocan en el debate de posiciones teológicas, especulaciones e ideas.
- palabras acerca de ideas y teorías favoritas.

Hay esencialmente tres tipos de pláticas sin provecho que se desarrollan entre los creyentes.

=> En primer lugar, está la conversación trivial para pasar el tiempo, conversaciones que no edifican en lo absoluto al creyente.
=> En segundo lugar, está la conversación que cae en crí-

ticas y chismes, conversaciones que destruyen a las personas.

=> En tercer lugar, está la conversación que disfruta discutir las teorías y especulaciones teológicas William Barclay tiene una discusión tan excelente sobre este aspecto que amerita que cada creyente la lea, especialmente por los estudiantes y maestros del evangelio:

"Las discusiones pueden ser estimulantes y vigorizantes para aquellos cuyo enfoque de la fe cristiana es intelectual, para aquellos que tienen un trasfondo de conocimiento y cultura, para aquellos que son característicamente estudiantes, para aquellos que tienen un conocimiento real de o interés en la teología. Pero a veces sucede que una persona de mente sencilla se encuentre en un grupo que esté lanzando herejías y proponiendo preguntas para las que no existe respuesta, y puede muy bien suceder la fe de esa persona simple, lejos de ser ayudada, se turbe... Y muy bien puede suceder que la discusión perspicaz, sutil, especulativa, destructiva e intelectualmente temeraria tenga un efecto demoledor en vez de constructivo sobre la fe de alguna persona simple que se vea involucrada en ella. Como en todas las cosas, hay tiempo para discutir y tiempo para guardar silencio" (The Letters to Timothy, Titus, and Philemon, p. 197).

"ni presten atención a fábulas y genealogías interminables, que acarrean disputas más bien que edificación de Dios que es por fe, así te encargo ahora" (1 Ti. 1:4).

"está envanecido, nada sabe, y delira acerca de cuestiones y contiendas de palabras, de las cuales nacen envidias, pleitos, blasfemias, malas sospechas" (1 Ti. 6:4).

"Pero desecha las cuestiones necias e insensatas, sabiendo que engendran contiendas" (2 Ti. 2:23).

"Pero evita las cuestiones necias, y genealogías, y contenciones, y discusiones acerca de la ley; porque son vanas y sin provecho" (Tit. 3:9).

La idea central es esta: El predicador y el maestro deben recordarle a los creyentes, no discutan y contiendan sobre palabras que no aprovechan a los oyentes. No perturben ni destruyan a las personas con sus palabras.

2 (2:15) *Palabra de Dios — Procurar:* Recordatorio 2: Procura ser un verdadero maestro de la Palabra de Dios. Procurar quiere decir poner tu corazón en ser diligente, darse prisa, apresurarse y buscar la aprobación de Dios. Note que el interés principal del creyente debe ser la aprobación de Dios. Un creyente es necio si no busca *la aprobación de Dios.* Ser desaprobado es sinónimo de desagradar y no ser aceptado por Dios. Entonces, ¿cómo podemos estar seguros de tener la aprobación de Dios?

=> Siendo un obrero: la idea es ser un obrero diligente que trabaja hasta el cansancio.

Pero fíjese, se nos puntualiza e identifica nuestra obra. Debemos estudiar la Palabra de Dios y usarla bien. La frase "que usa bien" (orthotomounta) significa hacer un corte recto. Los creyentes deben cortar la verdad en línea recta; no

deben tomar sendas torcidas ni caminos colaterales a la verdad. Debemos procurar la verdad y usarla bien. Una vez que hemos estudiado y aprendido la Palabra de Dios debemos enseñarla fielmente. No debemos enseñar...

• nuestras propias ideas
• las teorías de otras personas
• lo que nosotros pensamos
• lo que otros hombres piensan

No demos manejar mal la Palabra de Dios: Torcerla para acomodar lo que pensamos o queremos decir; enfatizar demasiado o demasiado poco sus enseñanzas; añadirle o quitarle. Cualquier persona que usa mal la Palabra de Dios no es aprobada por Dios. Esta es la idea central de este versículo: Si queremos la aprobación de Dios —si queremos ser aceptables delante de Dios— debemos procurar, apresurarnos y buscar ser un fiel maestro de la Palabra de Dios. Debemos ser obreros que estudian la Palabra de Dios, obreros que procuran diligentemente: *Que analizan correctamente y usan fielmente —manejan correctamente y enseñan con habilidad— la Palabra de verdad.* Este es el creyente que no se avergonzará cuando esté cara a cara al Señor Jesucristo en el gran día del juicio.

"Y éstos eran más nobles que los que estaban en Tesalónica, pues recibieron la palabra con toda solicitud, escudriñando cada día las Escrituras para ver si estas cosas eran así" (Hch. 17:11).

"Por tanto, mirad por vosotros, y por todo el rebaño en que el Espíritu Santo os ha puesto por obispos, para apacentar la iglesia del Señor, la cual él ganó por su propia sangre" (Hch. 20:28).

"Y ahora, hermanos, os encomiendo a Dios, y a la palabra de su gracia, que tiene poder para sobreedificaros y daros herencia con todos los santificados. Ni plata ni oro ni vestido de nadie he codiciado" (Hch. 20:32).

"Toda la Escritura es inspirada por Dios, y útil para enseñar, para redargüir, para corregir, para instruir en justicia" (2 Ti. 3:16).

"desead, como niños recién nacidos, la leche espiritual no adulterada, para que por ella crezcáis para salvación, si es que habéis gustado la benignidad del Señor" (1 P. 2:2-3).

"Apacentad la grey de Dios que está entre vosotros, cuidando de ella, no por fuerza, sino voluntariamente; no por ganancia deshonesta, sino con ánimo pronto" (1 P. 5:2).

"Y te afligió, y te hizo tener hambre, y te sustentó con maná, comida que no conocías tú, ni tus padres la habían conocido, para hacerte saber que no sólo de pan vivirá el hombre, mas de todo lo que sale de la boca de Jehová vivirá el hombre" (Dt. 8:3).

"Del mandamiento de sus labios nunca me separé; Guardé las palabras de su boca más que mi comida" (Job 23:12).

"¡Cuán dulces son a mi paladar tus palabras! Más que la miel a mi boca" (Sal. 119:103).

"y os daré pastores según mi corazón, que os apacienten con ciencia y con inteligencia" (Jer. 3:15).

"Fueron halladas tus palabras, y yo las comí; y tu palabra me fue por gozo y por alegría de mi corazón;

porque tu nombre se invocó sobre mí, oh Jehová Dios de los ejércitos" (Jer. 15:16).

3 (2:16-18) *Conversación — Palabrería — Racionalización — Enseñanza, falsa:* Recordatorio 3: Evita las pláticas y discusiones profanas. Este es un lenguaje descriptivo que ilustra muchas de las conversaciones que encontramos entre las personas.

=> Muchas conversaciones son "profanas" (bebelos): Comunes, irreverentes e impías.

=> Muchas conversaciones son vanas: Vacías y carentes de significado.

=> Muchas conversaciones son *palabrerías:* Nada más que voces vacías enfrascadas en discusiones vacías e impías.

El encargo es directo y enfático: Evita, rechaza, aléjate de las conversaciones impías y vacías. ¿Cuáles son algunos ejemplos de conversación impía y vacía?…

• Falsas enseñanzas
• Filosofía mundanal
• Maldiciones
• Teorías teológicas
• Sugerencias inmorales
• Conversaciones subidas de tono
• Insinuaciones indecentes
• Críticas
• Chismes
• Seducciones insinuantes

Note que dichas pláticas no solo son vacías e impías, sino que también llevan más y más a la impiedad. Tales conversaciones en verdad aumentan la impiedad en el corazón y la vida de una persona. De hecho, la ilustración no podía describirlo mejor: Las pláticas impías carcomen a la persona de la misma manera que el crecimiento de un cáncer.

La mayoría de las personas con frecuencia ignoran ese punto, pues la mayoría de las personas quieren andar por ahí haciendo lo que bien les parezca. Piense en cómo el hecho de que tomáramos en serio este encargo afectaría el control de…

• la televisión
• las películas
• la música
• las discusiones
• las opiniones
• las diferencias
• las posiciones (teológicas, sociales, políticas)
• las decisiones
• los debates

Este encargo afecta todas y cada una de las formas de comunicación y relaciones imaginables. Imagínese que no tuviera lugar ninguna conversación ni comunicación que fuera impía y vacía. ¿Por qué? Porque las pláticas vacías e impías carcomen como un cáncer. Llevan a la persona más y más a la impiedad y la desolación.

"Aquí está el examen. Si al final de nuestra conversación y debate, estamos más cerca el uno del otro y más cerca de Dios, entonces todo está bien; pero si al final de
nuestra discusión hemos levantado barreras entre nosotros y hemos dejado a Dios más distante y nuestra visión acerca de Él se ha nublado, entonces todo está mal. El propósito de toda discusión cristiana y de toda acción cristiana es acercar al hombre más a Dios" (William Barclay, *The Letters to Timothy, Titus, and Philemon,* p. 199).

Fíjese que se nos mencionan dos ejemplos de hombres que se involucraron en conversaciones o enseñanzas impías: Himeneo y Fileto. Parece ser que estos dos hombres eran miembros de la iglesia que espiritualizaron la venidera resurrección de los creyentes. Ellos probablemente estaban diciendo una de estas tres cosas: Que la resurrección era una experiencia espiritual que ocurrió…

• en el momento de la conversión cuando Dios considera al creyente como resucitado con Cristo.

• en el momento del bautismo cuando la persona sale del agua.

• al momento del nacimiento del hijo de un creyente, o sea, su vida ha resucitado y vive en la vida de sus hijos.

La idea central es la siguiente: Todas esas conversaciones impías, ya sean falsas enseñanzas o simplemente conversaciones vacías y carentes de significado, deben evitarse y rechazarse. El creyente debe hacer lo que dice el versículo quince: Procura, date prisa y busca la aprobación de Dios. Debe vivir, moverse y ser en la Palabra de Dios, concentrándose y enfocándose en Dios. Dios y su Palabra deben ser la obsesión del creyente, el vivir y respirar del creyente.

"¿Disputará con palabras inútiles, Y con razones sin provecho?" (Job 15:3).

"En las muchas palabras no falta pecado; Mas el que refrena sus labios es prudente" (Pr. 10:19).

"y por haberse multiplicado la maldad, el amor de muchos se enfriará" (Mt. 24:12).

"Los de sobre la piedra son los que habiendo oído, reciben la palabra con gozo; pero éstos no tienen raíces; creen por algún tiempo, y en el tiempo de la prueba se apartan" (Lc. 8:13).

"Y Jesús le dijo: Ninguno que poniendo su mano en el arado mira hacia atrás, es apto para el reino de Dios" (Lc. 9:62).

"Cuando el espíritu inmundo sale del hombre, anda por lugares secos, buscando reposo; y no hallándolo, dice: Volveré a mi casa de donde salí. Y cuando llega, la halla barrida y adornada. Entonces va, y toma otros siete espíritus peores que él; y entrados, moran allí; y el postrer estado de aquel hombre viene a ser peor que el primero" (Lc. 11:24-26).

"mas ahora, conociendo a Dios, o más bien, siendo conocidos por Dios, ¿cómo es que os volvéis de nuevo a los débiles y pobres rudimentos, a los cuales os queréis volver a esclavizar?" (Gá. 4:9).

"Mas el justo vivirá por fe; Y si retrocediere, no agradará a mi alma" (He. 10:38).

"Pero tengo contra ti, que has dejado tu primer amor" (Ap. 2:4).

4 (2:19-21) *Espiritual, Fundamento:* Recordatorio 4: El fundamento de la casa de Dios está firme. Algunos le darán la espalda a Cristo; la fe de algunos será derrocada y minada por las enseñanzas y las pláticas impías. "Pero el fundamento de Dios está firme". ¿Qué es el fundamento de Dios? Es la familia de Dios o familia de la fe. Significa la gran casa de creyentes que Dios está construyendo. Es la familia e iglesia de Dios, *la verdadera familia y la verdadera iglesia de Dios*. Note dos aspectos sobre la gran casa de los creyentes.

1. La gran casa de Dios tiene dos inscripciones escritas en ella que sellan y garantizan su seguridad.

   a. La primera inscripción es esta: "Conoce el Señor a los que son suyos" En la verdadera familia de Dios no hay falsas profesiones ni hipócritas. Nadie engaña a Dios. Dentro de la iglesia terrenal hay trigo y cizaña, creyentes y no creyentes, pero cuando Dios los mira, conoce exactamente quienes son suyos. Él conoce a los que realmente han entrado a su familia y a aquellos que solamente están diciendo que han entrado.

   El punto central es este: Si una persona está viviendo dentro de la familia de Dios —permaneciendo firme y leal— es un verdadero creyente, un verdadero miembro de la familia de Dios y está seguro dentro de la casa de Dios. Pero si una persona ha abandonado la familia de Dios, no es de la familia de Dios. Ninguno de nosotros podemos sorprender a Dios. *Dios conoce a los que son suyos* y los suyos permanecerán fieles y leales.

   "A éste abre el portero, y las ovejas oyen su voz; y a sus ovejas llama por nombre, y las saca" (Jn. 10:3).

   "Yo soy el buen pastor; y conozco mis ovejas, y las mías me conocen" (Jn. 10:14).

   "Pero si alguno ama a Dios, es conocido por él" (1 Co. 8:3).

   "Pero el fundamento de Dios está firme, teniendo este sello: Conoce el Señor a los que son suyos; y: Apártese de iniquidad todo aquel que invoca el nombre de Cristo" (2 Ti. 2:19).

   b. La segunda inscripción es esta: "Apártese de iniquidad [injusticia] todo aquel que invoca el nombre de Cristo". La señal de que una persona pertenece a la casa de Dios es una vida pura y justa. Una persona que sigue a Cristo no vive en pecado. Si continuamos en pecado, entonces solo estamos haciendo una profesión falsa. En verdad no somos de la familia de Dios, nuestro comportamiento pecaminoso lo prueba.

   La idea es la siguiente: El fundamento de Dios está firme; su casa está establecida para siempre y está construida sobre el principio de la justicia:

   => Todo el que confiesa el nombre de Cristo se arrepiente y se aparta de iniquidad (injusticia).

   Este es un hecho, es un principio eterno establecido por Dios. Su casa está construida sobre la justicia. La justicia es la inscripción que está escrita sobre la faz de su casa. Por tanto, si una persona es miembro de su familia, ha abandonado y se ha apartado de la iniquidad. No viven en pecado.

Pensamiento 1. El sentido común nos dice que si una persona se ha apartado de Dios, no está viviendo con Dios. Apartarse de Dios es sinónimo de no estar con Dios, es estar separado de Dios fuera de la presencia y casa de Dios.

El sentido común nos indica que si una persona se ha apartado de iniquidad y vive en la justicia de Dios, entonces pertenece a la familia de Dios. Vivir como Dios —en rectitud— es estar con Dios, en la presencia y casa de Dios.

   "**En cuanto a la pasada manera de vivir, despojaos del viejo hombre, que está viciado conforme a los deseos engañosos**" (Ef. 4:22).

   "**Por tanto, nosotros también, teniendo en derredor nuestro tan grande nube de testigos, despojémonos de todo peso y del pecado que nos asedia, y corramos con paciencia la carrera que tenemos por delante**" (He. 12:1).

   "**Amados, yo os ruego como a extranjeros y peregrinos, que os abstengáis de los deseos carnales que batallan contra el alma**" (1 P. 2:11).

   "**Si alguna iniquidad hubiere en tu mano, y la echares de ti, Y no consintieres que more en tu casa la injusticia**" (Job 11:14).

   "**Deje el impío su camino, y el hombre inicuo sus pensamientos, y vuélvase a Jehová, el cual tendrá de él misericordia, y al Dios nuestro, el cual será amplio en perdonar**" (Is. 55:7).

2. La casa terrenal de Dios (la iglesia) tiene variedad de utensilios, unos nobles y otros viles. La iglesia tiene algunos utensilios o personas que son como el oro y la plata, es decir, honran a Cristo. Pero la iglesia también tiene algunos utensilios o personas que son como la madera y el barro, o sea, deshonran a Cristo. La iglesia esta compuesta por una mezcla de personas...

•   algunas son buenas y otras son malas.
•   algunas son verdaderas y otras falsas.
•   algunas son genuinas y otras imitaciones.
•   algunas son limpias y otras sucias
•   algunas son puras y otras manchadas.
•   algunas son transparentes y otras empañadas.
•   algunas producen luz y otras tinieblas.

Fíjese lo que hace falsa para ser un utensilio noble: Hace falta limpiarse. Una persona tiene que limpiarse a sí misma de...

•   comportamientos deshonrosos e injustos.
•   palabras corruptas y sucias.
•   conversaciones sucias y contaminadas.
•   enseñanzas falsas y cancerosas.

Una persona que se limpia a sí misma de estas cosas se convierte en un utensilio para honra...

•   santificado, es decir, apartado para Cristo y su servicio.

- apto para ser usado por el Maestro, o sea, Cristo podrá utilizarlo.
- preparado para toda buena obra, es decir, Cristo podrá usarlo para cualquier labor.

"Así que, hermanos, os ruego por las misericordias de Dios, que presentéis vuestros cuerpos en sacrificio vivo, santo, agradable a Dios, que es vuestro culto racional. No os conforméis a este siglo, sino transformaos por medio de la renovación de vuestro entendimiento, para que comprobéis cuál sea la buena voluntad de Dios, agradable y perfecta" (Ro. 12:1-2).

"Por lo cual, Salid de en medio de ellos, y apartaos, dice el Señor, Y no toquéis lo inmundo; Y yo os recibiré, Y seré para vosotros por Padre, Y vosotros me seréis hijos e hijas, dice el Señor Todopoderoso" (2 Co. 6:17-18).

"Y no participéis en las obras infructuosas de las tinieblas, sino más bien reprendedlas" (Ef. 5:11).

"Pero os ordenamos, hermanos, en el nombre de nuestro Señor Jesucristo, que os apartéis de todo hermano que ande desordenadamente, y no según la enseñanza que recibisteis de nosotros" (2 Ts. 3:6).

"No améis al mundo, ni las cosas que están en el mundo. Si alguno ama al mundo, el amor del Padre no está en él. Porque todo lo que hay en el mundo, los deseos de la carne, los deseos de los ojos, y la vanagloria de la vida, no proviene del Padre, sino del mundo" (1 Jn. 2:15-16).

	F. Sexto encargo: Huir de las pasiones juveniles y seguir al Señor, 2:22-26	no debe ser contencioso, sino amable para con todos, apto para enseñar, sufrido;	a. Sé amable
1 Huye de las pasiones juveniles	22 Huye también de las pasiones juveniles, y sigue la justicia, la fe, el amor y la paz, con los que de corazón limpio invocan al Señor.	25 que con mansedumbre corrija a los que se oponen, por si quizá Dios les conceda que se arrepientan para conocer la verdad,	b. Sé apto para enseñar c. Sé sufrido d. Corrige a los demás con mansedumbre 1) Para que los que se oponen se arrepientan
2 Sigue al Señor **3 Desecha las cuestiones necias**	23 Pero desecha las cuestiones necias e insensatas, sabiendo que engendran contiendas.	26 y escapen del lazo del diablo, en que están cautivos a voluntad de él.	2) Para que los que se oponen puedan ser liberados del lazo del diablo
4 No discutan ni peleen con los demás	24 Porque el siervo del Señor		

DIVISIÓN I

LOS FUERTES ENCARGOS A TIMOTEO, 1:6—2:26

F. Sexto encargo: Huir de las pasiones juveniles y seguir al Señor, 2:22-26

(2:22-26) *Introducción:* Este es un encargo crucial para la juventud. Cualquier joven que hace caso omiso a este encargo está condenado a una vida estéril y vacía y a una eternidad perdida.

1. Huye de las pasiones juveniles (v. 22).
2. Sigue al Señor (v. 22).
3. Desecha las cuestiones necias (v. 23).
4. No discutan ni peleen con los demás (vv. 24-26).

1 (2:22) *Juventud — Pasiones:* En primer lugar, huye de las pasiones juveniles. La palabra griega para "pasiones" (epithumai) significa deseos apasionados. Puede significar lo mismo malos que buenos deseos, y su significado siempre lo determina el contexto (Wuest). La idea central es esta: Los deseos pasionales son normales y naturales. Dios nos hizo con la capacidad de desear y anhelar. Cuando usamos nuestras pasiones para hacer daño y herir que se vuelven malas. ¿Qué son las *pasiones* juveniles?

=> *Los deseos de los ojos:* La juventud desea tener y poseer. Tener y poseer son deseos normales pero el deseo normal puede llevar a la lujuria por las posesiones y las personas.

=> *Los deseos de la carne:* La juventud desea la compañía del sexo opuesto. La atracción es algo normal y conduce al matrimonio y la continuidad de la raza humana. No obstante, el deseo normal puede llevar al sexo ilícito y la inmoralidad.

=> *El deseo de aceptación:* La juventud quiere amigos. Quieren encajar con sus compañeros. Quieren aprobación y quieren ser aceptados. Esto es normal, pero puede conducir a la transigencia, transigir con respecto a nuestros valores, moral y la verdad. También puede llevar a la rebelión contra la autoridad.

=> *El deseo de alcanzar:* La juventud desea tener éxito, encontrar su lugar en el mundo. Sin embargo, esto puede conducir a la búsqueda de autoridad y poder sobre las personas y a la manipulación y el uso de las personas con fines personales.

=> *El deseo de reconocimiento:* La juventud desea ser "lo máximo", la estrella, el más atractivo, el más inteligente, el más popular. Constantemente se ven a sí mismos ganando el juego en el último segundo; ganando el concurso de belleza; ganando la competencia; siendo el más reconocido, y muchos otros sueños. Esto puede conducir, o al orgullo y la arrogancia, o a un sentimiento de inferioridad y baja autoestima. Puede llevar a herir al menos dotado o a derribarnos a nosotros mismos.

=> *El deseo de actuar y hacerlo ahora:* La juventud, rebosando de energía e idealismo, quiere ver las cosas hechas ahora mismo. Esto puede conducir a la impaciencia y al maltrato de las personas: Pasando por alto y desconsiderando la paz y la seguridad de otros.

=> *El deseo de ser original y creativo:* La juventud quiere tener la idea nueva y fresca, el mejor pensamiento y la mejor manera de hacer las cosas. Esto puede conducir a un espíritu crítico y contencioso. También puede llevar al engaño para lograr ser reconocido. Puede conducir al replanteamiento y a decir con otras palabras ideas y cosas afirmando que son ideas creativas.

El encargo para la juventud es directo y enfático: Huye de las pasiones juveniles.

"Pero fornicación y toda inmundicia, o avaricia, ni aun se nombre entre vosotros, como conviene a santos... Porque sabéis esto, que ningún fornicario, o inmundo, o avaro, que es idólatra, tiene herencia en el reino de Cristo y de Dios" (Ef. 5:3, 5).

"porque nada hemos traído a este mundo, y sin duda nada podremos sacar. Así que, teniendo sustento y abrigo, estemos contentos con esto. Porque los que quieren enriquecerse caen en tentación y lazo, y en muchas codicias necias y dañosas, que hunden a los

hombres en destrucción y perdición; porque raíz de todos los males es el amor al dinero, el cual codiciando algunos, se extraviaron de la fe, y fueron traspasados de muchos dolores" (1 Ti. 6:7-10).

"Porque habrá hombres amadores de sí mismos, avaros, vanagloriosos, soberbios, blasfemos, desobedientes a los padres, ingratos, impíos" (2 Ti. 3:2).

"Oísteis que fue dicho: No cometerás adulterio. Pero yo os digo que cualquiera que mira a una mujer para codiciarla, ya adulteró con ella en su corazón" (Mt. 5:27-28).

"No améis al mundo, ni las cosas que están en el mundo. Si alguno ama al mundo, el amor del Padre no está en él. Porque todo lo que hay en el mundo, los deseos de la carne, los deseos de los ojos, y la vanagloria de la vida, no proviene del Padre, sino del mundo" (1 Jn. 2:15-16).

"pues la voluntad de Dios es vuestra santificación; que os apartéis de fornicación; que cada uno de vosotros sepa tener su propia esposa en santidad y honor; no en pasión de concupiscencia, como los gentiles que no conocen a Dios" (1 Ts. 4:3-5).

"Huye también de las pasiones juveniles, y sigue la justicia, la fe, el amor y la paz, con los que de corazón limpio invocan al Señor" (2 Ti. 2:22).

"sino que cada uno es tentado, cuando de su propia concupiscencia es atraído y seducido. Entonces la concupiscencia, después que ha concebido, da a luz el pecado; y el pecado, siendo consumado, da a luz la muerte" (Stg. 1:14-15).

"Amados, yo os ruego como a extranjeros y peregrinos, que os abstengáis de los deseos carnales que batallan contra el alma" (1 P. 2:11).

2 (2:23) *Iglesia — Creyentes:* En segundo lugar, sigue al Señor. Note un punto importante: Síguele junto a otros creyentes. Como joven, necesitas la compañía y comunión, la experiencia y madurez, la guía y dirección de los demás. Otros creyentes te pueden ayudar, por tanto, únete a ellos y sigue al Señor. Sin embargo, asegúrate de que sean genuinos creyentes, que "de *corazón limpio* invocan al Señor". Solo los limpios de corazón —solo los que buscan genuinamente— siguen verdaderamente al Señor. Es con el verdadero creyente con quien tenemos que tener compañerismo y caminar por la vida. Nótese tras lo que va el creyente verdadero: Las cosas que los hombres anhelan ardientemente.

1. Justicia (vea nota 2, pt. 1, 1 Ti. 6:11 para discusión).
2. Fe (vea nota 2, pt. 3, 1 Ti. 6:11 para discusión).
3. Amor (vea nota, Amor, 1 Ts. 3:12 para discusión).
4. Paz (vea nota 2, pt. 3, 1 Ti. 1:2 para discusión).

3 (2:23) *Conversación — Lengua:* Eviten las discusiones necias, especulaciones y controversias sin sentido. Hay dos cosas que debemos decir sobre este versículo.

1. Se malgasta demasiado tiempo en discusiones y especulaciones necias, especialmente entre ministros y maestros y aquellos que se están preparando para el ministerio. Demasiados...
   • ignoran la Palabra de Dios por las especulaciones de la teología.

• descuidan el estudio de la Palabra de Dios por una discusión teórica.
• rechazan la Palabra de Dios por las ideas de los hombres.
• prefieren el camino fácil de la discusión teológica al camino más difícil de estudiar la Palabra de Dios.

Muchos se sientan por ahí a leer y discutir las especulaciones de la teología en vez de enfocarse en la Palabra de Dios y la misión de alcanzar y hacer crecer a las personas para Cristo. Muchos sustituyen la discusión por los hechos. La discusión y la especulación pueden ser estimulantes y dar vigor a la mente pero no llevan a cabo lo que hace falta hacer. Piense en el tiempo que malgastamos en la última moda religiosa en vez de ministrar a los perdidos y necesitados del mundo.

2. Se malgasta demasiado tiempo en controversias sin sentido, especialmente entre los miembros de las iglesias. Piense en las cosas por las que a veces discuten y se enojan los miembros de las iglesias, cosas de tan poca importancia. Raras veces las controversias y diferencias en la iglesia son acerca de grandes aspectos y doctrinas de la Palabra de Dios. Generalmente son acerca de...
   • edificios e instalaciones
   • posiciones y autoridad
   • gustos y disgustos
   • opiniones y preferencias
   • personalidades y características
   • habilidades y dones
   • deseos y antojos
   • reconocimiento y aceptación

La lista podría continuar indefinidamente, pero el punto central está bien claro. Muchos dentro de la iglesia se enredan en controversias sin sentido e hieren sentimientos mientras multitudes en cada comunidad mueren de soledad, abandono, abuso, rechazo, enfermedad, hambre y pecado.

El encargo es directo y enfático: Evita las discusiones y especulaciones necias y evita las controversias sin sentido.

"Nada hagáis por contienda o por vanagloria; antes bien con humildad, estimando cada uno a los demás como superiores a él mismo" (Fil. 2:3).

"ni presten atención a fábulas y genealogías interminables, que acarrean disputas más bien que edificación de Dios que es por fe, así te encargo ahora" (1 Ti. 1:4).

"Si alguno enseña otra cosa, y no se conforma a las sanas palabras de nuestro Señor Jesucristo, y a la doctrina que es conforme a la piedad, está envanecido, nada sabe, y delira acerca de cuestiones y contiendas de palabras, de las cuales nacen envidias, pleitos, blasfemias, malas sospechas, disputas necias de hombres corruptos de entendimiento y privados de la verdad, que toman la piedad como fuente de ganancia; apártate de los tales" (1 Ti. 6:3-5).

"Recuérdales esto, exhortándoles delante del Señor a que no contiendan sobre palabras, lo cual para nada aprovecha, sino que es para perdición de los oyentes" (2 Ti. 2:14).

"Pero desecha las cuestiones necias e insensatas,

sabiendo que engendran contiendas. Porque el siervo del Señor no debe ser contencioso, sino amable para con todos, apto para enseñar, sufrido" (2 Ti. 2:23-24).

"Pero evita las cuestiones necias, y genealogías, y contenciones, y discusiones acerca de la ley; porque son vanas y sin provecho. Al hombre que cause divisiones, después de una y otra amonestación deséchalo, sabiendo que el tal se ha pervertido, y peca y está condenado por su propio juicio" (Tit. 3:9-11).

4 (2:24-26) *Discusiones — Disputas — Disensión:* En cuarto lugar, no discuten ni peleen con los demás. Este encargo es para "el siervo del Señor", la persona que realmente desea servir al Señor. No podemos discutir y pelear y al mismo tiempo servir al Señor. Una persona que discute y pelea no está sirviendo al Señor, no importa lo que diga. El encargo es bien claro: "El siervo del Señor no debe ser contencioso".

1. Debe ser amable (epion): Gentil, razonable, considerado, delicado, tierno.
=> Cuando las personas se le oponen, este no reacciona, sino que extiende su mano con amabilidad.
=> Cuando tiene que corregir a las personas y señalar sus debilidades, no es malvado sino amable.

"con toda humildad y mansedumbre, soportándoos con paciencia los unos a los otros en amor" (Ef. 4:2).

"soportándoos unos a otros, y perdonándoos unos a otros si alguno tuviere queja contra otro. De la manera que Cristo os perdonó, así también hacedlo vosotros" (Col. 3:13).

"Antes fuimos tiernos entre vosotros, como la nodriza que cuida con ternura a sus propios hijos" (1 Ts. 2:7).

"Porque el siervo del Señor no debe ser contencioso, sino amable para con todos, apto para enseñar, sufrido" (2 Ti. 2:24).

"Que a nadie difamen, que no sean pendencieros, sino amables, mostrando toda mansedumbre para con todos los hombres" (Tit. 3:2).

"Pero la sabiduría que es de lo alto es primeramente pura, después pacífica, amable, benigna, llena de misericordia y de buenos frutos, sin incertidumbre ni hipocresía" (Stg. 3:17).

2. Debe ser apto para enseñar: Preparado y alistado, hábil y capaz, experto y calificado para enseñar. Recuerde: No puede enseñar la verdad a menos que la conozca; no puede calmar disputas y ayudar a los que se le oponen...
• a menos que sepa lo que Dios dice sobre cómo manejar los problemas.
• a menos que camine con el Señor día tras día.

"enseñándoles que guarden todas las cosas que os he mandado; y he aquí yo estoy con vosotros todos los días, hasta el fin del mundo. Amén" (Mt. 28:20).

"Pero es necesario que el obispo sea irreprensible, marido de una sola mujer, sobrio, prudente, decoroso, hospedador, apto para enseñar" (1 Ti. 3:2).

"Esto manda y enseña" (1 Ti. 4:11).

"que con mansedumbre corrija a los que se opo-

nen, por si quizá Dios les conceda que se arrepientan para conocer la verdad" (2 Ti. 2:25).

3. Debe ser sufrido (vea nota, pt. 11, 1 Ti. 3:2-3 para discusión).

4. Debe corregir a los demás en un espíritu de mansedumbre. Dentro de la iglesia están aquellos que a menudo se oponen al ministro, a los ministerios y a las acciones de la iglesia. ¿Cómo se debe tratar con los opositores? No se debe hacer en un espíritu de enfrentamiento y falta de generosidad, no en un espíritu de crítica, reproche, condena y regaño. Debemos tratar con los que se oponen en un espíritu de mansedumbre (vea nota, pt. 6, 1 Ti. 6:11 para discusión). Existen dos razones para esto.

a. El acercarse con mansedumbre es el único enfoque que puede llevar a una persona al arrepentimiento. Discutir y pelear con ellos solo les alejará más de nosotros y de la iglesia. De hecho, si discutimos con ellos, somos culpables del mismo error que ellos han cometido y les damos razón para que nos llamen "hipócritas".

b. El acercarse con mansedumbre es el único enfoque que puede liberar a una persona del lazo del diablo. Puede que a las personas controversiales y contenciosas, criticonas y chismosas no les guste pensar que están atrapadas en el lazo del diablo, pero las Escrituras claramente dicen que lo están. Fíjese en el versículo, se dice que las personas contenciosas y beligerantes están atrapadas en el lazo del diablo. De dichas personas se dice que incluso han sido tomadas por el diablo bajo la voluntad de este.

¿Qué esperanza hay para la persona contenciosa y criticona? Su única esperanza es que el ministro y los creyentes se acerquen a Él en un espíritu de mansedumbre, acercarse a ella tratando de guiarla al arrepentimiento.

"Hermanos, si alguno fuere sorprendido en alguna falta, vosotros que sois espirituales, restauradle con espíritu de mansedumbre, considerándote a ti mismo, no sea que tú también seas tentado. Sobrellevad los unos las cargas de los otros, y cumplid así la ley de Cristo" (Gá. 6:1-2).

"Y él mismo constituyó a unos, apóstoles; a otros, profetas; a otros, evangelistas; a otros, pastores y maestros, a fin de perfeccionar a los santos para la obra del ministerio, para la edificación del cuerpo de Cristo, hasta que todos lleguemos a la unidad de la fe y del conocimiento del Hijo de Dios, a un varón perfecto, a la medida de la estatura de la plenitud de Cristo" (Ef. 4:11-13).

"Nada hagáis por contienda o por vanagloria; antes bien con humildad, estimando cada uno a los demás como superiores a él mismo" (Fil. 2:3).

"Ruego a Evodia y a Síntique, que sean de un mismo sentir en el Señor. 3Asimismo te ruego también a ti, compañero fiel, que ayudes a éstas que combatieron juntamente conmigo en el evangelio, con Clemente también y los demás colaboradores míos, cuyos nombres están en el libro de la vida" (Fil. 4:2-3).

"Recuérdales esto, exhortándoles delante del Señor a que no contiendan sobre palabras, lo cual para nada aprovecha, sino que es para perdición de los oyentes" (2 Ti. 2:14).

"He visto sus caminos; pero le sanaré, y le pastorearé, y le daré consuelo a él y a sus enlutados" (Is. 57:18).

"Convertíos, hijos rebeldes, y sanaré vuestras rebeliones. He aquí nosotros venimos a ti, porque tú eres Jehová nuestro Dios" (Jer. 3:22).

"Mas yo haré venir sanidad para ti, y sanaré tus heridas, dice Jehová; porque desechada te llamaron, diciendo: Esta es Sion, de la que nadie se acuerda" (Jer. 30:17).

"Yo sanaré su rebelión, los amaré de pura gracia; porque mi ira se apartó de ellos" (Os. 14:4).

"El volverá a tener misericordia de nosotros; sepultará nuestras iniquidades, y echará en lo profundo del mar todos nuestros pecados" (Mi. 7:19).

	CAPÍTULO 3	deleites más que de Dios,	**3 Señal 2: Una religión sin eficacia**
	II. PREDICCIONES SOBRE LOS ÚLTIMOS TIEMPOS, 3:1-17	5 que tendrán apariencia de piedad, pero negarán la eficacia de ella; a éstos evita.	**4 Señal 3: Un ministerio corrupto**
	A. Las señales impías de los últimos tiempos, 3:1-9	6 Porque de éstos son los que se meten en las casas y llevan cautivas a las mujercillas cargadas de pecados, arrastradas por diversas concupiscencias.	a. Desvían del camino a los ingenuos
1 En los postreros días vendrán tiempos peligrosos	1 También debes saber esto: que en los postreros días vendrán tiempos peligrosos.	7 Estas siempre están aprendiendo, y nunca pueden llegar al conocimiento de la verdad.	
2 Señal 1: Un mundo impío	2 Porque habrá hombres amadores de sí mismos, avaros, vanagloriosos, soberbios, blasfemos, desobedientes a los padres, ingratos, impíos,	8 Y de la manera que Janes y Jambres resistieron a Moisés, así también éstos resisten a la verdad; hombres corruptos de entendimiento, réprobos en cuanto a la fe.	b. Resisten a la verdad
	3 sin afecto natural, implacables, calumniadores, intemperantes, crueles, aborrecedores de lo bueno, 4 traidores, impetuosos, infatuados, amadores de los	9 Mas no irán más adelante; porque su insensatez será manifiesta a todos, como también lo fue la de aquéllos.	c. Ellos y su corrupta religión serán manifiestos

DIVISIÓN II

PREDICCIONES SOBRE LOS ÚLTIMOS TIEMPOS, 3:1-17

A. Las señales impías de los últimos tiempos, 3:1-9

(3:19) *Introducción:* Este es un cuadro de la sociedad futura, un terrible cuadro de lo de serán los últimos días de la historia humana. Pero fíjese en un aspecto impactante: Se parece mucho a la sociedad actual. Simplemente no pensamos que nuestros días sean tan terribles. Rara vez nos sentamos y estudiamos las señales impías de la sociedad, pero esto es exactamente lo que el pasaje hace: Discute las señales impías de los últimos tiempos, señales que parecen el dibujo de un cuadro perteneciente a nuestros días. Esto denota que nuestros días son parte de los últimos tiempos. Es muy posible que el regreso del Señor esté cerca. Una cosa es segura, debemos hacer lo que Cristo dijo: Estar preparados para su regreso, pues Él puede regresar en cualquier momento. (Nota: Alguien pudiera necesitar dividir el pasaje debido a su longitud. Los puntos uno y dos podrían ser el primer estudio y los puntos tres y cuatro, el segundo estudio.)

1. En los postreros días vendrán tiempos peligrosos (v. 1).
2. Señal 1: Un mundo impío (vv. 2-4).
3. Señal 2: Una religión sin eficacia (v. 5).
4. Señal 3: Un ministerio corrupto (vv. 6-9).

[1] *Tiempos peligrosos — Tiempo del fin:* En los postreros días vendrán tiempos peligrosos. *Tiempos peligrosos* signi-

fica días difíciles, turbulentos, de prueba, molestos, duros, violentos, amenazadores y peligrosos. La imagen es la de personas yendo hacia un lado y hacia el otro, hacia aquí y hacia allá, sin saber hacia dónde volverse. "Los postreros días" es un término bíblico que denota el fin de la era presente, los días justo antes del regreso de Cristo y del fin del mundo. No obstante, debemos percatarnos de que las señales del tiempo del fin son de alguna manera características de todas las épocas, pero que se intensificarán en los últimos días (cp. Mt. 24:1—25:46).

[2] (3:2-4) *Impiedad:* La primera señal de los últimos días será un mundo impío. ¿Por qué los últimos días serán peligrosos? Porque el mundo será impío. Fíjese cómo las terribles señales de los últimos tiempos parecen un cuadro de nuestros días.

1. Las personas serán amadoras de sí mismas (philoutos): Este no es el amor normal y natural que todos debemos sentir por la vida y por nosotros mismos. Significa ser egoísta y centrado en sí mismo…

- enfocarse en uno mismo, su propia carne y placeres personales en vez de en Dios y en los demás.
- ponerse a sí mismo antes que los demás: esposa, esposo, padres, hijos, amigos, vecinos, Dios.
- poner su propia voluntad antes que la de Dios.
- buscar sus propios deseos sin tener en cuenta a los demás.
- ir tras lo que uno quiere aun cuando es poco sabio e hiere a los demás.

- sentir que todo y todos deben girar alrededor de sí mismo.
- enfocarse en su propia carne y placeres personales ignorando las necesidades de los que están muriendo y en desesperación.

Amarse a sí mismo lo sitúa a uno como Dios y te hace sentir que nada es tan importante como los placeres personales. En los postreros días las personas se amarán a sí mismas más que a nadie más. El egoísmo será una de las terribles señales de los postreros días.

"fui forastero, y no me recogisteis; estuve desnudo, y no me cubristeis; enfermo, y en la cárcel, y no me visitasteis" (Mt. 25:43).

"También debes saber esto: que en los postreros días vendrán tiempos peligrosos. Porque habrá hombres amadores de sí mismos, avaros, vanagloriosos, soberbios, blasfemos, desobedientes a los padres, ingratos, impíos" (2 Ti. 3:1-2).

"Pero el que tiene bienes de este mundo y ve a su hermano tener necesidad, y cierra contra él su corazón, ¿cómo mora el amor de Dios en él?" (1 Jn. 3:17).

2. Las personas serán *avaras* (philarguroi): La palabra significa amadores del dinero y las posesiones. Las personas querrán más y más, mayor y mayor, mejor y mejor y rara vez se sentirán satisfechas con lo que tienen. En los últimos días las personas centrarán su atención en…

- el dinero, acumular más y más en el banco.
- casas en el mejor vecindario, a la orilla del mar, en las montañas, junto a los ríos.
- muebles y propiedades.
- posesiones como ropas, joyas, antigüedades, obras de arte y automóviles.
- viajes, visitar más y más lugares.
- propiedades, acciones y bonos, tener más y más.
- poder, controlar más y más.

Los hombres amarán el dinero, lo que este puede comprar y lo que les permite hacer, y codiciarán más y más de él y de las cosas que compra. Sus ojos y corazones estarán dirigidos hacia el dinero en vez de hacia Dios. Satisfarán sus gustos y acapararán en vez de satisfacer las necesidades desesperadas de los pobres y perdidos del mundo.

"porque raíz de todos los males es el amor al dinero, el cual codiciando algunos, se extraviaron de la fe, y fueron traspasados de muchos dolores" (1 Ti. 6:10).

"Vuestro oro y plata están enmohecidos; y su moho testificará contra vosotros, y devorará del todo vuestras carnes como fuego. Habéis acumulado tesoros para los días postreros" (Stg. 5:3).

"El que ama el dinero, no se saciará de dinero; y el que ama el mucho tener, no sacará fruto. También esto es vanidad" (Ec. 5:10).

"Como la perdiz que cubre lo que no puso, es el que injustamente amontona riquezas; en la mitad de sus días las dejará, y en su postrimería será insensato" (Jer. 17:11).

3. Las personas serán *vanagloriosas* (alazones): Fanfarronas, alardosas, jactanciosas. Es la persona que…

- se jacta de lo que tiene.
- pretende tener lo que no tiene o hacer lo que no ha hecho.

La fanfarronería puede ser acerca de un trabajo, un negocio, una posesión o un logro, cualquier cosa que pueda impresionar a los demás. Es una persona que siente la necesidad de colocarse por encima de los demás incluso si esto incluyera la pretensión, el engaño, hacer creer algo y las mentiras.

El mundo está lleno de vanagloriosos y jactanciosos:

=> maestros que pretenden ser sabios.
=> políticos que pretenden tener el estado utópico.
=> negociantes que pretenden tener el producto que da salud, belleza y felicidad.
=> religiosos que pretenden poseer la revelación, los dones y ser más espirituales que los demás.

"Pero había un hombre llamado Simón, que antes ejercía la magia en aquella ciudad, y había engañado a la gente de Samaria, haciéndose pasar por algún grande" (Hch. 8:9).

"Y como ellos no aprobaron tener en cuenta a Dios, Dios los entregó a una mente reprobada, para hacer cosas que no convienen; estando atestados de toda injusticia, fornicación, perversidad, avaricia, maldad; llenos de envidia, homicidios, contiendas, engaños y malignidades; murmuradores, detractores, aborrecedores de Dios, injuriosos, soberbios, altivos, inventores de males, desobedientes a los padres" (Ro. 1:28-30).

"Pero ahora os jactáis en vuestras soberbias. Toda jactancia semejante es mala" (Stg. 4:16).

"Pues hablando palabras infladas y vanas, seducen con concupiscencias de la carne y disoluciones a los que verdaderamente habían huido de los que viven en error" (2 P. 2:18).

"Porque el malo se jacta del deseo de su alma, Bendice al codicioso, y desprecia a Jehová" (Sal. 10:3).

"Los que confían en sus bienes, Y de la muchedumbre de sus riquezas se jactan, Ninguno de ellos podrá en manera alguna redimir al hermano, Ni dar a Dios su rescate" (Sal. 49:6-7).

"Como nubes y vientos sin lluvia, Así es el hombre que se jacta de falsa liberalidad" (Pr. 25:14).

"No te jactes del día de mañana; Porque no sabes qué dará de sí el día" (Pr. 27:1).

4. Las personas serán *soberbias* (huperephanoi): Autoexaltación, engreimiento, arrogancia; ser altivo; ponerse a sí mismo por encima de los demás y considerarlos inferiores; desprecio y desdén. Significa exhibirse a uno mismo; levantar la cabeza por encima de la de los demás; mirar con desdén a otro; compararse con los demás. El orgullo lo mismo puede esconderse en el corazón que manifestarse abiertamente.

Es muy simple, la persona soberbia siente que es mejor que los demás. Note que este es un sentimiento interno. El orgulloso puede parecer tranquilo y humilde, pero en lo secreto de su corazón se considera mejor que los demás. Dios resiste a los soberbios.

"Porque el que se enaltece será humillado, y el que se humilla será enaltecido" (Mt. 23:12).

"Unánimes entre vosotros; no altivos, sino asociándoos con los humildes. No seáis sabios en vuestra propia opinión" (Ro.12:16).

"Porque el que se cree ser algo, no siendo nada, a sí mismo se engaña" (Gá. 6:3).

"Con arrogancia el malo persigue al pobre; Será atrapado en los artificios que ha ideado" (Sal. 10:2).

"Cuando viene la soberbia, viene también la deshonra; mas con los humildes está la sabiduría" (Pr. 11:2).

"Antes del quebrantamiento es la soberbia, y antes de la caída la altivez de espíritu" (Pr. 16:18).

"Altivez de ojos, y orgullo de corazón, y pensamiento de impíos, son pecado" (Pr. 21:4).

"El altivo de ánimo suscita contiendas; mas el que confía en Jehová prosperará" (Pr. 28:25).

"Tú que decías en tu corazón: Subiré al cielo; en lo alto, junto a las estrellas de Dios, levantaré mi trono, y en el monte del testimonio me sentaré, a los lados del norte" (Is. 14:13).

"Si te remontares como águila, y aunque entre las estrellas pusieres tu nido, de ahí te derribaré, dice Jehová" (Abd. 4).

5.   Las personas serán blasfemas (blasphemoi): La palabra significa calumniar, insultar, injuriar, ofender, deshonrar, maldecir. Usualmente se cree que la blasfemia es contra Dios, y lo es, pero también es un pecado contra el hombre. Los hombres pueden blasfemar contra los hombres. Piense en algunas de las maldiciones e insultos que se lanzan hoy día contra Dios y contra los hombres. Prácticamente todo el mundo maldice e insulta a alguien: Madres, padres, hijos, maestros, profesionales, actores, comediantes, políticos, incluso algunos religiosos profesantes sienten la necesidad de ocasionalmente maldecir para ser aceptados.

¿Por qué hay tantos insultos hoy día? Porque se ha perdido el respeto de sí mismo y de los demás, hacia las posiciones y la autoridad. Las personas calumnian, insultan, injurian, ofenden y maldicen cuando están perturbadas por dentro, cuando sienten insatisfacción, desaprobación, que no son aceptados, amargura, vacío, soledad y oposición dentro de su corazón. Un corazón trastornado e insatisfecho hace que las personas blasfemen contra Dios y los hombres, incluyéndolos a ellos mismos (se culpan y maldicen a sí mismos cuando fracasan y quedan muy por debajo de sus expectativas).

"Pero yo os digo: No juréis en ninguna manera; ni por el cielo, porque es el trono de Dios" (Mt. 5:34).

"Su boca está llena de maldición y de amargura" (Ro. 3:14).

"pero ningún hombre puede domar la lengua, que es un mal que no puede ser refrenado, llena de veneno mortal. Con ella bendecimos al Dios y Padre, y con ella maldecimos a los hombres, que están hechos a la semejanza de Dios" (Stg. 3:8-9).

"Pero sobre todo, hermanos míos, no juréis, ni por el cielo, ni por la tierra, ni por ningún otro juramento; sino que vuestro sí sea sí, y vuestro no sea no, para que no caigáis en condenación" (Stg. 5:12).

"No tomarás el nombre de Jehová tu Dios en vano; porque no dará por inocente Jehová al que tomare su nombre en vano" (Éx. 20:7).

"Y no juraréis falsamente por mi nombre, profanando así el nombre de tu Dios. Yo Jehová" (Lv. 19:12).

"Llena está su boca de maldición, y de engaños y fraude; Debajo de su lengua hay vejación y maldad" (Sal. 10:7).

"Por el pecado de su boca, por la palabra de sus labios, Sean ellos presos en su soberbia,
Y por la maldición y mentira que profieren" (Sal. 59:12).

"Amó la maldición, y ésta le sobrevino; Y no quiso la bendición, y ella se alejó de él" (Sal. 109:17).

"porque tu corazón sabe que tú también dijiste mal de otros muchas veces" (Ec. 7:22).

6.   Las personas serán desobedientes a los padres (goneusin apeitheis): Negarse a hacer lo que sus padres dicen; rebelarse contra los padres; ser irrespetuosos con sus padres; rechazar la instrucción de los padres; deshonrar el ejemplo de los padres. Si un hijo no honra y respeta a su padre y a su madre, ¿a quién respetará? Si un hijo maltrata a sus padres —las personas más cercanas a él— ¿a quién más maltratará? Si un hijo no obedece a sus padres que son quienes más le aman y lo cuidan, ¿a quién obedecerá? Los padres son los que dan a luz, aman y cuidan a los hijos del mundo. Si los hijos no les son leales, entonces no le serán leales a nadie más. El hogar, la sociedad y la civilización se desmoronarán.

"Honra a tu padre y a tu madre, para que tus días se alarguen en la tierra que Jehová tu Dios te da" (Éx. 20:12).

"Cada uno temerá a su madre y a su padre, y mis días de reposo* guardaréis. Yo Jehová vuestro Dios" (Lv. 19:3).

"Maldito el que deshonrare a su padre o a su madre. Y dirá todo el pueblo: Amén" (Dt. 27:16).

"Venid, hijos, oídme; El temor de Jehová os enseñaré" (Sal. 34:11).

"Oye a tu padre, a aquel que te engendró; Y cuando tu madre envejeciere, no la menosprecies" (Pr. 23:22).

"El ojo que escarnece a su padre Y menosprecia la enseñanza de la madre, Los cuervos de la cañada lo saquen, Y lo devoren los hijos del águila" (Pr. 30:17).

"Porque Dios mandó diciendo: Honra a tu padre y a tu madre; y: El que maldiga al padre o a la madre, muera irremisiblemente" (Mt. 15:4).

"Hijos, obedeced en el Señor a vuestros padres, porque esto es justo. Honra a tu padre y a tu madre, que es el primer mandamiento con promesa; para que te vaya bien, y seas de larga vida sobre la tierra" (Ef. 6:1-3).

"Pero si alguna viuda tiene hijos, o nietos, aprendan éstos primero a ser piadosos para con su propia familia, y a recompensar a sus padres; porque esto es lo bueno y agradable delante de Dios" (1 Ti. 5:4).

7.   Las personas serán ingratas (acharistoi): Sin sentido de gratitud ni aprecio por lo que uno tiene y recibe; no dar gracias a Dios ni a los hombres. Muchas personas sienten que el mundo y la sociedad o los negocios y el gobierno les deben las buenas cosas de la vida. Tienen muy poco, si es que algún, sentido del deber para con los demás. Esta es la razón por la que muchos malgastan tiempo en el trabajo, hacen un trabajo

mediocre y sienten poca obligación para con el mundo y la sociedad. No ven cuán privilegiados son de estar vivos, vivir en un mundo tan hermoso y tener un trabajo, amigos y vecinos. No ven cuán bueno ha sido Dios con ellos y cuán cuidadosas y responsables son algunos. Por tanto, extienden la mano para obtener más y más sin sentir la más mínima necesidad de expresar agradecimiento y aprecio. Toman y toman y se olvidan del agradecimiento —la deuda y la contribución— que le deben a Dios y a los hombres.

"Pues habiendo conocido a Dios, no le glorificaron como a Dios, ni le dieron gracias, sino que se envanecieron en sus razonamientos, y su necio corazón fue entenebrecido" (Ro. 1:21).

"con gozo dando gracias al Padre que nos hizo aptos para participar de la herencia de los santos en luz" (Col. 1:12).

"Dad gracias en todo, porque esta es la voluntad de Dios para con vosotros en Cristo Jesús" (1 Ts. 5:18).

"Y comerás y te saciarás, y bendecirás a Jehová tu Dios por la buena tierra que te habrá dado" (Dt. 8:10).

"Entrad por sus puertas con acción de gracias, Por sus atrios con alabanza;
Alabadle, bendecid su nombre" (Sal. 100:4).

"Ofrezcan sacrificios de alabanza, Y publiquen sus obras con júbilo" (Sal. 107:22).

8. Las personas serán *impías* (anosioi): Profanas, indecentes, sinvergüenzas, entregadas a las más bajas pasiones, sin modestia, decencia, pureza y justicia. La persona impía…

- está dominada por la pasión.
- busca constantemente la gratificación de la carne.
- siente poca vergüenza.
- no ve la decencia.
- busca su placer en lo anormal. (Simplemente piense en las prácticas sexuales anormales de las que se hace alarde hoy día.)

Pensamiento 1. Oliver Greene tiene un comentario muy práctico y directo sobre la impiedad:

"Esta es una era impía. Las personas han perdido el respeto por sus cuerpos. Las mujeres (incluso miembros de la iglesia, cristianas profesantes) se visten indecentemente y exponen su desnudez. Los hombres hacen lo mismo. Hombres y mujeres destruyen el templo del Espíritu Santo.

"¿O ignoráis que vuestro cuerpo es templo del Espíritu Santo, el cual está en vosotros, el cual tenéis de Dios, y que no sois vuestros? Porque habéis sido comprados por precio; glorificad, pues, a Dios en vuestro cuerpo y en vuestro espíritu, los cuales son de Dios" (1 Co. 6:19-20).

"Una persona que destruye y demuele su cuerpo mediante bebidas, tabaco, comidas y otros hábitos es impía en su manera de vivir.

"Esta es una era en que las personas han perdido el respeto y la reverencia hacia el Dios santo, la Santa Biblia y la vida santa. Si eres 'un tipo sociable', si sabes jugar a las cartas, bailar, beber, vestir indecentemente, reírte de un chiste sucio, eres un socio maravilloso, un

ciudadano de primera; y puedes enseñar una clase de la Escuela Dominical, orar en público, cantar en el coro y ocupar cualquier número de posiciones de responsabilidad dentro de la iglesia. Pero al miembro de la iglesia que no toma bebidas, fuma tabaco, asiste a fiestas y bailes, y cree en el cristianismo de los viejos tiempos le llaman fanático o 'religioso ortodoxo'" (The Epistles of Paul the Apostle to Timothy and Titus, p. 335).

"Que, librados de nuestros enemigos, Sin temor le serviríamos" (Lc. 1:74).

"Así que, amados, puesto que tenemos tales promesas, limpiémonos de toda contaminación de carne y de espíritu, perfeccionando la santidad en el temor de Dios" (2 Co. 7:1).

"Seguid la paz con todos, y la santidad, sin la cual nadie verá al Señor" (He. 12:14).

"porque escrito está: Sed santos, porque yo soy santo" (1 P. 1:16).

"Puesto que todas estas cosas han de ser deshechas, ¡cómo no debéis vosotros andar en santa y piadosa manera de vivir" (2 P. 3:11).

"Porque yo soy Jehová, que os hago subir de la tierra de Egipto para ser vuestro Dios: seréis, pues, santos, porque yo soy santo" (Lv. 11:45).

9. Las personas *no tendrán afecto natural* (astorgoi): Afecto y amor anormal; sin corazón, sin emociones humanas o amor; falta de sentimientos por los demás; abuso del afecto y amor normal. Otras se convierten en poco más que rehenes para el uso y beneficio, placer y propósito, excitación y estímulo personal.

El hombre fue creado para ser afectivo, para sentir afecto hacia los demás. Es normal y natural que una persona sienta afecto por su familia, amigos, vecinos, compañeros de trabajo y hasta cierto punto por el extranjero y sus conciudadanos, pero en los tiempos del fin las personas estarán tan dedicadas a satisfacer su carne y sus placeres que olvidarán a su familia, amigos y todo lo demás. Estarán tan enfrascadas en lo suyo y tan centradas en sí mismas que sentirán muy poco afecto por nada ni nadie más.

=> Existirá poco afecto por lo normal y natural. Las personas se volverán hacia lo anormal y antinatural en las relaciones y el comportamiento, los placeres y el sexo.

=> Existirá poco afecto por el hogar. El hogar no será más que un lugar para cambiarse de ropas y dormir.

=> Existirá poco afecto por los amigos, el país y la tierra. De todos se abusará y se les ignorará, descuidará y contaminará. El egoísmo será la ley de los últimos días.

=> Existirá poco afecto por Dios y la iglesia. Dios y la iglesia tendrán cabida cuando no interfieran con los deseos personales y el placer, el descanso y la recreación.

"Y amarás al Señor tu Dios con todo tu corazón, y con toda tu alma, y con toda tu mente y con todas tus fuerzas. Este es el principal mandamiento. Y el segundo es semejante: Amarás a tu prójimo como a ti mismo. No hay otro mandamiento mayor que éstos" (Mr. 12:30-31).

"Un mandamiento nuevo os doy: Que os améis unos a otros; como yo os he amado, que también os améis unos a otros. En esto conocerán todos que sois mis discípulos, si tuviereis amor los unos con los otros" (Jn. 13:34-35).

"El amor sea sin fingimiento. Aborreced lo malo, seguid lo bueno. Amaos los unos a los otros con amor fraternal; en cuanto a honra, prefiriéndoos los unos a los otros" (Ro. 12:9-10).

"Las casadas estén sujetas a sus propios maridos, como al Señor" (Ef. 5:22).

"Maridos, amad a vuestras mujeres, así como Cristo amó a la iglesia, y se entregó a sí mismo por ella" (Ef. 5:25).

"Hijos, obedeced en el Señor a vuestros padres, porque esto es justo. Honra a tu padre y a tu madre, que es el primer mandamiento con promesa; para que te vaya bien, y seas de larga vida sobre la tierra" (Ef. 6:1-3).

"Y este es su mandamiento: Que creamos en el nombre de su Hijo Jesucristo, y nos amemos unos a otros como nos lo ha mandado" (1 Jn. 3:23).

10. Las personas serán *implacables* (aspondoi): Quebrantadoras de promesas y de acuerdos; no confiables, infieles, traicioneras y falsas. Una persona, organización o grupo de personas implacables es aquella que trágicamente no cumple con su palabra ni sus promesas. Simplemente no son dignos de confianza ni se puede depender de ellos. ¿Qué ocurre cuando ya no puedes aceptar más la palabra de una persona?

=> ¿Qué pasa en un hogar cuando el esposo o la esposa quebranta el pacto del matrimonio?

=> ¿Qué pasa entre un padre y un hijo cuando uno de ellos incumple sus promesas una y otra vez?

=> ¿Qué pasa cuando un empleador rompe lo que les prometió a sus trabajadores?

=> ¿Qué pasa cuando un obrero quebranta el contrato y remolonea en su trabajo?

=> ¿Qué pasa cuando una nación rompe su acuerdo con otra nación?

En los últimos días se verá lo que estamos viendo en nuestra sociedad hoy día: Un bombardeo de pactos, contratos y promesas rotas.

"Por lo cual, desechando la mentira, hablad verdad cada uno con su prójimo; porque somos miembros los unos de los otros" (Ef. 4:25).

"El labio veraz permanecerá para siempre; Mas la lengua mentirosa sólo por un momento" (Pr. 12:19).

"Y la tierra se contaminó bajo sus moradores; porque traspasaron las leyes, falsearon el derecho, quebrantaron el pacto sempiterno" (Is. 24:5).

"Estas son las cosas que habéis de hacer: Hablad verdad cada cual con su prójimo; juzgad según la verdad y lo conducente a la paz en vuestras puertas" (Zac. 8:16).

"La ley de verdad estuvo en su boca, e iniquidad no fue hallada en sus labios; en paz y en justicia anduvo conmigo, y a muchos hizo apartar de la iniquidad" (Mal. 2:6).

11. Las personas serán *calumniadoras* (diaboloi): Observe que la palabra griega es *diabolos*, la misma palabra que se usa para el diablo. William Barclay señala:

"El diablo es el santo patrón de todos los calumniadores y de todos ellos, él es el jefe. Hay un sentido en el cual la calumnia es el más cruel de todos los pecados. Si a un hombre le roban sus bienes, puede proponérselo y volver a construir su fortuna, pero si a un hombre se le quita su buen nombre, se le ha hecho un daño irreparable. Una cosa es iniciar un comentario malvado e incierto y otra muy diferente detenerlo... Algunos hombres y mujeres —a quienes nunca se les ocurriría poner las manos en los bolsillos de otros para robarles su dinero o pertenencias— no le dan importancia ninguna, e incluso sienten placer, en contar algo que arruina el buen nombre de alguien sin ni tan siquiera intentar averiguar si la misma es cierta. Hay suficiente calumnia en muchos pueblos, y en muchas iglesias, para hacer llorar al ángel que lleva los archivos mientras registra estas crueles palabras" (The Letters to Timothy, Titus, and Philemon, p. 217).

12. Las personas serán *intemperantes* (akrateis): Indisciplinadas y sin control; carentes de poder para controlarse o disciplinar. Es ceder ante...

• el placer y la indulgencia
• la pasión y los deseos sexuales
• la lujuria y la lascivia

"No reine, pues, el pecado en vuestro cuerpo mortal, de modo que lo obedezcáis en sus concupiscencias" (Ro. 6:12).

"Todas las cosas me son lícitas, mas no todas convienen; todas las cosas me son lícitas, mas yo no me dejaré dominar de ninguna" (1 Co. 6:12).

"Todo aquel que lucha, de todo se abstiene; ellos, a la verdad, para recibir una corona corruptible, pero nosotros, una incorruptible" (1 Co. 9:25).

"Mas el fruto del Espíritu es amor, gozo, paz, paciencia, benignidad, bondad, fe, mansedumbre, templanza; contra tales cosas no hay ley" (Gá. 5:22-23).

"Mejor es el que tarda en airarse que el fuerte; Y el que se enseñorea de su espíritu, que el que toma una ciudad" (Pr. 16:32).

"Hombre necesitado será el que ama el deleite, Y el que ama el vino y los ungüentos no se enriquecerá" (Pr. 21:17).

"Cuando te sientes a comer con algún señor, Considera bien lo que está delante de ti, Y pon cuchillo a tu garganta, Si tienes gran apetito" (Pr. 23:1-2).

"¿Hallaste miel? Come lo que te basta, No sea que hastiado de ella la vomites" (Pr. 25:16).

13. Las personas serán *crueles* (anemeroi): Salvajes e indómitas. Es la palabra que describe a una bestia salvaje que no contiene su fiereza. Es una palabra que nunca debiera describir a las personas, sin embargo es así. Nunca en la historia del mundo los hombres se han vuelto tan fieros como en la actualidad.

a. Las personas ya no solo asesinan.
• mutilan
• torturan

* matan al azar
* matan de dos en dos, o de tres en tres, o por miles y millones (como Hitler, Stalin).

Y experimentan placer en su tortura y salvajismo.

b. Las personas ya no corrigen y regañan a los niños, cónyuges, vecinos, empleados o extraños…

* maldicen
* abusan
* atacan
* hieren
* actúan violentamente

Los últimos tiempos serán testigos de un aumento en la conducta feroz y salvaje.

> "**Antes sed benignos unos con otros, misericordiosos, perdonándoos unos a otros, como Dios también os perdonó a vosotros en Cristo**" **(Ef. 4:32).**
>
> "**Vestíos, pues, como escogidos de Dios, santos y amados, de entrañable misericordia, de benignidad, de humildad, de mansedumbre, de paciencia**" **(Col. 3:12).**
>
> "**Todo aquel que aborrece a su hermano es homicida; y sabéis que ningún homicida tiene vida eterna permanente en él**" **(1 Jn. 3:15).**
>
> "**Pero los cobardes e incrédulos, los abominables y homicidas, los fornicarios y hechiceros, los idólatras y todos los mentirosos tendrán su parte en el lago que arde con fuego y azufre, que es la muerte segunda**" **(Ap. 21:8).**

14. Las personas serán *aborrecedoras de lo bueno* (aphilagathoi): Esto se refiere a las personas que desprecian tanto a las buenas personas como a las cosas buenas. En los últimos tiempos las personas sentirán vergüenza…

* de pronunciarse a favor de lo correcto
* de defender lo que es bueno
* de ser conocidas como buenas personas
* de tener amistad con gente buena

Las personas querrán satisfacer sus deseos y complacer su carne; querrán festejar, complacerse, mirar, sentir, saborear, experimentar, poseer, tomar; encajar y ser aceptados por la mayoría. Dejarán a un lado la moral y la justicia y rechazarán cualquier tipo de moderación que sientan. De hecho despreciarán la justicia y no querrán relacionarse con nadie que se pronuncie a favor de lo correcto.

Considere cuán lejos ha llegado una persona o la sociedad cuando…

* se avergüenzan de decir "no" a lo que saben que es malo y que no les beneficia (p. ej. tomar, fumar, maldecir, inmoralidades).
* sienten vergüenza de defender lo bueno
* sienten vergüenza de pronunciarse a favor de lo correcto
* sienten vergüenza de tener amistad con gente buena

> "**Mirad, pues, que no venga sobre vosotros lo que está dicho en los profetas: Mirad, oh menospreciadores, y asombraos, y desapareced; Porque yo hago una obra en vuestros días, Obra que no creeréis, si alguien os la contare**" **(Hch. 13:40-41).**
>
> "**¿O menosprecias las riquezas de su benignidad,**

paciencia y longanimidad, ignorando que su benignidad te guía al arrepentimiento?**" (Ro. 2:4).**

> "**¿Cuánto mayor castigo pensáis que merecerá el que pisoteare al Hijo de Dios, y tuviere por inmunda la sangre del pacto en la cual fue santificado, e hiciere afrenta al Espíritu de gracia?**" **(He. 10:29).**
>
> "**y mayormente a aquellos que, siguiendo la carne, andan en concupiscencia e inmundicia, y desprecian el señorío. Atrevidos y contumaces, no temen decir mal de las potestades superiores**" **(2 P. 2:10).**

15. Las personas serán *traidoras* (prodotai): Traicionar la confianza se refiere a un persona que…

* traiciona a su país
* traiciona a su equipo
* traiciona a sus amigos
* traiciona a su familia

Se refiere a la persona que traiciona cualquier confianza o compromiso. La traición más trágica de todas es la de una persona que traiciona a Cristo y a la iglesia, que le da la espalda a Cristo y regresa al mundo y su gente. En los últimos tiempos se verá un aumento en los traidores.

> "**Y en seguida se acercó a Jesús y dijo: ¡Salve, Maestro! Y le besó**" **(Mt. 26:49).**
>
> "**Y el hermano entregará a la muerte al hermano, y el padre al hijo; y se levantarán los hijos contra los padres, y los matarán**" **(Mr. 13:12).**
>
> "**y al que sabe hacer lo bueno, y no lo hace, le es pecado**" **(Stg. 4:17).**
>
> "**Ciertamente, si habiéndose ellos escapado de las contaminaciones del mundo, por el conocimiento del Señor y Salvador Jesucristo, enredándose otra vez en ellas son vencidos, su postrer estado viene a ser peor que el primero**" **(2 P. 2:20).**
>
> "**Así que vosotros, oh amados, sabiéndolo de antemano, guardaos, no sea que arrastrados por el error de los inicuos, caigáis de vuestra firmeza**" **(2 P. 3:17).**
>
> "**Salieron de nosotros, pero no eran de nosotros; porque si hubiesen sido de nosotros, habrían permanecido con nosotros; pero salieron para que se manifestase que no todos son de nosotros**" **(1 Jn. 2:19).**
>
> "**Pero tengo contra ti, que has dejado tu primer amor. 5Recuerda, por tanto, de dónde has caído, y arrepiéntete, y haz las primeras obras; pues si no, vendré pronto a ti, y quitaré tu candelero de su lugar, si no te hubieres arrepentido**" **(Ap. 2:4-5).**

16. Las personas serán *impetuosas* (propeteis): Tercas e imprudentes, impulsivas y precipitadas, sin considerar las consecuencias. Imprudentes es posiblemente la mejor descripción. Una persona tozuda es aquella que cree que lo sabe todo y que puede vivir y actuar imprudentemente sin medir las consecuencias. La persona imprudente apenas presta atención a lo que hace, simplemente disfruta el sentimiento y el placer. Disfruta el estímulo y la emoción, las consecuencias importan poco en medio del placer y la emoción.

Piense en cuánto daño y dolor se causa cuando una persona vive por el placer del momento. Piense en el daño y dolor por el placer de…

* manejar y conducir barcos imprudentemente
* el trabajo y la recreación imprudentes

- la pasión y la lujuria imprudentes
- comer y beber imprudentemente

Ser impulsivo —creer que uno lo sabe todo y que puede vivir y actuar imprudentemente sin consecuencias— ha traído más dolor, accidentes, cuerpos dañados y muerte de lo que pueda imaginarse.

> "diré a mi alma: Alma, muchos bienes tienes guardados para muchos años; repósate, come, bebe, regocíjate" (Lc. 12:19).

> "Uno solo es el dador de la ley, que puede salvar y perder; pero tú, ¿quién eres para que juzgues a otro?" (Stg. 4:12).

> "El alma sin ciencia no es buena, Y aquel que se apresura con los pies, peca" (Pr. 19:2).

> "Los pensamientos del diligente ciertamente tienden a la abundancia; Mas todo el que se apresura alocadamente, de cierto va a la pobreza" (Pr. 21:5).

> "No te jactes del día de mañana; Porque no sabes qué dará de sí el día" (Pr. 27:1).

> "¿Has visto hombre ligero en sus palabras? Más esperanza hay del necio que de él" (Pr. 29:20).

> "No te des prisa con tu boca, ni tu corazón se apresure a proferir palabra delante de Dios; porque Dios está en el cielo, y tú sobre la tierra; por tanto, sean pocas tus palabras." (Ec. 5:2).

17. Las personas estarán *infatuadas* (tetuphomenoi): Ufanadas y engreídas: Tener sentimientos de auto- importancia. Es una persona que se siente tan instruida, tan científica, tan avanzada, tan alta en posición y autoridad, capacidad y dones que cree que es completamente autosuficiente. No siente necesidad de Dios. Está por encima de Dios y de la mayoría de las personas.

> "Unánimes entre vosotros; no altivos, sino asociándoos con los humildes. No seáis sabios en vuestra propia opinión" (Ro. 12:16).

> "Y si alguno se imagina que sabe algo, aún no sabe nada como debe saberlo" (1 Co. 8:2).

> "Porque el que se cree ser algo, no siendo nada, a sí mismo se engaña" (Gá. 6:3).

> "Nada hagáis por contienda o por vanagloria; antes bien con humildad, estimando cada uno a los demás como superiores a él mismo; no mirando cada uno por lo suyo propio, sino cada cual también por lo de los otros" (Fil. 2:3-4).

> "Con arrogancia el malo persigue al pobre; Será atrapado en los artificios que ha ideado" (Sal. 10:2).

> "Por tanto, la soberbia los corona; Se cubren de vestido de violencia" (Sal. 73:6).

> "No seas sabio en tu propia opinión; Teme a Jehová, y apártate del mal" (Pr. 3:7).

> "Cuando viene la soberbia, viene también la deshonra; Mas con los humildes está la sabiduría" (Pr. 11:2).

> "Antes del quebrantamiento es la soberbia, Y antes de la caída la altivez de espíritu" (Pr. 16:18).

> "Altivez de ojos, y orgullo de corazón, Y pensamiento de impíos, son pecado" (Pr. 21:4).

> "¿Has visto hombre sabio en su propia opinión? Más esperanza hay del necio que de él" (Pr. 26:12).

> "¡Ay de los sabios en sus propios ojos, y de los que son prudentes delante de sí mismos!" (Is. 5:21).

18. Las personas serán *amadoras de los deleites más que de Dios.*

Matthew Henry plantea: *"Cuando hay más [buscadores de placer] que verdaderos cristianos, entonces en verdad los tiempos son malos. Dios debe amarse por encima de todas las cosas. La mente que prefiere cualquier cosa antes que a Él, especialmente algo tan sórdido como el placer carnal, es una mente carnal y está llena de enemistad en su contar"* (*Matthew Henry's Commentary*, vol. 6, p. 84).

Oliver Green señala: *"El miembro promedio de la iglesia en la actualidad no permite que el culto de la iglesia se interponga entre él y su placer. Las reuniones de oración, las campañas de avivamiento o las tareas de la iglesia ya no interfieren con las actividades sociales. Prácticamente todo ministro de este país estaría de acuerdo con esto porque es la pura verdad que el miembro promedio de las iglesias no permite que la iglesia interfiera con su vida social ni con nada que quiera hacer en lo que a placer se refiere"* (*The Epistles of Paul the Apostle to Timothy and Titus*, p. 339s).

3 (3:5) *Religión — Santidad — Últimos tiempos:* La segunda característica de los últimos tiempos será una religión sin poder. Fíjese que sí habrá religión en los últimos tiempos. Será al igual que hoy, iglesias, templos y lugares de adoración por todas partes. Las personas proclamarán y profesarán santidad, pero su adoración será simplemente un estilo, una profesión exterior, una apariencia de santidad. No poseerán a Dios, no le tendrán en su corazón ni en sus vidas. Las personas…

- profesarán a Dios y a Cristo
- serán bautizadas en la fe cristiana
- asistirán a cultos de adoración
- participarán en rituales y ceremonias
- recitarán los credos
- algunas veces hablarán acerca de Dios

Pero negarán el poder de Dios. ¿Qué es el poder de Dios? Es el poder para liberar a los hombres del yugo del pecado, la muerte y el infierno, todo a través del Señor Jesucristo. Es el poder de la cruz y la resurrección del Señor Jesucristo, el poder para salvar a las personas para que no perezcan y para que tengan vida eterna. Esto es exactamente lo que dicen las Escrituras.

> "Y como Moisés levantó la serpiente en el desierto, así es necesario que el Hijo del Hombre sea levantado, para que todo aquel que en él cree, no se pierda, mas tenga vida eterna. Porque de tal manera amó Dios al mundo, que ha dado a su Hijo unigénito, para que todo aquel que en él cree, no se pierda, mas tenga vida eterna" (Jn. 3:14-16).

> "Porque no me avergüenzo del evangelio, porque es poder de Dios para salvación a todo aquel que cree; al judío primeramente, y también al griego" (Ro. 1:16).

> "Mas Dios muestra su amor para con nosotros, en que siendo aún pecadores, Cristo murió por nosotros.

Pues mucho más, estando ya justificados en su sangre, por él seremos salvos de la ira. Porque si siendo enemigos, fuimos reconciliados con Dios por la muerte de su Hijo, mucho más, estando reconciliados, seremos salvos por su vida" (Ro. 5:8-10).

"Además os declaro, hermanos, el evangelio que os he predicado, el cual también recibisteis, en el cual también perseveráis; por el cual asimismo, si retenéis la palabra que os he predicado, sois salvos, si no creísteis en vano. Porque primeramente os he enseñado lo que asimismo recibí: Que Cristo murió por nuestros pecados, conforme a las Escrituras; y que fue sepultado, y que resucitó al tercer día, conforme a las Escrituras" (1 Co. 15:1-4).

"Pues no me envió Cristo a bautizar, sino a predicar el evangelio; no con sabiduría de palabras, para que no se haga vana la cruz de Cristo. Porque la palabra de la cruz es locura a los que se pierden; pero a los que se salvan, esto es, a nosotros, es poder de Dios" (1 Co. 17:18).

"Pues si anuncio el evangelio, no tengo por qué gloriarme; porque me es impuesta necesidad; y ¡ay de mí si no anunciare el evangelio!" (1 Co. 9:16).

La idea es esta: En los últimos tiempos habrá una religión carente de poder, una religión formal, ritual y ceremonial. Los practicantes de la misma negarán el poder de la cruz y la resurrección de Jesucristo. Negarán que Jesucristo puede salvar a los hombres para que no perezcan y darles vida eterna. Al describir la religión de los últimos tiempos Donald Guthrie plantea:

"La religión no se negarán por completo, pero no será más que un cascarón vacío. Será algo externo...pero sin poder... Por lo tanto los que la practiquen [ministros y seguidores] negarán el poder lo que sugiere in rechazo positivo [deliberado] de su... poder. No tienen concepto de su fuerza generadora" (The Pastoral Epistles, The Tyndale New Testament Commentary, p. 158).

El Pulpit Commentary (Comentario de púlpito) señala:

"El significado es que mediante su vida, carácter y conversación desmienten la profesión cristiana. El cristianismo en ellos es algo exterior no un poder vivo interior de piedad" (The Pulpit Commentary, vol. 21, p. 41).

Matthew Henry dice:

"Asumirán apariencia de piedad... pero no se someterán al poder de esta para quitar el pecado. Observe: Los hombres pueden ser muy malos y malvados...pueden amarse a sí mismos y sin embargo tener apariencia de piedad. Una apariencia de piedad difiere mucho del poder de esta, los hombres podrán tener una cosa y carecer totalmente de la otra... Los buenos cristianos deben apartarse de los tales" (Matthew Henry's Commentary, vol. 5, p. 844).

William Barclay afirma:

"La peor condenación de esta gente es que guardan la apariencia externa de la religión pero niegan su poder. Es decir, recitan los credos ortodoxos, llevan a cabo el ritual, la liturgia y la adoración correcta y solemnemente, guardan todo lo exterior de la religión pero no saben nada de la religión como un poder dinámico que cambia las vidas de los hombres" (The Letters to Timothy, Titus, and Philemon, p. 219).

4 **(3:6-9) Ministros — Últimos tiempos:** La tercer característica de los últimos tiempos será un ministerio corrupto. Se dicen res cosas acerca de los ministros corruptos.

1.   Los ministros corruptos arrastran a seguidores ingenuos. Observe la frase "mujercillas" (gunaikaria). La palabra griega significa mujer pequeña, pequeña en el sentido de estar espiritualmente muerto, débil, inmaduro e inestable. Sin embargo debe recordarse siempre que los hombres son tan ingenuos como las mujeres, igualmente muertos espiritualmente, débiles, inmaduros e inestables. El pasaje en cuestión se concentra en las mujeres por la situación en particular que había en la iglesia de Éfeso, algunas de las mujeres de allí estaban siguiendo a ministros corruptos. Pero la advertencia es válida para todos: Tanto hombres como mujeres deben cuidarse de los ministros corruptos.

Observe qué hace un ministro corrupto, busca a personas que...

- cargadas de pecados
- arrastradas fácilmente por diversas concupiscencias
- siempre están buscando la verdad, escuchando y aprendiendo todo lo que pueden de todo el que proclame tener la verdad.

Esta es la persona que busca el falso ministro y a quien termina por cautivar. Cuando una persona comienza a buscar la verdad porque siente esa necesidad en su vida, porque siente que ha estado viviendo solo para satisfacer sus deseos y lujurias egoístas, esa persona está abierta totalmente a que un ministro corrupto llegue y le desvíe. Desafortunadamente esto sucede con demasiada frecuencia. Y observe la gran tragedia: Esa persona nunca llega al conocimiento de la verdad. ¿Por qué? Porque nunca busca la verdad en Cristo. Solo busca una "forma de santidad", no la verdadera santidad. La verdadera santidad solo se encuentra en Cristo y nada más.

"E indiscutiblemente, grande es el misterio de la piedad: Dios fue manifestado en carne, Justificado en el Espíritu, Visto de los ángeles, Predicado a los gentiles, Creído en el mundo, Recibido arriba en gloria" (1 Ti. 3:16).

Observe otro aspecto al que necesita prestársele mucha atención.: Quién es el ministro falso o corrupto. Es "de éstos", uno de los "que tendrán apariencia de piedad, pero negarán la eficacia de ella". Tiene apariencia de piedad:
- es ministro y ocupa la posición de un ministro
- profesa a Dios y a Cristo
- practica los rituales y ceremonias de la religión
- habla acerca de la religión y usa los términos de esta, tal vez incluso los términos de la Biblia.

Pero con su vida y predicación niega la eficacia de la piedad. No vive ni predica el poder de la cruz y la resurrección de Jesucristo. Si no niega dicho poder verbalmente, lo hace mediante lo que predica y enseña: Una religión de obras, esfuerzo propio y de una nueva luz —una religión para hombres de una nueva era, hombres que han avanzando grandemente en la ciencia y la tecnología y en el entendimiento del hombre—, una religión que puede alcanzar tales niveles de crecimiento que Dios podrá aceptarlo. Dicho de manera sencilla…

- un ministro corrupto es un ministro que predica y enseña que el hombre puede ser lo suficientemente bueno y hacer suficiente bien como para que Dios lo acepte, ese hombre puede garantizar la aprobación de Dios al hacer ciertas cosas y guardar ciertas reglas (leyes), ese hombre puede alcanzar tal nivel de crecimiento que Dios lo aceptará.
- un ministro corrupto es un ministro que niega el poder de la piedad, es decir, el poder de la cruz y la resurrección de Jesucristo para salvar a los hombres y darles vida eterna.

Toda generación ha sentido que es *una nueva era,* que ha visto más luz, verdad y que ha sido más instruida que la anterior. En cuanto a la ciencia y la tecnología eso es verdad, *pero no es verdad en cuanto a la vida y conducta humana.*

¿Cómo podemos decir esto? Porque el hombre nunca ha cambiado. El hombre sigue siendo corruptible, envejece, se deteriora, muere y decae. Y seguirá siendo una criatura corruptible hasta que su corazón y su alma sean cambiados y hechos nuevos. Es aquí cuando el Hijo de Dios desempeña su papel, solo Cristo puede cambiar el alma y el corazón humano, solo Él puede convertir a la persona en una nueva criatura.

Mediante Cristo la verdad de la conducta humana (el pecado y la muerte) y su liberación del diablo y la muerte ha sido revelada. Esta verdad nunca cambia. Los avances en la ciencia, la tecnología, la psicología y la medicina no pueden detener el proceso de la muerte y el pecado. Solamente Cristo, el poder de su cruz y resurrección, puede cambiar al hombre y darle vida eterna. Cualquier ministro que predique un mensaje diferente es un ministro corrupto. Es un ministro que predica y enseña un mensaje falso y corrupto.

2. Los ministros corruptos se oponen a la verdad. ¿Por qué? Porque *sus mentes están corrompidas,* es decir, su entendimiento del evangelio está torcido, distorsionado y depravado. No siguen las gloriosas nuevas y el poder de la muerte y resurrección del Señor Jesucristo.

Observe la referencia que se hace a Janes y Jambres, dos líderes religiosos de Egipto que se opusieron a Moisés cuando este fue ante faraón para liberar a Israel de la esclavitud. Se enfrentaron a Moisés resistiendo la verdad pero al final fueron destruidos (cp. Éx. 7:1; 8:7; 9:11. A los dos hombres no se los nombra en el Antiguo Testamento pero sí se mencionan en otros escritos judíos. Al parecer sus nombres eran bien conocidos entre todos los judíos).

Pensamiento 1. William Barclay describe claramente la resistencia a la verdad del evangelio:

"El líder cristiano nunca carecerá de opositores. Siempre existirán los que prefieren sus ideas a las ideas de Dios. Siempre existirán aquellos que quieren ejercer poder e influir sobre las personas y que se inclinarán ante cualquier cosa para lograr su objetivo. Siempre existirán los que tienen sus propias ideas distorsionadas acerca de la fe cristiana y que quieren ganar a otros para su errada creencia. Pero de una cosa Pablo sí estaba seguro, los días de los engañadores estaban contados. Su falsedad será descubierta y recibirán su propia recompensa" (The Letters to Timothy, Titus, and Philemon, p. 223).

3. Los ministros corruptos y su corrupta religión quedarán expuestos. Al final todos los falsos maestros y sus enseñanzas serán perseguidos y descubiertos. Dios atrapará y desenmascarará a todo ministro corrupto. Esto sucederá cuando el Señor Jesucristo regrese. Los ministros corruptos y sus corruptas enseñanzas *acabarán.*

"y a vosotros que sois atribulados, daros reposo con nosotros, cuando se manifieste el Señor Jesús desde el cielo con los ángeles de su poder, en llama de fuego, para dar retribución a los que no conocieron a Dios, ni obedecen al evangelio de nuestro Señor Jesucristo; los cuales sufrirán pena de eterna perdición, excluidos de la presencia del Señor y de la gloria de su poder, cuando venga en aquel día para ser glorificado en sus santos y ser admirado en todos los que creyeron (por cuanto nuestro testimonio ha sido creído entre vosotros)" (2 Ts. 1:7-10).

	B. Las señales contrastantes de los creyentes piadosos, 3:10-13	en Iconio, en Listra; persecuciones que he sufrido, y de todas me ha librado el Señor.	a. Pablo sufrió terrible persecución
1 Señal 1: Seguir un ejemplo piadoso	10 Pero tú has seguido mi doctrina, conducta, propósito, fe, longanimidad, amor, paciencia,	12 Y también todos los que quieren vivir piadosamente en Cristo Jesús padecerán persecución;	b. Los creyentes sufrirán persecución
2 Señal 2: Soportar la persecución	11 persecuciones, padecimientos, como los que me sobrevinieron en Antioquía,	13 mas los malos hombres y los engañadores irán de mal en peor, engañando y siendo engañados.	3 Señal 3: Cuidarse de los malos y engañadores

DIVISIÓN II

PREDICCIONES SOBRE LOS ÚLTIMOS TIEMPOS, 3:1-17

B. Las señales contrastantes de los creyentes piadosos, 3:10-13

(3:10-13) *Introducción:* Este pasaje es un contraste con el anterior que hacía referencia a las señales impías de los últimos tiempos. Aquí tenemos las señales contrastantes de los creyentes piadosos.

1. Señal 1: Seguir un ejemplo piadoso (v. 10).
2. Señal 2: Soportar la persecución (vv. 11-12).
3. Señal 3: Cuidarse de los malos y engañadores (v. 13).

1 (3:10) *Testimonio — Piedad:* Una persona piadosa sigue un ejemplo piadoso. Este es un agudo contraste con las señales de los falsos maestros (v. 1-9). Timoteo había conocido (parakolouthe), había observado de cerca y seguido el ejemplo piadoso de Pablo. Keneth Wuest señala que la palabra griega significa seguir a una persona tan de cerca que uno está siempre a su lado, conformando su vida a la de esa persona (*The Pastoral Epistles*, p. 148). Quiere decir unirse a la persona, convertirse en su discípulo y seguir su ejemplo. Pablo había vivido una vida piadosa y Timoteo está siguiendo sus pasos. Pablo menciona siete cosas con respecto a su vida que sobresalen como un ejemplo dinámico, siete cosas en las que la persona debe centrar su atención y seguirlas si desea vivir una vida piadosa.

1. Hay una *doctrina o enseñanza.* ¿Cuál era la fuente de las doctrinas de Pablo? ¿Qué era lo que Pablo había enseñado? Las Escrituras, la Palabra de Cristo y de Dios. Pablo declaró esto una y otra vez.

> **"Pablo, siervo de Jesucristo, llamado a ser apóstol, apartado para el evangelio de Dios, que él había prometido antes por sus profetas en las santas Escrituras, acerca de su Hijo, nuestro Señor Jesucristo, que era del linaje de David según la carne, que fue declarado Hijo de Dios con poder, según el Espíritu de santidad, por la resurrección de entre los muertos" (Ro. 1:1-4).**

> **"Porque no me avergüenzo del evangelio, porque es poder de Dios para salvación a todo aquel que cree; al judío primeramente, y también al griego" (Ro. 1:16).**

> **"Además os declaro, hermanos, el evangelio que os he predicado, el cual también recibisteis, en el cual también perseveráis; por el cual asimismo, si retenéis la palabra que os he predicado, sois salvos, si no creísteis en vano. Porque primeramente os he enseñado lo que asimismo recibí: Que Cristo murió por nuestros pecados, conforme a las Escrituras; y que fue sepultado, y que resucitó al tercer día, conforme a las Escrituras" (1 Co. 15:1-4).**

> **"Por lo cual también nosotros sin cesar damos gracias a Dios, de que cuando recibisteis la Palabra de Dios que oísteis de nosotros, la recibisteis no como palabra de hombres, sino según es en verdad, la Palabra de Dios, la cual actúa en vosotros los creyentes" (1 Ts. 2:13).**

> **"Toda la Escritura es inspirada por Dios, y útil para enseñar, para redargüir, para corregir, para instruir en justicia" (2 Ti. 3:16).**

> **"retenedor de la palabra fiel tal como ha sido enseñada, para que también pueda exhortar con sana enseñanza y convencer a los que contradicen" (Tit. 1:9).**

> **"Pero tú habla lo que está de acuerdo con la sana doctrina" (Tit. 2:1).**

La idea es la siguiente: La persona piadosa debe seguir las doctrinas de maestros piadosos. No debe relacionarse de ningún modo con la enseñanza de falsos maestros (v. 1-9).

=> Una persona no puede vivir piadosamente a menos que conozca la piedad.

=> Un persona no puede enseñar piedad al menos que viva conforme a esta.

Una persona piadosa observa detenidamente y sigue a aquellos que viven piadosamente. Es un discípulo de ejemplos piadosos. Sigue las enseñas piadosas de gente piadosa.

2. Hay una *conducta piadosa.* Pablo practicaba lo que predicaba. Una persona piadosa debe comportarse, conducir su vida de la manera en que se supone que lo haga. Debe vivir lo que profesa. No debe dejar caer lo que enseña con lo que hace. El creyente debe enseñar la piedad, *pero primero debe vivirla.*

> **"En todo os he enseñado que, trabajando así, se debe ayudar a los necesitados, y recordar las palabras del Señor Jesús, que dijo: Más bienaventurado es dar que recibir." (Hch. 20:35).**

"Por tanto, os ruego que me imitéis" (1 Co. 4:16).

"Sed imitadores de mí, así como yo de Cristo" (1 Co. 11:1).

"Hermanos, sed imitadores de mí, y mirad a los que así se conducen según el ejemplo que tenéis en nosotros" (Fil. 3:17).

"Lo que aprendisteis y recibisteis y oísteis y visteis en mí, esto haced; y el Dios de paz estará con vosotros" (Fil. 4:9).

"Porque vosotros mismos sabéis de qué manera debéis imitarnos; pues nosotros no anduvimos desordenadamente entre vosotros" (2 Ts. 3:7).

"Retén la forma de las sanas palabras que de mí oíste, en la fe y amor que es en Cristo Jesús" (2 Ti. 1:13).

3.   Existe un *propósito* o lo que Donald Guthrie llama "el objetivo principal en la vida" de una persona (*The Pastoral Epistles, The Tyndale New Testament Commentaries*, p. 160). El objetivo fundamental de los creyentes es llegar a ser una única cosa: Cristo y su gran comisión, la misión de salvar a las personas del pecado, la muerte y el juicio y de ministrar a las personas. La vida eterna, el glorioso privilegio de no morir nunca y vivir para siempre, ahora se hace posible. Cristo lo hizo posible. Ese fue su propósito al venir a la tierra, morir por el hombre y liberarlo de los terribles sufrimientos y males de este mundo corruptible. Pero estos tienen que saber cómo. Esta fue la misión de Cristo: Decirles cómo. Y también ha de ser la misión del creyente: Decir a las personas cómo conquistar el mal y vivir para siempre. El propósito de vivir del creyente —su objetivo fundamental en la vida— es proclamar las gloriosas nuevas de salvación: Hay libertad de la muerte y del mal, ahora el hombre puede vivir y vivir pare siempre.

Pensamiento 1.

William Barclay tiene algunas preguntas prácticas que formular: "*Como individuos a veces debemos detenernos y preguntarnos: ¿Cuál es nuestro objetivo en la vida? ¿Es que acaso tenemos alguno? Como maestros a veces debiéramos preguntarnos: ¿Qué estamos tratando de hacer con estas personas a las que enseño? En una ocasión se le preguntó al rey de Esparta: ¿Qué debemos enseñarles a nuestros muchachos?' Su respuesta fue: 'Lo que les sea más útiles para cuando sean hombres'. ¿Es vida o conocimiento lo que estamos tratando de transmitir? Como miembros de la iglesia debiéramos preguntarnos ¿qué estamos haciendo en la iglesia? No es suficiente sentirse satisfecho cuando una iglesia está resonando como un generador y cuando cada noche de la semana esta tiene su propia programación. A veces debiéramos preguntarnos: ¿Cuál es el objetivo común que une a toda esta actividad?*" (*The Letters to Timothy, Titus, and Philemon*, p. 225s).

Como cristianos el propósito unificador de nuestras vidas está definido: Cristo y su gran misión para la vida, vida ahora y vida eterna (Jn. 10:10; Jn. 3:16).

"**como el Hijo del Hombre no vino para ser servido, sino para servir, y para dar su vida en rescate por muchos.**" (Mt. 20:28).

"**Por tanto, id, y haced discípulos a todas las naciones, bautizándolos en el nombre del Padre, y del Hijo, y del Espíritu Santo; 20enseñándoles que guarden todas las cosas que os he mandado; y he aquí yo estoy con vosotros todos los días, hasta el fin del mundo. Amén.**" (Mt. 28:19-20).

"**Y les dijo: Id por todo el mundo y predicad el evangelio a toda criatura**" (Mr. 16:15).

"**Porque el Hijo del Hombre vino a buscar y a salvar lo que se había perdido**" (Lc. 19:10).

"**Porque de tal manera amó Dios al mundo, que ha dado a su Hijo unigénito, para que todo aquel que en él cree, no se pierda, mas tenga vida eterna**" (Jn. 3:16).

"**El ladrón no viene sino para hurtar y matar y destruir; yo he venido para que tengan vida, y para que la tengan en abundancia.**" (Jn. 10:10).

"**Entonces Jesús les dijo otra vez: Paz a vosotros. Como me envió el Padre, así también yo os envío**" (Jn. 20:21).

4.   Hay *fe* (vea nota 2, pt. 3, 1 Ti. 6:11 para discusión).

5.   Hay *longanimidad* (makrothumia) que quiere decir paciencia, soportar y sufrir durante largo tiempo, perseverancia; ser constante, firme y duradero. La longanimidad nunca se rinde, nunca se destruye, no importa qué la ataque.

=> Puede que nos venga presión y trabajo duro pero el Espíritu de Dios nos ayuda a soportarlo.

=> Nos pueden afligir la enfermedad, un accidente o la vejez pero el Espíritu de Dios nos ayuda a soportarlo.

=> Nos pueden atacar el desaliento o el desencanto pero el Espíritu de Dios nos ayuda a soportarlo.

=> Los hombres nos pueden hacer daño, abusar de nosotros, calumniarnos y herirnos pero el Espíritu de Dios nos ayuda a soportarlo.

Hay dos cosas importantes que deben destacarse con respecto a la longanimidad. La longanimidad nunca se venga. El sentido común nos dice que una persona que es atacada por otros pudiera desquitarse pero al cristiano se le ha dado el poder de soportar, el poder de aguantar la situación o la persona durante mucho, mucho tiempo.

La idea es que una persona piadosa observa detenidamente e imita a aquellos que son perseverantes. Una persona piadosa es un discípulo e imita a aquellos que aran en medio de las pruebas y problemas de la vida. Aprende de la perseverancia de otros.

6.   Hay *amor* (vea Estudio a fondo 1, *Amor,* 1 Ts. 3:12 para discusión).

7.   Hay *paciencia* (hupomone). Paciencia significa resistencia, fortaleza, determinación, constancia, perseverancia. La palabra no es pasiva, es activa. No se trata del espíritu que se sienta y se resigna ante las pruebas de la vida, aceptando cualquier cosa que venga. Es más bien el espíritu que se levanta y enfrenta las pruebas de la vida, que se dispone a conquistarlas y vencerlas. Cuando las pruebas confrontan a un hombre que esta verdaderamente justificado, este es impulsado a levantarse y encararlas de frente. Inmediatamente decide conquistarlas y vencerlas. Él sabe que Dios está permitiendo dichas pruebas para enseñarle más y más paciencia (resistencia).

La persona piadosa imita el ejemplo de aquellos que son activamente pacientes, que soportan caminando en medio de las pruebas de la vida, conquistándolas todas para Cristo.

=> Aprende a ser paciente con las personas a pesar de lo que hagan.

=> Aprende a ser paciente en las pruebas a pesar de lo duras que puedan ser.

"**Con vuestra paciencia ganaréis vuestras almas.**" (Lc. 21:19).

"**gozosos en la esperanza; sufridos en la tribulación; constantes en la oración**" (Ro. 12:12).

"**porque os es necesaria la paciencia, para que habiendo hecho la voluntad de Dios, obtengáis la promesa**" (He. 10:36).

"**Hermanos míos, tened por sumo gozo cuando os halléis en diversas pruebas, sabiendo que la prueba de vuestra fe produce paciencia. Mas tenga la paciencia su obra completa, para que seáis perfectos y cabales, sin que os falte cosa alguna.**" (Stg. 1:2-4).

"**Por tanto, hermanos, tened paciencia hasta la venida del Señor. Mirad cómo el labrador espera el precioso fruto de la tierra, aguardando con paciencia hasta que reciba la lluvia temprana y la tardía.**" (Stg. 5:7).

2 (3:11-12) *Persecución:* Una persona piadosa soporta la persecución. Observe dos aspectos.

1. Pablo sufrió gran persecución y aflicción. Él menciona tres experiencias que Timoteo conocía.

=> En Antioquía los líderes civiles se habían levantado en contra de Pablo y lo habían expulsado de la ciudad (Hch. 13:50).

=> En Iconio un multitud se dispuso junto con los oficiales de la ciudad para arrestar y apedrear a Pablo. Él tuvo que salir huyendo para salvarse (Hch. 14:4-6).

=> En Listra hubo una turba amotinada le apedreó y arrastraron su cuerpo fuera de la ciudad pensando que estaba muerto. Todo parece indicar que Dios hizo un milagro y lo levantó (Hch. 14:19-20).

A Pablo lo perseguían constantemente, le atacaban una y otra vez, pero el Señor lo libraba. Pablo nunca dejó de testificar para Cristo y por tanto Cristo nunca dejó de librarlo. Pero observe que "librarlo" no quiere decir librarlo de la persecución. Dios fortalece y sustenta al cristiano durante la persecución no fuera de ella. Esto es lo que Pablo está declarando.

2. El creyente sufrirá persecución, no puede escapar de ella, no si es un creyente genuino. (Para discusión vea notas, 2 Ti. 1:8; 1:8-10.) Los creyentes sufren persecución porque no son como el resto del mundo, no viven de la manera en que el mundo lo hace. Por lo tanto, el mundo los persigue. Las Escrituras ofrecen cuatro razones por las cuales los creyentes sufrirán persecución.

a. Los creyentes sufrirán persecución porque no son de este mundo. Han sido *llamados fuera* de este mundo. Están en el mundo pero no pertenecen a él. Están separados de la conducta del mundo, así que la reacción del mundo en su contra es ridiculizarlos y burlarse de ellos mediante el abuso físico y verbal y a través de la discriminación.

"**Si fuerais del mundo, el mundo amaría lo suyo; pero porque no sois del mundo, antes yo os elegí del mundo, por eso el mundo os aborrece.**" (Jn. 15:19).

b. Sufrirán persecución porque los creyentes dejan al mundo *sin excusa para su pecado*. Viven y muestran una vida recta y no ceden ante el mundo y su conducta pecaminosa. Viven vidas puras y piadosas sin relacionarse con los placeres pecaminosos de un mundo corruptible. Semejante manera de vivir deja al descubierto los pecados de las personas y esto hace que reaccionen en contra de los creyentes.

"**Si el mundo os aborrece, sabed que a mí me ha aborrecido antes que a vosotros... Si yo no hubiera venido, ni les hubiera hablado, no tendrían pecado; pero ahora no tienen excusa por su pecado**" (Jn. 15:18,22).

"**Y también todos los que quieren vivir piadosamente en Cristo Jesús padecerán persecución**" (2 Ti. 3:12).

c. Sufrirán persecución porque el mundo no conoce a Dios ni a Cristo. Los impíos de este mundo no quieren otro Dios que no sean ellos mismos y su propia imaginación. Quieren hacer lo que les place y satisfacer sus propios deseos, no lo que Dios quiere y exige. Sin embargo, el creyente piadoso dedica su vida a Dios, a su adoración y servicio. El impío no quiere saber de Dios así que se opone a aquello que hablan acerca de Dios y del deber del hombre de honrarlo y adorarlo.

"**Mas todo esto os harán por causa de mi nombre, porque no conocen al que me ha enviado**" (Jn. 15:21).

"**Y harán esto porque no conocen al Padre ni a mí**" (Jn. 16:3).

d. Sufrirán persecución porque el mundo está engañado en cuanto a su concepto y creencia acerca de Dios. El mundo concibe a Dios como el que satisface los deseos y lujurias terrenales (Jn. 16:2-3). El hombre ve a Dios como el *Abuelo supremo*. Cree que Dios protege, provee y da sin tener en cuenta la conducta de la persona, basta con que dicha conducta no vaya demasiado lejos. Cree que Dios le aceptará y que solucionará todas las cosas al fin y al cabo. Sin embargo, el verdadero creyente no enseña esto. Dios es amor pero también es justo y demanda justicia. El mundo se rebela contra este concepto de Dios.

"**Os expulsarán de las sinagogas; y aun viene la hora cuando cualquiera que os mate, pensará que rinde servicio a Dios. Y harán esto porque no conocen** al Padre ni a mí" (Jn. 16:2-3).

"Acordaos de la palabra que yo os he dicho: El siervo no es mayor que su señor. Si a mí me han perseguido, también a vosotros os perseguirán; si han guardado mi palabra, también guardarán la vuestra" (Jn. 15:20).

"Estas cosas os he hablado, para que no tengáis tropiezo. Os expulsarán de las sinagogas; y aun viene la hora cuando cualquiera que os mate, pensará que rinde servicio a Dios. Y harán esto porque no conocen al Padre ni a mí. Mas os he dicho estas cosas, para que cuando llegue la hora, os acordéis de que ya os lo había dicho" (Jn. 16:1-4).

"a fin de que nadie se inquiete por estas tribulaciones; porque vosotros mismos sabéis que para esto estamos puestos" (1 Ts. 3:3).

"conforme a mi anhelo y esperanza de que en nada seré avergonzado; antes bien con toda confianza, como siempre, ahora también será magnificado Cristo en mi cuerpo, o por vida o por muerte" (Fil. 1:20).

"Y también todos los que quieren vivir piadosamente en Cristo Jesús padecerán persecución" (2 Ti. 3:12).

"Hermanos míos, no os extrañéis si el mundo os aborrece" (1 Jn. 3:13).

"Amados, no os sorprendáis del fuego de prueba que os ha sobrevenido, como si alguna cosa extraña os aconteciese, sino gozaos por cuanto sois participantes de los padecimientos de Cristo, para que también en la revelación de su gloria os gocéis con gran alegría. Si sois vituperados por el nombre de Cristo, sois bienaventurados, porque el glorioso Espíritu de Dios reposa sobre vosotros. Ciertamente, de parte de ellos, él es blasfemado, pero por vosotros es glorificado" (1 P. 4:12-14).

3 (3:13) *Incrédulos — Impíos, los — Engañadores — Hipócritas — Impostores:* Una persona piadosa se cuida de los hombres malos y seductores.

=> Malos hombres se refiere a aquellos que se oponen activamente a la justicia y la moral; aquellos que viven vidas inmorales e impías; que maldicen, mienten, roban, engañan, dañan y viven en los placeres carnales y la inmoralidad.

=> Engañadores se refiere a impostores y seductores; aquellos que viven en la hipocresía; que se llaman a sí mismos cristianos y asisten a la iglesia por lo que puedan obtener de ella. Se hacen miembros de la iglesia buscando aceptación, una buena imagen, amigos, compañerismo, popularidad, clientela para sus negocios, imagen personal, seguidores y muchos otros beneficios.

La idea es que tanto los malos hombres como los engañadores irán de mal en peor. Los hombres se volverán *cada vez más malos,* cada vez más...

• impíos
• ingobernables
• orientados hacia los placeres
• orientados hacia lo recreativo
• inmorales
• impuros

• adictos a las drogas
• orientados hacia las fiestas
• egoístas
• orientados hacia lo repugnante
• sanguinarios
• violentos

Los hombres también se tendrán cada vez más una religiosidad hipócrita. Serán religiosos, profesarán creer en Dios pero negarán la eficacia de la piedad. (Vea nota, 2 Ti. 3:5 para mayor discusión.) Note que se engañarán a sí mismos y engañarán a otros. Pensarán que son aceptables delante de Dios e incluso otros pensarán que son aceptables delante de Dios, pero tanto ellos como sus amistades están engañados: Ellos no son aceptables delante de Dios.

"Y este es su mandamiento: Que creamos en el nombre de su Hijo Jesucristo, y nos amemos unos a otros como nos lo ha mandado" (1 Jn. 3:23).

La única forma de que Dios nos acepte es creyendo en el nombre del Señor Jesucristo. Creer significa seguir a Cristo —vivir sobria, justa, y piadosamente en este mundo— y amar a los demás como Cristo nos ha amado, amarles hasta el punto de dar todo lo que somos y tenemos para ministrar a sus profundas necesidades. Pero fíjese en un detalle, los hombres se volverán cada vez más religiosos pero serán, o engañadores o impostores, hombres que usan a la religión para sus propios propósitos egoístas, para ganarse la vida o tener una profesión.

"Porque se levantarán falsos Cristos y falsos profetas, y harán señales y prodigios, para engañar, si fuese posible, aun a los escogidos" (Mr. 13:22).

"Y de vosotros mismos se levantarán hombres que hablen cosas perversas para arrastrar tras sí a los discípulos" (Hch. 20:30).

"Mas os ruego, hermanos, que os fijéis en los que causan divisiones y tropiezos en contra de la doctrina que vosotros habéis aprendido, y que os apartéis de ellos. Porque tales personas no sirven a nuestro Señor Jesucristo, sino a sus propios vientres, y con suaves palabras y lisonjas engañan los corazones de los ingenuos" (Ro. 16:17-18).

"Porque éstos son falsos apóstoles, obreros fraudulentos, que se disfrazan como apóstoles de Cristo. Y no es maravilla, porque el mismo Satanás se disfraza como ángel de luz. Así que, no es extraño si también sus ministros se disfrazan como ministros de justicia; cuyo fin será conforme a sus obras" (2 Co. 11:13-15).

"para que ya no seamos niños fluctuantes, llevados por doquiera de todo viento de doctrina, por estratagema de hombres que para engañar emplean con astucia las artimañas del error" (Ef. 4:14).

"Pero el Espíritu dice claramente que en los postreros tiempos algunos apostatarán de la fe, escuchando a espíritus engañadores y a doctrinas de demonios" (1 Ti. 4:1).

"mas los malos hombres y los engañadores irán de mal en peor, engañando y siendo engañados" (2 Ti. 3:13).

"Os he escrito esto sobre los que os engañan" (1 Jn. 2:26).

"Porque muchos engañadores han salido por el mundo, que no confiesan que Jesucristo ha venido en carne. Quien esto hace es el engañador y el anticristo" (2 Jn. 7).

	C. Las señales piadosas de vivir en las Escrituras, 3:14-17	por la fe que es en Cristo Jesús.	
1 El creyente debe vivir en las Escrituras	14 Pero persiste tú en lo que has aprendido y te persuadiste, sabiendo de quién has aprendido;	16 Toda la Escritura es inspirada por Dios, y útil para enseñar, para redargüir, para corregir, para instruir en justicia,	**3 Las Escrituras son inspiradas por Dios** **4 Las Escrituras son útiles para el hombre**
2 Las Escrituras hacen a la persona sabia para la salvación	15 y que desde la niñez has sabido las Sagradas Escrituras, las cuales te pueden hacer sabio para la salvación	17 a fin de que el hombre de Dios sea perfecto, enteramente preparado para toda buena obra.	**5 Las Escrituras perfeccionan al hombre y le preparan para toda buena obra**

DIVISIÓN II

PREDICCIONES SOBRE LOS ÚLTIMOS TIEMPOS, 3:1-17

C. Las señales piadosas de vivir en las Escrituras, 3:14-17

(3:14-17) *Introducción:* Los cristianos siempre han hecho énfasis en la importancia de la Biblia o de las Escrituras. ¿Por qué? ¿Cuál es la importancia y valor de las Escrituras? Este pasaje explica, afirmando en términos precisos: La marca de un creyente piadoso es que vive en las Escrituras.

1. El creyente debe vivir en las Escrituras (v. 14).
2. Las Escrituras hacen a la persona sabia para la salvación (v. 15).
3. Las Escrituras son inspiradas por Dios (v. 16).
4. Las Escrituras son útiles para el hombre (v. 16).
5. Las Escrituras perfeccionan al hombre y le preparan para toda buena obra (v. 17).

1 (3:14) *Escritura — Estudio — Maestros piadosos:* Los creyentes deben vivir en las Escrituras. A Timoteo se le habían enseñado las Escrituras durante toda su vida. Cuando era apenas un niño, su madre Eunice y su abuela Loida plantaron en él las Escrituras (2 Ti. 1:5; 3:15). Ambas creían fuertemente en el Señor. Pablo también había cimentado a Timoteo en las Escrituras, pero tenga en cuenta un detalle esencial:

=> no es suficiente haber aprendido las Escrituras.
=> no es suficiente estar seguro de que las enseñanzas de las Escrituras son ciertas.
=> no es suficiente saber que tus maestros enseñan la verdad.

Timoteo conocía todo esto. Él conocía las Escrituras y había hallado que las Escrituras eran verdad. Las afirmaciones y promesas de las Escrituras habían obrado en su propia vida. Timoteo también conocía a sus maestros; sus vidas daban testimonio de la verdad de las Escrituras, pero esto no era suficiente.

Fíjese en la palabra "persiste" (mene), esta significa permanecer, morar, perdurar y mantenerse en las Escrituras. En pocas palabras, Timoteo tenía que *vivir* en las Escrituras —vivir, moverse y ser en las Escrituras— y algo más, tenía

que vivir las Escrituras, andar y vivir en las verdades de las Escrituras. Tenía que hacer lo que dice las Escrituras.

Pensamiento 1. Note cuatro puntos significativos en este versículo:

1) Uno debe aprender las Escrituras.
2) Uno debe estar seguro de las Escrituras, aplicarlas a su vida y experimentar la verdad y seguridad de ellas.
3) Uno debe conocer a sus maestros, asegurarse de que enseñen la verdad de las Escrituras.
4) Uno debe persistir en las Escrituras: Permanecer y morar, mantenerse y perdurar en las Escrituras. Debe vivir, moverse y ser en las Escrituras.

2 (3:15) *Las Escrituras:* Las Escrituras hacen sabia a una persona para salvación. Si hay algo que el hombre necesita es sabiduría, sabiduría para cómo ser salvo. La muerte y todo tipo de mal inundan el mundo del hombre. Los más fuertes de los hombres son arrastrados y ahogados por...

- drogas
- hogares destruidos
- orgullo
- egoísmo
- envidia
- murmuración
- crimen
- pérdidas
- altivez
- extravagancia
- celos
- refunfuños
- desorden
- mala salud
- indulgencia
- discriminación
- asesinatos
- vacío
- enfermedad
- malos hábitos
- libertinaje
- avaricia
- guerras
- soledad
- accidentes
- esclavitud
- poder
- glotonería
- muerte
- carencia de propósito
- inmoralidad
- lujurias
- prejuicios
- borracheras
- chismes

No hay fin para el mal que está ahogando al hombre y a su mundo. Lo que el hombre y su mundo necesitan es sabiduría para salvarse. ¿Está disponible dicha sabiduría? Ese es el glorioso mensaje de este versículo: "¡Sí!" Las Sagradas Escrituras pueden hacer al hombre sabio para salvación. Las

Sagradas Escrituras pueden salvar al hombre y a su mundo. ¿Cómo? "Por la fe que es en Cristo Jesús". Son las Sagradas Escrituras las que nos hablan del gran plan de Salvación de Dios para el hombre, de cómo Dios salva al hombre mediante la fe en su Hijo, el Señor Jesucristo. Son solo las Sagradas Escrituras y no otro libro…

- las que nos dicen que Dios ama al mundo y tanto así que envió a su único Hijo, el Señor Jesucristo, para que nos revelara la verdad.

- las que nos dicen que Jesucristo se ha ocupado de lo concerniente a la justicia y la perfección, que Él vivió una vida perfecta y que garantizó la justicia perfecta e ideal para el hombre, que cuando un hombre cree en Jesucristo, Dios toma la fe de ese hombre y la cuenta como justicia.

- las que nos dicen que Jesucristo se ha ocupado de lo concerniente al pecado y la muerte. Que Él llevó todos los pecados del hombre sobre sí mismo y cargó con la pena y el castigo por ellos; que Él murió por el hombre y que cuando una persona cree en Jesucristo, Dios toma la fe de esa persona y la considera como la muerte de Cristo, que Dios lo cuenta como si la persona hubiera muerto en Cristo y por lo tanto nunca tiene que morir.

- las que nos dicen que Jesucristo se ha ocupado de lo concerniente al vivir para siempre, que Él se levantó de los muertos para vivir eternamente en presencia de Dios Padre. Que cuando una persona cree en Jesucristo, Dios toma la fe de esa persona y la considera como la resurrección de Jesucristo, que a la persona se le considera como si hubiera resucitado en Cristo y por lo tanto tuviera vida eterna.

La idea es esta: Las Sagradas Escrituras nos dicen cómo podemos ser salvos mediante el Hijo de Dios, el Señor Jesucristo. No hay otro libro que le revele esto al hombre. La única sabiduría que puede salvar a este mundo es la sabiduría del propio Dios y esa sabiduría se encuentra en las Sagradas Escrituras, la Santa Biblia.

"Ya vosotros estáis limpios por la palabra que os he hablado" (Jn. 15:3).

"Santifícalos en tu verdad; tu palabra es verdad" (Jn. 17:17).

"Pero éstas se han escrito para que creáis que Jesús es el Cristo, el Hijo de Dios, y para que creyendo, tengáis vida en su nombre" (Jn. 20:31).

"Porque no me avergüenzo del evangelio, porque es poder de Dios para salvación a todo aquel que cree; al judío primeramente, y también al griego" (Ro. 1:16).

"Porque las cosas que se escribieron antes, para nuestra enseñanza se escribieron, a fin de que por la paciencia y la consolación de las Escrituras, tengamos esperanza" (Ro. 15:4).

"Y estas cosas les acontecieron como ejemplo, y están escritas para amonestarnos a nosotros, a quienes han alcanzado los fines de los siglos" (1 Co. 10:11).

"Tenemos también la palabra profética más segura, a la cual hacéis bien en estar atentos como a una antorcha que alumbra en lugar oscuro, hasta que el día esclarezca y el lucero de la mañana salga en vuestros corazones" (2 P. 1:19).

"Estas cosas os he escrito a vosotros que creéis en el nombre del Hijo de Dios, para que sepáis que tenéis vida eterna, y para que creáis en el nombre del Hijo de Dios" (1 Jn. 5:13).

"¿Con qué limpiará el joven su camino? Con guardar tu palabra" (Sal. 119:9).

"Lámpara es a mis pies tu palabra, Y lumbrera a mi camino" (Sal. 119:105).

"La exposición de tus palabras alumbra; Hace entender a los simples" (Sal. 119:130).

3 (3:16) *Las Escrituras:* Las Escrituras son inspiradas por Dios. Este es un versículo sumamente importante para comprender la naturaleza de las Escrituras, es decir, para comprender qué es realmente, su naturaleza y autoridad. Tenga en cuenta varios aspectos.

1. Por supuesto que Pablo se estaba refiriendo a las Escrituras del Antiguo Testamento, las del Nuevo Testamento aun no habían sido completadas. Sin embargo este pasaje puede aplicarse con toda certeza al Nuevo Testamento.

William Barclay dice: "Si lo que Pablo dice acerca de las Escrituras es verdad con respecto al Antiguo Testamento, cuánto más cierto no será acerca de las preciosas palabras del Nuevo Testamento" (*The Letters to Timothy, Titus, and Philemon*, p. 229).

El gran erudito del griego A. T. Robertson señala: "No queda duda de que los apóstoles proclamaban que hablaban por la ayuda del Espíritu Santo (1 Ts. 5:27; Col. 4:16) al igual que lo hicieron los profetas en la antigüedad (1 P. 1:20s)… Así Pedro coloca las epístolas de Pablo al mismo nivel del Antiguo Testamento." (*Word Pictures in the New Testament*, vol. 6, p. 179).

La idea es que toda Escritura, tanto el Antiguo como el Nuevo Testamento, es inspirada por Dios.

2. Las Escrituras son inspiradas por Dios, la frase "inspirada por Dios" (theopneustos) significa *soplada por Dios*. ¿Qué quiere decir esto? ¿Qué quiere decir que *Dios sopló* las Sagradas Escrituras? Nadie lo puede decir con certeza pero al menos esto puede decirse:

=> Que *Dios exhaló* las Escrituras o que *Dios las produjo* más o menos de la misma manera en que hizo la creación.

"Por la palabra de Jehová fueron hechos los cielos, Y todo el ejército de ellos por el aliento de su boca" (Sal. 33:6).

Observe: Son las Escrituras las inspiradas, no el hombre. La Biblia no dice haber sido escrita por hombres inspirados. Sí dice que las Escrituras fueron dadas sobrenaturalmente por Dios. La Biblia dice ser la Palabra dada por el aliento creativo de Dios.

Una vez más el erudito del griego A. T. Robertson plantea que: "Soplada por Dios…está en contraste con los mandamientos de los hombres" (*Word Pictures in the New Testament*, vol. 4, p. 179).

El gran expositor bíblico Matthew Henry plantea: "Es [las Escrituras] una revelación divina de la cual podemos depender como verdad infalible. El mismo Espíritu que sopló en nosotros la razón también sopla en nosotros revelación: 'Porque nunca la profecía fue traída por voluntad humana, sino que los santos hombres de Dios hablaron siendo inspirados por el Espíritu Santo', 2 P. 1:21. Los profetas y apóstoles no hablaron por sí mismos sino que lo que recibieron del Señor, eso nos revelaron" (*Matthew Henry's Commentary*, vol. 5, p. 846s).

El excelente predicador Oliver Green señala: "El Dios todopoderoso es soberano y si somos salvos mediante el poder del evangelio, si el evangelio nos hace salvos para salvación, si es la voluntad de Dios que ningún hombre se pierda sino que todos vengan a arrepentimiento, ¡podemos descansar tranquilos en que Dios ha preservado y protegido sus Sagradas Escrituras a través de los siglos!... Cualquier cosa que necesitamos saber acerca de nuestra relación con Dios y de su relación con nosotros se encuentra en la Biblia. No necesitamos libros adicionales ni podemos permitir que se quite ninguno tampoco. Si añadimos o quitamos de su Palabra, Dios quitará nuestra parte del libro de la vida. Toda Escritura es inspirada por Dios. 'Inspirada por Dios' según el diccionario griego es una sola palabra griega que significa "soplada por Dios'" (*The Epistles of Paul the Apostle to Timothy and Titus*, p. 355).

3.   La exactitud y confiabilidad de las Escrituras se ve claramente cuando uno estudia lo que dicen las Escrituras sobre sí mismas. (Vea nota y Estudio a fondo 1, 1 Ts. 2:13; nota y Estudio a fondo 1, 2, 2 P. 1:19-21.)

   a.   El Espíritu Santo es el autor de las Escrituras (2 P. 1:19-21, esp. 21). El origen de las Escrituras no se encuentra en la voluntad del hombre, es decir, en su intento de encontrar la verdad e interpretarla sino en la palabra del Espíritu Santo que revela la verdad al hombre (cp. Jn. 16:12-15; 1 Co. 2:9-10).

   b.   Los escritores del Antiguo Testamento aseveran que la Biblia es la Palabra de Dios (2 S. 23:1-3; Is. 8:1, 11; Jer. 1:9; 5:14; 7:27; 13:12; Ez. 3:4-11; Mi. 3:8; Jer. 23:29; Hab. 2:2; Zac. 4:8). Se refieren a las Escrituras como "la Palabra", "los estatutos", "la Ley", y "los testimonios" (cp. Sal. 19:1s; 119:1s). En el Antiguo testamento solamente se usa más de dos mil veces la frase "Así dice el Señor" o una equivalente.

   Los Escritores del Antiguo Testamento confirman lo que plantean los escritores del Antiguo Testamento (He. 1:1; cp. Mt. 1:22; 2;15; Hch. 1:16; 28:25; Ef. 4:8; 1 Ti. 1:18-20). Muestran la alta autoridad de las Escrituras cuando usan frases como: "Escrito está" y "dicen las Escrituras" y esperan que los lectores y oidores estén ligados a las Escrituras.

   c.   Los escritores del Nuevo Testamento afirman que la Biblia es la Palabra de Dios (Hch. 15:28; 1 Co. 2:13; 3:1; 11:23; 14:37; 15:1-4; Gá. 1:11-12; 1 Ts. 2:13; 2 P. 3:2). Pablo afirmó a nombre

de todos los apóstoles que sus palabras eran divinamente enseñadas (1 Co. 2:13, note la palabra nosotros). Pedro asegura que los escritos de los apóstoles tienen igual nivel de autoridad que las Escrituras del Antiguo Testamento (2 P. 3:2). La forma de ver la inspiración en los tiempos de la iglesia primitiva era bien clara: El primer concilio de la iglesia planteó que las conclusiones de dicho concilio eran dadas por el Espíritu Santo a través de los líderes (Hch. 15:28s).

   d.   Jesucristo afirma que la Biblia es la Palabra de Dios. Él contrasta las Escrituras y los mandamientos de Dios con las tradiciones e instrucciones de los hombres (Mr. 7:6-13). Equipara la palabra de Moisés con las Escrituras, sus propias palabras con las de Moisés y ambas con la Palabra de Dios (Jn. 5:38, 45-47). Él dice: Las Escrituras "...no puede ser quebrantada" (Jn. 10:35). Autenticó hasta las porciones más pequeñas de las Escrituras (Mt. 5:18; Lc. 16:17). Defendió continuamente la validez de las Escrituras (Mt. 4:4, 7, 10; 22:29, 32, 43; Mr. 12:24; Lc. 4:4, 8). Se vio a sí mismo como el centro y cumplimiento de las Escrituras (Lc. 24:25-27). Aseguró que lo que estaba escrito tenía que cumplirse (Lc. 22:36-37). Predijo y aprobó el Nuevo Testamento y le aseguró a sus apóstoles que serían librados de error (Jn. 16:13).

   e.   La Biblia es absolutamente digna de confianza (Mt. 24:35). "...no puede ser quebrantada" (Jn. 10:34-35).

"Por lo cual también nosotros sin cesar damos gracias a Dios, de que cuando recibisteis la Palabra de Dios que oísteis de nosotros, la recibisteis no como palabra de hombres, sino según es en verdad, la Palabra de Dios, la cual actúa en vosotros los creyentes" (1 Ts. 2:13).

"Por lo cual también nosotros sin cesar damos gracias a Dios, de que cuando recibisteis la Palabra de Dios que oísteis de nosotros, la recibisteis no como palabra de hombres, sino según es en verdad, la Palabra de Dios, la cual actúa en vosotros los creyentes" (2 Ti. 3:16).

"porque nunca la profecía fue traída por voluntad humana, sino que los santos hombres de Dios hablaron siendo inspirados por el Espíritu Santo" (2 P. 1:21).

4 (3:16) *Las Escrituras:* Las Escrituras son útiles para el hombre. La palabra útil (*ophelimos*) significa provechosa, beneficiosa. Dicho en pocas palabras: La Biblia es para el hombre, Dios la dio para ayudar al hombre. En la Biblia se encuentran cuatro ayudas específicas.

1.   La Biblia es útil para enseñar. Dios quiere que el hombre sepa sin duda alguna quién es Él, quién es el hombre y el comienzo, significado y fin de todas las cosas. Las Escrituras revelan la verdad: La naturaleza, significado y signifi-

cado de la verdad. La Biblia le da al hombre los principios y reglas para la vida. Le da las doctrinas y fundamentos de la vida.

> "Escudriñad las Escrituras; porque a vosotros os parece que en ellas tenéis la vida eterna; y ellas son las que dan testimonio de mí" (Jn. 5:39).
>
> "Jesús les respondió y dijo: Mi doctrina no es mía, sino de aquel que me envió. El que quiera hacer la voluntad de Dios, conocerá si la doctrina es de Dios, o si yo hablo por mi propia cuenta" (Jn. 7:16-17).
>
> "Dijo entonces Jesús a los judíos que habían creído en él: Si vosotros permaneciereis en mi palabra, seréis verdaderamente mis discípulos; y conoceréis la verdad, y la verdad os hará libres" (Jn. 8:31-32).
>
> "Porque las cosas que se escribieron antes, para nuestra enseñanza se escribieron, a fin de que por la paciencia y la consolación de las Escrituras, tengamos esperanza" (Ro. 15:4).

2.   La Biblia es útil para redargüir. Dios quiere que el hombre experimente convicción y que sea reprendido cuando desobedece a la voluntad de Dios. Las Escrituras revelan la voluntad de Dios y las consecuencias de desobedecerla.

> "Pero yo os digo la verdad: Os conviene que yo me vaya; porque si no me fuera, el Consolador no vendría a vosotros; mas si me fuere, os lo enviaré. Y cuando él venga, convencerá al mundo de pecado, de justicia y de juicio… Pero cuando venga el Espíritu de verdad, él os guiará a toda la verdad; porque no hablará por su propia cuenta, sino que hablará todo lo que oyere, y os hará saber las cosas que habrán de venir" (Jn. 16:7-8, 13).
>
> "Porque la Palabra de Dios es viva y eficaz, y más cortante que toda espada de dos filos; y penetra hasta partir el alma y el espíritu, las coyunturas y los tuétanos, y discierne los pensamientos y las intenciones del corazón" (He. 4:12).
>
> "Por tanto, así ha dicho Jehová Dios de los ejércitos: Porque dijeron esta palabra, he aquí yo pongo mis palabras en tu boca por fuego, y a este pueblo por leña, y los consumirá" (Jer. 5:14).
>
> "¿No es mi palabra como fuego, dice Jehová, y como martillo que quebranta la piedra?" (Jer. 23:29).

3.   Es útil para corregir. Dios quiere que el hombre sea corregido cuando esté equivocado. La Biblia enseña obediencial enseñarle a la persona a disciplinarse a sí misma, incluso hasta el punto del sufrimiento (He. 5:8).

> "Ya vosotros estáis limpios por la palabra que os he hablado" (Jn. 15:3).
>
> "Santifícalos en tu verdad; tu palabra es verdad" (Jn. 17:17).
>
> "para santificarla, habiéndola purificado en el lavamiento del agua por la palabra" (Ef. 5:26).
>
> "Habiendo purificado vuestras almas por la obediencia a la verdad, mediante el Espíritu, para el amor fraternal no fingido, amaos unos a otros entrañablemente, de corazón puro" (1 P. 1:22).
>
> "¿Con qué limpiará el joven su camino? Con guardar tu palabra" (Sal. 119:9).

4.   Es útil para instruir en justicia. Dios quiere que el hombre sepa hacer, pensar y decir lo correcto. La Biblia re-

vela cómo vivir "vivamos en este siglo sobria, justa y piadosamente, aguardando la esperanza bienaventurada y la manifestación gloriosa de nuestro gran Dios y Salvador Jesucristo" (Tit. 2:12-13).

> "Recuérdales esto, exhortándoles delante del Señor a que no contiendan sobre palabras, lo cual para nada aprovecha, sino que es para perdición de los oyentes. Procura con diligencia presentarte a Dios aprobado, como obrero que no tiene de qué avergonzarse, que usa bien la palabra de verdad" (2 Ti. 2:14-15).
>
> "desead, como niños recién nacidos, la leche espiritual no adulterada, para que por ella crezcáis para salvación, si es que habéis gustado la benignidad del Señor." (1 P. 2:2-3).
>
> "Os mandé, pues, en aquel tiempo, todo lo que habíais de hacer" (Dt. 1:18).
>
> "En mi corazón he guardado tus dichos, Para no pecar contra ti" (Sal. 119:11).

5   (3:17) *Las Escrituras:* Las Escrituras perfeccionan al hombre y lo preparan para toda buena obra. La palabra "perfecto" (artios) implica completo, maduro, lleno. Ninguna persona puede estar completa o ser madura lejos de las Escrituras. El hombre fue hecho por Dios y debe vivir acorde a la Palabra de Dios. Si trata de vivir sin Dios y su palabra fracasa en la vida. Vive una vida incompleta, inmadura y desajustada. Esto se cumple especialmente en *el hombre de Dios,* aquella persona que dice ser un ministro o maestro de la Palabra de Dios.

Pensamiento 1. Solo las Escrituras, la Palabra de Dios, pueden hacer a una persona completa y equiparla para toda buena obra. El comentario que William Barclay hace acerca de este punto penetra el corazón y necesita ser escuchado por cada uno de nosotros:

> *"El estudio de las Escrituras instruye al hombre en justicia hasta que esté equipado para toda buena obra. Esta es la conclusión fundamental. El estudio de las Escrituras nunca debe ser egoísta, no debe ser nunca por el solo bien del alma del hombre. Cualquier cambio, cualquier conversión que haga que el hombre no piense en nada más que en el hecho de que ha sido salvado no es verdadero. Tiene que estudiar las Escrituras para hacer útil para Dios y los que le rodean. Debe estudiar no solamente para salvar su alma sino para que Dios pueda usarlo para salvación y consuelo de las vidas de otros. Ningún hombre es salvo a menos que sienta el fuego por salvar a sus semejantes"* (The Letters to Timothy, Titus, and Philemon, p. 232).

Qué planteamiento tan condenador: "Debe estudiar… para que Dios pueda usarlo para salvación y consuelo de las vidas de otros. Ningún hombre es salvo a menos que sienta el fuego por salvar a sus semejantes". Es una sentencia a la que *todo hombre de Dios debe prestar atención.* Debemos estudiar más y más, debemos permitir que las Escrituras nos toquen cada vez más para poder alcanzar las almas y ministrar más y más.

> "Por tanto, id, y haced discípulos a todas las nacio-

nes, bautizándolos en el nombre del Padre, y del Hijo, y del Espíritu Santo; enseñándoles que guarden todas las cosas que os he mandado; y he aquí yo estoy con vosotros todos los días, hasta el fin del mundo" (Mt. 28:19-20).

"Escudriñad las Escrituras; porque a vosotros os parece que en ellas tenéis la vida eterna; y ellas son las que dan testimonio de mí" (Jn. 5:39).

"Y éstos eran más nobles que los que estaban en Tesalónica, pues recibieron la palabra con toda solicitud, escudriñando cada día las Escrituras para ver si estas cosas eran así. Así que creyeron muchos de ellos, y mujeres griegas de distinción, y no pocos hombres" (Hch. 17:11-12).

"Así que, los que somos fuertes debemos soportar las flaquezas de los débiles, y no agradarnos a nosotros mismos. Cada uno de nosotros agrade a su prójimo en lo que es bueno, para edificación. Porque ni aun Cristo se agradó a sí mismo; antes bien, como está escrito: Los vituperios de los que te vituperaban, cayeron sobre mí. Porque las cosas que se escribieron antes, para nuestra enseñanza se escribieron, a fin de que por la paciencia y la consolación de las Escrituras, tengamos esperanza" (Ro. 15:1-4).

"y lo tendrá consigo, y leerá en él todos los días de su vida, para que aprenda a temer a Jehová su Dios, para guardar todas las palabras de esta ley y estos estatutos, para ponerlos por obra" (Dt. 17:19).

	CAPÍTULO 4	tiempo; redarguye, reprende, exhorta con toda paciencia y doctrina.	Palabra de Dios debe ser predicada
	III. EL TRIUNFO DE LA PREDICACIÓN, 4:1-8	3 Porque vendrá tiempo cuando no sufrirán la sana doctrina, sino que teniendo comezón de oír, se amonto-	3 Predica la Palabra, porque viene la gran apostasía
	A. El gran encargo de predicar la Palabra y ministrar, 4:1-5	narán maestros conforme a sus propias concupiscencias,	a. Las personas rechazarán
1 Predica la Palabra, porque los ojos de Dios y de Cristo te observan	1 Te encarezco delante de Dios y del Señor Jesucristo, que juzgará a los vivos y a los muertos en su manifestación	4 y apartarán de la verdad el oído y se volverán a las fábulas.	b. Las personas se apartarán
a. Cristo juzgará	y en su reino,	5 Pero tú sé sobrio en todo, soporta las aflicciones, haz obra de evangelista, cumple tu ministerio.	
b. Cristo aparecerá			4 Predica la Palabra: Porque debes terminar y cumplir con tu ministerio.
c. Cristo establecerá su reino			a. Sé sobrio y soporta
2 Predica la Palabra, la	2 que prediques la palabra; que instes a tiempo y fuera de		b. Trabaja y cumple

DIVISIÓN III

EL TRIUNFO DE LA PREDICACIÓN, 4:1-8

A. El gran encargo de predicar la Palabra y ministrar, 4:1-5

(4:1-5) *Introducción:* Una y otra vez el mundo es bombardeado con mensajes que ofrecen esperanza pero por encima de todos los mensajes y todas las esperanzas hay una que es la que el hombre más necesita, una que es tan importante que sobrepasa a todas las demás combinadas. ¿Cuál es ese mensaje? Es el mensaje de la Palabra de Dios. La Palabra de Dios ofrece la única esperanza *duradera* para el hombre. Es por esta razón que debe predicarse la Palabra de Dios. El ministro de Dios debe comprometerse con el gran encargo de predicar la Palabra de Dios y ministrar como nunca antes.

1. Predica la Palabra, porque los ojos de Dios y de Cristo te observan (v. 1)
2. Predica la Palabra, la Palabra de Dios debe ser predicada (v. 2)
3. Predica la Palabra, porque viene la gran apostasía (vv. 3-4).
4. Predica la Palabra, porque debes terminar y cumplir con tu ministerio (v. 5).

1 (4:1) *Predicación — Juicio — Jesucristo, regreso:* Predica la Palabra, porque los ojos de Dios y de Cristo te observan. La fuerza de este pasaje viene del versículo anterior:

> **"Toda la Escritura es inspirada por Dios, y útil para enseñar, para redargüir, para corregir, para instruir en justicia" (2 Ti. 3:16).**

Por lo tanto: "Te encarezco… que prediques la palabra" (v. 1-2). Debes predicar la Palabra porque Dios y Cristo están observando. Sus ojos están observando si predicas la Palabra. Observe: El ministro no debe predicar sus propias ideas ni las de otros hombres. El mensaje del evangelio no es el mensaje de la filosofía, la sicología, la sociología o la educación humanas. No es el mensaje de la autoestima y el desarrollo personal. A pesar de lo útiles que estos temas puedan ser, no son el evangelio ni la Palabra de Dios.

La Palabra es la propia Palabra de Dios, el glorioso evangelio de nuestra salvación. La Palabra es las Escrituras que sostenemos en nuestras manos, estudiamos y enseñamos a todos los que dan sus vidas a Cristo Jesús nuestro Señor. La Palabra que predicamos es…

- la propia revelación de Dios mismo, el registro de lo que Dios quiere que conozcamos, el registro que está plasmado en las Santas Escrituras, la Santa Biblia (vea notas, 2 Ti. 3:16; 3:17).
- el increíble amor de Dios que nos habla de Jesucristo, el hijo de Dios que vino a la tierra para salvar al hombre del pecado, el sufrimiento y la muerte de este mundo (vea bosquejo, notas y Estudio a fondo 1, 2, Jn. 3:16; Ro. 5:1-5; 5:6-11).
- la gran misericordia que Dios ha derramado sobre nosotros mediante la muerte del Hijo, el Señor Jesucristo (vea nota, Ef. 2:4-7).
- la resurrección y el juicio venidero sobre todos los hombres (vea notas, Mt. 25:31-46; Jn. 5:28-30; 1 Co. 15:1-58).

Esta es la Palabra que predicamos y debemos proclamarla desde las azoteas con valentía y determinación. Sin importar las pruebas o amenazas de los hombres, debemos predicar la Palabra, la Palabra de nuestro Dios viviente.

Se nos dan tres razones fuertes para garantizar que prediquemos la Palabra de Dios.

1. El Señor Jesucristo juzgará a los vivos y a los muertos. Si estamos vivos a su regreso, nos juzgará. Si morimos antes de que regrese, nos va a juzgar. La idea es doble.

=> Primero, nos va a juzgar en cuanto a si predicamos o no. Si nos llama a predicar y no lo hacemos, seremos juzgados y condenados.

=> Segundo, nos va juzgar en cuanto a si predicamos o no la Palabra. Si predicamos ideas de hombres en lugar de la Palabra de Dios, seremos juzgados y condenados. Si predicamos una mezcla de las ideas de los hombres y la Palabra de Dios seremos juzgados y condenados.

"Algún día la obra de Timoteo será probada y esa prueba la realizará el propio Señor Jesucristo, nadie más. La obra de un cristiano debe ser lo suficientemente buena para que satisfaga a Jesús no a los hombres. Debe hacer cada tarea de modo que pueda tomarla y ofrecerla a Cristo. No deben preocuparle la crítica u opinión de los hombres. La única cosa que debe anhelar es el "¡Bien hecho!" del Señor Jesucristo. Si todos en la iglesia y en el mundo hiciéramos nuestro trabajo en ese espíritu, la diferencia en la vida sería incalculable.
=> *Nos libraría del espíritu susceptible que producen las críticas de los hombres.*
=> *Nos libraría del espíritu de arrogancia que se preocupa con asuntos de derechos y prestigio personales.*
=> *Nos libraría del espíritu egoísta que por cada cosa que hace exige alabanza y agradecimiento de parte de los hombres.*
=> *Nos libraría de sentirnos heridos por la ingratitud de los hombres.*
El cristiano debe estar concentrado en Cristo" (William Barclay, *The Letters to Timothy, Titus, and Philemon*, p. 232s. Nota: Los párrafos han sido marcados y resaltados para énfasis por el autor.)

"Porque el Hijo del Hombre vendrá en la gloria de su Padre con sus ángeles, y entonces pagará a cada uno conforme a sus obras" (Mt. 16:27).

"Y nos mandó que predicásemos al pueblo, y testificásemos que él es el que Dios ha puesto por Juez de vivos y muertos" (Hch. 10:42).

"Por cuanto ha establecido un día en el cual juzgará al mundo con justicia, por aquel varón a quien designó, dando fe a todos con haberle levantado de los muertos" (Hch. 17:31).

"Pero tú, ¿por qué juzgas a tu hermano? O tú también, ¿por qué menosprecias a tu hermano? Porque todos compareceremos ante el tribunal de Cristo" (Ro. 14:10).

"Porque es necesario que todos nosotros comparezcamos ante el tribunal de Cristo, para que cada uno reciba según lo que haya hecho mientras estaba en el cuerpo, sea bueno o sea malo" (2 Co. 5:10).

2. El Señor Jesucristo aparecerá en gloria como "conquistador que retorna" (William Barclay, *The Letters to Timothy, Titus, and Philemon*, p. 233). Esto se ve en la palabra "manifestación" (epiphaneian). Esto quiere decir la aparición gloriosa y visible del Señor Jesús (Kenneth Wuest, *The Pastoral Epistles*, vol. 2, p. 153). La historia de la palabra se encuentra en la aparición de los grandes emperadores romanos, especialmente cuando tenían programado visitar una ciudad. Se hacían preparativos minuciosos: Se limpiaban las calles y edificios; se trabajaba duro para preparase en vistas a la visita del rey. Había entusiasmo por la venida y toda la energía y atención estaba puesta en esta visita. Esto es exactamente lo que el ministro debe hacer: Debe predicar la Palabra, poniendo su mente en el regreso del Señor Jesús. Debe estar preparado para su regreso y esto lo hace mediante la predicación de la Palabra. El Señor conquistador regresará, si dejamos de predicar le recibiremos desapercibidos, avergonzados y abochornados. Si ahora no nos sujetamos a Él —dejando de predicar su Palabra—, seremos sujetados y juzgados por Él.

"Por lo cual Dios también le exaltó hasta lo sumo, y le dio un nombre que es sobre todo nombre, para que en el nombre de Jesús se doble toda rodilla de los que están en los cielos, y en la tierra, y debajo de la tierra; y toda lengua confiese que Jesucristo es el Señor, para gloria de Dios Padre" (Fil. 2:9-11).

"Por tanto, también vosotros estad preparados; porque el Hijo del Hombre vendrá a la hora que no pensáis" (Mt. 24:44).

"Y llamando a diez siervos suyos, les dio diez minas, y les dijo: Negociad entre tanto que vengo" (Lc. 19:13).

"de tal manera que nada os falta en ningún don, esperando la manifestación de nuestro Señor Jesucristo" (1 Co. 1:7).

"Así que, no juzguéis nada antes de tiempo, hasta que venga el Señor, el cual aclarará también lo oculto de las tinieblas, y manifestará las intenciones de los corazones; y entonces cada uno recibirá su alabanza de Dios" (1 Co. 4:5).

"que cuando digan: Paz y seguridad, entonces vendrá sobre ellos destrucción repentina, como los dolores a la mujer encinta, y no escaparán" (1 Ts. 5:3).

"que guardes el mandamiento sin mácula ni reprensión, hasta la aparición de nuestro Señor Jesucristo" (1 Ti. 6:14).

"enseñándonos que, renunciando a la impiedad y a los deseos mundanos, vivamos en este siglo sobria, justa y piadosamente, aguardando la esperanza bienaventurada y la manifestación gloriosa de nuestro gran Dios y Salvador Jesucristo" (Tit. 2:12-13).

"Y ahora, hijitos, permaneced en él, para que cuando se manifieste, tengamos confianza, para que en su venida no nos alejemos de él avergonzados" (1 Jn. 2:28).

3. El Señor Jesucristo establecerá su reino para siempre y siempre. El verdadero ministro de Dios debe ser un ciudadano del reino del Señor. Su rango y posición (la magnitud de responsabilidad) en ese reino se basa en su fidelidad en este mundo. Por consiguiente, el ministro de Dios debe predicar la Palabra fielmente. Debe fijar sus ojos en el reino de Cristo así como Cristo fija sus ojos en la fidelidad del ministro. "Así que vivan y trabajen de manera que obtengan una alta clasificación en la lista de ciudadanos del reino cuando el reino venga" (William Barclay, *The Letters to Timothy, Titus, and Philemon*, p. 234). (Vea notas, *Premios*, Lc. 16:10-12 para una lista completa de los premios prometidos.)

"Yo, pues, os asigno un reino, como mi Padre me lo asignó a mí, para que comáis y bebáis a mi mesa en

mi reino, y os sentéis en tronos juzgando a las doce tribus de Israel" (Lc. 22:29-30).

2 (4:2) *Predicar — Ministro, obra del:* Predicar la Palabra, porque este es el llamamiento del Señor para ti. Predicar la Palabra debe ser la pasión que consuma la vida del ministro. Observe con cuánta fuerza se presenta esta idea en el versículo:

=> "Predica la Palabra".

=> "Que instes a tiempo y fuera de tiempo": Mantén un sentido de urgencia, aprovecha las oportunidades y crea oportunidades para predicar.

=> "Redarguye".

=> "Reprende".

=> "Exhorta con toda paciencia y doctrina".

1. Primero, predica la Palabra. El énfasis está en la obsesión, el ministro tiene que estar obsesionado con la predicación. El predicar debe quemar su alma, debe ser consumido con la predicación, una pasión abrasadora de predicar las riquezas inescrutables de Cristo. ¿Por qué?

=> Porque la predicación es el método que Dios escogió para salvar a los hombres.

> **"Porque la palabra de la cruz es locura a los que se pierden; pero a los que se salvan, esto es, a nosotros, es poder de Dios... pues ya que en la sabiduría de Dios, el mundo no conoció a Dios mediante la sabiduría, agradó a Dios salvar a los creyentes por la locura de la predicación" (1 Co. 1:18,21).**

=> Porque el ministro es responsable de predicar.

> **"Pues si anuncio el evangelio, no tengo por qué gloriarme; porque me es impuesta necesidad; y ¡ay de mí si no anunciare el evangelio!" (1 Co. 9:16).**

Es imposible enfatizar demasiado en la predicación. Es prácticamente imposible comprender por completo la importancia de la predicación. Este es el gran énfasis de este pasaje. Considere simplemente el encargo solemne y la advertencia que acaba de hacerse en el versículo uno:

=> Tanto Dios como Cristo tienen sus ojos puestos sobre el ministro, para ver si está predicando la Palabra.

=> El Señor Jesucristo juzgará al ministro por haber predicado o no la Palabra.

=> El ministro tendrá que enfrentar a Cristo cuando este regrese en gloria como el Señor conquistador, enfrentarlo y rendirle cuentas por su predicación.

=> El lugar y posición del ministro en el reino del Señor estará determinado por cuán fiel haya sido al predicar la Palabra.

Por consiguiente el encargo es predicar la Palabra. Observe dos aspectos significativos.

a. La palabra "predicar" (kerusso) es la imagen del ministro en pie frente a las personas con toda la dignidad y autoridad del propio Dios. Era la palabra que se usaba para referirse al embajador que el rey enviaba para proclamar su mensaje con la misma autoridad y dignidad del rey.

> *"Este debe ser el patrón para el predicador de la actualidad. Su predicación debe ser [con dignidad]...dignidad que viene...del hecho de que es un heraldo oficial del Rey de reyes. Debe ser... [con] la autoridad que ordena respecto, atención esmerada y una reacción adecuada por parte de los creyentes"* (Kenneth Wuest, *The Pastoral Epistles*, vol. 2, p. 154).

b. El ministro debe predicar "la Palabra". ¿Qué quiere decir "la Palabra"?

=> "Toda la Escritura", toda Escritura que es dada por inspiración de Dios (2 Ti. 3:16).

La Palabra quiere decir las Escrituras, la misma Palabra de Dios. Es "todo el cuerpo de la verdad revelada" (Kenneth Wuest, *The Pastoral Epistles*, vol. 2, p. 154). Es el consejo de Dios que comprende lo que los hombres llaman Santa Biblia. El ministro debe predicar la Palabra, las Santas Escrituras, la misma Palabra de Dios. No debe predicar...

- sus propias ideas
- las ideas de otros hombres
- filosofía
- psicología
- autoestima
- justicia propia
- sociología
- ciencia
- desarrollo educacional
- esfuerzos personales
- cosas que impulsen el ego
- religiones hechas por hombres

El gran erudito del griego Kenneth Wuest hace una de las descripciones más desafiantes escritas por un hombre acerca de la palabra predicar:

> *"La palabra [predicar] es una orden que debe obedecerse inmediatamente. Es un mandato tajante como en el lenguaje militar... El predicador debe presentar la Palabra, no el compendio de un libro, ni política, ni economía, ni asuntos de actualidad, ni una filosofía de la vida que niegue la Biblia y esté basada en teorías no comprobadas de la ciencia. Como heraldo, el predicador no puede elegir su mensaje. Su soberano le ha dado un mensaje que debe proclamar.* (Kenneth Wuest, *The Pastoral Epistles*, vol. 2, p. 154).

Matthew Henry usa un lenguaje contundente:

> *"No deben predicar sus propias nociones y fantasías sino la pura Palabra de Dios y no deben corromperla"* (*Matthew Henry's Commentary*, vol. 5, p. 848).

> **"Y yendo, predicad, diciendo: El reino de los cielos se ha acercado... Lo que os digo en tinieblas, decidlo en la luz; y lo que oís al oído, proclamadlo desde las azoteas" (Mt. 10:7,27).**

> **"Y les dijo: Id por todo el mundo y predicad el evangelio a toda criatura" (Mr. 16:15).**

> **"Id, y puestos en pie en el templo, anunciad al pueblo todas las palabras de esta vida" (Hch. 5:20).**

> **"que prediques la palabra; que instes a tiempo y**

fuera de tiempo; redarguye, reprende, exhorta con toda paciencia y doctrina" (2 Ti. 4:2).

2. Segundo, que instes a tiempo y fuera de tiempo. Hay dos cosas que deben destacarse en este punto.

a. La palabra "instar" (epistethi) significa "tomar una postura firme, defender, aferrarse" (A. T. Robertson). Como señala Robertson: "Hay todo tipo de tiempos… algunos difíciles…algunos fáciles" (*Word Pictures in the New Testament*, vol. 4, p. 629). La tarea del ministro es levantarse y aferrarse a la predicación sin tener en cuenta las circunstancias, ya sean fáciles o difíciles.

b. "El predicador debe proclamar la Palabra cuando la ocasión es favorable, oportuna y también cuando las circunstancias parecen desfavorables. Hay tan pocas oportunidades disponibles para la predicación que el predicador debe aprovechar cualquier ocasión que tenga para predicar la Palabra. No hay 'tiempo muerto' cuando se trata de predicar" (Kenneth Wuest, *The Pastoral Epistles*, vol. 2, p. 155).

Matthew Henry señala:

"Hagan este trabajo con espíritu ferviente. Insten a los que tienen a su cargo para que presten atención al pecado, que hagan su tarea: Llámenlos al arrepentimiento, a creer y a vivir una vida santa y esto tanto a tiempo como fuera de tiempo…

Debemos hacerlo a tiempo, es decir sin dejar pasar ninguna oportunidad y hacerlo fuera de tiempo, es decir sin dejar el trabajo bajo el pretexto de que está fuera de tiempo" (*Matthew Henry's Commentary*, vol. 5, p. 848).

William Barclay plantea:

"El maestro cristiano debe ser rápido. El mensaje que trae es literalmente un asunto de vida y muerte. El maestro o predicador que logra que su mensaje llegue a las personas es aquel que tiene el tono de impetuosidad en su voz…

El maestro cristiano debe ser persistente. Debe instar el mensaje de Cristo 'a tiempo y fuera de tiempo'. Como alguien ha dicho: 'Toma tu oportunidad o invéntala'. Como diera Theodore de Mospeustia: 'El cristiano debe considerar cada momento como una oportunidad para hablar de Cristo'. Se decía de George Morrison, de la iglesia Wellington en Glasgow, que no importaba cómo comenzaba la conversación, siempre iba derecho a Cristo" (*The Letters to Timothy, Titus, and Philemon*, p. 234s).

Una versión dice:

"Mantén tu sentido de urgencia (mantente en espera, está listo, ya sea que la oportunidad parezca favorable o desfavorable, ya sea que es conveniente o inconveniente, ya sea bienvenida o no, como predicador

de la Palabra debes mostrarle a las personas en qué sentido sus vidas están equivocadas)"

3. Tercero, redarguye (elegxon). La palabra significa zarandear a una persona para que se pruebe a sí misma, enfrentar a la persona a su culpa, guiar a la persona para que vea su pecado y que sienta culpa por este. Quiere decir hacer que la persona sienta convicción de pecado y llevarla a confesión y arrepentimiento.

"El predicador debe tratar con el pecado, tanto en la vida de los oidores inconversos como en aquellos santos a quienes ministra y no debe hacerlo con paños tibios. La palabra 'pecado' no aparece lo suficiente en nuestra predicación de hoy día. Y al tratar con el pecado con que se encuentra al predicar debe esperar resultados, la salvación de los perdidos y la santificación de los santos" (*"El predicador debe proclamar la Palabra cuando la ocasión es favorable, oportuna y también cuando las circunstancias parecen desfavorables. Hay tan pocas oportunidades disponibles para la predicación que el predicador debe aprovechar cualquier ocasión que tenga para predicar la Palabra. No hay "fuera de tiempo" cuando se trata de predicar"* (Kenneth Wuest, *The Pastoral Epistles*, vol. 2, p. 155).

4. Cuarto, "reprende" (epitimeson). Esta es una palabra fuerte, muy fuerte. "Es una reprensión tajante, severa con la posibilidad de un castigo inminente en ciertos casos, incluso donde el predicador ha experimentado una fracaso tras otro al traer los pecadores o los santos a abandonar su pecado" (Kenneth Wuest, *The Pastoral Epistles*, vol. 2, p. 155).

"Una palabra de advertencia y reprensión en muchas ocasiones pudiera salvar a un hermano de más de un pecado y naufragio. Pero como alguien dijera, la palabra siempre debe decirse 'como hermano que ayuda a un hermano', debe decirse con clara conciencia de nuestra culpabilidad común. No nos corresponde situarnos como jueces de nadie; no obstante es nuestro deber dar la palabra de advertencia cuando sea necesaria" (William Barclay, *The Letters to Timothy, Titus, and Philemon*, p. 236s).

"Convenza a las personas malvadas del mal y del peligro de sus caminos malvados. Esfuércese en traerlos al arrepentimiento al tratar llanamente con ellos. Repréndalos con seriedad y autoridad en el nombre de Cristo para que puedan tomen su desaprobación para con ellos como una señal de la desaprobación de Dios (Matthew Henry, *Matthew Henry's Commentary*, vol. 5, p. 848).

"A los que persisten en pecar, repréndelos delante de todos, para que los demás también teman" (1 Ti. 5:20).

"retenedor de la palabra fiel tal como ha sido enseñada, para que también pueda exhortar con sana enseñanza y convencer a los que contradicen" (Tit. 1:9).

"Esto habla, y exhorta y reprende con toda autoridad. Nadie te menosprecie" (Tit. 2:15).

5. Quinto, exhorta con toda paciencia y doctrina. La palabra "exhortar" (parakaleo) da la idea de "por favor, le suplico, le ruego" (Kenneth Wuest, *The Pastoral Epistles*, vol. 2, p. 155). Significa implorar, alentar, consolar y ayudar. No es suficiente redargüir y reprender a las personas. El ministro debe alentar y consolar, ayudar y llevar a la persona a Cristo. Observe cuán importante es este punto.

a. El ministro debe exhortar "con toda paciencia" (makrothumia). La idea es que el ministro pacientemente se mantenga exhortando a las personas, sin tener en cuenta las circunstancias. Les exhorta y exhorta, las alienta y alienta. Sufre durante mucho tiempo con las personas…

* soportando cualquier debilidad y fracaso que tengan
* soportando cualquier mal y daño que se haga
* El ministro sufre durante mucho, mucho tiempo sin resentimiento ni ira y nunca se rinde porque conoce el poder que Cristo tiene para cambiar vidas.

b. El ministro exhorta "con doctrina". No enseña pedacitos o fragmentos de la Palabra de Dios. No se concentra en temas…

* populares
* favoritos
* que suscitan curiosidad
* que crea que son necesarios

Se concentra en todas las doctrinas de Dios, todo el consejo de Dios. Exhorta a las personas con la doctrina de Dios.

> **"Le dijo la tercera vez: Simón, hijo de Jonás, ¿me amas? Pedro se entristeció de que le dijese la tercera vez: ¿Me amas? y le respondió: Señor, tú lo sabes todo; tú sabes que te amo. Jesús le dijo: Apacienta mis ovejas"(Jn. 21:17).**

> **"El amor es sufrido, es benigno; el amor no tiene envidia, el amor no es jactancioso, no se envanece"(1 Co. 13:4).**

> **"antes exhortaos los unos a los otros cada día, entre tanto que se dice: Hoy; para que ninguno de vosotros se endurezca por el engaño del pecado"(He. 3:13).**

> **"Apacentad la grey de Dios que está entre vosotros, cuidando de ella, no por fuerza, sino voluntariamente; no por ganancia deshonesta, sino con ánimo pronto"(1 P. 5:2).**

3 (4:3-4) *Predicación — Ministros:* Predica la palabra porque viene la gran apostasía. Todavía estaba Pablo escribiendo estas palabras y ya algunas falsas doctrinas se habían infiltrado en la iglesia y el futuro no parecía muy prometedor. Esta es una predicción de las Escrituras, Pablo estaba profetizando que las falsas doctrinas se iban a difundir. Llegaría el día en que la apostasía barrería con la iglesia. La idea es que la apostasía sería grande, y muchos se irían tras las falsas doctrinas y la iglesia sería afectada.

Sabemos por la historia de la iglesia que esto fue exacta-mente lo que sucedió con las iglesias de Asia. Estas fueron las mismas iglesias a las que se les hacen advertencias en el libro de Apocalipsis (Ap. 1:11—3:22). Había siete iglesias y de estas solo una permaneció fiel a la predicación de la Palabra: La iglesia de Filadelfia (Ap. 3:7-13). Las otras seis se volvieron apóstatas, muchos se alejaron de la predicación y enseñanza sanas de la Palabra de Dios. ¿Por qué? ¿Qué causó la apostasía? ¿Qué hizo que tantas personas e iglesias se alejaran de Cristo y de la sana Palabra de Dios? Este pasaje nos da la respuesta y recuerde: Era una predicción. Todavía no había ocurrido la apostasía. Se dan dos razones claras por las cuales las personas se alejan de Cristo y por las que iglesias se alejan de la predicación de la pura Palabra de Dios.

1. Las personas no soportarán la sana doctrina. Con doctrina por supuesto se está queriendo decir las doctrinas, enseñanzas e instrucciones de la Palabra de Dios, las Santas Escrituras. El lugar de las Escrituras en las vidas de los creyentes acaba de discutirse en el pasaje anterior (cp. 2 Ti. 3;14-17). Observe la palabra "sana" (hugiaino), quiere decir doctrina y enseñanza íntegra y saludable. La única doctrina y enseñanza que es sana es la de la Palabra de Dios.

La idea es esta: Las personas se alejarán de la sana doctrina porque no quieren escuchar la verdad. ¿Qué verdad? Con toda honestidad, la verdad que ninguno de nosotros se complace en escuchar.

=> No nos gusta escuchar que somos pecadores y depravados, sucios e impuros, egoístas e inmorales, injustos e indignos, que siempre fracasamos. A ninguna persona le gusta escuchar esto, no importa de quién se trate. No obstante el mensaje es verdad y la persona es insensata por no ser honesta y reconocerlo. ¿Por qué? Porque el pecado y la depravación de nuestros corazones son la causa por la que vivimos en un mundo tan malo y morimos. Ser honestos con respecto a este hecho es el único camino para resolver el problema del mal y el pecado. Sin embargo, a pesar de todo esto no es agradable confesar que somos pecadores y depravados irremediables.

=> No nos gusta escuchar que no hay nada que podamos hacer para que Dios nos acepte. Esta idea simplemente carece de sentido para la mayoría de las personas ya que hay algunos buenos en el mundo. No es agradable escuchar que el hombre no puede hacer bien suficiente como para que Dios le acepte. Piénselo: No importa quién sea la persona, no importa cuán buena o moral es, no importa cuánto bien haga, no es aceptable ni puede hacerse aceptable delante de Dios. Como se ha dicho, no es una idea agradable para nadie. Así que los hombres no quieren que se predique tal doctrina.

=> A la mayoría de las personas no les gusta escuchar que Jesucristo es *el único Salvador, el único mediado-do, el único camino* a través del cual una persona puede ser salva y aceptada por Dios. Preguntan acerca de aquellos que nunca han escuchado de Él (como los nativos de la jungla) y acerca de otras religiones.

La enseñanza de las Escrituras podría continuar pero la idea está clara. Las personas se alejan de la sana doctrina por una razón muy sencilla: No quieren escuchar la verdad; o no están de acuerdo con ella o no quieren que se les recuerde ni pensar en ella.

"Jesús les respondió y dijo: Mi doctrina no es mía, sino de aquel que me envió. El que quiera hacer la voluntad de Dios, conocerá si la doctrina es de Dios, o si yo hablo por mi propia cuenta" (Jn. 7:16-17).

"¿Por qué no entendéis mi lenguaje? Porque no podéis escuchar mi palabra. Vosotros sois de vuestro padre el diablo, y los deseos de vuestro padre queréis hacer. El ha sido homicida desde el principio, y no ha permanecido en la verdad, porque no hay verdad en él. Cuando habla mentira, de suyo habla; porque es mentiroso, y padre de mentira" (Jn. 8:43-44).

"El que es de Dios, las palabras de Dios oye; por esto no las oís vosotros, porque no sois de Dios" (Jn. 8:47).

"El que me rechaza, y no recibe mis palabras, tiene quien le juzgue; la palabra que he hablado, ella le juzgará en el día postrero"(Jn. 12:48).

"Mas os ruego, hermanos, que os fijéis en los que causan divisiones y tropiezos en contra de la doctrina que vosotros habéis aprendido, y que os apartéis de ellos"(Ro. 16:17).

"para que ya no seamos niños fluctuantes, llevados por doquiera de todo viento de doctrina, por estratagema de hombres que para engañar emplean con astucia las artimañas del error"(Ef. 4:14).

"Como te rogué que te quedases en Éfeso, cuando fui a Macedonia, para que mandases a algunos que no enseñen diferente doctrina, ni presten atención a fábulas y genealogías interminables, que acarrean disputas más bien que edificación de Dios que es por fe, así te encargo ahora"(1 Ti. 1:3-4).

"Cualquiera que se extravía, y no persevera en la doctrina de Cristo, no tiene a Dios; el que persevera en la doctrina de Cristo, ése sí tiene al Padre y al Hijo"(2 Jn. 9).

2. Las personas querrán maestros que les permitan vivir como les plazca. El griego realmente dice que las personas serán *dominadas* por "sus propias lujurias" (epithumia). Vivirán vidas de lujuria, deseos y gratificaciones, vidas que busquen la gratificación de la carne mediante…

* el sexo y la inmoralidad
* el reconocimiento y el honor
* el poder y la autoridad
* el nivel social y la posición
* el dinero y las posesiones
* la imagen y la aprobación
* la disciplina y el control
* la religión y la justicia personal
* las buenas obras y la benevolencia

Tales lujurias y deseos dominarán tanto las vidas de las personas que buscarán ministros y maestros que endulcen sus oídos con el mensaje del desarrollo personal y la autoestima.

Observe lo siguiente: El mensaje del desarrollo personal, la imagen propia, la filosofía y la psicología, la religión y las buenas obras son mensajes que benefician al hombre pero no van lo suficientemente lejos. No resuelven los problemas del mal y el egoísmo en el corazón humano ni tampoco resuelven el problema de la muerte. Cualquier persona que sea verdaderamente honesta y juiciosa sabe que no hay persona o grupo de personas —ni tan siquiera toda la raza humana— que pueda evitar que una persona muera ni ponerle un suero que le haga vivir para siempre. Tampoco nadie puede volver a crear los cielos y la tierra para que sean un lugar perfecto. El hombre está muy lejos de la perfección. Para que haya algo como la salvación —ser liberado del mal, la muerte y obtener la vida eterna en cielos nuevos y tierra nueva— tiene que venir de Dios mismo. Este es el mensaje, el glorioso evangelio de la Palabra de Dios: Hay salvación a través de su amor: su amor que ha sido demostrado en su Hijo, el Señor Jesucristo.

La idea es esta: Los hombres no quieren ser honestos. Quieren tener el derecho de vivir como les guste y hacer lo que quieran. Quieren el derecho de sentirse cómodos, reconocidos, estimados y asegurar posición, autoridad, riqueza y poder. Quieren placer y estímulo, la gratificación de sus lujurias en el momento que quieran. Por consiguiente quieren maestros que endulcen sus oídos y les aseguren…

* que el desarrollo de su disciplina, imagen y desarrollo personal es bueno y aceptable de la misma manera que a Dios se le honra y da reconocimiento.
* que la carnalidad y la inmoralidad son perdonables.

Como ya hemos dicho, ambos mensajes son ciertos, pero no completamente ciertos y la única persona en que una persona puede ser salva, verdaderamente salva, es rindiendo su vida a la verdad de la Palabra de Dios. Observe lo que dicen las Escrituras: Las falsas enseñanzas no son más que fábulas. Una versión dice que las personas "darán la espalda a la verdad y se irán tras mitos y ficciones hechos por el hombre".

"Estoy maravillado de que tan pronto os hayáis alejado del que os llamó por la gracia de Cristo, para seguir un evangelio diferente. No que haya otro, sino que hay algunos que os perturban y quieren pervertir el evangelio de Cristo. Más si aun nosotros, o un ángel del cielo, os anunciare otro evangelio diferente del que os hemos anunciado, sea anatema. Como antes hemos dicho, también ahora lo repito: Si alguno os predica diferente evangelio del que habéis recibido, sea anatema" (Gá. 1:6-9).

"De manera que cualquiera que quebrante uno de estos mandamientos muy pequeños, y así enseñe a los hombres, muy pequeño será llamado en el reino de los cielos; mas cualquiera que los haga y los enseñe, éste será llamado grande en el reino de los cielos" (Mt. 5:19).

"Pues en vano me honran, Enseñando como doctrinas, mandamientos de hombres" (Mt. 15:9).

"Pues no somos como muchos, que medran falsificando la Palabra de Dios, sino que con sinceridad, como de parte de Dios, y delante de Dios, hablamos en Cristo" (2 Co. 2:17).

"Antes bien renunciamos a lo oculto y vergonzoso, no andando con astucia, ni adulterando la Palabra de Dios, sino por la manifestación de la verdad recomendándonos a toda conciencia humana delante de Dios" (2 Co. 4:2).

"en los cuales anduvisteis en otro tiempo, siguiendo la corriente de este mundo, conforme al príncipe de la potestad del aire, el espíritu que ahora opera en los hijos de desobediencia" (Ef. 2:2).

"queriendo ser doctores de la ley, sin entender ni lo que hablan ni lo que afirman" (1 Ti. 1:7).

"Pero el Espíritu dice claramente que en los postreros tiempos algunos apostatarán de la fe, escuchando a espíritus engañadores y a doctrinas de demonios; 2por la hipocresía de mentirosos que, teniendo cauterizada la conciencia" (1 Ti. 4:1-2).

"Si alguno enseña otra cosa, y no se conforma a las sanas palabras de nuestro Señor Jesucristo, y a la doctrina que es conforme a la piedad" (1 Ti. 6:3).

"Porque vendrá tiempo cuando no sufrirán la sana doctrina, sino que teniendo comezón de oír, se amontonarán maestros conforme a sus propias concupiscencias, 4y apartarán de la verdad el oído y se volverán a las fábulas" (2 Ti. 4:3-4).

"Porque hay aún muchos contumaces, habladores de vanidades y engañadores, mayormente los de la circuncisión, 11a los cuales es preciso tapar la boca; que trastornan casas enteras, enseñando por ganancia deshonesta lo que no conviene" (Tit. 1:10-11).

"Pero hubo también falsos profetas entre el pueblo, como habrá entre vosotros falsos maestros, que introducirán encubiertamente herejías destructoras, y aun negarán al Señor que los rescató, atrayendo sobre sí mismos destrucción repentina" (2 P. 2:1).

"Casi en todas sus epístolas, hablando en ellas de estas cosas; entre las cuales hay algunas difíciles de entender, las cuales los indoctos e inconstantes tuercen, como también las otras Escrituras, para su propia perdición" (2 P. 3:16).

Pensamiento 1. Timoteo y todos los verdaderos ministros del evangelio deben predicar la Palabra porque se acerca un gran alejamiento. Los ministros de Dios deben predicar ahora mientras queda tiempo, predicar con todo el fervor y el poder del Espíritu de Dios.

4 (4:5) *Predicación — Ministros:* Predicar la Palabra, cumple tu ministerio. Debes "cumplir tu ministerio hasta el máximo" (Charles B. Williams. *The New Testament in the Language of the People.* "The Four Translation New Testament", p. 607). Tristemente…

- no todo ministro completa su ministerio
- no todo ministro lleva su ministerio hasta el máximo
- no todo ministro hace todo lo que Cristo quiere que él haga.
- no todo ministro asume cada ministerio que Dios desea para él.
- no todo ministro lleva hasta el máximo cada ministerio que asume.

Algunos sí, podemos mirar a nuestro alrededor y ver algunos ministros que sirven fielmente. Alguno no están tan dotados como otros y sirven en lo que los hombres llaman pequeños ministerios pero lo hacen fielmente y bien. ¿Cómo podemos todos volvernos fieles y cumplir con nuestros ministerios? ¿Cómo podemos llevar nuestros ministerios

hasta el máximo? Pablo le dijo a Timoteo que tenía que hacer cuatro cosas para cumplir con su ministerio.

1. El ministro debe ser sobrio en todo. La palabra "sobrio" (nephe) significa calmado y alerta, tener una mente ecuánime, calmada y tranquila; tener una vida y espíritu controlados y disciplinados. Y observe que el ministro debe ser así en todas las cosas: En cuerpo, mente y espíritu, en pensamiento, palabra y conducta. El ministro debe estar alerta, estar siempre calmado, controlado y ser disciplinado sin tener en cuenta el tipo de actividad o conducta.

"Velad y orad, para que no entréis en tentación; el espíritu a la verdad está dispuesto, pero la carne es débil" (Mt. 26:41).

"Por tanto, velad, acordándoos que por tres años, de noche y de día, no he cesado de amonestar con lágrimas a cada uno"(Hch. 20:31).

"Así que, el que piensa estar firme, mire que no caiga (1 Co. 10:12).

"Velad, estad firmes en la fe; portaos varonilmente, y esforzaos"(1 Co. 16:13).

"Perseverad en la oración, velando en ella con acción de gracias"(Col. 4:2).

"Sed sobrios, y velad; porque vuestro adversario el diablo, como león rugiente, anda alrededor buscando a quien devorar" (1 P. 5:8).

2. El ministro debe "soportar las aflicciones" (kakopatheo). La palabra significa sufrir durezas, problemas, dificultades y maldades. Kenneth Wuest ofrece una excelente discusión acerca de este punto, una discusión que amerita la atención de todo ministro que sienta alguna preocupación por las personas.

"El verbo [soportar las aflicciones] está en imperativo aoristo. Es una orden tajante que se da con aire militar. Eso era lo que Timoteo necesitaba. Él no estaba fundido en un molde heroico. ¡Cuánto necesitamos esa orden los que estamos en el ministerio de la Palabra en estos tiempos! A veces somos 'débiles', con miedo de proclamar claramente la verdad y asumir nuestra postura con respecto a las falsas doctrinas por temor al ostracismo de nuestros semejantes, al disgusto eclesiástico de nuestros superiores o a que se nos elimine nuestra entrada financiera. Prefiero caminar a solas con Jesús que estar sin su compañía en medio de la multitud, ¿y usted? Prefiero vivir en una cabaña y comer sencillamente, teniéndolo a Él como cabeza de mi casa y huésped invisible de mi mesa que vivir como la realeza pero sin Él" (The Pastoral Epistles, vol. 2, p. 159).

"Y seréis aborrecidos de todos por causa de mi nombre; mas el que persevere hasta el fin, éste será salvo" (Mt. 10:22)

"Así que, hermanos míos amados, estad firmes y constantes, creciendo en la obra del Señor siempre, sabiendo que vuestro trabajo en el Señor no es en vano" (1 Co. 15:58).

"Pues en verdad estuvo enfermo, a punto de morir; pero Dios tuvo misericordia de él, y no solamente de él, sino también de mí, para que yo no tuviese tristeza sobre tristeza" (Fil. 2:27).

"Porque a vosotros os es concedido a causa de Cristo, no sólo que creáis en él, sino también que padezcáis por él" (Fil. 1:29).

"Por tanto, nosotros también, teniendo en derredor nuestro tan grande nube de testigos, despojémonos de todo peso y del pecado que nos asedia, y corramos con paciencia la carrera que tenemos por delante" (He. 12:1).

"Bienaventurado el varón que soporta la tentación; porque cuando haya resistido la prueba, recibirá la corona de vida, que Dios ha prometido a los que le aman" (Stg. 1:12).

"Sed sobrios, y velad; porque vuestro adversario el diablo, como león rugiente, anda alrededor buscando a quien devorar; al cual resistid firmes en la fe, sabiendo que los mismos padecimientos se van cumpliendo en vuestros hermanos en todo el mundo" (1 P. 5:8-9).

3. El ministro debe hacer obra de evangelista. Esto no significa que el ministro debe convertirse en un evangelista itinerante o profesional. Quiere decir que su obra debe ser evangelística, debe buscar ganar almas en todo lo que hace. Debe expresar el amor y el juicio de Dios en todas sus predicaciones, enseñanzas y en todo lo demás que hace. Lo que impulse su ministerio debe ser el reconciliar a las personas con Dios, dar a conocer las gloriosas noticias del amor de Dios y del juicio venidero: Que Dios salva y que juzgará a las personas a través de su Hijo, el Señor Jesucristo.

"pero recibiréis poder, cuando haya venido sobre vosotros el Espíritu Santo, y me seréis testigos en Jerusalén, en toda Judea, en Samaria, y hasta lo último de la tierra" (Hch. 1:8).

"porque no podemos dejar de decir lo que hemos visto y oído" (Hch. 4:20).

"Pero teniendo el mismo espíritu de fe, conforme a lo que está escrito: Creí, por lo cual hablé, nosotros también creemos, por lo cual también hablamos" (2 Co. 4:13).

"Por lo cual te aconsejo que avives el fuego del don de Dios que está en ti por la imposición de mis manos. Porque no nos ha dado Dios espíritu de cobardía, sino de poder, de amor y de dominio propio. Por tanto, no te avergüences de dar testimonio de nuestro Señor, ni de mí, preso suyo, sino participa de las aflicciones por el evangelio según el poder de Dios" (2 Ti. 1:6-8).

"sino santificad a Dios el Señor en vuestros corazones, y estad siempre preparados para presentar defensa con mansedumbre y reverencia ante todo el que os demande razón de la esperanza que hay en vosotros" (1 P. 3:15).

4. El ministro debe cumplir su ministerio, completarlo y llenarlo hasta desbordar. Debe llevar a cabo su ministerio hasta el final, ejecutar a cabalidad todos sus deberes. Una vez más Kenneth Wuest tiene un excelente comentario sobre este punto:

"'Ministerio' proviene de una palabra griega (diakonia) que habla del trabajo cristiano en general, abarcando todas las modalidades del servicio. Una de las principales tentaciones del pastorado es la holgazanería y el abandono. Pablo vive una vida intensa y tremendamente activa. La palabra 'dinamismo' le caracteriza perfectamente. Como dice el refrán: 'Es mejor gastarse en la obra del Señor que oxidarse'" (The Pastoral Epistles, vol. 2, p. 159s).

"Jesús les dijo: Mi comida es que haga la voluntad del que me envió, y que acabe su obra" (Jn. 4:34).

"Yo les he dado tu palabra; y el mundo los aborreció, porque no son del mundo, como tampoco yo soy del mundo" (Jn. 17:14).

"Le dijo la tercera vez: Simón, hijo de Jonás, ¿me amas? Pedro se entristeció de que le dijese la tercera vez: ¿Me amas? y le respondió: Señor, tú lo sabes todo; tú sabes que te amo. Jesús le dijo: Apacienta mis ovejas" (Jn. 21:17).

"Pero de ninguna cosa hago caso, ni estimo preciosa mi vida para mí mismo, con tal que acabe mi carrera con gozo, y el ministerio que recibí del Señor Jesús, para dar testimonio del evangelio de la gracia de Dios." (Hch. 20:24).

"Por tanto, mirad por vosotros, y por todo el rebaño en que el Espíritu Santo os ha puesto por obispos, para apacentar la iglesia del Señor, la cual él ganó por su propia sangre" (Hch. 20:28).

"Doy gracias al que me fortaleció, a Cristo Jesús nuestro Señor, porque me tuvo por fiel, poniéndome en el ministerio" (1 Ti. 1:12).

"Pero es necesario que el obispo sea irreprensible, marido de una sola mujer, sobrio, prudente, decoroso, hospedador, apto para enseñar" (1 Ti. 3:2).

"Porque yo ya estoy para ser sacrificado, y el tiempo de mi partida está cercano. He peleado la buena batalla, he acabado la carrera, he guardado la fe. Por lo demás, me está guardada la corona de justicia, la cual me dará el Señor, juez justo, en aquel día; y no sólo a mí, sino también a todos los que aman su venida" (2 Ti. 4:6-8).

"Apacentad la grey de Dios que está entre vosotros, cuidando de ella, no por fuerza, sino voluntariamente; no por ganancia deshonesta, sino con ánimo pronto" (1 P. 5:2).

"Sobre tus muros, oh Jerusalén, he puesto guardas; todo el día y toda la noche no callarán jamás. Los que os acordáis de Jehová, no reposéis" (Is. 62:6).

"y os daré pastores según mi corazón, que os apacienten con ciencia y con inteligencia" (Jer. 3:15).

"Y pondré sobre ellas pastores que las apacienten; y no temerán más, ni se amedrentarán, ni serán menoscabadas, dice Jehová" (Jer. 23:4).

	B. El testimonio triunfante de Pablo, 4:6-8	8 Por lo demás, me está guardada la corona de justicia, la cual me dará el Señor, juez justo, en aquel día; y no sólo a mí, sino también a todos los que aman su venida	**3 Su recompensa: Una corona de justicia**
1 Su muerte a. Una ofrenda b. Una partida, cp. 18 **2 Su testimonio** a. Una *buena* batalla b. Una carrera *acabada* c. Una fe *guardada*	6 Porque yo ya estoy para ser sacrificado, y el tiempo de mi partida está cercano. 7 He peleado la buena batalla, he acabado la carrera, he guardado la fe.		a. Dada por el Señor, el Juez justo b. Dada a todos los creyentes que aman y esperan el regreso del Señor

DIVISIÓN III

EL TRIUNFO DE LA PREDICACIÓN, 4:1-8

B. El testimonio triunfante de Pablo, 4:6-8

(4:6-8) *Introducción — Pablo — Muerte:* Pablo está sentado en la sombría mazmorra de una cárcel romana. Está enfrentando la pena capital por insurrección contra el gobierno romano. Tuvo su audiencia preliminar ante Nerón, por tanto, pronto comparecerá ante Nerón en su juicio final y escuchará el fatídico veredicto: "Ejecución". ¿Cuán pronto? No lo sabemos, pero estos versículos indican que muy pronto. Pablo sabía que el fin de su vida sobre la tierra estaba a la vuelta de la esquina. Esta es la razón por la que le había pasado el estandarte a Timoteo, la razón por la que le acababa de dar a Timoteo el más impresionante encargo que se le haya dado a un hombre: El tremendo encargo de predicar la Palabra de Dios y de ministrar a un mundo que se tambalea bajo el peso de tantas necesidades desesperantes. Timoteo debe seguir adelante y predicar el evangelio con todas las fuerzas y compromiso de su ser. Note cómo Pablo anima a Timoteo incluso refiriéndose a su propia muerte. Quiere que Timoteo mire más allá del fin de su propia vida y que sea capaz de dar el mismo testimonio. Qué gran reto para todos nosotros: El testimonio triunfante de Pablo.

1. Su muerte (v. 6).
2. Su testimonio (v. 7).
3. Su recompensa: Una corona de justicia (v. 8).

1 (4:6) *Pablo — Muerte:* El encuentro de Pablo con la muerte.

1. Pablo dice que su vida está siendo ofrecida y sacrificada para Dios en un último acto, el acto de la muerte. ¡Qué manera de ver la vida! Ver la muerte como una ofrenda y sacrificio presentado ante Dios. La palabra griega para ofrenda o sacrificio (spendomai) es impresionante: Se refiere a la libación presentada ante Dios. Cuando una persona quería hacer un sacrificio a Dios, a menudo tomaba una copa de vino o aceite y la derramaba como ofrenda y sacrificio a Dios. La libación simbolizaba al Señor Jesús derramando su alma —muriendo— por nosotros.

Pablo está diciendo: "Mediante la muerte estoy derramando mi alma para el Señor Jesucristo. La vida y la sangre de mi cuerpo están siendo sacrificadas por la predicación de la Palabra de Dios. Estoy poniendo mi vida como un acto supremo de sacrificio. Estoy muriendo para Él".

El gran escritor bíblico William Barclay describe la escena con palabras que deberían ser un reto para todos nosotros:

> "Pablo no pensó en sí mismo como que lo iban a ejecutar; pensó en sí mismo como que iba a ofrecer su vida a Dios. No le estaban quitando su vida, Él la estaba entregando. Desde el momento de su conversión Pablo le había ofrecido a Dios: su dinero, su erudición, su fortaleza, su tiempo, el vigor de su cuerpo, la agudeza de su mente, la devoción de su apasionado corazón. Solo le quedaba por ofrecer su vida misma e con gusto la entregaría" (*The Letters to Timothy, Titus, and Philemon*, p. 240).

2. Pablo dice que el tiempo de su partida de este mundo estaba cerca. La palabra "partida" (analuo) en contundente en su significado. (Las siguientes acepciones han sido tomadas de W. E. Vine. *Diccionario Expositivo de palabras del Nuevo Testamento*.)

a. Partir es una metáfora sacada de un barco que leva anclas y larga las amarras en preparación para zarpar de un país hacia otro. Pablo había sido anclado y amarrado a este mundo, pero el ancla y las cuerdas de este mundo estaban ahora siendo zafadas y Pablo estaba a punto de zarpar hacia el más grande de los puertos: El cielo.

b. Partir es una metáfora sacada de "levantar un campamento" (W. E. Vine). Pablo había estado acampando en este mundo. Si alguien sabía lo que era vivir inestable y moviéndose de un lugar a otro, ese era Pablo, y desafortunadamente a menudo no tenía otra alternativa. Muchas veces la oposición al evangelio había sido tan violenta que lo había obligado a levantar el campamento y seguir adelante, algunas veces huyendo para salvar su vida. Pero ahora, Pablo iba a levantar el campamento y partir por última vez, ¡y qué tremenda partida! Nunca más se tendría que mudar. Estaba partiendo de este mundo hacia su residencia permanente: El cielo.

c. Partir es una metáfora sacada de sacar el yugo de unos animales para librarlos del peso del carro, el arado o la piedra del molino que había estado halando para moler el grano. Pablo iba a ser liberado del yugo y la carga del trabajo y labores de esta vida. Estaba siendo liberado para partir hacia los pastos, las aguas de reposo y el descanso del cielo y la eternidad.

Matthew Henry dice:

"Observe... con qué placer [Pablo] habla sobre la muerte. La llama partida: Aunque es probable que presintió que sufriría una muerte violenta y sangrienta aun así la llama su partida o liberación. Para un hombre bueno, la muerte es su liberación del encarcelamiento de este mundo y su partida al disfrute de otro mundo; no deja de ser sino que solo es trasladado de un mundo hacia otro" (*Matthew Henry's Commentary*, vol. 5, p. 849).

"De tal manera amó Dios al mundo, que ha dado a su Hijo unigénito, para que todo aquel que en él cree no se pierda, sino que tenga vida eterna" (Jn. 3:16).

"Si vivimos, para el Señor vivimos; y si morimos, para el Señor morimos. Así pues, sea que vivamos o que muramos, del Señor somos" (Ro. 14:8).

"porque para mí el vivir es Cristo y el morir, ganancia. Pero si el vivir en la carne resulta para mí en beneficio de la obra, no sé entonces qué escoger: De ambas cosas estoy puesto en estrecho, teniendo deseo de partir y estar con Cristo, lo cual es muchísimo mejor" (Fil. 1:21-23).

"En la fe murieron todos estos sin haber recibido lo prometido, sino mirándolo de lejos, creyéndolo y saludándolo, y confesando que eran extranjeros y peregrinos sobre la tierra" (He. 11:13).

"Y oí una voz que me decía desde el cielo: Escribe: "Bienaventurados de aquí en adelante los muertos que mueren en el Señor". Sí, dice el Espíritu, descansarán de sus trabajos, porque sus obras con ellos siguen" (Ap. 14:13).

"Aunque ande en valle de sombra de muerte, no temeré mal alguno, porque tú estarás conmigo; tu vara y tu cayado me infundirán aliento" (Sal. 23:4).

"Estimada es a los ojos de Jehová la muerte de sus santos" (Sal. 116:15).

"Por su maldad es derribado el malvado, pero el justo, en su propia muerte halla refugio" (Pr. 14:32).

2 (4:7) *Pablo, vida — Muerte:* El glorioso testimonio de Pablo. La manera en que Pablo describe su vida también está llena de significado. Él echa un rápido vistazo a las etapas anteriores de su vida y emplea tres ilustraciones para describirla, la de un soldado, un atleta y un mayordomo o administrador.

1. Pablo dice que ha vivido la vida como un soldado fiel: "He peleado la buena batalla". Pablo había respondido al llamamiento del Señor Jesucristo...

• Se había ofrecido voluntariamente para servir a Cristo.
• Se había apartado de este mundo, sacrificando todo lo que era y tenía para ser un soldado de Cristo, un soldado comprometido totalmente a la misión de Cristo.
• Había sufrido por las amenazas, los tumultos y gue-

rras desatadas por los enemigos de Cristo.
• Había peleado una "buena" (kalos) batalla: Una lucha digna, honrosa, honorable, noble y encomiable.
• Había hecho su parte, adherido hasta el final de la misión de Cristo

Por tanto, Pablo podía declarar victorioso: "He peleado la buena batalla". Estaba siendo liberado de su servicio como soldado del Rey, liberado para vivir en paz en el reino de su Señor para siempre.

"porque no tenemos lucha contra sangre y carne, sino contra principados, contra potestades, contra los gobernadores de las tinieblas de este mundo, contra huestes espirituales de maldad en las regiones celestes" (Ef. 6:12).

"Este mandamiento, hijo Timoteo, te encargo, para que, conforme a las profecías que se hicieron antes en cuanto a ti, milites por ellas la buena milicia" (1 Ti. 1:18).

"Pelea la buena batalla de la fe, echa mano de la vida eterna, a la cual asimismo fuiste llamado, habiendo hecho la buena profesión delante de muchos testigos" (1 Ti. 6:12).

"Ninguno que milita se enreda en los negocios de la vida, a fin de agradar a aquel que lo tomó por soldado" (2 Ti. 2:4).

"Pero traed a la memoria los días pasados, en los cuales, después de haber sido iluminados, sostuvisteis un fuerte y doloroso combate" (He. 10:32).

2. Pablo dice que había corrido y finalizado el curso de su vida; había completado la carrera de la vida como un atleta corre y finaliza el curso de su carrera. Esto es poderoso pues significa que Pablo disciplinó y controló su vida hasta lo máximo, tal y como lo hace un atleta olímpico.

=> Controló lo que comía y bebía y lo que hacía con su cuerpo y mente.
=> Se concentró en el curso de la vida, en cómo correrlo. No podía correr el riesgo de distraerse con las cosas del mundo y de la carne para no convertirse en un desechado y quedar descalificado de la carrera.

"Y esto hago por causa del evangelio, para hacerme copartícipe de él. ¿No sabéis que los que corren en el estadio, todos a la verdad corren, pero uno solo se lleva el premio? Corred de tal manera que lo obtengáis. Todo aquel que lucha, de todo se abstiene; ellos, a la verdad, para recibir una corona corruptible, pero nosotros, una incorruptible. Así que yo de esta manera corro, no como a la ventura; de esta manera peleo, no como quien golpea el aire; sino que golpeo mi cuerpo y lo pongo en servidumbre, no sea que, habiendo sido heraldo para otros, yo mismo venga a ser eliminado" (1 Co. 9:23-27).

"vosotros corríais bien. ¿Quién os estorbó para no obedecer a la verdad?" (Gá. 5:7).

"prosigo a la meta, al premio del supremo llamamiento de Dios en Cristo Jesús" (Fil. 3:14).

"He peleado la buena batalla, he acabado la carrera, he guardado la fe" (2 Ti. 4:7).

"Por tanto, nosotros también, teniendo en derredor nuestro tan grande nube de testigos, despojémonos de

todo peso y del pecado que nos asedia, y corramos con paciencia la carrera que tenemos por delante" (He. 12:1).

3. Pablo dice que había guardado la fe. Había cuidado de la fe de la misma manera que un mayordomo cuida de las propiedades de su señor. El Señor le había encomendado a Pablo su fe y él la había guardado. Él había probado ser fiel; había administrado la fe para su Amo, el Señor Jesucristo. La idea aquí es la de un consorcio, un contrato de administración entre Cristo y Pablo. Pablo está diciendo que había guardado los términos del contrato; había administrado y cuidado bien y fielmente el consorcio. Piense en esto, todos los sufrimientos por los que Pablo pasó, las terribles pruebas, los momentos en que pudo haber...

* abandonado el consorcio de la fe o dejarlo a un lado e ignorarlo, pero nunca lo hizo. Él había sido escogido por el Señor y Amo de la vida para administrar el consorcio de Dios, la fe de nuestro Señor Jesucristo. Por tanto, Pablo tomó su responsabilidad y administró en todo momento, en los buenos y en los malos. Nunca abandonó su fe, y porque había sido fiel, era hora de que recogiera los frutos de su labor. Ahora iba a recoger los beneficios de la fe; se le iban a dar todos los derechos y privilegios de los bienes del Señor, vivir y disfrutar de sus placeres eternamente.

> **"Llamó antes a diez siervos suyos, les dio diez minas y les dijo: "Negociad entre tanto que regreso"... Él le dijo: "Está bien, buen siervo; por cuanto en lo poco has sido fiel, tendrás autoridad sobre diez ciudades""** (Lc. 19:13, 17).
>
> **"Ahora bien, lo que se requiere de los administradores es que cada uno sea hallado fiel"** (1 Co. 4:2).
>
> **"Timoteo, guarda lo que se te ha encomendado, evitando las profanas pláticas sobre cosas vanas y los argumentos de la falsamente llamada ciencia"** (1 Ti. 6:20).
>
> **"Cada uno según el don que ha recibido, minístrelo a los otros, como buenos administradores de la multiforme gracia de Dios"** (1 P. 4:10).

3 (4:8) *Pablo — Recompensa:* La increíble recompensa de Pablo: La corona de justicia. Imagínese, hay una corona de justicia: una corona que una persona puede recibir, una corona que le hará acepto delante de Dios. Dios no puede aceptar a ninguna persona que no haya sido coronada con justicia: completamente cubierto con la justicia y hecho perfecto. ¿Por qué? Porque Dios es perfecto y solo la perfección puede vivir en la presencia de Dios. Por tanto, la única forma en que una persona puede ser aceptado por Dios es recibiendo la corona de justicia de Dios. Pablo iba a recibir la corona de justicia porque él había dado su vida...

* para ser un soldado de Cristo y de su batalla.
* para ser un atleta de Cristo y su curso (carrera y vida).
* para ser un mayordomo o administrador de Cristo y su fe.

Piense en esto, a Pablo se le iba a dar la corona de justicia que hace a la persona perfecta delante de Dios. Justa y perfecta para que pueda vivir delante de Dios por siempre y siempre. Qué tremendo contraste con las coronas y trofeos corruptibles y perecederos que el mundo da. Note dos puntos:

1. La corona de justicia es dada por el Señor, el Juez justo. Él es el juez justo y perfecto, el único juez que sabe la verdad acerca de todos los hombres. Él conoce el corazón de cada hombre y ha visto a cada ser humano cada día y hora de su vida. De hecho, el Señor ha visto cada acción y ha escuchado cada palabra que cada persona a dicho o hecho. Él todo lo sabe. El Señor sabía todo acerca de Pablo...

* que había sido un buen soldado de Cristo.
* que había sido un buen atleta para Cristo.
* que había sido un buen mayordomo (administrador) para Cristo.

El Señor es recto y justo, por lo tanto, Pablo sabía que el Señor le daría la corona de justicia en aquel glorioso día de la redención.

2. La corona de justicia le será dada a todos los que aman y esperan la venida del Señor. Esta es una verdad contundente. ¿Quién es el que ama *la venida* del Señor? La persona que ama al Señor. ¿Quién es el que ama al Señor? La persona que verdaderamente cree en el Señor y en la gloriosa salvación que Él ha provisto. ¿Quién es un verdadero creyente? La persona que ha dedicado su vida...

* a ser un soldado de Cristo y su misión.
* a ser un atleta de Cristo y su curso (carrera y vida).
* para ser un mayordomo o administrador de Cristo y su fe.

Esta es la persona que ama y espera la venida del Señor Jesucristo, y esta es la persona que recibirá la corona de justicia. Como dice el erudito griego Kenneth Wuest:

> *"A aquellos que han estimado preciosa su venida y por tanto la han amado, y... mantienen esa actitud en sus corazones, a estos el Señor Jesús también dará la guirnalda [corona] de justicia del vencedor"* (The Pastoral Epistles, vol. 2, p. 163).

El predicador Olive Greene dice:

> *"Ningún hombre sabe el día y la hora en que Jesús vendrá; no sabemos el día ni la hora en que seremos llamados a encontrarnos con el Señor en la muerte. Si este fuera el día del regreso del Señor, o si este fuera el día en que la muerte venga por mí, ¿podría yo testificar como lo hizo Pablo al enfrentar la muerte? ¿He peleado la buena batalla? ¿He guardado la fe? ¿He sido un buen ministro, fiel a la Palabra y a los que les he predicado? ¿Tendré una corona que lanzar a los pies de Jesús cuando le coronemos Señor de todo?* (The Epistles of Paul the Apostle to Timothy and Titus, p. 371s).

Pensamiento 1. Qué clase de acusación contra la falsa profesión. No es lo que profesamos acerca de Cristo, es lo que hacemos por Cristo.

> **"Todo aquel que lucha, de todo se abstiene; ellos, a la verdad, para recibir una corona corruptible, pero nosotros, una incorruptible"** (1 Co. 9:25).

"Por lo demás, me está guardada la corona de justicia, la cual me dará el Señor, juez justo, en aquel día; y no sólo a mí, sino también a todos los que aman su venida" (2 Ti. 4:8).

"Bienaventurado el varón que soporta la tentación; porque cuando haya resistido la prueba, recibirá la corona de vida, que Dios ha prometido a los que le aman" (Stg. 1:12).

"Y cuando aparezca el Príncipe de los pastores, vosotros recibiréis la corona incorruptible de gloria" (1 P. 5:4).

"He aquí, yo vengo pronto; retén lo que tienes, para que ninguno tome tu corona" (Ap. 3:11).

"los veinticuatro ancianos se postran delante del que está sentado en el trono, y adoran al que vive por los siglos de los siglos, y echan sus coronas delante del trono, diciendo:" (Ap. 4:10).

"Y cualquiera que dé a uno de estos pequeñitos un vaso de agua fría solamente, por cuanto es discípulo, de cierto os digo que no perderá su recompensa" (Mt. 10:42).

"Su señor le dijo: Bien, buen siervo y fiel; sobre poco has sido fiel, sobre mucho te pondré; entra en el gozo de tu señor" (Mt. 25:23).

"pero gloria y honra y paz a todo el que hace lo bueno, al judío primeramente y también al griego" (Ro. 2:10).

"sabiendo que el bien que cada uno hiciere, ése recibirá del Señor, sea siervo o sea libre" (Ef. 6:8).

1 Un mensaje personal, la necesidad de ayuda.	IV. EL ÚLTIMO ADIÓS DE PABLO AL MUNDO, 4:9-22	15 Guárdate tú también de él, pues en gran manera se ha opuesto a nuestras palabras.	6) Cuando los hombres se oponen activamente y causan problemas
a. Hay momentos especiales en que los creyentes necesitan ayuda.	9 Procura venir pronto a verme,	16 En mi primera defensa ninguno estuvo a mi lado, sino que todos me desampararon; no les sea tomado en cuenta.	7) Cuando los demás nos abandonan
1) Cuando un ser querido ha abandonado a Dios	10 porque Demas me ha desamparado, amando este mundo, y se ha ido a Tesalónica. Crescente fue a Galacia, y Tito a Dalmacia.	17 Pero el Señor estuvo a mi lado, y me dio fuerzas, para que por mí fuese cumplida la predicación, y que todos los gentiles oyesen. Así fui librado de la boca del león.	b. La experiencia de Dios ayudándole
2) Cuando ha sido dejado solo porque los seres queridos se han ido a sus propios ministerios	11 Sólo Lucas está conmigo. Toma a Marcos y tráele contigo, porque me es útil para el ministerio.		
3) Cuando hace falta ayuda en el ministerio	12 A Tíquico lo envié a Éfeso.	18 Y el Señor me librará de toda obra mala, y me preservará para su reino celestial. A él sea gloria por los siglos de los siglos. Amén.	c. La seguridad de la eterna liberación de Dios, ser rescatado y transportado al reino celestial de DiosEF1
4) Cuando un compañero tiene que ser enviado a desarrollar su propio ministerio	13 Trae, cuando vengas, el capote que dejé en Troas en casa de Carpo, y los libros, mayormente los pergaminos.	19 Saluda a Prisca y a Aquila, y a la casa de Onesíforo.	2 Un saludo personal, mostrando interés personal
5) Cuando se necesitan artículos personales y están fuera de nuestro alcance	14 Alejandro el calderero me ha causado muchos males; el Señor le pague conforme a sus hechos.	20 Erasto se quedó en Corinto, y a Trófimo dejé en Mileto enfermo.	a. Saludó a otros
		21 Procura venir antes del invierno. Eubulo te saluda, y Pudente, Lino, Claudia y todos los hermanos.	b. Suministró información acerca de otros
			c. Pidió ayuda para sí mismo
		22 El Señor Jesucristo esté con tu espíritu. La gracia sea con vosotros. Amén.	d. Les transmitió el saludo de otros
			e. Dio la bendición de Cristo y de la gracia

DIVISIÓN IV

EL ÚLTIMO ADIÓS DE PABLO AL MUNDO, 4:9-22

(4:9-22) *Introducción — Pablo, escritos:* Como Segunda Timoteo es el último de los escritos de Pablo (hasta donde sabemos), este es su último mensaje al mundo exterior.

1 Un mensaje personal, la necesidad de ayuda (vv. 9-18).

2. Un saludo personal, mostrando interés personal (vv. 19-22).

1 (4:9-18) *Ministrando — Pablo:* Hay ocasiones en que cada creyente necesita ayuda. Incluso el apóstol Pablo enfrentó momentos así, momentos en que necesitó desesperadamente la ayuda de otros creyentes. Su situación actual era uno de esos momentos. Estaba en la cárcel esperando su juicio final por las acusaciones de ser un insurrecto y buscapleitos para Roma. Iba a comparecer ante el emperador Nerón y esperaba ser ejecutado. Todo el peso y la presión que pende sobre la cabeza de un hombre, las necesidades creadas por el hecho de estar prisionero y a punto de ser ejecutado, y mucho

más pesaba sobre Pablo. Este pasaje nos da una panorámica del corazón de Pablo frente a una terrible prueba. Nos muestra qué tipo de ayuda necesitaba y como iban a ser suplidas sus necesidades. La lección que debemos aprender es la siguiente: Hay veces cuando necesitamos ayuda. Cuando llegan esos tiempos no debemos dudar en pedir ayuda, ni tampoco debemos dudar en extender nuestra mano y ayudar a una persona que pide a gritos la nuestra.

1. Hay momentos especiales en que los creyentes necesitan ayuda. Note que Pablo le pide a Timoteo que haga todo lo posible por ir a visitarlo. Pablo necesitaba la presencia y el aliento de Timoteo en sus horas finales. De todas las personas del mundo, Timoteo era la persona más querida para Pablo. Al enfrentar sus últimos días sobre la tierra, Pablo necesitaba y quería la compañía de su querido amigo. Sin embargo, había algunas razones específicas por las que Pablo necesitaba a Timoteo. Solo una persona estaba con Pablo, esa persona era Lucas. Analizando por qué todos habían dejado a Pablo nos da una idea de que es lo que hace surgir algunas de las necesidades en nuestras vidas como creyentes.

a. Se necesita ayuda cuando un ser querido nos ha

abandonado (v. 10). Fíjese en la mención del nombre de Demas. Demas había sido un creyente fiel y colaborador de Pablo (Flm. 24). Incluso había estado con Pablo en Roma durante algún tiempo. Imagínese, él había incluso servido con Pablo en algunos de los momentos de pruebas de este, mientras estuvo preso en Roma. ¿Qué sucedió entonces? Comenzó a amar este mundo. ¿Qué significa esto?

=> ¿Significa que comenzó a amar la vida en este mundo más que la promesa de vida en el cielo? ¿Que comenzó a temer que le podían perseguir porque él también profesaba a Cristo? ¿Que podía ser arrestado y encarcelado por asociarse con Pablo?

=> ¿Significa que comenzó a amar los placeres y comodidades, posesiones y cosas de este mundo más que el sacrificio demandado por Cristo?

Herbert Lockyer nos da un excelente cuadro de lo que le pudo haber sucedido a Demas:

"Bajo la poderosa influencia de la personalidad de Pablo, Demas [se convirtió]... Llegando a ser un discípulo, se dejó llevar por el entusiasmo del sacrificio. Quería vivir con Pablo, morir con él y tener un trono y halo entre los santos martirizados.

"Pero cuando Demas llegó a la gran capital del mundo conocido en aquel entonces en compañía de los prisioneros del Señor, Pablo y Epafras, la cosa fue muy diferente. Él no era un prisionero, y gradualmente el contraste entre la celda y el mundo exterior se le hizo intolerable. Vio los magníficos salones de los césares, las espléndidas casas de los ricos y el brillo de un mundo de música, amores comprables, bromas y vino. Un mundo tan alegre arrojaba sus hechizos sobre Demas y él cedió a sus encantos. La cárcel donde sus amigos languidecían parecía miserable al lado de los salones hechizados por la música, olorosos y despampanantes de Roma. Así fue que Pablo tuvo que escribir unas de sus más desgarradoras líneas de su carta:

"'Demas me ha desamparado, amando este mundo'. Este hombre de impulsos fluctuantes que resignó a la pasión del sacrificio y se hundió en las revueltas aguas del mundo, es un verdadero reflejo del pensamiento de que donde esté nuestro amor, allí finalmente estaremos también" (*All the Men of the Bible*. Grand Rapids, MI: Zondervan, 1958, p. 91s).

El punto central es este: Cuando Demas abandonó a Pablo, lo hirió profundamente. Dejó un vacío en su corazón y necesitaba que alguien llenara ese vacío. Pablo estaba atravesando las horas más negras de su vida, por tanto, hacía falta que otro creyente diera el paso al frente y acompañara a Pablo. Pablo necesitaba a Timoteo.

b. Se necesita ayuda cuando los seres queridos tienen que seguir adelante con sus propios ministerios y nos quedamos solos. Note que tanto Crescente como Tito habían estado con Pablo pero habían tenido que regresar a sus respectivos ministerios. No se conoce nada más sobre Crescente. Esta es la única referencia que la Biblia hace acerca de él. Sin embargo, la tradición dice que era uno de los setenta que Cristo envió a ministrar y que se convirtió en obispo de [Chalcedon] (Herbert Lockyer, *All the Men in the Bible*, p. 86).

Tito fue un compañero constante de Pablo durante los últimos quince años o más de la vida de Pablo (vea Introducción, Tito para mayor discusión). Pablo lo había enviado a Dalmacia o a lo que una vez se conoció como Yugoslavia o Serbia.

La ausencia de estos dos queridos siervos dejó en Pablo una profunda sensación de soledad. Ellos necesitaron regresar a sus respectivos ministerios pues las iglesias y el querido pueblo de Dios los necesitaba, pero su partida dejó un vacío en el corazón de Pablo. Él necesitaba compañía, el aliento de los creyentes mientras enfrentaba a la muerte.

c. Se necesita ayuda cuando tenemos un ministerio que llevar adelante para el Señor. Note que solo Lucas se quedó con Pablo y fíjese que Pablo le dice a Timoteo que traiga a Marcos con él. ¿Por qué? Por que Pablo le necesitaba para que le ayudara en el ministerio que estaba desarrollando en la cárcel. Esto es algo significativo, pues nos dice que Pablo ministraba dondequiera que estaba, incluso estando en la cárcel. Su fidelidad es un ejemplo vivo para nosotros. Debemos ministrar dondequiera que estamos, sin importar las circunstancias.

La idea central es esta: Cuando ministramos fielmente, necesitamos ayuda. No podemos hacer la obra del ministerio solos. Debemos procurar y pedir la ayuda de otros creyentes. (Vea notas, *Lucas,* Col. 4:14; *Marcos,* Col. 4:10 para mayor discusión.)

d. Se necesita ayuda cuando un compañero tiene que ser enviado a desarrollar su propio ministerio. Note que Pablo fue el que envió a Tíquico a ministrar en Éfeso (vea nota y Estudio a fondo 1, Ef. 6:21-22 para mayor discusión). Enviarlo significaba que solo Lucas quedaría con Pablo. ¡Qué valor! ¡Qué bien centrado en Cristo y el ministerio! Imagine estar encarando la muerte y seguir tan bien enfocado en Cristo y su ministerio que comiences a enviar a todos tus compañeros a ocuparse de las necesidades de los demás. Ese era el sentir y centro de atención de Pablo. No obstante, él mismo tenía una necesidad mientras enfrentaba la muerte, la necesidad de la compañía de los creyentes.

e. Se necesita ayuda cuando nos faltan algunos

artículos personales. Pablo necesitaba tres cosas. Sin duda alguna el calabozo era oscuro, frío y húmedo y Pablo necesitaba más ropa (cp. v. 21). También necesitaba "los libros, mayormente los pergaminos". William Barclay que los libros eran los evangelios (Biblia) y los pergaminos eran, o sus documentos legales —quizá para probar su ciudadanía— o bien las Escrituras hebreas. Él se inclina a pensar que fueran las Escrituras hebreas pues los hebreos habían escrito sus sagradas Escrituras en pergaminos hechos de pieles de animales. Como él dice: "Eran las palabras de Jesús y las palabras de Dios las que Pablo más quería tener consigo mientras esperaba la muerte en prisión" (*The Letters to Timothy, Titus, and Philemon*, p. 252).

Pensamiento 1. La idea central es esta: Todos tenemos necesidades prácticas, necesidades que a veces no podemos solucionar por nosotros mismos debido a enfermedades, pobreza, edad, falta de acceso, desconocimiento o por muchas otras razones. Como creyentes, necesitamos pedir la ayuda de otros creyentes; como creyentes, debemos ayudar cuando otros lo necesitan.

    f. Se necesita ayuda cuando otros se nos oponen activamente, hacen el mal y nos causan problemas. Al analizar el caso de Alejandro el calderero, los comentarios de Barclay son muy sugerentes:

        "No sabemos lo que había hecho Alejandro, pero quizá podemos deducir el daño que hizo. La palabra que Pablo usa en 'me ha causado muchos males' es el verbo griego endeiknumi. Ese verbo literalmente significa demostrar y de hecho a menudo se emplea para la entrega de información en contra de alguien. Los informantes eran una de las grandes maldiciones de Roma en aquel entonces. Ellos buscaban ganar favores y recibir recompensas mediante la entrega de información, y muy bien pudiera ser que Alejandro era un cristiano renegado que se presentó ante los magistrados con información falsa y calumnias en contra de Pablo. Puede ser que Alejandro se volvió contra Pablo y pretendía arruinarle de la manera más deshonrosa" (*The Letters to Timothy, Titus, and Philemon*, p. 252).

¿Cuántos creyentes se vuelven contra otros creyentes y comienzan a criticar, chismear, murmurar, quejarse y oponérseles, todo para obtener lo que quieren para sí mismos? ¿Cuántos buscan el favor de otros destruyendo a alguien? Pablo necesitaba la ayuda de algún creyente valiente que estuviera a su favor. Necesitaba a alguien que estuviera a su lado y enfrentara junto a él la maldad y las falsas acusaciones de Alejandro.

    g. Se necesita ayuda cuando los demás nos han abandonado. Recuerde que Pablo estaba enfrentando la pena capital, acusado de ser un alborotador e insurrecto contra Roma. Comparecía

ante Nerón, el Emperador mismo, que era la Corte Suprema de Roma. Se debían efectuar dos juicios: El juicio preliminar o examen donde se presentaban los cargos y eran examinados brevemente, y el juicio propiamente dicho donde el acusado era declarado culpable o inocente.

Pablo ya había enfrentado el juicio preliminar y es a este juicio al que se refiere. Increíble y tristemente lo mismo que le había sucedido a Cristo le sucedió a Pablo. Nadie — ni siquiera un solo creyente ni un solo amigo— estuvo en la corte junto a Pablo. Nadie estuvo a su lado.

Cuando un creyente enfrenta un juicio tan terrible necesita ayuda. Necesita de creyentes valientes que estén a su lado. ¡Qué tremenda acusación! ¡Qué tremendo desafío para nosotros a ser valientes y fieles los unos a los otros en las horas oscuras de prueba y necesidad!

2. La experiencia de Dios ayudando al creyente. Incluso cuando otros no nos ayuden, Dios estará con nosotros. Esta es una declaración grandiosa: "Pero el Señor estuvo a mi lado". Puede que los hombres no estén con nosotros, pero el Señor sí estará. Él nunca nos abandonará sin importar cuán grave y amarga pueda ser la situación. Él estará a nuestro lado, pero fíjese en un detalle importante: Debemos ser fieles. Cristo estará junto a nosotros en la misma manera que nosotros estemos a su lado. Pablo declara que Cristo estaba con él porque no se avergonzaba de Cristo. Él continuó predicando a Cristo y su misión de vida eterna para todos los hombres, aun a la Corte Suprema romana, a Nerón mismo. Como resultado, Pablo fue "librado de la boca del león" (Nerón y el diablo).

3. La seguridad de la eterna liberación de Dios, de ser rescatado de la muerte y transportado al reino celestial del Señor. Humanamente, la situación parecía poco prometedora para Pablo. No era culpable, sin embargo, estaba siendo condenado a muerte bajo falsas acusaciones porque los líderes religiosos civiles y estatales estaban decididos a hacer desaparecer a Cristo y su iglesia. A los ojos del mundo, Pablo estaba condenado a muerte, pero note una verdad gloriosa: No era así a los ojos de Pablo. A los ojos de Pablo, iba camino a *su coronación*. El Señor Jesucristo iba a preservarle y transportarle al reino de Dios, reino que es gloriosamente perfecto y eterno. Pablo tiene solo un planteamiento final acerca de esto: "A él [Cristo] sea gloria por los siglos de los siglos".

> **"enseñándoles que guarden todas las cosas que os he mandado; y he aquí yo estoy con vosotros todos los días, hasta el fin del mundo. Amén" (Mt. 28:20).**
>
> **"No os ha sobrevenido ninguna tentación que no sea humana; pero fiel es Dios, que no os dejará ser tentados más de lo que podéis resistir, sino que dará también juntamente con la tentación la salida, para que podáis soportar" (1 Co. 10:13).**
>
> **"el cual nos libró, y nos libra, y en quien esperamos que aún nos librará, de tan gran muerte" (2 Co. 1:10).**

"Entonces Pedro, poniéndose en pie con los once, alzó la voz y les habló diciendo: Varones judíos, y todos los que habitáis en Jerusalén, esto os sea notorio, y oíd mis palabras. Porque éstos no están ebrios, como vosotros suponéis, puesto que es la hora tercera del día" (Hch. 2:14-15).

"Sean vuestras costumbres sin avaricia, contentos con lo que tenéis ahora; porque él dijo: No te desampararé, ni te dejaré; de manera que podemos decir confiadamente: El Señor es mi ayudador; no temeré Lo que me pueda hacer el hombre" (He. 13:5-6).

"sabe el Señor librar de tentación a los piadosos, y reservar a los injustos para ser castigados en el día del juicio" (2 P. 2:9).

"Y él dijo: Mi presencia irá contigo, y te daré descanso" (Éx. 33:14).

"Jehová es mi fortaleza y mi escudo; En él confió mi corazón, y fui ayudado, Por lo que se gozó mi corazón, Y con mi cántico le alabaré" (Sal. 28:7).

"Aunque afligido yo y necesitado, Jehová pensará en mí. Mi ayuda y mi libertador eres tú; Dios mío, no te tardes" (Sal. 40:17).

"No temas, porque yo estoy contigo; no desmayes, porque yo soy tu Dios que te esfuerzo; siempre te ayudaré, siempre te sustentaré con la diestra de mi justicia" (Is. 41:10).

"Cuando pases por las aguas, yo estaré contigo; y si por los ríos, no te anegarán. Cuando pases por el fuego, no te quemarás, ni la llama arderá en ti" (Is. 43:2).

"Y hasta la vejez yo mismo, y hasta las canas os soportaré yo; yo hice, yo llevaré, yo soportaré y guardaré" (Is. 46:4).

"No temas delante de ellos, porque contigo estoy para librarte, dice Jehová" (Jer. 1:8).

ESTUDIO A FONDO 1

(4:18) *Muerte, liberación de la — Preservar — Vida eterna:* La frase "me preservará para su reino celestial" es un cuadro de Dios llevando a Pablo a salvo al reino de Dios. Es el cuadro de Dios transportando a Pablo de este mundo al siguiente. Es el cuadro del tiempo, del tiempo inquebrantable. Dios preserva a Pablo a través del tiempo y hacia la eternidad. En un determinado momento Pablo está viviendo en este mundo, consciente y despierto, pero en el mismo instante —en un abrir y cerrar de ojos— es transportado el reino celestial de Dios. Ese momento transcurre más rápido que el abrir y cerrar de ojos (11/100 de segundo). ¡Imagínese! No hay pérdida de conciencia ninguna experiencia o conocimiento de la muerte. Un momento Pablo es ciudadano de este mundo, en el mismo instante comparece ante el Señor como ciudadano de su reino (2 Co. 5:6-8). Es el hermoso cuadro del creyente que nunca tendrá que experimentar la muerte. (Vea notas, Col. 3:1-4; He. 2:9; cp. 2:Co. 5:5-8.)

2 (4:19-22) *Pablo — Creyentes, salón de la fama de:* Los creyentes necesitan mostrar siempre interés personal los unos por los otros. Esta es una lección que podemos aprender del final de las cartas de Pablo a las iglesias. Siempre envió los saludos de los creyentes que estaban con él y saludó a los cre-

yentes de las iglesias a las que escribió. Recuerde que estas eran las últimas palabras que Pablo escribió.

1. Pablo saludó a otros creyentes. No había ningún sentido de competencia o celos en él. Les amaba y se preocupaba por ellos.
=> Priscila y Aquila (vea Estudio a fondo 2, Hch. 18:2 para discusión del tema).
=> Onesíforo (vea nota, 2 Ti. 1:16-18 para discusión del tema).

2. Pablo suministró información sobre otros. Él estaba preocupado por aquellos que anhelaban tener información sobre otros ministros. Una vez más, fíjese como anima a otros dando a conocer todo lo que pudo sobre otros creyentes amados.
=> Erasto (vea nota, Ro. 16:23 para discusión del tema).
=> Trófimo (vea nota, Hch. 20:4-6 para discusión del tema).

3. Pablo pidió ayuda para sí mismo. Él necesitaba la presencia y el aliento de Timoteo (vea nota, 2 Ti. 4:9-18).

4. Pablo transmitió los saludos de otros. ¿De quiénes? Pablo acababa de decir que solo Lucas estaba con él. Posiblemente eran creyentes que vivían en Roma y que visitaban ocasionalmente a Pablo pero no lo hacían muy a menudo ni ministraban realmente sus necesidades.
=> Eubulo, Pudente y Claudia: Esta es la única vez que se mencionan en el Nuevo Testamento, sin embargo, ellos y Timoteo deben haberse conocido para mandarle saludos a este.
=> Lino: Esta es también la única mención que se hace de él en el Nuevo Testamento. No obstante, los escritores de la iglesia primitiva dicen que fue el primer obispo de Roma y que sirvió como tal durante aproximadamente doce años (Hebert Lockyer. *All the Men of the Bible,* p. 218).

5. Pablo impartió la bendición de Cristo y de la gracia. Estas son las últimas palabras escritas por el amado siervo de Dios, el siervo que tanto amó al Señor y a las personas y que sufrió tanto a manos de ellas. Él los amó a todos y cada uno profundamente. Todo lo que quería para los hombres eran dos cosas muy sencillas:
=> que el Señor Jesucristo, el Hijo amado de Dios, estuviera con el espíritu de ellos.
=> que la gracia de Dios —su favor y bendiciones— fuera con todos.

"Antes creemos que por la gracia del Señor Jesús seremos salvos, de igual modo que ellos" (Hch. 15:11).

"siendo justificados gratuitamente por su gracia, mediante la redención que es en Cristo Jesús" (Ro. 3:24).

"en quien tenemos redención por su sangre, el perdón de pecados según las riquezas de su gracia" (Ef. 1:7).

"para mostrar en los siglos venideros las abundantes riquezas de su gracia en su bondad para con nosotros en Cristo Jesús. Porque por gracia sois salvos por medio de la fe; y esto no de vosotros, pues es don de Dios; no por obras, para que nadie se gloríe" (Ef. 2:7-9).

"Mi Dios, pues, suplirá todo lo que os falta conforme a sus riquezas en gloria en Cristo Jesús" (Fil. 4:19).

"Porque la gracia de Dios se ha manifestado para salvación a todos los hombres, enseñándonos que, renunciando a la impiedad y a los deseos mundanos, vivamos en este siglo sobria, justa y piadosamente, aguardando la esperanza bienaventurada y la manifestación gloriosa de nuestro gran Dios y Salvador Jesucristo" (Tit. 2:11-13).

"para que justificados por su gracia, viniésemos a ser herederos conforme a la esperanza de la vida eterna" (Tit. 3:7).

ÍNDICE DE BOSQUEJOS Y TEMAS
2 TIMOTEO

RECUERDE: Cuando busca un tema o una referencia de las Escrituras, usted no solo tendrá el texto bíblico, sino también un bosquejo y una discusión (comentario) del pasaje de la Biblia y del tema.

Este es uno de los grandes valores de la *Biblia de bosquejos y sermones*. Cuando posea todos los tomos, no solo tendrá todo lo que los otros índices bíblicos le ofrecen; es decir, un listado de todos los temas y sus referencias bíblicas, SINO que también tendrá:

- un bosquejo de *cada* texto y tema de la Biblia.
- una discusión (comentario) de cada texto y tema.
- cada tema respaldado por otros textos de la Biblia o referencias cruzadas.

Descubra el gran valor usted mismo. Dé una mirada rápida al primer tema de este índice.

ABANDONO
A Pablo. Todos los creyentes cuando estaba
    prisionero. 2 Ti. 1:15-18; 4:16

Vaya a la referencia. Eche un vistazo a las Escrituras y al bosquejo de las Escrituras, lea entonces el comentario. Inmediatamente verá el GRAN VALOR del ÍNDICE de la Biblia de Bosquejos y Sermones.

INCRÉDULOS

Discutido. Vida sin Dios. Ocho características. 2 Ti. 3:3

Nombres, Títulos. Impostores, engañadores. 2 Ti. 3:13

INFATUADOS

Significado. 2 Ti. 3:2-4

INGRATITUD

Significado. 2 Ti. 3:2-4

INGRATO

Significado. 2 Ti. 3:2-4

INSTAR

A tiempo y fuera de tiempo. Significado. 2 Ti. 4:2

INTEMPERANCIA

Significado. 2 Ti. 3:2-4, esp. 3

JESUCRISTO

Muerte. Propósito. 2 Ti. 1:8-10

Deidad. Probada por la resurrección. 2 Ti. 2:8

Humanidad. Nació como hombre, de la simiente de David. 2 Ti. 2:8

Resurrección.

  Deber. Recordarla. 2 Ti. 2:8-13

  Efecto en los creyentes. 2 Ti. 2:8

  Poder. En los creyentes. 2 Ti. 2:8

Regreso.

  Descrito. Gloria. 2 Ti. 2:12-13

  Deber.

    Esperar la bienaventurada esperanza del regreso de Cristo. 2 Ti. 2:12-13

    Predicar la Palabra. 2 Ti. 4:2

  Resultados. Ocho resultados. 2 Ti. 2:12-13

  Palabra "aparición" (epiphaneian). Significado. 2 Ti. 4:1

Obra.

  Abolió la muerte. 2 Ti. 1:8-10

  Dar vida e inmortalidad. 2 Ti. 1:8-10

  Estar al lado y fortalecer a los creyentes. 2 Ti. 4:16-18

JUSTICIA

Corona de. Discutido. 2 Ti. 4:8

Resultados, Recompensa. Una corona de j. 2 Ti. 4:8

JUVENTUD

Discutida.

  Deseos de. Deseos normales y pecaminosos. 2 Ti. 2:22

  Pasiones juveniles. 2 Ti. 2:22

Deber. Huir de las pasiones y seguir a Cristo. 2 Ti. 2:22-26

LABRADOR

Características. Discutido. 2 Ti. 2:6

LENGUA

Deber.

  Evitar discusiones necias y especulaciones. 2 Ti. 2:14-21

  Evitar vanas palabrerías. 2 Ti. 2:16-18

LINO

Discutido. 2 Ti. 4:19-22

LOIDA

Madre de Timoteo. 2 Ti. 1:5

LONGANIMIDAD

Significado. 2 Ti. 3:10-11; 4:2

LUCAS

Único creyente que se quedó con Pablo en sus días finales. 2 Ti. 4:11

LLAMAMIENTO, LLAMADO

Descrito como. Un ll. santo. 2 Ti. 1:8-10

MAESTRO (Vea MAESTROS, FALSOS; MINISTROS)

Deber.

  Cinco deberes. 2 Ti. 1:6-12

  Evitar las discusiones necias y especulaciones 2 Ti. 2:14-21

  Ser fuerte. 2 Ti. 2:1-7

  Soportar los padecimientos por causa del evangelio. 2 Ti. 1:6-12

  Huir de las pasiones y seguir al Señor. 2 Ti. 2:22-26

  Cumplir el ministerio, llenarlo hasta rebosar. 2 Ti. 4:5

  Tener una conciencia limpia. 2 Ti. 1:3

  Retener lo aprendido en tres áreas. 2 Ti. 1:13-18

  Retener las sanas palabras, o sea, la Palabra de Dios. 2 Ti. 1:13

  Orar por los discípulos. 2 Ti. 1:3

  Predicar la Palabra. 2 Ti. 4:1-5

  Recordar al Señor resucitado. 2 Ti. 4:16-18

Significado. 2 Ti. 1:11-12

Características. 2 Ti. 2:2

MAESTROS, FALSOS

Comportamiento.

  Irán de mal en peor. 2 Ti. 3:13

  Alejar a las personas de la verdad. 2 Ti. 3:3-4

Características. Señales. Discutido. 2 Ti. 3:1-3; 3:13

Peligro de. Perturbar y hacer caer a algunos. 2 Ti. 2:14; 2:16-18

Discutido.

  Corruptos. 2 Ti. 3:6-9

  Señal de los últimos tiempos. 2 Ti. 3:6-9

MAL

Dios libra del. 2 Ti. 4:16-18

MARCOS

Pablo pidió que Marcos lo visitara cuando estaba en la cárcel. 2 Ti. 4:11

MATAR, MUERTE, DAR

Discutido. 2 Ti. 3:1-4, esp. 3

MEDICINA

Debilidad. 2 Ti. 3:6-9

MINISTERIO, MINISTRAR

Deber. Retener el depósito, el m. 2 Ti. 1:14

Ejemplo. Onesíforo. Ministró a Pablo mientras este estaba preso. 2 Ti. 1:15-18

MINISTROS

Descritos como.

  Atleta. 2 Ti. 2:5

  Labrador. 2 Ti. 2:6

  Soldado. 2 Ti. 2:3-4

Discutido. M. Corruptos. 2 Ti. 3:6-9

Deber.

  Cinco deberes. 2 Ti. 1:6-12

  Evitar las discusiones necias y especulaciones 2 Ti. 2:14-21

  Ser fuerte. 2 Ti. 2:1-7

  Soportar los padecimientos por causa del evangelio. 2 Ti. 1:6-12

  Huir de las pasiones y seguir al Señor. 2 Ti. 2:22-26

  Cumplir el ministerio, llenarlo hasta rebosar. 2 Ti. 4:5

  Tener una conciencia limpia. 2 Ti. 1:3

  Retener lo aprendido en tres áreas. 2 Ti. 1:13-18

  Retener las sanas palabras, o sea, la Palabra de Dios. 2 Ti. 1:13

  Orar por los discípulos. 2 Ti. 1:3

  Predicar la Palabra. 2 Ti. 4:1-5

  Recordar al Señor resucitado. 2 Ti. 4:16-18

MINISTROS, FALSOS (Vea MAESTROS, FALSOS)

MUERTE

Enfrentar, Encarar. Repasar nuestra vida. 2 Ti. 4:6-8

Del creyente.

  Librado de la m. Más rápido que un abrir y cerrar de ojos 2 Ti. 4:18 (11/100 de seg.)

  Nunca experimentará la muerte. 2 Ti. 4:18

  Cuadro de. 2 Ti. 4:6

MUNDO

Liberación del. No involucrarse con. 2 Ti. 2:3-4

Descrito. Como impío en el tiempo del fin. 2 Ti. 3:2-4

Último adiós de Pablo al m. 2 Ti. 4:6-8; 4:9-22

NECESIDADES

Momentos en que se necesita ayuda. 2 Ti. 4:9-18

NECIO

Discutido. 2 Ti. 3:3

OBRAS LEGALISTAS (Vea LEY; LIBERTAD)

Peligro. Creer que uno es salvo por las o. 2 Ti. 1:9

Frente a salvación. 2 Ti. 1:9

OFRENDA

Significado. 2 Ti. 4:6

ORGULLO

Significado. 2 Ti. 3:2-4

PABLO

Llamamiento.

  A ser predicador, apóstol y maestro. 2 Ti. 1:11-12

  A ser un apóstol. 2 Ti. 1:1

Vida.

  Ocho características. 2 Ti. 3:10-13

  Presiente su muerte. 2 Ti. 4:6-8

  Triunfante al fin de su vida. 2 Ti. 4:6-8

Ministerio

  Discipuló a hombres jóvenes. 2 Ti. 1:2

  Despedida final de P. al mundo. 2 Ti. 4:6-8

  Gloria del ministerio de P. 2 Ti. 1:1-5

  Sin avergonzarse del Evangelio 2 Ti. 1:6-12

Sufrimientos, Características.

  Todos le abandonaron en la cárcel. 2 Ti. 1:15-18

  Discutido. 2 Ti. 3:11-12

Testimonio. Triunfante al final de sus días. 2 Ti. 4:6-8

PACIENCIA

Significado. 2 Ti. 3:10-11

EPÍSTOLA DEL APÓSTOL PABLO
A TITO

EPÍSTOLA DEL APÓSTOL PABLO
A TITO

INTRODUCCIÓN

AUTOR: Pablo, el apóstol.

FECHA: Incierta. Probablemente entre el 64 y el 66 d.C., en algún momento después de escribir Primera Timoteo. Primera Timoteo y Tito parecen haber sido escritas mientras Pablo estaba viajando y ministrando en el lapso de tiempo entre dos encarcelamientos romanos. La fecha depende de la respuesta de esta pregunta: ¿Sufrió Pablo uno o dos encarcelamientos en Roma? El libro de los Hechos menciona solo un encarcelamiento y termina con Pablo prisionero en Roma. No nos dice nada acerca de su muerte. Al debatir sobre esta pregunta tenemos que tener en mente un aspecto importante. Pablo oró fervientemente para que Dios le liberara de la cárcel y le pidió a otros que también lo hicieran (Fil.1:25-26; Flm. 22). ¿Le concedió Dios la petición de su oración? Nadie lo sabe con seguridad, sin embargo, varios factores indican de manera bastante conclusiva que fue liberado y más tarde sufrió un segundo encarcelamiento.

1. La vida y movimientos de Pablo. Pablo dice en Tito 1:5 que había estado en Creta en un viaje misionero. Y en Tito 3:12 dice que estaba pasando el invierno en Nicópolis. Estos sucesos no encajan con ninguno de los relatos de los Hechos. La evidencia parece indicar que Dios respondió su oración e hizo que fuera liberado de la cárcel.

2. La vida y movimientos de los compañeros de Pablo. Note los siguientes dos ejemplos, y existen otros más. En 1 Timoteo 1:3 Pablo dice que le pidió a Timoteo que se quedara en Éfeso, pero no hay registro alguno en las Escrituras de este hecho. Pablo había realizado solo dos visitas a Éfeso. Una de ellas fue muy corta y con poco ministerio, si es que hubo alguno. No se menciona Timoteo en lo absoluto (Hch. 18:19-22). La segunda fueron sus tres años de ministerio de los que Timoteo formó parte, pero cuando llegó el momento de que Pablo siguiera adelante envió a Timoteo y Erasto a Macedonia. No le pidió a Timoteo que se quedara en Éfeso. Entonces, ¿cuándo le pidió Pablo a Timoteo que se quedara en Éfeso? Sencillamente no hay ningún registro de tal visita en las Escrituras. Así que, todo apunta a una tercera visita de Pablo y Timoteo, una visita realizada después de su primer encarcelamiento y antes del segundo que no quedó registrado.

3. La secuencia de tiempo entre las epístolas de la prisión y las epístolas pastorales. Las epístolas de la prisión (Efesios, Filipenses, Colosenses y Filemón) fueron escritas mientras Pablo estaba en la cárcel en Roma. Lo dice así en cada una de las epístolas. Fíjese en el siguiente ejemplo: Filemón 24 dice que Demas es un seguidor de Cristo, pero 2 Timoteo 4:10 dice que había desertado. Definitivamente la carta a Timoteo fue escrita después de la carta escrita a Filemón desde la cárcel. ¿Cuándo? La evidencia señala hacia un momento después de su primer encarcelamiento y antes de un segundo no registrado. Esta parece ser la única explicación clara.

Como ya dijimos, 1 Timoteo y Tito parecen haber sido escritas después de que Pablo fue liberado de su primer encarcelamiento en Roma y comenzó a viajar para ministrar. En algún momento de esos cortos años fue arrestado nuevamente y encarcelado en Roma por segunda vez. Durante este segundo encarcelamiento escribió Segunda Timoteo antes de ser ejecutado. Su ejecución fue probablemente entre el 65 y el 68 d.C.

A QUIÉN ESTÁ DIRIGIDA: "A Tito, verdadero hijo en la común fe" (Tit. 1:4). Esto es lo que conocemos acerca de Tito:

=> Era gentil, griego (Gá. 2:3).

=> Fue Pablo quién le condujo a Cristo (Tit. 1:4).

=> Su conversión fue un testimonio tal que fue usado como ejemplo de la obra de Dios entre los gentiles ante el concilio de Jerusalén (Gá. 2:12s).

=> Se convirtió en misionero acompañando a Pablo y sirviendo con él durante los últimos quince años de la vida de Pablo (2 Co. 7:6-16; 8:16s; 2 Co. 2:13; 7:6, 13; 8:23; 12:18; 2 Ti. 4:10).

=> Aparentemente sirvió con Pablo en Éfeso y fue enviado por este a Corinto: enviado para entregar la Segunda Epístola de Pablo a los Corintios y a ayudar a enderezar las divisiones dentro de la iglesia (2 Co. 8:6).

=> Estuvo a cargo de las iglesias en la isla de Creta (Tit. 1:5). Creta era uno de los campos misioneros más difíciles del mundo antiguo. Sus habitantes tenían la peor reputación posible, tanto era así que hasta el nombre *cretenses* era usado con el doble sentido de otra palabra similar que denotaba a alguien embustero y mentiroso. Los cretenses eran "famosos por ser borrachos, insolentes, nada dignos de confianza, mentirosos y glotones" (William Barclay, *The Letters to Timothy, Titus, and Philemon*, p. 277).

=> Estuvo un tiempo con Pablo mientras este estuvo encarcelado en Roma (2 Ti. 4:10).

=> Lo último que sabemos acerca de Tito es que fue enviado por Pablo a Dalmacia o Yugoslavia a ministrar (2 Ti. 4:10).

PROPÓSITO: Pablo tuvo tres propósitos al escribir Tito.

1. Advertir contra los falsos maestros.

2. Poner orden a la organización de las iglesias y al comportamiento de los creyentes (Tit. 1:5).

3. Animar a Tito a proclamar el mensaje de la sana doctrina.

CARACTERÍSTICAS ESPECIALES:

1. Tito es "Epístola pastoral". Hay otras dos epístolas pastoras: Primera y Segunda Timoteo. Se les llama epístolas pastorales porque tratan fundamentalmente el tema del cuidado pastoral, la supervisión y organización de la iglesia. Le dicen a los creyentes cómo comportarse en la casa de Dios (1 Ti. 3:15). Es interesante que el término *pastoral* tiene una larga historia. Fue Tomás Aquino quien lo usó por primera

vez en el 1274 d.C. Él llamó 1 Timoteo "una epístola de instrucciones pastorales" y a 2 Timoteo "una epístola de cuidado pastoral". Sin embargo, el término "epístolas pastorales" comenzó a usarse ampliamente solo después que D. N. Berdot (1703 d.C.) y Paul Anton (1726 d.C.) así las describieron (Donald Guthrie, *The Pastoral Epistles, The Tyndale New Testament Commentaries,* Grand Rapids, MI: Eerdmans, 1972, p. 11).

2.   Tito es una "Epístola personal". Fue escrita a un discípulo joven que fue amado como un hijo. La epístola está llena de sentimientos cálidos y afectivos y también de instrucciones que dirigirían la conducta personal de Tito.

3.   Tito es una "Epístola eclesiástica". Fue escrita para responder preguntas acerca de la organización de la iglesia, la pureza doctrinal y la conducta personal. Dos cosas estaban sucediendo: primero, el número y el tamaño de las iglesias aumentaba rápidamente y en segundo lugar, los apóstoles estaban envejeciendo. En ambos casos los apóstoles eran incapaces de alcanzar personalmente e instruir a todas las iglesias así que era necesario escribir para que las iglesias estuvieran arraigadas y cimentadas en el Señor.

4.   Tito es una "Epístola apologética". Es una defensa de la fe. Los primeros rumores y falsas enseñanzas había comenzado a aparecer (Gnosticismo. Vea Colosenses, notas introductorias, Propósito.) Por lo tanto, Pablo alerta a los creyentes y defiende la verdad de enseñazas heréticas y falsas.

BOSQUEJO DE TITO

LA BIBLIA DE BOSQUEJOS Y SERMONES es *única.* Difiere de todo otro material de estudios bíblicos y recursos de sermones en cuanto a que cada pasaje y tema es bosquejado justo al lado de las Escrituras correspondientes. Cuando usted elija cualquier tema mencionado más adelante y se remita a la referencia, no solo contará con el pasaje de las Escrituras, sino que también descubrirá el pasaje de las Escrituras y el tema *ya bosquejado para usted, versículo por versículo.*

A modo de ejemplo rápido, escoja uno de los temas mencionados más adelante y remítase a las Escrituras y hallará esta maravillosa ayuda para un empleo más rápido, más sencillo y más preciso.

Además, cada punto de las Escrituras y el tema está totalmente desarrollado en un Comentario con un pasaje de apoyo de las Escrituras en el final de la página.

Note algo más: Los temas de Tito tienen títulos que son a la vez bíblicos y prácticos. Los títulos prácticos a veces tienen más atracción para la gente. Este beneficio se ve claramente en el empleo de folletos, boletines, comunicados de la iglesia, etc.

Una sugerencia: Para una visión más rápida de Tito, primero lea todos los títulos principales (I, II, III, etc.), y luego vuelva y lea los subtítulos.

BOSQUEJO DE TITO

SALUDO: EL MINISTERIO DEL SIERVO DE DIOS, 1:1-4

I.   **LOS OFICIALES VERDADEROS Y FALSOS DE LA IGLESIA, 1:5-16**
   A. Los verdaderos ancianos o ministros, 1:5-9
   B. El contraste con los falsos maestros, 1:10-16

II. **EL MENSAJE DE LA SANA DOCTRINA, 2:1—3:11**
   A. Mensaje 1: El comportamiento de los creyentes, 2:1-10
   B. Mensaje 2: La gracia de Dios, 2:11-15
   C. Mensaje 3: Deberes civiles de los creyentes, 3:1-2
   D. Mensaje 4: La vida sin Dios, 3:3
   E. Mensaje 5: La vida con Dios: Salvación, 3:4-7
   F. Mensaje 6: Advertencia a los creyentes, 3:8-11

III. **OBSERVACIONES FINALES: ALGUNOS CREYENTES CRISTIANOS COMPROMETIDOS, 3:12-15**

	CAPÍTULO 1	miente, prometió desde antes del principio de los siglos,	a. Prometida por Dios
	SALUDO: EL MINISTE-RIO DEL SIERVO DE DIOS, 1:1-4	3 y a su debido tiempo manifestó su palabra por medio de la predicación que me fue encomendada por mandato de Dios nuestro Salvador,	b. Revelada en la Palabra de Dios mediante la predicación c. Confiada en manos de Pablo y de otros creyentes
1 Su gran llamamiento **2 Su propósito: Reavivar a los creyentes** a. En su fe b. En el reconocimiento de la verdad **3 Su mensaje: La esperanza de vida eterna**	1 Pablo, siervo de Dios y apóstol de Jesucristo, conforme a la fe de los escogidos de Dios y el conocimiento de la verdad que es según la piedad, 2 en la esperanza de la vida eterna, la cual Dios, que no	4 a Tito, verdadero hijo en la común fe: Gracia, misericordia y paz, de Dios Padre y del Señor Jesucristo nuestro Salvador.	d. Prometida por Dios nuestro salvador **4 Su recompensa: Producir hijos en la fe**

SALUDO: EL MINISTERIO DEL SIERVO DE DIOS, 1:1-4

(1:1-4) Introducción: Pablo siempre proclamó su relación con Dios y el Señor Jesucristo al escribir una carta. No quería que hubiera dudas acerca de quién era ni de cuál era su propósito. Estaba concentrado en Cristo y su glorioso evangelio que ofrece vida eterna a los hombres. De principio a fin Pablo fue el siervo de Dios y el mensajero del Señor Jesucristo. Ese es el propósito de estas palabras introductorias a Tito: declarar que es un siervo de Dios. Este es un excelente pasaje acerca del ministerio del siervo de Dios.

1. Su gran llamamiento (v. 1).
2. Su propósito: Reavivar a los creyentes (v. 1).
3. Su mensaje: La esperanza de vida eterna (vv. 2-3).
4. Su recompensa: Producir hijos en la fe (v. 4).

1 **(1:1) Esclavo — Apóstol — Pablo:** El siervo de Dios recibe el más grandioso de los llamamientos. El verdadero siervo de Dios es llamado a ser *un esclavo de Dios* y apóstol o mensajero de Jesucristo. Note dos puntos significativos.

1. Pablo dice que él es siervo [esclavo] de Dios. Esto es sorprendente, pues lo último que un ser humano quisiera ser es esclavo de alguien. Sin embargo, esto fue exactamente lo que Pablo afirmó. Él proclamó con orgullo que era esclavo de Dios. ¿Qué quiso decir Pablo?

    a. Quiso decir que Dios le poseía por completo. Dios había mirado a Pablo y había visto su condición degradada y necesitada. Dios vio a Pablo en el mercado de esclavos del mundo, encadenado por el pecado y la muerte, los problemas y pruebas de la vida, y fue movido a compasión por él, por tanto, *Dios compró y adquirió* a Pablo. Ahora Pablo era esclavo de Dios, totalmente poseído por Dios.

    b. Quiso decir que su voluntad pertenecía totalmente a Dios. Estaba completamente subordinado a Dios y le debía total lealtad a la voluntad de Dios. Como dice Kenneth Wuest: "Su voluntad fue devorada por la dulce voluntad de Dios" (*The Pastoral Epistles*, vol.2, p. 181).

    c. Quiso decir que tenía la profesión más alta, honrosa y noble del mundo. Los hombres de Dios, los más grandes hombres de la historia, siempre han sido llamados "los siervos de Dios". Era el más alto título de honor. La esclavitud del creyente hacia Dios no es una sujeción servil, cobarde o vergonzosa. Es la posición de honor, el honor que concede a un hombre los privilegios y responsabilidades de servir al Rey de reyes y Señor de señores.

=> Moisés fue esclavo del Señor (Dt. 34:5; Sal. 105:26; Mal. 4:4).

=> Josué fue esclavo del Señor (Jos. 5:14).

=> David fue esclavo del Señor (2 S. 3:18; Sal. 78:70).

=> Pablo fue esclavo del Señor (Ro. 1:1; Fil. 1:1; Tit. 1:1).

=> Santiago fue esclavo del Señor (Stg. 1:1).

=> Judas fue esclavo del Señor (Judas 1).

=> Los profetas fueron esclavos del Señor (Am. 3:7; Jer. 7:25).

=> Los creyentes cristianos son esclavos de Jesucristo (Hch. 2:18; 1 Co. 7:22; Ef. 6:6; Col. 4:12; 2 Ti. 2:24).

Pensamiento 1. La gran necesidad de hoy día es de hombres y mujeres que se conviertan en esclavos del Señor Jesucristo. Debemos volvernos sus esclavos y hacer lo que Él dice. Solo así alcanzaremos al mundo con las gloriosas noticias de vida eterna. Solo entonces se satisfarán las necesidades desesperadas del mundo.

    "Si alguno me sirve, sígame; y donde yo estuviere, allí también estará mi servidor. Si alguno me sirviere, mi Padre le honrará" (Jn. 12:26; cp. Ro. 12:1; 1 Co. 15:58).

    "no sirviendo al ojo, como los que quieren agradar a los hombres, sino como siervos de Cristo, de corazón haciendo la voluntad de Dios; sirviendo de buena voluntad, como al Señor y no a los hombres" (Ef. 6:6-7).

    "Y todo lo que hagáis, hacedlo de corazón, como para el Señor y no para los hombres; sabiendo que del Señor recibiréis la recompensa de la herencia, porque

a Cristo el Señor servís" (Col. 3:23-24).

"Así que, recibiendo nosotros un reino inconmovible, tengamos gratitud, y mediante ella sirvamos a Dios agradándole con temor y reverencia" (He. 12:28).

"Mas a Jehová vuestro Dios serviréis, y él bendecirá tu pan y tus aguas; y yo quitaré toda enfermedad de en medio de ti" (Éx. 23:25).

"Ahora, pues, Israel, ¿qué pide Jehová tu Dios de ti, sino que temas a Jehová tu Dios, que andes en todos sus caminos, y que lo ames, y sirvas a Jehová tu Dios con todo tu corazón y con toda tu alma" (Dt. 10:12).

"Servid a Jehová con temor, Y alegraos con temblor" (Sal. 2:11).

"Servid a Jehová con alegría; Venid ante su presencia con regocijo" (Sal. 100:2).

2.   Pablo dice que es un apóstol de Jesucristo. La palabra "apóstol" significa una persona que es enviada. Un apóstol es un representante, un embajador, un enviado, alguien a quien se le envía a otro país en representación de otro. En cuanto al apóstol se cumplen tres cosas:

=> pertenece al rey o país que lo envía.
=> es comisionado a ir
=> posee toda la autoridad y poder de la persona que los envía.

Pensamiento 1. Las mismas cosas se cumplen para cualquier ministro o maestro de Cristo: el ministro o maestro es un representante, embajador, enviado y mensajero de Jesucristo y solo de Jesucristo. Como dice William Barclay:

"El hombre que predica el evangelio de Cristo o enseña la verdad de Cristo, si es una persona verdaderamente dedicada, no dice sus propias opiniones ni ofrece sus propias conclusiones; viene con un mensaje de Cristo y con la Palabra de Dios. El verdadero enviado de Cristo ha dejado atrás la etapa de los quizás, tal vez y posiblemente, y habla con la certeza y autoridad de alguien a quien conoce" (The Letters to Timothy, Titus, and Philemon, p. 260).

"No me elegisteis vosotros a mí, sino que yo os elegí a vosotros, y os he puesto para que vayáis y llevéis fruto, y vuestro fruto permanezca; para que todo lo que pidiereis al Padre en mi nombre, él os lo dé" (Jn. 15:16).

"Así que, somos embajadores en nombre de Cristo, como si Dios rogase por medio de nosotros; os rogamos en nombre de Cristo: Reconciliaos con Dios" (2 Co. 5:20).

"Pablo, apóstol (no de hombres ni por hombre, sino por Jesucristo y por Dios el Padre que lo resucitó de los muertos)" (Gá. 1:1).

"Mas os hago saber, hermanos, que el evangelio anunciado por mí, no es según hombre; pues yo ni lo recibí ni lo aprendí de hombre alguno, sino por revelación de Jesucristo" (Gá. 1:11-12).

"El hacer tu voluntad, Dios mío, me ha agradado, y tu ley está en medio de mi corazón" (Sal. 40:8).

"Después oí la voz del Señor, que decía: ¿A quién enviaré, y quién irá por nosotros? Entonces respondí yo: Heme aquí, envíame a mí" (Is. 6:8).

2 (1:1) *Ministro, propósito — Fe — Verdad:* El propósito del siervo de Dios es reavivar a los creyentes. Note que a los creyentes se les llama "elegidos de Dios". Son las personas a quien Dios ha escogido para ser su pueblo "santo y amado".

=> Los creyentes han sido elegidos para ser *santos*. La palabra "santo" (hagios) significa separado o apartado. Dios llama a los creyentes a salir del mundo y alejarse de la antigua vida que este les ofreció, la vieja vida de pecado y muerte. Llama a los creyentes a separarse y apartarse para sí mismo y la nueva vida que Él ofrece, la nueva vida de justicia y eternidad.

=> Los creyentes han sido elegidos para ser *amados* de Dios. Dios ha llamado a los creyentes a alejarse de la vieja vida que despreciaba a Dios, la antigua vida que rechazaba, se rebelaba, ignoraba, negaba y maldecía constantemente el rostro de Dios. Dios ha llamado a los creyentes a ser amados de Dios, personas que reciben su amor en Cristo Jesús y que le permiten derramar su amor en ellos.

En otras palabras, los elegidos de Dios, los santos y amados de Dios, son aquellos que han realmente creído y confiado en Jesucristo como su Salvador. Son ellos, los creyentes, los que realmente tienen fe en Dios y reconocen la verdad que conduce a la piedad.

La idea central es esta: el siervo de Dios construye sobre la fe de los creyentes. Tanto él como ellos creen en Dios y han entregado sus vidas al Señor Jesucristo. Por tanto, el único propósito de su existencia consta de dos cosas:

1.   El siervo de Dios mueve a los creyentes a tener más y más fe en Dios. Les anima a edificar su fe —a incrementarla— a crecer cada vez más en su confianza en Dios y en Cristo. Trabaja día y noche para traer personas a los pies de Cristo y para moverles a confiar en Él. Sabe que la única esperanza que ellos tienen de vencer el pecado y la muerte de este mundo es confiar en Cristo, por tanto, hace todo lo que está a su alcance —trabajando día y noche— para enseñarles a confiar que su muerte y resurrección les librará.

"Entonces le dijeron: ¿Qué debemos hacer para poner en práctica las obras de Dios? Respondió Jesús y les dijo: Esta es la obra de Dios, que creáis en el que él ha enviado" (Jn. 6:28-29).

"Sobre todo, tomad el escudo de la fe, con que podáis apagar todos los dardos de fuego del maligno" (Ef. 6:16).

"Pero sin fe es imposible agradar a Dios; porque es necesario que el que se acerca a Dios crea que le hay, y que es galardonador de los que le buscan" (He. 11:6).

"Y este es su mandamiento: Que creamos en el nombre de su Hijo Jesucristo, y nos amemos unos a otros como nos lo ha mandado" (1 Jn. 3:23).

"Porque todo lo que es nacido de Dios vence al mundo; y esta es la victoria que ha vencido al mundo, nuestra fe. ¿Quién es el que vence al mundo, sino el que cree que Jesús es el Hijo de Dios?" (1 Jn. 5:4-5).

"Y cuando se levantaron por la mañana, salieron al desierto de Tecoa. Y mientras ellos salían, Josafat, estando en pie, dijo: Oídme, Judá y moradores de

Jerusalén. Creed en Jehová vuestro Dios, y estaréis seguros; creed a sus profetas, y seréis prosperados" (2 Cr. 20:20).

2. El siervo de Dios mueve a los creyentes a reconocer la verdad, o sea, les impulsa a crecer en el conocimiento de la verdad, aprenderla y ponerla en práctica. Fíjese por qué. Por causa de la piedad. La piedad debe ser el fin, la razón misma por la que debemos aprender la verdad. Debemos vivir vidas piadosas. Dios quiere que su pueblo sea santo, es decir, que sea como Él, que viva como Él vive. Nosotros viviremos con Él eternamente —cara a cara con Él— conformados a su naturaleza santa. Por lo tanto, Dios quiere que vivamos como Él desde ahora: vivir vidas santas, piadosas y justas. Quiere que mostremos al mundo que Él es real, mostrarle dejando que su santidad se refleje a través de nuestra vida.

"Así que, amados, puesto que tenemos tales promesas, limpiémonos de toda contaminación de carne y de espíritu, perfeccionando la santidad en el temor de Dios" (2 Co. 7:1).

"Desecha las fábulas profanas y de viejas. Ejercítate para la piedad" (1 Ti. 4:7).

"Mas tú, oh hombre de Dios, huye de estas cosas, y sigue la justicia, la piedad, la fe, el amor, la paciencia, la mansedumbre" (1 Ti. 6:11).

"enseñándonos que, renunciando a la impiedad y a los deseos mundanos, vivamos en este siglo sobria, justa y piadosamente, aguardando la esperanza bienaventurada y la manifestación gloriosa de nuestro gran Dios y Salvador Jesucristo" (Tit. 2:12-13).

"Seguid la paz con todos, y la santidad, sin la cual nadie verá al Señor" (He. 12:14).

"porque escrito está: Sed santos, porque yo soy santo" (1 P. 1:16).

"Puesto que todas estas cosas han de ser deshechas, ¡cómo no debéis vosotros andar en santa y piadosa manera de vivir" (2 P. 3:11).

3 (1:2-3) *Ministros, motivación — Vida eterna — Palabra de Dios:* El mensaje del siervo de Dios es la esperanza de vida eterna. ¡Increíble! ¡Demasiado bueno para ser verdad! Sin embargo, es cierto. Hay vida eterna. El glorioso mensaje del siervo de Dios es nada más y nada menos que el mensaje de liberación de la muerte, de vivir para siempre. Note cuatro puntos.

1. En primer lugar, la esperanza de vida eterna ha sido prometida por Dios mismo. Existen dos razones.

    a. Dios no puede mentir. Dios no puede mentir debido a su naturaleza perfecta. Piense un momento en los siguientes aspectos.

=> La naturaleza de Dios es perfecto amor y el amor no miente. Dios ama con perfección, por tanto, siempre dice la verdad. Él nos ha prometido vida eterna porque nos ama, porque Él es el Dios de amor y verdad; así que recibiremos vida eterna. Viviremos con Él para siempre.

=> La naturaleza de Dios es perfecta moralidad y justicia. La moralidad y la justicia no mienten. Una persona moral y justa dice la verdad. Y piense en lo siguiente: Dios es perfecto, por tanto, es siempre moral y justo. Nunca puede ser inmoral engañando ni ser injusto mintiendo. Así que, recibiremos vida eterna, vivir para siempre tal y como lo ha prometido.

=> La naturaleza de Dios es perfecta verdad. Cuando habla, ha hablado y así será. Su Palabra es exactamente lo que ha hablado. Por tanto, si Dios prometió vida eterna a los que creen, entonces todos los que creen vivirán para siempre.

    b. Dios dio la promesa de vida eterna antes de la fundación del mundo. La vida eterna fue su único propósito al crear al hombre. Por tanto, al crear al hombre, se propuso que todo aquel que cree en Él —que verdaderamente cree en Él— viviría con Él eternamente. Dios no puede mentir, por tanto, lo que prometió antes de la fundación del mundo SERÁ ASÍ. Si verdaderamente creemos en el Hijo de Dios, el Señor Jesucristo, viviremos para siempre.

"El es la Roca, cuya obra es perfecta, Porque todos sus caminos son rectitud; Dios de verdad, y sin ninguna iniquidad en él; Es justo y recto" (Dt. 32:4).

"Ahora pues, Jehová Dios, tú eres Dios, y tus palabras son verdad, y tú has prometido este bien a tu siervo" (2 S. 7:28).

"Porque recta es la palabra de Jehová, Y toda su obra es hecha con fidelidad" (Sal. 33:4).

"El cual hizo los cielos y la tierra, El mar, y todo lo que en ellos hay; Que guarda verdad para siempre" (Sal. 146:6).

"De ninguna manera; antes bien sea Dios veraz, y todo hombre mentiroso; como está escrito: Para que seas justificado en tus palabras, Y venzas cuando fueres juzgado" (Ro. 3:4).

"para que por dos cosas inmutables, en las cuales es imposible que Dios mienta, tengamos un fortísimo consuelo los que hemos acudido para asirnos de la esperanza puesta delante de nosotros" (He. 6:18).

2. En segundo lugar, la esperanza de vida eterna fue dada a conocer en la Palabra de Dios, revelada mediante la predicación. Dios le ha dado al hombre un registro de su promesa, evidencia de vida eterna. ¿Dónde? ¿Dónde puede el hombre encontrar este registro? En la Palabra de Dios y la predicación de la Palabra de Dios. Dios ha dejado registrado para siempre el glorioso mensaje de vida eterna en su Palabra y en la predicación de la misma. Mientras la tierra exista, su Palabra permanecerá y habrá creyentes predicando el glorioso mensaje de vida eterna. Por tanto, si una persona quiere encontrar el registro de vida eterna, no debe ir a los registros de los hombres, sino a la Palabra de Dios y a la predicación de esa Palabra.

"El que cree en el Hijo de Dios, tiene el testimonio en sí mismo; el que no cree a Dios, le ha hecho mentiroso, porque no ha creído en el testimonio que Dios ha dado acerca de su Hijo. Y este es el testimonio: que Dios nos ha dado vida eterna; y esta vida está en su Hijo. El que tiene al Hijo, tiene la vida; el que no tiene al Hijo de Dios no tiene la vida. Estas cosas os he escrito a vosotros que creéis en el nombre del Hijo de**

Dios, para que sepáis que tenéis vida eterna, y para que creáis en el nombre del Hijo de Dios" (1 Jn. 5:10-13).

"De cierto, de cierto os digo: El que oye mi palabra, y cree al que me envió, tiene vida eterna; y no vendrá a condenación, mas ha pasado de muerte a vida" (Jn. 5:24).

"Dios envió mensaje a los hijos de Israel, anunciando el evangelio de la paz por medio de Jesucristo; éste es Señor de todos" (Hch. 10:36).

"Porque no nos predicamos a nosotros mismos, sino a Jesucristo como Señor, y a nosotros como vuestros siervos por amor de Jesús" (2 Co. 4:5).

3. La esperanza de vida eterna ha sido confiada en las manos de Pablo y de todos los creyentes, todos los siervos y ministros de Dios. Note exactamente lo que dice este versículo: la Palabra de Dios y la predicación de la Palabra de Dios le han sido encomendados a los hombres por mandamiento de Dios. La Palabra de Dios y su predicación no son opcionales. Dios manda que nos ocupemos de su Palabra y que la prediquemos —todos los creyentes— todos los siervos y ministros de Dios. Debemos proclamar el mensaje de vida eterna.

"Por tanto, id, y haced discípulos a todas las naciones, bautizándolos en el nombre del Padre, y del Hijo, y del Espíritu Santo; enseñándoles que guarden todas las cosas que os he mandado; y he aquí yo estoy con vosotros todos los días, hasta el fin del mundo. Amén" (Mt. 28:19-20).

"Y les dijo: Id por todo el mundo y predicad el evangelio a toda criatura" (Mr. 16:15).

"Entonces Jesús les dijo otra vez: Paz a vosotros. Como me envió el Padre, así también yo os envío" (Jn. 20:21).

"de la cual fui hecho ministro, según la administración de Dios que me fue dada para con vosotros, para que anuncie cumplidamente la Palabra de Dios" (Col. 1:25).

"sino que según fuimos aprobados por Dios para que se nos confiase el evangelio, así hablamos; no como para agradar a los hombres, sino a Dios, que prueba nuestros corazones. Porque nunca usamos de palabras lisonjeras, como sabéis, ni encubrimos avaricia; Dios es testigo" (1 Ts. 2:4-5).

"según el glorioso evangelio del Dios bendito, que a mí me ha sido encomendado. Doy gracias al que me fortaleció, a Cristo Jesús nuestro Señor, porque me tuvo por fiel, poniéndome en el ministerio" (1 Ti. 1:11-12).

"y a su debido tiempo manifestó su palabra por medio de la predicación que me fue encomendada por mandato de Dios nuestro Salvador" (Tit. 1:3).

4. La esperanza de vida eterna ha sido prometida por Dios nuestro Salvador. Es Dios el Padre, así como Cristo, quien nos ama y nos salva. Por tanto, nunca moriremos. Dios nos libra del pecado, la muerte y el juicio venidero. Lo principal que debemos ver aquí es que Dios no es como a veces lo pintan.

=> Dios no está lejos en algún lugar del espacio, despreocupado y desinteresado por el mundo y las pruebas de los hombres. Dios tampoco es estricto y severo, mirando siempre por encima del hombro a los hombres esperando para castigarlos cuando se desvían y hacen algo malo. Dios no es un juez que anda volando lleno de ira y enojado con los hombres. Dios es amor; Dios es nuestro Salvador y desea ardientemente salvarnos, darnos vida eterna.

"Y mi espíritu se regocija en Dios mi Salvador" (Lc. 1:47).

"Porque esto es bueno y agradable delante de Dios nuestro Salvador, el cual quiere que todos los hombres sean salvos y vengan al conocimiento de la verdad. Porque hay un solo Dios, y un solo mediador entre Dios y los hombres, Jesucristo hombre, el cual se dio a sí mismo en rescate por todos, de lo cual se dio testimonio a su debido tiempo. Para esto yo fui constituido predicador y apóstol (digo verdad en Cristo, no miento), y maestro de los gentiles en fe y verdad" (1 Ti. 2:3-6).

"Que por esto mismo trabajamos y sufrimos oprobios, porque esperamos en el Dios viviente, que es el Salvador de todos los hombres, mayormente de los que creen" (1 Ti. 4:10).

"en la esperanza de la vida eterna, la cual Dios, que no miente, prometió desde antes del principio de los siglos, y a su debido tiempo manifestó su palabra por medio de la predicación que me fue encomendada por mandato de Dios nuestro Salvador" (Tit. 1:2-3).

"Pero cuando se manifestó la bondad de Dios nuestro Salvador, y su amor para con los hombres, nos salvó, no por obras de justicia que nosotros hubiéramos hecho, sino por su misericordia, por el lavamiento de la regeneración y por la renovación en el Espíritu Santo, el cual derramó en nosotros abundantemente por Jesucristo nuestro Salvador, para que justificados por su gracia, viniésemos a ser herederos conforme a la esperanza de la vida eterna" (Tit. 3:4-7).

"al único y sabio Dios, nuestro Salvador, sea gloria y majestad, imperio y potencia, ahora y por todos los siglos. Amén" (Jud. 25).

"He aquí Dios es salvación mía; me aseguraré y no temeré; porque mi fortaleza y mi canción es JAH Jehová, quien ha sido salvación para mí" (Is. 12:2).

"Y se dirá en aquel día: He aquí, éste es nuestro Dios, le hemos esperado, y nos salvará; éste es Jehová a quien hemos esperado, nos gozaremos y nos alegraremos en su salvación" (Is. 25:9).

4 (1:4) *Ministro:* La recompensa del siervo de Dios son los frutos, el dar a luz a otros en la fe. Tito era un hijo espiritual de Pablo, es decir, al parecer Pablo había guiado a Tito al Señor. (Vea Introducción, Autor, para discusión sobre Tito.) Note la frase "común fe". Tito creía en el Señor Jesucristo de la misma manera que Pablo. Su fe era común con la de Pablo; estaba puesta en la misma persona, en el Señor Jesucristo. Lo que señalamos es poderoso: la común fe en Cristo es la fe que trae vida eterna a todos los creyentes. Todas las personas que creen en Cristo tienen una cosa en común: su fe. Por tanto, ellos son los que vivirán eternamente.

La idea aquí es la siguiente: un verdadero siervo de Dios lleva fruto; da a luz hijos e hijas en la fe. Esta es parte de su recompensa: ver cómo otros confían en Cristo Jesús como su Salvador y crecen en la gracia, misericordia y paz de Dios y de Cristo. Fíjese en esos términos:

=> Gracia (vea Estudio a fondo 1, *Gracia,* Tit. 2:11-15 para discusión del tema).

=> Misericordia (vea Estudio a fondo 2, *Misericordia,* 1 Ti. 1:2 para discusión del tema).

=> Paz (vea nota, *Paz,* 1 Ti. 1:2 para discusión del tema).

Mientras camina sobre la tierra, para el siervo de Dios no debe haber mayor recompensa que ver a otros recibir a Cristo y crecer espiritualmente.

"Por tanto, id, y haced discípulos a todas las naciones, bautizándolos en el nombre del Padre, y del Hijo, y del Espíritu Santo; enseñándoles que guarden todas las cosas que os he mandado; y he aquí yo estoy con vosotros todos los días, hasta el fin del mundo. Amén" (Mt. 28:19-20).

"Y él mismo constituyó a unos, apóstoles; a otros, profetas; a otros, evangelistas; a otros, pastores y maestros, a fin de perfeccionar a los santos para la obra del ministerio, para la edificación del cuerpo de Cristo" (Ef. 4:11-12).

"Lo que has oído de mí ante muchos testigos, esto encarga a hombres fieles que sean idóneos para enseñar también a otros" (2 Ti. 2:2).

	I. LOS OFICIALES VER-DADEROS Y FALSOS DE LA IGLESIA, 1:5-16	7 Porque es necesario que el obispo sea irreprensible, como administrador de Dios; no soberbio, no iracundo, no dado al vino, no pendenciero, no codicioso de ganancias deshonestas,	3 Requisitos personales
			  a. Lo que es: adminis-trador de Dios
			  b. Lo que no debe ser

	A. Los verdaderos ancianos o ministros, 1:5-9		

1 Dos necesidades crucia-les de la iglesia
  a. Corregir lo deficiente
  b. Establecer ancianos
	5 Por esta causa te dejé en Creta, para que corrigieses lo deficiente, y establecieses ancianos en cada ciudad, así como yo te mandé;	8 sino hospedador, amante de lo bueno, sobrio, justo, santo, dueño de sí mismo,	c. Lo que debe ser

2 Requisitos familiares	6 el que fuere irreprensible, marido de una sola mujer, y tenga hijos creyentes que no estén acusados de disolución ni de rebeldía.	9 retenedor de la palabra fiel tal como ha sido enseñada, para que también pueda exhortar con sana enseñanza y convencer a los que con-tradicen.	**4 Requisitos de su predi-cación**
			  a. Retener la Palabra
			  b. Razón: Debe exhortar y convencer

DIVISIÓN I

LOS OFICIALES VERDADEROS Y FALSOS DE LA IGLESIA, 1:5-16

A. Los verdaderos ancianos o ministros, 1:5-9

(1:5-9) *Introducción:* Este pasaje es una fuerte descripción de los que ocupan cargos en la iglesia, lo que la persona que ocupa el cargo debe ser y hacer. Detalla en términos específicos los requisitos del anciano (obispo o ministro, cualquiera que sea el título por el que se le conozca).

  1. Dos necesidades cruciales de la iglesia (v. 5).
  2. Requisitos familiares (v. 6).
  3. Requisitos personales (vv. 7-8).
  4. Requisitos de su predicación (v. 9).

ESTUDIO A FONDO 1

(1:5-9) *Anciano (presbuteros) — Obispo:* Note que los tér-minos anciano y obispo se usan de manera intercambiable en este pasaje (vv. 5, 7). (Vea bosquejo y notas, 1 Ti. 3:1-7 para mayor discusión.) El anciano u obispo era probable-mente el mismo cargo que el de pastor-maestro o ministro de una iglesia. El don de pastor-maestro se refiere a un solo don dado a la misma persona (Ef. 4:11). El enfoque del don es *pastorear, supervisar* y *apacentar* a los creyentes de la iglesia local. William Barclay señala que anciano era más bien un nombre judío y obispo era un nombre griego, cada uno refiriéndose al mismo cargo (*The Letters to Timothy, Titus, and Philemon*, pp. 80-81). La palabra *anciano* se usaba para referirse al hombre, a su reputación, a sus años de fidelidad y servicio. La palabra obispo (episkopas, supervisor) y el don de *pastor-maestro* se usaban para refe-rirse a los deberes del hombre y su trabajo de supervisar y velar por la iglesia. En comparación, a un hombre hoy día se le llama ministro, pastor, predicador o reverendo. Reve-rendo usualmente se emplea para referirse a al hombre per-sonalmente y ministro, pastor o predicador se usa para referirse a las funciones de esa persona.

El don pastoral es el don que se le asigna directamente al Señor Jesús. Él se llamó a sí mismo el buen pastor (Jn. 10:11, 14). Otros le llamaron el gran pastor de las ovejas (He. 13:20), el Pastor de las almas de los hombres (1 P. 2:25), y el Príncipe de los pastores (1 P. 5:4). El don pas-toral es un cargo ordenado; el anciano es el cargo básico de la iglesia.

  1. A los ancianos los llama y aparta el Espíritu Santo (Hch. 20:28; 13:2).
  2. Los ancianos son oficiales ordenados (Hch. 14:23; Tit. 1:5).
  3. Los ancianos pastorean y supervisan el rebaño de Dios (Hch. 20:28-29; 1 P. 5:2-3).
  4. Los ancianos deben guardar y predicar la Palabra (Tit. 1:9).
  5. Los ancianos tienen un ministerio de sanidad mediante la oración y el ungimiento con aceite (Stg. 5:14).
  6. Los ancianos formaron parte del liderazgo en las decisiones del Concilio de Jerusalén. Se les menciona junto a los apóstoles como las principales autoridades de la iglesia (Hch. 15:2; 16:4).
  7. Los ancianos son a los que Pablo informa a su regreso de su tercer viaje misionero, y ellos son los que le aconsejaron como combatir a los judaizantes (Hch. 21:18-25).
  8. Los ancianos son a los que Pablo le entrega la ofrenda que había sido recogida para la iglesia de Jerusa-lén durante la gran hambruna (Hch. 11:30).

1 (1:5) *Iglesia, Necesidades:* En la iglesia existen dos nece-sidades cruciales. Fíjese: la iglesia en Creta tenía estas dos necesidades. Creta es una isla en el Mar Mediterráneo, una isla con muchas ciudades. William Barclay cita a Homero cuando llama a la isla "Creta de las cien ciudades" (*The Letters to Timothy, Titus, and Philemon*, p. 268). Sin duda alguna, Pablo había guiado personas a Cristo a lo largo de la isla en ciudad tras ciudad, y había establecido iglesias en las ciudades en la que vivían los convertidos. Sin embargo, había partido para llevar adelante la obra de evangelismo, pero había dejado a Tito para enraizar y cimentar a la iglesia en Cristo. Pablo plantea dos necesidades cruciales de las iglesias, necesidades que existen en toda iglesia.

1. La necesidad de *corregir lo deficiente.* Esto se refiere a todo lo que Pablo trata en la carta a Tito:

=> Cómo establecer verdaderos oficiales en la iglesia y cómo tratar con los falsos maestros (Tit. 1:5-16).

=> Cómo deben vivir y comportarse los hombres y mujeres de la iglesia (Tit. 2:1—3:11).

Pensamiento 1. Independientemente de cuál sea la iglesia, todavía existen algunos defectos y algunas cosas por hacer. Toda iglesia tiene un largo camino por recorrer para alcanzar la plena estatura de lo que debe ser delante de su Señor. Pero lo que es peor, tristemente muchas iglesias tienen dos serias deficiencias y fallas: no están organizadas adecuadamente para el ministerio y han permitido falsas enseñanzas en sus filas. Como consecuencia, no están trayendo personas a los pies de Cristo y, en algunos casos, están enfrentando terribles divisiones, separaciones y la destrucción de su testimonio.

La idea central es esta: la principal necesidad de una iglesia es la de corregir lo deficiente y hacer lo que no se haya hecho. Una iglesia debe estar creciendo constantemente en Cristo o de lo contrario comienza a resbalar y a perder su mensaje de vida eterna para la humanidad.

2. La necesidad de establecer ancianos en cada ciudad. El término *anciano* se refiere al ministro de la iglesia. Ninguna iglesia, no importa cuán pequeña sea, debe permanecer por mucho tiempo sin un ministro. Esta era la preocupación de Pablo por las iglesias en Creta y debe ser la nuestra también. Una de las dos necesidades cruciales de una iglesia es la de ministros entregados que amen al Señor con todo su corazón. (Vea Estudio a fondo 1, Anciano, Tit. 1:5-9 para mayor discusión.)

2 (1:6) *Anciano — Ministro — Obispo:* El ministro o anciano de la iglesia debe cumplir ciertos requisitos. Debe cumplir algunos requisitos familiares.

1. El ministro o anciano debe ser irreprensible (vea nota, pt. 1, 1 Ti. 3:2-3 para discusión del tema).

"Porque vuestra obediencia ha venido a ser notoria a todos, así que me gozo de vosotros; pero quiero que seáis sabios para el bien, e ingenuos para el mal" (Ro. 16:19).

"para que aprobéis lo mejor, a fin de que seáis sinceros e irreprensibles para el día de Cristo" (Fil. 1:10).

"para que seáis irreprensibles y sencillos, hijos de Dios sin mancha en medio de una generación maligna y perversa, en medio de la cual resplandecéis como luminares en el mundo" (Fil. 2:15).

"Y el Señor me librará de toda obra mala, y me preservará para su reino celestial. A él sea gloria por los siglos de los siglos. Amén" (2 Ti. 4:18).

"Porque tal sumo sacerdote nos convenía: santo, inocente, sin mancha, apartado de los pecadores, y

hecho más sublime que los cielos" (He. 7:26).

"Y a aquel que es poderoso para guardaros sin caída, y presentaros sin mancha delante de su gloria con gran alegría" (Jud. 24).

2. El ministro o anciano debe ser marido de una sola mujer (vea nota, pt. 2, 1 Ti. 3:2-3 para discusión del tema).

"Él, respondiendo, les dijo: ¿No habéis leído que el que los hizo al principio, varón y hembra los hizo, y dijo: Por esto el hombre dejará padre y madre, y se unirá a su mujer, y los dos serán una sola carne? Así que no son ya más dos, sino una sola carne; por tanto, lo que Dios juntó, no lo separe el hombre" (Mt. 19:4-6).

"Pero es necesario que el obispo sea irreprensible, marido de una sola mujer, sobrio, prudente, decoroso, hospedador, apto para enseñar" (1 Ti. 3:2).

"el que fuere irreprensible, marido de una sola mujer, y tenga hijos creyentes que no estén acusados de disolución ni de rebeldía" (Tit. 1:6).

"Ni tomará para sí muchas mujeres, para que su corazón no se desvíe; ni plata ni oro amontonará para sí en abundancia" (Dt. 17:17).

3. El ministro o anciano debe tener hijos creyentes. Con creyentes se implica que crean en el Señor Jesucristo y permanezcan fieles a Él. Los hijos del ministro deben ser irreprochables; no deben estar "liberales en cuanto a moral y conducta ni andar en rebeldía y desordenadamente".

William Barclay hace una excelente descripción de este punto:

"La familia del anciano no debe ser indisciplinada. Nada puede sustituir el control de los padres. A fin de cuentas el entrenamiento de los hijos está en las manos de los padres" (*The Letters to Timothy, Titus, and Philemon,* p. 268ss).

Oliver Greene también da un excelente cuadro de lo que las Escrituras están diciendo acerca del ministro y sus hijos:

"Lo que Pablo está diciendo aquí es que un anciano u obispo tiene que gobernar bien a su familia, que esta le respete completamente, una familia bien entrenada en los asuntos espirituales. Si la familia del obispo fuera insubordinada o se opusiera a las cosas espirituales, o si los miembros de la familia fueran incrédulos o burlones, a dicho hombre no se le podría encomendar el gobierno de la iglesia del Dios vivo.

"Aquí claramente se establece que un anciano u obispo tiene que ser un hombre de familia, con una esposa e hijos que le respeten al más alto grado. Su familia debe ser espiritual; debe amar a la iglesia y las cosas de Dios y cooperar con el jefe de la familia en todo. Si un hombre no puede gobernar su propia casa y liderar a su propia familia en lo concerniente a los asuntos espirituales, ¿cómo podría dirigir a la iglesia? Si es un hombre que no tiene el respeto de su familia, no podría esperar tener el respeto de la iglesia" (The Epistles of Paul the Apostle to Timothy and Titus, p. 415).

"Por tanto, no durmamos como los demás, sino velemos y seamos sobrios. Pues los que duermen, de noche duermen, y los que se embriagan, de noche se embriagan. Pero nosotros, que somos del día, seamos sobrios, habiéndonos vestido con la coraza de fe y de amor, y con la esperanza de salvación como yelmo" (1 Ts. 5:6-8).

"Pero es necesario que el obispo sea irreprensible, marido de una sola mujer, sobrio, prudente, decoroso, hospedador, apto para enseñar" (1 Ti. 3:2).

"Las mujeres asimismo sean honestas, no calumniadoras, sino sobrias, fieles en todo" (1 Ti. 3:11).

"sino hospedador, amante de lo bueno, sobrio, justo, santo, dueño de sí mismo" (Tit. 1:8).

"Que los ancianos sean sobrios, serios, prudentes, sanos en la fe, en el amor, en la paciencia…. a ser prudentes, castas, cuidadosas de su casa, buenas, sujetas a sus maridos, para que la Palabra de Dios no sea blasfemada" (Tit. 2:2, 5).

"Porque la gracia de Dios se ha manifestado para salvación a todos los hombres, enseñándonos que, renunciando a la impiedad y a los deseos mundanos, vivamos en este siglo sobria, justa y piadosamente, aguardando la esperanza bienaventurada y la manifestación gloriosa de nuestro gran Dios y Salvador Jesucristo" (Tit. 2:11-13).

"Por tanto, ceñid los lomos de vuestro entendimiento, sed sobrios, y esperad por completo en la gracia que se os traerá cuando Jesucristo sea manifestado" (1 P. 1:13).

"Mas el fin de todas las cosas se acerca; sed, pues, sobrios, y velad en oración" (1 P. 4:7).

3 (1:7-8) *Anciano — Ministro:* El ministro u obispo tiene que tener cierta medida personal; hay algunos requisitos personales que debe cumplir. Note que aquí al anciano se le llama obispo. Ambas palabras se emplean indistintamente. Note también la importancia crucial que se le da a que debe ser irreprensible; tiene que vivir una vida irreprensible. La razón se explica claramente: él es el "administrador de Dios". Un *administrador* es la persona encargada de la familia y los bienes del propietario. El obispo o ministro es el administrador de la iglesia de Dios y del pueblo de Dios. No es el dueño de la iglesia ni es propietario de las personas de la iglesia, pero está a cargo de su provisión y educación, de su cuidado y crecimiento, de su comportamiento y deberes. Debe velar porque la familia de Dios esté cuidada y protegida, y que sus energías y sus vidas estén dirigidas a la voluntad de su Amo. Por encima de todo, el administrador debe hacer la voluntad de su Amo, llevar adelante su Palabra sin desviación alguna. Esto es lo que quiere decir ser "irreprensible, como administrador de Dios". El administrador existe única y exclusivamente por causa del Amo, solamente para velar por que se cumpla la Palabra de Dios. Debe ser irreprensible en lo que respecta a la voluntad de Dios. (Vea nota, Ministros, 1 Co. 4:1-2 para mayor discusión.)

1. Note que hay algunas cosas —muy importantes— que el ministro o administrador de Dios *no debe ser.*

   a. No debe ser no soberbio (authade): Auto-complaciente, arrogante, altivo y egocéntrico. Es una persona que tiene más alto concepto de sí que el que debe tener, que se preocupa por sus propias cosas e ignora o descuida las cosas de los demás. Es una persona áspera con los demás; critica, murmura y condena a otros; menosprecia a otros y se exalta a sí mismo en su propia mente.

   "Así que, cualquiera que se humille como este niño, ése es el mayor en el reino de los cielos" (Mt. 18:4).

   "mas no así vosotros, sino sea el mayor entre vosotros como el más joven, y el que dirige, como el que sirve" (Lc. 22:26).

   "ni tampoco presentéis vuestros miembros al pecado como instrumentos de iniquidad, sino presentaos vosotros mismos a Dios como vivos de entre los muertos, y vuestros miembros a Dios como instrumentos de justicia" (Ro. 6:13).

   "Digo, pues, por la gracia que me es dada, a cada cual que está entre vosotros, que no tenga más alto concepto de sí que el que debe tener, sino que piense de sí con cordura, conforme a la medida de fe que Dios repartió a cada uno" (Ro. 12:3).

   "Nada hagáis por contienda o por vanagloria; antes bien con humildad, estimando cada uno a los demás como superiores a él mismo; no mirando cada uno por lo suyo propio, sino cada cual también por lo de los otros" (Fil. 2:3-4).

   "Someteos, pues, a Dios; resistid al diablo, y huirá de vosotros" (Stg. 4:7).

   "Igualmente, jóvenes, estad sujetos a los ancianos; y todos, sumisos unos a otros, revestíos de humildad; porque: Dios resiste a los soberbios, Y da gracia a los humildes. Humillaos, pues, bajo la poderosa mano de Dios, para que él os exalte cuando fuere tiempo" (1 P. 5:5-6).

   b. No debe ser iracundo (orge): Una ira duradera; una ira profundamente enraizada y que ha sido acumulada por largo tiempo.; una ira contra alguien que la persona sencillamente no quiere olvidar; la persona se niega a perdonar a la otra persona. El ministro no debe ser irascible o impulsivo, ni tampoco ser dado a mantener por largo tiempo el enojo.

   "Pero yo os digo que cualquiera que se enoje contra su hermano, será culpable de juicio; y cualquiera que diga: Necio, a su hermano, será culpable ante el concilio; y cualquiera que le diga: Fatuo, quedará expuesto al infierno de fuego" (Mt. 5:22).

   "Airaos, pero no pequéis; no se ponga el sol sobre vuestro enojo" (Ef. 4:26).

   "Pero ahora dejad también vosotros todas estas cosas: ira, enojo, malicia, blasfemia, palabras deshonestas de vuestra boca" (Col. 3:8).

   "Porque es necesario que el obispo sea irreprensible, como administrador de Dios; no soberbio, no iracundo, no dado al vino, no pendenciero, no codicioso de ganancias deshonestas" (Tit. 1:7).

   "Por esto, mis amados hermanos, todo hombre sea pronto para oír, tardo para hablar, tardo para airarse" (Stg. 1:19).

   "Deja la ira, y desecha el enojo; No te excites en

manera alguna a hacer lo malo" (Sal. 37:8).

"La cordura del hombre detiene su furor, Y su honra es pasar por alto la ofensa" (Pr. 19:11).

"No te apresures en tu espíritu a enojarte; porque el enojo reposa en el seno de los necios" (Ec. 7:9).

c. No debe ser dado al vino, a la borrachera (vea nota, pt. 8, 1 Ti. 3:2-3 para discusión del tema).

"porque será grande delante de Dios. No beberá vino ni sidra, y será lleno del Espíritu Santo, aun desde el vientre de su madre" (Lc. 1:15).

"Bueno es no comer carne, ni beber vino, ni nada en que tu hermano tropiece, o se ofenda, o se debilite" (Ro. 14:21).

"Tú, y tus hijos contigo, no beberéis vino ni sidra cuando entréis en el tabernáculo de reunión, para que no muráis; estatuto perpetuo será para vuestras generaciones" (Lv. 10:9).

"se abstendrá de vino y de sidra; no beberá vinagre de vino, ni vinagre de sidra, ni beberá ningún licor de uvas, ni tampoco comerá uvas frescas ni secas" (Nm. 6:3).

"No mires al vino cuando rojea, Cuando resplandece su color en la copa. Se entra suavemente" (Pr. 23:31).

"No es de los reyes, oh Lemuel, no es de los reyes beber vino, Ni de los príncipes la sidra" (Pr. 31:4).

"Mas ellos dijeron: No beberemos vino; porque Jonadab hijo de Recab nuestro padre nos ordenó diciendo: No beberéis jamás vino vosotros ni vuestros hijos" (Jer. 35:6).

"Y Daniel propuso en su corazón no contaminarse con la porción de la comida del rey, ni con el vino que él bebía; pidió, por tanto, al jefe de los eunucos que no se le obligase a contaminarse" (Dn. 1:8).

d. No debe ser pendenciero, alguien dado a la violencia (vea nota, pt. 9, 1 Ti. 3:2-3 para discusión del tema).

"Nada hagáis por contienda o por vanagloria; antes bien con humildad, estimando cada uno a los demás como superiores a él mismo; no mirando cada uno por lo suyo propio, sino cada cual también por lo de los otros" (Fil. 2:3-4).

"Recuérdales esto, exhortándoles delante del Señor a que no contiendan sobre palabras, lo cual para nada aprovecha, sino que es para perdición de los oyentes" (2 Ti. 2:14).

"Porque el siervo del Señor no debe ser contencioso, sino amable para con todos, apto para enseñar, sufrido" (2 Ti. 2:24).

"No tengas pleito con nadie sin razón, Si no te han hecho agravio" (Pr. 3:30).

"El que comienza la discordia es como quien suelta las aguas; Deja, pues, la contienda, antes que se enrede" (Pr. 17:14).

"Honra es del hombre dejar la contienda; Mas todo insensato se envolverá en ella" (Pr. 20:3).

e. No debe ser codicioso de ganancias deshonestas, al amor al dinero o posesiones terrenales (vea nota, pt. 12, 1 Ti. 3:2-3 para discusión del tema).

"porque raíz de todos los males es el amor al dinero, el cual codiciando algunos, se extraviaron de la fe, y fueron traspasados de muchos dolores" (1 Ti. 6:10).

"Vuestro oro y plata están enmohecidos; y su moho testificará contra vosotros, y devorará del todo vuestras carnes como fuego. Habéis acumulado tesoros para los días postreros" (Stg. 5:3).

2. Note que hay algunas cosas que el ministro o administrador de Dios debe ser.

a. Debe ser hospedador (vea nota, pt. 6, 1 Ti. 3:2-3 para discusión del tema).

"compartiendo para las necesidades de los santos; practicando la hospitalidad" (Ro. 12:13).

"Pero es necesario que el obispo sea irreprensible, marido de una sola mujer, sobrio, prudente, decoroso, hospedador, apto para enseñar" (1 Ti. 3:2).

"que tenga testimonio de buenas obras; si ha criado hijos; si ha practicado la hospitalidad; si ha lavado los pies de los santos; si ha socorrido a los afligidos; si ha practicado toda buena obra" (1 Ti. 5:10).

"sino hospedador, amante de lo bueno, sobrio, justo, santo, dueño de sí mismo" (Tit. 1:8).

"No os olvidéis de la hospitalidad, porque por ella algunos, sin saberlo, hospedaron ángeles" (He. 13:2).

"Hospedaos los unos a los otros sin murmuraciones" (1 P. 4:9).

b. Deber ser amante de lo bueno (philagathos): La palabra griega significa tanto amante de las cosas buenas como de las buenas personas. El ministro de Dios ama lo bueno sin importarle dónde lo encuentre, en cosas o personas. Ama al pobre y al que no tiene hogar, al débil y al que sufre, así como al rico y saludable. El ministro ama el hacer cosas buenas para todos, sin importar quién sea, buenas cosas como...

- mostrar aprecio
- animar
- dar obsequios
- ayudar cuando sea necesario
- ministrar y servir
- predicar y enseñar la verdad de Dios

En resumen, el ministro ama los buenos hombres y las buenas cosas, por tanto, siempre está ministrando. Siempre está involucrado en las vidas de las buenas personas y en hacer buenas cosas por todo el que pueda.

"Un mandamiento nuevo os doy: Que os améis unos a otros; como yo os he amado, que también os améis unos a otros. En esto conocerán todos que sois mis discípulos, si tuviereis amor los unos con los otros" (Jn. 13:34-35).

"El amor sea sin fingimiento. Aborreced lo malo, seguid lo bueno" (Ro. 12:9).

"Y el Señor os haga crecer y abundar en amor unos para con otros y para con todos, como también lo hacemos nosotros para con vosotros" (1 Ts. 3:12).

"Habiendo purificado vuestras almas por la obediencia a la verdad, mediante el Espíritu, para el amor fraternal no fingido, amaos unos a otros entrañablemente, de corazón puro" (1 P. 1:22).

c.   Deber ser sobrio (vea nota, pt. 4, 1 Ti. 3:2-3 para discusión del tema).

"Por tanto, no durmamos como los demás, sino velemos y seamos sobrios. Pues los que duermen, de noche duermen, y los que se embriagan, de noche se embriagan. Pero nosotros, que somos del día, seamos sobrios, habiéndonos vestido con la coraza de fe y de amor, y con la esperanza de salvación como yelmo" (1 Ts. 5:6-8).

"Pero es necesario que el obispo sea irreprensible, marido de una sola mujer, sobrio, prudente, decoroso, hospedador, apto para enseñar" (1 Ti. 3:2).

"Las mujeres asimismo sean honestas, no calumniadoras, sino sobrias, fieles en todo" (1 Ti. 3:11).

"sino hospedador, amante de lo bueno, sobrio, justo, santo, dueño de sí mismo" (Tit. 1:8).

"Que los ancianos sean sobrios, serios, prudentes, sanos en la fe, en el amor, en la paciencia.... a ser prudentes, castas, cuidadosas de su casa, buenas, sujetas a sus maridos, para que la Palabra de Dios no sea blasfemada" (Tit. 2:2, 5).

"Porque la gracia de Dios se ha manifestado para salvación a todos los hombres, enseñándonos que, renunciando a la impiedad y a los deseos mundanos, vivamos en este siglo sobria, justa y piadosamente, aguardando la esperanza bienaventurada y la manifestación gloriosa de nuestro gran Dios y Salvador Jesucristo" (Tit. 2:11-13).

"Por tanto, ceñid los lomos de vuestro entendimiento, sed sobrios, y esperad por completo en la gracia que se os traerá cuando Jesucristo sea manifestado" (1 P. 1:13).

"Mas el fin de todas las cosas se acerca; sed, pues, sobrios, y velad en oración" (1 P. 4:7).

d.   Deber ser justo (dikaion): Honesto, recto, imparcial, por encima de en su comportamiento y manera de tratar con Dios y con los hombres. En la manera en que el ministro se relaciona con los demás —tanto con Dios como con los hombres— no hay engaño, mentira, farsa, robo, maldad, mal comportamiento o irresponsabilidad.

"Pagad a todos lo que debéis: al que tributo, tributo; al que impuesto, impuesto; al que respeto, respeto; al que honra, honra" (Ro. 13:7).

"Hacer justicia y juicio es a Jehová Más agradable que sacrificio" (Pr. 21:3).

"Así dijo Jehová: Guardad derecho, y haced justicia; porque cercana está mi salvación para venir, y mi justicia para manifestarse" (Is. 56:1).

"La justicia, la justicia seguirás, para que vivas y heredes la tierra que Jehová tu Dios te da" (Dt. 16:20).

e.   Deber ser santo (hosion): Puro, limpio, moral, descontaminado de la impureza e inmundicia del pecado. El ministro debe ser una persona limpia y pura ante los ojos de Dios.

"Así que, amados, puesto que tenemos tales promesas, limpiémonos de toda contaminación de carne y de espíritu, perfeccionando la santidad en el temor de Dios" (2 Co. 7:1).

"Seguid la paz con todos, y la santidad, sin la cual nadie verá al Señor" (He. 12:14).

"Por tanto, ceñid los lomos de vuestro entendimiento, sed sobrios, y esperad por completo en la gracia que se os traerá cuando Jesucristo sea manifestado; como hijos obedientes, no os conforméis a los deseos que antes teníais estando en vuestra ignorancia; sino, como aquel que os llamó es santo, sed también vosotros santos en toda vuestra manera de vivir; porque escrito está: Sed santos, porque yo soy santo" (1 P. 1:13-16).

"Puesto que todas estas cosas han de ser deshechas, ¡cómo no debéis vosotros andar en santa y piadosa manera de vivir" (2 P. 3:11).

f.   Deber ser dueño de sí mismo. Debe tener poder sobre su cuerpo, mente y vida toda. Tiene que ser vigilante y estar alerta, controlando y cuidando su comportamiento tanto cuando está solo como cuando está con otros. Debe controlar sus ojos, oídos, lengua, carne, apetitos, pensamientos, manos y pies, velando a dónde va, lo que hace, dice, piensa, come, mira y desea.

"Velad y orad, para que no entréis en tentación; el espíritu a la verdad está dispuesto, pero la carne es débil" (Mt. 26:41).

"Por tanto, velad, acordándoos que por tres años, de noche y de día, no he cesado de amonestar con lágrimas a cada uno" (Hch. 20:31).

"Así que, el que piensa estar firme, mire que no caiga" (1 Co. 10:12).

"Velad, estad firmes en la fe; portaos varonilmente, y esforzaos" (1 Co. 16:13).

"Sed sobrios, y velad; porque vuestro adversario el diablo, como león rugiente, anda alrededor buscando a quien devorar" (1 P. 5:8).

4 (1:9) *Ministro — Predicación:* El ministro u obispo debe medirse por su predicación; hay requisitos que su predicación debe cumplir.

1.   El obispo o ministro debe retener la palabra fiel. ¿Qué palabra? Note lo que dice el versículo: la "sana enseñanza" que debe predicar, la "sana enseñanza" o doctrina de la Palabra de Dios. El ministro de Dios debe tomar la Palabra de Dios y aferrarse a ella en medio de las tentaciones y la oposición, sin importar lo que los hombres digan o afirmen. El ministro de Dios es un ministro de Dios, no ha sido llamado para ser ministro de nadie más. Por tanto, su misión es aferrarse a la Palabra de Dios. Debe retener la pura Palabra de Dios, debe enseñar la "sana enseñanza" de la Palabra. Debe ser una persona que haya estudiado y estudiado la Palabra y esté profundamente enraizado y cimentado en la Palabra de Dios. Su medida no es de acuerdo a cuán buen orador sea, o cuán carismático y atractivo; es cuán bien ha enseñado la Palabra de Dios. ¿Ha enraizado bien a su pueblo en las enseñanzas de la Palabra de Dios?

"Pero éstas se han escrito para que creáis que Jesús es el Cristo, el Hijo de Dios, y para que creyendo, tengáis vida en su nombre" (Jn. 20:31).

"Y éstos eran más nobles que los que estaban en Tesalónica, pues recibieron la palabra con toda solicitud, escudriñando cada día las Escrituras para ver si estas cosas eran así" (Hch. 17:11).

"Y ahora, hermanos, os encomiendo a Dios, y a la palabra de su gracia, que tiene poder para sobreedificaros y daros herencia con todos los santificados" (Hch. 20:32).

"Porque las cosas que se escribieron antes, para nuestra enseñanza se escribieron, a fin de que por la paciencia y la consolación de las Escrituras, tengamos esperanza" (Ro. 15:4).

"Procura con diligencia presentarte a Dios aprobado, como obrero que no tiene de qué avergonzarse, que usa bien la palabra de verdad" (2 Ti. 2:15).

"Toda la Escritura es inspirada por Dios, y útil para enseñar, para redargüir, para corregir, para instruir en justicia, a fin de que el hombre de Dios sea perfecto, enteramente preparado para toda buena obra" (2 Ti. 3:16-17).

"desead, como niños recién nacidos, la leche espiritual no adulterada, para que por ella crezcáis para salvación, si es que habéis gustado la benignidad del Señor" (1 P. 2:2-3).

"Estas cosas os he escrito a vosotros que creéis en el nombre del Hijo de Dios, para que sepáis que tenéis vida eterna, y para que creáis en el nombre del Hijo de Dios" (1 Jn. 5:13).

2. Existe una poderosa razón de por qué el obispo o ministro debe retener la Palabra de Dios: debe ser capaz de exhortar y convencer a los que se oponen a Dios y a Cristo.

=> Las personas necesitan ser exhortados, es decir, animados a confiar en Cristo y seguirle.

=> Las personas necesitan que se les convenza, especialmente aquellos que se oponen a Dios, le maldicen y se niegan a rendirse al Él. La palabra "convencer" (elegchein) significa *"reprender a una persona de tal forma que sea impulsado a ver y admitir el error de su camino. Trench dice que significa 'reprender a otro esgrimiendo tan eficazmente las armas victoriosas de la verdad que le lleve, si no siempre a una confesión, al menos a convencerse de sus pecados'. La represión cristiana es mucho más que 'armarle un escándalo a alguien'... significa mucho más que meramente hablarle de manera tal que vea el error de sus caminos y acepte la verdad. El objetivo de la represión cristiana no es humillar al hombre, sino hacer posible que vea, reconozca y admita el deber y la verdad frente a la que ha estado, o bien ciego, o desobediente"* (William Barclay, *The Letters to Timothy, Titus, and Philemon*, p. 274).

Note cómo el ministro de Dios debe exhortar y convencer a las personas: "con sana enseñanza". Y fíjese en la palabra "pueda": debe estar tan cimentado en la Palabra de Dios que pueda exhortar y convencer a las personas con la *Palabra de Dios*.

"A los que persisten en pecar, repréndelos delante de todos, para que los demás también teman" (1 Ti. 5:20).

"retenedor de la palabra fiel tal como ha sido enseñada, para que también pueda exhortar con sana enseñanza y convencer a los que contradicen" (Tit. 1:9).

"Esto habla, y exhorta y reprende con toda autoridad. Nadie te menosprecie" (Tit. 2:15).

	B. El contraste con los falsos maestros, 1:10-16	14 no atendiendo a fábulas judaicas, ni a mandamientos de hombres que se apartan de la verdad.	b. Para hacer cesar sus fábulas y mandamientos de hombres

1 Se oponen a la verdad
a. Son indisciplinados
b. Son habladores y engañadores
c. Son solamente religiosos
d. Deben ser silenciados
e. Molestan a toda la familia
f. Enseñan el error
g. Están atrapados por la avaricia
h. Tienen mala reputación
	10 Porque hay aún muchos contumaces, habladores de vanidades y engañadores, mayormente los de la circuncisión,
	11 a los cuales es preciso tapar la boca; que trastornan casas enteras, enseñando por ganancia deshonesta lo que no conviene.
	12 Uno de ellos, su propio profeta, dijo: Los cretenses, siempre mentirosos, malas bestias, glotones ociosos.
		15 Todas las cosas son puras para los puros, mas para los corrompidos e incrédulos nada les es puro; pues hasta su mente y su conciencia están corrompidas.
		
		16 Profesan conocer a Dios, pero con los hechos lo niegan, siendo abominables y rebeldes, reprobados en cuanto a toda buena obra.
			3 Son totalmente impuros
			a. Para los puros todo es puro
			b. Para los corrompidos e incrédulos
			  1) Nada es puro
			  2) Su mente y su conciencia están corrompidas
			
			4 Profesan conocer a Dios, pero sus hechos lo niegan
			a. Niegan a Dios
			b. Son detestables y desobedientes

2 Deben ser reprendidos a. Para que sean sanos en la fe	13 Este testimonio es verdadero; por tanto, repréndelos duramente, para que sean sanos en la fe,		

DIVISIÓN I

LOS OFICIALES VERDADEROS Y FALSOS DE LA IGLESIA, 1:5-16

B. El contraste con los falsos maestros, 1:10-16

(1:10-16) *Introducción:* Esta es una clara descripción de los falsos maestros, descripción que todo creyente e iglesia debe estudiar diligentemente.

1. Se oponen a la verdad (vv. 10-12).
2. Deben ser reprendidos (vv. 13-14).
3. Son totalmente impuros (v. 15).
4. Profesan conocer a Dios, pero sus hechos lo niegan (v. 16).

1 (1:10-12) *Falsos maestros:* Se ponen a la verdad. Había muchos falsos maestros en las iglesias de Creta, y ha habido muchos a lo largo de los siglos. La iglesia siempre ha tenido que combatir falsas enseñanzas. Note que las falsas enseñanzas provienen de dentro de las iglesias, no de afuera. Eran acerca de la circuncisión, o sea....

• eran religiosos (v. 10).
• profesaban a Dios (v. 16).
• estaban trastornando casas enteras (v. 11).

Recuerde: las iglesias se reunían en casas; no tenían edificios en los que reunirse. Lo importante que debemos ver es que se oponían a la verdad.

1. Eran indisciplinados (anupotaktoi): Desobedientes, rebeldes, desleales, insubordinados contra Dios y la verdad del evangelio y de la Palabra de Dios.

> **"No todo el que me dice: Señor, Señor, entrará en el reino de los cielos, sino el que hace la voluntad de mi Padre que está en los cielos" (Mt. 7:21).**

> **"Porque si la palabra dicha por medio de los ángeles fue firme, y toda transgresión y desobediencia recibió justa retribución, ¿cómo escaparemos nosotros, si descuidamos una salvación tan grande? La cual, habiendo sido anunciada primeramente por el Señor, nos fue confirmada por los que oyeron" (He. 2:2-3).**

> **"Pero hubo también falsos profetas entre el pueblo, como habrá entre vosotros falsos maestros, que introducirán encubiertamente herejías destructoras, y aun negarán al Señor que los rescató, atrayendo sobre sí mismos destrucción repentina" (2 P. 2:1).**

2. Eran habladores de vanidades (mataiologoi): Habladores vacíos, diciendo y enseñando cosas que de nada aprovechan y sin valor alguno. Sus enseñanzas no ayudaban a nadie, al menos no de manera permanente y eterna. Sus enseñanzas no eran capaces de vencer el pecado y la muerte, no eran capaces de traer verdadero perdón de pecado y vida eterna a la persona.

> **"¿Disputará con palabras inútiles, Y con razones sin provecho?" (Job 15:3).**

> **"El principio de las palabras de su boca es necedad; y el fin de su charla, nocivo desvarío" (Ec. 10:13).**

> **"Retén la forma de las sanas palabras que de mí oíste, en la fe y amor que es en Cristo Jesús" (2 Ti. 1:13).**

> **"palabra sana e irreprochable, de modo que el adversario se avergüence, y no tenga nada malo que decir de vosotros" (Tit. 2:8).**

3. Eran *engañadores* (phrenapatai): "Engañadores de la mente" (A. T. Robertson, *Word Pictures in the New Testament*, vol. 4, p. 600), desorientadores. Se desvían a sí mismos y desvían a otros de la verdad. Se apartan de la verdad y siguen el error; siguieron una falsa creencia.

"Porque tales personas no sirven a nuestro Señor Jesucristo, sino a sus propios vientres, y con suaves palabras y lisonjas engañan los corazones de los ingenuos" (Ro. 16:18).

"Porque éstos son falsos apóstoles, obreros fraudulentos, que se disfrazan como apóstoles de Cristo. Y no es maravilla, porque el mismo Satanás se disfraza como ángel de luz. Así que, no es extraño si también sus ministros se disfrazan como ministros de justicia; cuyo fin será conforme a sus obras" (2 Co. 11:13-15).

"mas los malos hombres y los engañadores irán de mal en peor, engañando y siendo engañados" (2 Ti. 3:13).

"Porque muchos engañadores han salido por el mundo, que no confiesan que Jesucristo ha venido en carne. Quien esto hace es el engañador y el anticristo" (2 Jn. 7).

4.   Eran de la circuncisión, es decir, eran judíos religiosos. (Vea nota, Gá. 2:3-5; Estudio a fondo 1, 2:4; 5:2-4 para mayor discusión.) Ellos profesaban a Cristo, pero rehusaban aceptar la suficiencia de Cristo y de su cruz.
=> Rehusaban aceptar que Cristo murió por sus pecados, que en verdad soportó el juicio y el castigo por sus transgresiones en contra de Dios.
=> Rehusaban aceptar que Dios los acepta por fe y solo por fe, que Dios tomaba la fe y la contaba como justicia, que Dios no requería nada más que la confianza total de la persona, que esta ponga su vida en manos de Dios, todo lo que la persona es y tiene, todo su ser, y eso era todo lo necesario para ser salvo.

Muy sencillo, los falsos maestros —los religiosos— enseñaban que los hombres podían hacerse a sí mismos aceptables…
*   dando lo mejor de sí.
*   siendo buenos y haciendo el bien.
*   siendo tan religiosos como pudieran.
*   guardando las leyes y la religión.
*   cumpliendo con los rituales básicos de la religión (la circuncisión, el bautismo, la confirmación, la membresía de la iglesia, etc.)
*   observando y practicando las ceremonias y reglas de la religión.
*   siendo fieles en la adoración y la mayordomía

"No todo el que me dice: Señor, Señor, entrará en el reino de los cielos, sino el que hace la voluntad de mi Padre que está en los cielos" (Mt. 7:21).

"Porque ignorando la justicia de Dios, y procurando establecer la suya propia, no se han sujetado a la justicia de Dios" (Ro. 10:3).

"Porque todos los que dependen de las obras de la ley están bajo maldición, pues escrito está: Maldito todo aquel que no permaneciere en todas las cosas escritas en el libro de la ley, para hacerlas" (Gá. 3:10).

"Muchos hombres proclaman cada uno su propia bondad, Pero hombre de verdad, ¿quién lo hallará?" (Pr. 20:6).

5.   Tienen bocas que deben ser silenciadas. Las bocas de las que salían sus falsas enseñanzas debían ser tapadas, pero no mediante la fuerza física. La palabra "tapar" (epistomizein) significa amordazar o refrenar, pero debe ser mediante la razón y argumentos, no a través de la fuerza bruta. A los falsos maestros siempre se le debe tapar la boca. Sus enseñanzas conducen al engaño y son erróneas, por tanto, deben ser refrenadas, detenidas en el acto. Sus lenguas deben ser silenciadas. A los falsos maestros no se les debe permitir sembrar las semillas de su error.

"palabra sana e irreprochable, de modo que el adversario se avergüence, y no tenga nada malo que decir de vosotros" (Tit. 2:8).

"Porque esta es la voluntad de Dios: que haciendo bien, hagáis callar la ignorancia de los hombres insensatos" (1 P. 2:15).

6.   Estaban trastornando, es decir, molestando y afectando casas enteras. Estaban alejando a algunos de la verdad y haciendo pedazos a las familias. En otros casos estaban destruyendo la fe de familias enteras. Familias completas estaban siguiendo la falsa enseñanza y yéndose de la iglesia. Por supuesto, este era el objetivo de los falsos maestros: conseguir seguidores para sí mismos alejando a las personas de la verdad de Cristo.

"Estoy maravillado de que tan pronto os hayáis alejado del que os llamó por la gracia de Cristo, para seguir un evangelio diferente. No que haya otro, sino que hay algunos que os perturban y quieren pervertir el evangelio de Cristo. Mas si aun nosotros, o un ángel del cielo, os anunciare otro evangelio diferente del que os hemos anunciado, sea anatema" (Gá. 1:6-8).

"De manera que cualquiera que quebrante uno de estos mandamientos muy pequeños, y así enseñe a los hombres, muy pequeño será llamado en el reino de los cielos; mas cualquiera que los haga y los enseñe, éste será llamado grande en el reino de los cielos" (Mt. 5:19).

7.   Enseñaban lo que no conviene (vea pt. 4 discutido anteriormente).

8.   Estaban buscando el provecho personal (ganancias deshonestas). Habían entrado en la iglesia y la religión y estaban enseñando una doctrina falsa…
*   para ganarse la vida o ganar dinero.
*   para obtener reconocimiento.
*   para ganar seguidores.
*   para ganar aceptación.
*   para tener la satisfacción de estar en una profesión de buena reputación.

9.   Tenían mala reputación. Eran religiosos profesantes, pero su modo de vida no era mejor que el del resto de la sociedad. Esto es evidente al mirar tres características de la sociedad cretense. Note que las características son extraídas de un poeta cretense. (Los poetas griegos eran considerados profetas en aquellos días, hombres que estaban bajo la inspiración de los dioses.) Pablo no dice su nombre, pero fue Epiménides que vivió alrededor del año 600 a.C. y fue considerado uno de los siete hombres más sabios de Grecia (William Barclay, *The Letters to Timothy, Titus, and Philemon*, p. 277).

a. Los falsos maestros eran mentirosos crónicos. No estaban viviendo para Cristo ni siguiendo la verdad. Eran iguales que la sociedad cretense, viviendo vidas falsas y siguiendo mentiras. Estaban enseñando una doctrina falsa y mentirosa, enseñándola justo en medio de la iglesia, llevando a los creyentes a seguir sus mentiras.

b. Los falsos maestros eran malas bestias. Es decir, eran salvajes y maliciosos al oponerse a la verdad de Cristo y de la salvación por gracia mediante la fe. Como bestias salvajes, atacaban ferozmente a la iglesia y sus creyentes, tratando de consumirlos en sus falsas enseñanzas y doctrinas.

c. Los falsos maestros eran glotones ociosos. Esto no quiere decir que estaban inactivos y no eran trabajadores, ni que eran vagos y gordos. Sin duda alguna, había algunos como en todas las sociedades, haraganes, glotones, perezosos y demasiado satisfechos de sí mismos como para estudiar la Palabra de Dios y buscar la verdad. Lo que significa en este contexto es que…

- eran ociosos al tratar con la verdad. No tenían nada que ver con la verdad. Se habían alejado de ella. Cuando se trataba de Cristo y la verdad, eran ociosos e inactivos.

- eran glotones, es decir, avariciosos y buscaban satisfacer sus deseos: reconocimiento, seguidores, dinero, una imagen personal. Honrar a Cristo, alcanzar a las personas para Cristo y dar a conocer la verdad, no era el objetivo de sus vidas.

"Pero el Espíritu dice claramente que en los postreros tiempos algunos apostatarán de la fe, escuchando a espíritus engañadores y a doctrinas de demonios; por la hipocresía de mentirosos que, teniendo cauterizada la conciencia" (1 Ti. 4:1-2).

"Si alguno enseña otra cosa, y no se conforma a las sanas palabras de nuestro Señor Jesucristo, y a la doctrina que es conforme a la piedad" (1 Ti. 6:3).

"Porque vendrá tiempo cuando no sufrirán la sana doctrina, sino que teniendo comezón de oír, se amontonarán maestros conforme a sus propias concupiscencias, y apartarán de la verdad el oído y se volverán a las fábulas" (2 Ti. 4:3-4).

2 (1:13-14) *Falsos maestros:* Deben ser reprendidos. El testimonio que acaba de darse en contra de la sociedad y de los falsos maestros es cierto y recuerde: los falsos maestros estaban en la iglesia, profesaban ser seguidores de Cristo, pero no estaban siguiendo a Cristo, no por completo. Por lo tanto, había que reprenderlos duramente; la idea es que debían ser corregidos con firmeza, e incluso severidad. Esto es comprensible ya que las falsas enseñanzas son uno de los mayores pecados y peligros que enfrentan los creyentes. Las falsas enseñanzas dañan a la iglesia y a sus creyentes tanto como cualquier otro pecado ya que alejan a los hombres de Dios y de Cristo y destruyen la iglesia y su misión. Observe dos aspectos muy significativos: había dos razones por las

que los falsos maestros y sus seguidores debían ser reprendidos.

1. Los falsos maestros y sus seguidores debían ser reprendidos para que fueran sanos en la fe.

"Aquí está precisamente lo maravilloso… Pablo no le dice a Timoteo: 'Déjalos en paz. No tienen remedio y todos lo saben'. Le dice: 'Son malos y todos lo saben. Vé y conviértelos'. Hay muy pocos pasajes que demuestren así el divino optimismo del misionero y evangelista cristiano, quien se niega a considerar a cualquier hombre insalvable. Mientras mayor sea la maldad, mayor es el reto. Es una convicción cristiana que no hay pecado demasiado grande que la gracia de Jesús lo encuentre y conquiste" (William Barclay, *The Letters to Timothy, Titus, and Philemon*, p. 278).

Los falsos maestros no eran sanos en la fe. No estaban con Cristo ni de parte de Cristo. No estaban siguiendo a Cristo ni enseñando la Palabra de Dios pura y sinceramente. Corrían el peligro de perderse y ser desechados de la presencia de Dios para siempre, pero además, estaban llevando a otros por el mismo falso camino. Si no se corregía a los falsos maestros y sus seguidores entonces, se corromperían y destruirían cada vez más vidas. Por lo tanto, había que tratar con los falsos maestros, no quedaba otra opción. Su única esperanza era confrontarlos con la verdad de Cristo y de la Palabra. Había que intentar enraizarlos en la sana doctrina, por Cristo y por su propia salvación eterna.

2. Los falsos maestros y sus seguidores debían ser reprendidos para que no atendieran a fábulas judaicas, ni a mandamientos de hombres. Note que lo que los falsos maestros siguen son solo fábulas y mitos, imaginaciones de la mente del hombre y reglas religiosas hechas por el hombre.

"Y no participéis en las obras infructuosas de las tinieblas, sino más bien reprendedlas" (Ef. 5:11).

"También os rogamos, hermanos, que amonestéis a los ociosos, que alentéis a los de poco ánimo, que sostengáis a los débiles, que seáis pacientes para con todos" (1 Ts. 5:14).

"A los que persisten en pecar, repréndelos delante de todos, para que los demás también teman" (1 Ti. 5:20).

"que prediques la palabra; que instes a tiempo y fuera de tiempo; redarguye, reprende, exhorta con toda paciencia y doctrina" (2 Ti. 4:2).

"Este testimonio es verdadero; por tanto, repréndelos duramente, para que sean sanos en la fe" (Tit. 1:13).

"Esto habla, y exhorta y reprende con toda autoridad. Nadie te menosprecie" (Tit. 2:15).

"Clama a voz en cuello, no te detengas; alza tu voz como trompeta, y anuncia a mi pueblo su rebelión, y a la casa de Jacob su pecado" (Is. 58:1).

"Cuando yo dijere al impío: De cierto morirás; y tú no le amonestares ni le hablares, para que el impío sea apercibido de su mal camino a fin de que viva, el impío morirá por su maldad, pero su sangre demandaré de tu mano" (Ez. 3:18).

"Y si tú avisares al impío de su camino para que se aparte de él, y él no se apartare de su camino, él

morirá por su pecado, pero tú libraste tu vida" (Ez. 33:9).

3 (1:15) *Falsos maestros:* Son impuros, totalmente impuros. La pregunta básica de la vida es esta: ¿Cómo una persona se vuelve pura y justa delante de Dios? Los hombres tratan de volverse aceptables delante de Dios por las obras, haciendo las obras de la religión, haciendo el bien y siendo buenos. De ahí es de donde provienen muchas de las leyes, reglas, rituales y ceremonias de la religión. Son solamente el deseo del hombre de volverse aceptable ante Dios. El hombre siente que la manera de ser aceptable es ser religioso y guardar todas las leyes de la religión. Pero note un aspecto crucial: ninguna religión ni ningún mandamiento de hombres u obra puede salvar al hombre del pecado y la muerte. Todo lo que el hombre hace muere y se deteriora, termina igual que él mismo, como nada más que polvo de la tierra. El hombre no puede hacer suficiente bien o buenas obras como para crear una mente y una conciencia pura dentro de sí mismo, ni una mente y conciencia que tenga la absoluta seguridad de vivir para siempre.

Pero fíjese en otro hecho: hay una forma de volverse puro y justo delante de Dios. ¿Cómo? Mediante Jesucristo, creyendo en Jesucristo…

* confiando en que su pureza y justicia nos cubre.
* confiando en que su muerte y resurrección nos cubre.

Cuando creemos que Jesucristo murió *por nosotros,* Dios acepta la muerte de Cristo por nosotros. Él perdona nuestras transgresiones y nunca nos acusa de ellas. En Cristo somos libres del pecado; mediante nuestra fe en Cristo Dios nos considera puros y justos.

Esto es lo que significa ese versículo. Si somos puros en Cristo, entonces todas las cosas son puras para nosotros. No tenemos que preocuparnos por hacer cosas para purificarnos. Somos puros, perfectamente justos y aceptables delante de Dios porque estamos en *Cristo.* Nuestra fe está puesta en que *Cristo* nos hace puros, no los mandamientos religiosos.

Es por eso que los falsos maestros y sus seguidores —de hecho todos los incrédulos— carecen de la absoluta seguridad de perdón y vida eterna, de que Dios los acepte. Sus mentes y conciencias están contaminadas. No importa cuáles sean sus reglas de hombres —reglas con relación a los alimentos, disciplina, cosas que deben hacer o no hacer, lavamientos, bautismos, ceremonias, rituales— todas ellas son impuras. Son solo cosas físicas o materiales y hechas por los hombres, todas perecerán después de ser utilizadas.

Pensamiento 1. "*Todas las cosas son puras para los puros" no significan que las drogas y las bebidas alcohólicas, que anulan la mente y destruyen el cuerpo, son puras. Aquí probablemente hay una enseñanza directa concerniente a las carnes y bebidas ceremoniales entre los judíos. (En relación con esto, estudie todo el capítulo catorce de Romanos.) Algunos alimentos eran considerados puros y podían comerse, mientras otros eran considerados impuros y por lo tanto estaban prohibidos. Lo que Pablo está diciendo es que tales distinciones cesaron*

cuando Cristo murió y resucitó: "porque el fin de la ley es Cristo, para justicia a todo aquel que cree" (Ro. 10:4). En esta era cristiana, no es lo que comemos o bebemos lo que nos salva o condena; es: "¿Qué pensáis del Cristo? ¿De quién es hijo?" "Mas a todos los que le recibieron, a los que creen en su nombre, les dio potestad de ser hechos hijos de Dios; los cuales no son engendrados de sangre, ni de voluntad de carne, ni de voluntad de varón, sino de Dios" (Jn. 1:12-13).*

En los días de Pablo, bajo la ley de Moisés, un judío no se atrevía a comer puerco o beber ciertas bebidas, pero en nuestros días las carnes y las bebidas ni salvan ni condenan, aunque el hijo de Dios, guiado por el Espíritu de Dios, no come o bebe aquellas cosas que destruyen el cuerpo. Dios pone su ley en nuestros corazones y nos guía por su Espíritu (Ro. 8:14), y si somos guiados por el Espíritu no satisfaremos los deseos de la carne. La verdad libera, y cuando conocemos y obedecemos la verdad, comemos y bebemos lo que es saludable, bueno y provechoso para el cuerpo y el alma.

Un verdadero hijo de Dios no utilizará este pasaje para tratar de probar que todas las cosas son buenas y el cristiano puede hacerlas. Hay quienes dicen que si piensas que algo no es pecado, entonces para ti no lo es; pero tal razonamiento no se encuentra en la Palabra de Dios. La Biblia enseña claramente que no debemos participar "en las obras infructuosas de las tinieblas, sino más bien reprendedlas" (Ef. 5:11). "No améis al mundo, ni las cosas que están en el mundo. Si alguno ama al mundo, el amor del Padre no está en él" (1 Jn. 2:15). "Examinadlo todo; retened lo bueno. Absteneos de toda especie de mal" (1 Ts. 5:21-22). "Si, pues, coméis o bebéis, o hacéis otra cosa, hacedlo todo para la gloria de Dios" (1 Co. 10:31).

El principio que se trata aquí es el de una mente pura y verdaderamente piadosa; si tenemos una mente así no comeremos ni beberemos aquellas cosas que destruirán nuestro testimonio. El corazón crédulo no se especializa en la diferenciación entre las comidas, bebidas, fiestas, ceremonias, ritos, días sagrados, días feriados. Estas cosas no tienen nada que ver con la pureza de corazón y de espíritu, y la conciencia del creyente no se sobrecargará ni esclavizará con ellas. El corazón del creyente debe estar controlado por el Espíritu Santo de Dios y por las leyes de Dios expuestas en el Nuevo Testamento. No estamos bajo la Ley de Moisés. Vivimos por fe, no por vista. Vivimos con la guía del Espíritu Santo por los caminos de la justicia (Este Pensamiento 1 proviene de Oliver Greene, *The Epistles of Paul the Apostle to Timothy and Titus,* p. 429s).

Pensamiento 2. "*Mas para los corrompidos e incrédulos nada les es puro". El planteamiento está bien claro: El incrédulo está perdido, totalmente depravado, sin fortaleza, sin esperanza, desahuciado, sin Dios y eternamente condenado a menos que acepte el cristianismo por fe en la obra consumada de Cristo. Para el pecador, NADA es puro. Proverbios 21:4 nos dice: "Y pensamiento de impíos, son pecado". Santiago 4:17 dice: "y al que sabe hacer lo bueno, y no lo hace, le es pecado".*

Para el incrédulo, todo constituye un medio de aumentar su depravación, su injusticia y su impiedad. No importa qué ordenanzas de la religión observen y practiquen los incrédulos; no importa qué distinciones hagan en lo relacionado a las comidas, bebidas, días, ceremonias o eventos religiosos; tales observancias ni cambiarán su estado de depravación. Hacer distinciones en cuanto a la comida, bebidas y ropas solo patrocina el orgullo y produce justicia propia. Los que hacen esas cosas están tratando de justificarse a sí mismos mediante sus propias bondades y obras, siguiendo mandamientos de hombres en vez de someterse al amor de Dios. Ellos apartan las misericordias de Dios y satisfacen sus propios deseos. Son corruptos de corazón, y el cumplimiento de ordenanzas, ceremonias, y la abstinencia de alimentos y bebidas no los hacen mejores; simplemente les llevan a una depravación más profunda y a mayor condenación (Este Pensamiento 2 proviene de Oliver Greene, The Epistles of Paul the Apostle to Timothy and Titus, p. 431s).

"Bienaventurados los de limpio corazón, porque ellos verán a Dios" (Mt. 5:8).

"Todas estas maldades de dentro salen, y contaminan al hombre" (Mr. 7:23).

"Y como ellos no aprobaron tener en cuenta a Dios, Dios los entregó a una mente reprobada, para hacer cosas que no convienen" (Ro. 1:28).

"Así que, amados, puesto que tenemos tales promesas, limpiémonos de toda contaminación de carne y de espíritu, perfeccionando la santidad en el temor de Dios" (2 Co. 7:1).

"Esto, pues, digo y requiero en el Señor: que ya no andéis como los otros gentiles, que andan en la vanidad de su mente" (Ef. 4:17).

"Nadie os prive de vuestro premio, afectando humildad y culto a los ángeles, entremetiéndose en lo que no ha visto, vanamente hinchado por su propia mente carnal" (Col. 2:18).

"Pues el propósito de este mandamiento es el amor nacido de corazón limpio, y de buena conciencia, y de fe no fingida" (1 Ti. 1:5).

"Todas las cosas son puras para los puros, mas para los corrompidos e incrédulos nada les es puro; pues hasta su mente y su conciencia están corrompidas" (Tit. 1:15).

"Habiendo purificado vuestras almas por la obediencia a la verdad, mediante el Espíritu, para el amor fraternal no fingido, amaos unos a otros entrañablemente, de corazón puro" (1 P. 1:22).

4 (1:16) *Falsos maestros:* Profesan conocer a Dios, pero sus obras lo niegan. Los falsos maestros profesaban a Cristo abiertamente, afirmando ser cristianos y pertenecer a la iglesia. Y note: ellos predicaban, enseñaban y llenaban los púlpitos y otros puestos de instrucción de las iglesias, pero sus obras los traicionaban. Su comportamiento claramente mostraba que eran hipócritas. No estaban enseñando la pura Palabra de Dios, ni enseñaban la verdad acerca de Jesucristo. Note un terrible hecho final: con sus obras negaban a Dios y a Cristo. No importa lo que profesaban y afirmaban, al no enseñar la pura Palabra de Dios y la pura verdad acerca de Dios y su Hijo, Jesucristo, estaban negando a Dios.

=> Eran *abominables:* viles, detestables y repulsivos para Dios y para los verdaderos creyentes. Estaban corrompiendo la verdad, y la corrupción siempre despide un olor desagradable.

=> Eran *rebeldes:* se rehusaban a someterse a Dios, a seguir y enseñar la verdad de Cristo y de la Palabra de Dios.

=> Eran *reprobados:* no aptos, inútiles y despreciables; no aprobaban el examen de Dios. A los ojos de Dios no tenían valor alguno. Solo servían para ser rechazados.

"No todo el que me dice: Señor, Señor, entrará en el reino de los cielos, sino el que hace la voluntad de mi Padre que está en los cielos" (Mt. 7:21).

"Respondiendo él, les dijo: Hipócritas, bien profetizó de vosotros Isaías, como está escrito: Este pueblo de labios me honra, Mas su corazón está lejos de mí" (Mr. 7:6).

"Profesan conocer a Dios, pero con los hechos lo niegan, siendo abominables y rebeldes, reprobados en cuanto a toda buena obra" (Tit. 1:16).

"Y se acordaban de que Dios era su refugio, Y el Dios Altísimo su redentor. Pero le lisonjeaban con su boca, Y con su lengua le mentían" (Sal. 78:35-36).

"Y vendrán a ti como viene el pueblo, y estarán delante de ti como pueblo mío, y oirán tus palabras, y no las pondrán por obra; antes hacen halagos con sus bocas, y el corazón de ellos anda en pos de su avaricia. Y he aquí que tú eres a ellos como cantor de amores, hermoso de voz y que canta bien; y oirán tus palabras, pero no las pondrán por obra" (Ez. 33:31-32).

	CAPÍTULO 2 **II. EL MENSAJE DE LA SANA DOCTRINA, 2:1—3:11** **A. Mensaje 1: El comportamiento de los creyentes, 2:1-10**	5 a ser prudentes, castas, cuidadosas de su casa, buenas, sujetas a sus maridos, para que la Palabra de Dios no sea blasfemada.	b. Para que la Palabra de Dios no sea blasfemada

1 Predica y enseña la sana doctrina
2 Comportamiento de los ancianos
  a. Un ejemplo de madurez
  b. Mostrar una fe sana
	1 Pero tú habla lo que está de acuerdo con la sana doctrina.
	2 Que los ancianos sean sobrios, serios, prudentes, sanos en la fe, en el amor, en la paciencia.
		6 Exhorta asimismo a los jóvenes a que sean prudentes;
		7 presentándote tú en todo como ejemplo de buenas obras; en la enseñanza mostrando integridad, seriedad,
		8 palabra sana e irreprochable, de modo que el adversario se avergüence, y no tenga nada malo que decir de vosotros.
			5 Comportamiento de los hombres jóvenes
			
			6 Comportamiento de los maestros y ministros jóvenes

3 Comportamiento de las ancianas
  a. Un ejemplo de santidad y reverencia
  b. Enseñar a las mujeres jóvenes
4 Comportamiento de las mujeres jóvenes
  a. Un ejemplo de pureza
	3 Las ancianas asimismo sean reverentes en su porte; no calumniadoras, no esclavas del vino, maestras del bien;
	
	4 que enseñen a las mujeres jóvenes a amar a sus maridos y a sus hijos,
		9 Exhorta a los siervos a que se sujeten a sus amos, que agraden en todo, que no sean respondones;
		10 no defraudando, sino mostrándose fieles en todo, para que en todo adornen la doctrina de Dios nuestro Salvador.
			7 Comportamiento de los trabajadores cristianos
			  a. Un ejemplo de obediencia
			  b. Haciendo atractiva la enseñanza de Dios

DIVISIÓN II

EL MENSAJE DE LA SANA DOCTRINA, 2:1—3:11

A. Mensaje 1: El comportamiento de los creyentes, 2:1-10

(2:1-10) *Introducción:* ¿Cómo debe ser un creyente? ¿Cómo debe el creyente vivir en el mundo? Este pasaje discute en términos claros y directos cuál debe ser el comportamiento del creyente. Y note: discute todos los grupos de edades, las importantes posiciones del maestro y ministro, y los trabajadores cristianos.

1. Predica y enseña la sana doctrina (v. 1).
2. Comportamiento de los ancianos (v. 2).
3. Comportamiento de las ancianas (v. 3).
4. Comportamiento de las mujeres jóvenes (vv. 4-5).
5. Comportamiento de los hombres jóvenes (v. 6).
6. Comportamiento de los maestros y ministros jóvenes (vv. 7-8).
7. Comportamiento de los trabajadores cristianos (vv. 9-10).

1 (2:1) *Ministro — Maestro — Doctrina — Palabra de Dios:* El ministro debe predicar y enseñar la *sana doctrina.* Esto contrasta con los falsos maestros que acabamos de analizar en el pasaje anterior (Tit. 1:10-16). La palabra "sana" significa íntegra y saludable. Por tanto, *sana doctrina* quiere decir las doctrinas y enseñanzas de la Palabra de Dios. Las íntegras y saludables enseñanzas de la Palabra de Dios en contraste con las enseñanzas enfermizas de los falsos maes-

tros. Las enseñanzas de los falsos maestros solo implantarán una enfermedad cancerígena en el corazón humano y traerán como resultado la muerte y la destrucción. Por tanto, la exhortación para Tito era urgente, y es urgente para todo ministro de Dios. La salud y destino del pueblo de Dios y de la iglesia están en juego.

Pensamiento 1. Predica y enseña la sana doctrina: Las enseñanzas de la Palabra de Dios, No prediques ni enseñes tus propias ideas u opiniones ni las últimas novedades de la teología. No añadas nada a la Palabra de Dios ni quites nada de ella. Toma las enseñanzas de Dios tal cual son y predícalas y enséñalas.

> **"Pues en vano me honran, Enseñando como doctrinas, mandamientos de hombres" (Mt. 15:9).**
> **"Por lo cual también nosotros sin cesar damos gracias a Dios, de que cuando recibisteis la Palabra de Dios que oísteis de nosotros, la recibisteis no como palabra de hombres, sino según es en verdad, la Palabra de Dios, la cual actúa en vosotros los creyentes" (1 Ts. 2:13).**
> **"Como te rogué que te quedases en Efeso, cuando fui a Macedonia, para que mandases a algunos que no enseñen diferente doctrina, ni presten atención a fábulas y genealogías interminables, que acarrean disputas más bien que edificación de Dios que es por fe, así te encargo ahora" (1 Ti. 1:3-4).**
> **"Si esto enseñas a los hermanos, serás buen ministro de Jesucristo, nutrido con las palabras de la fe y de la buena doctrina que has seguido" (1 Ti. 4:6).**

"Ten cuidado de ti mismo y de la doctrina; persiste en ello, pues haciendo esto, te salvarás a ti mismo y a los que te oyeren" (1 Ti. 4:16).

[2] (2:2) *Ancianos — Iglesia — Grupos de edades:* Comportamiento de los ancianos. ¿Cómo deben ser los ancianos en el mundo? ¿Cómo deben vivir? Se nos dan seis características.

1. Los ancianos deben ser sobrios (nephalios): Templados y moderados. Es lo opuesto de dar rienda suelta a cosas como comida, bebida, recreación, u otra cosa cualquiera.

> **"Por tanto, no durmamos como los demás, sino velemos y seamos sobrios"** (1 Ts. 5:6).
>
> **"enseñándonos que, renunciando a la impiedad y a los deseos mundanos, vivamos en este siglo sobria, justa y piadosamente, aguardando la esperanza bienaventurada y la manifestación gloriosa de nuestro gran Dios y Salvador Jesucristo"** (Tit. 2:12-13).
>
> **"Por tanto, ceñid los lomos de vuestro entendimiento, sed sobrios, y esperad por completo en la gracia que se os traerá cuando Jesucristo sea manifestado"** (1 P. 1:13).
>
> **"Mas el fin de todas las cosas se acerca; sed, pues, sobrios, y velad en oración"** (1 P. 4:7).

2. Los ancianos deben ser serios (semnos): solemne, honorable, digno, reverente, noble. Tiene que ver con la seriedad de propósito y vida. Es lo opuesto de frívolo y superficial, sin propósito ni compromiso. Los ancianos deben ser hombres de propósito y comportamiento fuerte de manera que inspiren reverencia y respeto. Los ancianos no deben caer en una *"segunda niñez"* y actuar como niños.

> **"Jesús les dijo: Mi comida es que haga la voluntad del que me envió, y que acabe su obra. ¿No decís vosotros: Aún faltan cuatro meses para que llegue la siega? He aquí os digo: Alzad vuestros ojos y mirad los campos, porque ya están blancos para la siega. Y el que siega recibe salario, y recoge fruto para vida eterna, para que el que siembra goce juntamente con el que siega"** (Jn. 4:34-36).
>
> **"Mas buscad primeramente el reino de Dios y su justicia, y todas estas cosas os serán añadidas"** (Mt. 6:33).
>
> **"Hermanos, yo mismo no pretendo haberlo ya alcanzado; pero una cosa hago: olvidando ciertamente lo que queda atrás, y extendiéndome a lo que está delante, prosigo a la meta, al premio del supremo llamamiento de Dios en Cristo Jesús."** (Fil. 3:13-14).
>
> **"Así que, todos los que somos perfectos, esto mismo sintamos; y si otra cosa sentís, esto también os lo revelará Dios. Pero en aquello a que hemos llegado, sigamos una misma regla, sintamos una misma cosa"** (Fil. 3:15-16).

3. Los ancianos deben ser *prudentes* (sophron): dados a la sensatez, con control de sí mismos, disciplinados, capaces de refrenar emociones y deseos. Los ancianos deben tener mentes sanas, sensibles y castas, mentes con completo control sobre los deseos sensuales. Ni la edad ni el retiro le dan a los ancianos el derecho de vivir una vida licenciosa, ni en la bebida, la comida, el sexo, la recreación, viajes, juegos, ni ninguna otra área de la vida. El anciano que realmente conocen al Señor no debe malgastar su tiempo y su vida. Existen muchas personas —niños, hombres, mujeres— destituidas, pobres, heridas y muriendo de hambre, malas condiciones de vivienda, soledad, vacío y pecado.

> **"Pero al disertar Pablo acerca de la justicia, del dominio propio y del juicio venidero, Félix se espantó, y dijo: Ahora vete; pero cuando tenga oportunidad te llamaré"** (Hch. 24:25).
>
> **"¿No sabéis que los que corren en el estadio, todos a la verdad corren, pero uno solo se lleva el premio? Corred de tal manera que lo obtengáis. Todo aquel que lucha, de todo se abstiene; ellos, a la verdad, para recibir una corona corruptible, pero nosotros, una incorruptible. Así que, yo de esta manera corro, no como a la ventura; de esta manera peleo, no como quien golpea el aire, sino que golpeo mi cuerpo, y lo pongo en servidumbre, no sea que habiendo sido heraldo para otros, yo mismo venga a ser eliminado"** (1 Co. 9:24-27).
>
> **"Mas el fruto del Espíritu es amor, gozo, paz, paciencia, benignidad, bondad, fe, mansedumbre, templanza; contra tales cosas no hay ley"** (Gá. 5:22-23).
>
> **"Hombre necesitado será el que ama el deleite, Y el que ama el vino y los ungüentos no se enriquecerá"** (Pr. 21:17).
>
> **"Cuando te sientes a comer con algún señor, Considera bien lo que está delante de ti"** (Pr. 23:1).

4. Los ancianos deben ser sanos *(saludables)* en la fe: esto significa ser fuerte en la fe cristiana, en la fe que uno tiene en Cristo y en la Palabra de Dios y sus promesas. Significa todo el conjunto de la doctrina cristiana, todas las enseñanzas de la Palabra de Dios. Los ancianos deben tener una fe firme en Cristo y en la Palabra de Dios. Deben amarle a Él y a su Palabra cada vez más con el paso de los años, creciendo siempre en la fe.

> **"Entonces le dijeron: ¿Qué debemos hacer para poner en práctica las obras de Dios? Respondió Jesús y les dijo: Esta es la obra de Dios, que creáis en el que él ha enviado"** (Jn. 6:28-29).
>
> **"Así que la fe es por el oír, y el oír, por la Palabra de Dios"** (Ro. 10:17).
>
> **"Pero sin fe es imposible agradar a Dios; porque es necesario que el que se acerca a Dios crea que le hay, y que es galardonador de los que le buscan"** (He. 11:6).
>
> **"Así también la fe, si no tiene obras, es muerta en sí misma"** (Stg. 2:17).
>
> **"Y este es su mandamiento: Que creamos en el nombre de su Hijo Jesucristo, y nos amemos unos a otros como nos lo ha mandado"** (1 Jn. 3:23).
>
> **"Porque todo lo que es nacido de Dios vence al mundo; y esta es la victoria que ha vencido al mundo, nuestra fe. ¿Quién es el que vence al mundo, sino el que cree que Jesús es el Hijo de Dios?"** (1 Jn. 5:4-5).

5. Los ancianos deben ser sanos *(saludables)* en el amor (vea nota, Amor, 1 Ts. 1:3; Estudio a fondo 1, 3:12; mota 5, 2 Ts. 1:3 para discusión del tema).

6. Los ancianos deben ser sanos (saludables) en la paciencia (hupomeno). (Vea nota, pt.7, 2 Ti. 3:10 para discusión del tema.)

3 (2:3) *Ancianas — Iglesia:* Comportamiento de las ancianas. ¿Cómo deben ser las ancianas en la iglesia? ¿Cómo deben vivir?

1. Las ancianas deben ser reverentes (hieroprepes): devotas, diferentes y apartarse en pureza de conducta y pensamiento. Deben vivir y moverse en un espíritu de santidad y estar concentradas en las cosas sagradas. Matthew Henry señala que las ancianas deben mantener "una decencia piadosa [santa] así como decoro en el vestir y en sus gestos, en sus miradas y en su hablar y en todo su porte [comportamiento]" (*Matthew Henry's Commentary*, p. 862).

> "Que, librados de nuestros enemigos, Sin temor le serviríamos en santidad y en justicia delante de él, todos nuestros días" (Lc. 1:74-75).
>
> "Así que, amados, puesto que tenemos tales promesas, limpiémonos de toda contaminación de carne y de espíritu, perfeccionando la santidad en el temor de Dios" (2 Co. 7:1).
>
> "y vestíos del nuevo hombre, creado según Dios en la justicia y santidad de la verdad" (Ef. 4:24).
>
> "seguid la paz con todos, y la santidad, sin la cual nadie verá al Señor" (He. 12:14).
>
> "como hijos obedientes, no os conforméis a los deseos que antes teníais estando en vuestra ignorancia; 15sino, como aquel que os llamó es santo, sed también vosotros santos en toda vuestra manera de vivir; 16porque escrito está: Sed santos, porque yo soy santo" (1 P. 1:14-16).
>
> "Puesto que todas estas cosas han de ser deshechas, ¡cómo no debéis vosotros andar en santa y piadosa manera de vivir" (2 P. 3:11).

2. Las ancianas no deben ser *calumniadoras* (diabolos): insolentes, chismosas, cuentistas, una persona que anda hablando de otros, causando problemas y disturbios. Este es un pecado tan terrible que al propio diablo se le llama *mentiroso* (diabolos). Este es uno de los muchos nombres del diablo.

> "Quítense de vosotros toda amargura, enojo, ira, gritería y maledicencia, y toda malicia" (Ef. 4:31).
>
> "Porque oímos que algunos de entre vosotros andan desordenadamente, no trabajando en nada, sino entremetiéndose en lo ajeno" (2 Ts. 3:11).
>
> "Y también aprenden a ser ociosas, andando de casa en casa; y no solamente ociosas, sino también chismosas y entremetidas, hablando lo que no debieran" (1 Ti. 5:13).
>
> "Si alguno se cree religioso entre vosotros, y no refrena su lengua, sino que engaña su corazón, la religión del tal es vana" (Stg. 1:26).
>
> "Y la lengua es un fuego, un mundo de maldad. La lengua está puesta entre nuestros miembros, y contamina todo el cuerpo, e inflama la rueda de la creación, y ella misma es inflamada por el infierno" (Stg. 3:6).
>
> "Hermanos, no murmuréis los unos de los otros. El que murmura del hermano y juzga a su hermano, murmura de la ley y juzga a la ley; pero si tú juzgas a la ley, no eres hacedor de la ley, sino juez" (Stg. 4:11).
>
> "Desechando, pues, toda malicia, todo engaño, hipocresía, envidias, y todas las detracciones" (1 P. 2:1).
>
> "Porque: El que quiere amar la vida Y ver días

buenos, Refrene su lengua de mal, Y sus labios no hablen engaño" (1 P. 3:10).
>
> "Al que solapadamente infama a su prójimo, yo lo destruiré; No sufriré al de ojos altaneros y de corazón vanidoso" (Sal. 101:5).
>
> "El hipócrita con la boca daña a su prójimo; Mas los justos son librados con la sabiduría" (Pr. 11:9).
>
> "El hombre perverso levanta contienda, Y el chismoso aparta a los mejores amigos" (Pr. 16:28).
>
> "Las palabras del chismoso son como bocados suaves, Y penetran hasta las entrañas" (Pr. 26:22).

3. Las ancianas *no deben ser esclavas del vino* (vea nota, pt. 8, 1 Ti. 3:2-3 para discusión).

4. Las ancianas deben ser *maestras del bien* (kalodidaskalos): esto se refiere al ministerio en el hogar (Donald Guthrie, *The Pastoral Epistles, The Tyndale New Testament Commentaries*, p. 193). Las ancianas deben vivir vidas tan santas que enseñen con su propio ejemplo y testimonio dentro del hogar. Nótese que deben enseñar a las mujeres jóvenes cómo vivir para Cristo en un mundo pecaminoso y corruptible.

> "Cuando hubieron comido, Jesús dijo a Simón Pedro: Simón, hijo de Jonás, ¿me amas más que éstos? Le respondió: Sí, Señor; tú sabes que te amo. El le dijo: Apacienta mis cordero" (Jn. 21:15).
>
> "que enseñen a las mujeres jóvenes a amar a sus maridos y a sus hijos" (Tit. 2:4).
>
> "y las repetirás a tus hijos, y hablarás de ellas estando en tu casa, y andando por el camino, y al acostarte, y cuando te levantes" (Dt. 6:7).
>
> "y los hijos de ellos que no supieron, oigan, y aprendan a temer a Jehová vuestro Dios todos los días que viviereis sobre la tierra adonde vais, pasando el Jordán, para tomar posesión de ella" (Dt. 31:13).
>
> "Instruye al niño en su camino, Y aun cuando fuere viejo no se apartará de él" (Pr. 22:6).

4 (2:4-5) *Mujeres jóvenes — Iglesia:* Conducta de las mujeres jóvenes. ¿Cómo deben ser las mujeres jóvenes en el mundo? ¿Cómo deben comportarse en su andar diario? Se presentan ocho cualidades.

1. Las mujeres jóvenes deben ser sobrias (vea nota, pt. 1, Tit. 2:2 para discusión).

2. Las mujeres jóvenes deben amar a sus maridos. Fíjese que este mandamiento en particular es para las mujeres jóvenes lo que quiere decir que el matrimonio también es joven. La única forma en que un matrimonio puede unirse, volverse uno y tener la clase de vida que desean es amándose el uno al otro. Por lo tanto, la esposa joven debe amar a su marido…

*   con un amor desinteresado, que no es egoísta.
*   con un amor que da y se sacrifica.
*   con un amor tranquilo y pacífico.
*   con un amor que proviene tanto de la voluntad como del corazón.
*   con un amor de compromiso así como de afecto.

De hecho la palabra que se usa aquí para amor (phileo) acentúa el afecto, el cuidado, la ternura, la calidez y los sentimientos. La esposa joven debe sentir afecto hacia su esposo.

Pensamiento 1. Puede que una joven esposa vivan en una

306   TITO 2:1-10

mansión y tenga los mejores muebles; puede que sea la mujer más hermosa del mundo y tenga la mejor ropa, puede que tenga un esposo que la ame entrañablemente, pero si ella no lo ama serán ambos infelices y muchas veces miserables. Las mujeres jóvenes deben amar — aprender a amar— a sus maridos. Cristo las puede ayudar y enseñarlas a amarlos.

> **"Así también los maridos deben amar a sus mujeres como a sus mismos cuerpos. El que ama a su mujer, a sí mismo se ama" (Ef. 5:28. También se aplica a las esposas).**
> **"Maridos, amad a vuestras mujeres, y no seáis ásperos con ellas" (Col. 3:19).**
> **"Y la trajo Isaac a la tienda de su madre Sara, y tomó a Rebeca por mujer, y la amó; y se consoló Isaac después de la muerte de su madre" (Gn. 24:67).**
> **"Así sirvió Jacob por Raquel siete años; y le parecieron como pocos días, porque la amaba" (Gn. 29:20).**
> **"Y el rey amó a Ester más que a todas las otras mujeres, y halló ella gracia y benevolencia delante de él más que todas las demás vírgenes; y puso la corona real en su cabeza, y la hizo reina en lugar de Vasti" (Est. 2:17).**
> **"Las muchas aguas no podrán apagar el amor, Ni lo ahogarán los ríos. Si diese el hombre todos los bienes de su casa por este amor, De cierto lo menospreciarían" (Cnt. 8:7).**

3. Las mujeres jóvenes deben amar a sus hijos. No hay llamamiento o tarea más grande en la tierra que la de ser madre. William Barclay lo destaca en lenguaje descriptivo:

> *"Es el simple hecho de que no hay tarea, responsabilidad y privilegio más grande en este mundo que formar un hogar…En fin de cuentas no puede haber mayor profesión que la de formar hogares. Más de un hombre que ha dejado sus huellas en el mundo ha sido capaz de hacerlo simplemente porque había alguien en casa que se preocupaba por él, lo amaba y lo atendía. Es infinitamente mucho más importante que la madre esté en casa para acostar a sus hijos y escucharles decir sus oraciones que asista a todas las reuniones y programas de la iglesia en el mundo.*
> *Se dice que es la consagración lo que hace del trabajo arduo algo divino y no existe lugar donde más necesaria y bellamente esta pueda mostrarse que en las cuatro paredes del lugar que llamamos hogar. El mundo puede funcionar sin sus comités de reuniones pero no sin sus hogares y un hogar no es hogar si la ama del mismo está ausente" (The Letters to Timothy, Titus, and Philemon, p. 286).*

A pesar del gran llamamiento y privilegio de la maternidad, hay dos problemas con respecto a este mandamiento que deben ser tratados: los problemas del abuso infantil y el de poner la profesión primero que a los hijos. Oliver Greene lo plantea muy bien:

> *"Este versículo parece innecesario y sin embargo es muy importante. La mayoría de los animales luchan y mueren con tal de proteger a sus retoños pero algunos hombres y mujeres son tan depravados que pierden todo respeto y amor por su propia carne y sangre, sus hijos [cp. abuso infantil]. Las ancianas deben enseñar a las mujeres jóvenes amar a sus hijos. Cualquier mujer dedicada, con un bebé en el hogar, tiene un trabajo a tiempo completo las veinticuatro horas del día, siete días por semana. Ninguna otra persona amará a su hijo como usted lo ama si usted es una verdadera madre. Ninguna otra persona puede instruir y disciplinar a ese niño como usted si usted es una verdadera madre. Ninguna persona puede ocupar el lugar de la madre, por lo tanto, las madres deben amar a sus hijos por encima de la fama, la fortuna, la belleza, las casa o el prestigio social. Los hijos deben estar primero en el corazón de una madre y ella debe abandonar todo, con excepción de su esposo, para dar amor, tiempo y atención a sus hijos. La mejor amiga que cualquier niño tendrá sobre la faz de esta tierra será una madre piadosa y consagrada que lo ame." (The Epistles of Paul the Apostle to Timothy and Titus*, p. 442s).

Matthew Henry señala que las mujeres jóvenes *"deben amar a sus hijos no solo con afecto natural sino con un amor espiritual que brote de un corazón santificado y regido por la palabra, no un amor tonto y cariñoso que los consienta en el mal, negando la debida corrección y reprimenda cuando sea necesario, sino una amor cristiano constante que se muestre a sí mismo en la educación piadosa, formando sus vidas y costumbres de manera correcta, cuidando de sus almas así como de sus cuerpos, de su bienestar espiritual como terrenal"* (*Matthew Henry's Commentary*, vol. 5, p. 863).

> **"el cual quiere que todos los hombres sean salvos y vengan al conocimiento de la verdad" (1 Ti. 2:4).**
> **"trayendo a la memoria la fe no fingida que hay en ti, la cual habitó primero en tu abuela Loida, y en tu madre Eunice, y estoy seguro que en ti también" (2 Ti. 1:5).**
> **"Castiga a tu hijo en tanto que hay esperanza; Mas no se apresure tu alma para destruirlo" (Pr. 19:18).**
> **"Instruye al niño en su camino, Y aun cuando fuere viejo no se apartará de él" (Pr. 22:6).**
> **"La necedad está ligada en el corazón del muchacho; Mas la vara de la corrección la alejará de él" (Pr. 22:15).**
> **"No rehúses corregir al muchacho; Porque si lo castigas con vara, no morirá" (Pr. 23:13).**

4. Las mujeres jóvenes deben ser discretas (sophronos): esta es la misma palabra griega que se traduce como *serios* en el versículo dos. (Vea nota, pt. 3, Tit. 2:2 para discusión y otros versículos.) Dicho simplemente, las mujeres jóvenes no deben vivir una vida licenciosa dentro del hogar o en público: fiesteando, tomando, hartándose, complaciéndose en cualquier sentido de la palabra. Debe refrenar sus deseos y emociones.

5. Las mujeres jóvenes deben ser *castas* (agnas): moral y sexualmente puras, ser puras en hecho y pensamiento.

"Pero yo os digo que cualquiera que mira a una mujer para codiciarla, ya adulteró con ella en su corazón" (Mt. 5:28).

"pues la voluntad de Dios es vuestra santificación; que os apartéis de fornicación" (1 Ts. 4:3).

"a ser prudentes, castas, cuidadosas de su casa, buenas, sujetas a sus maridos, para que la Palabra de Dios no sea blasfemada" (Ti. 2:5).

6. Las mujeres jóvenes deben ser cuidadosas de sus casas: amas de casa. No puede ofrecerse una exposición mejor de este mandamiento que la que escribiera Oliver Greene:

"Esto no quiere decir que la esposa nunca debe salir del hogar, ni tomar parte en alguna otra cosa fuera de casa, pero no debe descuidar sus deberes en el hogar para participar en cosas fuera de este. En otras palabras, no debe ser mejor conocida fuera de casa que en casa, por su propio marido y familia. Debe ser diligente en el hogar, no haragana o perezosa, descuidando el hogar y las cosas relacionadas con este sino entregando lo mejor de sí para el hogar, ocupándose de que las cosas estén en orden y de que el mismo esté como corresponde a un cristiano. Las mujeres jóvenes no deben omitir sus propios deberes para convertirse en entremetidas en otros asuntos...El cristianismo pone en el corazón el tipo de orgullo correcto y una mujer creyente debe enorgullecerse de su hogar que es su castillo. Debe mantenerlo limpio, organizado y presentable. Una joven mujer casada con un bebé y un hogar, si cumple con su deber, tiene un trabajo a tiempo completo.

Queridas damas nunca deben olvidar que Dios hizo a la mujer para hacer de este mundo un lugar más dulce, más brillante y más feliz para vivir. Adán estaba solo, su vida estaba vacía y al nombrar los animales no encontró compañera para él. Así que Dios quitó una costilla de su costado e hizo a Eva y se la dio a Adán para que fuera su ayuda idónea. Dios no se la dio como esclava. Las esposas no son un bien mueble o una esclava. Están para amar y estimar a sus esposos, sus hijos, sus hogares y ser diligentes en ese aspecto. La mujer joven que no esté dispuesta a hacer un hogar para su marido y su familia debe permanecer soltera.

A los maridos se les manda que amen a sus mujeres como Cristo amó a la iglesia y se entregó a sí mismo por ella y de la misma manera, a las esposas se les manda a sujetarse a sus propios maridos porque el marido es cabeza de la mujer como Cristo es cabeza de la iglesia (Ef. 5:25ss). Por lo tanto, el cristianismo es el modelo de las virtudes domésticas...Nunca puede existir una gran iglesia local sin grandes familias cristianas y nunca habrá una gran familia cristiana sin padres y madres cristianos, no solo cristianos de palabra sino en obra y en verdad. Los grandes hogares conforman las grandes iglesias, los grandes hogares y las grandes iglesias conforman las grandes naciones. El hogar cristiano es un lugar de contentamiento, un lugar de paz y cuando se descuidan los deberes domésticos, el hogar sufre grande-

mente. A pesar de lo mucho que una madre pueda hacer fuera del hogar, cualquier empeño y entrega con que pueda contribuir a intereses ajenos y a pesar de cuánto bien pueda lograr fuera del hogar, si descuida su hogar ha traído reproche a la cristiandad. El deber de una madre cristiana está primero en su hogar y todos los demás intereses deben ser secundarios" (The Epistles of Paul the Apostle to Timothy and Titus, p. 444s).

"Detén tu pie de la casa de tu vecino, No sea que hastiado de ti te aborrezca" (Pr. 25:17).

"a ser prudentes, castas, cuidadosas de su casa, buenas, sujetas a sus maridos, para que la Palabra de Dios no sea blasfemada" (Tit. 2:5).

7. Las mujeres jóvenes deben ser *buenas* (agathos): de la más alta calidad y carácter, virtuosas por completo, amables, de buena naturaleza y bondadosas. En su vida no debe haber vicio, ni contaminación; es limpia y pura, de gran carácter. Y es buena con las personas, es decir amable y bondadosa. No es una persona ociosa que va de casa en casa chismeando y entremetiéndose. Tiene propósitos, anda haciendo el bien entre las personas, mostrando preocupación y amabilidad, ayudando a la gente en todo lo que puede (cp. 1 Ti. 5:13).

"Así alumbre vuestra luz delante de los hombres, para que vean vuestras buenas obras, y glorifiquen a vuestro Padre que está en los cielos" (Mt. 5:16).

"presentándote tú en todo como ejemplo de buenas obras; en la enseñanza mostrando integridad, seriedad" (Tit. 2:7).

"Y considerémonos unos a otros para estimularnos al amor y a las buenas obras" (He. 10:24).

"Y de hacer bien y de la ayuda mutua no os olvidéis; porque de tales sacrificios se agrada Dios" (He. 13:16).

8. Las mujeres jóvenes deben *sujetarse a sus maridos.* Entre los hombres y las mujeres debe existir *asociación* y orden. Ninguno es independiente del otro. Ambos se pertenecen y la relación que existe entre ellos proviene de Dios.

"Pero en el Señor, ni el varón es sin la mujer, ni la mujer sin el varón; 12porque así como la mujer procede del varón, también el varón nace de la mujer; pero todo procede de Dios" (1 Co. 11:11-12).

A los ojos de Dios no hay hembra ni varón. Él ve tanto al hombre como a la mujer como uno solo, y cada uno tan significativo como el otro.

"Ya no hay judío ni griego; no hay esclavo ni libre; no hay varón ni mujer; porque todos vosotros sois uno en Cristo Jesús" (Gá. 3:28).

a. Cuando Dios habla del hombre como cabeza de la mujer, no se refiere a capacidad o mérito, competencia o valor, brillantez o ventaja. Dios se refiere a la función y el orden dentro de una organización. Toda organización debe tener una cabeza para que funcione de manera eficiente y ordenada. No hay organización mayor que el universo de Dios, su iglesia y su familia cristiana. Dentro del orden de cosas de Dios hay asociación, pero toda asociación debe tener una cabeza y Dios ha ordenado que el hombre sea la cabeza de la organización.

b. El gran modelo que la esposa debe seguir es Cristo y la iglesia. Cristo es la cabeza de la iglesia. Esto significa simplemente que Cristo tiene autoridad sobre la iglesia. Mientras la iglesia viva de acuerdo a esta regla, experimentará amor, gozo y paz —orden— y podrá cumplir a cabalidad con su función y misión en la tierra. Así mismo sucede con el esposo, él es la cabeza de la familia y la autoridad superior en esta. La esposa debe someterse a dicha autoridad así como la iglesia se somete a Cristo. Mientras que ella y el resto de la familia vivan de acuerdo a dicha regla, la familia experimentará amor, gozo y paz —orden— y podrá cumplir con su función y propósito en la tierra. Por supuesto se asume que el esposo está cumpliendo con su parte en la familia. Como en toda organización, cada miembro debe hacer su parte para que la misma sea ordenada y cumpla con su propósito.

c. El esposo es el salvador del cuerpo así como Cristo es el Salvador de la iglesia. Cristo es el gran protector y consolador de la iglesia. Así debe el esposo ser *el consolador y protector* de la esposa. Por naturaleza, es decir, por la constitución y conformación del cuerpo, el esposo es más fuerte que la esposa. Así que en el orden que Dios ha dado a las cosas, él debe ser el principal *protector y consolador* de la esposa. Estas dos funciones son dos de los grandes beneficios que recibe la esposa de un esposo amante que es fiel al Señor.

"Pero a los que están unidos en matrimonio, mando, no yo, sino el Señor: Que la mujer no se separe del marido" (1 Co. 7:10).

"Casadas, estad sujetas a vuestros maridos, como conviene en el Señor" (Col. 3:18).

"La mujer aprenda en silencio, con toda sujeción. Porque no permito a la mujer enseñar, ni ejercer dominio sobre el hombre, sino estar en silencio. Porque Adán fue formado primero, después Eva" (1 Ti. 2:11-13).

"Las mujeres asimismo sean honestas, no calumniadoras, sino sobrias, fieles en todo" (1 Ti. 3:11).

"que enseñen a las mujeres jóvenes a amar a sus maridos y a sus hijos" (Tit. 2:4).

"Asimismo vosotras, mujeres, estad sujetas a vuestros maridos; para que también los que no creen a la palabra, sean ganados sin palabra por la conducta de sus esposas" (1 P. 3:1).

"Considera los caminos de su casa, Y no come el pan de balde" (Pr. 31:27).

"A la mujer dijo: Multiplicaré en gran manera los dolores en tus preñeces; con dolor darás a luz los hijos; y tu deseo será para tu marido, y él se enseñoreará de ti" (Gn. 3:16).

Observe por qué las mujeres jóvenes deben vivir y comportarse como Dios dice: para que la Palabra de Dios no sea blasfemada, es decir, deshonrada, difamada, calumniada. La mujer joven que profesa a Cristo pero que no vive para Él trae reproche a la Palabra de Dios. ¿Cómo? Hace que el mundo piense:

"No debe haber poder en la Palabra de Dios, no un poder que cambie vidas, ni para dar amor, gozo, paz y esperanza. No hay ventaja en creer en Cristo y en confiar en las promesas de la Palabra de Dios. Las promesas no significan nada para esta mujer hipócrita, no lo suficiente como para impulsarla a seguir a Cristo. Por lo tanto, no tiene nada de particular esta cosa que se llama cristianismo. Las promesas de la Palabra de Dios deben carecer de significado y poder. No han marcado ninguna diferencia en su vida".

Pero note que no es cierto. La Palabra de Dios está viva y tiene poder, sí cambia vidas (He. 4:12). El problema está en algunas esposas que simplemente…

- no dedican tiempo a un estudio genuino de la Palabra de Dios para aprender cómo deben vivir.
- no pasan tiempo en genuina oración pidiéndole a Dios que las ayude a vivir en victoria ante las tentaciones y pruebas de esta vida.
- no disciplinan sus vidas ni controlan sus lenguas como lo exige la Palabra de Dios.

El resultado es por supuesto la hipocresía y así la Palabra de Dios es blasfemada y calumniada.

Pensamiento 1. Qué acusación para una joven mujer: ser una hipócrita y la causa de que la Palabra de Dios sea blasfemada.

"Tú que te jactas de la ley, ¿con infracción de la ley deshonras a Dios? Porque como está escrito, el nombre de Dios es blasfemado entre los gentiles por causa de vosotros" (Ro. 2:23-24).

"Y muchos seguirán sus disoluciones, por causa de los cuales el camino de la verdad será blasfemado" (2 P. 2:2).

"Mas por cuanto con este asunto hiciste blasfemar a los enemigos de Jehová, el hijo que te ha nacido ciertamente morirá" (2 S. 12:14).

"Y dije: No es bueno lo que hacéis. ¿No andaréis en el temor de nuestro Dios, para no ser oprobio de las naciones enemigas nuestras?" (Neh. 5:9).

5 (2:6) *Jóvenes — Iglesia:* La conducta de los hombres jóvenes. Observe que a los jóvenes solamente se les hace una exhortación específica. No porque sean más santos y necesiten menos instrucciones (sonrían, jóvenes) ni porque sean menos importantes y requieran menos atención y espacio en la Palabra de Dios. Recuerde: Timoteo era un hombre joven y por consiguiente lo que se le dicen en los dos versículos siguientes es aplicable a los jóvenes también. Todos los jóvenes están incluidos en las exhortaciones hechas a Timoteo.

La exhortación específica es que sean prudentes (*sophroneo*): templados, controlados, disciplinados, mesurados; que pongan freno a las emociones, pasiones y deseos. Significa tener una mente que sea sana, sensible y concentrada en pensamientos puros y limpios y en cosas significativas. Significa controlar la mente y la vida de uno para que se mantengan enfocadas en el propósito, significado e importancia de la vida. Significa controlar todo en la vida. Esto es fundamental para los jóvenes. Hay tres razones que nos dicen por qué.

1. Los cuerpos de los jóvenes se vuelven cada vez más vivos sexualmente al acercarse a la madurez. La atracción y la pasión aumenta y hace que el joven preste atención al sexo opuesto. Esto es normal y natural, es la manera que Dios ha escogido para hacer que los hombres y las mujeres se sientan atraídos, se casen y mantengan la raza humana. No obstante recuerde siempre que esta es la propia razón para la exhortación. Los jóvenes deben controlarse a sí mismos. Deben ser hombres —hombres de verdad— nobles y honorables, disciplinados y controlados, guardándose puros por amor a su familia y por Cristo y su iglesia. La pasión puede absorber a un joven y ahogarlo así como a su familia si está casado.

2. Los jóvenes están descubriéndose a sí mismos, buscando y encontrando su lugar en la sociedad. Cuando un hombre es joven tiene que tomar tres de las decisiones más importantes de su vida:

=> la decisión de *dejar el hogar:* cuándo dejarlo y asumir la responsabilidad por sí mismo y tal vez una familia.

=> la decisión en cuanto al matrimonio: con quién y cuándo casarse y comenzar una familia.

=> la decisión en cuanto al *empleo o la profesión:* a qué dedicarse en la vida.

La juventud, y hasta la madurez, es un tiempo de búsqueda e incertidumbre para el joven, un tiempo cuando tiene que luchar para asegurar su lugar en el mundo. Esta es la razón para el encargo: los jóvenes deben controlar:

=> el deseo de atacar, pasar por encima, bordear, rechazar, ignorar y abusar de las personas para pasar adelante.

=> el deseo de hacer concesiones, conformarse, estar de acuerdo y transigir. Los jóvenes no deben perder su vitalidad, energía, ambición ni sus sueños. Deben tratar de seguir adelante y hacer la mayor contribución que puedan tanto para la sociedad como para Cristo, pero deben hacerlo con control y no de manera violenta, apasionada y desconsiderada.

3. Los jóvenes están llenos de visiones, sueños y energía pero carecen de experiencia. El resultado es que muchas veces se vuelven imprudentes, desconsiderados e insensibles y con frecuencia cometen errores. Esta es la razón por la cual se les da este encargo, los jóvenes deben ser aventureros y luchar por sus sueños con toda la energía que tiene pero deben hacerlo con prudencia, control y disciplina al avanzar por la vida.

"Por tanto, no durmamos como los demás, sino velemos y seamos sobrios" (1 Ts. 5:6).

"enseñándonos que, renunciando a la impiedad y a los deseos mundanos, vivamos en este siglo sobria, justa y piadosamente, aguardando la esperanza bienaventurada y la manifestación gloriosa de nuestro gran Dios y Salvador Jesucristo" (Tit. 2:12-13).

"Por tanto, ceñid los lomos de vuestro entendimiento, sed sobrios, y esperad por completo en la gracia que se os traerá cuando Jesucristo sea manifestado" (1 P. 1:13).

"Mas el fin de todas las cosas se acerca; sed, pues, sobrios, y velad en oración" (1 P. 4:7).

6 *Ministros — Maestros — Jóvenes — Iglesia:* La conducta de los jóvenes ministros y maestros. Recuerde que estos dos versículos pueden considerarse como una continuación del encargo hecho a los jóvenes (v. 6). ¿Cómo deben ser los jóvenes ministros o maestros en el mundo? ¿Cómo deben comportarse? Se nos dan cinco características.

1. Los jóvenes ministros y maestros deben ser un ejemplo de buenas obras. La palabra "ejemplo" (tupos) significa literalmente dejar una impresión con un cuño, moldear o formar, causar una impresión. Así que quiere decir que el joven ministro y maestro tiene que ser un modelo de buenas obras. Esto puede decirse de varias maneras"

=> Debe vivir lo que predica.

=> Su conducta debe corresponderse con su enseñanza.

=> Su vida no debe echar por tierra lo que construyen sus palabras.

=> Sus obras deben mostrar la luz que él proclama.

=> Su ejemplo debe ser su primera preocupación y su preparación la segunda.

Enseñar a otros es una necesidad, pero ser un ejemplo para otros es *absolutamente* esencial. Las palabras no significan nada si la conducta no las respalda. Cuando las personas ven una vida fuerte y llena de amor, gozo, paz y rectitud son mucho más propensas a recibir a Cristo y a vivir ellos mismos en rectitud.

Pensamiento 1. Las personas tienen el derecho de esperar que el ministro y el maestro vivan lo que predican y enseñan. La gran tragedia es que muy pocos viven lo que profesan. Son muy pocos los que oran, orar de verdad, y muy pocos los que estudian las Escrituras con devoción y muchos menos los que con consistencia predican y hablan de Cristo a los perdidos. El gran clamor de Dios es que los ministros y maestros vivan como deben y sean un modelo, *un ejemplo dinámico de buenas obras.* Esta es la única manera en que los laicos podrán convertirse en los testigos de Cristo que se supone sean.

"vosotros sois la sal de la tierra; pero si la sal se desvaneciere, ¿con qué será salada? No sirve más para nada, sino para ser echada fuera y hollada por los hombres" (Mt. 5:13).

"Así alumbre vuestra luz delante de los hombres, para que vean vuestras buenas obras, y glorifiquen a vuestro Padre que está en los cielos" (Mt. 5:16).

"Ninguno tenga en poco tu juventud, sino sé ejemplo de los creyentes en palabra, conducta, amor, espíritu, fe y pureza" (1 Ti. 4:12).

"presentándote tú en todo como ejemplo de buenas obras; en la enseñanza mostrando integridad, seriedad" (Tit. 2:7).

"Hermanos míos, tomad como ejemplo de aflicción y de paciencia a los profetas que hablaron en nombre del Señor" (Stg. 5:10).

**"Y considerémonos unos a otros para estimular-
nos al amor y a las buenas obras" (He. 10:24).**

**"manteniendo buena vuestra manera de vivir
entre los gentiles; para que en lo que murmuran de
vosotros como de malhechores, glorifiquen a Dios en el
día de la visitación, al considerar vuestras buenas
obras" (1 P. 2:12).**

2. Los jóvenes ministros y maestros deben ser un ejemplo en la enseñanza. Como se dijo antes, vivir para Cristo y
ser un ejemplo dinámico de buenas obras siempre debe pre-
ceder a la enseñanza, pero la predicación y la enseñanza también son importantes. De hecho, si una persona está
realmente viviendo para Cristo, predicará y enseñará, hablará
de Cristo. No hay manera de vivir para Cristo y no dar a conocer el glorioso mensaje de salvación que hay en Él. Vivir para
Cristo y predicar y enseñar de Cristo van de la mano, pero
tenga en cuenta que cómo la persona predica y enseña es crucial. Hay una manera correcta y una manera incorrecta de
hacerlo.

a. Los jóvenes ministros y maestros no deben ser
corruptos, es decir, sus motivos tienen que ser
puros y deben predicar una doctrina pura. El
joven ministro o maestra enfrenta grandes tentaciones en su predicación y enseñanza, especialmente la tentación de impresionar a las personas
y ganar su aprobación y favor. ¿Cómo pasa
esto? Al pensar, predicar y enseñar para
mostrar…

• la propia capacidad de predicar
• el carisma personal
• la educación
• la autoridad
• la inteligencia
• el entendimiento
• el domino del lenguaje
• el conocimiento

Existe otra tentación en particular que los
ministros y maestros profesionales enfrentan,
tentación de la que hay que guardarse en todo
momento. Es la tentación de usar el ministerio
como una forma de ganarse la vida. La tentación *de refrenar el mensaje de Dios* acerca de lo
que debe hacerse no sea que la gente lo des-
apruebe y su medio de vida se vea afectado.

Los ministros y maestros de Dios deben ser
incorruptibles, sus motivos deben ser puros
cada vez que suban al púlpito o entren en un
aula. El único propósito de su predicación y
enseñanza debe ser alcanzar y ministrar a las
personas. No deben desviarse de la predicación
de la sana doctrina de la Palabra de Dios, deben
ser consecuentes con las Sagradas Escrituras
(cp. 2 Ti. 3:16).

b. Los jóvenes ministros y maestros deben predicar y enseñar con *integridad y seriedad,* es
decir, con dignidad y formalidad. Deben asumir
el ministerio y la función de predicar y enseñar
con *integridad y seriedad.* Esto no significa que
el predicador o maestro…

• está por encima de los demás.
• es más importante que otros.
• tiene privilegios más altos que los demás.
• debe ocupar un lugar alto en la mente de los
demás.
• debe ocupar puestos por encima de otros.

Dignidad no quiere decir privilegio sino
responsabilidad. El ministro y maestro de Dios
debe estar conciente de que está obligado a proclamar el mensaje de Dios a un mundo perdido
y muerto. Predicar y enseñar con integridad y
seriedad quiere decir…

• tener en la mayor estima el mensaje de la
Palabra de Dios.
• preocuparse estrictamente por la verdad de
la Palabra de Dios.
• ser honesto e intachable al proclamar la
Palabra de Dios.

Observe que el centro no es el predicador o maestro, es
la enseñanza y el mensaje de la Palabra de Dios. El predicador y el maestro *lo proclaman con dignidad y seriedad.*

c. Los jóvenes ministros y maestros deben predicar y enseñar con "palabras sanas". La palabra
sana quiere decir saludable y completa. El mensaje debe ser fiel a la Palabra de Dios ya que
solo la Palabra de Dios puede hacer a las personas saludables y completas.

Observe los dos resultados de vivir para Cristo y de predicar y enseñar para Cristo.

=> El predicador y el maestro no pueden ser condenados. Otros lo pueden acusar pero la acusación será
falsa y Dios sabrá la verdad.

=> Lo opositores del predicador o del maestro serán
avergonzados por sus chismes y acusaciones. Si el
predicador o maestro sufre, sufrirá por el mal que
otros hacen no porque él haya hecho mal. Oliver Greene nos da una excelente conclusión para estos
versículos:

*"Debía predicar un evangelio que es el poder de
Dios para salvación, no algo débil, anémico, enfermizo
sino puro en todo sentido, un evangelio al que nadie
pudiera encontrarle faltas. Debía hablar con palabras
puras, serias…El enemigo sería avergonzado por
haberse opuesto a dicho mensaje, ya que la Palabra de
Dios no regresará vacía sino que cumplirá aquello para
lo que fue enviada. Cualquier ministro que defiende la fe
y predica el evangelio puro de la maravillosa gracia de
Dios nunca será obligado a disculparse por el mensaje
que ha entregado ya que este siempre dará fruto. Pablo
quería que Tito fuera un ministro fructífero y quería que
aquellos a quienes Tito predicaba fueran creyentes saludables y fuertes"* (The Epistles of Paul the Apostle to
Timothy and Titus, p. 451s).

"pues habiendo antes padecido y sido ultrajados en Filipos, como sabéis, tuvimos denuedo en nuestro Dios para anunciaros el evangelio de Dios en medio de gran oposición. Porque nuestra exhortación no procedió de error ni de impureza, ni fue por engaño, sino que según fuimos aprobados por Dios para que se nos confiase el evangelio, así hablamos; no como para agradar a los hombres, sino a Dios, que prueba nuestros corazones. Porque nunca usamos de palabras lisonjeras, como sabéis, ni encubrimos avaricia; Dios es testigo; ni buscamos gloria de los hombres; ni de vosotros, ni de otros, aunque podíamos seros carga como apóstoles de Cristo" (1 Ts. 2:2-6).

"Si esto enseñas a los hermanos, serás buen ministro de Jesucristo, nutrido con las palabras de la fe y de la buena doctrina que has seguido" (1 Ti. 4:6).

"retenedor de la palabra fiel tal como ha sido enseñada, para que también pueda exhortar con sana enseñanza y convencer a los que contradicen" (Tit. 1:9).

"Pero tú habla lo que está de acuerdo con la sana doctrina" (Tit. 2:1).

7 (2:9-10) *Esclavos — Empleados:* La conducta de los cristianos esclavos o trabajadores. (Vea bosquejos y notas, 1 Ti. 6:1-2; Ef. 6:5-9; Col. 3:22, 4:1 para discusión.) Durante los días de Pablo había millones de millones de esclavos en el imperio romano. Una fuente cita que había más de sesenta millones (William Barclay, *The Letters to the Galatians and Ephesians,* p. 212). El evangelio estaba destinado a alcanzar a muchos de estos y las iglesias de todo el imperio estaban destinadas a llenarse de esclavos. Por esta razón el Nuevo Testamento tiene mucho que decir a los esclavos (1 Co. 7:21-22; Col. 3:22; 4:1; 1 Ti. 6:1-2; Tit. 2:9-10; 1 P. 2:18-25 y toda la carta a Filemón que fue escrita a favor de un esclavo). Sin embargo, la esclavitud nunca es atacada directamente por el Nuevo Testamento. ¡De haberlo sido, probablemente se hubiera derramado tanta sangre que sería inimaginable! Los propietarios de esclavos y el gobiernos...

- habrían atacado a la iglesia, sus predicadores y creyentes, para destruir tal doctrina.
- habrían encarcelado y ejecutado a los que rehusaran guardar silencio con respecto a tal doctrina.
- habrían reaccionado y matado a todos los esclavos que profesaran a Cristo.

El Nuevo Testamento Griego del Expositor (*The Expositor's Greek Testament,* vol. 4, p. 377s) hace una declaración excelente acerca de cómo el cristianismo llevó a cabo la erradicación de la esclavitud:

"Aquí, como en cualquier otro lugar del Nuevo Testamento, la esclavitud se acepta como una institución existente que ni se condena ni se aprueba formalmente. No hay nada que promueva la acción revolucionaria o que aliente el repudio de la posición...se deja que dicha institución sea socavada y eliminada por la operación gradual de los grandes principios cristianos de...

- *igualdad de los hombres ante Dios.*
- *una hermandad cristiana común.*
- *el espíritu de libertad del hombre cristiano.*

- *el Señorío de Cristo al que todo otro señorío debe subordinarse".*

Las instrucciones para los esclavos y amos en el Nuevo Testamento se aplican a toda generación de trabajadores. Como dice Francis Foulkes: "...los principios de toda la sección se aplican a empleados y empleadores de todos los tiempos, ya sea en el hogar, en los negocios o en el estado" (The Epistles of Paul to the Ephesians, The Tyndale New Testament Commentaries, p. 167).

Observe cinco instrucciones que rigen el comportamiento del trabajador cristiano.

1. El trabajador cristiano debe ser obediente. Debe seguir las instrucciones de la persona que está por encima de él. Fíjese: debe obedecer "en todo". No hay orden en el lugar de trabajo que no deba ser obedecida. Esto por supuesto no quiere decir que debe obedecer órdenes que vayan en contra de las enseñanzas del Señor y que dañen a su pueblo y a su creación. Sin embargo, sí quiere decir que el trabajador cristiano debe hacer lo que se le dice cuando se le ha dado el privilegio de tener un trabajo, el privilegio de...

- ganarse la vida y proveer para sí mismo y para su familia.
- servir a la humanidad mediante la producción de algún producto o servicio necesario.
- ganar lo suficiente para ayudar a satisfacer las necesidades del mundo y llevar a este el evangelio.

La actitud del obrero cristiano es que la energía y esfuerzo que pone en su trabajo es importante para el Señor.

2. El obrero cristiano debe ir más allá del llamado del deber, debe agradar realmente a su amo en todas las cosas. Esto incluye cosas tales como...

- *la actitud:* tiene una actitud de agradecimiento por el trabajo y la vida que este le proporciona.
- *el espíritu:* muestra compromiso y lealtad, disposición y diligencia en su trabajo.
- *los pensamientos:* piensa en su trabajo, cómo mejorarlo y ser más eficiente.
- *el hablar y las palabras:* da publicidad a la compañía y el trabajo que esta realiza.
- *las relaciones:* busca construir buenas relaciones con todos sus compañeros de trabajo y con la administración.
- *el trabajo:* llega a tiempo y entrega todo el día de labor *y un poco más.* Busca aumentar su propia productividad y la de todo el centro de trabajo. Ayuda a la compañía con esfuerzo u horas extras cuando es necesario y va más allá de lo que se requiere.

3. El obrero cristiano no es respondón, ni habla a espaldas ni contradice a su jefe. Reconoce la necesidad de orden y de niveles de supervisión para lograr que un trabajo se realice. Así que sigue las instrucciones de los que estén por encima de él para que dicho trabajo se haga.

4. El obrero cristiano no roba. La palabra griega en realidad enfatiza el robo de artículos pequeños, insignificantes. Cuántos se han inclinado al robo, a hacer lo que tantos en el mundo hacen. Cuánto siente que no están recibiendo lo que

se merecen y por tanto se justifican tomando un poquito de aquí y un poquito de allá. El cristiano no debe robar, nunca.

5.   El obrero cristiano debe mostrar fidelidad, es decir, ser digno de confianza, leal y fiel. Debe ser...

• totalmente confiable.
• completamente leal.
• absolutamente fiel.

El jefe (amo) debe saber que puede depender del obrero cristiano en todo lo que hace.

6.   El obrero cristiano debe adornar la doctrina de Dios en todas las cosas. ¡Qué manera tan hermosa y descriptiva de decir esta verdad! El obrero cristiano debe vestirse a sí mismo con las enseñanzas de Dios para que donde quiera que vaya o se mueva puedan verse claramente las enseñanzas de Dios. El obrero cristiano debe usar y adornarse con las enseñanzas de Dios, vive, se mueve y las lleva en sí. Por lo tanto, todo el que lo observa en el lugar donde trabaja ve que está adornado y vestido con las enseñanzas de Dios.

Pensamiento 1. William Barclay destaca algo que todo obrero cristiano necesita tener en cuenta:

"Pudiera muy bien suceder que el hombre que lleve su cristianismo a su trabajo se encuentre en problemas pero si se mantiene fiel, terminará ganando el respecto de todos los hombres.

E.F. Brown nos cuenta algo que sucedió en la India. 'En una ocasión en la India un sirviente cristiano fue enviado por su amo a llevar un mensaje oral que este sabía era incierto. Él se negó a entregarlo. Aunque su amo se enojó mucho en ese momento, el respeto hacia su siervo se hizo mucho mayor porque sabía que siempre podría confiar en el para sus propios asuntos'.

La verdad es que al fin y al cabo el mundo llega a ver que el trabajador cristiano es el único que vale la pena tener. En un sentido es difícil ser cristiano en nuestro trabajo; en otro, si lo intentamos, es mucho más fácil de lo que pensamos ya que no hay amo bajo el sol que no busque desesperadamente trabajadores en cuya lealtad y eficiencia pueda descansar" (*The Letters to Timothy, Titus, and Philemon*, p. 292s).

"Siervos, obedeced a vuestros amos terrenales con temor y temblor, con sencillez de vuestro corazón, como a Cristo; no sirviendo al ojo, como los que quieren agradar a los hombres, sino como siervos de Cristo, de corazón haciendo la voluntad de Dios; sirviendo de buena voluntad, como al Señor y no a los hombres, sabiendo que el bien que cada uno hiciere, ése recibirá del Señor, sea siervo o sea libre" (Ef. 6:5-8).

"Siervos, obedeced en todo a vuestros amos terrenales, no sirviendo al ojo, como los que quieren agradar a los hombres, sino con corazón sincero, temiendo a Dios. Y todo lo que hagáis, hacedlo de corazón, como para el Señor y no para los hombres; sabiendo que del Señor recibiréis la recompensa de la herencia, porque a Cristo el Señor servís. Mas el que hace injusticia, recibirá la injusticia que hiciere, porque no hay acepción de personas" (Col. 3:22-25).

"Todos los que están bajo el yugo de esclavitud, tengan a sus amos por dignos de todo honor, para que no sea blasfemado el nombre de Dios y la doctrina. Y los que tienen amos creyentes, no los tengan en menos por ser hermanos, sino sírvanles mejor, por cuanto son creyentes y amados los que se benefician de su buen servicio. Esto enseña y exhorta" (1 Ti. 6:1-2).

"Exhorta a los siervos a que se sujeten a sus amos, que agraden en todo, que no sean respondones" (Tit. 2:9).

"Criados, estad sujetos con todo respeto a vuestros amos; no solamente a los buenos y afables, sino también a los difíciles de soportar" (1 P. 2:18).

"Tomó, pues, Jehová Dios al hombre, y lo puso en el huerto de Edén, para que lo labrara y lo guardase" (Gn. 2:15).

"Con el sudor de tu rostro comerás el pan hasta que vuelvas a la tierra, porque de ella fuiste tomado; pues polvo eres, y al polvo volverás" (Gn. 3:19).

"Todo lo que te viniere a la mano para hacer, hazlo según tus fuerzas; porque en el Seol, adonde vas, no hay obra, ni trabajo, ni ciencia, ni sabiduría" (Ec. 9:10).

"El que hurtaba, no hurte más, sino trabaje, haciendo con sus manos lo que es bueno, para que tenga qué compartir con el que padece necesidad" (Ef. 4:28).

	B. Mensaje 2: La gracia de Dios, 2:11-15	14 quien se dio a sí mismo por nosotros para redimirnos de toda iniquidad y purificar para sí un pueblo propio, celoso de buenas obras.	**4 La gracia de Dios se demostró en la muerte de Cristo**
1 La gracia de Dios trae salvación	11 Porque la gracia de Dios se ha manifestado para salvación a todos los hombres,		a. Para redimirnos
			b. Para separarnos como un pueblo especial
2 La gracia de Dios nos enseña cómo vivir	12 enseñándonos que, renunciando a la impiedad y a los deseos mundanos, vivamos en este siglo sobria, justa y piadosamente,		c. Para inspirar buenas obras
a. Nos enseña a renunciar a algunas cosas			
b. Nos enseña cosas que debemos ser		15 Esto habla, y exhorta y reprende con toda autoridad. Nadie te menosprecie.	**5 La gracia de Dios es un mensaje que debe proclamarse mediante la predicación, la exhortación y la represión**
3 La gracia de Dios nos enseña a esperar el regreso de nuestro gran Dios y Salvador Jesucristo	13 aguardando la esperanza bienaventurada y la manifestación gloriosa de nuestro gran Dios y Salvador Jesucristo,		

DIVISIÓN II

EL MENSAJE DE LA SANA DOCTRINA, 2:1—3:11

B. Mensaje 2: La gracia de Dios, 2:11-15

(2:11-15) *Introducción:* El gran mensaje de la gracia de Dios incluye cinco puntos significativos.

1. La gracia de Dios trae salvación (v. 11).
2. La gracia de Dios nos enseña cómo vivir (v. 12).
3. La gracia de Dios nos enseña a esperar el regreso de nuestro gran Dios y Salvador Jesucristo (v. 13).
4. La gracia de Dios se demostró en la muerte de Cristo (v. 14).
5. La gracia de Dios es un mensaje que debe proclamarse mediante la predicación, la exhortación y la represión (v. 15).

ESTUDIO A FONDO 1

(2:11-15) *Gracia (charis):* Probablemente la palabra de mayor significado en el lenguaje de los hombres. La Biblia quiere decir mucho más que los hombres cuando utiliza la palabra gracia.

1. Gracia es ese algo, esa cualidad de una cosa que es hermosa o gozosa. Puede ser la fragancia de una flor, el verde intenso de la hierba, la belleza de una persona hermosa.

2. Gracia es cualquier cosa que tiene encanto. Puede ser un pensamiento, una acción, una palabra, una persona.

3. Gracia es un don, un favor que alguien extiende a un amigo. El favor siempre se hace gratuitamente, sin esperar nada a cambio, y siempre se hace por un amigo.

Sin embargo, cuando los cristianos primitivos miraban a lo que Dios había hecho por los hombres, tenían que añadir un significado más profundo y mucho más rico a la palabra gracia pues Dios había salvado pecadores, aquellos que habían actuado contra Él. Por tanto, gracia vino a ser el favor de Dios mostrado para con los hombres, hombres que no merecían su favor. Gracia vino a ser la bondad

y amor que Dios da gratuitamente a sus enemigos, hombres que eran...

- "débiles" (Ro. 5:6).
- "impíos" (Ro. 5:6).
- "pecadores" (Ro. 5:8).
- "enemigos" (Ro. 5:10).

Ninguna otra palabra expresa la profundidad y riqueza del corazón y la mente de Dios. Esta es la diferencia distintiva entre la gracia de Dios y la gracia del hombre. Mientras el hombre algunas veces le hace favores a sus amigos y por ello se puede decir que es amable, Dios ha hecho algo inaudito entre los hombres: ha dado a su propio Hijo para morir por sus enemigos (Ro. 5:8-10). (Vea notas, Jn. 21:15-17; Ef. 2:8-10.)

a. La gracia de Dios no se gana. Es algo completamente inmerecido.

"Porque por gracia sois salvos por medio de la fe; y esto no de vosotros, pues es don de Dios; no por obras, para que nadie se gloríe" (Ef. 2:8-9).

"Pero cuando se manifestó la bondad de Dios nuestro Salvador, y su amor para con los hombres, nos salvó, no por obras de justicia que nosotros hubiéramos hecho, sino por su misericordia, por el lavamiento de la regeneración y por la renovación en el Espíritu Santo" (Tit. 3:4-5).

b. La gracia de Dios es el don gratuito de Dios. Dios extiende su gracia hacia el hombre.

"siendo justificados gratuitamente por su gracia, mediante la redención que es en Cristo Jesús" (Ro. 3:24).

"Pero Dios, que es rico en misericordia, por su gran amor con que nos amó, aun estando nosotros muertos en pecados, nos dio vida juntamente con Cristo (por gracia sois salvos)" (Ef. 2:4-5).

"Porque la gracia de Dios se ha manifestado para salvación a todos los hombres, enseñándonos que, renunciando a la impiedad y a los deseos mun-

danos, vivamos en este siglo sobria, justa y piadosamente, aguardando la esperanza bienaventurada y la manifestación gloriosa de nuestro gran Dios y Salvador Jesucristo, quien se dio a sí mismo por nosotros para redimirnos de toda iniquidad y purificar para sí un pueblo propio, celoso de buenas obras" (Tit. 2:11-14).

c. La gracia de Dios es la única vía para que el hombre sea salvo.

"Pero el don no fue como la transgresión; porque si por la transgresión de aquel uno murieron los muchos, abundaron mucho más para los muchos la gracia y el don de Dios por la gracia de un hombre, Jesucristo" (Ro. 5:15).

"Gracias doy a mi Dios siempre por vosotros, por la gracia de Dios que os fue dada en Cristo Jesús" (1 Co. 1:4).

"Porque ya conocéis la gracia de nuestro Señor Jesucristo, que por amor a vosotros se hizo pobre, siendo rico, para que vosotros con su pobreza fueseis enriquecidos" (2 Co. 8:9).

"el cual derramó en nosotros abundantemente por Jesucristo nuestro Salvador, para que justificados por su gracia, viniésemos a ser herederos conforme a la esperanza de la vida eterna" (Tit. 3:6-7).

4. Gracia quiere decir todos los favores y dones de Dios. Se refiere a todos los dones de Dios buenos y perfectos, a todas las cosas buenas y beneficiosas que nos da y hace por nosotros ya sean físicas, materiales o espirituales (Stg. 1:17).

"en quien tenemos redención por su sangre, el perdón de pecados según las riquezas de su gracia" (Ef. 1:7).

"para mostrar en los siglos venideros las abundantes riquezas de su gracia en su bondad para con nosotros en Cristo Jesús" (Ef. 2:7).

"Mi Dios, pues, suplirá todo lo que os falta conforme a sus riquezas en gloria en Cristo Jesús" (Fil. 4:19).

"Pero la gracia de nuestro Señor fue más abundante con la fe y el amor que es en Cristo Jesús" (1 Ti. 1:14).

---

1 (2:11) *Gracia — Salvación:* La gracia de Dios trae salvación. ¿Qué quiere decir la gracia de Dios? Entre los hombres gracia significa el favor y la bendición que una persona confiere a otra, pero la gracia de Dios significa algo más. La gracia de Dios es la gracia que trae salvación al hombre. La gracia de Dios es Jesucristo, el regalo del Salvador al mundo. La gracia de Dios, el Señor Jesucristo, salva a la persona…

- que se rebela contra Dios.
- que maldice a Dios.
- que se opone a Dios.
- que peca contra Dios.
- que vive de forma contraria a Dios.
- que vive una vida impía.
- que está sola.
- que está vacía.
- que no tiene fuerzas.

- que tiene cualquier carencia o necesidad.
- que carece de propósito y significado.

La gracia de Dios, el Señor Jesucristo alcanza a aquellos que han rechazado a Dios, a los que andan según sus propios caminos y viviendo como quieren, se extiende a aquellos que ignoran y niegan a Dios y prestan muy poca atención a lo que Dios dice.

La idea es esta: la gracia de Dios, el don de su Hijo al mundo, no se merece. La gracia de Dios puede ganarse. Ninguna persona se merece el favor de la salvación que hay en Cristo. Hay tres razones por las cuales no merecemos la gracia de Dios.

1. Estamos destituidos de la gloria de Dios porque pecamos. Dios no peca ni va en contra de su ley pero nosotros sí. Pecamos y transgredimos la ley de Dios. Dios nunca actúa en contra de su gloria y naturaleza, nosotros sí. Hacemos todo tipo de cosas en contra de la naturaleza de Dios, muchas veces lo avergonzamos y maldecimos, lo rechazamos o ignoramos. Dios mora en la gloria de su perfección; nosotros en la vergüenza de la corrupción. Dicho de la manera más sencilla posible: estamos destituidos, muy lejos de la gloria de Dios.

"por cuanto todos pecaron, y están destituidos de la gloria de Dios" (Ro. 3:23).

"Todos nosotros nos descarriamos como ovejas, cada cual se apartó por su camino; mas Jehová cargó en él el pecado de todos nosotros" (Is. 53:6).

"Si bien todos nosotros somos como suciedad, y todas nuestras justicias como trapo de inmundicia; y caímos todos nosotros como la hoja, y nuestras maldades nos llevaron como viento" (Is. 64:6).

"Como está escrito: No hay justo, ni aun uno; No hay quien entienda, No hay quien busque a Dios. Todos se desviaron, a una se hicieron inútiles; No hay quien haga lo bueno, no hay ni siquiera uno. Sepulcro abierto es su garganta; Con su lengua engañan. Veneno de áspides hay debajo de sus labios;   Su boca está llena de maldición y de amargura. Sus pies se apresuran para derramar sangre; Quebranto y desventura hay en sus caminos; Y no conocieron camino de paz. No hay temor de Dios delante de sus ojos" (Ro. 3:10-18).

2. Estamos destituidos de la gloria de Dios en el sentido de que morimos. Dios no muere, nosotros sí. La gloria de la naturaleza de Dios vive para siempre, pero nosotros no. La vergüenza de nuestra naturaleza es que nosotros morimos, no vivimos eternamente. Tenemos que pasar por la experiencia agonizante, terrible y dolorosa de la muerte. Estamos muy lejos de la gloria eterna de Dios.

"Por tanto, como el pecado entró en el mundo por un hombre, y por el pecado la muerte, así la muerte pasó a todos los hombres, por cuanto todos pecaron" (Ro. 5:12).

"Porque la paga del pecado es muerte, mas la dádiva de Dios es vida eterna en Cristo Jesús Señor nuestro" (Ro. 6:23).

"Y de la manera que está establecido para los hombres que mueran una sola vez, y después de esto el juicio" (He. 9:27).

"Porque: Toda carne es como hierba, Y toda la gloria del hombre como flor de la hierba. La hierba se seca, y la flor se cae" (1 P. 1:24).

"Porque de cierto morimos, y somos como aguas derramadas por tierra, que no pueden volver a recogerse; ni Dios quita la vida, sino que provee medios para no alejar de sí al desterrado" (2 S. 14:14).

"Pues verá que aun los sabios mueren; Que perecen del mismo modo que el insensato y el necio, Y dejan a otros sus riquezas" (Sal. 49:10).

"Qué hombre vivirá y no verá muerte? ¿Librará su vida del poder del Seol?" (Sal. 89:48).

"Los arrebatas como con torrente de aguas; son como sueño, Como la hierba que crece en la mañana. En la mañana florece y crece; A la tarde es cortada, y se seca" (Sal. 90:5-6).

"El hombre, como la hierba son sus días; Florece como la flor del campo, Que pasó el viento por ella, y pereció, Y su lugar no la conocerá más" (Sal. 103:15-16).

"Todo va a un mismo lugar; todo es hecho del polvo, y todo volverá al mismo polvo" (Ec. 3:20).

"No hay hombre que tenga potestad sobre el espíritu para retener el espíritu, ni potestad sobre el día de la muerte; y no valen armas en tal guerra, ni la impiedad librará al que la posee" (Ec. 8:8).

"Voz que decía: Da voces. Y yo respondí: ¿Qué tengo que decir a voces? Que toda carne es hierba, y toda su gloria como flor del campo. La hierba se seca, y la flor se marchita, porque el viento de Jehová sopló en ella; ciertamente como hierba es el pueblo" (Is. 40:6-7).

3. Estamos destituidos de la gloria de Dios porque hemos violado las leyes del cielo y estamos condenados a la prisión y el juicio del infierno. Cuando morimos no dejamos de existir. Existimos eternamente. El hecho de que estamos destituidos de la gloria de Dios nos hace estar *destituidos del cielo.* No somos perfectos y por lo tanto no estamos hechos para vivir en un lugar perfecto, es decir, en el cielo. Estamos condenados a vivir fuera del cielo, lejos de la presencia de Dios en un lugar llamado infierno y debemos recordar siempre el por qué: si escogemos vivir sin Dios en este mundo, entonces nos estamos condenando a vivir sin Dios en el otro mundo. Si rechazamos el privilegio de vivir con Dios en este mundo, estamos rechazando el derecho a vivir con Dios en el cielo.

"Y no temáis a los que matan el cuerpo, mas el alma no pueden matar; temed más bien a aquel que puede destruir el alma y el cuerpo en el infierno" (Mt. 10:28).

"Entonces dirá también a los de la izquierda: Apartaos de mí, malditos, al fuego eterno preparado para el diablo y sus ángeles" (Mt. 25:41).

"y a vosotros que sois atribulados, daros reposo con nosotros, cuando se manifieste el Señor Jesús desde el cielo con los ángeles de su poder, en llama de fuego, para dar retribución a los que no conocieron a Dios, ni obedecen al evangelio de nuestro Señor Jesucristo" (2 Ts. 1:7-8).

"Y de la manera que está establecido para los hombres que mueran una sola vez, y después de esto el juicio" (He. 9:27).

"sabe el Señor librar de tentación a los piadosos, y reservar a los injustos para ser castigados en el día del juicio" (2 P. 2:9).

"pero los cielos y la tierra que existen ahora, están reservados por la misma palabra, guardados para el fuego en el día del juicio y de la perdición de los hombres impíos" (2 P. 3:7).

"De éstos también profetizó Enoc, séptimo desde Adán, diciendo: He aquí, vino el Señor con sus santas decenas de millares, para hacer juicio contra todos, y dejar convictos a todos los impíos de todas sus obras impías que han hecho impíamente, y de todas las cosas duras que los pecadores impíos han hablado contra él" (Jud. 14-15).

Pero he aquí la gloriosa noticia. La gracia de Dios, el Señor Jesucristo, nos ha traído salvación. La gracia de Dios, el regalo de su querido Hijo, nos salva del pecado, la muerte y el infierno. No nos la merecemos pero Dios nos ama mucho más allá de lo que podemos imaginar. Él ha dado a su propio hijo por nosotros, para salvarnos. Lo hizo por gracia. Su propia naturaleza es la encarnación de la gracia, de favorecer y bendecir a aquellos que no la merecen y tenga en cuenta que su salvación es para todos los hombres sin importar quiénes son o lo que hayan hecho. Puede que la persona sea un asesino como Pablo o un adúltero como David, la gracia de Dios es suficiente para cubrir todos y cualquier pecado. Dios salvará a cualquier persona. Su gracia, el Señor Jesucristo que brinda salvación, está ahora a disposición de todos los hombres. Ahora todos los hombres pueden ser salvos, salvos del pecado, la muerte y el infierno, no importa quiénes sean.

"Y verá toda carne la salvación de Dios" (Lc. 3:6).

"Y todo aquel que invocare el nombre del Señor, será salvo" (Hch. 2:21).

"Entonces Pedro, abriendo la boca, dijo: En verdad comprendo que Dios no hace acepción de personas, sino que en toda nación se agrada del que le teme y hace justicia" (Hch. 10:34-35).

"Antes creemos que por la gracia del Señor Jesús seremos salvos, de igual modo que ellos" (Hch. 15:11).

"Porque no hay diferencia entre judío y griego, pues el mismo que es Señor de todos, es rico para con todos los que le invocan; 13porque todo aquel que invocare el nombre del Señor, será salvo" (Ro. 10:12-13).

"el cual quiere que todos los hombres sean salvos y vengan al conocimiento de la verdad" (1 Ti. 2:4).

"Porque la gracia de Dios se ha manifestado para salvación a todos los hombres" (Tit. 2:11).

"El Señor no retarda su promesa, según algunos la tienen por tardanza, sino que es paciente para con nosotros, no queriendo que ninguno perezca, sino que todos procedan al arrepentimiento" (2 P. 3:9).

2 (2:12-13) *Gracia — Salvación:* La gracia de Dios nos enseña cómo vivir. Nos enseña cómo hacer dos cosas.

1. La gracia de Dios, el Señor Jesucristo, nos enseña a negar la impiedad y los deseos mundanos, es decir, a rechazar, a renunciar, a no tener nada que ver con la impiedad y los deseos mundanos. La gracia de Dios, el Señor Jesucristo, nos

enseña "a decir 'no' a la impiedad y los deseos mundanos" (Beck, *The New Testament in the Language of Today*).

    a. *Impiedad* (asebeia): cualquier cosa que no es como Dios, no es santa, justa o pura; cualquier cosa que no honra a Dios mediante palabra o hecho, que no muestra reverencia y adoración hacia Dios; cualquier cosa que no obedece a Dios, que viola los mandamientos de Dios y va contra su voluntad. La gracia de Dios, el Señor Jesucristo, nos enseña a negar la impiedad, a rechazar y alejarnos de cualquier cosa que sea impía y que no le rinda honor y alabanza a Él.

"conociendo esto, que la ley no fue dada para el justo, sino para los transgresores y desobedientes, para los impíos y pecadores, para los irreverentes y profanos, para los parricidas y matricidas, para los homicidas, 10para los fornicarios, para los sodomitas, para los secuestradores, para los mentirosos y perjuros, y para cuanto se oponga a la sana doctrina" (1 Ti. 1:9-10).

"El malo, por la altivez de su rostro, no busca a Dios; No hay Dios en ninguno de sus pensamientos" (Sal. 10:4).

    b. *Deseos mundanos* (kosmikai epithumia): todos los deseos de este mundo que no están a la altura del cielo y no pueden ser presentados a Dios; todos los deseos que nos alejan de Dios, todos los deseos y lujurias del mundo que nos impulsan a...

- mirar lo que no debemos.
- obrar cuando no debemos.
- querer más cuando debemos dar más.
- ser egoístas y depravados cuando debiéramos ser sacrificados y amables.
- ser sensuales e inmorales cuando debiéramos ser disciplinados y puros.
- buscar el reconocimiento de los hombres cuando debemos buscar el reconocimiento de Dios.

    c. *Los deseos mundanos* son aquellos que anhelan las posesiones de este mundo, que nos atan a este mundo y que permanecerán en este mundo cuando lo hayamos dejado. Nosotros nos iremos y continuaremos pero estos quedarán atrás.

    d. *Los deseos mundanos* son deseos que anhelan los placeres sensuales y egoístas de este mundo, las mismas cosas que nunca quisiéramos que Dios viera.

La gracia de Dios, el Señor Jesucristo, nos enseña a negar los deseos mundanos y a renunciar y alejarnos de todo lo que no podamos llevar con nosotros y presentar a Dios cuando estemos frente a Él cara a cara.

"Porque ¿qué aprovechará al hombre, si ganare todo el mundo, y perdiere su alma? ¿O qué recompensa dará el hombre por su alma?" (Mt. 16:26).

"Mirad también por vosotros mismos, que vuestros corazones no se carguen de glotonería y embriaguez y de los afanes de esta vida, y venga de repente sobre vosotros aquel día" (Lc. 21:34).

"Hijos, obedeced a vuestros padres en todo, porque esto agrada al Señor" (Col. 3:20).

"¡Oh almas adúlteras! ¿No sabéis que la amistad del mundo es enemistad contra Dios? Cualquiera, pues, que quiera ser amigo del mundo, se constituye enemigo de Dios" (Stg. 4:4).

2. La gracia de Dios, el Señor Jesucristo, nos enseña a vivir sobria, justa y piadosamente en este mundo.

    a. Sobriamente (sophronos): autocontrolado, moderado y disciplinado. Se trata de refrenar deseos, lujurias y apetitos. Es no ceder a los excesos, al deseo de más y más. Es controlar todas las cosas y usarlas para el propósito adecuado:

=> Es controlar el deseo del sexo y usarlo para el matrimonio.

=> Es controlar el deseo de comer y usarlo en beneficio de la salud.

=> Es controlar el deseo por las cosas materiales y usarlo para satisfacer tanto las necesidades de la familia como las del mundo desesperado.

"Pero al disertar Pablo acerca de la justicia, del dominio propio y del juicio venidero, Félix se espantó, y dijo: Ahora vete; pero cuando tenga oportunidad te llamaré" (Hch. 24:25).

"¿No sabéis que los que corren en el estadio, todos a la verdad corren, pero uno solo se lleva el premio? Corred de tal manera que lo obtengáis. Todo aquel que lucha, de todo se abstiene; ellos, a la verdad, para recibir una corona corruptible, pero nosotros, una incorruptible. Así que, yo de esta manera corro, no como a la ventura; de esta manera peleo, no como quien golpea el aire, sino que golpeo mi cuerpo, y lo pongo en servidumbre, no sea que habiendo sido heraldo para otros, yo mismo venga a ser eliminado" (1 Co. 9:24-27).

"Mas el fruto del Espíritu es amor, gozo, paz, paciencia, benignidad, bondad, fe, mansedumbre, templanza; contra tales cosas no hay ley" (Gá. 5:22-23).

"Hombre necesitado será el que ama el deleite, Y el que ama el vino y los ungüentos no se enriquecerá" (Pr. 21:17).

"Cuando te sientes a comer con algún señor, Considera bien lo que está delante de ti" (Pr. 23:1).

    b. Justamente (dikaios): hacer el bien, tratar a otros como es debido, hacerles el bien, darles lo que les corresponde. ¡Qué sentencia! Cuán egoístas somos al acaparar y acumular mientras hay un mundo que muere por hambre, enfermedad, guerras, maldad y pecado. Toda persona debe dar su parte. Debemos vivir justamente, dando y ocupándonos de que cada hombre sea tratado justamente, que cada hombre reciba lo que es debido. Si están bien física y materialmente tenemos que tratarlos justamente, como nos gustaría que se nos tratara. Si están necesitados, en la pobreza, destituidos, hambrientos, con enfermedad, solos o llenos de pecados, tenemos que hacerles el bien y satisfacer sus necesidades. Deben recibir lo que les corresponde en esta tierra al igual que a nosotros.

"Velad debidamente, y no pequéis; porque algunos no conocen a Dios; para vergüenza vuestra lo digo" (1 Co. 15:34).

"llenos de frutos de justicia que son por medio de Jesucristo, para gloria y alabanza de Dios" (Fil. 1:11).

"A los ricos de este siglo manda que no sean altivos, ni pongan la esperanza en las riquezas, las cuales son inciertas, sino en el Dios vivo, que nos da todas las cosas en abundancia para que las disfrutemos. Que hagan bien, que sean ricos en buenas obras, dadivosos, generosos; atesorando para sí buen fundamento para lo por venir, que echen mano de la vida eterna" (1 Ti. 6:17-19).

"Y de hacer bien y de la ayuda mutua no os olvidéis; porque de tales sacrificios se agrada Dios" (He. 13:16).

"y al que sabe hacer lo bueno, y no lo hace, le es pecado" (Stg. 4:17).

c. *Piadosamente* (eusebos): ser como Dios; vivir como Dios viviera en esta tierra, vivir concientes de que Dios habita en el mismo cuerpo del creyente, que el cuerpo del creyente es el templo de Dios. Es vivir y andar y ser en Dios. Es vivir como Dios dice que vivamos, obedeciéndolo en todas las cosas.

"Desecha las fábulas profanas y de viejas. Ejercítate para la piedad" (1 Ti. 4:7).

"Mas tú, oh hombre de Dios, huye de estas cosas, y sigue la justicia, la piedad, la fe, el amor, la paciencia, la mansedumbre" (1 Ti. 6:11).

"enseñándonos que, renunciando a la impiedad y a los deseos mundanos, vivamos en este siglo sobria, justa y piadosamente" (Tit. 2:12).

"Puesto que todas estas cosas han de ser deshechas, ¡cómo no debéis vosotros andar en santa y piadosa manera de vivir" (2 P. 3:11).

3 (2:13) *Jesucristo, regreso — Gracia:* La gracia de Dios, el Señor Jesucristo, nos enseña a esperar el regreso del Señor. Este es un gran versículo acerca del regreso del Señor y el griego destaca aun más su grandeza:

"Aguardando la esperanza bienaventurada, incluso la aparición de la gloria de nuestro gran Dios y Salvador Jesucristo" (Kenneth Wuest).

La esperanza bienaventurada y la aparición de nuestro Señor Jesucristo no son dos cosas diferentes; la esperanza bienaventurada es la aparición de nuestro Señor Jesucristo. Él aparecerá con toda la gloria y majestad de su ser. ¿Qué será tan bienaventurado con respecto a su regreso? La palabra "bienaventurado" (makarios) quiere decir lleno de felicidad, prosperidad, beneficios, el más alto bien, todos los beneficios grandes y gloriosos que podamos imaginar. Por lo tanto, la esperanza bienaventurada del regreso del Señor estará llena de todo lo que usted pueda imaginar y más...

* *toda la felicidad* imaginable y más.
* *toda la prosperidad* imaginable y más.

* *toda la riqueza* imaginable y más.
* *todos los beneficios* imaginables y más.

Si usted puede imaginar el más alto bien y todas las riquezas posibles de la vida, la aparición de la gloria del Señor Jesucristo será eso y más, mucho más.

1. El regreso de Jesucristo implicará *una gloriosa unión:* por primera vez veremos a Cristo y estaremos unidos a Él para siempre (Jn. 14:3).

"Padre, aquellos que me has dado, quiero que donde yo estoy, también ellos estén conmigo, para que vean mi gloria que me has dado; porque me has amado desde antes de la fundación del mundo" (Jn. 17:24).

"Luego nosotros los que vivimos, los que hayamos quedado, seremos arrebatados juntamente con ellos en las nubes para recibir al Señor en el aire, y así estaremos siempre con el Señor" (1 Ts. 4:17).

2. El regreso de Jesucristo implicará *una gloriosa reunión:* los muertos en Cristo resucitarán y los que vivamos nos reuniremos con nuestros seres queridos y amigos para siempre.

"El Espíritu mismo da testimonio a nuestro espíritu, de que somos hijos de Dios. Y si hijos, también herederos; herederos de Dios y coherederos con Cristo, si es que padecemos juntamente con él, para que juntamente con él seamos glorificados" (Ro. 8:16-17).

"Luego nosotros los que vivimos, los que hayamos quedado, seremos arrebatados juntamente con ellos en las nubes para recibir al Señor en el aire, y así estaremos siempre con el Señor. Por tanto, alentaos los unos a los otros con estas palabras" (1 Ts. 4:17-18).

3. El regreso del Señor Jesucristo implicará *una gloriosa transformación del cuerpo:* recibiremos cuerpos nuevos, incorruptibles y eternos.

"Así también es la resurrección de los muertos. Se siembra en corrupción, resucitará en incorrupción. Se siembra en deshonra, resucitará en gloria; se siembra en debilidad, resucitará en poder. Se siembra cuerpo animal, resucitará cuerpo espiritual. Hay cuerpo animal, y hay cuerpo espiritual" (1 Co. 15:42-44).

"Porque es necesario que esto corruptible se vista de incorrupción, y esto mortal se vista de inmortalidad" (1 Co. 15:53).

"Mas nuestra ciudadanía está en los cielos, de donde también esperamos al Salvador, al Señor Jesucristo; el cual transformará el cuerpo de la humillación nuestra, para que sea semejante al cuerpo de la gloria suya, por el poder con el cual puede también sujetar a sí mismo todas las cosas" (Fil. 3:20-21).

4. El regreso de Jesucristo implicará *una vida gloriosa de felicidad:* recibiremos gozo perfecto y libertad de las pruebas, dolor, sufrimientos, maldad y muerte.

"Entonces los justos resplandecerán como el sol en el reino de su Padre. El que tiene oídos para oír, oiga" (Mt. 13:43).

"Cuando Cristo, vuestra vida, se manifieste, entonces vosotros también seréis manifestados con él en gloria" (Col. 3:4).

"Y el que estaba sentado en el trono dijo: He aquí,

yo hago nuevas todas las cosas. Y me dijo: Escribe; porque estas palabras son fieles y verdaderas" (Ap. 21:5).

5. El regreso de Jesucristo implicará *cielos nuevos y tierra nueva:* recibiremos un mundo perfecto de amor, gozo y paz.

> "porque también la creación misma será libertada de la esclavitud de corrupción, a la libertad gloriosa de los hijos de Dios" (Ro. 8:21).
>
> "Pero el día del Señor vendrá como ladrón en la noche; en el cual los cielos pasarán con grande estruendo, y los elementos ardiendo serán deshechos, y la tierra y las obras que en ella hay serán quemadas. Puesto que todas estas cosas han de ser deshechas, ¡cómo no debéis vosotros andar en santa y piadosa manera de vivir, esperando y apresurándoos para la venida del día de Dios, en el cual los cielos, encendiéndose, serán deshechos, y los elementos, siendo quemados, se fundirán! Pero nosotros esperamos, según sus promesas, cielos nuevos y tierra nueva, en los cuales mora la justicia" (2 P. 3:10-13).
>
> "Vi un cielo nuevo y una tierra nueva; porque el primer cielo y la primera tierra pasaron, y el mar ya no existía más" (Ap. 21:1).

6. El regreso de Jesucristo implicará *un premio glorioso.*

> "Por lo demás, me está guardada la corona de justicia, la cual me dará el Señor, juez justo, en aquel día; y no sólo a mí, sino también a todos los que aman su venida" (2 Ti. 4:8).
>
> "Bienaventurado el varón que soporta la tentación; porque cuando haya resistido la prueba, recibirá la corona de vida, que Dios ha prometido a los que le aman" (Stg. 1:12).
>
> "Bendito el Dios y Padre de nuestro Señor Jesucristo, que según su grande misericordia nos hizo renacer para una esperanza viva, por la resurrección de Jesucristo de los muertos, para una herencia incorruptible, incontaminada e inmarcesible, reservada en los cielos para vosotros" (1 P. 1:3-4).
>
> "Y cuando aparezca el Príncipe de los pastores, vosotros recibiréis la corona incorruptible de gloria" (1 P. 5:4).

7. El regreso de Jesucristo implicará *una eternidad de gobierno* y *reinado:* recibiremos la posición y responsabilidad de servir a Cristo durante la eternidad.

> "No habrá allí más noche; y no tienen necesidad de luz de lámpara, ni de luz del sol, porque Dios el Señor los iluminará; y reinarán por los siglos de los siglos" (Ap. 22:5).
>
> "He aquí yo vengo pronto, y mi galardón conmigo, para recompensar a cada uno según sea su obra" (Ap. 22:12).

8. El regreso de Jesucristo implicará *una morada gloriosa.*

> "En la casa de mi Padre muchas moradas hay; si así no fuera, yo os lo hubiera dicho; voy, pues, a preparar lugar para vosotros. Y si me fuere y os preparare lugar, vendré otra vez, y os tomaré a mí mismo, para que donde yo estoy, vosotros también estéis" (Jn 14:2-3).

4 **2:14** *Jesucristo — Muerte — Gracia:* La gracia de Dios se revela en la muerte de Cristo. Jesucristo "se dio a sí mismo por nosotros". ¿Qué quiere decir esto? Esto quiere decir que Jesucristo murió por nosotros. La palabra "por" (huper) significa que murió a nombre de nosotros, en nuestro lugar, como nuestro sustituto. Significa que cargó con nuestros pecados y pagó la deuda por ellos. Él...

=> cargó con el veredicto del pecado, fue declarado culpable por nosotros.

=> cargó con la condenación por nuestros pecados.

=> cargó con el castigo por nuestros pecados.

¿Cuál fue el veredicto, la condenación y el castigo que llevó en nuestro lugar? La paga de culpa de nuestros pecados que es la muerte. Jesucristo murió por nosotros. Murió como nuestro sustituto; murió por nosotros y al hacerlo nunca tendremos que morir. Esto es lo que quieren decir las Escrituras cuando dicen que Jesucristo se dio a sí mismo por nosotros. Fue así como Dios mostró su gracia al mundo: dio a su Hijo para que muriera por los pecados del hombre.

> "Mas Dios muestra su amor para con nosotros, en que siendo aún pecadores, Cristo murió por nosotros" (Ro. 5:8).

No obstante observe un aspecto muy importante: por qué murió Cristo por nosotros. Lo hizo por tres razones cruciales:

1. Cristo murió para redimirnos de toda nuestra iniquidad. Somos culpables de iniquidad, es decir, de lo que acaba de explicarse: de la impiedad y los deseos mundanos, del desorden, de desobedecer y transgredir la ley de Dios. Somos pecadores, alejados de la gloria de Dios y no podemos evitar el pecar y alejarnos de la gloria de Dios. Hemos sido raptados, capturados y cautivados por la desobediencia y la imperfección. Así que necesitamos ser redimidos (lutroo), es decir, ser liberados. Se necesita pagar el rescate para que podamos ser puestos en libertad. Es por eso que Jesús se dio a sí mismo por nosotros: para redimirnos. La muerte de Jesucristo fue nuestro rescate. Su muerte nos liberó del pecado. ¿Cómo? Dios acepta su muerte en lugar de la nuestra. Cuando creemos que Cristo murió por nosotros —lo creemos de veras— Dios acepta nuestra fe como la muerte de Jesucristo. Dios tomo nuestra fe y la considera como la muerte de Jesucristo. Esto significa que ya hemos muerto, que de veras morimos con Cristo cuando Él murió. Dios nos identifica con Cristo, con su muerte. Por lo tanto somos liberados del pecado y su condena. Somos liberados del pago por el pecado, la muerte. A través de la fe en Jesucristo somos redimidos, es decir, liberados del pecado y la muerte. (Vea nota, *Redención,* Ef. 1:7 para mayor discusión.)

> "siendo justificados gratuitamente por su gracia, mediante la redención que es en Cristo Jesús" (Ro. 3:24).
>
> "Cristo nos redimió de la maldición de la ley, hecho por nosotros maldición (porque está escrito: Maldito todo el que es colgado en un madero)" (Gá. 3:13).
>
> "en quien tenemos redención por su sangre, el perdón de pecados" (Col. 1:14).

"quien se dio a sí mismo por nosotros para redimirnos de toda iniquidad y purificar para sí un pueblo propio, celoso de buenas obras" (Tit. 2:14).

"y no por sangre de machos cabríos ni de becerros, sino por su propia sangre, entró una vez para siempre en el Lugar Santísimo, habiendo obtenido eterna redención" (He. 9:12).

"sabiendo que fuisteis rescatados de vuestra vana manera de vivir, la cual recibisteis de vuestros padres, no con cosas corruptibles, como oro o plata" (1 P. 1:18).

"y cantaban un nuevo cántico, diciendo: Digno eres de tomar el libro y de abrir sus sellos; porque tú fuiste inmolado, y con tu sangre nos has redimido para Dios, de todo linaje y lengua y pueblo y nación" (Ap. 5:9).

2. Cristo murió para que fuéramos un pueblo propio, un pueblo muy especial que le perteneciera. Esto se ve en la palabra "propio" (periousion). La palabra significa apartado, poseído en exceso, especialmente seleccionado y reservado. Cuando una persona entienda realmente lo que Cristo ha hecho por ella, lo único que puede hacer es rendir a Cristo todo lo que es y todo lo que tiene. La persona quiere seguir a Cristo y servirle, hacer todo lo que Cristo dice. La persona se separa del mundo, aparta su vida para seguir a Cristo y a su vez Cristo toma a la persona y por el poder del Espíritu Santo aparta a la persona para que sea su posesión muy especial. Mediante la muerte de Jesucristo el creyente se convierte en una propiedad muy especial de Cristo.

"Mas vosotros sois linaje escogido, real sacerdocio, nación santa, pueblo adquirido por Dios, para que anunciéis las virtudes de aquel que os llamó de las tinieblas a su luz admirable" (1 P. 2:9).

"Ahora, pues, si diereis oído a mi voz, y guardareis mi pacto, vosotros seréis mi especial tesoro sobre todos los pueblos; porque mía es toda la tierra" (Éx. 19:5).

"Porque eres pueblo santo a Jehová tu Dios, y Jehová te ha escogido para que le seas un pueblo único de entre todos los pueblos que están sobre la tierra" (Dt. 14:2).

"Y Jehová ha declarado hoy que tú eres pueblo suyo, de su exclusiva posesión, como te lo ha prometido, para que guardes todos sus mandamientos; a fin de exaltarte sobre todas las naciones que hizo, para loor y fama y gloria, y para que seas un pueblo santo a Jehová tu Dios, como él ha dicho." (Dt. 26:18-19).

"Pues Jehová no desamparará a su pueblo, por su grande nombre; porque Jehová ha querido haceros pueblo suyo" (1 S. 12:22).

3. Cristo murió para inspirar a buenas obras. Sucede lo mismo, cuando una persona entiende realmente lo que Cristo ha hecho por ella se siente inspirada a darle su vida, a hacer todo lo que puede para servir a Cristo y decirle a todo el mundo que el Salvador ha venido para salvar a los hombres. El creyente trabaja y trabaja, haciendo todo el bien que puede para alcanzar a todo el que pueda con el glorioso mensaje de la redención.

"Así alumbre vuestra luz delante de los hombres, para que vean vuestras buenas obras, y glorifiquen a vuestro Padre que está en los cielos" (Mt. 5:16).

"Que hagan bien, que sean ricos en buenas obras, dadivosos, generosos" (1 Ti. 6:18).

"presentándote tú en todo como ejemplo de buenas obras; en la enseñanza mostrando integridad, seriedad" (Tit. 2:7).

"Y considerémonos unos a otros para estimularnos al amor y a las buenas obras" (He. 10:24).

"manteniendo buena vuestra manera de vivir entre los gentiles; para que en lo que murmuran de vosotros como de malhechores, glorifiquen a Dios en el día de la visitación, al considerar vuestras buenas obras" (1 P. 2:12).

5 (2:15) *Predicación — Gracia:* La gracia de Dios debe proclamarse. Y debe ser proclamada de tres maneras.

1. Debemos *proclamar* la gracia de Dios: predicar, enseñar y ser testigos de ella. No hay discusión acerca de la gracia de Dios, acerca del Señor Jesucristo; Dios ama al mundo. Ha enviado su Hijo al mundo, así que debemos anunciar el mensaje de su gracia —del Señor Jesucristo— utilizando cualquier forma de lenguaje que exista y debemos hacerlo día tras día.

"Id, y puestos en pie en el templo, anunciad al pueblo todas las palabras de esta vida" (Hch. 5:20).

"Esto habla, y exhorta y reprende con toda autoridad. Nadie te menosprecie" (Tit. 2:15).

"Y me dijo Jehová: No digas: Soy un niño; porque a todo lo que te envíe irás tú, y dirás todo lo que te mande" (Jer. 1:7).

"Tú, pues, ciñe tus lomos, levántate, y háblales todo cuanto te mande; no temas delante de ellos, para que no te haga yo quebrantar delante de ellos" (Jer. 1:17).

"Les hablarás, pues, mis palabras, escuchen o dejen de escuchar; porque son muy rebeldes" (Ez. 2:7).

"Hijo de hombre, yo te he puesto por atalaya a la casa de Israel; oirás, pues, tú la palabra de mi boca, y los amonestarás de mi parte. Cuando yo dijere al impío: De cierto morirás; y tú no le amonestares ni le hablares, para que el impío sea apercibido de su mal camino a fin de que viva, el impío morirá por su maldad, pero su sangre demandaré de tu mano. Pero si tú amonestares al impío, y él no se convirtiere de su impiedad y de su mal camino, él morirá por su maldad, pero tú habrás librado tu alma" (Ez. 3:17-19).

2. Debemos exhortar a las personas en la gracia de Dios. La palabra *exhortar* significar animar. Las personas están solas, vacías, sin propósito, desalentadas y sin esperanza. Necesitan escuchar el glorioso mensaje de la gracia de Dios, del Señor Jesucristo y necesitan escuchar acerca de la vida maravillosa que Dios nos da ahora y por la eternidad, todo mediante el Señor Jesucristo.

"Entre tanto que voy, ocúpate en la lectura, la exhortación y la enseñanza" (1 Ti. 4:13).

"que prediques la palabra; que instes a tiempo y fuera de tiempo; redarguye, reprende, exhorta con toda paciencia y doctrina" (2 Ti. 4:2).

"retenedor de la palabra fiel tal como ha sido enseñada, para que también pueda exhortar con sana

enseñanza y convencer a los que contradicen" (Tit. 1:9).

"Esto habla, y exhorta y reprende con toda autoridad. Nadie te menosprecie" (Tit. 2:15).

"antes exhortaos los unos a los otros cada día, entre tanto que se dice: Hoy; para que ninguno de vosotros se endurezca por el engaño del pecado" (He. 3:13).

"no dejando de congregarnos, como algunos tienen por costumbre, sino exhortándonos; y tanto más, cuanto veis que aquel día se acerca" (He. 10:25).

3.   Debemos reprender a las personas en la gracia de Dios. Los hombres no tienen excusa en su pecado para rechazar la gracia de Dios. Dios ha hecho demasiado por nosotros mediante su Hijo Jesucristo. Es necio de parte del hombre rechazar la vida eterna, la gloriosa redención y la esperanza que Cristo da. Es necesario que a los hombres se les diga la verdad, se les reprenda y se les persuada al reprenderlos en la gracia de Dios.

"Mirad por vosotros mismos. Si tu hermano pecare contra ti, repréndele; y si se arrepintiere, perdónale" (Lc. 17:3).

"Y no participéis en las obras infructuosas de las tinieblas, sino más bien reprendedlas" (Ef. 5:11).

"A los que persisten en pecar, repréndelos delante de todos, para que los demás también teman." (1 Ti. 5:20).

"que prediques la palabra; que instes a tiempo y fuera de tiempo; redarguye, reprende, exhorta con toda paciencia y doctrina" (2 Ti. 4:2).

"Esto habla, y exhorta y reprende con toda autoridad. Nadie te menosprecie" (Tit. 2:15).

	CAPÍTULO 3	dispuestos a toda buena obra.	
		2 Que a nadie difamen, que	**3 No debe difamar**
	C. Tercer mensaje: deberes civiles del creyente, 3:1-2	no sean pendencieros, sino amables, mostrando toda mansedumbre para con todos	**4 No debe ser pendenciero**
1 Debe obedecer las leyes		los hombres.	**5 Debe ser amable**
2 Debe hacer buenas obras	1 Recuérdales que se sujeten a los gobernantes y autoridades, que obedezcan, que estén		**6 Debe ser manso**

DIVISIÓN II

EL MENSAJE DE LA SANA DOCTRINA, 2:1—3:11

C. Tercer mensaje: deberes civiles del creyente, 3:1-2

(3:1-2) *Introducción:* El énfasis de este pasaje no está en los gobernantes y su conducta sino en el creyente y su deber para con el estado. Por lo general es muy poco lo que el creyente puede hacer con respecto al gobierno y la forma en que este maneja sus asuntos, pero sí puede hacer mucho en cuanto a su conducta como ciudadano; y Dios es más que claro con relación a la conducta del creyente. Tenga en mente que cuando Dios guió a Pablo a dar estas instrucciones a Tito y a los creyentes de la isla de Creta, quienes gobernaban era líderes terribles, como Nerón. Aquí se exponen seis deberes del ciudadano cristiano.

1. Debe obedecer las leyes (v. 1)
2. Debe hacer buenas obras (v. 1)
3. No debe difamar (v. 2)
4. No debe ser pendenciero (v. 2)
5. Debe ser amable (v. 2)
6. Debe ser manso (v. 2)

1 (3:1) *Ciudadanía — Ley, civil:* El ciudadano cristiano *debe obedecer las leyes de la nación, tanto a los gobernantes como a su autoridad.* Observe que se dan dos órdenes: "sujetarse" y "obedecer". Esta es una orden fuerte, Dios espera que los creyentes la guarden. Toda autoridad civil debe ser obedecida, tanto las leyes de la comunidad donde uno viva como las leyes del estado y la nación. ¿Por qué es esto tan importante? La razón es evidente, queda clara: sin ley o sin guardar esta la sociedad estaría en un caos absoluto.

=> Reinaría el desorden
=> Nadie estaría seguro en las calles.
=> Las personas tendrían que vivir a puertas cerradas.
=> El abuso, los asaltos, los asesinatos y las guerras serían una amenaza constante.
=> No habría propiedad segura.
=> No habría caminos, transporte, agua, alcantarillado o sistemas eléctricos públicos ya que no habría ley para recaudar impuestos e incluso si la hubiera nadie la cumpliría.
=> No habría policía militar ni protección contra incendios por la misma razón.

Sin ley o sin guardar la misma no puede haber sociedad ni comunidad, no puede haber vida en común ni vínculo que una a las personas. La ley, los gobernantes y su autoridad son una necesidad absoluta para evitar que las personas se conviertan en bestias salvajes en medio de una jungla de egoísmo y desorden sin límites.

El caos no es la voluntad de Dios para el mundo, la ley y el orden son la voluntad de Dios. Dios quiere que los hombres vivan en un mundo de amor, gozo y paz, un mundo de ley y orden perfectos. Por consiguiente el creyente debe dar el ejemplo, debe obedecer a los gobernantes y a las leyes de su comunidad y nación. Debe mostrar *cuán amorosa, feliz, tranquila y maravillosa puede ser la vida* si las personas desean obedecer a Dios y a las autoridades civiles de este mundo. (Vea notas, Ro. 12:8; 13:1; 1 P. 2:13-17 para el deber del cristiano cuando los gobernantes y las leyes se oponen a Dios.)

"**No injuriarás a los jueces, ni maldecirás al príncipe de tu pueblo" (Éx. 22:28).**

"**Ni aun en tu pensamiento digas mal del rey, ni en lo secreto de tu cámara digas mal del rico; porque las aves del cielo llevarán la voz, y las que tienen alas harán saber la palabra" (Ec. 10:20).**

"**Pablo dijo: No sabía, hermanos, que era el sumo sacerdote; pues escrito está: No maldecirás a un príncipe de tu pueblo" (Hch. 23:5)**

"**Sométase toda persona a las autoridades superiores; porque no hay autoridad sino de parte de Dios, y las que hay, por Dios han sido establecidas" (Ro. 13:1)**

"**Por causa del Señor someteos a toda institución humana, ya sea al rey, como a superior, ya a los gobernadores, como por él enviados para castigo de los malhechores y alabanza de los que hacen bien" (1 P. 2:13-14).**

"**Honrad a todos. Amad a los hermanos. Temed a Dios. Honrad al rey" (1 P. 2:17).**

2 (3:1) *Ciudadanía — Buenas obras:* El ciudadano cristiano debe estar dispuesto *para toda buena obra.* Debe trabajar y servir en su comunidad por el bien de todos los ciudadanos y debe hacerlo diligentemente. La palabra "dispuesto" (hetoimous) quiere decir deseoso, estar preparado, dar un salto y ser el primero en servir diligentemente a la comunidad. Y tenga en cuenta que debe estar dispuesto para haber "toda buena obra". *Buenas obras* no implica solamente el trabajo en la iglesia se refiere al empleo diario de personas, y al voluntario y al servicio de las necesidades de la comunidad. Toda comunidad está llena de necesidades, las necesidades del solitario, el pobre, el que está encerrado, el anciano, el huérfano, el que no tiene hogar, el enfermo. Una lista innumerable de necesidades que claman por la atención de la comunidad. Es el deber de los ciudadanos cristianos llevar la delantera para llegar a satisfacer estas necesidades. El ciudadano cristiano debe estar dispuesto y ser diligente, llevando la vanguardia en toda buena obra dentro de la comunidad y la nación. Tenga en cuenta que el empleo de una persona, su trabajo de cada día, es una obra relevante con la que contribuye a la sociedad. No importa cuán mundano, rutinario o insignificante pueda parecerle su trabajo a una persona, no lo es. Es muy importante ya que contribuye y ayuda a satisfacer las necesidades de sus conciudadanos y de su comunidad.

> **"Y poderoso es Dios para hacer que abunde en vosotros toda gracia, a fin de que, teniendo siempre en todas las cosas todo lo suficiente, abundéis para toda buena obra" (2 Co. 9:8).**
>
> **"Y de hacer bien y de la ayuda mutua no os olvidéis; porque de tales sacrificios se agrada Dios" (He. 13:16).**
>
> **"y al que sabe hacer lo bueno, y no lo hace, le es pecado" (Stg. 4:17).**
>
> **"Confía en Jehová, y haz el bien; Y habitarás en la tierra, y te apacentarás de la verdad" (Sal. 37:3).**

3 (3:2) *Difamar — Ciudadanía:* El ciudadano cristiano *no debe difamar a nadie.* Ningún ciudadano debe ser blasfemado, sufrir abuso verbal o ser derribado. El ideal de Dios para la sociedad es este: que todos los ciudadanos trabajen para construir y enriquecerse mutuamente así como a su comunidad y nación. Si una persona, ya sea gobernante o ciudadano común, está trabajando para nuestra edificación ¿por qué tendríamos que difamarla? Sabemos que en nuestro diario vivir estamos en un mundo malo donde algunos son egoístas y avariciosos y otros cometen actos atroces y terribles. Es esto lo que origina el caos en la sociedad.

Pero observe: el ciudadano cristiano no debe difamar de ningún ciudadano, ni tan siquiera de un gobernante malvado. La respuesta para alcanzar a los malvados no es maldiciendo, ultrajando o blasfemando. El abuso verbal solo origina más maldad. La única vía para alcanzar a un ciudadano maligno es mediante la bondad, tratando de llevarlo al cambio y a vivir de la manera que debe como un ciudadano que contribuye con su comunidad. Tenga en cuenta que alcanzar a los malignos y no difamarles no quiere decir que no usemos palabras firmes, fuertes y de advertencia. No debemos permitir la maldad ni consentir en los actos egoístas y pecaminosos de las personas. Debemos hablar con autoridad y firmeza en contra del mal y del engaño. Debemos alertar y la comunidad debe responder apoyando la advertencia con *el control justo,* incluso si implica el encarcelamiento.

La idea es esta: no hay lugar en una sociedad justa para que los ciudadanos difamen unos de otros. Maldecir, ultrajar, difamar e injuriarse unos a otros no es la vía pata ayudar a los que se rebelan contra Dios, el gobierno y el hombre. La manera de ayudar es alcanzar con bondad y si esta no funciona, hacerlo con advertencias fuertes y enérgicas y luego apoyar dicha advertencia. No hay justificación para la difamación. Los ciudadanos cristianos deben llevar la vanguardia al hablar con palabras amables y fuertes, pala-

bras que adviertan contra el egoísmo y la conducta egoísta.

Pensamiento 1. ¡Qué acusación en contra de la sociedad! Y aun más, ¡qué tremenda acusación contra aquellos que difaman de otros dentro de la iglesia!

> **"Al que solapadamente infama a su prójimo, yo lo destruiré; No sufriré al de ojos altaneros y de corazón vanidoso" (Sal. 101:5).**
>
> **"El que encubre el odio es de labios mentirosos; Y el que propaga calumnia es necio" (Pr. 10:18).**
>
> **"El hipócrita con la boca daña a su prójimo; Mas los justos son librados con la sabiduría" (Pr. 11:9).**
>
> **"Guárdese cada uno de su compañero, y en ningún hermano tenga confianza; porque todo hermano engaña con falacia, y todo compañero anda calumniando" (Jer. 9:4).**

4 (3:2) *Disputas — Luchas — Contención:* El ciudadano cristiano no debe ser pendenciero (amachos). El cristiano no debe ser conflictivo ni contencioso; no debe ser alguien que siempre ande buscando pleitos; ni obstinado creyendo que siempre los demás están equivocados; no debe ser una persona que siempre está criticando o hablando de otros, originando problemas, sentimientos perturbadores y causando división. El ciudadano cristiano debe ser todo lo contrario, manso y pacífico. Por supuesto que esto no quiere decir que no se pronuncie a favor de lo correcto, lo hace y es firme en su posición, rehusándose a permitir y consentir el mal. No obstante busca la paz donde sea posible y busca guiar a otros para que sean pacíficos.

> **"Yo soy pacífico; Mas ellos, así que hablo, me hacen guerra" (Sal. 120:7).**
>
> **"Los cuales maquinan males en el corazón, Cada día urden contiendas" (Sal. 140:2).**
>
> **"No tengas pleito con nadie sin razón, Si no te han hecho agravio" (Pr. 3:30).**
>
> **"El hombre iracundo promueve contiendas; Mas el que tarda en airarse apacigua la rencilla" (Pr. 15:18).**
>
> **"El que comienza la discordia es como quien suelta las aguas; Deja, pues, la contienda, antes que se enrede" (Pr. 17:14).**
>
> **"El que ama la disputa, ama la transgresión; Y el que abre demasiado la puerta busca su ruina" (Pr. 17:19).**
>
> **"Los labios del necio traen contienda; Y su boca los azotes llama" (Pr. 18:6).**
>
> **"Honra es del hombre dejar la contienda; Mas todo insensato se envolverá en ella" (Pr. 20:3).**
>
> **"No entres apresuradamente en pleito, No sea que no sepas qué hacer al fin, Después que tu prójimo te haya avergonzado" (Pr. 25:8).**
>
> **"El que pasando se deja llevar de la ira en pleito ajeno Es como el que toma al perro por las orejas" (Pr. 26:17).**
>
> **"El carbón para brasas, y la leña para el fuego; Y el hombre rencilloso para encender contienda" (Pr. 26:21).**
>
> **"Nada hagáis por contienda o por vanagloria; antes bien con humildad, estimando cada uno a los demás como superiores a él mismo" (Fil. 2:3).**
>
> **"Ninguno que milita se enreda en los negocios de**

la vida, a fin de agradar a aquel que lo tomó por soldado" (2 Ti. 2:4).

"Porque el siervo del Señor no debe ser contencioso, sino amable para con todos, apto para enseñar,
sufrido" (2 Ti. 2:24).

5 (3:2) *Amable — Ciudadanía:* El ciudadano cristiano debe
ser amable (epieikeis). La palabra es difícil de traducir al español. En ocasiones traduce como amabilidad, paciencia, racio-
nalidad, consideración, afabilidad, cortesía y suavidad. Existe
la tendencia a decir que paciencia o amabilidad son la mejor
traducción. Quiere decir que hay *algo mejor que la mera justicia,* una amabilidad cortés. Los ciudadanos cristianos deben
ser gentiles y pacientes al tratar con otros ciudadanos.

> **Pensamiento 1.** El punto está claro: debemos ser amables
> y pacientes al tratar con los demás. Lo último que debe-
> mos hacer es criticar, condenar, rechazar o ignorar al
> resto de las personas. Debemos tratar de llegar hasta ellas
> con el evangelio y debemos tratarlas con amabilidad.
> Debemos ser gentiles, evitando toda aspereza. Hay entre
> nosotros demasiadas personas ásperas, criticonas, negli-
> gentes y distraídas. Hay demasiados entre nosotros que
> se envuelven en el manto de la religión y no quieren tener
> nada que ver con alcanzar a los perdidos. La necesidad
> crucial del momento es que nos extendamos con el evan-
> gelio en un espíritu de amor y consideración, en un espí-
> ritu de amabilidad.
>
> "con toda humildad y mansedumbre, soportán-
> doos con paciencia los unos a los otros en amor" (Ef.
> 4:2).
>
> "soportándoos unos a otros, y perdonándoos
> unos a otros si alguno tuviere queja contra otro. De la
> manera que Cristo os perdonó, así también hacedlo
> vosotros" (Col. 3:13).
>
> "Antes fuimos tiernos entre vosotros, como la
> nodriza que cuida con ternura a sus propios hijos" (1
> Ts. 2:7).
>
> "Porque el siervo del Señor no debe ser conten-
> cioso, sino amable para con todos, apto para enseñar,
> sufrido" (2 Ti. 2:24).
>
> "Que a nadie difamen, que no sean pendencieros,
> sino amables, mostrando toda mansedumbre para con
> todos los hombres" (Tit. 3:2).
>
> "Pero la sabiduría que es de lo alto es primera-
> mente pura, después pacífica, amable, benigna, llena
> de misericordia y de buenos frutos, sin incertidumbre
> ni hipocresía" (Stg. 3:17).

6 (3:2) *Mansedumbre:* el ciudadano cristiano debe *mostrar
mansedumbre* (prautes) para con todos los ciudadanos. La
palabra significa ser —en gran manera— gentil, tierno,
humilde, apacible, considerado. La mansedumbre tiene la
fuerza para controlar y disciplinar y lo hace en el momento
correcto.

    a. La mansedumbre tiene *un estado mental
humilde,* pero no significa que la persona sea
débil, cobarde. La persona mansa sencillamente
ama a las personas y ama la paz, por lo tanto
anda humildemente entre los hombres sin tener

en cuenta su status o circunstancia en la vida. A
la persona humilde no le molesta asociarse con
los pobres y sencillos. Desea ser amigo de todas
y ayudar a todos tanto como sea posible.

    b. La mansedumbre tiene *un estado mental fuerte.*
Observa las situaciones y quiere que se haga
justicia, que se haga lo correcto. No es una
mente débil que ignora y desdeña el mal, el
abuso y el sufrimiento.

    => Si alguien está sufriendo, la mansedumbre
entra en acción y hace lo que puede para
ayudar.

    => Si se está haciendo daño, la mansedumbre
hace lo que pueda para detenerlo y corregirlo.

    => Si el mal anda desenfrenadamente y consin-
tiéndose, la mansedumbre protesta airada.
Sin embargo, observe un aspecto sumamente
importante, la ira es siempre en el momento
apropiado y en contra de lo adecuado.

    c. La mansedumbre tiene *autocontrol.* La persona
mansa controla su espíritu y su mente. Controla
las lujurias de su carne. No cede ante el tempe-
ramento perverso, la venganza, la pasión, la
indulgencia o la desvergüenza. La persona
mansa muere a sí misma, a lo que le gustaría
hacer a su carne y hace lo correcto, exactamente
lo que Dios quiere que se haga.

En resumen, la persona mansa se conduce humilde y tiernamente, se niega a sí misma y da suma consideración a los
demás. Muestra una ira controlada y justa frente al mal y las
injusticias. Una persona mansa se olvida de sí misma y vive
para los demás por lo que Cristo hizo por ella.

    => Dios es manso.

> "Mas el fruto del Espíritu es amor, gozo, paz,
> paciencia, benignidad, bondad, fe, mansedumbre, tem-
> planza; contra tales cosas no hay ley" (Gá. 5:22-23).

    => Jesucristo fue manso.

> "Llevad mi yugo sobre vosotros, y aprended de mí,
> que soy manso y humilde de corazón; y hallaréis des-
> canso para vuestras almas" (Mt. 11:29).

    => Los creyentes deben ser mansos.

> "Hermanos, si alguno fuere sorprendido en algu-
> na falta, vosotros que sois espirituales, restauradle con
> espíritu de mansedumbre, considerándote a ti mismo,
> no sea que tú también seas tentado" (Gá. 6:1).
>
> "Yo pues, preso en el Señor, os ruego que andéis
> como es digno de la vocación con que fuisteis llamados,
> 2con toda humildad y mansedumbre, soportándoos
> con paciencia los unos a los otros en amor, 3solícitos en
> guardar la unidad del Espíritu en el vínculo de la paz"
> (Ef. 4:1-3).
>
> "que con mansedumbre corrija a los que se opo-
> nen, por si quizá Dios les conceda que se arrepientan
> para conocer la verdad" (2 Ti. 2:25).
>
> "Que a nadie difamen, que no sean pendencieros,

sino amables, mostrando toda mansedumbre para con todos los hombres" (Tit. 3:2).

"Por lo cual, desechando toda inmundicia y abundancia de malicia, recibid con mansedumbre la palabra implantada, la cual puede salvar vuestras almas" (Stg. 1:21).

"¿Quién es sabio y entendido entre vosotros? Muestre por la buena conducta sus obras en sabia mansedumbre" (Stg. 3:13).

"sino el interno, el del corazón, en el incorruptible ornato de un espíritu afable y apacible, que es de grande estima delante de Dios" (1 P. 3:4).

1 El hombre es insensato, rebelde y extraviado 2 El hombre es esclavo de	D. Cuarto mensaje: La vida sin Dios, 3:3 3 Porque nosotros también éramos en otro tiempo insensatos, rebeldes, extraviados, esclavos de concupiscencias	y deleites diversos, viviendo en malicia y envidia, aborrecibles, y aborreciéndonos unos a otros	la concupiscencia y el deleite 3 El hombre vive en malicia y envidia 4 El hombre aborrece y es aborrecido

DIVISIÓN II

EL MENSAJE DE LA SANA DOCTRINA, 2:1—3:11

D. Cuarto mensaje: La vida sin Dios, 3:3

(3:3) *Introducción:* Este es un cuadro terrible de lo que es la vida sin Dios. Fíjese que *nosotros los que somos creyentes* antes de aceptar a Cristo vivíamos una vida exactamente igual a la que se describe aquí. Esto no quiere decir que estuviéramos activamente involucrados en cada uno de los pecados que aparecen en la lista pero todos éramos culpables de al menos algunos de estos pecados. Y al ser culpables estamos somos imperfectos delante de Dios y estamos destituidos de su gloria. Por lo tanto, necesitamos la salvación mediante el Señor Jesucristo. Amerita citarse por entero la introducción excelente que Oliver Greene hace a este pasaje:

"Los que ahora somos cristianos antes éramos semejantes a este cuadro de maldad. (El "nosotros" también incluye a Pablo y a Tito.) Este versículo no quiere decir que cada creyente sea culpable de todas las cosas que se mencionan aquí. Hay algunas cosas que se mencionan y de las que sin lugar a dudas Pablo no era culpable antes de convertirse, pero sencillamente está indicándole a Tito que debía predicarle a las personas en las iglesias…que debían vivir una vida santa y especialmente manifestar un espíritu de humildad, orden, paz, amabilidad y la subordinación debida a las autoridades locales. Tito debía señalar a los creyentes que ante eran pecadores por naturaleza —desordenados, malvados, sensuales—, pero al haber escuchado el evangelio, mediante el poder de este habían sido salvados de estas cosas por la gracia de Dios y ahora eran nuevas criaturas en Cristo Jesús, y mediante su conducta diaria debían probar a los incrédulos que habían experimentado un cambio de corazón.

El ministro del evangelio nunca debe ser arrogante ni orgulloso. Debe guiar la atención de los creyentes a Cristo y no hacia su propia justicia o capacidad de vivir por encima del mundo. El ministro debe recordar que antes de convertirse él estaba en la misma condición que el incrédulo al que ahora le predica. No debe olvidar que no es superior a otros debido a su capacidad sino por la gracia y poder de Dios. El ministro debe exhortar a los malvados a arrepentirse. Recordar su propia vida de pecado y maldad le ayudará a predicar fervientemente la gracia de Dios que ha obrado un milagro en su propio corazón y al haber experimentado un milagro de gracia en su propio corazón, sabe lo que la gracia de Dios

puede hacer por todos los que la reciben" (*The Epistles of Paul the Apostle to Timothy and Titus*, p. 472s).

El tema de este versículo y de este estudio es: *la vida sin Dios.*

1. El hombre es insensato, rebelde y extraviado (v. 3).
2. El hombre es esclavo de la concupiscencia y el deleite (v. 3).
3. El hombre vive en malicia y envidia (v. 3).
4. El hombre aborrece y es aborrecido (v. 3).

1 (3:3) *Insensatos — Rebeldes — Extraviados — Necios — Incrédulos — Perdidos, los:* El hombre es insensato, rebelde y extraviado (v. 3) (vea Estudio a fondo 1, *Insensatos,* Tit. 3:3; Estudio a fondo 2, *Rebeldes,* Tit. 3:3; Estudio a fondo 3, *Extraviados,* Tit. 3:3).

ESTUDIO A FONDO 1

(3:3) *Insensato — Imprudente — Incrédulos — Perdidos, los:* Una persona sin Dios es "insensata" (anoetoi). La palabra significa ser irreflexivo, torpe, sin sentido y sin entendimiento en los asuntos espirituales; ignorar a Dios y carecer de sabiduría al tratar con Dios.

Observe que en algunas ocasiones los hombres se llaman *insensatos* unos a otros, usando la palabra como un término de reproche, pero a los creyentes se les prohíbe que llamen así a otras personas; Dios no quiere que se reproche a ninguna persona. No obstante esta no es la forma en que se usa dicha palabra en el pasaje. Las Escrituras están diciendo simplemente que la persona que niega, ignora o rechaza a Dios está actuando insensatamente, muy imprudentemente.

=> Es irreflexiva: no aplica sus pensamientos a Dios, no piensa en Dios mediante la verdad.

=> Es torpe: no es sagaz en sus pensamientos acerca de Dios. Su mente está dormida, lenta y perezosa con respecto a Dios.

=> Carece de sentido: no usa el buen sentido común con respecto a Dios. Actúa contrariamente al buen sentido común. Es deficiente en sus pensamientos con respecto a Dios.

=> Carece de entendimiento: no entiende o capta a Dios, no tiene las ideas o pensamientos correctos acerca de Dios.

=> Ignora a Dios: no conoce a Dios. No ha aprendido de Dios, no lo ha mirado, ni ha pensado en

Él; no lo ha estudiado ni conocido, no ha caminado o tenido compañerismo con Él.

=> Carece de sabiduría: actúa en contra de la sabiduría, actúa peligrosa y neciamente.

Las Escrituras son tan claras como es posible: la persona que camina en la tierra sin Dios es insensata y recuerde que nosotros lo fuimos una vez, todos, cada creyente. Anduvimos por la tierra imprudentemente, considerando muy poco a Dios —si acaso— ignorándolo y rechazándolo y algunos hasta negándolo.

Pero gracias a Dios nuestro Salvador. Él nos ha salvado y salvará a cualquier persona no importa cuán insensata e ignorante de Dios sea. No importa cuán insensata y alejada de Dios esté, Dios le salvará si solo invoca el nombre del Señor Jesucristo.

"Este su camino es locura; Con todo, sus descendientes se complacen en el dicho de ellos" (Sal. 49:13).

"Dice el necio en su corazón: No hay Dios. Se han corrompido, e hicieron abominable maldad; No hay quien haga bien" (Sal. 53:1).

"La ciencia del prudente está en entender su camino; Mas la indiscreción de los necios es engaño. Los necios se mofan del pecado; Mas entre los rectos hay buena voluntad" (Pr. 14:8-9).

"El que confía en su propio corazón es necio; Mas el que camina en sabiduría será librado" (Pr. 28:26).

"Como la perdiz que cubre lo que no puso, es el que injustamente amontona riquezas; en la mitad de sus días las dejará, y en su postrimería será insensato" (Jer. 17:11).

"Pero el Señor le dijo: Ahora bien, vosotros los fariseos limpiáis lo de fuera del vaso y del plato, pero por dentro estáis llenos de rapacidad y de maldad. Necios, ¿el que hizo lo de fuera, no hizo también lo de adentro?" (Lc. 11:39-40).

"Pero Dios le dijo: Necio, esta noche vienen a pedirte tu alma; y lo que has provisto, ¿de quién será? Así es el que hace para sí tesoro, y no es rico para con Dios" (Lc. 12:20-21).

"Porque las cosas invisibles de él, su eterno poder y deidad, se hacen claramente visibles desde la creación del mundo, siendo entendidas por medio de las cosas hechas, de modo que no tienen excusa. Pues habiendo conocido a Dios, no le glorificaron como a Dios, ni le dieron gracias, sino que se envanecieron en sus razonamientos, y su necio corazón fue entenebrecido. Profesando ser sabios, se hicieron necios" (Ro. 1:20-22).

"Mirad, pues, con diligencia cómo andéis, no como necios sino como sabios" (Ef. 5:15).

ESTUDIO A FONDO 2

(3:3) *Rebeldes — Incrédulos — Perdidos, los:* Una persona sin Dios es "rebelde" (apeitheis). La palabra significa negarse a obedecer al no hacer lo que uno debe; rebelarse y rechazar las órdenes, rehusarse a ser persuadido, ser obstinado contra la autoridad. Observe un aspecto muy significativo: la acusación es que el hombre es rebelde en general; es decir, desobedece a toda autoridad:

=> Desobedece a padres, autoridades civiles, leyes civiles y las leyes naturales de la naturaleza: contaminando y usando mal todo lo que lo rodea.

=> Desobedece las leyes del deber personal en su andar en el hogar, en el trabajo y en su comunidad.

=> Y la más trágicas de todas, la causa de todas las otras desobediencias, desobedece a Dios y a su Palabra, a la Persona que pudiera salvarlo y que ha establecido el orden de la vida para el hombre.

El hombre fracasa al desobedecer todas las leyes y deberes de la vida, no siempre pero en algunas ocasiones. Por naturaleza cuando una persona quiere algo que está prohibido, se siente atraída a perseguirlo a pesar del hecho de que está mal y es desobediencia. Simplemente se siente atraído a desobedecer la ley de Dios o la ley de la tierra y las restricciones de los padres.

La idea es esta todos nosotros, cada creyente y cada no creyente, ha andado en desobediencia. Todos hemos desobedecido a la autoridad, todos hemos rechazado la ley y hemos transgredido la autoridad desde los padres hasta Dios. Hemos fracasado, más que fracasado en lo que debíamos haber hecho.

Pero gracias sean dadas a Dios nuestro Salvador porque ha provisto el camino para que seamos perdonados. Se nos ha quitado nuestra culpa y castigo por haber quebrantado la ley de Dios y del hombre. ¿Cómo? Mediante nuestro Señor Jesucristo. No importa cuán desobedientes hayamos sido, no importa cuán desordenados hayamos sido, Dios nuestro Salvador perdonará nuestras transgresiones. Él las perdonará si genuinamente creemos que su Hijo, el Señor Jesucristo, pagó el castigo de nuestra transgresión cuando murió en la cruz.

"Cualquiera, pues, que me oye estas palabras, y las hace, le compararé a un hombre prudente, que edificó su casa sobre la roca. Descendió lluvia, y vinieron ríos, y soplaron vientos, y golpearon contra aquella casa; y no cayó, porque estaba fundada sobre la roca. Pero cualquiera que me oye estas palabras y no las hace, le compararé a un hombre insensato, que edificó su casa sobre la arena; y descendió lluvia, y vinieron ríos, y soplaron vientos, y dieron con ímpetu contra aquella casa; y cayó, y fue grande su ruina" (Mt. 7:24-27).

"Y como ellos no aprobaron tener en cuenta a Dios, Dios los entregó a una mente reprobada, para hacer cosas que no convienen.... murmuradores, detractores, aborrecedores de Dios, injuriosos, soberbios, altivos, inventores de males, desobedientes a los padres" (Ro. 1:28, 30).

"Nadie os engañe con palabras vanas, porque por estas cosas viene la ira de Dios sobre los hijos de desobediencia" (Ef. 5:6).

"y a vosotros que sois atribulados, daros reposo con nosotros, cuando se manifieste el Señor Jesús desde el cielo con los ángeles de su poder, en llama de fuego, para dar retribución a los que no conocieron a Dios, ni obedecen al evangelio de nuestro Señor Jesucristo" (2 Ts. 1:7-8).

"conociendo esto, que la ley no fue dada para el justo, sino para los transgresores y desobedientes, para los impíos y pecadores, para los irreverentes y profanos, para los parricidas y matricidas, para los homicidas" (1 Ti. 1:9).

"Porque si la palabra dicha por medio de los ángeles fue firme, y toda transgresión y desobediencia recibió justa retribución, ¿cómo escaparemos nosotros, si descuidamos una salvación tan grande? La cual, habiendo sido anunciada primeramente por el Señor, nos fue confirmada por los que oyeron" (He. 2:2-3).

"Y el mundo pasa, y sus deseos; pero el que hace la voluntad de Dios permanece para siempre" (1 Jn. 2:17).

ESTUDIO A FONDO 3

(3:3) *Extraviados — Incrédulos — Perdidos, los:* Una persona sin Dios está "extraviada" (planomenoi). La palabra significa estar confundido y descarriado. Quiere decir ser seducido lejos de Dios y de la verdad y de lo que está bien. El hombre se desvía tan fácil que las Escrituras lo describen como una oveja vagabunda y perdida. Es una oveja a la que hay que buscar, encontrar y salvar o de lo contrario será destruida por la selva del mundo, destruida porque anda extraviada y descarriada del pasto eterno de Dios. Las Escrituras enseñan que el hombre es *seducido y desviado* por diferentes cosas.

=> El hombre es seducido y desviado por personas seductoras e inmorales.

"Sepulcro abierto es su garganta; Con su lengua engañan. Veneno de áspides hay debajo de sus labios" (Ro. 3:13).

"Mas os ruego, hermanos, que os fijéis en los que causan divisiones y tropiezos en contra de la doctrina que vosotros habéis aprendido, y que os apartéis de ellos. Porque tales personas no sirven a nuestro Señor Jesucristo, sino a sus propios vientres, y con suaves palabras y lisonjas engañan los corazones de los ingenuos" (Ro. 16:17-18).

"Pero fornicación y toda inmundicia, o avaricia, ni aun se nombre entre vosotros, como conviene a santos; ni palabras deshonestas, ni necedades, ni truhanerías, que no convienen, sino antes bien acciones de gracias. Porque sabéis esto, que ningún fornicario, o inmundo, o avaro, que es idólatra, tiene herencia en el reino de Cristo y de Dios. Nadie os engañe con palabras vanas, porque por estas cosas viene la ira de Dios sobre los hijos de desobediencia" (Ef. 5:3-6).

"mas los malos hombres y los engañadores irán de mal en peor, engañando y siendo engañados" (2 Ti. 3:13).

"Hijitos, nadie os engañe; el que hace justicia es justo, como él es justo" (1 Jn. 3:7).

"Y cada uno engaña a su compañero, y ninguno habla verdad; acostumbraron su lengua a hablar mentira, se ocupan de actuar perversamente" (Jer. 9:5).

"Sus ricos se colmaron de rapiña, y sus moradores hablaron mentira, y su lengua es engañosa en su boca" (Mi. 6:12).

=> El hombre es seducido y desviado por falsas enseñanzas y falsos sistemas de religión.

"Respondiendo Jesús, les dijo: Mirad que nadie os engañe. Porque vendrán muchos en mi nombre, diciendo: Yo soy el Cristo; y a muchos engañarán" (Mt. 24:4-5).

"Porque éstos son falsos apóstoles, obreros fraudulentos, que se disfrazan como apóstoles de Cristo. Y no es maravilla, porque el mismo Satanás se disfraza como ángel de luz. Así que, no es extraño si también sus ministros se disfrazan como ministros de justicia; cuyo fin será conforme a sus obras" (2 Co. 11:13-15).

"para que ya no seamos niños fluctuantes, llevados por doquiera de todo viento de doctrina, por estratagema de hombres que para engañar emplean con astucia las artimañas del error" (Ef. 4:14).

"Nadie os engañe en ninguna manera; porque no vendrá sin que antes venga la apostasía, y se manifieste el hombre de pecado, el hijo de perdición" (2 Ts. 2:3).

"Pero el Espíritu dice claramente que en los postreros tiempos algunos apostatarán de la fe, escuchando a espíritus engañadores y a doctrinas de demonios; 2por la hipocresía de mentirosos que, teniendo cauterizada la conciencia" (1 Ti. 4:1-2).

"Mas evita profanas y vanas palabrerías, porque conducirán más y más a la impiedad. Y su palabra carcomerá como gangrena; de los cuales son Himeneo y Fileto" (2 Ti. 2:16-17).

"que tendrán apariencia de piedad, pero negarán la eficacia de ella; a éstos evita. Porque de éstos son los que se meten en las casas y llevan cautivas a las mujercillas cargadas de pecados, arrastradas por diversas concupiscencias. Estas siempre están aprendiendo, y nunca pueden llegar al conocimiento de la verdad" (2 Ti. 3:5-7).

"Porque hay aún muchos contumaces, habladores de vanidades y engañadores, mayormente los de la circuncisión, a los cuales es preciso tapar la boca; que trastornan casas enteras, enseñando por ganancia deshonesta lo que no conviene" (Tit. 1:10-11).

"Porque muchos engañadores han salido por el mundo, que no confiesan que Jesucristo ha venido en carne. Quien esto hace es el engañador y el anticristo" (2 Jn. 7).

=> El hombre es seducido y desviado por sí mismo.

"¿No sabéis que los injustos no heredarán el reino de Dios? No erréis; ni los fornicarios, ni los idólatras, ni los adúlteros, ni los afeminados, ni los que se echan con varones, ni los ladrones, ni los avaros, ni los borrachos, ni los maldicientes, ni los estafadores, heredarán el reino de Dios" (1 Co. 6:9-10).

"Porque el que se cree ser algo, no siendo nada, a sí mismo se engaña" (Gá. 6:3).

"No os engañéis; Dios no puede ser burlado: pues todo lo que el hombre sembrare, eso también segará. Porque el que siembra para su carne, de la carne segará corrupción; mas el que siembra para el Espíritu, del Espíritu segará vida eterna" (Gá. 6:7-8).

"Pero sed hacedores de la palabra, y no tan solamente oidores, engañándoos a vosotros mismos" (Stg. 1:22).

"Si alguno se cree religioso entre vosotros, y no refrena su lengua, sino que engaña su corazón, la religión del tal es vana" (Stg. 1:26).

"Si decimos que no tenemos pecado, nos engañamos a nosotros mismos, y la verdad no está en nosotros" (1 Jn. 1:8).

"Pero por cuanto eres tibio, y no frío ni caliente, te vomitaré de mi boca. Porque tú dices: Yo soy rico, y me he enriquecido, y de ninguna cosa tengo necesidad; y no sabes que tú eres un desventurado, miserable, pobre, ciego y desnudo" (Ap. 3:16-17).

"Se lisonjea, por tanto, en sus propios ojos, De que su iniquidad no será hallada y aborrecida" (Sal. 36:2).

"Engañoso es el corazón más que todas las cosas, y perverso; ¿quién lo conocerá?" (Jer. 17:9).

=> El hombre es seducido y desviado por Satanás.

"vosotros sois de vuestro padre el diablo, y los deseos de vuestro padre queréis hacer. El ha sido homicida desde el principio, y no ha permanecido en la verdad, porque no hay verdad en él. Cuando habla mentira, de suyo habla; porque es mentiroso, y padre de mentira" (Jn. 8:44).

"en los cuales el dios de este siglo cegó el entendimiento de los incrédulos, para que no les resplandezca la luz del evangelio de la gloria de Cristo, el cual es la imagen de Dios" (2 Co. 4:4).

"Porque éstos son falsos apóstoles, obreros fraudulentos, que se disfrazan como apóstoles de Cristo. Y no es maravilla, porque el mismo Satanás se disfraza como ángel de luz" (2 Co. 11:13-14).

"inicuo cuyo advenimiento es por obra de Satanás, con gran poder y señales y prodigios mentirosos, y con todo engaño de iniquidad para los que se pierden, por cuanto no recibieron el amor de la verdad para ser salvos" (2 Ts. 2:9-10).

"y Adán no fue engañado, sino que la mujer, siendo engañada, incurrió en transgresión" (1 Ti. 2:14).

=> El hombre es seducido y desviado por gobiernos y estados malignos, inmorales e injustos.

"Luz de lámpara no alumbrará más en ti, ni voz de esposo y de esposa se oirá más en ti; porque tus mercaderes eran los grandes de la tierra; pues por tus hechicerías fueron engañadas todas las naciones" (Ap. 18:23).

"¡Ay de ti, ciudad sanguinaria, toda llena de mentira y de rapiña, sin apartarte del pillaje!" (Nah. 3:1).

=> El hombre es seducido y desviado por el pecado.

"porque el pecado, tomando ocasión por el mandamiento, me engañó, y por él me mató" (Ro. 7:11).

"En cuanto a la pasada manera de vivir, despojaos del viejo hombre, que está viciado conforme a los deseos engañosos" (Ef. 4:22).

"antes exhortaos los unos a los otros cada día, entre tanto que se dice: Hoy; para que ninguno de vosotros se endurezca por el engaño del pecado" (He. 3:13).

Recuerde la idea de este versículo: Una vez todos anduvimos extraviados. Todos habíamos estado alejados de Dios, pero gracias sean a Dios nuestro Salvador. Él nos ha encontrado y salvado y Él encontrará y salvará a cualquier persona que se vuelva a Él y lo invoque. Dios nuestro Salvador está buscando a todas las personas porque no quiere que nadie perezca. De hecho, Dios está con la persona en todo momento. Todo lo que la persona tiene que hacer es volverse a Dios e invocarle y Él le salvará.

2 (3:3) *Concupiscencias — Placer — Incrédulos — Perdidos, los:* una persona sin Dios es esclava de todo tipo de lujurias y deleites.

=> La palabra "lujurias" (epithumiais) significa deseos apasionados, anhelos e impulsos; significa tener una pasión.

=> La palabra "deleites" (hedonais) puede significar deleites buenos o malos. En el presente contexto implica malos deleites, desear y complacerse en diversiones y deleites mundanales.

Toda persona sabe lo que es que la carne desee los placeres y deleites de este mundo, que esta anhele y anhele poner sus manos en los placeres y deleites…

- de tener más y más.
- de tener más grande y mejor.
- de hacer fiestas.
- de lujuriar.
- de las drogas intoxicantes.
- de tener poder.
- de ejercer autoridad.
- de complacerse en la comida.
- de tener reconocimiento.
- de tener dinero.
- de tener propiedades.
- de tener posesiones.
- de ganar atención.
- de obtener posición.
- de estar a la moda.

El hombre es esclavo de las cosas del mundo, cosas que dañan su cuerpo, que lo hacen avaricioso y egoísta, que destruyen su espíritu y lo condenan a la destrucción.

Pero gracias sean dadas a Dios nuestro Salvador. Él nos ha salvado y librado de las esclavitudes de este mundo, la esclavitud de las lujurias y deleites que destruyen nuestros cuerpos y almas. La maravillosa noticia es que cualquier persona puede ser liberada de las lujurias y deleites destructivos de este mundo. ¿Cómo? Mediante nuestro Señor Jesucristo. Si una persona se aleja de las lujurias y placeres destructivos y se acerca a Cristo, Dios la librará. Dios le dará el poder para conquistar la lujuria y esclavitud de este mundo.

"La que cayó entre espinos, éstos son los que oyen, pero yéndose, son ahogados por los afanes y las riquezas y los placeres de la vida, y no llevan fruto" (Lc. 8:14).

"y diré a mi alma: Alma, muchos bienes tienes guardados para muchos años; repósate, come, bebe, regocíjate. Pero Dios le dijo: Necio, esta noche vienen a pedirte tu alma; y lo que has provisto, ¿de quién será?" (Lc. 12:19-20).

"Pero la que se entrega a los placeres, viviendo está muerta" (1 Ti. 5:6).

"También debes saber esto: que en los postreros días vendrán tiempos peligrosos. Porque habrá hombres amadores de sí mismos, avaros, vanagloriosos, soberbios, blasfemos, desobedientes a los padres, ingratos, impíos, sin afecto natural, implacables, calumniadores, intemperantes, crueles, aborrecedores de lo bueno, traidores, impetuosos, infatuados, amadores de los deleites más que de Dios" (2 Ti. 3:1-4).

"Porque nosotros también éramos en otro tiempo insensatos, rebeldes, extraviados, esclavos de concupiscencias y deleites diversos, viviendo en malicia y envidia, aborrecibles, y aborreciéndonos unos a otros" (Tit. 3:3).

"Habéis vivido en deleites sobre la tierra, y sido disolutos; habéis engordado vuestros corazones como en día de matanza" (Stg. 5:5).

"Pero yo os digo que cualquiera que mira a una mujer para codiciarla, ya adulteró con ella en su corazón" (Mt. 5:28).

"Por lo cual también Dios los entregó a la inmundicia, en las concupiscencias de sus corazones, de modo que deshonraron entre sí sus propios cuerpos" (Ro. 1:24).

"y de igual modo también los hombres, dejando el uso natural de la mujer, se encendieron en su lascivia unos con otros, cometiendo hechos vergonzosos hombres con hombres, y recibiendo en sí mismos la retribución debida a su extravío" (Ro. 1:27).

"Baste ya el tiempo pasado para haber hecho lo que agrada a los gentiles, andando en lascivias, concupiscencias, embriagueces, orgías, disipación y abominables idolatrías" (1 P. 4:3).

"El ojo del adúltero está aguardando la noche, Diciendo: No me verá nadie; Y esconde su rostro. En las tinieblas minan las casas Que de día para sí señalaron; No conocen la luz" (Job 24:15-16).

3 *Malicia — Envidia — Incrédulos — Perdidos, los:* El hombre vive en malicia y envidia (v. 3) (vea Estudio a fondo 4, *Malicia,* Tit. 3:3; Estudio a fondo 5, *Envidia,* Tit. 3:3).

ESTUDIO A FONDO 4

(3:3) *Malicia — Incrédulos — Perdidos, los:* Una persona sin Dios vive en malicia (kakia). La palabra significa una mala disposición o una mala naturaleza. Es un espíritu lleno de maldad, malicia e injuria; un carácter que es tan malo como le es posible. Es una persona que siempre busca lo malo en otras personas y siempre dice de estas lo peor. Es una persona que muchas veces arruina a otras en cuanto a reputación, cuerpo, mente y espíritu. Es una persona tan llena de mal que siempre hace daño a otros ya sea mediante palabras o violencia. Hay algunas personas que no se atreverían a golpear a otra y hacerle daño pero todo el mundo ha experimentado sentimientos en contra de otra persona. Estos sentimientos surgen a raíz de alguna discusión o diferencia dentro de la familia, con un vecino, en el trabajo, en la escuela o en un juego y dichos sentimientos fueron tan fuertes que no nos importaría si algo malo le sucediera a la persona. Y la mayoría de las personas han tenido sentimientos...

- que desearían que algo malo le pasara a otros.
- que degradan y destrozan a otros.

Desgraciadamente, estos sentimientos se dan a veces incluso dentro de las familias. Las personas tienen malicia en su corazón, no les importa si a los otros les pasa algo malo, pero gracias sean dadas a Dios nuestro Salvador. Él ha provisto perdón para este terrible pecado: perdón y liberación; y Él perdonará y librará a cualquier persona que se aleja de su malicia y amargura contra otros y se vuelve a Él.

"Hermanos, no seáis niños en el modo de pensar, sino sed niños en la malicia, pero maduros en el modo de pensar" (1 Co. 14:20).

"Quítense de vosotros toda amargura, enojo, ira, gritería y maledicencia, y toda malicia. Antes sed benignos unos con otros, misericordiosos, perdonándoos unos a otros, como Dios también os perdonó a vosotros en Cristo" (Ef. 4:31-32).

"Pero ahora dejad también vosotros todas estas cosas: ira, enojo, malicia, blasfemia, palabras deshonestas de vuestra boca" (Col. 3:8).

"Desechando, pues, toda malicia, todo engaño, hipocresía, envidias, y todas las detracciones, desead, como niños recién nacidos, la leche espiritual no adulterada, para que por ella crezcáis para salvación, si es que habéis gustado la benignidad del Señor" (1 P. 2:1-3).

ESTUDIO A FONDO 5

(3:3) *Envidia:* Una persona sin Dios vive con envidia (phthonoi). La palabra significa que una persona codicia lo que otra tiene, lo codicia tanto que lo quiere aun cuando para tenerlo haya que quitárselo a la otra persona. Incluso puede desear que la otra persona no lo tuviera o no lo hubiera recibido. Podemos mirar a las personas y envidiar su...

- dinero
- posición
- apariencia
- posesiones
- popularidad
- ropa
- status social
- reconocimiento
- autoridad

Los resultados de la envidia son terribles, la envidia afecta terriblemente la vida y el cuerpo de una persona.

=> La persona que envidia *no tiene paz o felicidad.* Está insatisfecha con lo que es y lo que tiene y siempre quiere más y más de lo que otros tienen.

=> Además de esto, la envidia muchas veces impulsa a la persona *a cometer delitos y cosas ilegales* para obtener lo que desea.

=> Encima de todo esto la envidia con frecuencia

genera *problemas físicos* como migrañas, presión alta y úlceras.

=> La envidia también causa problemas emocionales que van desde una neurosis depresiva leve hasta una conducta sicótica.

Pero gracias sean dadas a Dios nuestro Salvador. Él nos salva y nos libera de la envidia. Mediante Cristo Él nos da vida, vida verdadera y satisface nuestros corazones y vidas con placeres eternos (Sal. 16:11).

"**El corazón apacible es vida de la carne; Mas la envidia es carcoma de los huesos**" (Pr. 14:30).

"**No tenga tu corazón envidia de los pecadores, Antes persevera en el temor de Jehová todo el tiempo**" (Pr. 23:17).

"**No tengas envidia de los hombres malos, Ni desees estar con ellos**" (Pr. 24:1).

"**Andemos como de día, honestamente; no en glotonerías y borracheras, no en lujurias y lascivias, no en contiendas y envidia**" (Ro. 13:13).

"**El amor es sufrido, es benigno; el amor no tiene envidia, el amor no es jactancioso, no se envanece**" (1 Co. 13:4).

"**No nos hagamos vanagloriosos, irritándonos unos a otros, envidiándonos unos a otros**" (Gá. 5:26).

4 (3:3) *Odio:* El hombre aborrece y es aborrecido (v. 3) (vea Estudio a fondo 6, *Odio*, Tit. 3:3; Estudio a fondo 7, *Odio*, Tit. 3:3).

ESTUDIO A FONDO 6

(3:3) *Odio:* una persona sin Dios es aborrecida, es decir, es digna de que se le aborrezca (stugetoi). Esta es la única ocasión en que esta terrible palabra se usa en la Biblia. Quiere decir ser odiado, ser digno de odio y de ser considerado como detestable. Es una término fuerte, pensar que somos dignos de que se nos aborrezca. ¿Qué quiere decir esto?

=> Significa que la naturaleza codiciosa, egoísta y avariciosa del hombre es digna de aborrecerse. La naturaleza que miente, roba, engaña y acapara mientras que hay millones que mueren de hambre, sed, enfermedad, frío, calor, pecado, maldad y por la ausencia del evangelio que pudiera salvar al mundo entero.

=> Significa que la naturaleza carnal e inmoral del hombre es digna de aborrecimiento. La naturaleza que comete fornicación y adulterio destruyendo hogares y cuerpos al traicionar la confianza, mediante enfermedades y traumas emocionales y mentales, de los cuales muchos nunca se recuperan.

La lista podría continuar pero la idea está clara: la conducta del hombre es en muchas ocasiones digna de ser aborrecida, pero gracias sena a Dios que ha salvado y transformado nuestra aborrecible naturaleza. Él ha tomado nuestra naturaleza carente de amor y ha hecho de nosotros un hombre nuevo y lo hará con cualquier persona que deje de vivir una vida egoísta y mundana y se vuelva a Cristo.

Dios transformará a cualquier persona que confíe en su Hijo, el Señor Jesucristo, y le siga.

"**Y oían también todas estas cosas los fariseos, que eran avaros, y se burlaban de él. Entonces les dijo: vosotros sois los que os justificáis a vosotros mismos delante de los hombres; mas Dios conoce vuestros corazones; porque lo que los hombres tienen por sublime, delante de Dios es abominación**" (Lc. 16:14-15).

"**Porque abominación es a Jehová tu Dios cualquiera que hace esto, y cualquiera que hace injusticia**" (Dt. 25:16).

"**Y pasado el luto, envió David y la trajo a su casa; y fue ella su mujer, y le dio a luz un hijo. Mas esto que David había hecho, fue desagradable ante los ojos de Jehová**" (2 S. 11:27).

"**Porque tú no eres un Dios que se complace en la maldad; El malo no habitará junto a ti**" (Sal. 5:4).

"**Jehová prueba al justo; Pero al malo y al que ama la violencia, su alma los aborrece**" (Sal. 11:5).

"**Seis cosas aborrece Jehová, Y aun siete abomina su alma: Los ojos altivos, la lengua mentirosa, Las manos derramadoras de sangre inocente, El corazón que maquina pensamientos inicuos, Los pies presurosos para correr al mal, El testigo falso que habla mentiras, Y el que siembra discordia entre hermanos**" (Pr. 6:16-19).

"**Y ninguno de vosotros piense mal en su corazón contra su prójimo, ni améis el juramento falso; porque todas estas son cosas que aborrezco, dice Jehová**" (Zac. 8:17).

ESTUDIO A FONDO 7

(3:3) *Odio:* una persona sin Dios es ciudadana de un mundo de odio, un mundo en el que las personas se odian unas a otras, un hecho trágico y terrible pero real.

=> Raza que aborrece a otra raza.
=> Nación que aborrece a otra nación.
=> Empleados que aborrecen a sus empleadores.
=> Hermanos se aborrecen entre sí.
=> Esposas que aborrecen a sus esposos.
=> Hijos que aborrecen a sus padres.

No importa la raza, el color, el credo, la case, posición o status, el odio llena el corazón humano y consume tanto al hombre como a su mundo. El resultado es el peor mundo que podamos imaginar, un mundo que es tan hermoso y sin embargo es profanado por una naturaleza y conducta humanas que desafían toda explicación humana, una naturaleza que prefiere vivir en un mundo de…

• guerra	• asesinato	• abuso
• peleas	• división	• divorcio
• violación	• robo	• discusión
• mentiras	• engaños	• esclavitud

Pero gracias sean dadas a Dios nuestro Salvador. Él nos ha salvado y ha provisto para nosotros una salida mediante su Hijo, el Señor Jesucristo. Podemos ser liberados del odio del mundo y recibir una vida de amor, gozo y paz, una vida que durará para siempre.

"Porque de tal manera amó Dios al mundo, que ha dado a su Hijo unigénito, para que todo aquel que en él cree, no se pierda, mas tenga vida eterna" (Jn. 3:16).

"De cierto, de cierto os digo: El que oye mi palabra, y cree al que me envió, tiene vida eterna; y no vendrá a condenación, mas ha pasado de muerte a vida" (Jn. 5:24).

"El que dice que está en la luz, y aborrece a su hermano, está todavía en tinieblas" (1 Jn. 2:9).

"Todo aquel que aborrece a su hermano es homicida; y sabéis que ningún homicida tiene vida eterna permanente en él" (1 Jn. 3:15).

"No aborrecerás a tu hermano en tu corazón; razonarás con tu prójimo, para que no participes de su pecado" (Lv. 19:17).

"El odio despierta rencillas; Pero el amor cubrirá todas las faltas" (Pr. 10:12).

"Mejor es la comida de legumbres donde hay amor, Que de buey engordado donde hay odio" (Pr. 15:17).

	E. Mensaje 5: La vida con Dios: Salvación, 3:4-7		regeneración y una renovación del Espíritu de Dios
1 La salvación viene de Dios a. De la bondad de Dios b. Del amor de Dios c. No por buenas obras d. Por la misericordia de Dios **2 La salvación es una**	4 Pero cuando se manifestó la bondad de Dios nuestro Salvador, y su amor para con los hombres, 5 nos salvó, no por obras de justicia que nosotros hubiéramos hecho, sino por su misericordia, por el lavamiento de la regeneración y por la renovación en el Espíritu Santo,	6 el cual derramó en nosotros abundantemente por Jesucristo nuestro Salvador, 7 para que justificados por su gracia, viniésemos a ser herederos conforme a la esperanza de la vida eterna.	**3 La salvación viene a través de Jesucristo nuestro Salvador** a. Él da el Espíritu b. Él justifica por su gracia c. Nos hace herederos de la vida eterna

DIVISIÓN II

EL MENSAJE DE LA SANA DOCTRINA, 2:1—3:11

E. Mensaje 5: La vida con Dios: Salvación, 3:4-7

(3:4-7) *Introducción:* Este uno de las grandes recapitulaciones acerca de la salvación en todas las Escrituras. Es un mensaje para que las personas sean alcanzadas para Cristo y si los creyentes van a estar fundamentados en la sana doctrina.

1. La salvación viene de Dios (vv. 4-5).
2. La salvación es una regeneración y una renovación del Espíritu de Dios (v. 5).
3. La salvación viene a través de Jesucristo nuestro Salvador (vv. 6-7).

1 (3:4-5) *Salvación — Bondad — Amor:* La salvación viene de Dios. Dios es el autor de la salvación. Dios no es como la mayoría de las personas se lo imaginan.

=> Algunas personas imaginan a Dios muy lejos en algún lugar en el espacio con muy poco interés, si es que tiene alguno, en los problemas y las vidas de los hombres. Sienten que Dios es prácticamente intocable y ven muy poca evidencia que contradiga esto. En ocasiones ellos y otros oran y adoran y parece ser que nada sucede. Simplemente sus oraciones no son respondidas. Siguen sufriendo y los problemas del mundo continúan tal y como siempre. Hay muy poco indicio de que Dios realmente esté actuando en sus vidas y en el mundo, así que si Él existe debe estar muy lejos y con muy poco interés en el mundo. Esta es la forma en muchas personas ven a Dios.

=> Otros se imaginan a Dios como un Ser Supremo que esté suspendido en el aire sobre las personas y vigila cada uno de sus movimientos. Ven a Dios como el Juez Supremo que siempre está buscando a los que hacen mal para caer sobre ellos y condenarlos a menos que ellos guarden las leyes y reglas de Dios.

=> Algunas personas se imaginan a Dios como un abuelo cariñoso y condescendiente. Ven a Dios como el Ser Supremo del universo cuya naturaleza básica es el amor. De hecho creen que es tan amoroso que entiende que haya un pecadito por aquí y otro por allá. Así que consiente y perdona una vida de mundanalidad y alguna que otra indiscreción y acepta a todo el mundo. Aceptará a la persona que haga algún bien. (Fíjese, muy pocas, pero muy pocas personas alguna vez creen que Dios las rechazará, no a fin de cuentas.)

Mire lo que dice este versículo. Dios no está lejos en el espacio, carente de interés en el hombre; no es el abuelo cariñoso y complaciente de la raza humana y no es el Juez Supremo que se cierne sobre los hombres para castigarlos cuando hagan algo mal. Dios es nuestro Salvador. Está muy preocupado por nosotros, tanto así que su nombre es *Dios nuestro Salvador.* Nos ha salvado del pecado y el mal y del sufrimiento y la muerte de este mundo, de la condenación en el otro mundo. ¡Imagínese! Estamos salvos del pecado y del mal, de la muerte, del sufrimiento y de tener que enfrentar la condenación en algún momento. Dios nuestro Salvador nos ha salvado y nos ha dado vida eterna, viviremos para siempre, nunca moriremos ni estaremos separados de Dios, en lo absoluto, ni por un minuto. Tenga en cuenta dos aspectos significativos.

1. La salvación viene de la "bondad" (chrestotes) de Dios. En muchas ocasiones esta palabra se traduce como *benignidad.* Quiere decir bueno, amable y bondadoso. Pero se trata de una bondad tan profunda que siempre da lo que sea necesario para satisfacer las necesidades de una persona (Barclay). *La bondad* está tan arraigada en Dios que es su propia naturaleza. Dios es tan bueno y bondadoso que no pudo hacer otra cosa que salvarnos. Tenía que satisfacer nuestra necesidad, tenía que salvarnos del pecado, la muerte y la condenación. ¿Por qué? Porque es bondadoso, tenía que extender su bondad al hombre y salvarlo.

"¿O menosprecias las riquezas de su benignidad, paciencia y longanimidad, ignorando que su benignidad te guía al arrepentimiento?" (Ro. 2:4).

"Jehová se manifestó a mí hace ya mucho tiempo, diciendo: Con amor eterno te he amado; por tanto, te prolongué mi misericordia" (Jer. 31:3).

"Y te desposaré conmigo para siempre; te desposaré conmigo en justicia, juicio, benignidad y misericordia" (Os. 2:19).

2. La salvación viene del amor (philanthropia) de Dios. Esto quiere decir que el amor de Dios alcanzó al hombre, que Dios tiene un afecto profundamente arraigado hacia el hombre y ha derramado su afecto sobre el hombre al salvarlo. La palabra implica la idea de compasión. Dios ama tanto al hombre que su afecto y compasión se mueven a salvar a los hombres. Dios nos ama tanto que tiene que actuar para tratar con los problemas del pecado y la muerte y proveer una salida ante la condenación.

"Porque de tal manera amó Dios al mundo, que ha dado a su Hijo unigénito, para que todo aquel que en él cree, no se pierda, mas tenga vida eterna" (Jn. 3:16).

"De cierto, de cierto os digo: El que oye mi palabra, y cree al que me envió, tiene vida eterna; y no vendrá a condenación, mas ha pasado de muerte a vida" (Jn. 5:24).

"Mas Dios muestra su amor para con nosotros, en que siendo aún pecadores, Cristo murió por nosotros" (Ro. 5:8).

"Pero Dios, que es rico en misericordia, por su gran amor con que nos amó, aun estando nosotros muertos en pecados, nos dio vida juntamente con Cristo (por gracia sois salvos)" (Ef. 2:4-5).

"Mirad cuál amor nos ha dado el Padre, para que seamos llamados hijos de Dios; por esto el mundo no nos conoce, porque no le conoció a él" (1 Jn. 3:1).

"En esto se mostró el amor de Dios para con nosotros, en que Dios envió a su Hijo unigénito al mundo, para que vivamos por él" (1 Jn. 4:9).

"Y nosotros hemos conocido y creído el amor que Dios tiene para con nosotros. Dios es amor; y el que permanece en amor, permanece en Dios, y Dios en él" (1 Jn. 4:16).

3. La salvación no viene por buenas obras. Los hombres no pueden ganar la justicia mediante las buenas obras. Ninguna persona puede ser lo suficientemente buena como para hacer que Dios la acepte. Esta es la gran falacia de la mayoría de las personas y religiones. Creen que pueden asegurar la aprobación de Dios al ser buenos y hacer el bien, pero esto es una gran mentira:

=> El hombre no puede hacer bien suficiente como para hacerse a sí mismo perfecto.

=> El hombre es imperfecto así que nunca podrá ser perfecto. La imperfección nunca puede convertirse en perfección.

Lo que el hombre no logra comprender es que Dios es perfecto, y como perfecto, no puede aceptar nada imperfecto. Así que no importa cuántas obras de justicia el hombre haga, no importa cuánto bien haga, el hombre no se salva por sus propios esfuerzos. No puede ganarse o merecer la salvación, no mediante su propia justicia o la benignidad personal que pueda alcanzar.

Pensamiento 1. El sentido común nos dice que todo con relación al hombre se acaba y muere. No importa de lo que se trate, todo lo que el hombre sabe y posee, incluso a sí mismo, envejece, decae y muere. Así que la justicia o la bondad basada en el hombre muere y se va junto con él. Si el hombre va a ser salvado, entonces alguien fuera de él y de este mundo —alguien con el poder de penetrar este mundo y salvarlo— tiene que venir a la tierra y sacar al hombre de su corrupción y salvarlo. La idea es esta: si alguna vez el hombre va ser salvo, no será por su propia justicia ni por nada más que tenga que tenga que ver con *sí mismo*. Todo lo relacionado con esto muere. El hombre solamente puede salvarse mediante alguna *Fuerza* mucho mayor que él, una fuerza lo suficientemente viva y personal, bondadosa y amorosa como para salvarlo. Esa fuerza, por supuesto, es Dios mismo.

"Muchos me dirán en aquel día: Señor, Señor, ¿no profetizamos en tu nombre, y en tu nombre echamos fuera demonios, y en tu nombre hicimos muchos milagros? Y entonces les declararé: Nunca os conocí; apartaos de mí, hacedores de maldad" (Mt. 7:22-23).

"ya que por las obras de la ley ningún ser humano será justificado delante de él; porque por medio de la ley es el conocimiento del pecado" (Ro. 3:20).

"sabiendo que el hombre no es justificado por las obras de la ley, sino por la fe de Jesucristo, nosotros también hemos creído en Jesucristo, para ser justificados por la fe de Cristo y no por las obras de la ley, por cuanto por las obras de la ley nadie será justificado" (Gá. 2:16).

"Porque por gracia sois salvos por medio de la fe; y esto no de vosotros, pues es don de Dios; no por obras, para que nadie se gloríe" (Ef. 2:8-9).

"Pero cuando se manifestó la bondad de Dios nuestro Salvador, y su amor para con los hombres, nos salvó, no por obras de justicia que nosotros hubiéramos hecho, sino por su misericordia, por el lavamiento de la regeneración y por la renovación en el Espíritu Santo" (Tit. 3:4-5).

4. La salvación viene de la misericordia (eleon) de Dios. La palabra implica sentimientos de piedad, compasión y bondad. Es un deseo de socorrer, de tiernamente atraer hacia uno y cuidar. Hay dos cosas esenciales para tener misericordia: ver una necesidad y ser capaz de satisfacerla. Dios ve nuestra necesidad de salvación; ve que necesitamos ser rescatados del pecado, la muerte y la condenación. Así que Dios actúa, tiene misericordia de nosotros y nos proporciona la manera de ser salvos.

"Y su misericordia es de generación en generación A los que le temen" (Lc. 1:50).

"Pero Dios, que es rico en misericordia, por su gran amor con que nos amó, aun estando nosotros muertos en pecados, nos dio vida juntamente con Cristo (por gracia sois salvos)" (Ef. 2:4-5).

"nos salvó, no por obras de justicia que nosotros hubiéramos hecho, sino por su misericordia, por el lavamiento de la regeneración y por la renovación en el Espíritu Santo" (Tit. 3:5).

"Por la misericordia de Jehová no hemos sido consumidos, porque nunca decayeron sus misericordias" (Lm. 3:22).

"¿Qué Dios como tú, que perdona la maldad, y olvida el pecado del remanente de su heredad? No retuvo para siempre su enojo, porque se deleita en misericordia" (Mi. 7:18).

2 (3:5) *Regeneración — Renovación — Nuevo nacimiento — Nuevo hombre — Salvación — Espíritu Santo:* La salvación es una regeneración y una renovación diaria de la vida mediante el Espíritu Santo de Dios.

1. La palabra "regeneración" (palingenesis) quiere decir ser regenerado o recibir nueva vida; tener un nuevo nacimiento; ser renovado o reavivado; renacer o convertirse espiritualmente. La salvación es un renacer espiritual, es que una persona nazca de nuevo mediante el Espíritu de Dios.

Observe que el nuevo nacimiento es un cambio tan radical en la vida de una persona que se describe como un "lavamiento" (loutrou) que quiere decir un baño, una inmersión completa. La salvación es tan dramática que se como lavar la vieja vida y recibir una nueva. Todo lo que está relacionado con la antigua vida de la persona se lava, todo…

- el pecado y la maldad
- la corrupción e injusticia
- el egoísmo y la avaricia
- la culpa y la duda
- la suciedad e inmoralidad
- la contaminación y la mundanalidad
- el fracaso y las deficiencias.

El Espíritu de Dios limpia a la persona, sumerge a la persona en la sangre limpiadora de Jesucristo.

> "en quien tenemos redención por su sangre, el perdón de pecados según las riquezas de su gracia" (Ef. 1:7).
>
> "en quien tenemos redención por su sangre, el perdón de pecados" (Col. 1:14).
>
> "pero si andamos en luz, como él está en luz, tenemos comunión unos con otros, y la sangre de Jesucristo su Hijo nos limpia de todo pecado" (1 Jn. 1:7).
>
> "y de Jesucristo el testigo fiel, el primogénito de los muertos, y el soberano de los reyes de la tierra. Al que nos amó, y nos lavó de nuestros pecados con su sangre" (Ap. 1:5).
>
> "Yo le dije: Señor, tú lo sabes. Y él me dijo: Estos son los que han salido de la gran tribulación, y han lavado sus ropas, y las han emblanquecido en la sangre del Cordero" (Ap. 7:14).

El Espíritu de Dios mediante la sangre de Cristo lava la antigua vida y le concede al creyente una vida nueva. El Espíritu de Dios regenera a la persona, lo salva de su antigua vida y le da una vida nueva, un nuevo nacimiento, convirtiéndolo en una nueva persona espiritualmente.

> "Mas a todos los que le recibieron, a los que creen en su nombre, les dio potestad de ser hechos hijos de Dios; los cuales no son engendrados de sangre, ni de voluntad de carne, ni de voluntad de varón, sino de Dios" (Jn. 1:12-13).
>
> "Respondió Jesús y le dijo: De cierto, de cierto te digo, que el que no naciere de nuevo, no puede ver el reino de Dios.... Respondió Jesús: De cierto, de cierto te digo, que el que no naciere de agua y del Espíritu, no puede entrar en el reino de Dios" (Jn. 3:3, 5).
>
> "Y esto erais algunos; mas ya habéis sido lavados, ya habéis sido santificados, ya habéis sido justificados

> en el nombre del Señor Jesús, y por el Espíritu de nuestro Dios" (1 Co. 6:11).
>
> "De modo que si alguno está en Cristo, nueva criatura es; las cosas viejas pasaron; he aquí todas son hechas nuevas" (2 Co. 5:17).
>
> "nos salvó, no por obras de justicia que nosotros hubiéramos hecho, sino por su misericordia, por el lavamiento de la regeneración y por la renovación en el Espíritu Santo" (Tit. 3:5).
>
> "siendo renacidos, no de simiente corruptible, sino de incorruptible, por la Palabra de Dios que vive y permanece para siempre" (1 P. 1:23).
>
> "Todo aquel que cree que Jesús es el Cristo, es nacido de Dios; y todo aquel que ama al que engendró, ama también al que ha sido engendrado por él" (1 Jn. 5:1).

2. La palabra "renovación" (anakainosis) significa hacer nuevo otra vez, revivir de nuevo, hacer nuevo espiritualmente, comenzar todo otra vez, ajustar nuevamente. Salvación es que el Espíritu Santo ajusta a la persona y la renueva otra vez. Es que el Espíritu de Dios toma a la persona, reajusta su vida y la revive espiritualmente. Tenga en cuenta que al igual que la regeneración, la renovación la hace el Espíritu de Dios.

W. E. Vine señala que el énfasis esta en la "operación continua del Espíritu de Dios que mora en el interior".

Kenneth Wuest dice: "Es la obra del Espíritu Santo en la santificación".

La idea es una ver más que maravillosa. El Espíritu Santo no solo regenera a la persona y le da un nuevo nacimiento y una nueva vida, hace mucho, mucho más. La renueva y la reaviva *a diario*. Cada día de la vida de la persona es una renovación y un avivamiento, por parte del Espíritu de Dios. La vida —aunque sea un día— no necesita ser…

- aburrida
- rutinaria
- monótona
- carente de propósito o significado
- sin rumbo
- satisfecha de sí misma

Cuando una persona es verdaderamente salva el Espíritu Santo la renueva y reaviva cada día; impulsa y activa a la persona para seguir a Jesús más y más cerca y servirle cada vez con más fidelidad.

> "Así que, hermanos, os ruego por las misericordias de Dios, que presentéis vuestros cuerpos en sacrificio vivo, santo, agradable a Dios, que es vuestro culto racional. No os conforméis a este siglo, sino transformaos por medio de la renovación de vuestro entendimiento, para que comprobéis cuál sea la buena voluntad de Dios, agradable y perfecta" (Ro. 12:1-2).
>
> "Por tanto, no desmayamos; antes aunque este nuestro hombre exterior se va desgastando, el interior no obstante se renueva de día en día" (2 Co. 4:16).
>
> "En cuanto a la pasada manera de vivir, despojaos del viejo hombre, que está viciado conforme a los deseos engañosos, y renovaos en el espíritu de vuestra mente" (Ef. 4:22-23).

"y revestido del nuevo, el cual conforme a la imagen del que lo creó se va renovando hasta el conocimiento pleno" (Col. 3:10).

"nos salvó, no por obras de justicia que nosotros hubiéramos hecho, sino por su misericordia, por el lavamiento de la regeneración y por la renovación en el Espíritu Santo" (Tit. 3:5).

ESTUDIO A FONDO 1

(3:5) *Regeneración — Nuevo nacimiento:* La enseñanza del Nuevo Testamento acerca del nuevo nacimiento es rica y completa.

1. El nuevo nacimiento es una necesidad. La persona nunca verá (Jn. 3:3) ni entrará (Jn. 3:5) en el reino de Dios a menos que haya nacido de nuevo (Jn. 3:7).

2. El nuevo nacimiento es un nacimiento espiritual, el nacimiento de un poder y espíritu nuevos en la vida. No es una reformación de la vieja naturaleza (Ro. 6:6). Es la creación real de un nuevo nacimiento en el interior, espiritualmente (Jn. 3:5-6; cp. Jn. 1:12-13; 2 Co. 5:17; Ef. 2:10; 4:24). (Vea notas, Ef. 1:3; 4:17; Estudio a fondo 3, 4:24). Una persona nace espiritualmente de nuevo:

   a. De agua, del Espíritu (vea Estudio a fondo 2, Jn. 3:5).

   b. De la voluntad de Dios (Stg. 1:18).

   c. De simiente incorruptible, de la Palabra de Dios (1 P. 1:23).

   d. De Dios, de arriba (1P. 1:3). La partícula "re" (ana) en renacer también significa arriba. (Cp. Jn. 1:12-13).

   e. De Cristo quien da tanto *el poder como el derecho* de nacer de nuevo (Jn. 1:12-13).

3. El nuevo nacimiento es una experiencia definida, una experiencia real. Una persona experimenta el nuevo nacimiento:

   a. Al creer que Jesús es el Cristo, el Hijo de Dios (1 Jn. 5:1; cp. Jn. 3:14-15).

   b. Cuando los creyentes hablan del evangelio (1 Co. 4:5; Flm. 10).

   c. Por la Palabra de Dios (1 P. 1:23) o por la Palabra de Verdad (Stg. 1:18).

4. El nuevo nacimiento es una vida cambiada, una vida totalmente nueva. Una persona demuestra que ha nacido de nuevo:

   a. Haciendo obras de justicia (1 Jn. 2:29; cp. Ef. 2:10; 4:24).

   b. Al no practicar el pecado (1 Jn. 3:9; 5:18).

   c. Al amar a otros creyentes (1 Jn. 4:7).

   d. Al vencer al mundo (1 Jn. 5:4).

   e. Al guardarse a sí misma (1 Jn. 5:18).

   f. Al poseer la simiente o naturaleza divina (1 Jn. 3:9; 1 P. 1:23; 2 P. 1:4; cp. Col. 1:27).

3 (3:6-7) *Salvación — Justificación — Herencia:* La salvación viene mediante Jesucristo nuestro Salvador. Jesucristo ha hecho tres cosas maravillosas por nosotros.

1. Es Jesucristo quien derrama tan abundantemente el Espíritu Santo sobre nosotros. Como se dice en el versículo cinco, es el Espíritu Santo quien nos regenera y renueva cada día, pero no tendríamos el Espíritu Santo sin Jesucristo. Es Jesucristo quien nos da el Espíritu Santo. Tenga en cuenta lo siguiente:

=> Es la cabeza del hombre la que impulsa y estimula el espíritu a fluir en su cuerpo y hacer que el trabajo se haga. Así mismo sucede con Cristo la cabeza de la iglesia. Cristo incita su Espíritu para que fluya mediante su cuerpo de creyentes el cual es su iglesia.

Cuando una persona cree en Jesucristo, Cristo pone su Espíritu en el nuevo creyente. Sí, Cristo derrama su espíritu rica y abundantemente sobre la persona. El resultado es tanto regeneración (un nuevo nacimiento) como una renovación diaria (impulsada a seguir a Cristo y servirle más y más).

Pensamiento 1. El poder fundamental en la vida del creyente es el poder del Espíritu Santo. Es Él y solo Él quien imparte vida al creyente (regeneración) y quien hace que el creyente sirva a Cristo cada día (renovación). Toda la conducta del creyente, sus palabras y su adoración carecen de poder sin el poder del Espíritu Santo. No importa cuán alta sea su posición, ni cuán atractiva sea su profesión o apariencia, cuán consistente sea su adoración, su vida carece de poder sin la presencia y el poder del Espíritu Santo. Tanto él como su obra religiosa con totalmente inaceptables ante Dios.

"El espíritu es el que da vida; la carne para nada aprovecha; las palabras que yo os he hablado son espíritu y son vida" (Jn. 6:63).

"Y yo rogaré al Padre, y os dará otro Consolador, para que esté con vosotros para siempre: el Espíritu de verdad, al cual el mundo no puede recibir, porque no le ve, ni le conoce; pero vosotros le conocéis, porque mora con vosotros, y estará en vosotros. No os dejaré huérfanos; vendré a vosotros" (Jn. 14:16-18).

"Mas vosotros no vivís según la carne, sino según el Espíritu, si es que el Espíritu de Dios mora en vosotros. Y si alguno no tiene el Espíritu de Cristo, no es de él. Pero si Cristo está en vosotros, el cuerpo en verdad está muerto a causa del pecado, mas el espíritu vive a causa de la justicia." (Ro. 8:9).

"Y si el Espíritu de aquel que levantó de los muertos a Jesús mora en vosotros, el que levantó de los muertos a Cristo Jesús vivificará también vuestros cuerpos mortales por su Espíritu que mora en vosotros" (Ro. 8:11).

"¿No sabéis que sois templo de Dios, y que el Espíritu de Dios mora en vosotros?" (1 Co. 3:16).

"¿O ignoráis que vuestro cuerpo es templo del Espíritu Santo, el cual está en vosotros, el cual tenéis de Dios, y que no sois vuestros?" (1 Co. 6:19).

"Pero cuando vino el cumplimiento del tiempo, Dios envió a su Hijo, nacido de mujer y nacido bajo la ley, para que redimiese a los que estaban bajo la ley, a fin de que recibiésemos la adopción de hijos. Y por cuanto sois hijos, Dios envió a vuestros corazones el Espíritu de su Hijo, el cual clama: ¡Abba, Padre!" (Gá. 4:4-6).

"Pero la unción que vosotros recibisteis de él permanece en vosotros, y no tenéis necesidad de que nadie os enseñe; así como la unción misma os enseña todas

las cosas, y es verdadera, y no es mentira, según ella os ha enseñado, permaneced en él" (1 Jn. 2:27).

"En esto conocemos que permanecemos en él, y él en nosotros, en que nos ha dado de su Espíritu" (1 Jn. 4:13).

Pensamiento 2. Barclay destaca algo a lo que cada iglesia y creyente deben prestar atención:

"Todas las obras de la iglesia, todas las palabras de la iglesia, todos los sacramentos de la iglesia carecen de poder y son inoperantes a menos que el poder del Espíritu Santo esté presente. No importa cuán organiza esté una iglesia, cuán espléndidas sena sus ceremonias, cuán majestuosos sus edificios y cuán elaborada su adoración, todo es ineficaz sin el poder del Espíritu. Mientras más leemos el Nuevo Testamento, más llegamos a la conclusión de que para las personas de la iglesia primitiva el Espíritu y el Cristo resucitado era una misma cosa. La lección está clara. El avivamiento en la iglesia no viene de un aumento en la eficiencia de la organización, viene de esperar en Dios. No es que la eficiencia no sea necesaria, sí lo es; pero no hay eficiencia que pueda dar vida a un cuerpo del cual el Espíritu se ha marchado".

2. Jesucristo es el que nos justifica. Dicho en términos sencillos justificación quiere decir que Dios toma la fe del creyente y la cuenta como justicia (Ro. 4:3; cp. Gn. 15:6; vea notas, Ro. 4:1-3; Estudio a fondo 1, 4:1-25; nota, 5:1. También vea Estudio a fondo 4, Cruz, Jn. 12:32 para discusión).

Cuando una persona *realmente cree* que Jesucristo es *su Salvador,* Dios toma la fe de la persona y la cuenta como justicia (Ro. 4:3, 5, 9, 11, 22, 24). La persona no es justa, no tiene justicia propia. Sigue siendo imperfecta, pecadora, corruptible, destituida de la gloria de Dios como ser humano pecador; pero cree que Jesucristo es su Salvador. Tal creencia honra al Hijo de Dios (a quien Dios ama mucho) y porque lo honra, Dios cuenta la fe de la persona como justicia. Así que la persona llega a ser aceptada por Dios. (Cuando se habla de justificación, la creencia de la persona —el tipo de creencia correcto— es esencial. Vea Estudio a fondo 2, Jn. 2:24; nota, Ro. 10:16-17).

Observe por qué Dios justifica a la persona. Dios justifica al hombre por su Hijo. Cuando un hombre cree en Jesucristo, Dios toma la fe de ese hombre y la cuenta como justicia. El hombre no es justo pero Dios considera y acredita la fe del hombre como justicia. ¿Por qué está Dios dispuesto a hacer esto?

    a. Dios está dispuesto a justificar al hombre porque lo ama mucho. Dios ama tanto al hombre que envió a su Hijo al mundo y lo sacrificó para justificar al hombre (Jn. 3:16; Ro. 5:8).

    b. Dios está dispuesto a justificar al hombre por lo que su Hijo Jesucristo ha hecho por el hombre.

=> Jesucristo ha asegurado la justicia *Ideal* para el hombre. Vino a la tierra para vivir una vida sin pecado y perfecta. Como hombre nunca quebrantó la ley de Dios, nunca hizo nada contrario a la voluntad de Dios, ni siquiera una vez. Por consiguiente pudo pre-

sentarse ante Dios y ante el mundo como el Hombre Ideal, el Hombre Perfecto, el Hombre Representativo, la Perfecta Justicia que podría representa la justicia de todo hombre.

=> Jesucristo vino al mundo para morir por el hombre. Como *Hombre Ideal* podía llevar todos los pecados del mundo sobre sí y morir por cada hombre. Su muerte podría representar a cada hombre. Tomó el lugar del hombre al convertirse en pecador (2 Co. 5:19). Soportó la ira de Dios por el pecado, llevando así la condenación de cada persona. Y pudo hacer todo esto porque Él era el *Hombre Ideal* y como Hombre Ideal su muerte podría tomar el lugar de la de todo hombre.

=> Jesucristo vino al mundo para levantarse de los muertos y así conquistar la muerte. Como *Hombre Ideal* su resurrección y exaltación en la presencia de Dios podría sustituir la necesidad urgente que tiene el hombre de conquistar la muerte y ser aceptado por Dios. Su vida resucitada representaría la vida resucitada del creyente.

Ahora bien, como ya se mencionó, cuando un hombre cree en Jesucristo, cree de veras, Dios toma la fe del hombre y...

- la cuenta como la justicia (perfección) de Cristo. El hombre es considerado como *justo en Cristo.*
- la cuenta como la muerte de Cristo. Se considera como si el hombre ya hubiera *muerto en Cristo.*
- la cuenta como la resurrección de Cristo. Al hombre se le considera como que *ya ha resucitado en Cristo.*

Es muy simple, Dios ama a su hijo Jesucristo, tanto que honra a cualquier hombre que honre a su Hijo *al creer en Él.* Honra al hombre al tomar su fe y contarla (acreditarla) como justicia y al darle el glorioso privilegio de vivir con Cristo para siempre en la presencia de Dios.

"Y creyó a Jehová, y le fue contado por justicia" (Gn. 15:6).

"Justificados, pues, por la fe, tenemos paz para con Dios por medio de nuestro Señor Jesucristo" (Ro. 5:1).

"Así Abraham creyó a Dios, y le fue contado por justicia" (Gá. 3:6).

"Y esto erais algunos; mas ya habéis sido lavados, ya habéis sido santificados, ya habéis sido justificados en el nombre del Señor Jesús, y por el Espíritu de nuestro Dios" (1 Co. 6:11).

"y ser hallado en él, no teniendo mi propia justicia, que es por la ley, sino la que es por la fe de Cristo, la justicia que es de Dios por la fe" (Fil. 3:9).

3. Jesucristo nos hace herederos de la vida eterna. De hecho las Escrituras dicen que somos "coherederos" con Cristo. Esta es una promesa y una verdad asombrosas. Heredaremos todo lo que Cristo es y lo que tiene. Se nos dará el glorioso privilegio de compartir todas las cosas con el mismo Hijo de Dios.

Sin embargo tenga en cuenta lo siguiente: ser coheredero con Cristo no quiere decir que los creyentes son herederos iguales en el sentido de que recibirán una cantidad igual de herencia en Cristo. Más bien quiere decir que los creyentes *compartirán* la herencia de Cristo, tendrán parte en la herencia de Él.

Ser coheredero con Cristo implica al menos tres cosas maravillosas: significa que compartiremos la naturaleza, posición y responsabilidad de Cristo. El siguiente esquema nos muestra lo anterior de manera fácil.

COHEREDEROS POR NATURALEZA

Cristo es el Hijo de Dios, el mismo ser y energía de la vida y perfección. Por lo tanto, participamos de la herencia de su naturaleza. Recibimos…

- la adopción como hijos de Dios (Gá. 4:4-7; 1 Jn. 3:1).
- la naturaleza sin mancha para ser irreprensibles (Fil. 2:15).
- vida eterna (Jn. 1:4; 10:10; 17:2-3; Jn. 3:16; 1 Ti. 6:19).
- una herencia perdurable (He. 10:34).
- un cuerpo glorificado (Fil. 3:21; 1 Co. 15:42-44).
- gloria, honor y paz eterna (Ro. 2:10).
- reposo y paz eterna (He. 4:9; Ap. 14:13).
- un cuerpo incorruptible (1 Co. 9:25).
- un ser justo (2 Ti. 4:8).

COHEREDEROS POR POSICIÓN

Cristo es el Señor exaltado, la Majestad Soberana del universo, el Señor de señores y Rey de reyes. Por lo tanto, participamos de la herencia de su posición. Recibimos…

- la posición de seres exaltados (Ap. 7:9-12).
- una ciudadanía en el reino de Dios (Stg. 2:5; Mt. 25:34).
- enormes tesoros en el cielo (Mt. 19:21; Lc. 12:33).
- riquezas inescrutables (Ef. 3:8).
- el derecho de estar alrededor del trono de Dios (Ap. 7:9-13; 20:4).
- la posición de un rey (Ap. 1:5; 5:10).
- la posición de un sacerdote (Ap. 1:5; 5:10; 20:6).
- la posición de gloria (1 P. 5:4).

COHEREDEROS POR RESPONSABILIDAD

Cristo es la Majestad Soberana del universo, aquel que ha sido designado para gobernar y supervisarlo todo.

Por lo tanto, participamos de la herencia de su responsabilidad. Recibimos…

- autoridad sobre muchas cosas (Mt. 25:23).
- el derecho a gobernar y tener autoridad (Lc. 12:42-44; 22:28-29).
- responsabilidad y gozo eterno (Mt. 25:21, 23).
- poder y autoridad sobre las ciudades (Lc. 19:17, 19).
- tronos y el privilegio de reinar para siempre (Ap. 20:4; 22:5).

Estos pasajes nos darán alguna idea de lo que las Escrituras enseñan cuando habla de que el creyente es *coheredero* con Cristo. Hay innumerables pasajes que pudieran añadirse a estos. Como declara Pablo:

> "Antes bien, como está escrito: Cosas que ojo no vio, ni oído oyó, Ni han subido en corazón de hombre, Son las que Dios ha preparado para los que le aman" (1 Co. 2:9).

> "Oh profundidad de las riquezas de la sabiduría y de la ciencia de Dios! ¡Cuán insondables son sus juicios, e inescrutables sus caminos! Porque ¿quién entendió la mente del Señor? ¿O quién fue su consejero? ¿O quién le dio a él primero, para que le fuese recompensado? Porque de él, y por él, y para él, son todas las cosas. A él sea la gloria por los siglos" (Ro. 11:33-36).

	F. Mensaje 6: Advertencia a los creyentes, 3:8-11	necias, y genealogías, y contenciones, y discusiones acerca de la ley; porque son vanas y sin provecho.	Evita las discusiones necias y controversiales y las falsas verdades
1. Primera advertencia: Ocúpate en hacer buenas obras	8 Palabra fiel es esta, y en estas cosas quiero que insistas con firmeza, para que los que creen en Dios procuren ocuparse en buenas obras. Estas cosas son buenas y útiles a los hombres.	10 Al hombre que cause divisiones, después de una y otra amonestación deséchalo, 11 sabiendo que el tal se ha pervertido, y peca y está condenado por su propio juicio.	3 Tercera advertencia: Rechaza al hereje a. Debe ser alcanzado y amonestado. b. Es pervertido, pecador y se ha condenado a sí mismo
2 Segunda advertencia:	9 Pero evita las cuestiones		

DIVISIÓN II

EL MENSAJE DE LA SANA DOCTRINA, 2:1—3:11

F. Mensaje 6: Advertencia a los creyentes, 3:8-11

(3:8-11) *Introducción:* Este es un mensaje fundamental, un mensaje al que los creyentes deben prestar atención pues les presenta tres advertencias.

1. Primera advertencia: Ocúpate en hacer buenas obras (v. 8).
2. Segunda advertencia: Evita las discusiones necias y controversiales y las falsas verdades (v. 9).
3. Tercera advertencia: Rechaza al hereje (vv. 10-11).

1 **(3:8) *Advertencias — Buenas obras — Creyentes, deber:*** La primera advertencia: los creyentes deben ocuparse en hacer buenas obras. La palabra griega "ocuparse" (proistasthai) quiere decir poner delante, prestar atención a, llevar la delantera, estar dispuesto, ser diligente al hacer buenas obras. Significa...

- mantenerse realizando buenas obras.
- sostener buenas obras.
- perseverar haciendo buenas obras.
- llevar adelante buenas obras.

Incluso da la idea de mantener las buenas obras a pesar de todas las circunstancias y dificultades. Significa perseverar en buenas obras aun en medio de la oposición y el peligro. La necesidad de hacer buenas obras se resalta también con la palabra "procurar". Esta significa...

- considerar las buenas obras.
- pensar en las buenas obras.
- prestar cuidadosa atención al as buenas obras.
- concentrarse en las buenas obras.

La idea es que los pensamientos de la persona estén centrados en hacer buenas obras. Las buenas obras deben ser la concentración y el propósito primarios de la vida de una persona, pero observe que esto no es todo. La necesidad de hacer buenas obras es resaltada con otro factor. Al ministro se le instruye que insista con firmeza, que insista para que el creyente haga buenas obras. La idea es que el ministro debe...

- insistir tenazmente.
- insistir constantemente.
- insistir resueltamente.

El ministro de Dios debe presionar a los creyentes para que mantengan las buenas. ¿Por qué se hace tanto énfasis en las buenas obras? Matthew Henry señala: "Porque una fe escasa, inactiva no salvará a la persona, solamente una fe que obra salvará a la persona. La fe que salva es la fe que lleva justicia y pureza, se ocupa activamente en ser justa y pura y en guiar a otros a llevar vidas justas y puras".

Observe otro aspecto, las buenas obras son buenas y útiles a los hombres. Solamente las buenas obras construirán la clase de mundo y de sociedad que anhela el corazón humano: un mundo de amor, gozo, paz; pero recuerde lo que dicen las Escrituras: no seremos salvos *por nuestras obras de justicia*, somos salvos por la misericordia y la gracia de Dios mediante la fe en Jesucristo.

> **"a ser prudentes, castas, cuidadosas de su casa, buenas, sujetas a sus maridos, para que la Palabra de Dios no sea blasfemada. Exhorta asimismo a los jóvenes a que sean prudentes" (Tit. 2:5-6).**

Sin embargo no debemos olvidar nunca que Dios nos salva *para que hagamos buenas obras*. Las buenas obras son el propósito para el cual nos salvó.

> **"Porque somos hechura suya, creados en Cristo Jesús para buenas obras, las cuales Dios preparó de antemano para que anduviésemos en ellas" (Ef. 2:10).**

La idea del versículo es enfatizar en la absoluta necesidad de mantener buenas obras. La prueba de que somos salvos es que procuramos hacer buenas obras. Las Escrituras declaran que si no llevamos vidas rectas y puras y que estimulen a otros a confiar en Cristo como su Salvador y a vivir justamente, entonces *no hemos sido salvos genuinamente*. La advertencia para los creyentes es clara: deben procurar hacer buenas obras.

> **"Así alumbre vuestra luz delante de los hombres, para que vean vuestras buenas obras, y glorifiquen a vuestro Padre que está en los cielos" (Mt. 5:16).**
> **"Que hagan bien, que sean ricos en buenas obras, dadivosos, generosos" (1 Ti. 6:18).**
> **"presentándote tú en todo como ejemplo de buenas obras; en la enseñanza mostrando integridad, seriedad" (Tit. 2:7).**
> **"Y considerémonos unos a otros para estimularnos al amor y a las buenas obras" (He. 10:24).**
> **"Así también la fe, si no tiene obras, es muerta en sí misma. Pero alguno dirá: Tú tienes fe, y yo tengo**

obras. **Muéstrame tu fe sin tus obras, y yo te mostraré mi fe por mis obras" (Stg. 2:17-18).**

"manteniendo buena vuestra manera de vivir entre los gentiles; para que en lo que murmuran de vosotros como de malhechores, glorifiquen a Dios en el día de la visitación, al considerar vuestras buenas obras" (1 P. 2:12).

"Y este es su mandamiento: Que creamos en el nombre de su Hijo Jesucristo, y nos amemos unos a otros como nos lo ha mandado" (1 Jn. 3:23).

2 (3:9) *Discusiones — Tiempo, pérdida de — División — Debates teológicos:* La segunda advertencia: los creyentes deben evitar las discusiones necias y controversiales y las falsas verdades. Es muy simple, en este versículo se presentan tres cosas.

1. Había algunos que estaban gastando su tiempo en asuntos necios (*moros*), inútiles; discusiones que no aportaban nada a la causa de Cristo o al bienestar de la humanidad. William Barclay presenta una discusión descriptiva de este punto a la que todos debemos prestar atención:

"Se ha dicho que existe el peligro de que el hombre se crea a sí mismo religioso porque discute asuntos religiosos. Hay un tipo de grupo que discute simplemente por amor a discutir. Está el grupo que discutirá durante horas acerca de asuntos teológicos. Es mucho más fácil discutir temas teológicos que ser amable, considerado y servicial en el hogar, o eficiente, diligente y honesto en el trabajo. No hay virtud alguna en sentarse a discutir profundas cuestiones teológicas cuando las sencillas tareas de la vida cristiana están por hacer. De hecho es una verdad que tales discusiones no son más que una evasión de las tareas cristianas.

Pablo estaba convencido de que la verdadera tarea del cristiano estaba en la acción. Esto no quiere decir de ninguna manera que no haya lugar para los debates cristianos, pero sí quiere decir que la discusión que no termina en acción es un tiempo grandemente derrochado" (*The Letters to Timothy, Titus and Philemon*, p. 303).

2. Había algunos perdiendo su tiempo en genealogías, es decir, en sus raíces y herencia. Sentían que eran aceptables delante de Dios porque tenían buenos padres y antecesores. Incluso creían que mientras más sobresalientes pudieran ser sus raíces, más sobresalientes serían ellos en los ojos de Dios.

Pensamiento 1. Observe dos lecciones significativas.

1) Hay muchas personas que creen que son aceptables delante de Dios porque sus padres, esposa, esposo, hijos o familia son piadosos. Otras creen que de su amistad con algún ministro y amigo religioso algo se les pegará. Creen que Dios nunca las rechazará porque están cerca de una persona piadosa.

2) Muchas personas, incluso predicadores y maestros, enfatizan la herencia piadosa del cristianismo y las grandes doctrinas de la fe cristiana. Creen que Dios las acepta porque profesan las doctrinas y herencia del cristianismo y porque están involucradas en la religión y la adoración a Dios, pero el hecho terrible es que algunas confían en su profesión del cristianismo para la salvación en lugar de confiar en Cristo; algunas dependen de su fe en la gran herencia y doctrinas del cristianismo para su salvación en lugar de depender de Cristo. Sencillamente no conocen a Cristo de manera personal, no han establecido una relación personal con Él.

3. Estaban los que discutían acerca de la ley, es decir, acerca de las Escrituras del Antiguo Testamento. Los falsos maestros del tiempo de Pablo era exactamente como los falsos maestros de la actualidad y a través de los siglos. Profesaban a Cristo pero Cristo no era suficiente para salvarlos. Para ser salva la persona tenía que creer en Cristo, sí, pero además tenía que pasar los rituales básicos de la ley (circuncisión, bautismo, el ser miembro de la iglesia, confirmación, etc.) y comprometer su vida a guardar la ley de Dios incluyendo las miles de reglas que contiene la ley.

Pablo está diciendo que los creyentes, incluyendo a los predicadores y maestros, no deben enredarse en controversias acerca de las Escrituras. Son "vanas y sin provecho", inútiles y vacías, carecen de todo tipo de valor. Cristo es todo lo que se necesita. Él y su Palabra deben ser proclamados y hay que evitar las discusiones. La proclamación de Cristo y de su Palabra es lo que debe ocupar al creyente, ese es el propósito de su existencia.

Pensamiento 1. Discutir acerca de Cristo y de la Biblia no alcanza a las personas ni las edifica; proclamar a Cristo y a su Palabra es la única actividad que alcanza y edifica a las personas.

"ni presten atención a fábulas y genealogías interminables, que acarrean disputas más bien que edificación de Dios que es por fe, así te encargo ahora" (1 Ti. 1:4).

"está envanecido, nada sabe, y delira acerca de cuestiones y contiendas de palabras, de las cuales nacen envidias, pleitos, blasfemias, malas sospechas" (1 Ti. 6:4).

"Pero desecha las cuestiones necias e insensatas, sabiendo que engendran contiendas" (2 Ti. 2:23).

"Pero evita las cuestiones necias, y genealogías, y contenciones, y discusiones acerca de la ley; porque son vanas y sin provecho" (Tit. 3:9).

"Nada hagáis por contienda o por vanagloria; antes bien con humildad, estimando cada uno a los demás como superiores a él mismo" (Fil. 2:3).

"Recuérdales esto, exhortándoles delante del Señor a que no contiendan sobre palabras, lo cual para nada aprovecha, sino que es para perdición de los oyentes" (2 Ti. 2:14).

"Porque el siervo del Señor no debe ser contencioso, sino amable para con todos, apto para enseñar, sufrido" (2 Ti. 2:24).

"El que comienza la discordia es como quien suelta las aguas; Deja, pues, la contienda, antes que se enrede" (Pr. 17:14).

3 (3:10-11) *Herejía — Enseñanza, falsa:* La tercera advertencia: los creyentes deben rechazar a los herejes, a eso que abandonan la verdad de Cristo y de la Palabra de Dios. La palabra griega "hereje" (hairetikos) es interesante. Significa cuidar de uno mismo, escoger por uno mismo. Así que una persona hereje es alguien que escoge lo que va a creer. Rechaza toda autoridad, no importa lo que sea: Dios, Cristo, la Palabra de Dios, la iglesia, el hombre. Ella misma escoge lo que va a creer, constituye su propia autoridad y determina la verdad por sí sola, lo que es verdad y lo que no es.

Observe que este hereje está en la iglesia, se asocia con los creyentes. Pasa así con la mayoría de ellos. Muy pocos son los que rechazan las enseñanzas de Cristo y de la Biblia. La mayoría de los herejes permanecen en la iglesia, se retienen algunas enseñanzas básicas pero rechazan aquellas doctrinas que no les gustan. Las Escrituras son claras: los creyentes deben llegar a los herejes o falsos maestros. No se les debe castigar, rechazar o expulsar de la iglesia. Se debe intentar alcanzarlos para Cristo. De hecho hay dos intentos que se pueden hacer para alcanzarlos. Se les debe mostrar amor y atención y amonestarlos para que se arrepientan y confiesen la verdad de Cristo y su Palabra. Pero fíjese, hay un límite. En el tercer intento, si no se arrepienten, deben ser rechazados; es decir, expulsados de la iglesia. No se debe permitir que desvíen a otros creyentes. (Vea bosquejo y notas, Mt. 18:15-20 para una discusión más detallada acerca de la disciplina en la iglesia acorde a las enseñanzas de Cristo.)

El hereje es "pervertido" (ektrepo), lo que quiere decir que está torcido o alejado de la verdad de Cristo y de su Palabra. Observe que el hereje peca. La idea es que peca grandemente y por lo tanto se condena a sí mismo. Él mismo ha escogido el camino de la incredulidad y por esta será condenado.

> "El que en él cree, no es condenado; pero el que no cree, ya ha sido condenado, porque no ha creído en el nombre del unigénito Hijo de Dios" (Jn. 3:18).

Pensamiento 1. La idea está clara para el creyente honesto y reflexivo, y es necesario que haya honestidad para considerar el asunto. La Biblia considera que la persona que usa su propia opinión para amoldar a Cristo y la Palabra de Dios, rechazando algunas de las enseñanzas con relación a Él y a su Palabra es un hereje. No importa de quién se trate, ya sea predicador, maestro o laico, la Biblia llama hereje a esta persona. Si se aleja de la verdad de Cristo y las Escrituras, o la tuerce, es un hereje. Así que se le debe alcanzar con amor y amonestarlo dos veces. Sí rechaza dichas amonestaciones, entonces se le debe amonestar una vez más y luego rechazarlo si aun insiste en no arrepentirse. Se le debe rechazar y expulsar aunque se trate de un ministro y maestro de la iglesia.

Surge una pregunta contundente y terrible, una pregunta que de seguro Dios responderá en el gran día del juicio: ¿Cuántos millones de personas han sido desviados dentro de nuestras iglesias por falsos maestros, aquellos a quienes la Biblia llama herejes, aquellos que se han alejado de la verdad de Cristo y de su Palabra?

> "Por tanto, si tu hermano peca contra ti, ve y repréndele estando tú y él solos; si te oyere, has ganado a tu hermano. Más si no te oyere, toma aún contigo a uno o dos, para que en boca de dos o tres testigos conste toda palabra. Si no los oyere a ellos, dilo a la iglesia; y si no oyere a la iglesia, tenle por gentil y publicano" (Mt. 18:15-17).

> "Pues en vano me honran, Enseñando como doctrinas, mandamientos de hombres" (Mt. 15:9).

> "Por cuanto hemos oído que algunos que han salido de nosotros, a los cuales no dimos orden, os han inquietado con palabras, perturbando vuestras almas, mandando circuncidaros y guardar la ley" (Hch. 15:24).

> "Pero el Espíritu dice claramente que en los postreros tiempos algunos apostatarán de la fe, escuchando a espíritus engañadores y a doctrinas de demonios" (1 Ti. 4:1).

> "Pero hubo también falsos profetas entre el pueblo, como habrá entre vosotros falsos maestros, que introducirán encubiertamente herejías destructoras, y aun negarán al Señor que los rescató, atrayendo sobre sí mismos destrucción repentina" (2 P. 2:1).

> "Así que vosotros, oh amados, sabiéndolo de antemano, guardaos, no sea que arrastrados por el error de los inicuos, caigáis de vuestra firmeza" (2 P. 3:17).

	III. OBSERVACIONES FI-NALES: ALGUNOS CRE-YENTES CRISTIANOS COMPROMETIDOS, 3:12-15	con solicitud, de modo que nada les falte. 14 Y aprendan también los nuestros a ocuparse en bue-nas obras para los casos de necesidad, para que no sean sin fruto. 15 Todos los que están con-migo te saludan. Saluda a los que nos aman en la fe. La gracia sea con todos voso-tros. Amén.	5 Apolos: El evangelista cuyo labor era necesaria 6 Todos los creyentes: Un pueblo que necesita aprender las buenas obras
1 Artemas: Un ministro desconocido pero com-prometido 2 Tíquico: Un ministro dedicado 3 Tito: Un discípulo con fuerza inusual 4 Zenas: Un laico com-prometido	12 Cuando envíe a ti a Arte-mas o a Tíquico, apresúrate a venir a mí en Nicópolis, por-que allí he determinado pasar el invierno. 13 A Zenas intérprete de la ley, y a Apolos, encamínales		7 Compañeros de tra-bajo: Siervos de Dios y apoyo de los demás creyentes

DIVISIÓN III

OBSERVACIONES FINALES: ALGUNOS CREYEN-TES CRISTIANOS COMPROMETIDOS, 3:12-15

(3:12-15) *Introducción:* Este es el final de la carta de Pablo a Tito. Como siempre Pablo termina su carta hablando de sus planes y enviando saludos a varios creyentes. Es por eso que el final de las cartas de Pablo siempre nos da una idea acerca de los primeros creyentes. Este pasaje menciona a varios cre-yentes comprometidos que resaltan como ejemplos dinámi-cos de lo que es el compromiso.

1. Artemas: Un ministro desconocido pero comprome-tido (v. 12)
2. Tíquico: Un ministro dedicado (v. 12).
3. Tito: Un discípulo con fuerza inusual (v. 12).
4. Zenas: Un laico comprometido (v. 13).
5. Apolos: El evangelista cuyo labor era necesaria (v. 13).
6. Todos los creyentes: Un pueblo que necesita apren-der las buenas obras (v. 14).
7. Compañeros de trabajo: Siervos de Dios y apoyo de los demás creyentes (v. 15).

[1] (3:12) *Artemas — Compromiso:* Aquí aparece Artemas, un ministro desconocido pero comprometido. Esta es la única oportunidad en que Artemas se menciona en la Biblia. Observe los siguientes datos:

=> Era compañero de Pablo.
=> Era un ministro que servía *bajo* órdenes de Pablo, un ministro humilde que estaba dispuesto a servir en segundo lugar. Su llamamiento era a servir a Cristo y le servía sin importarse dónde lo pusieran, incluso por debajo de otros ministros.
=> Era un ministro comprometido, un ministro dispuesto a servir en el extranjero en un pueblo muy difícil.
=> Parece ser que era un ministro fuerte ya que se le enviaba servir en Creta, un lugar más que difícil donde los ciudadanos tenían de la peor reputación en el mundo antigua, una reputación tan mala que su

nombre, *cretenses,* se convirtió en un apodo para malo. Tenían fama de "borrachos, insolentes, poco fiables, mentirosos, glotones" (Barclay). ¡Imagínese que lo manden a servir entre gente así! Artemas tuvo que haber sido muy fuerte en el Señor.

"**Y decía a todos: Si alguno quiere venir en pos de mí, niéguese a sí mismo, tome su cruz cada día, y sígame. Porque todo el que quiera salvar su vida, la perderá; y todo el que pierda su vida por causa de mí, éste la salvará**" (Lc. 9:23-24).

"**Y el que no lleva su cruz y viene en pos de mí, no puede ser mi discípulo**" (Lc. 14:27).

"**Así, pues, ténganos los hombres por servidores de Cristo, y administradores de los misterios de Dios**" (1 Co. 4:1).

"**Ninguno busque su propio bien, sino el del otro**" (1 Co. 10:24).

"**Así que, hermanos míos amados, estad firmes y constantes, creciendo en la obra del Señor siempre, sabiendo que vuestro trabajo en el Señor no es en vano**" (1 Co. 15:58).

"**Tú, pues, sufre penalidades como buen soldado de Jesucristo. Ninguno que milita se enreda en los negocios de la vida, a fin de agradar a aquel que lo tomó por soldado**" (2 Ti. 2:3-4).

[2] (3:12) *Tíquico — Fiel:* Aparece Tíquico, un ministro muy dedicado. Fíjese que en este pasaje no se dice nada acer-ca de él, solamente que puede ser enviado a Creta para susti-tuir a Tito como ministro a los cretenses. Sin embargo, a Tíquico se le menciona a lo largo de las cartas de Pablo. Era uno de los ministros más fieles y confiables de Pablo. (Vea bosquejo, notas y Estudio a fondo 1, Ef. 6:21-22 para dis-cusión.)

=> Fue enviado por Pablo como mensajero a varias igle-sias (Ef. 6:21f; Col. 4:7; 2 Ti. 4:12; Tit. 3:12).
=> Se le encomendó entregar las cartas de Pablo a los efesios, los colosenses y a Filemón (Ef. 6:21-22; Col. 4:7-8).
=> Se le envió a Éfeso con una misión especial (2 Ti. 4:12).

=> Se le envió a Creta con el objetivo de aliviar a Tito (Tit. 3:12).

=> No solo se le llamó amado hermano de Pablo y ministro fiel sino también consiervo (Col. 4:7).

El asunto a destacar en este pasaje es la dedicación de Tíquico. Era un hombre con una visión mundial y había sacrificado su vida para alcanzar a las personas del mundo con las nuevas gloriosas de que ahora podían vivir para siempre. Y fíjese que existía la posibilidad de que lo enviaran a uno de los lugares más difíciles del mundo antiguo, la isla de Creta. Pero él era un hombre de compromiso, un hombre que había dedicado su vida a Cristo, así que estaba dispuesto a servir en cualquier lugar.

> "Me es necesario hacer las obras del que me envió, entre tanto que el día dura; la noche viene, cuando nadie puede trabajar" (Jn. 9:4).
>
> "porque no podemos dejar de decir lo que hemos visto y oído" (Hch. 4:20).
>
> "Ahora bien, se requiere de los administradores, que cada uno sea hallado fiel" (1 Co. 4:2).
>
> "Porque habéis sido comprados por precio; glorificad, pues, a Dios en vuestro cuerpo y en vuestro espíritu, los cuales son de Dios" (1 Co. 6:20).
>
> "Pues si anuncio el evangelio, no tengo por qué gloriarme; porque me es impuesta necesidad; y ¡ay de mí si no anunciare el evangelio!" (1 Co. 9:16).
>
> "Así que, hermanos míos amados, estad firmes y constantes, creciendo en la obra del Señor siempre, sabiendo que vuestro trabajo en el Señor no es en vano" (1 Co. 15:58).

3 (3:12) *Tito — Ministro:* Se menciona a Tito, un discípulo fuerte con una fuerza especial. Fíjese que Pablo quiere que Tito se reúna con él en Nicópolis. ¿Por qué? Pablo no lo dice pero lo necesitaba para algún ministerio especial, un ministerio tan especial que los otros ministros que estaban con él no podían manejar. Esto, además del hecho de que Tito había sido el discípulo que se quedó atrás para poner en orden a las iglesias de Creta, demuestra que Tito era un discípulo fuerte, un discípulo de una fuerza inusual. Era un pionero de Cristo, un discípulo tan fuerte en Cristo que pudo ser el primero en alcanzar un área para Cristo y establecer iglesias allí (Tit. 1:5).

> "Por tanto, id, y haced discípulos a todas las naciones, bautizándolos en el nombre del Padre, y del Hijo, y del Espíritu Santo; enseñándoles que guarden todas las cosas que os he mandado; y he aquí yo estoy con vosotros todos los días, hasta el fin del mundo. Amén" (Mt. 28:19-20).
>
> "Y les dijo: Id por todo el mundo y predicad el evangelio a toda criatura" (Mr. 16:15).
>
> "Entonces Jesús les dijo otra vez: Paz a vosotros. Como me envió el Padre, así también yo os envío" (Jn. 20:21).
>
> "pero recibiréis poder, cuando haya venido sobre vosotros el Espíritu Santo, y me seréis testigos en Jerusalén, en toda Judea, en Samaria, y hasta lo último de la tierra" (Hch. 1:8).
>
> "Todo lo puedo en Cristo que me fortalece" (Fil. 4:13).
>
> "Mas yo estoy lleno de poder del Espíritu de Jehová, y de juicio y de fuerza, para denunciar a Jacob su rebelión, y a Israel su pecado" (Mi. 3:8).

4 (3:13) *Zenas — Laico, comprometido:* Estaba Zenas, un laico comprometido. Esta es la única oportunidad en que se le menciona en la Biblia. Observe estos aspectos:

=> Era abogado.

=> Era cristiano, un laico que confiaba en Cristo con todo su corazón.

=> Era un creyente comprometido, tan comprometido que se merecía el apoyo de la iglesia a pesar del hecho de ser abogado y no un pastor a tiempo completo.

=> Era un creyente que estaba dispuesto a ayudar y servir a otros creyentes. Fíjese que Pablo le estaba diciendo a Tito que lo encaminara.

La lección queda clara: Cristo necesita laicos comprometidos que entreguen sus vidas a su servicio y a ayudar a otros creyentes. Necesitan estar tan comprometidos que sean dignos del apoyo de la iglesia. Puede que la iglesia no pueda sostenerlos al igual que al personal de tiempo completo, pero los laicos debe estar tan comprometidos que sean dignos de este apoyo.

> "Entonces Jesús dijo a sus discípulos: Si alguno quiere venir en pos de mí, niéguese a sí mismo, y tome su cruz, y sígame" (Mt. 16:24).
>
> "Así, pues, cualquiera de vosotros que no renuncia a todo lo que posee, no puede ser mi discípulo" (Lc. 14:33).
>
> "Así que, hermanos, os ruego por las misericordias de Dios, que presentéis vuestros cuerpos en sacrificio vivo, santo, agradable a Dios, que es vuestro culto racional. No os conforméis a este siglo, sino transformaos por medio de la renovación de vuestro entendimiento, para que comprobéis cuál sea la buena voluntad de Dios, agradable y perfecta" (Ro. 12:1-2).
>
> "Por lo cual, Salid de en medio de ellos, y apartaos, dice el Señor, Y no toquéis lo inmundo; Y yo os recibiré, Y seré para vosotros por Padre, Y vosotros me seréis hijos e hijas, dice el Señor Todopoderoso" (2 Co. 6:17-18).
>
> "Tú, pues, sufre penalidades como buen soldado de Jesucristo. Ninguno que milita se enreda en los negocios de la vida, a fin de agradar a aquel que lo tomó por soldado" (2 Ti. 2:3-4).
>
> "No améis al mundo, ni las cosas que están en el mundo. Si alguno ama al mundo, el amor del Padre no está en él. Porque todo lo que hay en el mundo, los deseos de la carne, los deseos de los ojos, y la vanagloria de la vida, no proviene del Padre, sino del mundo. Y el mundo pasa, y sus deseos; pero el que hace la voluntad de Dios permanece para siempre" (1 Jn. 2:15-17).

5 (3:13) *Apolos — Evangelismo:* Estaba Apolos, un evangelista cuyo trabajo era necesario. A Apolos se le menciona varias veces en las Escrituras (vea bosquejo y notas, Hch. 18:23-28 para discusión). Él fue llamado a predicar a Cristo y evangelizar a los perdidos. Tan pronto como supo la verdad, sintió la llama de hablar a otros de Cristo. El fuego del evangelismo, de ganar al mundo para Cristo, quemaba su corazón. Al parecer este era el fuego que se necesitaba en Nicópolis.

¡Imagínese! Tener tal celo por alcanzar a los perdidos que otros pidan nuestra presencia. Fíjese que no se permite que Apolos carezca, la iglesia debe sostenerlo y satisfacer sus necesidades.

> **"Y él mismo constituyó a unos, apóstoles; a otros, profetas; a otros, evangelistas; a otros, pastores y maestros, a fin de perfeccionar a los santos para la obra del ministerio, para la edificación del cuerpo de Cristo, hasta que todos lleguemos a la unidad de la fe y del conocimiento del Hijo de Dios, a un varón perfecto, a la medida de la estatura de la plenitud de Cristo" (Ef. 4:11-13).**

> **"¿No decís vosotros: Aún faltan cuatro meses para que llegue la siega? He aquí os digo: Alzad vuestros ojos y mirad los campos, porque ya están blancos para la siega" (Jn. 4:35).**

> **"A griegos y a no griegos, a sabios y a no sabios soy deudor. Así que, en cuanto a mí, pronto estoy a anunciaros el evangelio también a vosotros que estáis en Roma. Porque no me avergüenzo del evangelio, porque es poder de Dios para salvación a todo aquel que cree; al judío primeramente, y también al griego" (Ro. 1:14-16).**

> **"Pues me propuse no saber entre vosotros cosa alguna sino a Jesucristo, y a éste crucificado" (1 Co. 2:2).**

> **"para lo cual también trabajo, luchando según la potencia de él, la cual actúa poderosamente en mí" (Col. 1:29).**

6 (3:14) *Creyentes:* Se menciona a los creyentes, las personas que necesitaban aprender a hacer buenas obras. Fíjese que Pablo llama a los creyentes de Creta "los nuestros" (hoi hemeteroi), un término cariñoso. Una traducción dice:

> *"Y que los nuestros [nuestra propia gente] aprendan a aplicarse a sí mismos a las buenas obras —a trabajo y empleos honrados— para que puedan ser capaces de satisfacer las demandas necesarias siempre que la ocasión lo requiera y que no llevan vidas perezosas, estériles e infructuosas".*

La idea es que los creyentes deben trabajar para hacer dinero y luego hacer el bien con su dinero. Deben ayudar a los que tienen necesidad, ministrando para ayudar a satisfacer las necesidades del mundo y deben sustentar a hombres como Zenas y Apolos, ambos laicos y ministros que han dedicado sus vidas y tiempo al servicio de Cristo. Deben apoyar financieramente a la extensión del evangelio en el mundo.

> **"No os hagáis tesoros en la tierra, donde la polilla y el orín corrompen, y donde ladrones minan y hurtan; sino haceos tesoros en el cielo, donde ni la polilla ni el orín corrompen, y donde ladrones no minan ni hurtan. Porque donde esté vuestro tesoro, allí estará también vuestro corazón" (Mt. 6:19-21).**

> **"El que hurtaba, no hurte más, sino trabaje, haciendo con sus manos lo que es bueno, para que tenga qué compartir con el que padece necesidad" (Ef. 4:28).**

> **"A los ricos de este siglo manda que no sean altivos, ni pongan la esperanza en las riquezas, las cuales son inciertas, sino en el Dios vivo, que nos da todas las cosas en abundancia para que las disfrutemos. Que hagan bien, que sean ricos en buenas obras, dadivosos, generosos; atesorando para sí buen fundamento para lo por venir, que echen mano de la vida eterna" (1 Ti. 6:17-19).**

7 (3:15) *Creyentes:* Eran compañeros de trabajo, siervos de Dios. Pablo tenía varios compañeros de trabajo. *Todos* enviaban sus saludos y oraban porque la gracia de Dios fuera con los creyentes cretenses. La idea es de dar apoyo y aliento y recuerde que nada nos anima e impulsa a seguir a Cristo con mayor fidelidad cada vez que el apoyo de otros creyentes. Cuando las cosas van mal y tenemos que enfrentar prueba tras prueba lo que más necesitamos es el apoyo de otros creyentes. Esta es la razón por la cual debemos apoyar a otros constantemente.

> **"Sobrellevad los unos las cargas de los otros, y cumplid así la ley de Cristo" (Gá. 6:2).**

> **"Acordaos de los presos, como si estuvierais presos juntamente con ellos; y de los maltratados, como que también vosotros mismos estáis en el cuerpo" (He. 13:3).**

> **"Por lo demás, hermanos, orad por nosotros, para que la palabra del Señor corra y sea glorificada, así como lo fue entre vosotros" (2 Ts. 3:1).**

> **"Orad por nosotros; pues confiamos en que tenemos buena conciencia, deseando conducirnos bien en todo" (He. 13:18).**

ÍNDICE DE BOSQUEJOS Y TEMAS
TITO

RECUERDE: Cuando busca un tema o una referencia de las Escrituras, usted no solo tendrá el texto bíblico, sino también un bosquejo y una discusión (comentario) del pasaje de la Biblia y del tema.

Este es uno de los grandes valores de la *Biblia de bosquejos y sermones*. Cuando posea todos los tomos, no solo tendrá todo lo que los otros índices bíblicos le ofrecen; es decir, un listado de todos los temas y sus referencias bíblicas, SINO que también tendrá:

- un bosquejo de *cada* texto y tema de la Biblia.
- una discusión (comentario) de cada texto y tema.
- cada tema respaldado por otros textos de la Biblia o referencias cruzadas.

Descubra el gran valor usted mismo. Dé una mirada rápida al primer tema de este índice.

ABORRECER, ABORRECIBLE
Discutido. Tit. 3:3

Vaya a la referencia. Eche un vistazo a las Escrituras y al bosquejo de las Escrituras, lea entonces el comentario. Inmediatamente verá el GRAN VALOR del ÍNDICE de la Biblia de Bosquejos y Sermones.

HERENCIA
Discutida. Tit. 3:6
Lista de premios. Tit. 3:6

HOMBRE
Depravación.
    Vida sin dios. Ocho características. Tit. 3:3
    Digno de ser aborrecido. Razones. Tit. 3:3
Hombre natural. Vida sin Dios. Ocho características. Tit. 3:3
Estado, Presenta. Vida sin Dios. Tit. 3:3

HOMBRES JÓVENES
Conducta de. Tit. 2:4-5

HOMBRES.
Hombres ancianos. Deberes de. Tit. 2:2
Hombres jóvenes. Deberes de. Tit. 2:6-8

IGLESIA
Grupos de edades. Discutido. Tit. 2:1-8
Organización. Ancianos y obispos. Tit. 1:5-9

JESUCRISTO
Muerte.
    Razón para. Tit. 2:11-15
    Redimir al hombre. Tit. 2:14
Obra de.
    Dar el Espíritu Santo. Tit. 3:5
    Justificar. Tit. 3:5
    Hacernos herederos. Tit. 3:5

JUSTICIA
Significado. Tit. 2:12-13

JUSTIFICACIÓN
Discutida. Tit. 3:5

LENGUA, LA (MALDECIR)
Deber.
    No ser habladores ni engañadores. Tit. 1:10-12; 1:16; 3:9
    No hablar mal de las personas. Tit. 3:2

LEY
Relación con los creyentes. Evitar cuestiones necias con respecto a. Tit. 3:9

LEY, CIVIL
Deberes hacia. Obedecer a las leyes y gobernantes civiles. Tit. 3:1

LUJURIA
Discutida. Tit. 3:3

MAESTROS (Vea MAESTROS, FALSOS; MINISTROS)
Deber.
    Conducta de. Tit. 2:7-8
    De m. jóvenes. Tit. 2:7-8

MAESTROS, FALSOS
Discutido. Tit. 1:10-16

MALICIA
Discutida Tit. 3:3

MANSO, MANSEDUMBRE
Discutido. Tit. 3:2

MATRIMONIO
Deber. Amor. Tit. 2:4-5

MAYORDOMÍA
Deber. Trabajar para tener lo suficiente y sostener el evangelio. Tit. 3:14

MENTE SOBRIA
Significado. Tit. 2:6; 2:12-13

MINISTRO
Llamamiento. Ser siervo de Dios y mensajero. Tit. 1:1-4
Discutido. Cualidades. Tit. 1:5-9
Deber.
    Discutido. Cinco puntos. Tit. 1:1-4
    De jóvenes ministros. Tit. 2:7-8
    Cuidar de la Palabra y la predicación. Tit. 1:2-3
Falsos m. (Vea MAESTROS, FALSOS)
Motivación. Discutida. Tit. 1:2-3

MISERICORDIA
De Dios. Discutida. Tit. 3:4-5

MODELO
Significado. Tit. 2:7-8

MUJERES
Ancianas. Tit. 2:3
Jóvenes. Tit. 2:4-5

NUEVO HOMBRE
Discutido. Tit. 3:5

NUEVO NACIMIENTO
Discutido. Tit. 3:5

OBISPOS
Discutido. Tit. 1:5-9

PALABRA DE DIOS
Naturaleza de. El mensaje de la predicación. Tit. 1:2-3

PECAR, PECADOS
Obras, Conducta de. Vida ante Cristo. Tit. 3:3

PENDENCIERO
Discutido. Tit. 3:2

PERIDOS, LOS
Discutido. Vida de. Ocho características. Tit. 3:3

PIEDAD
Significado. Tit. 2:12-13

PREDICACIÓN
Deber.
    Predicar. Tit. 1:2-3; 1;9
    Proclamar la gracia de Dios a través de todo medio posible. Tit. 2:15
Cómo predicar. Discutido. Tit. 2:7-8

PREMIOS
Lista de. Tit. 3:6

PRUDENTES
Significado Tit. 2:2

REDIMIR, REDENCIÓN
Discusión. Tit. 2:11-15; 2:14
    Propósito.
    Perdonar pecados. Tit. 2:14
    Purificar a un pueblo especial. Tit. 2:14

REGENERACIÓN
Discutida. Tit. 3:5

RELIGIÓN, RITUAL
Descrita como. Fábulas y mandamientos de hombres. Tit. 1:13-14

RENOVACIÓN
Discutida. Tit. 3:5

REPRENDER
Deber. Reprender y exhortar a las personas. Tit. 2:15

REVELADO, REVELACIÓN (Vea JESUCRISTO REVELADO COMO)
Qué es r. La Palabra de Dios r. mediante la predicación. Tit. 1:3

SALVACIÓN
Seguridad. Qué es y qué hace. Tit. 3:4-7
Liberación. Propósito. Qué es y que hace. Tit. 3:4-7
Discutida. Tit. 2:11-15; 3:4-7
    Fuente.
    Misericordia de Dios. Tit. 3:4-5
    Gracia de Dios. Tit. 2:11; 3:7
    Jesucristo. Tit. 3:7

SANO
Significado. Tit. 2:1

SERIOS
Significado. Tit. 2:2

SIERVO
Discutido. Tit. 1:1

SOBRIO
Significado. Tit. 2:2

TESTIMONIO
Ejemplos. Algunos primeros creyentes. Tit. 3:12-15

TIEMPOS FINALES
Regreso de Cristo y el fin del mundo. Cómo comportarse mientras llega. Tit. 2:11-15

TÍQUICO
Discutido. Tit. 3:12

TITO
Discutido. Tit. 3:12

TRABAJO — TRABAJADORES
Deber. Hacia los empleadores. Tit. 2:9-10

VIDA ETERNA
Deber. Predicar. Tit. 2:3

ZENAS
Discutido. Un abogado llamado a servir. Tit. 3:13

EPÍSTOLA DEL APÓSTOL PABLO
A FILEMÓN

EPÍSTOLA DEL APÓSTOL PABLO A FILEMÓN

INTRODUCCIÓN

AUTOR: Pablo, el apóstol.

FECHA: Incierta. Probablemente entre el 60 y el 63 d.C. durante el primer encarcelamiento de Pablo en Roma.

A QUIÉN ESTÁ DIRIGIDA: A Filemón, un miembro acomodado de la iglesia de Colosas.

La carta a Filemón fue entregada personalmente por Tíquico, un ministro compañero de Pablo. Él además estaba llevando la carta de Pablo a la iglesia de Colosas. El compañero de viaje de Tíquico era Onésimo, un esclavo de Filemón que se había fugado. Onésimo se había convertido recientemente y ahora estaba regresando a su amo para restituirlo y corregir el mal que había hecho.

PROPÓSITO: Pablo tenía un doble propósito al escribirle a Filemón.

1. Alentar a Filemón para que perdonara y recibiera personalmente a Onésimo, el esclavo fugitivo, como un hermano en el Señor.

2. Enseñar a la iglesia el espíritu en que amos y esclavos deben vivir y trabajar juntos (observe en el v. 2 que Pablo escribe a la iglesia en Colosas así como a Filemón).

Colosenses 3:22—4:1 debe estudiarse en conjunto con esta carta. Es un mensaje directo a las iglesias en el asunto de los amos y esclavos y de trabajadores y empleadores. (Vea también Efesios 6:5-9).

CARACTERÍSTICAS ESPECIALES:

1. El hombre, Onésimo. Onésimo era un esclavo fugitivo de Colosas. Por alguna razón desconocida había robado alguna propiedad y huyó de su amo, Filemón (cp. vv. 18-19). Rápidamente se fue a Roma donde aparentemente se podría esconder en las calles concurridas de gente pero algún lugar conoció a Pablo y Pablo lo llevó al Señor. Así que al parecer sucedió una de estas tres cosas:

    a. La conciencia de Onésimo comenzó a molestarlo y le confesó todo a Pablo.

    b. Epafras, un mensajero de la iglesia de Colosas, visitó a Pablo y allí reconoció al esclavo fugitivo y le contó a Pablo el incidente.

    c. Pablo sabía que Onésimo era un esclavo. Al discutir el asunto un día, Onésimo confesó el robo y expresó su deseo de corregir su error.

Cualquiera que sea la causa, Onésimo quería regresar y así lo hizo. Obedientemente siguió los mandatos de su Señor y de su conciencia. Es interesante que el nombre de Onésimo significa "útil". Pablo hace un juego con esto y dice: "l cual en otro tiempo te fue inútil, pero ahora a ti y a mí nos es útil" (v. 11).

Hay un aspecto de la historia que debe destacarse. Si este hecho es verdad, nos muestra el valor inapreciable y la fuerza de nuestra salvación en Cristo. Evidentemente Ignacio era el pastor de la iglesia de Antioquía unos cincuenta años después que Pablo escribiera la carta a Filemón. Estuvo preso, fue juzgado por su fe y condenado a morir como un mártir. Mientras era escoltado de Antioquía a Roma escribió varias cartas a las iglesias de Asia Menor. Estas cartas existen todavía. Una de ellas fue escrita la iglesia de Éfeso y en el primer capítulo habla muy bien de su obispo. ¿Su nombre? Onésimo, e Ignacio hizo lo mismo que Pablo. Se refiere al significado de su hombre, Onésimo, el que es útil a Cristo (v. 11) (William Barclay, *The Letters to Timothy, Titus, and Philemon*, p. 315s).

2. El hombre, Filemón. Filemón era el dueño del esclavo, un líder sobresaliente y poderoso de la iglesia de Colosas. La iglesia se reunía en su casa (v. 2). Era un hombre de gran amor y fe en el Señor. (v. 5), un hombre que confortaba el corazón de otros creyentes (v. 7). Es un hombre en el que se puede confiar para tomar decisiones correctas (vv. 14, 21). Evidentemente fue Pablo quien llevó a Filemón al Señor (v. 19).

3. El problema de la esclavitud. A lo largo de la historia la esclavitud ha sido indescriptiblemente cruel, salvaje, brutal y miserable. Nunca fue peor que en los días de Filemón y Onésimo. Este último mejor que todo el mundo sabía a lo que estaba regresando: los esclavos no tenían ningún tipo de derechos. El amo tenía derechos absolutos sobre las vidas de sus esclavos. Al esclavo ni tan siquiera se le consideraba como una persona. Era simplemente un bien inmueble. Se le mantenía presionado. Era como un objeto, una herramienta para ser usada según los antojos o deseos del amo. La esclavitud era una parte tan esencial del imperio romano que se estima que había más de sesenta millones (William Barclay, *The Letters to Timothy, Titus, and Philemon*, p. 310). Onésimo simplemente era uno entre tantos.

Fue a esta trágica sociedad que llegó el cristianismo con un mensaje radical y transformador: un mensaje de emancipación: emancipación personal, emancipación del espíritu, de actitud, de conciencia, de la mente, de las relaciones, de la conducta, del trabajo (vea notas, Ef. 6:5-9; Col. 3:22—4:1; 1 Ti. 6:1-2; Flm. 9-21).

"Ya no hay judío ni griego; no hay esclavo ni libre; no hay varón ni mujer; porque todos vosotros sois uno en Cristo Jesús" (Gá. 3:28).

"Porque por un solo Espíritu fuimos todos bautizados en un cuerpo, sean judíos o griegos, sean esclavos o libres; y a todos se nos dio a beber de un mismo Espíritu" (1 Co. 12:13).

"donde no hay griego ni judío, circuncisión ni incircuncisión, bárbaro ni escita, siervo ni libre, sino que Cristo es el todo, y en todos" (Col. 3:11).

No hay diferencias personales entre los hombres que están en Cristo: no hay clases humanas, no hay status social, no hay sistemas de castas. Los hombres son hermanos: hermanos amados en el Señor (Flm. 16; cp. v. 10, 12, 15, 17). Se construye una estructura completamente nueva de las relaciones humanas. Una estructura por lo cual los hombres *existen juntos, trabajan juntos* y *sirven juntos.*

Ahora, como dice en Colosenses 3:22—4:1 y Efesios 6:5-9, este no es un mensaje de suavidad. No acepta la haraganería, la tardanza, la holgazanería o las excusas. No permite que se abuse de los derechos de uno como hermano o como semejante ante el Señor. La nueva relación en Cristo no permite que uno se aproveche de los otros. Tanto amos como esclavos tienen deberes que cumplir. De hecho, a los ojos del Señor, no hay diferencia entre el llamado amo y el llamado esclavo. El hecho importante es que cada uno viva responsablemente donde está. Cada uno debe hacer su tarea como para el Señor ya sea esclavo o libre" (Ef. 6:7-8).

Dicho sencillamente, el incentivo de Cristo es positivo. Es el derecho de los hombres compartir en el trabajo unos de los otros. Todos los hombres deben ser hermanos "en el Señor Jesucristo". No hay nada de malo ni inmoral en compartir el fruto unos con otros. Es el tratamiento brutal y salvaje, el abuso de la persona del hombre lo que hace que la persona pierda el respeto por sí misma. Tal abuso y maltrato hace que el hombre incline su cabeza, hace que se inclinen sus hombros, golpea sus espaldas, inclina sus rodillas y lo tira al piso. El hombre se acobarda y pierde el amor propio. Se convierte en una bestia de carga en lugar de un contribuidor activo, racional y creativo a la sociedad.

Por esta razón, Dios insiste que el glorioso mensaje del cristianismo sea proclamado, el glorioso mensaje de que todos los hombres deben venir a Jesucristo. Es la voluntad de Dios que todos los hombres vengan a Cristo, renueven sus corazones y reciban el poder de vivir como hermanos con el resto de los hombres.

El Nuevo Testamento provee para este tipo de espíritu. Reconoce que un esclavo puede desear permanecer en el servicio a su amo debido al amor y confianza mutuos. Era un simple asunto de un contrato de trabajo y servicio mutuo (cp. Éx. 21:5; Dt. 15:16).

Los esclavos deben ser seres morales y responsables: "Siervos, obedecer en todo a vuestros amos."

Los amos deben tratar a sus esclavos como "amados hermanos" (Flm. 16). Deben pagar "salarios justo e iguales" (Col. 4:1).

BOSQUEJO DE FILEMÓN

LA BIBLIA DE BOSQUEJOS Y SERMONES es *única.* Difiere de todo otro material de estudios bíblicos y recursos de sermones en cuanto a que cada pasaje y tema es bosquejado justo al lado de las Escrituras correspondientes. Cuando usted elija cualquier tema mencionado más adelante y se remita a la referencia, no solo contará con el pasaje de las Escrituras, sino que también descubrirá el pasaje de las Escrituras y el tema *ya bosquejado para usted, versículo por versículo.*

A modo de ejemplo rápido, escoja uno de los temas mencionados más adelante y remítase a las Escrituras y hallará esta maravillosa ayuda para un empleo más rápido, más sencillo y más preciso.

Además, cada punto de las Escrituras y el tema está totalmente desarrollado en un Comentario con un pasaje de apoyo de las Escrituras en el final de la página.

Note algo más: los temas de Filemón tienen títulos que son a la vez bíblicos y prácticos. Los títulos prácticos a veces tienen más atracción para la gente. Este beneficio se ve claramente en el empleo de folletos, boletines, comunicados de la iglesia, etc.

Una sugerencia: para una visión más rápida de Filemón, primero lea todos los títulos principales (I, II, III, etc.), y luego vuelva y lea los subtítulos.

BOSQUEJO DE FILEMÓN

I. **FILEMÓN: UN GRAN HOMBRE CRISTIANO, vv. 1-7**

II. **ONÉSIMO: UN HOMBRE CAMBIADO GRANDEMENTE, vv. 8-21**

III. **UN SALUDO FINAL: ALGUNOS CREYENTES DE LA IGLESIA PRIMITIVA, vv. 22-24**

	I. FILEMÓN: UN GRAN HOMBRE CRISTIANO, vv. 1-7	4 Doy gracias a mi Dios, haciendo siempre memoria de ti en mis oraciones,	**3 Su testimonio**
1 Su compromiso a. Se le consideraba como amado b. Colaborador de Cristo c. Arraigó a su familia en Cristo d. Abrió su casa a la iglesia **2 Su necesidad fundamental: La gracia y paz de Dios**	1 Pablo, prisionero de Jesucristo, y el hermano Timoteo, al amado Filemón, colaborador nuestro, 2 y a la amada hermana Apia, y a Arquipo nuestro compañero de milicia, y a la iglesia que está en tu casa: 3 Gracia y paz a vosotros, de Dios nuestro Padre y del Señor Jesucristo.	5 porque oigo del amor y de la fe que tienes hacia el Señor Jesús, y para con todos los santos; 6 para que la participación de tu fe sea eficaz en el conocimiento de todo el bien que está en vosotros por Cristo Jesús. 7 Pues tenemos gran gozo y consolación en tu amor, porque por ti, oh hermano, han sido confortados los corazones de los santos.	a. Evoca la oración b. impregnado de amor c. Impregnado de fe **4 Su necesidad de oración** a. Para dar a conocer su fe con mayor eficacia. b. Razón: el conoce todo el bien **5 Su amor** a. Produce grande gozo b. Refresca a los santos

I. FILEMÓN: UN GRAN HOMBRE CRISTIANO, vv. 1-7

(vv. 1-7) *Introducción:* Este es el cuadro de un hombre cristiano sobresaliente, Filemón. Es un gran ejemplo para todos los creyentes.

1. Su compromiso (vv. 1-2).
2. Su necesidad fundamental: La gracia y paz de Dios (v. 3).
3. Su testimonio (vv. 4-5).
4. Su necesidad de oración (v. 6).
5. Su amor (v. 7).

1 (vv. 1-2) *Filemón — Dedicación:* La entrega de Filemón. Su entrega la podemos ver en cuatro hechos sobresalientes.

1. Filemón estaba tan entregado a Cristo que fue considerado por Pablo "amado", un hermano en el Señor que era muy querido por Pablo. Pero esto no es todo lo que Pablo dice, observe el título que Pablo se da a sí mismo: "Pablo, prisionero de Jesucristo". Esta es una introducción muy poco común en las cartas de Pablo. Por lo general Pablo iniciaba sus cartas diciendo: "Pablo, apóstol de Jesucristo". Filemón debe haber sido un amigo querido de Pablo, un amigo que reconocía el llamamiento de Dios a Pablo, un amigo que amaba y apoyaba tanto a Pablo que este no tenía que establecer ante Filemón su llamamiento al ministerio. Filemón era un amigo amado, alguien que apoyaba a Pablo y estaba tan comprometido con Cristo que era considerado como amado por uno de los siervos escogidos de Dios, el propio Pablo.

"Un mandamiento nuevo os doy: Que os améis unos a otros; como yo os he amado, que también os améis unos a otros. En esto conocerán todos que sois mis discípulos, si tuviereis amor los unos con los otros" (Jn. 13:34-35, cp. Jn. 15:12).

"Permanezca el amor fraternal" (He. 13:1).

"Habiendo purificado vuestras almas por la obediencia a la verdad, mediante el Espíritu, para el amor fraternal no fingido, amaos unos a otros entrañablemente, de corazón puro" (1 P. 1:22).

2. Filemón estaba tan comprometido con Cristo que era un colaborador de Cristo. Le servía diligentemente y fíjese, tanto así que Pablo le llama "colaborador nuestro". Trabajaba tan fielmente para Cristo que Pablo reconocía su labor y lo consideraba su colaborador, que trabajaba en la causa de Cristo tan diligentemente como Pablo.

Pensamiento 1. Un testimonio dinámico tremendo: Estaba trabajando tan duro por Cristo que podía considerársele un colaborador con Pablo. Esto es un reto para nosotros. Que Dios permita que seamos motivados a servir a Cristo de manera tan diligente.

"Así que, hermanos, os ruego por las misericordias de Dios, que presentéis vuestros cuerpos en sacrificio vivo, santo, agradable a Dios, que es vuestro culto racional. No os conforméis a este siglo, sino transformaos por medio de la renovación de vuestro entendimiento, para que comprobéis cuál sea la buena voluntad de Dios, agradable y perfecta" (Ro. 12:1-2).

"Porque nosotros somos colaboradores de Dios, y vosotros sois labranza de Dios, edificio de Dios" (1 Co. 3:9, cp. 2 Co. 6:1).

"Así que, hermanos míos amados, estad firmes y constantes, creciendo en la obra del Señor siempre, sabiendo que vuestro trabajo en el Señor no es en vano" (1 Co. 15:58).

"Así que, según tengamos oportunidad, hagamos bien a todos, y mayormente a los de la familia de la fe" (Gá. 6:10).

"Pero tú sé sobrio en todo, soporta las aflicciones, haz obra de evangelista, cumple tu ministerio" (2 Ti. 4:5).

3. Filemón estaba tan consagrado a Cristo que había arraigado a su familia en Él. Al parecer Apia era la esposa de Filemón y Arquipo su hijo. Observe que a Arquipo se le denomina compañero de milicia de Pablo. Esto debe querer decir que en algún momento de su vida había servido realmente con Pablo en alguna misión. Todo parece indicar que era el pastor de la iglesia colosense (Col. 4:17).

El punto a destacar es la dedicación de esta familia a Cristo. Filemón, como esposo y padre, había arraigado a su familia en Cristo y los había llevado a servirle. Incluso había apoyado el llamamiento de su hijo y la decisión de servir a Cristo en el ministerio. Estaba tan comprometido con Cristo que asumió la responsabilidad de ser el líder espiritual de su familia con mucha, mucha seriedad; y de acuerdo a la evidencia, su esposa lo apoyaba en su llamamiento de ser la cabeza espiritual de la familia.

Pensamiento 1. Qué ejemplo tan dinámico para las familias cristianas: padres, madres e hijos, todos viviendo para Cristo y cumpliendo con su misión y deber dentro de la familia.

4. Filemón estaba tan comprometido con Cristo que abrió su hogar a la iglesia. Recuerde que la iglesia primitiva no tenía templos para reunirse, se reunían en los hogares de creyentes fieles y comprometidos. Filemón amaba tanto a Cristo que estaba dispuesto a abrir su casa noche tras noche, semana tras semana para que los creyentes adoraran y estudiaran juntos la Palabra de Dios.

Pensamiento 1. ¿Cuántos en la actualidad abrirían sus puertas a la iglesia? ¿Cuántos aman a Cristo lo suficiente para abrir su hogar regularmente, lo suficientemente como para olvidar el cansancio y la limpieza que se requiere? ¿Lo suficiente como para sacrificar el descanso y el tiempo familiar?

2 (v. 3) *Gracia — Paz:* La necesidad básica de Filemón. Filemón tenía dos necesidades fundamentales.

1. Necesitaba gracia (vea Estudio a fondo 1, Gracia, Tit. 2:11-15; nota y Estudio a fondo 1, 1 Co. 1:4 para discusión del tema).

2. Necesitaba paz (vea notas, Paz, 1 Ts. 1:1; Jn. 14:27 para discusión del tema).

3 (vv. 4-5) *Filemón — Amor — Fe:* El testimonio de Filemón. Note lo que Pablo dice: "Doy gracias a mi Dios" por ti. ¡Imagine tener tan buen testimonio en el Señor que Pablo le diera gracias a Dios por ti! Ese era Filemón.

1. Su testimonio era tan bueno que movía a Pablo a orar por él, no de vez en cuando, sino siempre.

2. Su testimonio estaba encaminado en amor (vea nota, *Amor,* 1 Ts. 1:3; Estudio a fondo 1, 3:12 para discusión).

3. Su testimonio estaba encaminado en fe (vea nota, *Fe,* 1 Ts. 1:3; nota 4, 2 Ts. 1:3 para discusión).

4 (v. 6) *Testigo:* La oración que Filemón necesitaba. Esta es en realidad la oración que todo creyente necesita. El versículo es algo complejo porque tiene mucho concentrado en un solo versículo. En palabras sencillas, Pablo le está pidiendo a Dios que ayude a Filemón *a testificar de su fe cada vez más eficazmente.* Note que se dice que en Filemón está "todo el bien". Es por esas buenas cosas por la que Pablo ora para que otros las reconozcan y deseen en sus propias vidas. ¿Qué está comprendido en "todo el bien"? Sería, sin duda alguna, el fruto del Espíritu.

=> amor
=> gozo
=> paz
=> paciencia
=> benignidad
=> bondad
=> fe
=> mansedumbre
=> templanza

Todo el bien también incluiría la vida, la vida abundante y eterna y la gloriosa esperanza de vivir para siempre en cielos nuevos y tierra nueva con Cristo Jesús nuestro Señor. Cuando los incrédulos del mundo vean *todo el bien* de vida y la gran esperanza de vida eterna que hay en nosotros, algunos querrán tener la misma esperanza que nosotros tenemos. Por tanto, todo creyente tiene una gran necesidad de oración, orar para que Dios nos ayude a dar a conocer todo el bien y la esperanza que tenemos en Cristo.

"porque no podemos dejar de decir lo que hemos visto y oído" (Hch. 4:20).

"Lo que has oído de mí ante muchos testigos, esto encarga a hombres fieles que sean idóneos para enseñar también a otros" (2 Ti. 2:2).

"lo que hemos visto y oído, eso os anunciamos, para que también vosotros tengáis comunión con nosotros; y nuestra comunión verdaderamente es con el Padre, y con su Hijo Jesucristo" (1 Jn. 1:3).

"orando en todo tiempo con toda oración y súplica en el Espíritu, y velando en ello con toda perseverancia y súplica por todos los santos; y por mí, a fin de que al abrir mi boca me sea dada palabra para dar a conocer con denuedo el misterio del evangelio" (Ef. 6:18-19).

5 (v. 7) *Amor:* El amor de Filemón. Al parecer era un hombre que amaba a todos y lo probaba ayudando a otros. Era un hombre compasivo y lleno de gracia, muy comprometido a ayudar a los que tuvieran necesidad. Los confortaba. Barclay hace una declaración contundente acerca de este aspecto del ministerio, algo que debiera desafiar a todo creyente que quiera más y más de Cristo.

"Esto significa que aprendemos de Cristo al dar a otros. Quiere decir que al dar a otros recibimos de Cristo. Quiere decir que al vaciarnos nos llenamos de Cristo; que mientas más pobres nos volvamos al dar, más ricos nos volvemos con los dones de Cristo. Quiere decir que ser generosos y de noble corazón es la forma más segura de aprender cada vez más de la riqueza de Cristo. El hombre que más conoce de Cristo no es el erudito, ni tan siquiera el santo que se encierra y pasa sus días en oración sino el hombre que mueve generosidad a sus semejantes" (The Letters to Timothy, Titus, and Philemon, p. 319).

"Así alumbre vuestra luz delante de los hombres, para que vean vuestras buenas obras, y glorifiquen a vuestro Padre que está en los cielos" (Mt. 5:16).

"¿No decís vosotros: Aún faltan cuatro meses para que llegue la siega? He aquí os digo: Alzad vues-

tros ojos y mirad los campos, porque ya están blancos para la siega. Y el que siega recibe salario, y recoge fruto para vida eterna, para que el que siembra goce juntamente con el que siega" (Jn. 4:35-36).

"Sobrellevad los unos las cargas de los otros, y cumplid así la ley de Cristo" (Gá. 6:2).

"Así que, según tengamos oportunidad, hagamos bien a todos, y mayormente a los de la familia de la fe" (Gá. 6:10).

"Que hagan bien, que sean ricos en buenas obras, dadivosos, generosos" (1 Ti. 6:18).

"Y de hacer bien y de la ayuda mutua no os olvidéis; porque de tales sacrificios se agrada Dios" (He. 13:16).

"y al que sabe hacer lo bueno, y no lo hace, le es pecado" (Stg. 4:17).

	II. ONÉSIMO: UN HOMBRE CAMBIADO GRANDEMENTE, vv. 8-21	tu favor no fuese como de necesidad, sino voluntario.	
1 Pablo quería hacerle una petición especial a Filemón	8 Por lo cual, aunque tengo mucha libertad en Cristo para mandarte lo que conviene,	15 Porque quizá para esto se apartó de ti por algún tiempo, para que le recibieses para siempre;	**4 Era una hombre cambiado**
a. El derecho de Pablo a mandar	9 más bien te ruego por amor, siendo como soy, Pablo ya anciano, y ahora, además, prisionero de Jesucristo;		a. Un hombre cambiado por la mano y la providencia de Dios
b. Pablo apela al amor		16 no ya como esclavo, sino como más que esclavo, como hermano amado, mayormente para mí, pero cuánto más para ti, tanto en la carne como en el Señor.	b. Un hombre convertido de esclavo a hermano
c. La edad de Pablo y su encarcelamiento			
d. La petición de Pablo implica a Onésimo		17 Así que, si me tienes por compañero, recíbele como a mí mismo.	**5 Debía ser recibido como si fuera el propio Pablo**
2 Era engendrado: nacido de nuevo	10 te ruego por mi hijo Onésimo, a quien engendré en mis prisiones,	18 Y si en algo te dañó, o te debe, ponlo a mi cuenta.	a. En un espíritu de compartir las deudas
a. Había sido inútil	11 el cual en otro tiempo te fue inútil, pero ahora a ti y a mí nos es útil,	19 Yo Pablo lo escribo de mi mano, yo lo pagaré; por no decirte que aun tú mismo te me debes también.	b. En un espíritu de recordar las propias deudas espirituales
b. Ahora era útil	12 el cual vuelvo a enviarte; tú, pues, recíbele como a mí mismo.	20 Sí, hermano, tenga yo algún provecho de ti en el Señor; conforta mi corazón en el Señor.	c. En un espíritu de consuelo
3 Estaba enfrentando su pasado para corregir el mal que había hecho			
a. Regresa	13 Yo quisiera retenerle conmigo, para que en lugar tuyo me sirviese en mis prisiones por el evangelio;	21 Te he escrito confiando en tu obediencia, sabiendo que harás aun más de lo que te digo.	d. En un espíritu de obediencia
b. Ministra, sirve a otros			
c. Confía en la bondad de otros creyentes	14 pero nada quise hacer sin tu consentimiento, para que		

II. ONÉSIMO: UN HOMBRE CAMBIADO GRANDEMENTE, vv. 8-21

(vv. 8-21) *Introducción:* Esta es la imagen de un hombre cambiado grandemente, cambiado por Cristo. Nos muestra la diferencia que la conversión puede hacer en una vida y cómo debemos recibir a la persona que se ha convertido. Recuerde que Onésimo era esclavo y ladrón. Muy pocas personas quieren ser vistas junto a un esclavo y mucho menos ser conocidas como su hermano. Sin embargo esto es exactamente lo que vamos a ver. No importa cuan baja y vil pueda ser una persona, debemos llegar a ella y hacer todo lo que podamos para traerla al compañerismo de Cristo y de la iglesia. Esta es una gran descripción de un hombre cambiado por Cristo.

1. Pablo quería hacerle una petición especial a Filemón (vv. 8-9).
2. Era "engendrado": nacido de nuevo (vv. 10-11).
3. Estaba enfrentando su pasado para corregir el mal que había hecho (vv. 12-14).
4. Era una hombre cambiado (vv. 15-16).
5. Debía ser recibido como si fuera el propio Pablo (vv. 17-21).

1 (vv. 8-9) *Pablo:* Pablo quería hacerle una petición espe-

cial a Filemón. Él tenía el derecho de exigirle a Filemón que le concediera su petición. ¿Por qué? ¿Cómo es posible que un creyente cualquiera, incluso un ministro, le exija a otro creyente, especialmente si este difiere o no desea hacer lo que se le pide? Existen dos razones por las que debe hacerse:

=> Es lo correcto.

=> Es el deber del creyente.

El creyente, independientemente de quien sea, debe hacer lo correcto; debe cumplir con su deber. Por tanto, Pablo tenía el derecho de hacerle una petición especial a Filemón, pero fíjese que Pablo no le exigió a Filemón que le concediera lo que pedía. Filemón debía hacerlo, pero Pablo no se lo exigió. En cambio, le rogó, o sea, le instó, le suplicó y le pidió encarecidamente porque amaba a Filemón. Note que Pablo basó su ruego en tres cosas que deben apelar al corazón de cualquier creyente.

=> Pablo basó su apelación en el amor: el amor de Cristo y el amor de los creyentes los unos por los otros. Esto debe significar que Filemón amaba a Pablo como hermano en Cristo, que le amaba lo suficiente como para acceder a su pedido.

=> Pablo basó su apelación en su edad. Al parecer estaba en sus cincuenta y sin duda su cuerpo estaba de alguna manera más envejecido de lo que debiera debido al desgaste producido sobre su cuerpo por los sufrimientos que había pasado a lo largo de los años.

=> Pablo basó su apelación en el hecho de que estaba prisionero por la causa de Cristo. Había sufrido tanto para llevar el evangelio al mundo perdido, a las personas que estaban perdidas y sin esperanza tal y como lo habían estado Filemón y su familia

Debido a que estaba prisionero por causa de Cristo, Filemón debía concederle su pedido. Pablo estaba cansado y consumido, a punto de terminar su ministerio y su vida sobre la tierra, por lo tanto, esperaba que sus queridos amigos acataran su última petición.

¿Cuál era la última petición de Pablo? Tenía relación con Onésimo, un antiguo esclavo de Filemón, un esclavo que había escapado para ganar su libertad y había huido a Roma. Imagine a Onésimo regresando a Filemón y entregándole esta carta . Y a Filemón parado allí leyendo la carta. ¿Cuáles eran sus pensamientos? ¿Cómo le afectó a Filemón, el dueño de esclavos que se había convertido a Cristo? ¿Qué haría ahora? Parado frente a él se encontraba quien había sido su esclavo, quien había quebrantado la ley al escapar, una de las principales leyes sobre la que se basaba el imperio romano. (Roma mantenía la paz esclavizando y esparciendo por todo el mundo a las personas de las naciones conquistadas, destruyendo la lealtad de estos a su tierra natal. La muerte era la pena para los esclavos que escapaban).

2 (vv. 10-11) *Onésimo — Nuevo nacimiento:* Onésimo era un hombre cambiado, un hombre que había sido "engendrado", o sea, nacido de nuevo. Pablo había llevado a Onésimo a los pies del Señor. Recuerde que Pablo estaba preso. Entonces, ¿cómo Pablo tuvo contacto con Onésimo? ¿Sería que mientras estaba en Roma reconocieron a Onésimo como un esclavo que había escapado y lo encarcelaron? No, no pudo haber sido, pues no estaba en la cárcel. Él había regresado, tenía libertad de movimiento y ahora estaba de pie frente a su propietario, Filemón. Cuando Onésimo llegó a Roma, lo más probable es que se hubiera cruzado con algunos cristianos creyentes y ellos le ayudaron y se lo presentaron a Pablo. Pablo entonces le guió a aceptar a Cristo.

Note que Pablo no se anduvo con miramientos. Admitió voluntariamente lo malo que Onésimo había hecho: había sido inútil, es decir sin provecho. La idea es que no tiene absolutamente ningún uso, sencillamente bueno para nada. Pero ahora era útil. Había aceptado a Cristo y era muy útil para Filemón y para Pablo en el reino de Cristo.

Pensamiento 1. Jesucristo cambia las vidas. Él puede tomar una persona inútil, improductiva, buena para nada y hacerla la persona más útil, provechosa y buena que podamos imaginar. Jesucristo puede tomar nada y sacar algo de cualquier persona, sin importar...

• cuán baja sea esa persona
• cuánto se haya hundido esa persona
• cuán lejos haya ido esa persona
• qué haya hecho esa persona

Jesucristo puede cambiar a una persona y hacerle la per-sona más útil del mundo. ¿Cómo? Jesucristo toma la persona y la crea de nuevo. Cristo le da a esa persona *un nuevo nacimiento,* la hace *una nueva criatura,* saca *un nuevo hombre* de ella.

"Mas a todos los que le recibieron, a los que creen en su nombre, les dio potestad de ser hechos hijos de Dios; los cuales no son engendrados de sangre, ni de voluntad de carne, ni de voluntad de varón, sino de Dios" (Jn. 1:12-13).

"Respondió Jesús y le dijo: De cierto, de cierto te digo, que el que no naciere de nuevo, no puede ver el reino de Dios... Respondió Jesús: De cierto, de cierto te digo, que el que no naciere de agua y del Espíritu, no puede entrar en el reino de Dios" (Jn. 3:3, 5).

"De modo que si alguno está en Cristo, nueva criatura es; las cosas viejas pasaron; he aquí todas son hechas nuevas" (2 Co. 5:17).

"En cuanto a la pasada manera de vivir, despojaos del viejo hombre, que está viciado conforme a los deseos engañosos, y renovaos en el espíritu de vuestra mente, y vestíos del nuevo hombre, creado según Dios en la justicia y santidad de la verdad" (Ef. 4:22-24; cp. vv. 25-32).

"Pero ahora dejad también vosotros todas estas cosas: ira, enojo, malicia, blasfemia, palabras deshonestas de vuestra boca. No mintáis los unos a los otros, habiéndoos despojado del viejo hombre con sus hechos, y revestido del nuevo, el cual conforme a la imagen del que lo creó se va renovando hasta el conocimiento pleno" (Col. 3:8-10).

"Pero cuando se manifestó la bondad de Dios nuestro Salvador, y su amor para con los hombres, nos salvó, no por obras de justicia que nosotros hubiéramos hecho, sino por su misericordia, por el lavamiento de la regeneración y por la renovación en el Espíritu Santo, el cual derramó en nosotros abundantemente por Jesucristo nuestro Salvador, para que justificados por su gracia, viniésemos a ser herederos conforme a la esperanza de la vida eterna" (Tit. 3:4-7).

"siendo renacidos, no de simiente corruptible, sino de incorruptible, por la Palabra de Dios que vive y permanece para siempre" (1 P. 1:23).

"por medio de las cuales nos ha dado preciosas y grandísimas promesas, para que por ellas llegaseis a ser participantes de la naturaleza divina, habiendo huido de la corrupción que hay en el mundo a causa de la concupiscencia" (2 P. 1:4).

3 (vv. 12-14) *Onésimo — Restitución:* Enfrentó su pasado para corregir el mal que había hecho. Esta es una clara evidencia de que el corazón de Onésimo se había verdaderamente convertido a Cristo. Él quiso regresar y corregir el mal que había cometido. Cristo siempre provoca esto en la persona que realmente se ha convertido. De esto se trata el cristianismo: convertir y cambiar el error y lo malo del mundo, cambiarlo en un mundo de amor, bondad y justicia.

Fíjese cuán querido era este esclavo para Pablo. Pablo dice que le estaba enviando a Filemón un pedazo de su propio corazón. Pablo amaba a este hombre que había sido un ladrón y quebrantador de la ley (cp. vv. 18-19). Este esclavo se había vuelto querido, muy querido para Pablo. Pablo lo quería tanto que hubiera preferido que Onésimo se quedara con él. Pablo, que estaba en la cárcel, necesitaba encarecidamente a Onésimo —su compañía, aliento y asistencia— pero Pablo no le pidió que se quedara. ¿Por qué? Porque Pablo no haría nada sin el consentimiento de Filemón. Onésimo se debía a Filemón y estaba en sus manos decidir dónde debía servir Onésimo: o con Filemón como esclavo o regresar y servir con Pablo como ministro. Fíjese en esto, pues muestra cómo Pablo abrió la puerta para que Filemón le permitiera a Onésimo ser un siervo del evangelio. La fuerza del deseo de Pablo se aprecia en que incluyó a Onésimo en la lista de algunos grandes ministros que habían servido con Pablo (Col. 4:7-9). Pablo elevó tanto a Onésimo que dice que Onésimo podía expresar exactamente lo que había estado sucediendo con el evangelio en Roma (también cp. v. 15-16).

Pensamiento 1. El creyente cristiano debe restituir, corregir cualquier mal que haya cometido, hasta donde es humanamente posible. Ningún cristiano debe tratar de escapar de hacer restitución, de corregir lo malo que haya hecho. La razón misma de Cristo al venir a la tierra es la moral y la justicia —hacer de la tierra un lugar tan bueno como sea posible— enseñar y encargar a tantas personas como sea posible a vivir vidas rectas y piadosas; cubrir la tierra con el glorioso evangelio del amor y el deber de amarnos y cuidarnos unos a otros. Si los creyentes evaden su deber de corregir sus propios errores, entonces, ¿cuál es el valor de su cristianismo? Este es el motivo por el que Onésimo regresaba a Filemón. El motivo por el que Pablo le enviaba de regreso a pesar del hecho de que él mismo necesitaba desesperadamente a Onésimo.

> "Os digo, que aunque no se levante a dárselos por ser su amigo, sin embargo por su importunidad se levantará y le dará todo lo que necesite. Y yo os digo: Pedid, y se os dará; buscad, y hallaréis; llamad, y se os abrirá. Porque todo aquel que pide, recibe; y el que busca, halla; y al que llama, se le abrirá" (Lc. 11:8-10).

> "entonces, habiendo pecado y ofendido, restituirá aquello que robó, o el daño de la calumnia, o el depósito que se le encomendó, o lo perdido que halló" (Lv. 6:4).

> "Pero si es sorprendido, pagará siete veces; Entregará todo el haber de su casa" (Pr. 6:31).

> "si el impío restituyere la prenda, devolviere lo que hubiere robado, y caminare en los estatutos de la vida, no haciendo iniquidad, vivirá ciertamente y no morirá" (Ez. 33:15).

4 (vv. 15-16) *Onésimo — Amor:* Onésimo era un hombre cambiado. ¡Y como había cambiado!

1. Había sido cambiado por la mano de Dios, es decir, bajo la providencia de Dios. Pablo le dice a Filemón que Onésimo se había ido por un breve tiempo para que pudiera regresar para siempre. Dios estaba mirando desde lo alto y dominando sobre todo lo sucedido por el bien de la salvación de Onésimo. Filemón era ahora capaz de asociarse con Onésimo para siempre. La implicación es que ambos vivirían con Cristo para siempre, adorando y sirviendo a Cristo por toda la eternidad.

2. Había sido cambiado de esclavo a hermano, un "hermano amado". Observe que Pablo dice que Onésimo se había marchado siendo esclavo pero ahora…

- era más que un esclavo.
- era un hermano amado.
- era de gran valor para Pablo.
- era de mucho más valor para Filemón.

Pensamiento 1. La idea está clara: cuando Cristo cambia una vida, esa vida es cambiada eternamente. Las relaciones terrenales cambian para siempre. La persona cambiada se convierte en *un hermano amado.* No importa cuál haya sido la relación…

- relación de amo-esclavo
- relación de amigo-enemigo
- relación de víctima-victimario
- relación de amor-odio
- relación de matrimonio-divorcio
- relación de abuso-daño

Si la persona ha sido verdaderamente cambiada por Cristo, entonces debe ser recibida como un hermano amado. ¿Por qué? Porque Dios ha puesto su mano sobre esa persona y la ha cambiado para siempre.

> "Y el segundo es semejante: Amarás a tu prójimo como a ti mismo" (Mt. 22:39).

> "Un mandamiento nuevo os doy: Que os améis unos a otros; como yo os he amado, que también os améis unos a otros. En esto conocerán todos que sois mis discípulos, si tuviereis amor los unos con los otros" (Jn. 13:34-35).

> "Este es mi mandamiento: Que os améis unos a otros, como yo os he amado" (Jn. 15:12).

> "El amor sea sin fingimiento. Aborreced lo malo, seguid lo bueno" (Ro. 12:9).

> "No debáis a nadie nada, sino el amaros unos a otros; porque el que ama al prójimo, ha cumplido la ley. Porque: No adulterarás, no matarás, no hurtarás, no dirás falso testimonio, no codiciarás, y cualquier otro mandamiento, en esta sentencia se resume: Amarás a tu prójimo como a ti mismo. El amor no hace mal al prójimo; así que el cumplimiento de la ley es el amor" (Ro. 13:8-10).

> "pues todos sois hijos de Dios por la fe en Cristo Jesús; porque todos los que habéis sido bautizados en Cristo, de Cristo estáis revestidos. Ya no hay judío ni griego; no hay esclavo ni libre; no hay varón ni mujer; porque todos vosotros sois uno en Cristo Jesús" (Gá. 3:26-28).

> "Así que ya no sois extranjeros ni advenedizos, sino conciudadanos de los santos, y miembros de la familia de Dios" (Ef. 2:19).

> "Y el Señor os haga crecer y abundar en amor unos para con otros y para con todos, como también lo hacemos nosotros para con vosotros" (1 Ts. 3:12).

> "Porque el que santifica y los que son santificados, de uno son todos; por lo cual no se avergüenza de llamarlos hermanos" (He. 2:11).

> "Habiendo purificado vuestras almas por la obediencia a la verdad, mediante el Espíritu, para el amor fraternal no fingido, amaos unos a otros entrañablemente, de corazón puro" (1 P. 1:22).

5 (vv. 17-21) *Onésimo — Hermandad:* Onésimo debía ser recibido como si se tratara del propio Pablo. Pablo hace una petición asombrosa. Le pide a Filemón que reciba a un esclavo que era un ladrón desaforado de la misma manera en que lo recibiría a él. A la mayoría de las personas no les agradaría que las vieran en compañía de un esclavo, mucho menos que se les conozca como compañero o hermano del mismo, pero Pablo valientemente da el paso y pide que Onésimo, el esclavo y ladrón, sea recibido como compañero y hermano. Fíjese cuán sincero era Pablo.

=> Dijo que pagaría personalmente cualquier cantidad o bienes que Onésimo hubiera robado. ¿Por qué debía Filemón aceptar esto? Porque Filemón siempre debía tener presente la deuda que tenía por su salvación. Pablo lo había levado a Cristo así que Filemón le debía a Pablo su propia vida (v. 19).

=> Pablo dijo que se sentiría gozoso y confortado si Filemón recibía a Onésimo como compañero y hermano en el Señor (v. 20)

=> Pablo dijo que confiaba grandemente en que Filemón le concedería su petición e incluso haría mucho más (v. 21).

Pensamiento 1. Lo que más las personas necesitan es ser recibidas. No importa cuán baja, vil, inútil, pecadora, mutilada, enferma, fea, inaccesible y desagradable nos parezca, la persona debe ser recibida y traída a la comunión de Cristo y de los creyentes. Durante demasiado tiempo la iglesia y los creyentes han rechazado y alejado a las personas más bajas. Cristo ama a todo ser humana y desea que todos —hombres, mujeres y niños— sean alcanzados.

Siempre debemos recordar que estamos en deuda con Cristo y con el mundo. Cristo nos salvó y nos ha dado comunión con Él y con Dios el Padre y también con otros. Así que somos deudores espirituales de todos.

"Por tanto, id, y haced discípulos a todas las naciones, bautizándolos en el nombre del Padre, y del Hijo, y del Espíritu Santo; enseñándoles que guarden todas las cosas que os he mandado; y he aquí yo estoy con vosotros todos los días, hasta el fin del mundo. Amén" (Mt. 28:19-20).

"Y les dijo: Id por todo el mundo y predicad el evangelio a toda criatura" (Mr. 16:15).

"pero recibiréis poder, cuando haya venido sobre vosotros el Espíritu Santo, y me seréis testigos en Jerusalén, en toda Judea, en Samaria, y hasta lo último de la tierra" (Hch. 1:8).

"A griegos y a no griegos, a sabios y a no sabios soy deudor. Así que, en cuanto a mí, pronto estoy a anunciaros el evangelio también a vosotros que estáis en Roma" (Ro. 1:14-15).

"Porque ¿quién te distingue? ¿o qué tienes que no hayas recibido? Y si lo recibiste, ¿por qué te glorías como si no lo hubieras recibido?" (1 Co. 4:7).

"Porque habéis sido comprados por precio; glorificad, pues, a Dios en vuestro cuerpo y en vuestro espíritu, los cuales son de Dios" (1 Co. 6:20).

"Porque ya conocéis la gracia de nuestro Señor Jesucristo, que por amor a vosotros se hizo pobre, siendo rico, para que vosotros con su pobreza fueseis enriquecidos" (2 Co. 8:9).

"En esto hemos conocido el amor, en que él puso su vida por nosotros; también nosotros debemos poner nuestras vidas por los hermanos" (1 Jn. 3:16).

	III. UN SALUDO FINAL: ALGUNOS CREYENTES DE LA IGLESIA PRIMITIVA, vv. 22-24	24 Marcos, Aristarco, Demas y Lucas, mis colaboradores.	3 Marcos: Se redimió a sí mismo 4 Aristarco: Siempre presente 5 Demas: abandonó a Cristo 6 Lucas: Le dio todo a Cristo
1 Pablo: un optimista por excelencia	22 Prepárame también alojamiento; porque espero que por vuestras oraciones os seré concedido.		
2 Epafras: encarcelado por su fe	23 Te saludan Epafras, mi compañero de prisiones por Cristo Jesús,	25 La gracia de nuestro Señor Jesucristo sea con vuestro espíritu. Amén.	7 La conclusión de una bendición muy necesaria: la gracia de Cristo

III. UN SALUDO FINAL: ALGUNOS CREYENTES DE LA IGLESIA PRIMITIVA, vv. 22-24

(vv. 22-24) *Introducción:* Aquí concluye la breve carta de Pablo a su querido amigo Filemón. Como era su costumbre, Pablo termina la carta enviando saludos a varios creyentes y también de parte de otros. Estos finales son siempre de gran interés ya que nos permiten echar un vistazo a las vidas de algunos de los creyentes de la iglesia primitiva, hermanos y hermanas a quienes pronto conoceremos en el cielo y con quienes compartiremos. Juntos serviremos al Señor durante la eternidad.

1. Pablo: un optimista por excelencia (v. 22)
2. Epafras: encarcelado por su fe (v. 23)
3. Marcos: Se redimió a sí mismo (v. 24).
4. Aristarco: Siempre presente (v. 24).
5. Demas: abandonó a Cristo (v. 24).
6. Lucas: Le dio todo a Cristo (v. 24).
7. La conclusión de una bendición muy necesaria: la gracia de Cristo (v. 25).

1 (v. 22) *Pablo — Oración:* El primer creyente que aparece es Pablo. La idea que se enfatiza es su eterno optimismo. Estaba preso y sin embargo creía sin dudas que podía ser puesto en libertad mediante las oraciones de sus queridos amigos. Qué gran efecto tiene la oración. Dios responde la oración, Él lo ha prometido. El problema es que nosotros no le tomamos la palabra a Dios, no oramos. Los amigos de Pablo oraron por él y al parece él fue puesto en libertad (vea *Introducción, fecha,* 1 Timoteo para discusión).

"Buscad a Jehová y su poder; Buscad su rostro continuamente" (1 Cr. 16:11).

"Pedid, y se os dará; buscad, y hallaréis; llamad, y se os abrirá" (Mt. 7:7).

"Velad y orad, para que no entréis en tentación; el espíritu a la verdad está dispuesto, pero la carne es débil" (Mt. 26:41).

"También les refirió Jesús una parábola sobre la necesidad de orar siempre, y no desmayar" (Lc. 18:1).

"Si permanecéis en mí, y mis palabras permanecen en vosotros, pedid todo lo que queréis, y os será hecho" (Jn. 15:7).

"Hasta ahora nada habéis pedido en mi nombre; pedid, y recibiréis, para que vuestro gozo sea cumplido" (Jn. 16:24).

"orando en todo tiempo con toda oración y súplica en el Espíritu, y velando en ello con toda perseverancia y súplica por todos los santos" (Ef. 6:18).

"Orad sin cesar" (1 Ts. 5:17).

"Codiciáis, y no tenéis; matáis y ardéis de envidia, y no podéis alcanzar; combatís y lucháis, pero no tenéis lo que deseáis, porque no pedís" (Stg. 4:2).

"¿Está alguno entre vosotros afligido? Haga oración. ¿Está alguno alegre? Cante alabanzas" (Stg. 5:13).

2 (v. 23) *Epafras:* Era un siervo del Señor que había estado preso con Pablo.

=> Era el *"ministro"* de la iglesia colosense (Col. 1:7).
=> Era un *"ministro fiel"* (Col. 1:7).
=> Era un *"siervo de Cristo"* (Col. 4:12).
=> Era un *"consiervo"* muy querido para Pablo (Co. 1:7).
=> Estaba tan consagrado y comprometido con Cristo que Pablo lo llamaba "mi compañero de prisiones por Cristo Jesús" (Flm. 23).
=> Era un creyente que encarecidamente oraba por su querido pueblo en Colosas (Col. 4:12). Oraba por una cosa en particular: para que fueran perfectos y completos en la voluntad de Dios, es decir, para que conocieran toda la voluntad de Dios y la cumplieran perfectamente.

"orando en todo tiempo con toda oración y súplica en el Espíritu, y velando en ello con toda perseverancia y súplica por todos los santos" (Ef. 6:18).

"Os saluda Epafras, el cual es uno de vosotros, siervo de Cristo, siempre rogando encarecidamente por vosotros en sus oraciones, para que estéis firmes, perfectos y completos en todo lo que Dios quiere" (Col. 4:12).

"Buscad a Jehová y su poder; Buscad su rostro continuamente" (1 Cr. 16:11).

=> Era un ministro que trabajaba con ahínco por su iglesia y por todas las iglesias que le rodeaban (Col. 4:13, Hierápolis y Laodicea). Oraba y oraba mucho, pero también trabajaba mucho, tanto así que su labor era un testimonio incluso para el gran ministro Pablo.

"Jesús les dijo: Mi comida es que haga la voluntad del que me envió, y que acabe su obra. ¿No decís vosotros: Aún faltan cuatro meses para que llegue la siega? He aquí os digo: Alzad vuestros ojos y mirad los campos, porque ya están blancos para la siega" (Jn. 4:34-35).

"Me es necesario hacer las obras del que me envió, entre tanto que el día dura; la noche viene, cuando nadie puede trabajar" (Jn. 9:4).

"¿No sabéis que los que corren en el estadio, todos a la verdad corren, pero uno solo se lleva el premio? Corred de tal manera que lo obtengáis. Todo aquel que lucha, de todo se abstiene; ellos, a la verdad, para recibir una corona corruptible, pero nosotros, una incorruptible" (1 Co. 9:24-25).

"para lo cual también trabajo, luchando según la potencia de él, la cual actúa poderosamente en mí" (Col. 1:29).

"Por lo cual te aconsejo que avives el fuego del don de Dios que está en ti por la imposición de mis manos" (2 Ti. 1:6).

3 (v. 24) *Juan Marcos:* Era un joven que se había redimido a sí mismo. Un tiempo antes Marcos había abandonado a Pablo y al ministerio (vea Estudio a fondo 4, *Juan Marcos,* Hch. 12:25; nota, 13:13 para discusión). Sin embargo observe lo que Pablo dice a la iglesia de Colosas. Le dice a la iglesia que deben recibir a Juan Marcos si él pudiera visitarlos. Al parecer Pablo les había comunicado antes a las iglesias fundadas por él acerca de la deserción de Marcos, pero ahora el joven se había arrepentido y había vuelto a consagrar su vida a Cristo. Se había redimido y por tanto debía ser bienvenido.

"Arrepiéntete, pues, de esta tu maldad, y ruega a Dios, si quizá te sea perdonado el pensamiento de tu corazón" (Hch. 8:22).

"Hospedaos los unos a los otros sin murmuraciones" (1 P. 4:9).

"Esconde tu rostro de mis pecados, Y borra todas mis maldades" (Sal. 51:9).

"Yo, yo soy el que borro tus rebeliones por amor de mí mismo, y no me acordaré de tus pecados" (Is. 43:25).

"Deje el impío su camino, y el hombre inicuo sus pensamientos, y vuélvase a Jehová, el cual tendrá de él misericordia, y al Dios nuestro, el cual será amplio en perdonar" (Is. 55:7).

4 (v. 24) *Aristarco:* Era un creyente que además era un compañero fiel, uno que siempre estaba presente cuando se le necesitaba. Siempre se le ve con Pablo y otros creyentes, participando con ellos en sus pruebas y sufrimientos.

=> Era miembro de la iglesia de Tesalónica, un ciudadano de allí (Hch. 19:29; 20:4).

=> Fue uno de los creyentes atacados por la violenta multitud en Éfeso. Los ciudadanos de Éfeso se estaban amotinando contra el cristianismo porque tantas personas se estaban convirtiendo que la venta de ídolos de la diosa Diana estaba disminuyendo. El hecho de que Aristarco fuera uno de los creyentes atacados y arrastrados por la multitud muestra que era un líder y vocero de Cristo (Hch. 19:29).

=> Fue con Pablo a ministrar en Asia (Hch. 20:4).

=> Se le ve viajando con Pablo hacia Roma después de que este fue arrestado y lo transferían a Roma como prisionero (Hch. 27:2).

=> Se le ve como compañero de prisiones de Pablo en Roma mientras Pablo aguardaba el juicio bajo cargos de traición (Hch. 27:2). Parece ser que lo estaban inculpando del mismo delito (Col. 4:10; Flm. 24).

La idea es que era un *verdadero compañero*, un compañero que permanecía al lado de sus hermanos en las buenas y las malas. Nunca se le ocurriría abandonar a sus queridos amigos o al Señor, sin importan cuán difícil fuera la tarea o cuán dura la prueba. Estaría dispuesto a enfrentar prisiones y sufrir la muerte antes de ser un detractor. Era bueno contar con él cuando hubiera que enfrentar pruebas porque siempre permanecía al lado del amigo aunque tuviera que pasar por prisión o muerte.

"Sobrellevad los unos las cargas de los otros, y cumplid así la ley de Cristo" (Gá. 6:2).

"Acordaos de los presos, como si estuvierais presos juntamente con ellos; y de los maltratados, como que también vosotros mismos estáis en el cuerpo" (He. 13:3).

5 (v. 24) *Demas:* Era un hombre que se había alejado de Cristo y regresado al mundo. Su vida queda como una tragedia, una vida que debe servir como advertencia a otros creyentes, una vida que muestra la necesidad de caminar con Cristo diariamente. Al comienzo se le ve como colaborador de Pablo (Flm. 24). Después es solo un hombre sin ningún tipo de comentarios, quizá dejando entrever alguna pérdida de espíritu y energía en la obra del Señor (Col. 4:14). Finalmente, se trata de Demas quien ha amado este mundo y abandonó la obra del Señor (2 Ti. 4:10).

6 (v. 24) *Lucas:* Lo dio todo para seguir a Cristo, todo lo que el mundo tiene que ofrecer. Era un médico querido por Pablo y por la iglesia (vea *Introducción, Autor, el Evangelio de Lucas;* Estudio a fondo 2, Hch. 16:10 para discusión). Tenga en cuenta otro aspecto en Colosenses: se le llama a Lucas *"el médico amado"*, un médico que era muy querido para los creyentes. Al parecer el tratamiento médico que daba a los creyentes era diligente, compasivo, cálido y personal. Tenía un ministerio eficaz para Cristo entre los creyentes.

"Un mandamiento nuevo os doy: Que os améis unos a otros; como yo os he amado, que también os améis unos a otros. En esto conocerán todos que sois mis discípulos, si tuviereis amor los unos con los otros" (Jn. 13:34-35).

"El amor sea sin fingimiento. Aborreced lo malo, seguid lo bueno" (Ro. 12:9).

"Y el Señor os haga crecer y abundar en amor unos para con otros y para con todos, como también lo hacemos nosotros para con vosotros" (1 Ts. 3:12).

"Habiendo purificado vuestras almas por la obediencia a la verdad, mediante el Espíritu, para el amor fraternal no fingido, amaos unos a otros entrañablemente, de corazón puro" (1 P. 1:22).

7 (v. 25) *Gracia:* La conclusión es una bendición muy necesaria, la gracia de nuestro Señor Jesucristo. Por encima de todas las cosas, lo que toda persona necesita es la gracia de nuestro Señor Jesucristo (vea Estudio a fondo 1, *Gracia,* Tit. 2:11-15 para discusión).

ÍNDICE DE BOSQUEJOS Y TEMAS
FILEMÓN

RECUERDE: Cuando busca un tema o una referencia de las Escrituras, usted no solo tendrá el texto bíblico, sino también un bosquejo y una discusión (comentario) del pasaje de la Biblia y del tema.

Este es uno de los grandes valores de la *Biblia de bosquejos y sermones*. Cuando posea todos los tomos, no solo tendrá todo lo que los otros índices bíblicos le ofrecen; es decir, un listado de todos los temas y sus referencias bíblicas, SINO que también tendrá:

- un bosquejo de *cada* texto y tema de la Biblia.
- una discusión (comentario) de cada texto y tema.
- cada tema respaldado por otros textos de la Biblia o referencias cruzadas.

Descubra el gran valor usted mismo. Dé una mirada rápida al primer tema de este índice.

AMOR (Vea HERMANDAD)
Ilustrado. Recibimiento de Filemón a su esclavo fugitivo. Flm. 1:17-21

Vaya a la referencia. Eche un vistazo a las Escrituras y al bosquejo de las Escrituras, lea entonces el comentario. Inmediatamente verá el GRAN VALOR del ÍNDICE de la Biblia de Bosquejos y Sermones.

AMOR (Vea HERMANDAD)
Ilustrado. Recibimiento de Filemón a su esclavo fugitivo. Flm. 1:17-21

APIA
Amiga de Pablo en Colosas. Flm. 1:1-2

ARISTARCO
Compañero de Pablo. Flm. 1:24

ARQUIPO
Un amigo de Pablo. Flm. 1:1-2

CONVERSIÓN
Ilustrado. El cambio de vida de Onésimo. Flm. 1:10-16

CREYENTE, CREYENTES
Ejemplo.
Un gran hombre cristiano. Filemón. Flm. 1:1-7
Un hombre cambiado grandemente. Onésimo. Flm. 1:8-21
Algunos primeros c. Flm. 1:8-21

DEMAS
Colaborador de Pablo Flm. 1:24

EPAFRAS
Encarcelado por su fe Flm. 1:23

ESCLAVOS (Vea EMPLEADOS)
Tratamiento a. Flm. 1:8-21

FILEMÓN
Un gran cristiano Flm. 1:1-7

HOSPITALIDAD
Cómo debe recibirse a los ministros. Flm. 1:22

IGLESIA
Reunida en casa. De Filemón. Flm. 1:1-2

LUCAS
Un médico que lo dejó todo para estar con Pablo Flm. 1:24

MARCOS, JUAN
Saludado por Pablo Flm. 1:24

MAYORDOMÍA
Hacia los ministros. Ocuparse del alojamiento Flm. 1:22

MINISTROS
Ejemplos. Interceder en una discusión. Flm. 1:8-21

Apoyo financiero. Alojamiento. Flm. 1:22

NACER DE NUEVO (Vea NUEVO NACIMIENTO; REGENERACIÓN)
Ilustrado.
Un prisionero convertido. Flm. 1:10-11
Hecho útil. Flm. 1:10-11

ONÉSIMO
Un hombre cambiado grandemente. Flm. 1:8-21

PERDONAR A OTROS
Quién debe ser p. Hermanos cristianos. Flm. 1:8-21

SALVACIÓN
Ilustrada. Por Onésimo Flm. 1:10-16

TESTIMONIO
Ejemplos
Un gran creyente: Filemón Flm. 1:1-7
Un hombre grandemente cambiado Flm. 1:8-21
Algunos primeros creyentes Flm. 1:22-24